QUALITATIVE RESEARCH IN SOCIAL SCIENCES

陈向明 著

质

的研究方法与社会科学研究

教育科学出版社

·北京·

本书荣获

- 第二届全国教育图书奖二等奖（2001）

- 改革开放三十年北京大学人文社会科学研究
  "百项精品成果奖"精品奖（2008.5）

作者简介

　　陈向明，女，湖南省华容县人，1953年10月出生于吉林省长春市。

　　湖南师范大学文学学士、北京师范大学文学硕士、美国哈佛大学教育学硕士和博士。现任北京大学教育学院教授、博士生导师、基础教育与教师教育中心主任、北京大学本科课程发展战略委员会委员、元培计划委员会委员、北京师范大学和云南大学兼职教授、中国教育学会常务理事、北京市海淀区政协委员。

　　主要研究方向为教育研究方法、教师教育、课程与教学论。承担了十余项国家教育部和国际组织资助的课题，包括教师的实践性知识研究、基础教育课程改革培训问题研究、发展性学校评估研究、综合大学本科课程改革研究、质的研究方法在教育研究中的运用等。长期为联合国、世界银行、欧盟、英国国际发展部在中国的教育发展项目担任咨询专家。

　　出版的专著有《质的研究方法与社会科学研究》、《教师如何作质的研究》、《在参与中学习与行动——参与式方法培训指南》、《旅居者与"外国人"——中国留美学生跨文化人际交往研究》，主编及合著了《如何成为质的研究者》、《在行动中学作质的研究》、《大学通识教育模式的探索》；并任《社会科学研究：方法评论》第一主编和"质性研究译丛"主编。在《中国社会科学》、《中国社会科学季刊》、《教育研究》、《社会学研究》、《教育研究与实验》、《高等教育研究》、《北京大学教育评论》等刊物上发表论文60余篇。

作 者 前 言

——我想说什么？

关于社会科学的研究方法，学术界素有"量的研究"（quantitative research）和"质的研究"（qualitative research）之争，双方都各持其理，认为自己的方法更加"合理"、"真实"、"可信"。"量"的研究从特定假设出发将社会现象数量化，计算出相关变量之间的关系，由此得出"科学的"、"客观的"研究结果；而"质"的研究强调研究者深入到社会现象之中，通过亲身体验了解研究对象的思维方式，在收集原始资料的基础之上建立"情境化的"、"主体间性"（intersubjective）的意义解释。这两种研究方法之所以能够在社会科学界形成如此声势浩大的对垒，是因为它们被认为分别代表了两种十分不同的科学"范式"（Kuhn，1968）。它们在方法上的不同实质上反映了它们在本体论、认识论和方法论方面存在的分歧。

本书无意介入社会科学界这场旷日持久的论战，只是希望对质的研究作一个尽量全面的评介。我希望借助自己对有关文献的了解以及从事质的研究所获得的经验教训，对有关问题进行讨论。本书的重点偏向质的研究是因为中国社会科学界目前虽然对量的研究有所了解和运用，但是对质的研究的了解却很不够。西方社会科学界目前对质的研究的有关问题探讨得十分热烈，而据我所知，中国大陆目前尚没有一本系统介绍质的研究的专著。因此，我希望通过评介有关的理论和实践激发同行的兴趣和关注，共同探讨在中国社会科学界从事严谨、规范的质的研究的具体思路和操作手段。

我之所以选择对一种研究方法进行探讨，是因为我认为这么做非常重要。研究方法不仅仅涉及到具体技术和程序的运用，而且还有其自身本体论、认识论和方法论方面的基础。而这一切与我们对世界的看法以及建构世界的方式密切相关，对其进行探讨可以使我们对自己"日用而不知"的思维方式和行为习惯进行反思。作为研究者,我们对自己使用的方法进行反思不仅可以改进自己的研究实践,使研究更加具有解释力度,而且可以增进我们对自己和他人的了解,使研究活动成为一种更加具有自觉意识的行为。因此,从这个意义上说,对方法进行反思对我们从事任何形式的研究活动都是至关重要的。

然而,在强调对研究方法进行反省的同时,我们也要特别注意避免"为方法而方法"的倾向。研究方法本身并不存在"对"与"不对"、"好"与"不好"之分,只有与研究的问题以及研究过程中其他因素相联系时才可能衡量其是否"适宜"。研究方法与其他因素之间的关系就像是一个铜板的两面——既不一样,又相互依存、相互定义。因此,我们在对方法进行探讨时应该注意保持一种平衡:一方面,给予研究方法以必要的注意,不能只埋头拉车而不抬头看路;而另一方面,我们要防止"方法至上"主义,不要认为只要方法"对头",研究的结果就必然是"正确的"。

本书由前言和六个部分组成,共二十七章。第一部分"质的研究的理论背景"由三章组成,主要从方法论的角度对质的研究的定义、起源和发展进行一个历史的追溯,同时介绍了这种方法的哲学思想基础以及操作方式的分类。第二部分"质的研究的准备阶段"共六章(第四章到第九章),主要讨论的是研究课题的设计、研究对象的抽样、研究者个人因素对研究的影响、研究者与被研究者之间的关系对研究所产生的作用、研究者进入现场的方式等。这一部分不仅呈现了对质的研究进行通盘计划和筹措的步骤,而且讨论了研究者在开始研究之前必须考虑的一些重要问题。第三部分"质的研究的资料收集"共八章(第十章到第十七章),介绍了质的研究中最主要的三种收集资料的方法:访谈、观察、实物分析。第十章讨论了访谈的性质和具体操作程序;第十一章到第十三章分别对访谈中的"问"、"听"、"回应"方式进行了辨析。第十四章介绍了一种特殊的访谈形式——焦点团体访谈。第十五章和第十六章分别对观察的作用、观察方式的分类以及观察的具体实施进行了讨论。第十七章探讨的是实物分析的类型、实施步骤和作用。第四部分"质的研究的资料分析"共四章(第十八章到第二十一章),呈现的是质的研究对原始资料进行分析的方法,其中包括初步的资料整理(第十八章)、概念分析和归类(第十九章)、建立结论和初步理论(第二十章)、研究报告的写作成文(第二十一章)。第五部分"质的研究的检测手段"共四章(第二十二章到第二十五章),探讨的是质的研究中十分重要的理论问题,涉及到研究的质量、效度、信度、推论和伦理道德问题。由于质的研究在这些方面与量的研究思路不太一样,该部分对这两者之间的有关异同进行了比较。第六部分"质的研究的发展前景"共两章(第二十六章到第二十七章),对质的研究未来发展的趋势进行了展望,同时对在社会科学研究中结合使用质的研究与量的研究方法的可能性途径进行了探讨。

意识到中国社会科学界目前对质的研究方法及其有关的理论问题尚不够了解,我在本书中试图将比较抽象的理论问题与比较具体的操作方法结合起来进行讨论。在对一些热点问题和难点问题进行理论探讨的同时,我还提供了大量的研究实例,包括西方著名学者和中国学者(学生)以及我个人的一些研究实践,以便读者对有关理论和方法有比较直观的感受。那些希望对质的研究的哲学思想基础、历史背景和理论探讨有所了解的读者可以选择阅读本书的第一、五、六部分,而那些希望知道具体如何操作的读者则可以重点阅读本书的第二、三、四部分。当然,这两类读者(如果我们假设主要存在这么两大类读者的话)还可以在这两部分内容之间来回参阅。阅读了具体操作方法部分的读者如果希望对有关的理论问题进行深入探讨,可以随时查阅第一、五、六部分;而那些阅读了理论部分的读者希望知道有关理论问题在实践中是如何处理的,或者自己希望动手实践的话,也可以随时查阅第二、三、四部分。因为同时结合了理论和实践两个方面,本书既可以作为社会科学方法课的教材,也可以供从事社会科学研究的专业人员和业余爱好者参考使用。

也许是因为自己"野心"太大,希望把目前有关质的研究的大部分理论问题和实践经验都"塞"到一本书里,因此我在写作时常常感觉难以驾驭。理论方面的问题需要一种论理的、探究的、商榷的文风,而实践方面的介绍需要一种比较明确的、有一定程序的、告诫式的口吻。如何将这两种不同的写作风格结合起来,这对我是一个很大的挑战。此外,质的研究因其传统之复杂、发展道路之崎岖,很多有关的理论问题目前都还没有"定论",实践性知识也呈现出纷繁多彩的景象。要在一本书里既把有关的理论问题说清楚,又同时介绍有关的操作技巧——我发现这确实不是一件容易的事情。

有好心的朋友劝我,先写一本"简单的"、操作性比较强的、适合实践者使用的介绍性的书,将理论问题(特别是那些目前在质的研究领域尚无定论的、"说不清楚的"问题)留到以后再写。他们认为,我可以等本书的读者对"什么是质的研究? 如何进行质的研究?"这类比较基础的问题有所了解,并且自己有了一些实践经验以后,再就那些"糊涂的"、比较复杂的理论问题进行探讨。然而,经过仔细考虑,我仍旧觉得将理论与实践结合在一本书里有一定的长处。如果本书只介绍具体操作方法,读者可能会感到单调、肤浅、缺乏方法背后的理论分析;而如果本书只对理论问题进行探讨,读者也可能会感到过于抽象、空洞、没有血肉支撑。正是由于中国大陆目前尚没有一本介绍质的研究的专著,我感觉将这两个方面结合起来有利于读者比较全面地了解这个领域,也可以满足不同读者的需求。因此,这本书与目前国内外出版的大部分有关社会科学研究方法的书有所不同。与那些旨在对读者的研究实践进行指导的书相比,本书不只是给出一些纲领性的原则和条例,告诉读者怎么做,而且提供了很多研究的实例以及我自己的思考。与那些专门讨论方法论的书籍相比,本书结合了具体的方法和实践过程,将对方法论的讨论"坐落"在具体的、情境化的研究活动之中。

当然,这么做的代价就是这本书目前在内容上显得过于臃肿、庞杂,在写作风格上有"文体混杂"之嫌:"描述性"语言和"规定性"语言相互交织,介绍性陈述和论争性话语相互抗争。其结果是,虽然本书对很多理论问题和实践知识都有所涉及,但探讨得都不够完整、系统、有条理。所幸的是,质的研究认为,生活本身就是杂乱无章、丰富多彩的,质的研究本身的一个主要目的就是追求复杂、多样、模糊性,过于清晰、确定、单一的描述和解释往往容易使质的研究者产生怀疑。

在本书的写作过程中,我得到了很多个人和机构的帮助,希望借此机会向他们表示感谢。首先,我要向教育部留学生基金会表示感谢,如果没有该基金会慷慨解囊,我的写作将会是一个十分清贫和艰难的过程。其次,要感谢"社会科学跨学科方法论研讨班"的同仁们,特别是高一虹、杨宜音、龙迪、周作宇、毛亚庆、石中英、景天魁、冯小双、张婉丽、覃方明、赵亮、赵丽明等人的理解和支持。北京大学副校长闵维方教授代表北京大学给予研讨班以经费支持,也间接地为本书的写作提供了帮助。教育科学出版社的韦禾老师、鲁民老师及其他同行对本书的选题和写作都给予了支持和指导,也一并在此致谢。此外,我还要感谢远在美国的我的老师(特别是 Joseph Maxwell 和 Courtney Cazden 教授)以及朋友李谨、蔡利明、许迪、薛烨、肖阳、孙笑东等。他们不吝金钱,万里迢迢为我买书、寄书、复印文章、提供最新信息。还有我在中国的同学、朋友和学生们,他们几乎每天给我以灵感,为我的写作提供了丰富的素材。这样的人实在太多了,无法在此将他们的名字一一列出,只能列出少数本书直接引用了他们的研究实例的人:Susan Champaign、文东毛、袁本涛、陈彬、阴悦、王建、董南燕、李兰巧、吕春红、成运花、李惠斌、鄢波、周雷、王峰、刘晶波、戎庭津、蔡晖、金顶兵等。

在写作过程中,我还得到了北京大学高等教育研究所同事们的热心帮助,特别是陈定芳、陆小玉、胡荣娣、房茜、陈学飞、葛长丽老师等给予了很多帮助。与此同时,我还受到课题组成员(如李文利、宋映泉、丁延庆、李春燕、崔艳红等)的很多启发,一些研究结果也被用来作为本书的资料。老前辈汪永铨先生对本书的写作十分支持,并且为具体行文提供了高见。初稿出来以后,北京大学的高一虹博士拨冗相助,通读了全稿,并提出了非常宝贵的修改意见。教育科学出版社聘请的专家蓝永蔚先生对本书稿进行了严格的审阅,提出了非常尖锐但中肯的意见,为书稿的后期修改提供了更为开阔、清晰的思路。我在牛津大学访学时,谢亚玲和房茜老师慷慨相助,为我打印出全书定稿,侯华伟老师在烈日炎炎的夏天为我往出版社送书稿。我的家人在本书的写作过程中也给予了无私的支持和体谅,在此一并对他们致以真诚的感谢。

陈向明

1998 年 8 月初稿于北京大学燕北园

1999 年 4 月修订于英国牛津大学

目　　录

第二部分　质的研究的准备阶段

第三部分　质的研究的资料收集

第四部分　质的研究的资料分析

第六部分　质的研究的发展前景

第一部分

质的研究的理论背景

这一部分由三章组成,主要从方法论的角度对质的研究的定义、质的研究的起源和发展进行一个历史的追述,同时对这种研究方法的哲学思想基础以及分类进行了探讨。第一章"导论——什么是'质的研究方法'?"对"质的研究"的定义(特别是学术界围绕着定义所展开的讨论)、质的研究的理论基础(如后实证主义、批判理论和建构主义)以及与质的研究有关的一些概念(如"质"、"本质"、"量的研究"、"定性研究"等)进行了探讨。

第二章"质的研究的历史发展"主要对质的研究的起源和发展进行了回顾,同时介绍了一种对质的研究之历史进行分期的方式。

第三章"质的研究的分类"按照不同的标准(如研究的对象范畴、研究的目的、研究的传统、类型等)对质的研究进行了分类,同时对分类的作用、分类是否可能、分类有何利弊等问题进行了探讨。

这一部分内容理论性比较强,其中涉及的很多问题目前在质的研究内部还存在争议。因此,读者可以根据自己的需要选择阅读其中的章节。如果读者对质的研究方法已经有一些实践经验，希望对一些理论性问题进行进一步的探讨，可以选择阅读这一部分的内容。而如果读者是初学者，更加关心的是如何具体地使用这种方法，也许直接从第二部分开始阅读会更加清楚、容易一些。

第一章　导　　论

——什么是"质的研究方法"？

社会科学研究是人们了解、分析、理解社会现象、社会行为和社会过程的一种活动。从事这种活动可以使用很多不同的方法，如哲学思辨的方法、逻辑分析的方法、科学抽象的方法、直觉思维的方法、文献研究方法、量的研究方法、质的研究方法、定性的方法、学科研究的方法等①。本书讨论的是社会科学研究中"质的研究方法"。

在对"质的研究方法"进行定义之前，让我们先讨论一下本书的书名中其他几个重要的概念，如"科学研究"、"社会科学"、"方法"、"研究方法"等。首先，让我们看一看什么是"科学研究"。对"科学研究"这个概念的定义因社会科学研究者的立场不同而有所不同，通常存在两种相互对立的观点，即客观主义的（或实证主义的）观点和主观主义的（或解释主义的）观点。前者认为"科学研究"是以系统、实证的方法获取知识的一种活动，使用实验、观察、检验等方法对客观现象进行研究，保证所获得的知识是真实可靠的，其判断知识真假的标准是客观事实与逻辑法则（袁方，1997：4）。后者认为，人具有自由意志，人的行为是无规律的、无法预测的，社会历史事件都是独特、偶然的，不存在普遍的历史规律。因此，对人和社会不能使用自然科学的方法进行研究，只能以人文学科的主观方法对具体的个人和事件进行解释和说明。科学家不是通过寻找真理和本质，而是通过获得知识来理解自身和人类社会的。

在客观主义和主观主义这两个对立的观点之间还存在一种折中的态度，即既承认客观现实的存在，又强调主观理解的作用。德国著名的社会学家马克斯·韦伯（M. Weber）采取的就是这样一种立场（他称其为"理解社会学"）。目前很多社会科学家也都采取这种态度。一方面，他们认为，自然现象与社会现象存在着本质上的不同，后者含有社会成员对自己和他人行为的主观理解，社会事实最终必须归结为可以被人理解的事实；但另一方

---

① 有关研究方法的分类没有看到比较清楚、统一的标准。我意识到自己列出的这些种类不符合"排他率"或"平行率"等逻辑关系，但是这是我目前能够找到的最好方式。

面,他们又认为,社会行为是有一定的"规律"可寻的,研究可以通过一定的手段和方法找到这些"规律"。因此,社会科学研究必须"客观地"观察行动者的行为和思想状态,同时依靠研究者的"主观"直觉和理解对这些行为和思想的意义作出判断。我个人比较倾向于采取这种折中的态度,但同时非常赞同蓝永蔚(1999:2)的观点,即:无论是自然科学还是社会科学中的"规律"都是有条件的,都受到一定时空的限制,适合宏观层面的"规律"不一定适用于微观层面。我们在使用理解的方法对这些"规律"进行探究时,一定要首先限定其时空条件和抽象层次,在特定的范围内讨论问题。

对"社会科学"的定义涉及到对知识的分类问题,目前比较流行的方法是根据不同的研究对象领域将知识分成自然的、社会的和人类思维的三大类别,与此对应的研究领域是自然科学、社会科学和人文科学。从学科史和方法论史来看,"社会科学"是一个相对晚出的概念,是近二三百年才发展出来的一个学科群(朱红文,1994:119)。它的母体是古典人文学科,是直接从"人文学科"中分娩出来的。也许是因为这种"母子关系","社会科学"与"人文科学"之间的界限比较模糊,经常被合起来作为一个与自然科学相对立的整体,如"社会科学"或"道德科学"(J.密尔)、"历史科学"(W.文德尔班)、"文化科学"(H.李凯尔特)、"精神科学"(W.狄尔泰)、"人文科学"或"人文研究"等(景天魁,1994:57)。在中国的高中和大学里,学科的分类就是按照文科和理科两分法,将社会科学和人文科学合为一体。

有关"社会科学"的定义,1980年版的《美国百科全书》认为,"社会科学"主要是指那些对人类关系进行学习和研究的领域,其知识范围非常广泛,一般包括人类学、历史学、政治学、心理学、社会学、精神病学、宗教学等,后来又发展出一些分支,如人种学、人口统计学、经济地理学、地理政治学、社会心理学等。上海辞书出版社1979年版的《辞海》认为,"社会科学"是以社会现象为研究对象的科学,如政治学、经济学、军事学、法学、教育学、文艺学、史学、语言学、经济学、宗教学、社会学等,"社会科学"的任务是阐述各种社会现象及其发展规律。相比之下,"人文科学"(根据《美国百科全书》的观点)是有关人类思想和文化的学科,原来专指对古希腊和古罗马文学作品的研究,现在已经扩大到对一切有关语言、文学、历史和哲学的研究,在现代的课程中包括建筑学、美术、舞蹈、戏剧、历史、语言文学、音乐、哲学、神学等(陈波等,1989:28—30)。《大英百科全书》对"人文学科"的定义是:"那些既非自然科学也非社会科学的学科的总和……人文学科构成一种独特的知识,即关于人类价值和精神表现的人文主义的学科"(朱红文,1994:124)。有关历史学、人类学、教育学等学科应该属于社会科学还是人文科学,目前学界仍旧存在争议。我个人认为,这些学科研究的领域不仅涉及到社会而且涉及到个人,可以横跨于社会科学与人文学科之间。

虽然目前有关"社会科学"的定义比较含混,但是我希望对本书将要探讨的范围有一定的界定。对"社会科学"中的"质的研究方法"进行探讨时,我涉及的范围主要是目前被学术界基本公认的"社会科学"分支(如社会学、人类学、政治学、经济学、法学、心理学、宗教学、管理学等)以及那些与"社会科学"之间关系比较模糊的学科(如教育学、历史学、护理学等),基本不包括那些明显属于"人文科学"的学科(如语言学、文学、艺术、哲学等)。

"方法"从语义学的解释是"按照某种途径"(出自希腊文"沿着"和"道路"的意思);从字面上讲指的是"一门逻各斯",即"关于沿着——道路——(正确地)行进的学问"。它指的是人的活动的法则,是"行事之条理和判定方形之标准"(引自《中文大辞典》)。具体地说,"方法"就是人为了达到一定的目的而必须遵循的原则和行为(陈波等,1989:8;裴娣娜,1994:4)。

在我看来,"研究方法"是从事研究的计划、策略、手段、工具、步骤以及过程的总和,是研究的思维方式、行为方式以及程序和准则的集合。对"研究方法"进行探讨可以包括方法的特点、理论基础、操作程序、具体手段、作用范围等方面。一般来说,"研究方法"可以从三个层面进行探讨:1)方法论,即指导研究的思想体系,其中包括基本的理论假定、原则、研究逻辑和思路等;2)研究方法或方式,即贯穿于研究全过程的程序与操作方式;3)具体的技术和技巧,即在研究的某一个阶段使用的具体工具、手段和技巧等(袁方,1997:1)。本书在对"质的研究方法"进行讨论时对这三个层面均有所涉及。

第一节 有关"质的研究方法"的定义

近年来,国外(特别是美国和西欧)社会科学界出版了很多有关"质的研究方法"的理论论述和方法指导方面的书籍,但是大家对这种研究方法尚无一个明确、公认的定义。下面,我先把研究界的一般看法以及这种研究方法的主要特点作一个简单的介绍,然后提出自己的一个初步定义,供大家参考。

一、"质的研究像一把大伞"

如果在质的研究者中进行一项民意测验的话,我可以肯定,大多数人都会同意"质的研究像一把大伞"这种说法(Van Maanen et al.,1982)。质的研究的定义是如此的宽泛,似乎什么都可以放到这把大伞下面。正如下面这张图(图表1-1-1)所示,质的研究就像一棵参天大树,下面掩荫着各色各样的方法分支①。

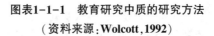

图表1-1-1　教育研究中质的研究方法
（资料来源：Wolcott，1992）

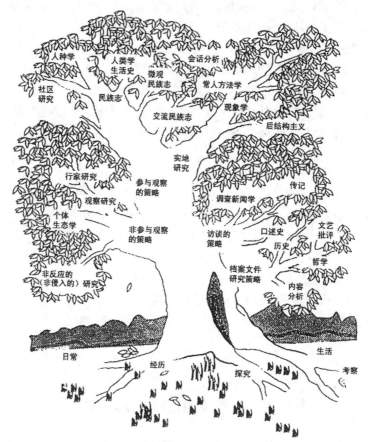

　　根据质的研究领域内两位权威人物林肯（Y. Lincoln）和丹曾（N. Denzin）的观点（1994：576），质的研究是一个跨学科、超学科、有时甚至是反学科的研究领域。之所以会出现如此庞杂的局面，是因为质的研究不是来自一种哲学、一个社会理论或一类研究传统。它受到很多不同思潮、理论和方法的影响，起源于很多不同的学科。它同时跨越于人文科学、社会科学和物理科学，具有多重面相和多种焦点的特色。在其曲折漫长的历史发展进程中，质的研究者在理论上和实践上对一些重大的问题进行了探讨和澄清，但是迄今为止很多理论问题和操作方式仍在摸索之中。

————————

　　① 此图只是对教育研究中常用的质的研究方法的一个汇集，其他学科可能因其学科特点不同而有所不同。

二、质的研究方法的主要特点

虽然社会科学界对"质的研究"这一术语的明确定义存在分歧,但是大部分研究者已经就质的研究的主要特点达成了一定的共识。根据有关文献(Bogdan & Biklen,1982;Denzin & Lincoln,1994;Glesne & Peshkin,1992;Hammersley & Atkinson,1983;Maxwell,1996;Strauss & Corbin,1990)以及我自己的理解,质的研究可以被认为具有如下一些主要的特点。

1. 自然主义的探究传统

首先,质的研究必须在自然情境下进行,对个人的"生活世界"以及社会组织的日常运作进行研究。质的研究认为,个人的思想和行为以及社会组织的运作是与他们所处的社会文化情境分不开的。如果要了解和理解个人和社会组织,必须把他们放置到丰富、复杂、流动的自然情境中进行考察。研究者必须与研究对象有直接的接触,在当时当地面对面地与其交往。研究者本人就是一个研究工具,需要在实地进行长期的观察,与当地人交谈,了解他们的日常生活、他们所处的社会文化环境以及这些环境对其思想和行为的影响。由于驻扎在实地,研究者可以了解事件发生和发展的全过程。

自然探究的传统还要求研究者注重社会现象的整体性和相关性,对所发生的事情进行整体的、关联式的考察。在对一个事件进行考察时,不仅要了解该事件本身,而且要了解该事件发生和变化时的社会文化背景以及该事件与其他事件之间的关系。质的研究认为,任何事件都不能脱离其环境而被理解,理解涉及到整体中各个部分之间的互动关系。对部分的理解必然依赖于对整体的把握,而对整体的把握又必然依赖于对部分的理解——这便形成了一个"阐释的循环"。

在自然环境下获得的研究结果更适合以文字的形式(而不是数据的形式)呈现,因此质的研究报告多用文字表达,辅以图表、照片和录像等。即使采用统计数据,也是为了描述社会现象,而不是对数据本身进行相关分析。

2. 对意义的"解释性理解"(interpretive understanding)

质的研究的主要目的是对被研究者的个人经验和意义建构作"解释性理解"或"领会"(verstehen),研究者通过自己亲身的体验,对被研究者的生活故事和意义建构作出解释。因此,研究需要在自然情境中进行,研究者需要对自己的"前设"和"倾见"(bias)进行反省,了解自己与被研究者达到"解释性理解"的机制和过程。除了从被研究者的角度出发,了解他们的思想、情感、价值观念和知觉规则,研究者还要了解自己是如何获得对对方意义的解释的、自己与对方的互动对理解对方的行为有什么作用、自己对对方行为进行的解释是否确切。

　　3. 研究是一个演化发展的过程

　　质的研究认为,研究是一个对多重现实(或同一现实的不同呈现)的探究和建构过程。在这个动态的过程中,研究者和被研究者双方都可能会变,收集和分析资料的方法会变,建构研究结果和理论的方式也会变。因此,质的研究是一个不断演化的过程,不可能"一次定终身"。变化流动的研究过程对研究者的决策以及研究结果的获得会产生十分重要的影响,研究过程本身决定了研究的结果,因此需要对其进行细致的反省和报道。

　　在实际研究过程中,研究者是社会现实的"拼凑者"(bricoleur),将某一时空发生的事情拼凑成一幅图画展示给读者。他们采取的是"即时性策略",而不是按照一个事先设计好的、固定的方案行事。他们不仅是"多面手",善于为自己的研究目的选择合适的操作手段,而且还是"自己动手的人",能够根据当时当地的实际情况自己即兴创造。他们承认自己的研究承载着个人的价值倾向,自己所做的一切不过是对研究现象的一种理解和解释而已。因此,他们不必受到事先设定的"科学规范"的严格约束,在建构新的研究结果的同时也在建构着新的研究方法和思路。

　　4. 使用归纳法

　　从研究的基本思路看,质的研究主要采纳的是一种归纳的方法。归纳的过程通常由如下步骤组成:1)研究者将自己投入实地发生的各种事情之中,注意了解各方面的情况;2)寻找当地人使用的本土概念,理解当地的文化习俗,孕育自己的研究问题;3)扩大自己对研究问题的理解,在研究思路上获得灵感和顿悟;4)对有关人和事进行描述和解释;5)创造性地将当地人的生活经历和意义解释组合成一个完整的故事(Moustakis,1990)。

　　归纳的方法决定了质的研究者在收集和分析资料时走的是自下而上的路线,在原始资料的基础上建立分析类别。分析资料与收集资料同时进行,以便在研究现场及时收集需要的资料。资料呈现的主要手法是"深描"(thick description)(Geertz,1973a),透过缜密的细节表现被研究者的文化传统、价值观念、行为规范、兴趣、利益和动机。

　　质的研究中的理论建构走的也是归纳的路线,从资料中产生理论假设,然后通过相关检验和不断比较逐步得到充实和系统化。由于没有固定的预设,研究者可以识别一些事先预料不到的现象和影响因素,在这个基础上建立"扎根理论"(grounded theory),即从研究者自己收集的第一手资料中构建的理论。

　　由于采纳的是归纳的方法,质的研究结果只适应于特定的情境和条件,不能推论到样本以外的范围。质的研究的重点是理解特定社会情境下的社会事件,而不是对与该事件类似的情形进行推论。研究的结果需要通过相关检验等方法进行证伪,其效度来自研究过程中各个部分之间的相互关系,与特定的时空环境密切相关。

5. 重视研究关系

由于注重解释性理解,质的研究对研究者与被研究者之间的关系非常重视。质的研究不可能设想研究者可以脱离被研究者进行研究,因为正是由于双方之间的互动,研究者才可能对对方进行探究(Owens,1982)。因此,在研究报告中,研究者需要对自己的角色、个人身份、思想倾向、自己与被研究者之间的关系以及所有这些因素对研究过程和结果所产生的影响进行反省。

质的研究对伦理道德问题(ethical issues)非常关注,研究者需要事先征求被研究者的同意,对他们提供的信息严格保密。研究者需要公正地对待被研究者和研究的结果,恰当地处理敏感性资料。此外,研究者需要与被研究者保持良好的关系,并合理地回报对方所给予的帮助。

与其他的研究方法相比,质的研究具有非常明显的"平民性"。由于强调从当事人的角度看待问题,重视研究者个人与被研究者之间的互动,这种研究方法给参与研究的"人"(而不是某些先在的"理论"、"假设"或"测量工具")以极大的尊重。这种从事研究的态度使得研究与"人"的日常生活更加接近,使社会科学研究中本来应该具有的人文精神得到了肯定和倡导。正如法国社会学家布迪厄(P.Bourdieu)所认为的,社会学家们可以坚定地确立他们的福楼拜式的座右铭:"好好地写写那些平庸无奇的世事人情吧!"(布迪厄,华康德,1998:342)我认为质的研究者遵循的也是这样一种原则。我的一位学生在学期结束后所作的研究报告中曾经就这一点谈到了自己的感受,对此我深有共鸣:

> "这一研究(指他自己应课程要求刚刚完成的一项小型的质的研究)使我第一次感觉到学术和生活是如此地贴近,而每个人的经历又都是如此地精彩。它使我深深地被这一研究方法和它所体现的人文和平民精神所吸引,并让我对自身和许多自我固有的观念进行了反思。我第一次感到,做人与做学问竟可以如此的统一。"

三、从"质的研究"和"量的研究"的区别看"质的研究"的定义

近 20 年来,"质的研究"与"量的研究"在西方社会科学界形成了比以往任何时候都要强大的对垒,有关"质的研究"的很多问题都是与"量的研究"相联系而形成和展开的。因此,为"质的研究"定义必须结合"量的研究"进行,从两者的对比中我们也许可以"对什么是'质的研究'"这一问题获得一个更加清楚的答案。

　　"量的研究"（又称"定量研究"、"量化研究"）是一种对事物可以量化的部分进行测量和分析,以检验研究者自己关于该事物的某些理论假设的研究方法。量的研究有一套完备的操作技术,包括抽样方法(如随机抽样、分层抽样、系统抽样、整群抽样)、资料收集方法(如问卷法、实验法)、数字统计方法(如描述性统计、推断性统计)等。其基本研究步骤是:研究者事先建立假设并确定具有因果关系的各种变量,通过概率抽样的方式选择样本,使用经过检测的标准化工具和程序采集数据,对数据进行分析,建立不同变量之间的相关关系,必要时使用实验干预手段对控制组和实验组进行对比,进而检验研究者自己的理论假设。这种方法主要用于对社会现象中各种相关因素的分析,如贫穷与家庭人口数量的关系、年龄与离婚率的关系、性别与职业的关系等。

　　关于量的研究与质的研究之间的区别,很多研究者都试图进行一对一的比较。图表1-1-2列出的是我根据有关文献以及自己的研究经验总结出来的两种方法的一些主要区别(Bogdan & Biklen,1982；Glesne & Peshkin,1994；Polgar & Thomas,1991)。

　　由于在指导思想和操作手段上存在差异,质的研究和量的研究所关注的焦点各有不同,分别使用不同的方法、从不同的角度对事物的不同侧面进行探究。总的来说,量的研究依靠对事物可以量化的部分及其相关关系进行测量、计算和分析,以达到对事物"本质"的一定把握。而质的研究是通过研究者和被研究者之间的互动对事物进行深入、细致、长期的体验,然后对事物的"质"得到一个比较全面的解释性理解。在研究设计上,量的研究走的是实验的路子,而质的研究则强调尽可能在自然情境下收集原始资料。

　　量的研究和质的研究各有其优势和弱点。一般来说,量的方法比较适合在宏观层面对事物进行大规模的调查和预测；而质的研究比较适合在微观层面对个别事物进行细致、动态的描述和分析。量的研究证实的是有关社会现象的平均情况,因而对抽样总体具有代表性；而质的研究擅长于对特殊现象进行探讨,以求发现问题或提出新的看问题的视角。量的研究将事物在某一时刻凝固起来,然后进行数量上的计算；而质的研究使用语言和图像作为表述的手段,在时间的流动中追踪事件的变化过程。量的研究从研究者自己事先设定的假设出发,收集数据对其进行验证；而质的研究强调从当事人的角度了解他们的看法,注意他们的心理状态和意义建构。量的研究极力排除研究者本人对研究的影响,尽量做到价值中立；而质的研究十分重视研究者对研究过程和结果的影响,要求研究者对自己的行为进行不断的反思。

　　上面这种将量的研究和质的研究对立起来的方式可以使我们更加清楚地看到它们各自的特点；但与此同时,我们也要注意不要人为地夸大两者之

图表1-1-2　质的研究与量的研究比较

	量的研究	质的研究
研究的目的：	证实普遍情况,预测, 寻求共识	解释性理解,寻求复杂性, 提出新问题
对知识的定义：	情境无涉	由社会文化所建构
价值与事实：	分离	密不可分
研究的内容：	事实,原因,影响, 凝固的事物,变量	故事,事件,过程, 意义,整体探究
研究的层面：	宏观	微观
研究的问题：	事先确定	在过程中产生
研究的设计：	结构性的,事先确定的, 比较具体	灵活的,演变的,比较宽泛
研究的手段：	数字,计算,统计分析	语言,图像,描述分析
研究工具：	量表,统计软件,问卷, 计算机	研究者本人(身份,前设), 录音机
抽样方法：	随机抽样,样本较大	目的性抽样,样本较小
研究的情境：	控制性,暂时性,抽象	自然性,整体性,具体
收集资料的方法：	封闭式问卷,统计表, 实验,结构性观察	开放式访谈,参与观察, 实物分析
资料的特点：	量化的资料,可操作的 变量,统计数据	描述性资料,实地笔记, 当事人引言等
分析框架：	事先设定,加以验证	逐步形成
分析方式：	演绎法,量化分析, 收集资料之后	归纳法,寻找概念和主题, 贯穿全过程
研究结论：	概括性,普适性	独特性,地域性
结果的解释：	文化客位,主客体对立	文化主位,互为主体
理论假设：	在研究之前产生	在研究之后产生
理论来源：	自上而下	自下而上
理论类型：	大理论,普遍性规范理论	扎根理论,解释性理论, 观点,看法
成文方式：	抽象,概括,客观	描述为主, 研究者的个人反省
作品评价：	简洁、明快	杂乱,深描,多重声音
效度：	固定的检测方法,证实	相关关系,证伪,可信性, 严谨
信度：	可以重复	不能重复
推广度：	可控制, 可推广到抽样总体	认同推广,理论推广, 积累推广
伦理问题：	不受重视	非常重视
研究者：	客观的权威	反思的自我,互动的个体
研究者所受训练：	理论的,定量统计的	人文的,人类学的, 拼接和多面手的
研究者心态：	明确	不确定,含糊,多样性
研究关系：	相对分离,研究者 独立于研究对象	密切接触,相互影响, 变化,共情,信任
研究阶段：	分明,事先设定	演化,变化,重叠交叉

间的差别。其实,即使是在量的研究中也不可能排除主体间性的成分,如选择研究的问题、设定理论假设、设计统计变量等(Vidich & Lyman,1994)。质的研究与量的研究与其说是相互对立的两种方法,不如说是一个连续统一体,它们相互之间有很多相辅相成之处。正是出于这方面的考虑,我在上

面的图表1-1-2中将质的研究与量的研究两者之间的对比看成是在数个不同层面上的连续延伸。(有关质的方法与量的方法相结合的问题,第二十七章有更加详细的讨论)

四、一个初步的定义

根据上述有关文献以及我个人的理解,我在1996年的一篇论文中对"质的研究方法"的定义曾经作了一个初步的归纳(陈向明,1996/6)。现在两年过去了,我对这种研究方法又有了一些新的认识,因此我在原定义的基础上进行了修改,得出如下初步的结论:

> "质的研究是以研究者本人作为研究工具,在自然情境下采用多种资料收集方法对社会现象进行整体性探究,使用归纳法分析资料和形成理论,通过与研究对象互动对其行为和意义建构获得解释性理解的一种活动。"

必须说明的是,上述定义是对质的研究"方法"本身的定义,而不是一个"方法论"意义上的定义。我采取的是"文化主位"(emic)的方式,即:对质的研究者从事研究的具体实践进行描述和总结,而不是按照一种外在的衡量标准对其进行概念上的抽象和概括①。因此,这个定义不免显得比较"冗长"。如果把它"掰开"来看,这个定义包括如下几个方面的意思(同时补充一些有关的内容)②。

1)研究环境:在自然环境而非人工控制环境中进行研究。

2)研究者的角色:研究者本人是研究的工具,通过长期深入实地体验生活从事研究,研究者本人的素质对研究的实施十分重要。

3)收集资料的方法:采用多种方法,如开放型访谈、参与型和非参与型观察、实物分析等收集资料,一般不使用量表或其他测量工具。

4)结论和/或理论的形成方式:归纳法,自下而上在资料的基础上提升出分析类别和理论假设。

5)理解的视角:主体间性的角度,通过研究者与被研究者之间的互动理解后者的行为及其意义解释。

6)研究者与被研究者的关系:互动的关系,在研究中要考虑研究者个人及其与被研究者的关系对研究的影响,要反思有关的伦理道德问题和权力关系。

---

① "文化主位"(emic)这一概念是和"文化客位"(etic)相对而提出的。这两个词分别来自语言学中"phonetic"(语音学)和"phonemic"(音位学)的后缀[见 Pike,1966(1954):8]。在社会科学研究中,"文化主位"和"文化客位"分别指的是被研究者和研究者的角度和观点。

② 此分析得到卜卫对我的论文(1996/6)所做的回应文章(1997)的启发,在此致谢。

从以上定义以及对质的研究的主要特点进行的讨论中,我们可以看出,目前质的研究实际上处于三种不同传统的张力(tension)之中。一方面,它注重对研究现象作后实证的、经验主义的考察和分析,强调的是自然主义的传统,注重对研究结果的"真实性"和"可靠性"进行探究。另一方面,它要求研究者对研究对象进行"解释性理解",强调的是阐释主义的传统,关注研究者与被研究者之间的主体间性和"视域融合"(fusion of horizons)。而与此同时,它又意识到任何研究都受到一定政治、文化、性别和社会阶层的影响,注意研究中的权力关系以及研究对知识建构和社会改革的重要作用,因此它同时又具有一种后现代的批判意识(Emerson,1983:1—2)。下面,我分别对这些不同的理论传统进行一个梳理。

第二节 质的研究方法的理论基础

有学者认为,社会科学研究可以从四个方面来探讨其理论渊源:1)实证主义;2)后实证主义;3)批判理论;4)建构主义(Guba & Lincoln,1994;Bredo & Feinberg,1982)①。从总体上看,这些理论范式主要是在本体论、认识论和方法论三个方面对一些重要的问题进行探讨。比如,在本体论方面,它们要回答的是"真实性"问题:"现实的形式和本质是什么? 事物到底是什么样子? 它们是如何运作的?"在认识论的层面,这些范式探询的是"知者与被知者之间的关系"问题,即"知者是如何认识被知者的?"而对这个问题的回答又受到前面本体论方面的制约,即:"知者和被知者之间相对分离的关系是否存在?"从方法论的角度看,这些范式需要解决的问题是:"研究者是通过什么方法发现那些他们认为是可以被发现的事物的?"而对这一问题的探讨又受到前面本体论和认识论两个方面的制约,因为不同范式在这些方面的不同会导致对方法的不同看法和处理方式。下面的图表1-2-1对这四个理论范式在本体论、认识论和方法论三个方面的异同进行了一个简单的对比。

一、实证主义

实证主义理论起源于经验主义哲学,是一种"朴素的现实主义"。在主

---

① 这种对范式命名和分类的方式只是我所见到的很多种类中的一种,比如,在同一本书中斯旺德特(T. Schwandt)、奥利森(V.Olesen)、斯坦菲尔德(J.Stanfield II)以及菲斯克(J.Fiske)等人分别对建构主义和解释主义之间的异同、女性主义研究模式、人种模式和文化研究范式进行了讨论。我选择这个分类方式是因为我认为它比较全面地概括了目前社会科学研究的主要理论倾向。

图表1-2-1 社会科学探究范式的基本观点

（资料来源：**Guba & Lincoln，1994：109**）

	实证主义	后实证主义	批判理论	建构主义
本体论	朴素的现实主义——现实是"真实的"，而且可以被了解。	批判的现实主义——现实是"真实的"，但只能被不完全地、可能性地得到了解。	历史现实主义——真实的现实是由社会、政治、文化、经济、种族和性别等价值观念塑造而成的，是在时间中结晶化而成的。	相对主义——现实具有地方性的特点，是具体地被建构出来的。
认识论	二元论的/客观主义的认识论；研究结果是真实的。	修正的二元论/客观主义的认识论；批判的传统/研究群体；研究结果有可能是真实的。	交往的/主观的认识论；研究结果受到价值观念的过滤。	交往的/主观的认识论；研究结果是创造出来的。
方法论	实验的/操纵的方法论；对假设进行证实；主要使用量的方法。	修正过的实验主义的/操纵的方法论；批判的多元论；对假设进行证伪；可以使用质的研究方法。	对话的/辩证的方法论	阐释的/辩证的方法论

客体之间的关系上，实证主义认为社会现象是一种客观的存在，不受主观价值因素的影响，不被知识、理论所过滤。主体和客体是两个截然分开的实体，主体可以使用一套既定的工具和方法程序获得对客体的认识。主体与客体、知者与被知者、价值与事实之间是二元分离的，不能相互渗透。

在对客体的认识方式上，实证主义认为社会现象必须被经验所感知，一切概念必须可以还原为直接的经验内容，理论的真理性必须由经验来验证。实证主义遵循的是自然科学的思路，认为事物内部和事物之间必然存在着逻辑因果关系，对事物的研究就是要找到这些关系，并通过理性的工具对它们加以科学的论证。

量的研究就是建立在实证主义的理论基础之上的。这种方法的重要前提是：研究对象不依赖于研究者而独立存在；事物本身具有其内在固定的、可以重复发生的规律；事物的量化维度可以用来考察事物的本质。因此，量的研究不考虑研究者对研究对象的影响，而对操作工具的科学性和规范性十分重视。

二、"另类范式"（后实证主义、批判理论、建构主义）

质的研究因其自身的特点，与量的研究具有十分不同的理论范式。一般认为,质的研究主要基于另外三种"另类范式"(alternative paradigms),即后实证主义、批判理论和建构主义(Denzin & Lincoln,1994)。这三类范式是对科学理性主义的一种反动,提出研究探究的过程是一个知者和被知者相互参与的过程,知者本人看问题的角度和方式、探究时的自然情境、知者与被知者之间的关系等都会影响到研究的进程和结果。

1. 后实证主义

简单地说,后实证主义是一种"批判的现实主义"。它认为客观实体是存在的,但是其真实性不可能被穷尽。客观真理虽然存在,但是不可能被人们所证实。它就像一个被遮蔽在云雾中的山顶,一个人到达此处时,由于看不清周围的景物,无法轻易地确定自己是否已经站在山顶(Popper,1968:226)。我们所了解的"真实"永远只是客观实体的一部分或一种表象,所谓"研究"就是通过一系列细致、严谨的手段和方法对不尽精确的表象进行"证伪"而逐步接近客观真实①。根据波普(K.Popper,1968)的观点,证实与证伪之间的关系是不对称的,不论多少次证实都可以被一次证伪所推翻:只要找来一只黑天鹅,就可以推翻"凡天鹅都是白色的"这样一个被多次反复证实的"真理"。因此,我们无法通过对经验的归纳来证明某种理论,而只能对理论进行证伪。理性批判是知识增长的惟一途径,必须通过不断的"猜想与反驳",才可能逐步接近真理。

根据我个人对后实证主义范式的了解,我认为可以将其分为两类,我将它们称为"唯物的后实证主义"和"唯心的后实证主义"。前者认为事物是客观存在,不以人的主观意识而有所改变;由于目前人的认识能力有限,因此不可能认识其真实面貌。持这种看法的人一般采取"文化客位"的路线,从自己事先设定的假设出发,通过量或质的方法进行研究。后者认为客观事实(特别是被研究者的意义建构)客观地存在于被研究者那里,如果采取"文化主位"的方法便能够找到客观事实。他们大都采用质的方法,到实地自然情境下了解被研究者的观点和思维方式,然后在原始资料的基础上建立"扎根理论"。

2. 批判理论

批判理论是一种"历史现实主义"。在本体论上,它也承认客观现实的存在,但是在认识论上,它认为所谓的"现实"是历史的产物,是在历史发展进程中被社会、政治、文化、经济、种族和性别等因素塑造而成的。因此,研

---

① 根据波普(K.Popper,1986)的定义,证伪的步骤是 P1—TT—EE—P2。其中 P1(problem 1)为科学家原先遇到的问题;TT(tentative theory)为暂时性理论;EE(error elimination)指的是在检测时排除错误;P2(problem 2)为排除旧有错误以后建立的新问题。然后,我们用同样试错的方式来批评、反证暂时性理论,不断减少错误,逐步逼近真理。

究者的价值观不可避免地会影响到被研究者。研究的目的是通过研究者与被研究者之间的对话和互动来超越被研究者对"现实"的无知与误解，唤醒他们在历史过程中被压抑的真实意识，逐步解除那些给他们带来痛苦和挣扎的偏见，提出新的问题和看问题的角度。这是一种行动型的、带有强烈政治和道德倾向的研究。在这里，"不讲道德就是不道德"（R.Keesing，转引自北晨，1988）。

批判理论指导下的研究主要使用辩证对话的方式，通过研究者与被研究者之间平等的交流，逐步去除被研究者的"虚假意识"（false consciousness），达到意识上的真实。衡量研究质量的标准不是证实，也不是证伪，而是消除参与者无知和误解的能力。比如，研究者应该问的问题是："被研究者通过与我们进行辩证对话是否获得了自知和自我反思的能力？他们是否在认知、情感和行为上变得更加自主、更加愿意自己承担责任了？他们是否在强权面前变得更加有力量了？"

布迪厄在介绍自己的一项研究时所说的一段话可以用来说明批判理论者所强调的研究的"批判"和"解放"功能（布迪厄，华康德，1998：264—265）。在这项研究中，他通过与各种不同的、占据着社会世界中战略性位置的"实践专家们"（如警察、社会工作者、工会活动家、法官）交谈，从这些"活生生的、具有自发性知识的宝库"中了解了社会运行的机制：

> "在充分地了解了个人的社会阅历和生活背景之后，我们就可以进一步进行非常详尽的、高度互动的深度访谈，以协助被访者发现和表述他们生活中所存在的惨痛的悲剧或日常的不幸背后所潜藏的规律，帮助他们摆脱这些外在现实的禁锢和袭扰，驱散外在现实对他们的内在占有，克服以'异己'的怪兽面目出现的外在现实对人们自身存在之中的创造力的剥夺。"

3. 建构主义

与以上范式不同，建构主义者不是现实主义者，他们在本体论上持相对主义的态度。在建构主义者看来，所谓"事实"是多元的，因历史、地域、情境、个人经验等因素的不同而有所不同。因此，用这种方式建构起来的"事实"不存在"真实"与否，而只存在"合适"与否的问题；因为我们只可能判断某一个行为或一种想法是否达到了自己的预期，而无法知道它们是否"真实"（von Glasersfeld，1993：29）。研究者与被研究者之间是一个互为主体的关系，研究结果是由不同主体通过互动而达成的共识。正如加达默尔（H. Gadamer，1994）所指出的，"领会"不是主体对客体的认识，而是不同主体之间"视域的融合"。意义并不是客观地存在于被研究的对象那里，而是存在于研究者和被研究者的关系之中。"一切认识只有作为再认识才叫认识"

（柏拉图,转引自加达默尔,1994:26）。每一次理解和解释都是对原有诠释的再诠释,这是一个诠释的螺旋,可以永无止境地诠释下去(Osborne,1991)。因此,研究者要做的不是进入被研究者的头脑(事实上这也是不可能的),而是通过反思,"客观地"审视和领会互为主体的"主观"。在这里,本体和认识、主观和客观、知者和被知者、事实和价值之间的界限已经不存在了。研究是一个交往各方不断辩证对话而共同建构研究结果的过程;不是为了控制或预测客观现实,也不是为了改造现实,而是为了理解和建构——在人我之间、个体和世界之间、过去和现在之间建构起理解的桥梁。通过主体之间的理解,人类将扩大自身描述和解释事物的认知结构和叙事话语。

　　建构主义者认为,不带"倾见"的理解实际上是一种对理解的不合适的理解,所谓"理解"和"解释"之间的区别实际上是不存在的。人们看待事物的方式决定了他们所看到的事物的性质(Goodman,1978)。研究者个人的思维方式、使用的语言和解释原则必然(也必须)符合他们生活中基本的、约定俗成的规范,否则便不可能对研究的现象进行任何意义上的阐释,更不可能与他人进行交流。比如:当我们看见在一个房间里有一些七八岁的孩子一排排地坐在桌子后面,手里拿着书,眼睛望着前面一位正在说话的成年人,我们马上会将这一场景解释为"上课"。而我们对这一事物的理解是基于我们对自身文化的了解和认同之上的。如果我们从来没有在这个星球上居住过(像外星人),或者我们从来没有上过学或者目睹过此类场面,我们有可能将其解释为"一些孩子坐在一个屋子里,前面有一个大人在讲话"。或者更有甚者,我们对"孩子"、"坐"、"屋子"、"大人"、"讲话"这些概念都会有不同的解释。

三、对质的研究之理论范式的分析

　　从上面的讨论中我们可以看出,作为质的研究的理论基础的三个"另类范式"(后实证主义、批判理论和建构主义)在以下几个方面存在异同。在本体论上,后实证主义和批判理论都认为存在一个客观的现实,不同的是前者认为这个现实是客观存在,而后者认为这个现实受到历史、文化和社会的朔模。建构主义在本体论上持相对主义的态度,不认为存在一个惟一的、固定不变的客观现实。在认识论上,后实证主义认为,知者可以通过相对严谨的方法对被知者进行"客观的"了解,虽然这种了解始终是对最终真实的部分的了解;批判理论和建构主义却认为,理解是一个交往、互动的过程,必须通过双方价值观念的过滤。在方法论上,后实证主义采取的是自然主义的做法,强调在实际生活情境中收集"真实"的资料;而批判理论和建构主义则强调研究者与被研究者之间的辩证对话,通过互为主体的互动而达到一种生成性的理解。

17

就其各自的长处而言,后实证主义与其他范式相比在实践层面比较容易操作,可以通过一些程序和手段(如证伪、相关验证)对研究的过程和结果进行检验。批判理论考虑到了研究的价值和权力层面,与其他理论范式相比可以更为有效地对社会现实进行干预。建构主义看到了人和社会的相互性和交往性,注意到了研究者在理解中的能动作用,使研究成为一种发展生成的过程。

就各自的弱点而言,后实证主义假设人们的行为有其内在联系,人们对自己行为的动机和意义十分清楚,如果研究者采取严谨的方法,可以(虽然是局部地)了解和理解当事人的行为和意义解释。这种对当事人观点绝对尊重的态度很容易导致相对主义,使研究者群体失去衡量研究质量的标准。相对主义声称所有的文化价值系统都具有平等的有效性,主张对所有人类社会文化中的差异性给予基本的尊重,这就使得研究者无法进行任何道德评判,也无法建立任何科学进步所不可缺少的理论纲领①。

批判理论为社会科学研究提出了批判的向度,但是如果使用不当的话有可能表现出一种"精英意识",把自己认为重要的观点强加给被研究者。批判理论者的理论有时过于"宏大",是一种自上而下建构起来的理论,而且在研究的过程中有时过于注重对自己理论的验证。此外,批判理论自身存在着一个致命的矛盾:即本体论上的"客观主义"和认识论上的"主观主义"(Smith,1990)。一方面,他们承认"真实"是客观存在,而另一方面又认为所谓的"真实"只能被历史地认识,那么这些存在于历史之中的人们又怎么可能"真实地"认识"客观真实"呢②? 这涉及到一个无法解决的"自相关"的问题,即批判理论自身无法知道自己的理论是不是也带有偏见、也需要被批判③。

---

① 然而,也有人认为,学者们总是习惯于把相对主义当成一种教条,而没有把它看成是一种方法以及一种对解释过程本身的认识论反思(马尔库斯、费彻尔,1998:55)。这种相对主义(如解释人类学)并不否认人类价值的等级,并不推崇极端的宽容主义,而是对那些占据特权地位的全球均质化观点、普同化价值观、忽视或削弱文化多样性的社会思潮提出了挑战而已。

② 为了解决这个矛盾,有学者提出了"修正现实主义"的观点,认为批判理论所说的"客观"不是指一个外在的、独立存在的实体,而是指那些动态变化的、由历史和社会所塑模并且影响到我们日常生活的"模式"。这些模式之所以被认为是"客观"存在,是因为它们在人类历史上受到特定文化和社会的塑造,现在已经基本定型了(Bleicher,1980)。

③ 有关"自相关"的问题,赵汀阳(1998a:180)认为,这是人类滥用逻辑而制造出来的一个困难。我们以为一个观点总需要进一步的证明,假如实在找不到进一步证明,我们就只好自我证明。但其实我们可以换一种思维来考虑这个问题。我们的证明其实不一定非要是"进一步的",而是就在"周围";构成证明的理由也不一定是在"后面",而是"在旁边"。需要被证明的东西和可以用来作为证明的东西就在同一个层次、同一个空间、同一个环境里,没有什么在后面、在远方、在更深处的东西。证明不一定都是知识性的或规范性的东西;而且,如果没有进一步的证明,也不能自我证明,这并不等于就不能证明。

建构主义在理论上十分迷人，为我们从事研究提供了无限广阔的空间和可能性，但是在实践层面却很难付诸实施。在建构主义者的眼中，一切都在流动之中，只有此时此刻才是"真实"的——这种理论不仅不能提出一套可供后人遵循的方法原则，而且无法设立任何衡量研究质量的标准。

上述三种"另类范式"落实到质的研究的具体实践中呈现出如下一些异同。这三种范式都注重在自然情境而不是人为的实验环境下进行研究；都强调对社会现象进行整体的探究，而不是对其中一些孤立的变量进行调查；都要求对当事人的意义建构获得解释性的理解，而不只是对他们可观察到的外显行为进行测量，也不只是对研究者自己的理论假设进行证实；都注意反思研究者个人因素对研究过程及结果的影响，而不是力图排除或否认这些影响。在对研究结果的评价和使用上，这三种范式存在一些分歧。后实证主义强调使用一定的检测手段对研究结果进行严谨的验证；而批判理论和建构主义则更加重视反省自己与研究对象之间的互动关系。后实证主义注重用研究结果来扩展知识；而批判理论主张将研究结果用来唤醒人们，改造社会中的不公；建构主义则着眼于当下的构成性理解，生成新的社会现实。

上面的讨论表明，质的研究来自很多不同的理论和实践传统。正是由于这些丰富多彩但又在很多方面相互矛盾的传统，质的研究本身在其不同层面、不同角度、不同部分都表现出冲突和张力，因而也就孕育着巨大的发展潜能。在下面整本书里，我们都会不断地遇到这些张力的挑战和困扰①，同时也会受到这些张力给质的研究带来的发展可能性的诱惑。正是通过对这些张力的亲身体验和深入探索，我希望读者在读完本书（并且同时完成了自己的一个质的研究项目）以后，能够对"什么是'质的研究'"这个问题得出自己的、合乎自己目前具体研究情境的定义。作为一个建构主义的倡导者，我认为读者在阅读时就是在进行一种建构，在与作者和文本之间的对话中建构新的现实。因此，在这个对话中，任何定义都是会发展和变化的，而当事人自己最有资格对自己所从事的活动给出一个自己的定义。对"文化主位"观念的尊重，在辩证互动中生成意义——这本身就是质的研究的精神所在。

我的一位学生在完成一个质的研究项目以后，对自己使用的方法所蕴

———————
① 高一虹在读完本书初稿后所用的一个比喻可以在此用来描绘质的研究内部目前存在的"混乱"状况：好像质的研究已经推倒了实证主义的大厦，但是却没有很好地清理地基，就又开始用原来的砖瓦盖房子，使用的仍旧是一些实证主义的术语（如"真实"、"客观"），因此很多问题都讨论不清楚。我对此深有同感。由于质的研究内部范式不一致，这种"相互打架"的现象时有发生。在本书中，尽管我尽了最大的努力对有关问题加以说明，但感觉很多地方仍旧存在"相互矛盾"的情形。

涵的方法论问题进行了探讨(崔艳红,1997:1)。我认为下面这段陈述与上面所讨论的有关质的研究的定义和理论基础有密切的关联,特别是与建构主义者的观点有共同之处,在此与读者分享。

"假设有一个外在于我们心灵和思想的客观世界,如昔日古城一样埋在深处;假设它是一个逻辑严密的体系,如古城中纵横交错的街道一样。而我们手挥锄镐,小心挖掘,每挖出一条街道就顺着它假想另一条街道的可能方位与走向。这样不断地猜测街道可能的布局,不断地通过挖掘来验证或推翻自己的假设,不断地挖出一块块区域……直到有一天,整个城市赫然出现在我们面前。我们在欣赏着古城的伟大与精致时,同时也感到了它的冷漠:我们原来只不过是一件工具,一件有思想的锄镐而已。研究的意义就在于此么?

我对这种所谓的'纯客观的研究假想'表示怀疑。

作为一名质的研究者,我不断地问别人,试图理解、发现他们内心深处的想法,也不断地问自己,试图发现、理解自己的思想。这里绝非如考古者那样以完整地发掘出一座古城为最后目的,而是只能通过我自己去理解、去把握他们,如一个画家一样观察、体验和创造。这便是我的'研究理想'。

对于一个考古挖掘者,古城对它的回答只能是'对'或'否'。而在这里,我们得不到这样绝对肯定或否定的回答,我们只能问自己:'这里是否有丰富的含义?它意味着什么?如何进一步发掘?研究的问题是否需要改变?'不断地记下自己调查、分析的每一个步骤,记下自己思考的过程,给自己看,也给读者看。在这里,过程比结果更重要。"

第三节 对有关概念的辨析

在讨论质的研究的定义以及质的研究的理论基础时,我们经常不得不面对(并使用)很多现存的概念,如"质"、"本质"、"定性"等。"质的研究中的'质'与人们常说的'本质'有什么不同?质的研究与中国社会科学界常说的'定性研究'有什么不同?"——这些都是我们经常不得不面对的问题。

一、有关"质"与"本质"

本书将英文的"qualitative research"译为"质的研究",也有人将其译为"质性研究"、"质化研究"、"定质研究"等(陈伯璋,1989;高敬文,1996;胡幼慧,1996)。我之所以选择"质的研究"这个译名,主要考虑到可以与"量的研究"相对应,相对"质性研究"这类词语使用起来较为方便。此外,在中文中"质性研究"中的"性"和"质化研究"中的"化"这两个词的意思比较含糊,似乎有一种"推而广之"的意味;而"定质研究"中的"定"又在语气上似乎显得太肯定了。因此,我决定选择目前这个虽然读起来有点拗口,但是意思比较温和、立场比较"中性"的译名。

如果望文生义的话,"质的研究"似乎是对社会现象"性"、"质"的研究,而"量的研究"好像是将重点放在事物的"量"化表现上。我认为,这种理解实际上是一种误会。其实,所有的研究,不论是质的、量的还是其他任何形式的研究,都是为了了解事物的"质",即,该事物以区别于其他事物的属性,用通俗的话来说就是:"这个东西是什么?"(包括其产生、发展和变化的过程)而要了解这个东西是什么,就不得不了解这个东西的各个组成成分,包括其规模、程度、速度、空间排列等可以量化的部分。比如说,如果我们想了解某学校的课程设置情况,我们除了应该知道该课程的内容和结构以外,还必须知道其数量,如学生每周上几门课,每天上几节课,每节课多长时间;进度,如这门课用了多少学时;程度,如该课程的难易程度,学生对课程的理解是否有差异等。因此,一个事物的"质"实际上指的是该事物的"性质"、"属性"和"特质",是该事物以区别于其他事物的特征和组成部分,包括该事物中可以"量"化的特征和组成部分。

那么,我们所说的"质"和"本质"又有什么不同呢?中文中的"本质"一词在英文中的译名是"essence"、"nature"。就我个人的理解,"本质"这个概念是相对于"现象"而言的,来源于自柏拉图始到笛卡尔集大成的二元认识论。这种"主—客"对立的思维方式认为,人们日常看到的东西只是事物的现象(或表象),一定要通过深入的分析(或通过实证的、可以感知的资料,或通过概念的、逻辑的哲学辨析),才能够获得对事物表象下面"本质"的了解。而质的研究由于受到现象学的影响,认为现象本身就是本质(刘放桐等,1981:551)。现象学强调对事物的本质进行直观,在变动不居的意识流中把握事物稳定的、常住不变的状态。正像人能够直接听到声音一样,人也能够通过自己的意识活动直观现象的本质。现象学中的"现象"不是人的感官所感觉到的东西,而是人通过自己的意识活动"激活"感觉材料之后而获得的一种意向。人时刻处于一种具有时空维度的视域之中,在看到感觉对象的同时也就看到了范畴、关系和内在结构(张祥龙,1998)。这是人的一种带有意向性的意识活动,是一种不能对之进行论证或逻辑分析的"本质的洞察"(倪梁康,1994)。现象学的集大成者胡塞尔(E. Husserl, 1994)早期提出的"本质还原"的办法主要有如下两个具体的步骤:1)中止判断,将自己的前设"括"起来,直接面对实事本身;2)在个别直观的基础上使现象的共相呈现出来。

由于受到上述现象学的影响,质的研究不认为现象和本质、形式和内容之间是可以相互分离的。事物(或意义)就像是一个洋葱(与二元论的核桃模式不同),其本质和现象实为一体;如果对其进行分解,一瓣一瓣地剥到最后便什么也不存在了。研究者实际上是一个社会现象的"拼凑者",使出"浑身解数"将自己构造的"现实"展示给世人。这个"现实"其实是研究者个人的一种勾勒,是一个把现象拼凑起来的"大杂烩",其中既有事情本身复杂、密集、浓缩的"质",也有研究者个人的自我反思和过滤(Denzin & Lincoln,1994:2)。质的研究遵循的是一种具体的逻辑,具有直接、具象和整体性的特点(卡西尔,1991:15)。它与人的知觉经验密切相关,而不是使人的心灵从知觉"总体"的纠缠中抽象地解脱出来。

所以,在质的研究中,重要的不是"透过现象看本质",而是针对现象本身再现现象本身的"质"。事物的"质"与"本质"之间的主要区别在于:后者是某种假定普遍地存在于事物之中的、抽象的属性;而前者本身就是一个整体的集合,其存在取决于当时当地的情境,而不是一个抽空了时空内容的概念。

二、"质的研究"与"定性研究"的区分

两年前我刚开始在中国社会科学界介绍"质的研究"时,我像现在一些中国学者一样把"qualitative research"翻译成"定性研究"(陈向明,1996/1,1996/6,1996/7,1998;维尔斯曼,1997)。后来,从读者的反馈中,我意识到这个译名很容易与中国社会科学界目前常用的"定性研究"混为一谈,而实际上它们的所指是很不相同的。因此,在后来的一些文章以及本书中,我改为使用"质的研究"这个译名。

我个人对中国的"定性研究"尚未进行系统的研究,但据我所知,目前尚无学者对其进行明确、系统的定义和梳理。通过我个人平时的观察以及与有关学者交谈,我感觉"定性研究"的所指似乎比较宽泛,几乎所有非定量的东西均可纳入"定性"的范畴,如哲学思辨、个人见解、政策宣传和解释,甚至包括在定量研究之前对问题的界定以及之后对数据的分析。"定性是定量的基础,定量是定性的精确化"(陈波等,1989:122)——这类陈述表达的就是中国学者目前普遍认可的这样一层意思。

我认为,"定性研究"虽然在一些方面与"质的研究"有类似之处(如强

调对社会现象之意义的理解和解释），但在很多方面存在差异。首先，在本体论和认识论上，"定性研究"像"定量研究"一样也坚守实证主义的立场，都认为存在绝对的真理和客观的现实，不论是通过"定量"的计算还是"定性"的规定，目的都是为了寻找事物中普遍存在的"本质"①。而"质的研究"已经超越了自己早期对自然科学的模仿，开始对"真理"的惟一性和客观性进行质疑。

其次，在研究方法上，我认为，中国学者目前从事的大部分"定性研究"基本上没有系统收集和分析原始资料的要求，具有较大的随意性、习惯性和自发性，发挥的主要是一种议论和舆论的功能（景天魁，1994：46—48）。它更多的是一种研究者个人观点和感受的阐发，通常结合社会当下的时弊和需要对有关问题进行论说或提供建议②。而"质的研究"却十分强调研究者在自然情境中与被研究者互动，在原始资料的基础上建构研究的结果或理论，其探究方式不包括纯粹的哲学思辨、个人见解和逻辑推理，也不包括一般意义上的工作经验总结。比如"定性研究"中的"哲学研究"在英文中被称为"philosophical study"，"个人反思"被称为"personal reflection"，"政策分析"被称为"policy analysis"，这些部分都不在"质的研究"的范畴。在这一点上，"质的研究"与"量的研究"有一定的共同之处，即：两者都强调研究中的经验主义成分；尽管收集的资料类型以及分析资料和利用资料的方法有所不同，但是都必须有深入、细致、系统的调查资料作为基础，从研究者自己收集的资料中寻找意义解释或理论的根据。而"定性研究"大都没有原始资料作为基础，主要使用的是一种形而上的思辨方式。

虽然在对社会现象的理解和解释上，"质的研究"与"定性研究"似乎存在某些共同之处，但是前者更加强调研究的过程性、情境性和具体性，而后者比较偏向结论性、抽象性和概括性。至今，"质的研究"已经建立起了一些比较系统的方法规范，研究者需要对有可能影响研究的诸多个人因素以及研究的具体过程有明确的意识和反省，而"定性研究"尚无这类意识和要求（高一虹，1998：4）。从这个意义上看，"定性研究"似乎主要基于的是形而上的、思辨的传统，而"质的研究"主要遵循的是现象学的、阐释学的传统。与这两者相比，经验主义的和实证主义的传统似乎在"量的研究"中要更为明显一些。

---

① 这个观点受到阴悦在课堂上发言的启发，特在此致谢。

② 在这里，我把中国史学、社会学、人类学、考古学、民族学、民俗学等领域常用的"文化人类学的方法"（蓝永蔚，1999：2—4）排除在"定性研究"的范畴之外。这些领域所使用的方法与本书所探讨的"质的研究方法"十分类似，或者说"质的研究方法"就是在"文化人类学的方法"以及其他相关领域的基础上发展起来的。有关这方面的发展线索，参见第二章。

　　毫无疑问的是,"定性研究"是一种对社会现象进行探究的方式,有其自身的意义和作用。但是,由于中国社会科学研究界目前对这种方式的理论基础和运作机制缺乏研究,我本人也没有对其进行系统的探究,因此很难对其进行准确的描述或评价。"定性研究"本身的定义和运作方式及其与"质的研究"的区别和融合——这将是今后一个十分重要的、有待探究的课题。

第二章　质的研究的历史发展

——我从哪里来？

质的研究发源于许多不同的理论传统和学科领域,经历了一个漫长、曲折的发展过程。由于传统丰富、道路崎岖,学者们对质的研究的发展进程、历史分期等各个方面都存在很多相同或不同的看法。下面,我根据有关文献以及自己的理解对这些看法及其相关的历史"事实"进行一个初步的梳理。

第一节　质的研究的历史渊源

根据斯密司(A.Smith,1989)的观点,质的研究的历史渊源可以追溯到人类文明发源地之一的古希腊。质的研究中一个最主要的方法"ethnography"(民族志)一词中的词根"ethno"就来自希腊文中的"ethnos",意指"一个民族"、"一群人",或"一个文化群体"。"Ethno"作为前缀与"graphic"(画)合并组成"ethnography"以后,便成了人类学中一个主要的分支,即"描绘人类学"。("ethnography"一词目前在中国一般被翻译成"民族志"、"人种志"或"文化人类学的方法";本书取"民族志"这个译名)。"民族志"是对人以及人的文化进行详细地、动态地、情境化描绘的一种方法,探究的是特定文化中人们的生活方式、价值观念和行为模式(Peacock,1986)。这种方法要求研究者长期地与当地人生活在一起,通过自己的切身体验获得对当地人及其文化的理解。目前,"民族志"已经成为质的研究中一种主要的研究方法。

一、民族志的发展

早期民族志研究发源于西方一些"发达"国家的学者对世界上其他地区残存的"原始"文化所产生的兴趣。通过对一些原始部落进行调查,他们发现,那些被西方社会认为比较"落后的"民族实际上是人类进化链中的一个环节(Hodgen,1964)。因此,他们对这些原始部落产生了极大的兴趣,希望通过对异文化的了解来反观自己的文化发展历程。从15到16世纪,西方人对原始部落的兴趣与哥伦布发现新大陆和南太平洋岛国有着密切的关系,哥伦布的探险为西方人带来了很多自己当时不知道的有关世界的新知识。对此他们感到十分不安,迫切地希望了解整个世界的"本相",以此来修正西方学术界有关人类社会的知识结构。

19世纪下半叶以前,民族志的研究尚未专业化,有关其他文化的资料通常是由非专业人士提供的。人类学家一般使用一些探险家、贸易商、传教士和殖民官员所写的文字资料作为研究异文化的素材,自己很少亲自到实地去收集第一手资料。这个时期的人类学研究带有十分明显的殖民色彩,从事研究的大多数是出身中产阶级的男性白种人,而被研究的都是被西方社会认为"不发达"的原始"土著人"。这些研究者认为,被研究的土著人与自己属于不同的人种,是原始的"野蛮人",对这些人种进行研究不是为了了解他们,而是希望通过他们发现欧洲白人文明社会的起源。因此,研究者通常采取一种客观的态度,与被研究的土著人保持一定的距离。他们很少在当地长期居住,即使有时候不得不在当地停留,时间通常也很短暂。他们的主要工作是收集当地人的一些人造物品、文献资料、头颅和体质测量数据,有时甚至将一些当地的土著人带到自己"文明"社会的博物馆里进行展览(Rohner,1966)。这个时期的人类学家普遍认为,对文字和实物资料进行比较分析比在实地工作更加重要;前者是学术,而后者只是收集资料而已(Denzin & Lincoln,1994:19)。

质的研究中实地调查方法的始作俑者是博厄斯(F.Boas)。他是一位德籍美国人类学家,从1896年到1946年去世之前在哥伦比亚大学人类学系担任系主任达50年之久。从1886年开始,博厄斯便经常到美国西北海岸的印第安部落去作实地调查,并想尽办法把自己的学生赶出图书馆,要他们从学者的安乐椅中站起来,走入实地进行实际调查工作。博厄斯的主要兴趣是对当地人的语言文本以及他们的历史进行研究,认为通过文本可以了解当地人看问题的视角。因此,他对研究对象当时的日常生活和社会组织结构不是特别关注。尽管他也不断要求自己的学生和同事们学习当地人的语言,和他们一起生活,倾听他们的谈话,可是他自己却很少这么做。在研究中,他通常依靠一位会说英语的当地"知情人士"(informant)为自己提供信息。这些信息提供者一般对自己部落的历史和文化比较了解,而且愿意为研究者口授或翻译文本(Wax,1971)。博厄斯本人很少居住在当地印第安人的村子里,他通常在离村子不远的一家旅馆里就宿,只是在万不得已的情况下才在当地住上一两天。

在社会科学研究领域真正开创了长时期实地调查传统的当推马林诺夫斯基(B.Malinowski)。马林诺夫斯基是一位从波兰移民到英国的人类学家,他通过自己的研究创立了人类学中的功能学派。由于第一次世界大战的滞留,他于 1914—1915 年和 1917—1918 年间在新几内亚和特罗比恩(Trobriand)岛上进行了长期艰苦的实地工作。通过与当地人一起生活,他发现,白人研究者只有离开自己的文化群体,在当地人的村子里安营扎寨,参与到他们的日常生活之中,才可能真正了解他们的所思所想(Malinowski,1961)。他深切地感到,当地的殖民社会结构以及白人群体对土著人的偏见极大地约束了自己从事人类学方面的研究,因此他想尽办法摆脱这些约束,自己深入到当地人之中去。然而,当他真正与本地人生活在一起时,却很少深入地、亲密地、完全地与他们分享自己的生活和想法。大部分时间,他仍旧是在使用一种比较传统的方式对当地人的生活习惯进行询问,只不过他询问的地点与前人有所不同罢了。本地人对他来说仍旧是"野蛮人",他对他们看问题的方式仍旧缺乏透彻的了解,他对资料的分析仍旧使用的是自己的理论框架(Wax,1972)。但是,由于他自己亲身经历了"在这里"、"到过那里"和"回到家里"的三阶段过程,他对当地人的制度风俗、行为规范以及思维方式进行了比较整体性的、处于文化情境之中的研究(王铭铭,1997:134—136)。

博厄斯和马林诺夫斯基的实地调查方法极大地影响了后来西方的人类学家,如博厄斯的学生本尼狄克特(R.Benedict)、M.米德(M.Mead)、罗威(R.Lowie)和克罗伯(A.Kroeber)以及英国的社会人类学家普利查德(Evans-Pritchard)、弗斯(R.Firth)和保德玫克(H.Powdermaker)等人(Emerson,1983)。他们各自在非洲、太平洋岛国、美国本土以及世界上其他地区就自己感兴趣的问题进行了长期的实地研究,其工作为人类学实地调查方法的实施和传播起到了十分重要的作用。

二、社会学领域的发展

除了人类学以外,质的研究中实地调查的传统还可以追溯到社会学领域。社会学中的实地调查开始于 19 世纪末和 20 世纪初西方国家的社会改革运动,当时一些西方国家的社会学家非常重视对城市里的劳动人民进行细致的实地研究。比如美国的杜·波依斯(Du Bois)在对费城的黑人社区进行研究时,除了进行大规模的统计调查以外,还对那里的黑人进行了5000 例访谈,其著作《费城的黑人》(1899/1967)被认为是早期城市民族志研究的一个优秀典范(Vidich & Lyman,1994)。德国的共产主义者恩格斯(F.Engels)长期深入到工厂和工人居住区,在自然情境下使用实地调查和解释的手法对英国工人阶级的现状进行了细致的描写和分析,其《英国工人阶级的状况》(1845/1969)也被视为实地研究的佳作(Hamilton,1994)。布思(C.Booth)的《伦敦人民的生活和劳动》(1927)被认为是 20 世纪上半叶一个著名的社会调查,这个调查揭示了迄今为止尚未被研究界所知的伦敦劳动人民的生活世界。他将伦敦划分为 50 个区,按照不同的标准(如贫穷率、出生率、死亡率、早婚率等)将这些区域进行排序,然后对它们进行区际比较。除了使用统计数据以外,布思还广泛地进行了访谈和观察,深入到普通劳动人民家庭中对他们的日常生活进行系统、详细的考察。

美国的芝加哥学派在 20 世纪上半叶为促进城市内的实地调查工作发挥了举足轻重的作用。该学派的代表人物帕克(R.Park)等人对美国一些城市内不同少数民族群体、亚文化群体(特别是贫困人群)进行了广泛的研究。1916 年,帕克在其著名的《城市》一文中明确地把博厄斯和罗威的人类学方法作为研究城市的社会学方法。此时的社会学除了使用民意测验的方法以外,还与被研究者进行面对面的访谈和观察,收集被研究者个人的实物、信件、日记以及传媒界可以找到的传记、新闻故事、官方记录等。托马斯(W.Thomas)和兹南尼斯基(F.Znaniecki)的《欧洲和美国的波兰农民》(1927)就是一个著名的通过大量个人信件对当事人的主观心态进行探究的事例。据说,托马斯得到这些信件纯属偶然(Collins & Makowsky,1978)。有一天,他在芝加哥波兰移民的贫民窟中走过时,突然头上一扇窗户里丢出来一堆垃圾。他赶忙闪到一边躲开,结果看见垃圾中有一札信件,是用波兰文写的。十分幸运的是,他懂波兰文,于是便兴致勃勃地浏览起来。通过这些信件,他了解了写信的这些波兰人的局内人观点,体会到了他们如何看待自己移居美国以后的日常生活(Bogdan & Biklen,1982:10)。

与此同时,林德(Lynd)夫妇在美国一些教会的支持下开始对美国的城市生活进行研究,他们关注的焦点是当时美国人的道德观念和精神状况。林德夫妇使用了威斯勒(C.Wissler)提供的文化调查表,将美国中部城镇居民的生活分成了六个方面(谋职、成家、生儿育女、闲暇、宗教、社会活动),全面地对居民的生活进行了考察。他们的研究成果先后发表在两本专著中:《中镇——美国现代文化研究》(1929/1956)和《过渡中的中镇——文化冲突研究》(1937)。

这个时期的社会学研究对研究者个人在收集资料过程中所起的作用尚未给予足够的重视,研究的重点主要放在如何从文件中挖掘当事人的观点和态度。由于受科学实证主义的影响,此时的研究者仍旧认为被研究者那里存在着"客观的现实",即使研究的内容涉及被研究者的主观世界,这个主观世界也是"客观存在"的。因此,研究者对自己本人的角色身份、决策策略以及与被研究者之间的互动过程反省较少。

三、自我反省意识的觉醒

从 1930 年到 1960 年之间的 30 年间,随着殖民主义的衰落以及非洲和亚洲民族国家的兴起,西方的人类学开始受到独立国家人民的排斥,因此西方的人类学家们也逐渐具有了自我反省的意识。殖民主义制度曾经使这些人类学家将被研究者作为一个完全与自己无关的群体，就好像土著文化是一个自然科学的实验室，可以供"文明"社会的白人研究者客观地进行观察和分析。而现在，随着当地人文化水平的提高，西方人类学家的研究成果不仅可能被自己所属的学术圈子所使用，而且可能被当地的政府部门所利用。同时，这些西方研究者也意识到，自己的研究实际上一直受到自己殖民主义国家利益的驱使，要保持学术上的"客观中立"是不可能的。

很多研究者意识到，自己原来所持有的文化进化观过于偏狭，即：把非西方文化当成西方文化的史前文化或者是没有历史的文化，没有给予这些文化以应有的尊重和欣赏。西方学界开始认识到，西方学者对非西方文化的研究实际上是一种文化渗透，虽然他们声称自己是在"客观地"对当地的文化进行描述，但是他们的描述是有自己的视角和倾向性的。由于对自己的文化身份和"殖民"作用开始有所意识，西方的很多人类学家体会到了一种集体的负罪感，开始着手对自己作为研究者的"政治"身份和权力地位进行认真的反省(Nader,1972)。

由于没有机会进入其他文化进行研究，美国和欧洲的人类学家逐渐将注意力放到对历史文献、语言学以及自己国家本土文化的研究上面(Vidich & Lyman,1994:29)。在对本土社会的研究上(特别是对城市贫民的研究上)，人类学与社会学开始了学科上的合流。两者均在民族志方法上找到了共同点，即长期地与被研究的城市居民群体生活在一起，了解他们所关心的事情以及日常的困扰(Erickson,1986)。比如，芝加哥学派借鉴人类学的方法，对城市的贫民、种族、区域特征等问题进行了长期的实地研究，因此而开创了一个新的"城市生态学"研究领域，将人类学的社区研究方法成功地运用到了对现代城市的研究之中。起初，人类学家和社会学家的主要研究对象是外国移民、城市移民和城市贫民，后来把民族志的方法运用到企业文化、实验室文化、摇滚音乐等西方社会生活的不同侧面。学习人类学专业的学生们仍旧被集中地进行有关非洲人、印第安人以及太平洋岛民的经典民族志训练，但是那些在海外完成异文化研究的学者们，纷纷转向对本土文化的关注，形成了一个"回归"的趋势。他们意识到，那种认为人类学研究的对象(即异文化)正在消失的恐惧是没有根据的；独特的文化变异无处不在，在国内把这些变异记录下来常常比在异地更加重要。这些研究不仅可以为行政部门或政府机构提供改革的丰富资料，而且可以提醒公众注意社会上的受害者和失利者(马尔库斯，费彻尔，1998:159—160)。

随着自我反省意识的增强，此时的人类学家和社会学家越来越多地对自己的主观角度进行反思和分享(Emerson,1983:9)。他们开始将自己的"倾见"公布于众，主动"亮身份证"，探讨自己的角色及其对研究过程和研究结果的影响(Lewis,1953；Mead,1949；Paul,1953；Redfield,1953)。此时的研究者不再是一个客观、中立、保持一定距离的观察者,而是一个具有人性的科学家,其自我及其与被研究者的关系成了衡量研究结果的一个重要标准(Nash & Wintrob,1972)。美国社会学家怀特(W.Whyte)在其著名研究《街角社会》中便直接与多克等知情人士相互交往,亲自参与到对方的各种活动之中。通过在街上与这些意大利移民的后裔们一起"闲逛",他了解了对方各种行为的意义及其社团组织的结构特征。怀特的研究给芝加哥学派带来了一种新的风气,将参与型观察正式引入了社会学研究的范畴。

20世纪60年代以后,受现象学和阐释学的进一步影响,质的研究者们进一步意识到,自己与被研究者之间实际上是一种"主体间性"的关系。研究者的自我意识不仅可以包容被研究的对象世界,而且可以创造一个对象世界。研究不仅仅是一种意义的表现,而且是一种意义的给予;而在这个意义的给予中,研究者本人起到了至关重要的作用。研究者也是一个行动者,是组成实地的一个部分;研究者本人的工作方式在很大程度上决定了研究结果的性质(Cicourel,1964)。因此,研究不再只是对一个固定不变的"客观事实"的了解,而是一个双方彼此互动、相互构成、共同理解的过程。这种理解不仅仅涉及到研究者在认知层面上"了解"对方,而且需要研究者通过自己的亲身体验"理解"对方;研究者不仅仅只是客观地收集"事实"资料,而且要切身地体察对方的行为、思想和情感(Whyte,1955:280)。只有当研究者对对方的生活方式、价值观念以及所关切的问题持一种欣赏的态度时,对方才有可能向他们展现自己的"真实"面貌(Matza,1969)。

四、对政治权力的反思

冷战结束以后,世界各地的民族意识和国家意识进一步上涨,世界政治和文化格局在逐渐地"去中心"、"边缘与中心互换"。在"文化多元"这一旗帜的鼓舞下,质的研究也被卷入了多种相互不可通约的、甚至相互冲突的价值观念和理论范式的论战之中。在后现代的今天,很多研究者都意识到,研究永远不可能"客观",自己也永远不可能成为"他人"(Rorty,1989；Taylor,1989)。"研究"其实就是一种写作方式,是一种"写文化"的行为(Clifford & Marcus,1986)。研究者就是作者、写者,他们不仅仅是在再现世界,而且是在创造世界。因此,研究者需要做的不是努力成为他人,进入他人的皮肤和头脑进行思考(或者天真地认为自己可以这么做),而是认真反省自己,了解自己在建构研究结果的过程中所可能起的重新"筑构"现实的政治作用。

此时的质的研究已经从以往对自我和他人关系的反思转到了对语言、政治、历史以及社会科学家作为一种职业的反省(布迪厄,华康德,1998)。与早期研究者对自己的身份进行"忏悔式"的自白相比,现在的研究者更加注意自己所处的社会场域(field)、自己所面临的文化冲撞以及自己所具有的文化资本和个人惯习(habitus)(Bourdieu,1977)。他们不仅对不同文化中的"人观"(personhood)、自我和情感继续进行探究,了解小型社区与世界全球化之间的关系,而且将社会科学研究本身作为一种文化批评。在这种集体的、学科性的自我批判中,他们试图揭示在自己的文化中,人的心理因素是如何被政治和权力所操纵的,社会中的边缘文化是如何受到文化霸权的控制的。通过认识论上的"转熟为生"和跨文化并置(juxtaposition),研究者试图使本文化成为一个"怪异的"实体,在与他文化的比较中找到本文化中存在的"病态"现象(王铭铭,1997:145—148)。

在后现代时期,质的研究与社会变革和社会行动之间的结合越来越紧密。这就使研究者越来越强烈地意识到,自己的研究有可能对社会中不同的人群造成影响,可能被某些政治家、政府机构或财团所利用,也可能成为自己国家对别国、别民族的主权进行干涉的工具。在对笛卡尔所开创而后被实证主义(特别是逻辑实证主义)所强化的二元论进行批判的同时,质的研究越来越关注研究的价值影响和政治意义。研究者认识到,人类社会存在着各种各样的等级制度和权力约束,研究永远不可能保持道德上和政治上的中立。研究与实践两者之间不可能绝对分离,它们在心理、社会和经济各个层面都存在密切相关的联系,纯粹意义上的学究式的"研究"是不存在的,研究更多的是一种政治行为(蓝永蔚,1999:6)。

第二节　质的研究的分期

在对质的研究的历史发展进行了一个简单的回顾以后,现在让我们来看一看质的研究者是如何对自己的历史进行分期的。目前在质的研究领域,有关历史分期的问题尚没有明确统一的定论,只是有一些学者提出了自己的看法而已。比如,丹曾和林肯(1994:7—11)认为,质的研究的发展可以大约分成五个时期:1)传统期(1900—1950);2)现代主义期,又称黄金期(1950—1970);3)领域模糊期(blurred genres)(1970—1986);4)表述(representation)危机期(1986—1990);5)后现代主义期,又称"第五次运动"(1990—　)。下面,我分别对这五个时期的主要特征和主导思想潮流进行一个简单的介绍,同时结合我自己对有关思想流派的理解对一些理论问题进行探讨。

一、传统期(1900—1950)

这个时期占统治地位的指导思想是实证主义。由于受到自然科学以及社会科学中量的研究的影响,此时的研究者都着意追求研究的"客观性"和"真实性"。研究者是一个来自"发达"地区的学者,被研究者对他/她来说属于一个陌生、怪异、"原始的"文化。这个文化与研究者自己的文化很不一样,是一个有待"研究"的对象。研究者与这个对象之间是相互隔离的,研究者应该做的就是"客观地"、"真实地"表现被研究者的生活方式和社会结构。

这个时期的研究者对自己的实地工作有一种复杂的、爱恨参半的心情:一方面,他们似乎看不起实地工作,认为自己看到的都是一些杂乱无章的东西;而另一方面,他们又都以实地工作的"科学性"和"客观性"而自豪,似乎通过这种个人化的经历可以从杂乱的原始资料中形成"客观的""规律"和法则。比如,人类学鼻祖马林诺夫斯基对自己在新几内亚和特罗比恩岛上所作的实地研究曾经进行了如下反思(1916/1948:328):

> "在实地不得不面对一大堆混乱的事实……在这种原始的状态下它们根本不是科学事实;它们是绝对松散的,只有通过解释才能够被整理出来……只有公理和普遍性判断才是科学事实,实地工作只是(而且完全是)对混乱的社会现实的解释,将社会现实归纳到一般性的规律下面。"

这个时期的研究者具有强烈的个人传奇色彩:一个西方的(通常是白人男性)科学家长途跋涉,只身到远方一个陌生的地方去寻找"土著";结果,他遇到了自己寻找的对象,忍受了实地工作的种种艰辛,通过了学科规范的种种考验,从实地带着资料满载而归;然后,他开始以一种"客观的"方式对自己所研究的文化进行分析和报道,他按照民族志的传统规范进行写作,用自己的语言讲述远方陌生人的故事。这些人是"孤独的民族志研究者"(Rosaldo,1989),他们通常单枪匹马地进入一个陌生的"初民社会",经历了实地工作的千辛万苦,然后回到自己的文化里来讲述陌生人的故事。这些故事通常具有如下特征:1)客观性,认为自己看到的事情是真实存在的,是可靠的;2)固定性,相信自己的研究对象永远不会变;3)永恒性,相信自己的作品就像博物馆里的艺术品,可以永垂不朽;4)殖民性,以一种帝国主义者的眼光从上往下看待被研究者的文化。比如,马林诺夫斯基在自己的日记中就曾经表达过这种明显的殖民主义者的感受(1967):

> "没有什么事情可以吸引我作民族志的研究……总的来说,我不喜欢这个村子。这里一切都很混乱……人们在笑的时候、盯着东西看的时候以及撒谎的时候所表现出来的那种粗暴和顽固使我感到有点灰心丧气……到村子里去,希望照几张巴拉(bara)舞蹈的照片;我给他们半截烟草,他们让我看几个舞蹈,然后我给他们照相——但是效果很不好……他们不愿意做出跳舞的姿态等着

我给他们照相;有时候我对他们非常生气,特别是当我给了他们烟草,他们却走掉了的时候。"

除了马林诺夫斯基,早期人类学中的大师级人物如莱德可里夫·布朗(Redcliff-Brown)、M.米德、贝特森(G.Bateson)等人的研究都具有上述特点。他们都来自"文明社会"中的中产阶级知识分子阶层,都认为客观现实是存在的,可以通过严格的观察和记录将这些客观现实保留下来。这些大师们的研究方法一直是质的研究新手们学习的榜样,即使是在各种后现代思潮盛行的今天,人类学学生的入门课还是阅读这些大师们的作品。学生们向这些大师学习如何做实地笔记、如何分析资料、如何从资料中产生理论。

质的研究的传统期开始于19世纪末20世纪初,当时社会科学已经从人文学科中完全分离出来,成为了一种受人尊重的、独立的话语系统(Clough,1992:21)。特别是社会学中的芝加哥学派强调对生活历史和生活片段进行研究,力图寻求一种对社会现象和个人生活进行解说的方法。这种对生活故事进行叙事的方法后来发展成为质的研究的主流,它赋予研究者一种讲述被研究者故事的权力。研究者使用一种直接的、没有情感的、社会写实主义的手法对被研究者的生活故事进行述说,他们使用的是一般人的语言,表现的是文学自然主义在社会科学中的一种翻版(Denzin & Lincohn,1994:7)。

二、现代主义期(1950—1970)

现代主义期被认为是质的研究的"黄金时代",各种社会思潮和研究方法如雨后春笋般发展起来。总的来说,这个时期的主导思潮是后实证主义。质的研究者开始意识到,虽然社会现象是客观存在着的,但是研究者对它的认识只可能是部分的、不确切的。只有不断地、从各个不同的角度对社会现象进行考察,将研究的结果进行证伪,才有可能逐步接近客观真理。

在具体方法上,这是一个极富创造力的时期,很多研究者希望将质的方法规范化、严谨化(Bogdan & Taylor,1975;Cicourel,1964;Filstead,1970)。例如,贝克(H.Becker)等人的《白衣男孩》(1961)就是一个有益的尝试。他们按照量的研究的思路尽量严谨地进行质的研究,结合使用了开放型访谈、半结构型访谈和参与型观察,对资料进行了仔细的标准化定量分析,注意寻找资料中的因果关系。其他一些研究者在进行参与型观察的同时结合使用准统计学的方法,即:使用一些表示数量的词语和概念(如"很多"、"不少"、"经常")对研究结果进行分析和描述。使用这种方法的目的不在对有关数量进行运算或对其相关关系进行分析,而是对研究的现象进行事实性的描述和说明(Lofland,1971;Lofland & Lofland,1984)。格拉塞(B.Glaser)和斯特劳斯(A.Strauss)提出的扎根理论方法(1967)也是对质的研究进行规范化的一个有效尝试,现在这个传统仍旧能够在斯特劳斯和寇宾(J.Corbin)(1990)以及迈尔斯(M.Miles)和惠泊曼(M.Huberman)(1993)等人的工作中看到。

在研究的内容上,这个时期的质的研究者对一些重大的社会过程和社会问题比较感兴趣,如课堂上和社会中的非常规行为和社会控制。现代主义思潮强化了质的研究者作为文化浪漫主义者的形象,他们似乎具有巨大的人性力量,可以将那些"边缘人"和"坏人"作为"英雄"来进行描绘。在政治思想上,他们与左派思潮比较靠近,同情社会上贫困、弱小的人群,提倡社会改革(West,1989:6)。在这个时期里,一代新生的人文社会科学研究生们开始接触到一些与质的研究有关的新型理论(如现象学、阐释学、批判理论和女性主义等)。他们受到这些理论的吸引,认为质的研究可以为处于社会底层的人们说话。

1. 现象学的影响

在现代主义时期,质的研究在很大程度上受到现象学的影响,开始注意研究者与被研究者之间的理解何以可能以及这种理解是如何发生的问题。这个时期,现象学对质的研究的影响主要表现在如下几个方面。首先,现象学悬置了物质的实在(物)与超越的实在(心)两个层面,只在主体和客体之间讨论人的意识活动,探讨实项的内在(包括感觉材料和意向活动)是如何构成具有意向性、构成性的超越的(张祥龙,1998)。现象学认为,意识总是关于某物的意识,这个某物是由意识活动所构成的,人的意向活动"激活"了感觉质料以后才形成了人的意义赋予。现象学的这种观点对质的研究的指导意义在于:研究应该有所指向,应该关注被研究者与世界之间的意识活动。"生活世界"是由社会成员构造和经历出来的,社会成员使用他们自己的常识和实践理性将社会形态"客观化"、"意义化"了。因此,研究者需要站到当事人的视角,了解他们是如何对自己的生活经验进行解释的、他们是如何理解别人的意图和动机的、他们是如何协调彼此的行动的(Holstein & Gubrium,1994:262—264)。

其次,现象学认为本质就是现象,如果意向活动受到感觉质料的充实,本质直观便具有"明证性"(evidence)。现象学的"本质直观"是一个一气呵成的过程,不是一个部件一个部件的建造。本质以一个整体的知觉形象呈现在人的意识之中,人可以一次性地直观它。这种直观既是一种超概念的活动,但同时又是一种十分严格的科学方法。现象学上述观点对质的研究的启示是:研究要注意整体性、情境性和关联性,不能孤立地看待问题。对现象要进行"深描",以此揭示社会行为的实际发生过程以及事物中各种因素之间的复杂关系。描述越具体、越"原汁原味",就越能够显示现象的原本;对"问题"本身构成的展示就包含了对问题的解决。因此,研究要"面向实事自身"。

再次,现象学认为理解之所以可能,是因为在人的意向活动中存在着一种内在的时间性。时间的三项(过去、现在、将来)由视域所连接,意识活动本身就是(或者总是)处于这个视域之中。人对过去的意识是通过回忆而实现的,对将来的意识是通过期待而获得的,而回忆和期待的机制都是通过人的想像来运作的。这种想像不是再现式的想像,而是产生性的想像,是为了使时间或现在本身呈现在人的意识之中所必然需要的一种想像。通过产生性想像而构成的东西是一种"纯构成",一种在构成的东西还没有出现之前就已经构成了的构成。现象学这方面的观点对质的研究的启示是:研究要进入人的意识境域,要同时考虑到现象的共时性和历时性;研究者要深入现象的内在联系之中,贴近被研究者自己对时间、历史、空间等概念的理解。

2. 阐释学的影响

这个时期的质的研究在很大程度上还受到与现象学密切相关的阐释学(hermeneutics)的影响。阐释学发源于对圣经的解释,其希腊文"hermeneutik"是从词根"Hermes"(赫尔墨斯)引申而来的。"赫尔墨斯"本是神的一位信使的名字,其使命是传达和解释神的指令,把神谕转换成人可理解的语言阐明出来,从而建立起人与神之间的关系。因此,"hermeneutik"最基本的含义就是通过翻译和解释把一种意义关系从一个陌生的世界转换到我们所熟悉的世界里来(洪汉鼎,1995)。

阐释学经历了一个曲折的发展过程,从最初弗莱修斯(Flacius)强调就文字本身对圣经的意义进行破译,施莱尔马赫(F.Schleimacher)从语言和作者的心理层面对圣经进行阐释,到狄尔泰(W.Dilthey)从历史的角度强调读者在阅读文本时通过移情达到对作者和文本的理解,进而对人类生活进行整体性的自我认识(Hamilton,1994:64)。海德格尔(M.Hedgel)于1910年左右提出的"现象学的阐释学"突破了古典阐释学的对象性思维,开始强调一种"无成见的"、"无前设的"和"面对实事本身"的思维态度。他提出"理解"首先不是一套社会科学的"方法",而是常理世界的本体生活模式,是"此在"本身的存在方式。"理解"是人存在的先决条件与基本模式,是人之为"人"的存在基础,而不是主体认识客体的"方法"。"理解"的意义不是寻求客观知识对象,而是人面对"我是谁"的终极问题。加达默尔在1960年发表的《真理与方法》中所完善的"哲学阐释学"则更进一步,大张旗鼓地为人的"倾见"(或"成见"、"偏见")平反。他认为,任何解释都必然具有在先的结构和形式,"一切理解本质上都包含着倾见性",人的"倾见"必须(也必然)会运用到理解之中(加达默尔,1986:274)。每一种新的知识的获得都是过去的知识与一种新的并且是扩展了的环境的调解或重新汇合,是一种新的"视域的融合"。我们在视域中移动,它也在移动着我们;我们无法跳出现在的立足点而跳到过去的视域里,因为我们在本体上已经扎根于现在的情境和视域之中(Bernstein,1983:143)。在"理解"中永远不存在"主观"和"客观"的截然区分。它是一种既非主观也非客观的东西,同时又是一种既是主观也是客观的东西。

阐释学主要在如下三个方面对质的研究产生了影响。首先,确认"理解"是质的研究的一个主要目的和功能。正如狄尔泰所言,"自然需要说明,而人需要理解",质的研究强调在研究中获得对被研究者的理解。这是因为,"人"既不是一个"实物",也不是一个"概念",对人的研究不能通过"证实"的手段,而只能通过"理解"和"阐释"(叶秀山,1988:9—10)。"理解"不是对某一个"客观实在"的事物的直接观察或即时辨认,而是通过研究者的"阐释"把该物"作为某物"的结果。"理解"是在研究者的阐释意图与解释对象之间的一个循环互动,因此"理解"和"阐释"是永远没有完结的(McCarthy,1992:221)。

其次,对研究者本人"倾见"的认可和利用。"阐释"受到历史、文化和语言各方面的制约,阐释者自己的"前设"和"倾见"是"理解"的基础。研究者在研究中是不可能选择立场的,因为在开始研究之前他/她就已经有了自己的立场(Becker,1967)。研究者的个人因素,包括自己的文化身份、对研究问题的前设、自己与被研究者之间的关系等,都会影响到研究的进程和结果,需要认真地加以清理和利用。研究者必须意识到,所谓"他人的观点"不是客观存在的、自足的一个实体,而是透过研究者个人的视镜构造而成的。

再次,"理解"中参与者之间主体间性的确立。从"理解何以可能?"的角度看,研究者之所以能够理解被研究者是因为双方处于一种新的、可以相互沟通的历史视域之中。两个主体之间的相互理解是双方努力的结果,而不是一方被动地被另外一方所"认识"。因此,对研究者和被研究者之间的主体间性进行有意识的探究成了质的研究的一个重要的主题,而不是研究方法上的一个"禁忌"。在探寻当事人意义建构的过程中,质的研究强调研究者长期在当地与当事人生活在一起,通过亲身体验了解自己与对方相互之间是如何影响、互动的,自己是如何理解对方的。

3. 其他思潮和方法的影响

在现代主义时期里,质的研究还受到其他思想潮流和方法的影响,如民族志的方法、扎根理论的方法、象征互动主义、批判理论、女性主义等。首先,这个时期的民族志方法有了长足的发展,注重从当地人的语言、符号和社会结构中寻找本土意义。民族志研究者认为,被研究者的所有行为都是有意义的,因此需要关注他们的行为所表达的意义以及产生这一意义的广阔的社会文化背景(Wax,1967)。研究者应该作为异文化群体中的一分子,与当地人长期地生活在一起,了解他们的意义建构,然后对他们的文化进行整体性的描述。根据马尔库斯(G. Marcus)和费彻尔(M. Fischer)的观点(1998:47),此时的民族志不仅仍旧关注过去的民族志所具有的现实主义的旨趣,即对文化进行整体性的描述,而且将兴趣转移到了理解、翻译和解释当地人的思想观点上面。一部"好"的民族志不仅应该赋予异文化以整体的意义,而且应该通过描写实地的生活环境以及解说当地人日常生活的意义来暗示研究者"曾身临其境",通过对异文化及其语言进行跨越边界的翻译,显示出自己的语言功底以及自己对土著文化的意义和主体性的把握。

格拉斯和斯特劳斯(1967)于1967年提出的"扎根理论"在质的研究以及其他社会科学领域产生了十分重要的影响。这种理论认为,研究的目的是建立理论,而理论必须建立在从实地收集的原始资料的基础之上。研究的焦点应该放在具有核心意义的社会心理发展过程以及社会结构上,通过不断比较的方法发展出扎根在社会情境脉络之中的实质理论(substantive theory),然后再在实质理论的基础上形成形式理论(formal theory)。(有关扎根理论的具体观点和操作方法,第二十章第三、四节还有详细的介绍)

象征互动主义认为,人的心灵和自我完全是社会的产物,是人在社会化过程中与他人的互动中产生出来的。"心灵"与"交流"之间的关系与传统的认识不太一样:心灵通过交流而产生,而不是交流通过心灵而产生。人在交流中借助于与他人的对话而构造出自己的身份和人格,意义存在于关系之中。正如G. 米德(1992:69,115)所言,"有机体的过程或反应构成了它们对之作出反应的对象。若没有能够消化食物的有机体,便不会有任何食物,不会有任何可吃的对象……以食物为例,当一种能消化草的动物,如牛,来到这个世界上时,草才成为食物。那个对象,即作为食物的草,以前并不存在。牛的到来带来了一种新的对象"。象征互动主义对交流和互动的形成性作用十分重视,认为人的行为和意义都是在与他人的社会性互动中产生的。这种观点对质的研究的启示在于:研究者应该特别注意考察被研究者与周围环境和他人之间的关系,反省自己与被研究者之间的关系,以此探究被研究者是如何在与他人互动中建构自己的行为和意义的。

在这个黄金时期,批判理论和女性主义研究也开始兴盛起来。批判理论认为,社会研究是研究者与被研究者之间平等互动的过程,前者不应该将其作为一种控制后者的手段。研究应该关注社会正义,而不是强化被研究者的社会性顺从。人具有实践理性的自由,可以定义和实现自己的目标,具体的社会现实是由参与者在辩证互动中相互建构而成的(Freire,1992)。因此,如果研究者和被研究者都有足够的机会对自己的行为和周围的环境进行反省,双方的自我意识和社会意识都会得到提高。批判理论者主张将社会文本作为经验材料进行解读,结合使用民族志的方法和文本分析的方法,力图为多元声音提供说话的空间。由于特别关注社会关系中的权力不平等,批判理论对阐释学中有关"理解是视域的融合"这一说法持怀疑态度。法兰克福学派的代表人物之一哈贝马斯(J.Habermas)认为,真正的交往需要以理想的言语情境为前提,即双方选择和运用言语的机会是平等的,除了"更好的论据"之外,彼此不得使用任何形式的强力。而在现实情境中,交往由于意识形态霸权的统治而受到了系统的扭曲,因此所谓"视域的融合"只能是幻想。对批判理论者来说,阐释学缺乏"批判的向度",因而无法达到具有解放意义的交往和理解(刘锋,1992;高一虹,1998:3)。

女性主义研究的兴起是对男性占统治地位的学术界的一种反抗,它呼吁社会了解女性看世界的方式以及她们在日常生活中的关怀。在政治立场上,女性主义研究关注社会现实中的性别和等级特性,指出我们现在生存于其中的这个"世界"以及我们现在使用的"语言"都具有性别和等级的记号。因此,任何研究都不可能采取一种"中性的"立场,研究者必须意识到自己的性别特征和权力地位。在"知"的方式上,女性主义强调"关联的知"(connected knowing)和"关怀的知"(knowing as caring)。前者指的是:"知"只可能在人际关联中获得,在知者与被知者之间的关系中获得,而不是知者自上而下"客观地"、有一定距离地给予被知者(Belenky et al.,1986)。弱小的被知者应该在"知"的关系中追寻并重新确立自我,以便与知者形成平等的关系。后者强调的是"知"中的情感成分和伦理道德关怀,知者应该是一个"有激情的知者"(passionate knower),对被知者有母性一般的爱(Noddings,1984)。受女性主义思想的影响,此时的质的研究开始关注弱者的心声,重视研究关系中的情感因素和人际和谐以及研究中出现的伦理道德问题。

三、领域模糊期(1970—1986)

这个时期以解释人类学家格尔茨(C.Geertz)的两本书作为开始和结束的主要标志:《文化的解释》(1973a)和《地方性知识》(1983)。在这两本书里,格尔茨指出,过去人文社会学科里那种功能主义的、实证的、行为主义的、整体性的探究方式已经被多元的、解释的和开放的角度所代替。这个新的角度将文化呈现及其意义解释作为出发点,对文化中特殊的事件、仪式和风俗进行"深描"。所有人类学的写作其实都是对当地人的解释的再解释,研究者本人不仅应该对当地人的日常经验进行描述,而且要对他们的象征符号进行意义解释。这些解释坐落在特定文化情境下,不具有普遍的说明意义,理论只可能对区域性情况进行解释。

与此同时,格尔茨在其论文《模糊的文体》(1980)中把当代学术发展的趋势描述成学科之间观念和方法的流动性借用,即社会科学与人文学科之间并不存在一个明显的界线,文学的体裁和手法也可以运用到科学论文的写作之中。事实上,很多社会科学家已经在向人文学科借用理论、模式和分析的方法(如符号学、阐释学等),各种文体相互之间交叉使用的情况越来越普遍。例如,读起来像小说的纪实作品(梅勒,Mailer),假冒为民族志的讽刺笑话(卡斯塔尼达,Castaneda),看上去像是旅游杂记的理论探讨(列维·斯特劳斯,C.Levi-Strauss)。同时,在社会科学研究界出现了很多新的文体,如后结构主义(巴特,R.Bathes)、新实证主义(菲利浦,Philip)、新马克思主义(阿尔修舍,Althusser)、微观—宏观描写(格尔茨,C.Geertz)、戏剧和文化的仪式理论(特纳,V. Turner)、解构主义(德里达,Derrida)等。这种打破学科界限的观点和实践为学界看待社会科学研究的性质以及研究报告的写作文体带来了新的视角和实验方法。许多杰出的学者如 M.道格拉斯(M. Douglas)、列维·斯特劳斯和特纳等人的研究已经打破了科学与文学的界限,对科学的所谓"严谨"、"真实"和"中立"进一步提出了挑战(Vidich & Lyman,1994)。格尔茨本人也使用了一些生动、活泼的文学技法(如双关语、比喻、景色描绘等)对自己的实地研究经历进行形象的、印象式的勾勒。如在《深度游戏——有关巴厘人斗鸡的笔记》(1973b)一文里,他对巴厘岛民斗鸡的情形进行了十分生动、有趣的描写,其中包括一段警察袭击当地斗鸡者的有趣情景,他自己与妻子当时也在被追赶之列。

社会科学内部具有统一标准、统一规范的"黄金时代"已经过去了,取而代之的是一个含混的、解释的、多元的新时代。艺术文本正在代替科学论文,艺术的手法与科学的规范已经混为一体了。人们对社会科学界内部"科学主义"的做法提出了更严肃的质疑:"什么是科学? 科学是否一定要有实证资料作为基础? 知识是否一定是关于这个世界上人可以感知到的东西? 科学知识是否一定要遵从形式逻辑的法则? 人文学科(如语言、文学、艺术、哲学等)算不算科学?"等等。其实,在西方学界内部,有关"科学"的定义一直存在争议,如德语中的"科学"(wissenschaft)一词就比英语中的"科学"(science)一词所表达的概念要宽泛得多,它包括一切系统化的概念和知识体系,如数学、法学、神学等。德语中的"逻辑"一词表示的是一个概念框架,借助这个框架可以更好地理解各种"文化科学",因此任何具有严密系统的概念框架都很容易被纳入德国人所说的"科学"的范畴(卡西尔:1991:11)。以这种比较宽泛的定义,"科学"不仅仅是对事实以及事实之间关系的描述,而且是一种更加深层的东西,包括人在日常生活中与自然界以及人自身直接交往时已经"了解"到的那些更加深奥、实用的知识。

在对"科学"的定义进行扩展的同时,也有学者对"科学"一词的"滥用"提出了质疑。他们认为,文学、历史、哲学等只能被视为人文"学科",而不应该被称为人文"科学"(林毓生:1988)。当前学术界对科学的过分崇拜使人文传统受到了削弱,似乎任何事情都要冠以"科学"的桂冠、经过科学原理的检验才具有"合法性"。这样一种倾向已经严重地威胁到了学科的合法性问题,同时也对知识的合法性问题提出了严峻的挑战。在这个科学威力无比的世界里,科学已经意味着权力,科学的话语已经成为了一种"元叙事"(利奥塔尔,1997)。而质的研究就是为了反对这种科学的话语,找回前科学时期人类所熟悉的"叙事话语",将学术界在"科学"与"艺术"之间人为制造的隔离再次弥合起来(Geertz,1973b)。

在这个时期里,自然主义和建构主义的范式在质的研究领域里获得了一定的影响地位。在上个时期已趋成熟的后实证主义、现象学、符号互动论、女性主义、批判理论等流派在质的研究中的影响依然存在,文本分析、叙事分析、语义分析、内容分析、符号学、结构主义、有色人种研究等方法也开始进入质的研究的范畴。这个时期质的研究者常用的方法包括扎根理论、个案研究、历史研究、传记研究、民族志行动研究、临床研究等。收集资料的手段也十分丰富,如开放性访谈、观察、实物分析、视听技术、计算机运用、研究者个人经验的运用等。具有应用性质的质的研究领域(如教育学、社会工作、护理学等)开始受到学界的重视,特别是在教育研究领域,沃克特(H. Wolcott)、谷巴(E.Guba)、林肯、斯台克(R.Stake)和艾斯纳(E.Eisner)等人的研究产生了非常重大的影响。有关研究的政治和伦理方面的问题也越来越多地进入研究者的议事日程,研究者对研究的社会文化背景开始给予更多的关注。到70年代后期,质的研究领域出现了一些比较正规的学术刊物,如《城市生活》(即现在的《当代民族志》刊物)、《质的社会学》、《象征互动》、《象征互动研究》等。

这个时期,常人方法学(ethnomethodology)开始在质的研究领域广泛运用①。这种方法由社会学家伽芬格在1967年发展成一个比较完整的理论。该理论认为,社会现实是由人的主观意念构造而成的,但是人往往忘记了这一点,习惯于将自己的行为"客观化"(Lofland & Lofland,1984:115)。人自己在设计了组织社会的种种策略以后,随着时间的流逝却忘记了这个事实,因为社会结构使自身变成了一个先在的客体,导致了人的观念中的"客观性"。因此,常人方法学的目的就是要"去客观"、"去神秘",采取实地观察、

---

① 此词国内一般译成"人种志方法论"、"民族学方法论"、"民俗学方法论"或"本土方法论"等。根据李猛和李康在布迪厄和华康德所著的《实践与反思》一书中的译注(1998:9),这些译法的根据主要在于 ethno 是民族志(ethnography)的词根。但根据发明此词的伽芬格(H. Garfinkel)本人的解释,ethono 是指 everyone,即普通人、平常人;而 method 是普通人的方法,即常人方法,而不是与-ology 连读指方法论(methodology)。因此,ethnomethodology 指的是 the study of everyone's method,即对常人的研究,所以译做"常人方法学"比较恰当,既区别于研究民族文化的各种民族学科,也区别于一般所说的方法论。本书采纳他们的译法。

主观理解和语言分析的手段了解特定文化中人们的社会交往规则和行为方式,使这些思想和行为"非客观化"。研究者常常采取一些不同寻常的方法来考察当常规受损时"常人"通常采取什么行动来对常规进行修复,以此探讨"常人"将日常现象转换成似乎"理所当然的"生活常识的习惯性机制。研究的重点大都放在"常人"日常生活中使用的"方法"上面,如语言、行动、符号、规范、仪式等。这些"方法"本身就是"常人"所处生活情境中的一部分,而这个"情境"本身也是研究的对象。因此,研究者应该将这些"方法"和"情境"本身作为研究的内容,而不是作为寻找"常人"的表面行为背后所隐藏的某种深层"本质"的工具。常人方法学要求研究者将自己的"倾见"悬置起来,通过与对方的互动寻找对方的生活意义(Holstein & Gubrium,1994:264—265)。

四、表述危机期(1986—1990)

在 80 年代中期,质的研究领域内部发生了一个深刻的变化。在短短的两年间(1986—1988),质的研究领域出版了一系列对研究的表述危机进行深刻反省的作品,如马尔库斯(G.Marcus)和费彻尔(M.Fischer)的《作为文化批判的人类学》(1986)、特纳和布鲁纳(E. Bruner)的《经验人类学》(1986)、克利福德(J.Clifford)和马尔库斯的《写文化》(1986)、格尔茨的《作品与生活》(1988)以及克利福德的《文化的困境》(1988)。这些作品对"科学研究"和"写作"中隐含的性别、社会阶层和种族问题提出了进一步的质疑,使质的研究者对自己的研究及其写作方式具有更强的反思性和批判性。

在这个时期里,质的研究者进一步感到了语言表述中存在的危机,开始对语言中隐含的意识形态进行批判。批判理论、女性主义以及有色人种的知识论进一步扩展了质的研究者的视野,他们越来越强烈地意识到,研究和写作本身就是权力、阶层、种族和性别的反映。在现实主义和实验民族志的写作中,研究者声称自己的文本具有"科学"的权威,这种声称为经验科学提供了证实的依据,相信所谓"生活着的经历"(lived experiences)是可以被捕捉到的。而实际上,作为产生"知识"和权力的工具,这些作品复制了经验科学的霸权,忽略了文本中隐含的性别和社会地位歧视(Clough,1992:8)。现在研究者不得不追问的是:"作者在解释性文本中应该以什么身份出现?在现在这样一个没有固定的文本规则、衡量标准和写作内容的时代,作者如何有权威说话?"(Denzin & Lincohn,1994:8)。

这个时期的研究者已经完成了对传统人类学经典的彻底摧毁,曾经被认为已经解决了的"效度"、"信度"和"客观性"问题重新变成了"问题"。研究者除了继续关注现象学所强调的"生活世界"及其解释以外,开始进一步深入到政治、历史、社会和文化的情境之中思考研究及其写作的性质问题。研究者更加具有自我反省能力,更加自觉地对自己作为作者的角色和身份进行反思,对传统的真理和意义模式进行挑战,在摸索中寻找新的"真理"和"方法"(Rosaldo,1989)。这种文化批判不仅发生在质的研究领域内部,而且对世界范围内的信息经济、民族—国家政治体制、大众传播、特别是经验科学产生了深刻的影响。

在具有批判意识的质的研究者眼里,写作与实地工作之间的界限开始消失,写作不再被看成是对"客观现实"或"研究结果"的表述或再现,其本身就是一种对现实的构造。作为一种探究的方式,写作可以推动研究者不断进行自我反思。研究者的写作是一种实地工作的流溢,通过研究者在实地的工作过程,最后成为呈现在公众面前的民族志叙事经验。写作就是实地研究,两者之间的边界是十分模糊的,没有实质上的区别。

质的研究在这个时期遇到的"危机"可以被看成是一个双重的危机,它潜伏在后结构主义和后现代主义的话语之中,与认识论方面的转向和语言的转向有关。这种转向使质的研究中的两个重要的假设成了问题:1)研究者是否可能直接捕捉"生活着的经历"?是否可以通过社会文本创造这些经历?——这是一个表述的危机;2)如何对质的研究进行衡量?在没有标准的后结构时代如何重新思考"效度"、"信度"、"推论"等概念?——这是一个合法性危机。很显然,这两个危机之间存在着相互渗透的关系:任何表述都必须使自己获得合法性,而合法性必须有一定的表述标准。研究者如何在文本和世界之间建立起联系?如何衡量自己的表述?——这是质的研究者面临的重要难题。

对这个时期质的研究者体验到的"表述危机",斯多勒(P.Stoller)在与欧克斯(C.Olkes)一起进行实地工作时深有体会(1987:229):"当我开始写作人类学的文本时,我严格遵守自己所受训练的规范,我收集资料,当资料被整齐地分门别类以后,我将它们写出来;在一个个案中,我把松黑(Songhay)人使用的粗痞话组成一个逻辑的公式。"可是,后来他对这种写作方式感到很不满意,因为他了解到"每个人都在向我撒谎,我花费了如此大的精力收集的资料没有一点价值;我获得了一个教训:一般来说,信息提供者都向人类学家撒谎"。这个发现促使他重新开始写作,用一种新的方式对资料进行分析。这次他写的是一个备忘录(memo),通过讲故事的方式叙述自己在当地人的世界里生活和工作的经历。在这个故事里,他自己是主角。通过分析他自己的世界与当地人的巫术世界之间的冲突,他展示了一个实地工作者在面对表述危机时所做的努力(Denzin & Lincoln,1994:10)。

除了在政治层面对研究的表述进行反思以外,一些学者此时也开始设法突破语言表述的内在限制。如艾斯纳(1996)等人认为,传统的语言表述只能线性地表现研究的结果,很难再现被研究者生活世界中的立体维度,结果他们的这一部分"知识"往往就被忽略掉了。这些研究者提倡使用一些"另类的资料呈现形式",如录像、照相、录音、诗歌、舞蹈等。这些形式大大地扩展了研究结果的表述能力,使读者获得更多的"身临其境"的感觉。比如,费尔德(S.Feld)在《声与情》(1982)中详细地叙述了他与被研究者一起经历的音乐体验。他用当地人的方式创作歌曲,然后演奏自己的作品给当地人听,从中体验他们的情感威力。此外,他还试图用两种不同的摄影方法捕捉一位当地人的舞姿,一张照片使用的是传统的中程摄影法,拍下这位舞者全副武装、威风凛然的样子;另一张则是一种模糊的动感摄影,给人一种梦幻的感觉。通过呈现这两张不同的照片,他希望强调传统的图像是比较容易阅读的,而带有"象征主义"色彩的图像更能够唤起表意感(马尔库斯,费彻尔,1998:96—97)。

又如,里查逊(L.Richardson,1992)试图使用诗歌的方式表现自己的研究结果,她将自己对一个未婚母亲的长达36页的访谈记录压缩为一首由五个诗节组成的三页长的诗歌。图表2-2-1摘录的是该诗歌的第一段。

里查逊在编织这首诗歌时使用的完全是受访者自己的语言,但同时使用了一些诗歌的修辞手段,如重复、押韵、音节和停顿等。这种形式可以将读者直接带到浓缩的资料本身,迫使读者按照诗歌的流动形式进行密集的思考,不允许读者进行任何表面的浏览,因为诗歌这一形式本身就使读者进入了一个更加强烈的、深刻的、充满了情感力量的思维空间(Miles & Huberman,1994:110)。这种写作方式打破了传统的社会科学写作的规范,于科学研究的所谓"变量"而不顾,强调的是被研究者个体的主观经验,展现的是一个特定个案的内容。诗歌的表现手法不仅从情感上更加吸引读者和研究者,而且改变了作者的著作权。在这里,讲述故事的不是作为"研究者"的里查逊,而是作为"被研究者"的露依莎·梅,后者已经获得了"作者"的身份。

五、后现代主义期(1990—　　)

从1990年起,质的研究进入了后现代时期,也就是说受到后现代主义思潮的主要影响。后现代主义不仅仅是一个时间概念,而主要是一种社会思潮。它兴起于第二次世界大战之后,是西方社会对随工业化而来的现代主义的一种反动。两次世界大战以及工业文明给西方社会带来的种种弊端使人们对现代主义的信仰产生了怀疑,不再承认任何形式的"权威"。现代文化中的机械论世界观已经陷入了危机,所谓的"决定性、稳定性、有序性、均衡性、渐进性、线性关系"等现代科学的基本范畴逐渐被"不稳定性、不确定性、非连续性、断裂、突变"等后现代的观念所代替。建立在普适意义上的语言、社会和知识结构的整体性和统一性已经崩溃了,现代文化创造的三种元神话(人性解放、精神目的论、意义阐释)也已经失去了合法性。在这样

图表2-2-1　诗歌形式的资料片段
（资料来源：Richardson，1992）

露依莎·梅的生活故事

想说的最重要的事情
是
我生长在南方。
作为南方人形成了
我作为一个人的理想，
形成了你认为你是谁
以及你认为你将成为什么样。

　　　（当我听自己说话时，我听到磁带上我那瓢虫
　　　一般的口音，我想，啊上帝，
　　　你来自田纳西。）

没有人曾经向我建议
说我的生活中可能发生
任何事情。

我在一个租来的房子里贫困地长大
以一种非常正常的方式
在一条非常正常的街上
与一些可爱的中产阶级的朋友一起长大

　　　（有的到现在还是朋友）

因此我想我会有很多孩子。

我住在外边。

一个不愉快的家。一个稳定的家，直到它散了架。
在密尔夫容特（Milfrount）县第一次离婚。

瞧，这就是我的生活。

一个中心失落、价值多元的时代里，后现代主义主张彻底的多元化，反对任何统一的企图以及将自己的选择强加于别人的霸权。它坚决维护事物的多样性和丰富性，在承认差异的基础上主张各种范式并行不悖、相互竞争（参见威尔什：《我们后现代的现代》，转引自姜静楠，刘宗坤，1998：229—231）。在这样的思想导引下，现代社会的权威中心受到了前所未有的冲击和挑战，弱小的民族和个人（如少数民族、女性、残疾人、同性恋者）都开始要求拥有自己的权利。

　　与此同时，由于缺乏统一的价值体系和信仰体系，后现代社会里人的"自我"开始呈现出零散化和"精神分裂"的状态。人与自己的历史断绝了

往日的联系,人已经失去了自我身份。人类的生活变得越来越物化、非真实化、商品化,人与现实的距离感也开始消失了(杰姆逊,1997)。随着"深度模式"的被抛弃,人的意识变得平面化了,不再有现代主义时期那种追求事物"本质"的焦虑、异化和孤独感。一切都被解构了,固定的意义不再存在了,意义只存在于关系之中(Spretnak,1991)。在社会科学研究中,人们不再追求"元叙事"和"元神话",也不再固守一个特定的叙事结构和叙事内容。信奉后现代主义的人们以无信念为信念,以无基础为基础,以无限制为限制,以无规则为规则。他们不对任何信念、基础、限制、规则持确定的态度,而这本身就反映了他们的一种确定的态度(杨寿堪,1996:187)。

在这个时期里,质的研究呈现出更加多元的状况,更加注重不同人群(特别是弱小人群)的声音,在方法上也更加兼容并包。社会科学在一些学者的眼里变成了"杂货摊"(garage sale),各种文化作品以不寻常的方式在无法预料的地方浮现出来,没有任何一样东西可以被认为是"神圣的"、"永恒不变的"或"永不开封的"。虽然像杜·波依斯这样的知名学者认为,"(我对)过去我曾经觉得是一个可以证实的、富有挑战性的学科现在变得如此的复杂和混乱(感到)有一种距离感……这就好像从一个尊贵的艺术博物馆来到了一个杂货摊",而罗沙多(Rosaldo,1989:44)等人却认为,这一比喻绝妙地描绘了后殖民时期世界范围内社会科学研究的新局面。

由于对研究的价值取向和实际作用的意识更加敏锐,这个时期质的研究者更加重视以行动为取向的研究。比如,勒温(K.Lewin)的行动科学和阿吉里斯(C.Argyris)的实践研究范式就是建立行动理论的有益尝试。他们将研究视为一种社会实践,将研究的过程视为一种社会批判。行动研究提倡让被研究者成为研究者,亲自参与研究,直接从研究中获得行动的力量和策略。被研究者不再是被研究的对象,而成了研究的主人。他们的参与打破了科学界对研究的一统天下,消除了笼罩在"研究"本身这一现代神话之上的神秘感。在行动研究中,参与者不再承认任何普适的、绝对的宏大理论,不再企图寻找放之四海而皆准的"真理",而是更加重视对区域性小型理论的建构。(有关质的研究这方面的发展趋势,参见第二十六章)

上面我们对质的研究的发展渊源和历史分期进行了一个简单的介绍。从上面的讨论中可以看出,质的研究来自很多不同的思想和方法传统,其历史发展道路也十分曲折。总的发展趋势似乎有如下特点:从传统、现代到后现代,从封闭到开放,从一元到多元,从事实描述到意义解释,从论证理论到建构现实,从追求"科学"到重视人文,从"客观性"到"主体间性",从写语言到写文化,从构建宏大理论到地域性知识,从价值无涉到价值有涉,从学术研究到实践行动。

第三章　质的研究的分类

——我处于一种什么状态？

有关质的研究的分类,学者们的分类标准很不一样,呈现出一种色彩纷呈的景象。有的人按照研究者所探讨的研究问题分类;有的人按照研究内容的范畴进行分类;有的人按照研究者从事研究的兴趣进行归类;有的人按照学术"传统"对研究的具体实践进行划分;有的人按照"类型"对研究的活动进行探讨;还有的人反对对质的研究进行任何形式的分类。下面我对这些不同的归类方式进行一个简要的述评。由于资料比较繁杂,各种归类的标准也不太一样,因此不同类别之间在内容上有时有重叠之处。但是,为了保持每一种分类方式本身的完整性,我仍旧列出了每一个分类下面所有的类别。

第一节　按研究的对象范畴分类

在质的研究领域,有的学者倾向于将质的研究按照所探讨的对象范畴进行分类。这里所说的"对象范畴"指的是研究的问题、现象、范围等,是相对下面第三、四节中有的学者就"学术传统"和"探究类型"本身进行分类而言的。在"对象范畴"这个大的类别下面至少有两种不同但又彼此密切相关的分类方式:1)按研究的问题分类;2)按研究的范畴分类。

一、按研究的问题分类

这种分类法将研究者经常探讨的问题作为分类的标准。例如,莫斯(J. Morse,1994:224)将研究的问题分成五大类型:1)意义类问题;2)描述类问题;3)过程类问题;4)口语互动和对话类问题;5)行为类问题(在行为类问题下面又分成"宏观"和"微观"两个层面)(见图表3-1-1)。然后,他以这五种问题类型作为主导,将质的研究中的主要策略分成六种类型(现象学、民族志、扎根理论、常人方法学/言语分析法、参与性观察、质的生态学)。与此同时,他还在表中列出了与这些策略相对应的科学范式、具体研究方法和其他资料来源。

图表 3-1-1　质的研究的主要策略比较
（资料来源：Morse,1994:224）

研究问题的类型	策略	范式	方法	其他资料来源
意义类问题:了解生活经历的本质	现象学	哲学（现象学）	录音"谈话";笔录个人经历中的有关逸事	现象学文献;哲学反思;诗歌;艺术
描述类问题:对文化群体的价值观念、信念和行为进行描述	民族志	人类学（文化）	无结构访谈;参与型观察;实地笔记	文件;记录;照片;地图;谱系图;社会关系图
"过程"类问题:了解时间维度上事情发生的变化,研究问题可以呈现阶段性和不同的层面	扎根理论	社会学（象征互动主义）	访谈(录音)	参与型观察;写备忘录;记日记
口语互动和对话类问题	常人方法学;话语分析	语用学	对话(录音/录像)	观察;记实地笔记
行为类问题:宏观	参与型观察	人类学	观察;实地笔记	访谈;照相
微观	质的生态学	动物学	观察	录像;记笔记

图表 3-1-1 表明,对不同的研究问题,研究者通常使用不同的研究策略,这种研究策略属于特定的"范式"(这里似乎与我们平时所说的"学科"类似),研究者往往使用一些特定的研究方法以及相关的收集资料的方式对这些研究问题进行探究。比如,当研究的问题是"描述类问题"时,研究者的研究策略是民族志,与此对应的范式是人类学,特别是文化人类学,同时可以使用无结构访谈、参与型观察和记实地笔记的方法,其他收集资料的来源可以有各种官方的和私人的文件、文字记录、照片、地图、谱系图、社会关系图等。

这个分类表从研究的问题入手,将质的研究常用的各种策略及其对应的范式、方法和资料进行了比较简明的分类,对我们了解这几个因素之间的关系很有帮助。但是,我发现其中有明显的重复和分类不对等的情况。比如,"现象学"被同时放在"范式"和"策略"两个栏目里。也许"策略"中的"现象学"指的是现象学常用的方法,如本质直观的方法、一气呵成的步骤、意识均意向性等;而"范式"中的"现象学"指的是"学科"意义上的一种哲学流派。又比如,"参与型观察"被放在回答"宏观的行为问题"的"策略"一栏中,而与此对应的"方法"一栏里却列上了"观察"。在我看来,"参与型观察"应该是一种方法,是"观察"的一个分支,与其相对应的另外一个分支是"非参与型观察"。(有关观察的分类,详见第十五章第一节)

二、按研究的范畴分类

与上述按研究问题分类的思路类似,其他一些研究者将质的研究按照研究的范畴进行分类。我认为,所谓"研究的范畴"指的就是研究的现象,它比"研究的问题"更加宽泛一些。"研究的问题"是从"研究的范畴"内提取出来的一个比较集中、具体、需要回答的疑问,而"研究的范畴"是研究者意欲探讨的一个现象领域。例如,在米勒(W. Miller)和克莱伯特利(B. Crabtree)的分类中(1992:24),他们把质的研究的范畴分成七种类型,然后从这七个范畴入手,将质的研究的学术传统分成如下不同的种类(见图表3-1-2)。

从图表3-1-2中列出的研究范畴看,我很难了解研究者的分类标准是什么。他们的分类似乎不在一个水平上,大到"文化",小到"个人",既有"行为/事件"又有"交流"和"实践过程"。似乎他们更多地是从质的研究的学术传统入手,找到相应的现象范畴,指出不同学科与这些范畴之间的对应关系,以及每个学科内部在探究相应范畴时在方法上的侧重。比如,当研究的范畴是文化时,研究者通常使用人类学的方法。其中,如果把文化作为一个整体来进行研究,研究者往往使用人类学中的民族志的方法;如果把文化作为符号世界进行探究,研究者则选择使用人类学中符号人类学的方法;如果把文化作为社会组织分享意义和语义规则的认知图式,研究者则会选择使用人类学中认知人类学的方法。

在我看来,这个分类法将质的研究的学术传统进行了一个逐级的分类,首先是学科层次的分类(人类学、社会学、心理学、社会语言学、应用专业),然后是各个学科内部次一级的分类(如人类学中的民族志、符号人类学、认知人类学等)。其中有的层次不完全对等,如将护理学、教育学、组织/市场研究和评估研究等放到"应用型专业技术",与上面所列的各类学科不在一个分类层次上;护理研究、教育研究、组织/市场研究和评估研究可以同时使用量的方法和质的方法,不一定是"质的研究的学术传统"。但是,从这个图中,我们可以看出,米勒和克莱伯特利试图在质的研究这个大的分类框架下,从质的研究的主要内容范畴出发,对传统的学科分类进行一个新的梳理和细化。

在上面这个分类图中,虽然特定的研究范畴被对应于特定的研究学术传统,但是它们之间并不是一个惟一的、一一对应的关系。在特定的研究情境下,不同的学术传统可以被运用于相同的研究范畴,同样的学术传统也可以被运用于不同的研究范畴。比如,人类学的方法既可以用于对个人行为

图表 3-1-2　研究的范畴与质的研究的学术传统

（资料来源：Miller & Crabtree，1992：24）

研究的范畴	研究的学术传统
生活经验(生活世界) 　　作为个体的行动者的意向 　　与社会情境相连的行动者	心理学 　　现象学 　　阐释学
个人的 　　个人的传记	心理学与人类学 　　生活史(阐释性传记)
行为/事件 　　有时间性并且处于情境中 　　与环境有关	心理学 　　性格形成学 　　生态心理学
社会世界 　　人们如何达成共识 　　人类如何创造象征、符号和环境,并 在其中互动 　　社会中各种类别的一般关系	社会学 　　常人方法学 　　象征互动主义(符号学) 　　扎根理论
文化 　　作为一个整体 　　作为符号世界 　　作为社会组织分享意义和语义规则 的认知图式	人类学 　　民族志 　　符号人类学 　　人种科学(认知人类学)
交流/说话 　　实际会话的方式与轮换规则 　　非语言交流的方式与轮换规则 　　交流的形态与规则	社会语言学 　　会话分析(话语分析) 　　人体运动与说话之关系的科学 　　交流民族志
实践与过程 　　看护工作 　　教与学 　　管理/消费 　　评估	应用型专业技术 　　护理研究 　　教育研究 　　组织/市场研究 　　评估研究

和意义的研究,也可以用于对一个文化整体的研究。米勒和克莱伯特利将这些范畴和传统对应起来,只是为了表现它们相互之间经常出现的亲和关系而已。

　　我认为,米勒和克莱伯特利的这个分类图不仅从研究的范畴入手对质的研究的学术传统进行了逐级的分类,而且还从一个侧面(也许作者本人是无意识地)反映了有关学科内部与质的研究有关的方法类型。比如,在社会姜领域,从事质的研究的学者大都使用常人方法学、象征互动主义、扎根理论的方法;在社会语言学领域,回答质的研究问题的学者大都使用话语分析、交流民族志以及人体运动与说话之关系的科学。尽管大多数质的研究者都同意质的研究是一个跨学科、甚至反学科的研究方法,但由于各种各样的历史原因、学科特点以及科学家群体的倾向性,不同学科在使用质的研究策略时仍旧有所侧重。当然,这些侧重只是相对而言,而且目前各种学科之间相互借鉴的现象也越来越普遍。

虽然我在上面指出这个分类图将"学科"(discipline)与"专业技术"(profession)放在一个层面进行讨论,违背了分类中的"对等"原则,但是它同时也指出了这两者之间的区别,对我们理解质的研究的应用范围很有帮助。在一些"应用型专业技术"领域(如护理、教育、企业管理等),因其实践性、应用性和过程性,研究者在选择研究的方法上比在"学科"领域有更多的自由。他们可以根据自己的需要选择不同的方法,不必拘泥于一些固定的、"规范的"方法和程式。比如,在教育学领域,对教与学、教学评估、隐性课程和师生互动方面的研究,研究者可以采用现象学、符号人类学、认知人类学、阐释学和象征互动主义等很多不同的研究策略。

第二节　按研究的目的分类

质的研究还可以从研究者从事研究的目的入手来进行分类。虽然学者们使用了一些不同的词语(如"兴趣"、"意图")来描述这类分类方式,但是我认为可以将这几种分类方式统统放到研究的"目的"这一个分类标准下面。

一、按研究者的兴趣分类

一些质的研究者认为,研究者从事研究的"兴趣"可以作为质的研究的一个分类标准。所谓"兴趣"指的是研究者在从事此项研究时最关心的事情、希望达到的目标、计划完成的任务。比如,特西(R. Tesch,1990:72)的分类法就是将研究者从事某项研究时的"兴趣"作为分类的标准(见图表3-2-1)。

首先,特西把研究者的"兴趣"分成四种类型:1)探讨语言特点;2)发现常规(regularities);3)理解文本和行动的意义;4)反思。然后,在每一个层面下面有相应的内容范畴和探究方式。由于各个兴趣下面包含的内容密度不一样,因此分类的次级层次也不一样。比如,第一个兴趣"探讨语言特点"下面有三个次级层面,第二个兴趣"发现规律"和第三个兴趣"理解文本和行动的意义"下面有两个次级层,第四个兴趣"反思"下面只有一层。不论每一种兴趣下面包含多少层面,最下面的那一层都是"研究的方法",其他上面的层次都是对第一层兴趣所包含的内容的进一步分层。

图表 3-2-1 质的研究类型一览表(资料来源:Tesch,1990:72)

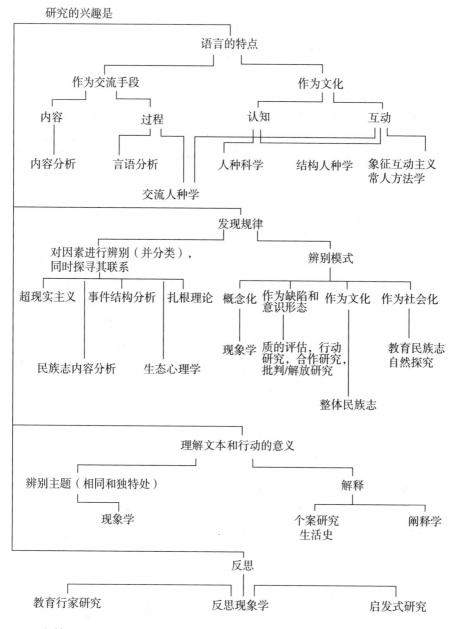

在第二个层面,特西将第一个兴趣"语言特点"进一步分成两个部分: 1)将语言作为交流方式;2)将语言作为文化。在第三个层面,她将第二个层面里的"语言作为交流方式"又进一步分成"内容"和"过程"两个分支;与"内容"相对应的研究方法是"内容分析",与"过程"相对应的方法是"话语分析"和"交流民族志"。与此同时,第二个层面里的"语言作为文化"也被细分成两个部分:1)认知的;2)互动的。对"认知的文化"进行研究的方法是"人种科学";对"互动的文化"进行研究的方法是"象征互动主义"和"常人方法学";两者结合以后对应的方法是"结构人种学"。

第二个兴趣"发现规律"也被分成两个部分:1)对因素进行辨别(和分类)并探寻其联系;2)辨别模式(pattem)。对第一部分进行分析的研究方法是:超现实主义、民族志内容分析、事件结构分析、生态心理学和扎根理论。第二部分(辨别模式)又进一步分成四个方面的内容:1)以概念形式出现的规律(其对应的方法是现象学);2)作为缺陷和意识形态的规律(对应的方法是质的评估、行动研究、合作研究、批判/解放研究);3)作为文化的规律(对应的方法是整体民族志);4)作为社会化过程(其研究方式是教育民族志,自然探究)。

第三个兴趣"理解文本和行动的意义"被细分成两个部分:1)辨别主题(相同和独特处),其方法是现象学;2)解释,使用的方法是个案研究、生活史和阐释学。第四个兴趣"反思"部分由三种方法完成:1)教育行家研究;2)反思现象学;3)启发式研究。

二、按研究者的意图分类

还有学者认为,质的研究可以根据研究者从事研究的"意图"进行分类。比如,丹曾和林肯(1994)提出,民族志可以按照研究者从事研究的"意图"进一步分成下面四个不同的分支(我感觉,这里所说的"意图"其实指的是研究者在从事研究时所采取的"立场"。除了方法上的不同以外,这些分支主要表现的是研究者的政治态度和价值取向)。

1)批判民族志:这一分支认为研究是一种社会批判,不仅应该考虑到个人的行动,而且还要改变社会的权力结构。研究应该特别注意弱小人群所关心的事情,通过自己与他们的平等对话使他们获得批判社会不公的力量。

2)后现代主义民族志:这一分支对现代主义的观点进行批判,强调对权力和理性进行解构。在方法上,这种民族志特别讲究使用精致的操作技巧。因其指导思想,这类研究者在对研究结果的衡量方面缺乏价值权威和意义权威,把现实作为一种"游戏"来对待。

3)女性主义民族志:这是一种新的世界观,反对科学对自然的征服,崇尚感情,反对人的过分理性化。女性主义研究重视研究中的情感关怀和批判性交流,认为研究者应该对自己的行为进行认真的反省。研究被认为是对社会的鼓动,帮助受压迫的人获得精神上的解放。研究不是对"客观现实"的了解,而是对生活世界的重新解释。

4)历史民族志:这一分支强调历史在研究中的重要性,主张将历史与理论和社会实践结合起来进行考量。这类研究者认为,任何理论和实践的形成都有其历史渊源和发展历程,因此对这些理论和实践的研究应该放到历史发展的过程中进行。

上述这四种民族志类别由于各自持有不同的立场和观点,在实际操作中各有不同的侧重点。但是,它们都共有民族志的主要特征,即在自然情境下进行长期的体验性研究,使用无结构的方式收集资料,探究研究对象的意义建构等。

第三节 按"传统"分类

另外一种对质的研究进行分类的方式是追溯质的研究的"传统",然后按照这些"传统"的不同特点进行分类。比如,美国学者杰克布(E. Jacob,1987)在1987年发表的一篇著名的论文《质的研究的传统——一个回顾》中提出,质的研究可以追溯到五个"传统":1)生态心理学;2)整体(holistic)民族志;3)交流民族志;4)认知人类学;5)象征互动主义。借用库恩(1968)对科学"传统"做出的定义,杰克布将质的研究中的"传统"定义为:某些质的研究者群体内部对自己所探究的世界的本质、所研究的问题类型以及寻求解决办法的技术所达成的基本共识。我感觉,她所定义的"传统"与前面按研究的内容范畴和研究目的分类的方式有类似之处,只是"传统"似乎包含的内容范围更大一些,不仅包括研究的问题和内容、研究者的兴趣和意图,而且包括具体的操作技术。

一、生态心理学

生态心理学是由巴克(R. Barker)和瑞特(H. Wright)以及他们在堪萨斯大学的同事们(1955)发展起来的,其研究成果来自1947到1972年间他们在美国中西部主持的一个心理研究实验基地。这种研究方法与传统的心理实验方法很不一样,着重考察自然情境下人的行为及其与环境的关系,强调对人的自然行为进行详细、客观的描述。

生态心理学家认为,个体的行为既有客观的一面,又有主观的一面。客观的一面包括人的生理行为,如五官和四肢的运动;而主观的一面则发生在将人作为一个整体的情况下人的身心活动的统一。人的客观行为和主观行为两个方面是密不可分的,即使是生理运动也受到主体之目的的驱使,也发生在个体认知意识的范围之内。与个体的行为类似,环境也包括客观和主观两个方面,客观的部分被称为"生态环境",主观的部分被称为"心理习惯"。个体的心理习惯主要是个体对环境的情感反应,它导致个体在一定情形下采取一定的行为。个体与环境之间是一种相互依赖的关系,个体的行为受到周围环境的影响。

生态心理学研究的内容主要在两个方面:1)个体的心理习惯和以目的为导向的行为;2)行为的场景,如超个体的行为模式以及与这些模式相关的特定地点、时间和事件。生态心理学家使用的方法主要是描述,通过对个体行为的具体描述发现其规律(Wright,1967)。常用的一种描述方法是抽样记录,即在自然环境下(如幼儿园)长时间地(如整整一天)观察一个个体(如小孩)的行为,然后用平实的语言将行为中具有目的取向的行为记录下来。观察者通常处于隐蔽状态,被观察者不知道自己在被观察。观察者尽量保持客观、友好、不评价、不介入的态度,让被观察者自然地表现自己,以期获得具有一定代表性的研究结果。另外一种描述的方法是行为场景调查法。重点观察某些特殊行为发生时的环境。通常是在某一时段内(通常是一年)对某一群体(如某小学五年级某班所有的男生)中所有发生的某类特殊行为(如打架)的有关场景(如上课时、下课时、踢球时、闲逛时)进行比较完整的描述。调查的具体步骤是:1)首先确定所有可能出现的行为场景;2)限定符合本研究条件的场景;3)对这些场景进行量的描述。

二、整体民族志

整体民族志的方法主要来自博厄斯和马林诺夫斯基的实地工作传统。这种方法认为文化是研究的主要焦点,"文化"在这里指的是所有人类在后天学习到的东西。"文化"又进一步分成"行为的模式"(patterns of behavior)和"为了行为的模式"(patterns for behavior)。后者指的是人的思维现象,决定了人用以解答和衡量如下问题的标准:"事物是什么? 事物可以是什么样子? 事物应该是什么样子? 人如何感觉? 人应该做什么? 人可以如何做?"(Keesing & Keesing,1971)。在整体民族志传统里,有的研究者只注重思维现象的研究,关注当地人看问题的方式,认为对他们使用的概念进行考察便可以对其行为进行解释(Pelto,1970)。其他一些研究者则认为,研究应该着重观察当地人的行为,只有对可以观察到的行为进行研究才是可能的和"科学的"(Harris,1968)。

整体民族志通常将一个文化群体(如部落、城镇、社会机构、种族)作为研究的对象,对其中那些对于理解该文化十分重要的部分(如社会结构、经济、家庭、宗教行为和信仰、政治关系、象征仪式、社会化过程、礼仪行为等)进行重点的考察。研究者通常使用描述和分析的方法,通过被研究者的眼睛看待他们自己的文化模式。研究者必须深入到当地进行实地调查,直接收集第一手资料,使用当地人自己的语言记录他们对自己生活世界的解释,同时使用多种方法(如参与型观察、非正式访谈、收集实物等)尽可能广泛地收集资料(Malinowski,1922)。整体民族志研究者在抽样时使用的是非概率抽样的方法,他们认为文化意义是由特定文化群体的所有成员所共有的,因此可以在任何一个成员、事件或人造物品上反映出来。如果不断地对该文化中的人和事进行资料收集,有关信息到一定时候便会达到饱和状态,此时便可以找到一些共同的文化模式(Agar,1980)。如果研究的结果非常"真实",读者应该可以按照研究结果的表述,像一名文化成员那样按照该文化群体的行为规范做人和做事(Wolcott,1975)。

三、交流民族志

交流民族志[又称微观民族志、形成型(constitutive)民族志]来自社会语言学、非言语行为交流学、人类学和社会学等研究领域(Erickson & Mohatt,1982;Erickson & Wilson,1982)。这种方法着重研究一个文化群体内成员之间以及不同文化群体成员之间的社会互动模式,考察微观层面的互动方式与宏观层面的社会文化结构之间的联系。与整体民族志一样,交流民族志也认为文化是理解人类行为的主要途径,人们的言语行为和非言语行为都受到文化的塑模,虽然这些受到文化塑模的人们对自己的行为并没有清醒的意识。特定群体的文化主要表现在该群体成员之间相互交流的方式上,该文化的"社会结构"是在人们面对面的交往中产生的,具体的情境(如时间、地点、人物)影响到人们交往的规则。

这类研究主要集中在重要社会机构中的特定文化场景,如课堂、父母与孩子在家庭里的互动、政府部门的会议、公共场合的人际交往等。通过观察和描述这些面对面的人际交流方式,交流民族志研究者希望了解特定文化群体中重要的社会交往规则、文化解释模式以及由社会交往所带来的社会结果的过程和动因。此类研究的设计通常采用漏斗式,开始时比较开放,随着研究的逐步深入进行聚焦。收集资料的方式通常是录音和录像,在特定时间内对某一文化场景进行观察,比如对某学校每天第一个小时的活动连续一周进行录像。录音带和录像带经过整理以后,根据资料中呈现的主题进行分类、归档和分析。

四、认知人类学

认知人类学[又称人种科学(ethnoscience)、新民族志]是由古德诺(W. Goodenough)和弗雷克(C. Frake)在语言学的基础上发展起来的(Jacob,1987)。持这种传统的研究者像整体民族志和交流民族志研究者一样,也认为文化是研究的主要内容,但是他们只对人的思维进行研究,认为文化主要是一种思维方式,是人对物质现象的认知组织形式(Tyler,1969)。人的这种认知方式非常丰富复杂,相互之间密切关联,通常通过语言(特别是语义)出来。早期,此流派只从语义系统中某些词语之间的关系入手对文化的认知构成进行探究,如对颜色、植物、昆虫和疾病的分类等(Langness,1974)。现在,此类研究的范围有所扩大,包括比较复杂的话语结构及其隐含的认知理解(Agar,1982;Clement,1976;Holland,1985)。该传统的研究内容现在也有所延伸,包括对学校文化、酒吧文化和城市中的各种亚文化的研究(Spradley,1970;Spradley & Mann,1975;Spradley & McCurdy,1972)。

认知人类学不重视那些可以观察到的、实际发生的行为,而特别注重那些被人们所期待的、被认为是"合适的"行为。研究的焦点是那些被当地人认为组成他们自己文化的部分以及这些部分之间的关系,特别是他们的社会、文化组织原则(Spradley,1979)。研究的设计通常遵循循环式模式,从一个非常宽泛的问题开始,初步分析资料,建立试探性假设;然后逐步缩小范围,提出更加集中的问题。由于强调使用参与者自己的概念和分类方式对该文化的组织形式进行描述,此类研究通常在自然情境下收集当事人所说的话,或者设置一定的情境,使用控制性引发的办法让当事人就一定的文化规则进行谈话,以此来发现他们在特定文化范围内是如何组织自己的文化知识的。比如,为了找到当地人对某些事物的分类方式,研究者还可以问:"番茄属于水果还是蔬菜?""番茄、苹果是否属于同一种类型?"如果为了了解当地人区别不同类型的方式,研究者还可以问:"捣蛋鬼和精明人之间的区别是什么?""名牌大学和非名牌大学有什么不同?"

斯伯莱德里(J. Spradley,1979,1980)认为,认知人类学可以有四种不同的分析方式:1)领域分析;2)类别分析;3)成分分析;4)主题分析。"领域分析"主要通过一小部分语言样本来确定文化领域中的符号类别以及有关术语,然后对这些文化领域与符号之间的关系建立有关假设。比如,我们可以先选出一个单一的语义关系,如"严格包含关系":"X 是 Y 的一种"(如"橡树是一种树")。这里 X(如"橡树")是被包含词语,Y(如"树")是包含词语。然后,我们可以按照这个语义关系准备一张领域分析表,标出所有被当地人认为可以包含在"一种树"下面的词语(如松树、槐树、白杨等)。

"类别分析"指的是:通过比较文化领域内符号的异同和语义关系来寻找当地人对文化领域进行分类的方式。我们可以首先设定一个可以代表某领域内所有术语的分类方式,然后通过结构替补方式向被研究者发问。比如,通过对一所大学进行调查,我们初步发现该大学的组织结构如下:校级领导下设若干个院,每个院下面再分设若干个系,每个系下面再分设若干个教研室。那么我们可以问受访的教授们:"教研室属什么部门管? 系属什么部门管? 院的上下级各是什么部门? 还有什么部门属学校管?"结果,在询问中我们发现,学校里还存在"研究所"和"研究中心"这样的机构,它们既不下属于院,也不是系,而是直属于学校,与系平级。那么我们就必须修改自己初步的分类方式,将"研究所"和"研究中心"放到该类别分析表中合适的位置上。

"成分分析"是通过对比差异的方式寻找文化领域中有关术语的成分属性,然后将其进行分类。比如,如果我们希望了解中国的一些中学教师是如何定义"好学生"的,我们可以将事先了解的有关这个概念的成分属性列出来,然后逐一地询问受访的教师:"纪律好的学生是好学生吗?考试成绩好的学生是好学生吗?字写得好的学生是好学生吗?上课有时讲小话但是成绩很好的学生是好学生吗?考试成绩不好但是上课经常有自己见解的学生是好学生吗?"等等。通过提这些问题,我们可以了解这些教师心目中的"好学生"这一概念的构成成分。

"主题分析"指的是:通过对不同的文化领域进行比较,找到其中共同的主题,其目的是辨别各个领域之间的关系以及这些领域与文化整体之间的关系。比如,我们在了解了中国某些中学教师对"好学生"的定义以后,可以将这些定义与中国社会目前更为宏观的政治、经济、文化背景联系起来加以考虑。结果,我们可能会发现那些认为"考试成绩好的学生才是好学生"的教师大都来自重点中学,学校比较看重高考,教师的业绩以及学校工作的评定以学生的升学率作为主要的衡量标准。这样,我们可以将"好学生"这一领域与其他领域(如"教育观念"、"教学评估"、"人才流动"、"教师职业"等)结合起来进行分析,发展出一个更加宏观的探究主题。

五、象征互动主义

象征互动主义是由布鲁默(H.Blumer)以及他的同事们在 G. 米德、库利(C. Cooley)、杜威(J. Dewey)和托马斯(W. Thomas)等人的研究成果之上建立起来的(Manis & Meltzer,1978;Meltzer et al.,1975)。这个传统认为,个体的经验必须得到与他人互动的中介,意义是个体在与他人的互动中创造出来的。这些意义不仅帮助个体获得自我意识,而且被个体用来达到自己的既定目标。人与动物不一样的地方是:人不仅生活在物质环境中,而且更重要的是生活在符号里。某一件事对一个人是否有意义、有什么意义、为什么有意义——这一切在很大程度上取决于他人就此事对这个人所采取的态度和行为(Blumer,1969)。

根据 G.米德的理论(1992),人的"自我"包括两个方面:主格的我(I)和宾格的我(Me)。"主我"代表的是个体冲动的倾向,是自我的主动性、生物性的一面,是有机体对他人态度采取的反应;"客我"是个体适应群体的倾向,是自我关于他人对自我形象的心理表象,是有机体自己采取的、有组织的一组他人态度。自我是一个过程而非一个实体,在这个过程中自我中的"主我"和"客我"通过内在的对话相互互动。"主我"既召唤"客我",又对"客我"作出响应,它们共同构成一个出现在社会场景中的"人"。

象征互动主义认为,个体和社会是两个不可分离的部分,它们之间相互依存、相互影响,理解其一必须理解其二。与社会学中的功能学派相左,象征互动主义不认为社会是由具有独立生命的宏观结构所组成的。相反,社会是由行动着的个体组成的,所谓的"社会"就是这些个体行动的总和。

象征互动主义研究的焦点主要放在个体互动的过程以及他们看问题的视角上,特别是个体之间如何相互接受彼此的视角、在具体的互动情境中如何学习意义和符号(Denzin,1978;Ritzer,1983)。此类研究的主要思路是通过对符号互动的过程进行描述,从而达到对人的行为的理解。研究者必须采取同情的内省(sympathetic introspection)和解释性理解的方式,进入并体验被研究者的个人经验。象征互动主义的研究设计是一个逐步演化的过程,前期的资料分析通常为后续的资料收集和分析工作提供导引方向(Becker,1970;Bogdan & Tyler,1975)。具体做法是:首先对收集到的资料进行类别分析,形成命题,然后将命题整合为理论框架,最后对结论进行检验。收集的资料可以包括被研究者的生活史、自传、个案研究、信件、开放型访谈和参与型观察的记录等(Schatzman & Strauss,1973)。

第四节　按"类型"分类

英国学者阿特肯森(P. Atkinson)等人(1988)对杰克布的上述分类提出了疑问,认为她将质的研究分成如此鲜明的"传统",不仅不符合质的研究领域目前的实际情况,而且对质的研究将来的发展不利。这些学者认为,质的研究拥有十分丰富多样的方法和类型;把它们分门别类地放到一些定义明确的"传统"里面,似乎它们本身是一些自足的实体,具有统一的理论基础和操作方法——这实际上是不符合实际情况的。在质的研究中,方法很难被如此清晰地分类,不同的"传统"之间存在很多共同的地方。通常,属于一个"传统"的学者实际上同时在使用其他不同"传统"的观念和方法,不同"传统"里的学者也在使用基本相同的方法。而且,即使是在同一"传统"里,研究者也经常对方法类别的特征和评价标准持不同意见,对有关人性和社会的假定也缺乏统一的认识。此外,按照"传统"对质的研究进行区分还有可能压制新的研究范式的出现,迫使人们把新鲜事物统统放到既定的"传统"里面,排斥不属于这些传统的方式。这种做法很容易导致学者们相互之间划分地盘、互不相容、互相批评。这种无效的派系斗争往往带来的更多的是情感上的冲动,而不是理性上的启迪(Hammersley,1984)。

除此之外,阿特肯森等人还提出,杰克布的"传统"式分类只包括了美国的情况,没有考虑英国等国的情况,有明显的大国沙文主义的味道。因此,他们在自己的论文中对英国质的研究的发展概况进行了一个简单的介绍,然后提出了在英国教育界目前质的研究中呈现出来的七种"类型":象征互动主义、人类学的方法、社会语言学的方法、常人方法学、民主评估、新马克思主义民族志和女性主义研究方法。之所以使用"类型"而不使用"传统"这个词,是因为前者的定义不如后者那么"坚固和紧密"。"类型"不像"传统"那样可以追溯到一个相对统一的历史渊源,而且其内部的构成也相对松散一些。此外,"按'类型'分类",这个说法本身就是同义重复(高一虹,1998:10),也许这么做可以避免对任何"实体"进行分类所带来的问题。

1)象征互动主义 根据阿特肯森等人的分析,象征互动主义在英国不如在美国那么兴盛,但是具有与美国学界不同的研究重点。比如,在对学校和教师的研究上,美国人通常将师生关系作为一个研究资本主义社会主流文化通过学校教育复制自身的重要线索;而英国研究者则将其作为各种社会利益之间发生冲突和争夺权力的中心。因此,英国的象征互动主义研究不仅停留在人际层面,而且包容了更大的社会政治背景。

2)人类学的方法 在人类学方法这个类型中,除了美国式的整体民族志和认知人类学,阿特肯森等人提出了英国的社会人类学和美国的应用人类学类型。这两种类型扩展了人类学研究的范围,为人类学与社会学以及其他应用学科之间的跨学科研究提供了新的视野和方法。

3)社会语言学的方法 阿特肯森等人在这里所说的社会语言学与杰克布的交流民族志类似,也是对特定人群的社会交往言语、语义和语用规则进行研究。惟一不同的是,在英国这种研究被赋予一个不同的名称"社会语言学"。

4)常人方法学 阿特肯森等人所说的常人方法学与本书第二章第二节中所介绍的基本类似,但是他们特别强调常人方法学与话语分析之间的联系。常人方法学和话语分析都强调对人们的言语交流规则和习惯进行细致的分析,从中发现他们的思维方式。

5)民主评估 民主评估研究主要来自对学校课程进行的评估型研究,强调邀请教育实践者参与到评估的过程中来,使评估真正成为一个民主决策的过程。这种方法不仅在英国的教育界十分普遍,而且也被广泛地使用于美国各级各类学校的课程评估。评估的具体方式早期以定量测量为主,现在通常采取一种综合性的、过程性的、形成性的方式。

6)新马克思主义民族志 新马克思主义民族志于70年代早期在英国教育研究院兴起,旨在建立一种新型的学校机构,使教师和学生能够平等地在其中生活和工作。这种民族志研究的最终目的是创造一种新型的、具有解放功能的新型社会(Young,1971)。

7)女性主义研究方法 虽然不同的女性主义者在研究方法上各有自己的特色,但是他们在理论上比较一致,都强调对性别、种族和社会阶层有足够的批判意识。极端的女性主义者甚至认为,女性比男性更加适合从事质的研究,因为她们富有同情心和共情的能力,善于倾听(Oakley,1981)。女性主义研究认为,传统的"客观的"、"中性的"、"科学的"研究态度实际上是父权统治的表现,应该得到研究界的强烈抵制(Roberts,1981)。

从上面十分简单的讨论中,我感觉,阿特肯森等人所说的"类型"与杰克布所说的"传统"似乎没有什么根本的不同。除了"传统"这个词语本身可能对研究者另辟蹊径有更大的制约以外,两者在其他方面都很类似。

第五节　无 法 分 类

对于上面各种不同的分类方式,一些质的研究者提出了异议。他们认为,质的研究是一个多元、综合、丰富多彩的研究领域,不可能将它进行任何形式的分类。比如,沃克特(1992)认为,质的研究与其可以分成"传统"或"类型",不如说它是一个折中、多元、综合的方法。质的研究不论在理论上还是在方法上都提供了很多不同的选择,研究者可以从大量不同的理论和方法中选择适合自己的方式,找到自己具体的战略地位。所谓的"传统"其实也可以是一种选择,不必一定要被继承或被更新。

汉密尔顿(D. Hamilton,1994:62)也认为,"传统"是一个不断演化的过程,它代表了研究者对知识的定义和疆界限定。根据对" tradition"(传统)这个词的词源分析,他指出" tradition"与" trading"一样来自拉丁词根" trade-re",意指"传递、传送"。因此,传统是被期待着由后人"正确地"传递和修订的,不必拘泥于既定的经典。

丹曾和林肯(1994)等人也一再强调,质的研究者实际上是一个多面手,他/她的任务就是把丰富复杂的世界拼凑起来,作为一个画面呈现给读者。只要为了满足自己的研究目的,研究者可以使用任何方法(甚至包括量化的数据)对研究结果进行解释和说明。事实上,很多质的研究者已经在使用量化资料为自己的研究服务,力图探讨一条结合质和量的研究的新路子。(有关质的研究与量的研究之间的结合,详见第二十七章)

第六节　分类的作用

上面各种质的研究的分类方式似乎十分"混乱",没有"规律"可循,而且一些学者也对分类本身提出了异议,认为对质的研究进行分类是"没有意义"的。分类这种做法似乎与质的研究的基本精神相悖,违反了质的研究者所力图追求的一些理念,如注意研究现象的地方性和整体性、研究方法与其他成分之间的关联性等。这就向我们提出了分类的作用问题,即:质的研究是否需要分类?分类的作用是什么?我们应该如何看待质的研究的分类?上述哪一种分类方式更"好"?是否存在一个衡量的标准?

我认为,对质的研究进行分类有其一定的实践意义。首先,就像对任何事情进行分类一样,用分类的方式对质的研究进行梳理可以帮助我们比较系统地了解目前质的研究呈现出一种什么样的状态、学术界有哪些对其进行分类的方式(尽管这些分类方式可能不够完善)。其次,通过分类的方式了解了质的研究的整体状况以后,我们可以有一定的参照系来判断自己的研究在这个体系中占有什么位置(尽管这个体系可能不够系统)。而只有知道了自己在哪里,我们才有可能决定自己是否需要保持、调整或改变自己的定向。

然而,对质的研究进行分类也有其弊端。正如上面一些学者指出的,系统的分类可能使质的研究本身变得僵化。由于存在这些分类的方式,研究者会过多受到它们的约束,不能自由地进行创新。既存的分类系统还很容易使研究者把自己的研究放到前人限定的分类"盒子"里,忘记了自己的具体研究问题和研究情境的特点和特殊要求。

因此,面对分类的两难局面,我们似乎需要采取一种辩证的态度。一方面,为了了解质的研究这个"庞然大物",我们需要对其进行分类;但与此同时,我们不必穷尽所有的类别,不要希冀将所有质的研究囊括到一个完整的分类体系中。对上面介绍的分类方式,我们与其把它们当成规定性的分类方式,不如把它们当成对目前分类状况的一种描述。研究者应该根据自己的需要选择更"好"的方法,而不是根据一种事先设定的标准对这些分类方式进行评价和选择。

此外,我们也可以改变自己的分类思路,将质的研究作为一个连续体来看待,而不是一个具有明显界限的分类系统。根据我自己的教学经验,对于初学者,下面的连续体图示可能对他们了解质的研究的"类型"更加有帮助(见图表3-6-1)。

图表 3-6-1　作为连续体的质的研究

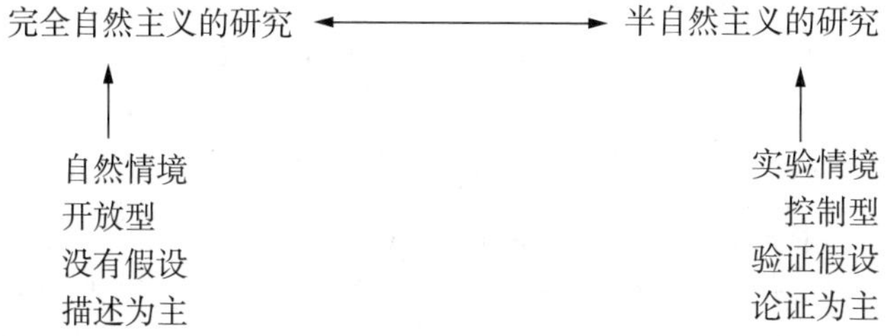

完全自然主义的研究 ←————————→ 半自然主义的研究

自然情境	实验情境
开放型	控制型
没有假设	验证假设
描述为主	论证为主

在这个连续体中,一头是"完全自然主义"的研究,另外一头是"半自然主义"的研究。在"完全自然主义"一头,研究者到达研究实地时态度非常开放,尽量悬置自己对研究现象的假设。有的研究者甚至没有自己的研究问题,通过与当地人一起生活和工作一段时间以后才逐步形成自己的研究问题。这种研究者是真正的"学习者",从事研究的目的是向当地人了解他们所关心的问题、他们对问题的看法以及他们看待问题的方式。研究的结果通常以描述性资料为主,报道研究者在自然情境下通过与当地人互动而获得的有关信息。在"半自然主义"一头,研究有比较强的理论倾向,从事这类研究的人主要是"研究者",他们通常有比较正式的研究设计,收集资料的主要目的是对自己原有的假设进行证伪,建构自己的理论。这种研究结果通常有比较强的论证色彩,研究者按照自己的思路使用原始资料对有关理论性问题进行论说。在"自然主义"和"半自然主义"之间存在很多不同的变体,研究者可以根据自己的研究的特性和需要选择自己的位置。

高德(R. Gold,1958)对观察的分类遵从的基本上也是这样一种连续的思路,我认为也可以在此作为借鉴(见图表3-6-2)。

图表 3-6-2　观察连续体

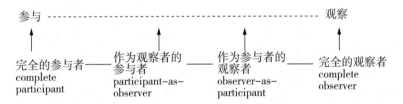

虽然高德在这个连续体上限定了四个固定的身份,但是他的分类是按照连续的思路进行的,不排除在每两个身份之间存在的变体。他将"参与"和"观察"作为连续体的两个顶端,暂时将这两个概念分开,然后在不同的参与程度和观察角色上将它们进行各种不同的两两结合。"完全的观察者"是一个"局外人",不参加当地人的活动,在活动之外进行观察。"作为参与者的观察者"其研究身份是公开的,参与到群体的日常活动中进行观察。"作为观察者的参与者"是一个隐蔽的观察者,假扮成群体中的一员对群体进行观察。"完全的参与者"类似间谍,其研究身份不被当地人所知晓,被认为是当地社会中一名普通的成员(袁方,1997:343—346)。

我认为,将质的研究作为一个连续体,而不是一个具有平行类别的分类系统,对于我们理解和从事质的研究更有帮助。平行分类的方式很容易将丰富的质的研究人为地分成一些类别,而排除了那些无法被纳入分类标准的类型。连续体的好处是可以给我们很大的思维和想像的空间,不会排除那些目前我们还没有发现的以及今后有可能出现的新类别。当然,正如世界上任何事物一样,质的研究的连续体也需要一个基本的边界(如上面我选择的"自然主义"和"半自然主义"、高德的"参与"和"观察"),分类(即使是非常模糊或无限细化的分类)只能在这个边界之内进行。如果我们设定其他的一些边界条件,用来分类的内容可能会非常不同。

此外,值得注意的是,当把质的研究作为一个连续体看待时,我们仍旧是在对质的研究本身进行分类,这么做仍旧是出于学者们对研究规范化的关怀。其实,在具体实践中,研究者最需要思考的是研究的内容与手段之间的关系问题。我们考虑任何事情都必须有一个起点,而选择研究方法的起点应该是研究的问题,而不是相反。我们首先应该弄清楚自己要研究什么问题,然后根据自己的研究问题寻找可以回答这一研究问题的方法和手段。这似乎类似于本章第一节介绍的有关学者根据研究的对象范畴对质的研究进行分类的方式。当然,这里的一个假设前提是:内容和手段是可以分开的;而在研究的实践中这两者可能无法分开。但是,为了理解的方便,我们必须把它们先掰开进行分析,然后再把它们放回到实际的情境中加以考虑。

第二部分

质的研究的准备阶段

　　这一部分由六章组成,主要讨论的是研究者正式到实地进行研究之前需要做的准备工作,其中包括研究课题的设计、研究对象的抽样、研究者个人因素对研究的影响、研究者与被研究者之间的关系对研究的作用以及研究者进入现场的方式。这一部分不仅呈现了对质的研究进行通盘计划和筹措的步骤,而且讨论了进行研究之前研究者必须考虑的一些重要问题。

　　第四章和第五章对质的研究的设计进行了探讨。第四章"质的研究的设计"主要从基本思路上探讨设计在质的研究中的特殊作用、质的研究设计的主要模式(如建构主义的模式、批判理论的模式和各种互动模式)、质的研究设计与研究提案之间的区别。第五章"研究设计的组成部分"则从比较具体的操作层面探讨如何对质的研究进行设计,如确定研究的现象、寻找研究的问题、讨论研究的目的、检索有关文献、探讨个人背景知识、对研究对象进行抽样、进入研究现场、收集资料和分析资料、建构理论、写作研究报告、检验研究的效度、讨论研究的推论和伦理道德问题等。

第六章"研究对象的抽样"介绍了质的研究对研究对象进行抽样的基本原则,同时对质的研究者常用的"目的性抽样"(purposive sampling)中的十四种策略以及制约抽样的一些关键性因素进行了探讨。

第七章"研究者个人因素对研究的影响"探讨了研究者的个人身份和个人倾向对研究有可能产生的影响。"研究者的个人身份"包括性别、年龄、受教育程度、社会地位、个性特征;"研究者的个人倾向"包括研究者的角色意识、看问题的视角、研究者本人与研究问题有关的个人经历。

第八章"研究关系对研究的影响"主要对一种研究关系(即"局内人"与"局外人")进行了探讨,同时结合其他关系(如研究隐蔽与否、公开的程度、研究者与被研究者关系之亲疏程度、研究者参与当地活动的程度等)对有关的问题进行了辨析。

第九章"进入研究现场"讨论的是研究者可以采取什么措施使自己被当地人所接受,如何确定当地人中谁是"守门员"(gatekeeper),以什么方式接触被研究者,如何与他们建立并保持友好的关系。

第四章 质的研究的设计

——我可以如何做？

　　无论我们从事什么形式的研究，都需要事先进行研究设计。研究是一种有计划的活动，需要研究者事先将自己的计划勾画出来。"研究设计"通常指的是：研究者在研究开始之前对研究项目的一个初步设想，其中包括问题的提出、具体的方法和手段、研究的步骤和进程、所期待的研究结果以及检验研究结果的方式等。研究设计是研究者事先基于自己对研究现象的初步了解，根据自己所拥有的研究手段、方法、能力、时间和财力等条件因素，为满足自己的研究目的而进行的一个初步的筹划。它以简要的方式集中提炼出研究的具体思路、步骤和实施方案，目的是为今后的研究实践提供一个纲领性的指南。

第一节　设计在质的研究中的作用

　　与其他类型的研究相比，设计在质的研究中享有十分特殊的地位：既非要不可，又必须十分灵活。由于质的研究是一个循环反复、不断演化发展的过程，允许研究者在研究的进程中根据情况对事先设定的方案进行修改，因此质的研究中的设计不能像量的研究那样确定和固定。质的研究中的设计不能一次定终身，而是要根据研究的具体情况作出相应的调整和修改。

　　即使是在质的研究内部，不同思想流派对于研究设计的看法和做法也存在不同的意见。一般来说，后实证主义者比较强调事先对研究的设计有比较完整、系统的规划，对研究的过程和结果有所预测，对今后有可能发生的问题及其处理策略进行讨论。而非实证主义者（如建构主义者）却认为，研究是一个发现的过程，具有不可预测性，任何过早、过多或过于僵硬的设计都会妨碍研究者即兴创造。研究是一个不断演化的过程，事先进行明确的设计不仅不大可能，而且会对研究者的及时应变能力产生负面的抑制。

　　然而，正如上面所提到的，任何科学研究（包括质的研究）都需要有一个设计，设计是研究中不可或缺的一环，可以为研究确定一个初步的方向，还可以帮助研究者预想今后可能发生的问题以及有可能采取的对策。其实,无论是否事先进行一个正式的书面设计,研究者对自己的研究都有一定的设想。研究设计就像是人的生活哲学,每个人都有一套自己的信仰和原则,只是有的人对此比较明确,有的人不太清楚而已。因此,为了更加有效地指导自己的研究工作,研究者需要使自己的设计明朗化,对自己的想法有比较清楚的了解。这样,研究者才有可能加强设计中的长处,修改不足的地方,对设计的整体方案进行改善。所以,质的研究不是不要进行事先的设计,而是需要一种比较开放的、灵活的、留有余地的设计。

第二节　质的研究设计的主要模式

传统的研究设计模式(如量的研究)通常采取的是一种线性结构,按照一定的前后步骤逐步地进行研究。图表4-2-1表现的就是这样一个阶梯式的研究设计,上一级的工作必须要在下一级的工作完成以后才能进行。

图表4-2-1　阶梯式研究设计模式
(资料来源:**Miller & Crabtree,1992:9**)

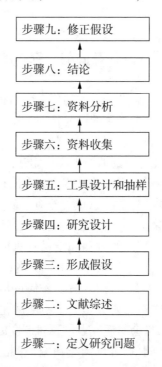

一、建构主义的模式

而质的研究者认为,研究的各个部分之间的关系不是一个线性的关系,而是一个循环往返、不断演进的过程。研究中的每一部分工作都不可能一次性完成,都受到上一轮循环中其他部分的影响。质的研究的循环过程表现为一个建构主义的探究循环(见图表4-2-2)。在这个循环中,所有的组成部分都在流动之中,没有开始,也没有结束。

图表 4-2-2　建构主义的探究循环设计模式
(资料来源:**Miller & Crabtree**,**1992**:**10**)

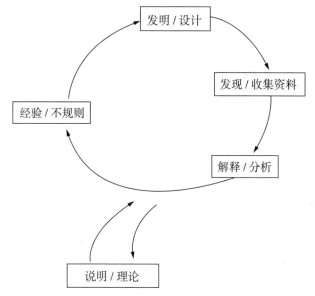

二、批判理论的模式

与质的研究中其他流派相比,持批判理论范式的学者也认为质的研究应该遵循一种循环的模式,但是他们更加强调研究的批判作用和政治作用。他们认为,研究应该采取一种批判的态度,从整体意义上对人类的生态状况进行批判性的探究。这种模式十分关注研究的政治介入效果,希望通过自己的研究使社会上的弱者群体获得力量。图表4-2-3展示的就是这样一种概观全局的研究设计模式。在这个模式里,"经验"被认为是一种受到社会、文化和历史压抑的"虚假意识",研究者和被研究者通过对其进行历史的回顾和批判性研究而达到"真意识"。整个研究过程是一个由经验到发明、发现、解释和理解的循环。

图表 4-2-3　宏观批判/生态探究设计模式

（资料来源：**Miller & Crabtree**，**1992**：**11**）

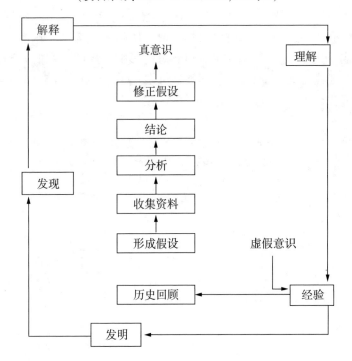

三、各种互动模式

与上面的循环模式相比，有的学者走得更远，认为质的研究中各个部分之间是一个同时发生、相互作用的关系。比如，在格拉第(K. Grady)和威尔斯顿(B.Wallston)(1988)发明的"垃圾桶模式"中，其中四个成分(理论、方法、资源、解决方法)像在处理垃圾时那样同时在桶中一起滚动。它们处于相互平等的地位，相互依赖，相互融合，没有时间上的先后序列之分(Martin，1982)。在格拉第和威尔斯顿后来发明的"垃圾桶模式第二"中，他们在前面四个成分的基础之上又加入了另外三个成分：研究的问题、研究的现象、研究者个人的关怀。这七个成分都处于相互平等的地位，在"垃圾桶"里一起滚动(Maxwell，1996：2)。高一虹(1998：10)认为，这种"垃圾桶"模式比前面的几个模式更加符合质的范式之"道"；但是如果将其变成"和面式"，各个部分被糅合为一个整体，那就更加彻底了。

马克斯威尔(1996：5)认为，上述模式仍旧没有完全反映出质的研究设计的特点，即各个成分之间相互互动的关系，因此他提出了一个新的互动模式，其中包括五个主要成分：研究的目的、情境、研究的问题、方法和效度(见图表4-2-4)。

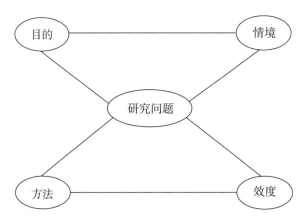

图表 4-2-4　互动设计模式
（资料来源:Maxwell,1996:5）

　　在这个模式里,各个部分之间相互关联、互相影响,任何一个部分的运动都受到其他部分的牵引和拉扯。马克斯威尔把这个模式叫做"橡皮圈"模式,就像小孩子经常玩的橡皮圈游戏一样,各个部分之间随着任何一个方位的拉力而变形。这个模式可以被看成由两个三角形所组成,上面的三角形代表的是研究设计的外部成分(即研究者的目的、经验、知识、假设和理论);下面的三角形表示的是研究设计的内部成分(即研究者的具体研究活动以及检验研究结果的步骤和手段)。两个成分之间关系十分密切,其中的任何一个部分都会对其他的部分产生牵一发而动全身的作用。

　　在对上面所有的图示进行了分析以后,我认为,它们还不能完全反映质的研究进程的实际情况。我感觉,质的研究的实际发生过程更像一个不断往下转动的螺旋圆锥体(与静止的漏斗模式不同),研究中的每一个部分都随时间的流逝而不断地缩小聚焦范围。与此同时,这个螺旋圆锥体的任何一个横切面都可以由上述马克斯威尔的互动模式中的五个成分组成,这五个成分相互之间同时也在平面水平上发生着互动。通过与我的一些学生一起讨论,我设计了如下"立体两维互动模式"(见图表 4-2-5)。"两维"指的是:在螺旋圆锥体的横切面上,质的研究的五个组成成分(研究问题、目的、情境、方法、效度)在相互互动;"立体"指的是:在螺旋圆锥体的纵切面上,质的研究的每一个组成成分自身也在不断地往下聚焦。横切面的运动实际上不是发生在一个平面上,而是以螺旋转动的方式在不断地往下旋转,同时带动圆锥体的纵切面往下运动。我认为,这个模式可以同时在时间和空间两个维度上更加直观地表现质的研究之动态、变化、互动以及不断深入的进程。质的研究的各个部分不仅在一个两维的平面上相互作用,而且在时间的立体进程中不断将自己聚焦,以适应研究实地的实际情况以及研究者当时的思考状态。

图表 4-2-5 立体两维互动模式

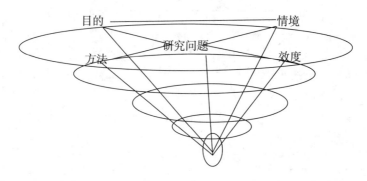

上面我们对质的研究的设计模式进行了一个比较直观的探讨。应该特别注意的是,模式只是一种可以比较直观地、简化地、抽象地看待事情的方式,事情在其具体发生的过程中可能呈现千姿百态。比如,在我所设计的"立体两维互动模式"中,有的部分可能在圆锥旋转时被抛出去,一些部分可能脱离总体运动的时速和频率而大起大落,还有的部分可能在旋转时上下左右跳跃或与其他部分相互交叉①。因此,对待质的研究的设计,我们必须采取一种开放、灵活的态度,根据研究实地的情况随时对其进行修改。如果我们来到研究实地进行了一轮资料收集和分析以后,发现自己事先设计的研究问题并不符合当地的实际情况,就必须回到最初的"提出问题"阶段,从圆锥的最上层重新开始。

第三节 研究设计与研究提案之间的区别

上两节我们讨论的主要是质的研究中"研究设计"的主要作用和基本模式(有关设计的具体组成部分和步骤,下一章有比较详细的探讨)。然而,在从事质的研究时,我们还会经常遇到需要呈交"研究提案"(research proposal)的时候。"研究提案"与"研究设计"在组成成分上看起来似乎十分相似,但是它们表达的内容以及希望达到的目的却很不相同。"研究设计"通常表现的是一项研究的内在逻辑和结构,包括研究的部分以及这些部分之间的关系;而"研究提案"通常是一份对研究设计进行说明和论证的文件,其目的是向特定的读者群论证自身的合理性、可行性和重要性(Max-

① 这个想法受到陈彬同学在课堂上发言的启发,特在此致谢。

well,1996:X)。

"研究设计"和"研究提案"在如下一些方面存在差异。首先,它们拥有十分不同的读者群。研究设计一般是写给内行看的,如论文委员会、任课教师、研究者的同事(甚至包括研究者本人);而研究提案通常是写给非专业人员看的,是一份试图说服对方给予财政资助的材料。因此,虽然两者的语言都要求严谨、清晰,论理合乎逻辑、行文流畅,但是相比之下,研究提案的语言更加需要生动有趣,使评审委员会的成员能够看得懂,觉得有意思、有意义。

研究设计的主要目的是列出研究者打算实施的具体行动和步骤,而研究提案的主要目的是向有关人员或社会机构论证研究的合理性和可行性。因此,前者讲究具体、细致、有条理,而后者最重要的是要具有感染力和说服力。在一个研究设计中,研究者应该介绍自己打算从事一项什么样的研究、计划如何进行这项研究、为什么打算这么做。而在一个研究提案里,研究者应该明确说明为什么自己的这项研究非常重要、自己拥有什么资历和条件来从事这项研究、为什么有关的财团应该投钱支持这项研究。因此,研究设计基本上采取的是一种心平气和的、介绍性的文风,而研究提案的基调则主要是辩论或辩护。从某种意义上说,研究提案本身就是一个为研究者说话的证据,因此提案应该从各个角度和层面为自己研究的重要性和必要性辩护;但即便如此,论说的语气应该平和,不要对别人的研究进行攻击。

有关研究设计的具体写作方式,下一章有比较详细的讨论,因此我在这里主要介绍一下研究提案的写作要求。首先,在写作研究提案之前,研究者应该仔细阅读有关资助单位的申请指南,按照对方的要求进行写作。研究提案的内容通常包括:摘要、概论、背景知识、预研究的结果、研究的问题、研究的地点和人群、研究的方法(研究关系、抽样、收集资料、分析资料)、伦理道德问题、效度、初步预测研究结果、研究的意义、时间安排、经费的使用等。莫斯(1994:228)认为质的研究的提案应该包括如下具体组成成分(图表4-3-1)。

一般来说,评审研究提案的委员们对量的研究方法比较熟悉,即使不太熟悉,他们也往往倾向于认为这种方法比较"科学"、"客观",提供的结果比较"真实"、"可靠"、"有代表性"。相比之下,评委们对质的研究方法通常不太熟悉,而且很容易对这种方法产生"歧视"或"偏见",认为"太主观"、"不够严谨"、"样本太小没有代表性",等等。而更加糟糕的是,质的研究不像量的研究那样可以事先明确地列出收集资料、分析资料和建立理论的具体方式和步骤,对质的研究方法不太熟悉的评委可能会对这种研究路数感到陌生。因此,质的研究者在写作研究提案时可以有意提供一些具体的例子对自己将要使用的方法进行说明。这样做可以使那些对质的研究不太了解的评委获得一些感性的认识,为自己作决定提供一些具体的判断依据。

图表4-3-1 质的研究提案的组成成分
（资料来源：Morse,1994:228）

1. 题目/签名页
    1.1. 完整的研究项目的题目和项目带头人
    1.2. 所有研究者的姓名和签名、工作单位、电话和传真号
    1.3. 经费预算、项目开始和完成的时间
    1.4. 申请人单位领导的姓名、签名、地址
2. 摘要页(研究项目的内容摘要)
3. 提案正文
    3.1. 导论
    3.2. 目的陈述
    3.3. 文献综述
        项目的重要性
        研究的问题
    3.4. 方法
    3.4.1. 对研究地点和对象的描述
    3.4.2. 资料收集
        资料收集的过程
    3.4.3. 资料分析
    3.5. 对研究对象的保护措施
    3.6. 时间安排(研究时间进度)
4. 推荐书
5. 附录
    5.1. 研究者的个人简历
        主要研究者的个人简历总结(每个人不得超过两页)
    5.2. 同意书
    5.3. 访谈提纲
    5.4. 出版物
        研究者计划通过此研究项目出版的文章和专著

此外,就像研究设计一样,研究提案本身也是一个表现研究者本人的风格、气质和抱负的机会。正如人们往往根据作品来判断作者一样,评委们也习惯于根据研究提案来猜测研究者为人处事的方式。因此,研究提案的版面设计一定要精美、整洁,看起来比较专业;论证要严谨、逻辑性强;行文要简洁、流畅,具有说服力。如果提案的版面看起来不赏心悦目,内容拖沓、松散,文字含混不清,评委会可能认为"文如其人",因此而对研究者失去信心。

本章对质的研究设计的作用和模式以及研究设计与研究提案之间的

区别进行了一个简单的介绍,主要目的是说明研究设计在质的研究中占有一个十分特殊的地位:既必不可少,又必须十分灵活,随研究的变化而发生变化。正如上述各类设计模式所展示的,质的研究的设计是一个不断演化、循环、互动的过程,不仅设计中各个部分之间相互牵制,而且设计本身也与研究所处的整个社会文化情境相互影响、相互构成。因此,我们在思考研究设计方面的问题时,一定要采取一种开放的、流动的和形成性的态度和思路。

第五章　研究设计的组成部分

——我具体打算怎么做？

　　如第四章中图表4-2-4和图表4-2-5所示，质的研究设计的主要内容一般包括如下几个大的部分：1）研究的现象和问题；2）研究的目的和意义；3）研究的情境；4）研究方法的选择和运用；5）研究的评估和检测手段。在设计阶段，对研究的问题、目的和情境进行讨论是最重要的，其他部分则更加依赖于研究的具体进程，在设计阶段只能做一些初步的猜想。因此，本章的重点将放在研究的问题、目的和背景知识方面，对其他部分只作一些简单的介绍。如果读者希望对其他这些部分（如方法的选择、抽样的方式、研究关系的反省、进入现场的方式、资料收集和分析、成文的方式、质量的检测等）有更多的了解，可以参照第二部分中的第六章到第九章以及第三、四、五部分的全部章节。

　　需要说明的是，虽然本章不对具体的方法和检测手段进行详细讨论，但是在研究设计阶段对它们进行"猜想"是十分必要的。正如拉夫（C.Lave）和马奇（J.March）所言（1975：1），"猜想是社会科学的灵魂"。对研究中尚未发生的事情进行猜想，同时设想自己可以采取哪些措施来对付可能出现的困难——这是质的研究设计中必不可少的一种思维方式。当然，"猜想"并不等于盲目地胡思乱想，还是应该有一定的基础和范围，而基础和范围的确定在很大程度上取决于研究者本人的研究功底以及前人的经验教训。

第一节　界定研究的现象

　　一个研究的问题总是来自一定的研究现象，因此我们在选择具体的研究问题之前首先需要确定自己的研究现象。所谓"研究现象"指的是研究者希望集中了解的人、事件、行为、过程、意义的总和，是研究者在研究中将要涉及的领域范围。研究的现象就像是一张地图，事先为研究的范围划定了一定的地域和边界。与研究的问题相比，研究的现象更加宽泛一些，后者限定了前者的范围，前者产生于后者的疆域，是从后者中提升出来的一个比较具体、集中的焦点。

现在,让我们来讨论一下如何选择和确定自己的研究现象。根据我个人的经验,在选择研究现象之前我们需要特意为自己留出一段(或数段)比较长的时间,认真、细致、安静地对如下问题进行思考(也可以与善于倾听的同行、同事、朋友或家人交谈):"我的研究兴趣究竟在哪里?哪些方面的问题能够使我兴奋起来,一想起来就激动不已?为什么我会对这些问题如此感兴趣?这些问题与其他哪些方面的问题有关系?它们之间是什么关系?在这些问题之上和之外是否存在我更加关心的问题?我提出这些问题是否与我自己的'终极关怀'有关系?有什么关系?"

找到了自己的兴趣所在以后,我们便可以着手对研究现象的范围进行界定了。一般来说,在设计阶段,研究现象的范围应该比较宽泛,以免排除掉其他重要的可能性。研究开始以后,随着问题的不断深入,可以逐步缩小研究范围。质的研究的过程是一个不断聚焦的过程,需要研究者随机应变,随过程的变化不断调整镜头、缩小聚焦的范围。比如,如果我们在设计时发现自己对中国女大学生的自我意识感兴趣,可以首先将研究的现象限定在这个范围;今后在研究的过程中如果我们发现自己对这些女大学生的自我意识中自信心的建立和变化尤为感兴趣,便可以将主要关注点放到"中国女大学生的自信心"上面。

除了保持开放、灵活的态度以外,在对研究现象进行界定时我们还要特别注意不要把自己一些没有经过检验的"前设"塞到对研究现象的表述之中。比如,如果我们将一项研究的现象命名为"中学生因父母离异而学习成绩下降研究",这其中就隐含了我们的一个前设,即"父母离异"必然会导致孩子的"学习成绩下降"。而如果我们不带这个前设对父母离异的中学生进行调查,可能会发现实际情况并不都是如此。此外,在上面这个陈述中"成绩下降"的具体所指很不明确,也可能隐含了研究者个人的某些前设。单从字面上看,我们很难知道这里所说的"学习成绩"指的是什么,什么情况属于"下降",对谁来说是"下降"。也许对研究者来说,"这些学生的考试分数不如父母离婚以前的分数高"就是"学习成绩下降";而对这些学生本人来说,可能"考试分数"并不能代表自己的"学习成绩","考试分数不如以前高"也不见得就表明自己学习成绩"下降"了。因此,我们在对研究现象进行表述时,要注意避免自己或社会上某些人想当然的前设。在对上述研究现象进行表述时,我们也许可以改用一种不同的方式,如:"从中学生的角度看待父母离异对自己学习情况的影响"。

此外,我们还要考虑自己选择的研究现象在现有的条件下是否可行。比如,我在北京大学教授"质的研究"课程时,有一位学生对湖南土家族的文化风俗十分感兴趣,阅读了不少有关这方面的文献资料,非常希望对这个现象进行研究。但是,由于她在上课期间不可能亲自到湖南去从事实地调查,而她的研究课题又必须在本学期完成,因此她不得不放弃这个选题。

第二节 确定研究的问题

在界定了研究的现象以后,我们需要确定研究的具体问题。如上所述,我们选择的研究现象可能是一个比较宽泛的领域,但是在进行设计的时候,我们必须在这个宽泛的领域里寻找一个主要的、具体的、可以不断会聚的焦点,这便是我们的研究问题。

一、寻找研究的问题

像质的研究设计本身一样,质的研究中对研究问题的设计也是一个不断演化、发展的过程。通常,我们在设计阶段提出的研究问题只可能是一个初步的设想,今后随着研究进程的变化可能会发生变化,也可能因不适用而被完全抛弃。寻找研究的问题是一个不断聚焦的过程,从开始一个比较宽泛的视野,逐步缩小关注的范围,最后集中到自己认为最重要的一个或数个问题上。

有读者可能要问:"什么样的问题适合质的研究?"或换言之:"质的研究适合探讨什么类型的问题?"我认为,这个问题可以从几个方面来回答。首先,质的研究中的问题应该是学术界和/或实践界尚有疑问,研究者本人确实希望探讨的有意义的问题。质的研究的目的是对研究的现象进行解释性理解,而不是为了对某些假设进行证实,因此应该选择对研究者和被研究者来说有意义的问题。所谓"有意义的问题"起码有两重含义,一是研究者对该问题确实不了解,希望通过此项研究对其进行认真的探讨;二是该问题所涉及的地点、时间、人物和事件在现实生活中确实存在,对被研究者来说具有实际意义,是他们真正关心的问题。比如,"下岗的部级干部是如何调整自己的心态和进行职业定位的"这样一个问题在目前中国社会科学领域便是一个"有意义的问题",因为"部级干部下岗"是在社会主义市场经济下出现的一个新现象,社会科学界对此很不了解,而且这是一个实实在在发生在我们周围的事情。

如果研究者提出的问题是研究者本人确实希望了解的,但是并不符合研究现场的实际情况,或者当事人认为这个问题对他们来说并不重要,那么研究者应该修改或抛弃这个问题。比如,我的博士论文研究问题在设计的时候是这样界定的:"中国留学生在中国是如何定义和形成'朋友'关系的?来到美国以后他们在交朋友方面的文化概念和行为方式有哪些变化?"结果,在美国前六个月的调查中,我的研究对象都说他们还没有交上任何中国意义上的"朋友"。因此,我将研究问题的范围从"交友"扩大到"跨文化人际交往",研究的题目改为:"中国留学生是如何和美国人交往或交友的?这些经历对他们来说意味着什么?"

与"有意义的问题"相对,"没有意义的问题"指的是那些研究者(或研究者群体)为了某种学术或其他方面的需要自己凭空杜撰出来的问题,或者为了证实自己的假设以说服别人而不得不进行的、自己已经知道答案的问题。前者对看待和处理现实生活中的实际问题没有密切的关联,特别是对被研究者的实际"问题"没有多少帮助;后者对人类知识的增长没有实质性的贡献,只是对一些一般人都知道的常识进行了所谓"科学的"验证。比如,我认为,"家庭收入与大学生交学费能力之间的关系"就是一个"没有意义的问题",因为此问题十分明显地暗含了一个假设,即家庭收入水平与孩子交学费的能力成正相关关系。这个假设是如此地明显,以至于我们不进行这样一项研究,一般人也能够推测出答案。

在研究设计阶段认真寻找"有意义的问题"不仅对学术界增长知识和实践界解决问题有实际的价值,而且对研究本身具有十分重要和持久的意义。"有意义的问题"不仅可以提出新的看待事物、改进现状的角度,而且可以在精神上激励研究者本人从事此项研究工作。一项质的研究往往需要研究者投入较长的时间、较多的精力和较大的财力,而且研究的过程可能十分枯燥、艰难;因此,要成功地进行一项质的研究,除了条件、信念和意志以外,还需要研究者个人的兴趣来支撑。而"有意义的问题"往往比"没有意义的问题"更加容易引起和保持研究者的兴趣,使他们虽含辛茹苦但却乐此不疲。因此,在研究设计时,我们应该认真地反省自己,对自己尽量地坦率、诚实,努力找到一个有意义的、自己确实感兴趣的,而且能够在长时间内保持兴趣的研究问题。为了了解自己所选择的是否是一个"有意义的问题",我们在设计阶段可以问自己:"通过这个研究我到底想了解什么?我对这个研究现象中的哪些方面特别感兴趣?这些方面我还有什么不知道而又确实想知道的?我的研究结果有可能对什么疑问作出回答?这项研究对被研究者有什么意义?他们可以如何从中受益?"

在寻找"有意义的问题"时,我们还要考虑该问题与研究中其他部分之间的关系。正如第四章中图表4-2-4中的"橡皮圈"模式所显示的,研究的问题不可能在真空中形成,它与研究的其他部分(研究的目的、方法、情境、样本的大小、时间、财政资助等)之间存在不可分割的关系。比如,如果我们只有一名研究人员、三个月的时间和两千元人民币经费,我们就只可能选择一个规模比较小的研究题目,如"兰州市第一医院住院部护士的职业观念调查"。而如果我们有六名研究人员、半年的时间和一万元人民币经费,我们也许可以将研究的问题改为："兰州市第一医院住院部护士的职业观念及其对医院工作的影响"。

二、选择合适的问题类型

在找到了"有意义的问题"以后，我们还需要选择适合质的研究的问题类型。有学者认为，社会科学研究中的问题可以分成很多不同的类型（Maxwell, 1996）。这些类型的设定与研究问题所要探讨的内容、问题陈述中所隐含的前设以及研究所期待的结果之间有密切的关系。

1. "概括性问题"和"特殊性问题"

"概括性问题"是一个指向某一特定人群的、对其具有一定普遍意义的问题，其抽样方法是从这个特定人群中抽取一些有"代表性"的样本进行调查。"特殊性问题"指的是一个特殊的个案所呈现的问题，研究只对这个个案本身进行探讨。比如，如果我们对"1998年春节期间中国的城市居民放鞭炮现象有所加剧"这一现象很感兴趣，希望通过挑选几所鞭炮放得比较厉害的城市（如长沙、武汉、广州等）调查这个问题，那么我们所提出的问题就是一个"概括性问题"，因为我们主要关心的是"放鞭炮比较厉害的城市的一般情况"。而如果我们首先选择一个城市（如北京）进行个案研究，了解这个城市在春节期间放鞭炮的情况，并不特别关心北京的情况是否代表中国所有其他城市的情况，那么我们提出的问题就是一个"特殊性问题"。

在质的研究中，"概括性问题"和"特殊性问题"都可以被使用，但后者使用得比较多。这是因为质的研究认为，"野心"过大反而会"欲速而不达"。此外，独特的个案研究虽然不能证实整体的情况，但是可以为人类提供新的认识事物的方式，因此对"特殊性问题"的研究比对"概括性问题"的研究更有价值。

2. "差异性问题"和"过程性问题"

"差异性问题"探讨的是事情的异同，将研究的重点放在事情的相同点和不同点以及它们之间的相互关系上面。比如，"中国的大学生对希望工程是否支持？"就是一个"差异性问题"，寻求的答案是"是"或"否"。"过程性问题"探究的是事情发生和发展的过程，将研究的重点放在事情的动态变化上面。比如，"中国的大学生在希望工程的发展进程中起到了什么作用？"就是一个"过程性问题"，目的是了解中国大学生在这个过程中做了什么、如何做的、起到了什么作用。

一般来说，"差异性问题"比较适合量的研究，"过程性问题"比较适合质的研究。"差异性问题"涉及的变量通常比较少，可以用计量的方法进行研究。如果在质的研究中过于专注"差异性问题"，很容易导致对社会现象进行人为的分割，将事情简化为各种变量及其相关关系，忽略事物的复杂性和动态性。而"过程性问题"注重研究情境对研究现象的影响,考察研究现象在具体情境下的动态过程,因此比较适合质的研究。

"意义类问题"和"情境类问题"

这两类问题实际上是上述"过程性问题"下面的两个分支,前者探讨的是当事人对有关事情的意义解释,后者探讨的是在某一特定情境下发生的社会现象。比如,一个典型的"意义类问题"可以是:"济南市的交通警察是如何看待自己的职业的?"一个明显的"情境类问题"可以是:"济南市的交通警察每天是如何履行自己的职责的?"这两类问题是质的研究者经常使用的问题,因为它们反映了质的研究的两个重要的长处:1)对被研究者的意义建构进行研究;2)在自然情境中进行研究。

4."描述性问题"、"解释性问题"、"理论性问题"、"推论性问题"和"评价性问题"

"描述性问题"主要是对社会现象进行描述,如:"上海棉纺厂是如何安排下岗工人再就业的?""解释性问题"是从当事人的角度对特定社会现象进行解释,如:"上海棉纺厂安排下岗工人再就业的举措对这些工人意味着什么?""理论性问题"是对特定社会现象进行理论上的探讨,如:"上海棉纺厂安排下岗工人再就业的举措对宏观经济学理论有何贡献?""推论性问题"是为了探讨此研究结果是否适合其他类似的情形,如:"上海棉纺厂安排下岗工人再就业的举措是否适合中国其他的国营企业?""评价性问题"是对所研究的现象进行价值上的判断,如:"上海棉纺厂安排下岗工人再就业好不好?"

一般来说,质的研究通常使用"描述性问题"和"解释性问题",因为这两类问题可以对现象的本相和意义进行探究。"理论性问题"容易先入为主地将前人的理论生硬地套到研究的现象上面,使用时应该特别谨慎。"推论性问题"和"评价性问题"不适宜作为质的研究探讨的对象,因为质的研究不强调对研究结果进行推论,也不贸然对研究结果进行价值评判。虽然持批判理论范式的研究者有自己比较明确的理论倾向和价值判断,但是也需要首先了解当事人的具体情况,与对方一起进行平等的对话,使对方自己领悟到"真实意识",而不是将自己的观点强加到对方头上。

5."比较性问题"

"比较性问题"指的是就一个(或一类)以上的人或事进行比较研究。虽然有学者认为这种研究可以在同样的时间内大大丰富研究的内容(Denzin & Lincoln,1994),但是我本人认为研究新手不宜过早使用此类问题。比较性研究除了难度比较大以外,还很容易使初学者着意寻找那些具有可比性的资料,而忽略那些没有可比性、但对于理解该研究现象却十分重要的资料。

比如，我的一位学生在设计研究课题时曾经提出作一项"北京大学英语系好生和差生的比较研究"。这位学生认为自己已经知道了"好生"和"差生"的定义，准备对这两类人进行比较和对照。由于她把关注点放在对这两类人的比较上，只注意收集这两类人之间可比的情况，结果完全忽略了被调查的个人对有关事情的意义解释。她没有想到，那些被她命名为"好生"或"差生"（特别是"差生"）的学生是否认为自己也是如此，他们自己对"好"与"差"是如何定义的，他们如何看待自己被当成"好生"或"差生"这一现象，做"好生"和"差生"对他们自己意味着什么，对上述问题他们内部存在什么不同的意见。因此，为了培养初学者对每一个研究现象之独特性的敏感和重视，我建议研究者在初学阶段不要选择"比较性问题"。当然，如果研究者已经作过很多非比较的个案研究，已经培养了对"个性"的重视和关注，特别是当研究者是一个群体时，也不妨根据研究问题的需要进行一些多地点、多对象、多时段的比较研究。

6．"因果性问题"

"因果性问题"指的是那些对事情的前因后果直接进行探寻、以"为什么"开头的研究问题，比如，"为什么北京市很多大学教师外流?"一般来说，这类问题比较适合量的研究，而不适合质的研究。虽然大部分社会科学研究的最终目的都是为了寻找原因，但是如果在研究一开始就着意寻找事物发生的原因，很容易忽略那些非因果关系的资料。研究的现象可能非常复杂，一件事情之所以发生不一定能够必然地追溯到导致该事物发生的具体原因。而且，一个果可能由数个因所导致，一个因也可能导致数个果的出现。如果我们过分热衷于寻找事情发生的因果关系，可能会忽略事情的复杂性、动态性和无逻辑性。比如，在上述问题中，"北京市教师外流"这个"果"中可能有很多辛酸的故事和复杂的情节，不可能被简单地归纳为几条明确的"因"（如"工资待遇太低"、"没有住房"、"工作不受重视"等）。

在质的研究中，比较合适的研究问题一般是以"什么"和"如何"开头的问题，如："北京市大学教师外流的现象具体是一种什么状况?""北京市大学教师是如何外流的?"而不是直接以"为什么"开头的问题。当然，质的研究并不是不能寻找因果关系。相反，有的研究者甚至认为质的研究的一个长处就是寻找因果关系(Maxwell,1993;Scriven,1974)。然而，与量的研究不同的是，质的研究中的因果关系不是在脱离具体情境的条件下进行逻辑推理而获得的，而是在探究特定事情发展的过程中获得的。通过询问"什么"和"如何"这类问题，我们可以间接地对事情发生的因果关系进行一种情境化的、过程化的推导。即使一项研究的主要目的是为了了解"为什么"，我们也需要通过对事情的状态和过程进行探究，从中找到事件发生的先后顺序以及有关的因果关系(Denzin,1970:26)。而通过这种方式得到的因果关系往往比直接询问所得到的回答更加"自然"、"真实"和"丰富"。

三、对研究问题作出界定和表述

就"有意义的问题"选择了合适的问题类型以后,我们需要对其进行界定和表述。研究的问题应该限定在一定的范围之内,不能太宽,也不能太窄。而"什么是'宽'和'太宽'"、"什么是'窄'和'太窄'"取决于其他方面的因素,如研究的时间、地点、研究者人数、被研究者人数、研究事件的多寡、研究的方法类型等。假设一名家住南京的研究者有六个月的时间和两千元人民币作一项有关校园文化的研究,如果他/她选择"中国各类大学校园文化研究"作为自己的研究问题,这显然就"太宽"了;而如果他/她将研究的问题改成"南京大学学生社团负责人领导风格研究",也许就比较可行了。

有的研究问题不是因为研究者时间或资金不足(如上例所示),而是因为问题本身的范围限定得不清楚,使人难以明白研究的重点和边界所在。比如,我的一名学生曾经计划对"北京师范大学的教学工作"进行研究,而"教学工作"这个概念的范围十分宽泛,既可以包括本科生和研究生的教学工作,也可以指成人教育中的教学工作;既可以包括教师对教材的选择和编写,也可以指教师的具体教学活动;即可以包含教师与学生在课堂上的互动,也可以指教师在课外对学生的辅导。这位学生对自己究竟要探讨其中哪些方面的内容不太清楚,在研究问题中没有给予明确的界定,因此感觉研究没有重点,不知道从哪里入手。

确定了研究问题的范围以后,我们需要对其进行语言表述。由于语言具有形成现实的作用,研究问题的语言表述直接影响到研究的焦点和覆盖范围。在很多需要考虑的问题中,一个讨论得较多的问题是:"研究问题的表述应该具体/概括到什么程度?"比如,如果我们计划向北京大学高等教育研究所的十位教师了解他们对自己教学工作的看法,我们是应该将研究的问题表述为"对北京大学高等教育研究所十位教师对自己教学工作看法的研究"? 还是应该将其表述为"高等院校教师对教学工作看法的研究"? 我个人认为应该采用前者。质的研究注重对问题的边界进行界定,前者的边界显然比后者更加确切。有时候,为了使我们的研究问题在论文委员会、资助研究的财团或一般读者眼里不显得如此"琐细",我们也可以使用后者,但是在对研究问题的说明部分应该明确指出,这里所说的"高等院校"仅指"北京大学","教师"仅指"十名北京大学高等教育研究所的教师"。

对研究的问题进行表述以后,我们还需要对该表述中重要的概念进行定义,使这些概念在研究中具有可操作性。比如,如果我们的研究问题是"大学生的心理适应问题研究",我们需要说明这里所说的"大学"是什么类型的学校,是否包括大专、私立大学、民办大学,是否局限在中国境内,是否只在北京这一个城市,具体指的是哪(几)所大学;"大学生"具体指的是一群什么人,他们是几年级的学生,他们的性别、民族、家庭背景是什么;"心理"包括哪些方面,是否指的是情感、意志和认知;"适应"指的是一种什么状态,"不适应"又是一种什么状态(比如,"抑郁"的表现可以是"食欲不佳,睡觉不稳,面部表情低沉"等);"问题"指的是什么;"研究"指的是什么类型的研究,等等。除了给重要概念定义以外,研究者还应该说明自己是如何获得这些定义的;如果这些概念尚未被学术界明确定义,自己打算如何对其进行定义;自己为什么选择如此进行定义;如果在研究过程中发现此定义不符合实际情况,自己打算怎么办。

第三节　讨论研究的目的和意义

确定了研究的问题以后,我们还需要在设计中说明自己从事此项研究的目的和意义。"研究的目的"指的是研究者从事某项研究的动机、原因和期望,这些目的可能因研究者个人的生活背景、自己所属的社会团体以及所研究的现象不同而有所不同。"研究的意义"指的是研究结果对有关人员、事情或社会机构的作用。

其实,不论说明与否,我们之所以从事某项研究一定是有目的和意义的,否则自己不会热衷于此项研究。因此,我们需要认真思考:"我进行这项研究究竟是为什么?为什么我对这项研究如此感兴趣?我希望通过这个研究获得什么结果?这个研究将对社会、对别人、对我自己有什么影响?为什么我对这项研究的结果如此关心?这项研究有什么意义?对什么人或社会机构有意义?为什么我认为这项研究是有价值的?这项研究的内容与目的之间是什么关系?它们之间是否存在一定内在的逻辑相关性?此研究的内容和方法是否有可能达到我的目的?"我们对自己的目的越清楚,就越容易明白为什么自己有某些想法和情绪反应而没有其他的想法和情绪反应,因而也就越能够了解自己的哪些个人动机对研究产生了何种影响。因此,在设计阶段,我们就应该认真地对那些有可能促成自己从事此项研究的目的和意义进行反省。

有学者认为,研究者的目的可以分成三种类型:个人的目的、实用的目的和科学的目的(Maxwell,1996:15—16)①。

----

① 马克斯威尔原来的分类中包括"个人的目的"、"实用的目的"和"研究的目的",我将"研究的目的"改为"科学的目的",更加符合中国人的习惯,也可以避免将"研究的目的"混同为上一级概念。

一、个人的目的

"个人的目的"指的是那些促使研究者从事研究的个人动机、利益和愿望,如希望改变某项现存的社会制度、对某一社会现象感到好奇、希望亲身体验从事某类研究的滋味、通过发表研究成果提高自己的声誉、把研究经历作为报考研究生的一个筹码等。

如果一项研究主要是为了"个人"的目的,研究的质量可能会在很大程度上受到个人倾向的影响。由于研究的主要动因是个人,研究的设计以及对研究结果的解释都很容易带有研究者个人的"主观"色彩。在传统的研究以及量的研究中,研究者通常不直接表露自己的个人目的。虽然,研究者个人可能对研究抱有浓厚的兴趣,但在研究报告中通常采取一种"客观"、"中立"的态度,不说明自己的个人目的及"前设"对研究过程和研究结果的影响。但是在质的研究中,个人的关怀不仅不被认为是一个障碍,而且被认为是从事研究的一笔宝贵的财富,可以为研究提供灵感、理论和资料。因此,研究者应该做的不是抛弃或否认自己的个人动机,而是应该想办法积极地(然而是有意识地)利用它们。

二、实用的目的

"实用的目的"指的是研究者通过此项目可以完成某些具有实际价值的任务,如改变现存的不良现象、揭示有关社会人士关心的问题、解决某些具体的困难、完成某项工作、满足某类人或某些组织的需要、向有关人员提供决策和行动指导等。

如果研究的主要目的是为了"实用",那么研究者受政治和经济方面的影响可能会比较大。具有实用指导意义的研究项目一般比较容易获得政府机构或财团的支持,因而也比较容易受到这些利益集团的控制,研究者很难保持科学研究所需要的"中立"和"公正"。但是,如果研究者能够设法在一定程度上摆脱这些控制,使自己的研究服务于需要的民众,那么这种研究还是十分有价值的。例如,目前在质的研究领域"行动研究"比较盛行,而这种研究除了与传统的应用型研究有一些主要的差别之外(如邀请被研究者参与研究、研究的主旨是解放而不是压制被研究者等),其主要目的之一就是"实用"。(有关"行动研究"的理论和实践方法,详见第二十六章第一节)

当然,实用的目的不一定必然和科学的目的或群众的需要相悖,研究者需要具有协调能力,将政策的指向(包括某些利益集团的需要以及政府部门的短期行政需要)、民众的需要和科学的目的这三者协调起来,找到一个最佳的结合点。研究者要善于引导短期目的或局部需要,将其纳入科学轨道,并善于使纯科学的目的与实际结合,使之具有可操作性(蓝永蔚,1999:9)。

三、科学的目的

此类目的与"纯粹的"科学研究有关,指的是为人类认识世界、追求真理提供有益的知识和探索思路。持有这种目的的研究通常是为了了解有关事情发生的原委、过程和效果,加深对有关问题的理解,为人类增长知识,为本研究领域提供新的信息、理论框架和研究方法等。

如果研究的主要目的是为了纯粹的科学探究,那么研究者可能受本领域学术权威的影响比较大,对一些宏大理论情有独钟。因此,在具体从事自己的研究时,研究者可能以这些理论作为先入为主的假设,希望在研究过程中验证或批驳这些假设。与此同时,如果研究者认为自己在对研究对象进行"纯粹的""科学研究",他们有可能对自己的价值判断和个人偏好意识不够。这种对"纯科学"的偏好可能会掩盖研究本身的政治意义和个人动机,忽略研究给研究者本人和被研究者有可能带来的思想上和情感上的冲击以及生活上的改变。

下面让我举一个例子来说明上述三种目的的不同。假设有一位美国的女研究人员身材比较高大肥胖,不但自己在日常生活中感到不方便,而且经常在找工作和社交活动时受到歧视。如果她计划对美国社会里其他一些同样肥胖的妇女进行调查,看她们是如何处理自己的自我形象和自信心受挫的情况的,以便为自己所借鉴,那么她的研究便主要是出于"个人的目的"。如果她从事这项研究主要不是为了个人方面的关切,而是受一个肥胖人俱乐部的委托设计一个培训计划,以帮助肥胖人学会对付社会对肥胖人的歧视,那么她的研究就主要是出于"实用的目的"。又假设她进行这项调查纯粹是为了了解肥胖人的日常生活和内心世界,为人类对肥胖人的理解增添知识,那么她的项目便主要是为了"科学的目的"。

虽然上面我们对研究的三种目的分别进行了探讨,但是在实际研究工作中这三类目的常常相互糅合在一起,共同对研究的决策发生作用。在很多情况下,这三种目的可能同时激发研究者从事一项研究,虽然侧重点可能有所不同。比如,在我的博士论文中,我调查了一群中国留学生在美国进行跨文化人际交往的经历。我之所以选择这个题目和这一群人,主要是因为我自己对这个问题十分感兴趣。作为一名在美国的中国留学生,我很想知道别的中国同学是如何处理不同文化间思维方式和行为规范之间的差异的。与此同时,我自己在交美国朋友方面遭到了一些挫折,因此希望通过自己的研究探索一条跨文化交往的路子,为今后从中国到美国去留学的人们提供一定的借鉴,同时也为美国大学有关的机构了解中国学生提供一点"局内人"的信息和观点。此外,通过这个研究,我还希望对来自不同文化的人们之间的相互交往有比较深刻的理解,从学术的角度对他们的自我概念和文化认同进行理论上的探讨。因此,我的研究既带有"个人的"目的,又具有"实用"和"科研"的性质。

第四节 界定研究的背景知识

质的研究中的"背景知识"指的是研究者目前对将要研究的现象和问题所了解的情况,其中包括至少三个方面的内容:1)前人有关的研究成果;2)研究者个人的经验性知识;3)研究者自己有关该研究问题的概念框架。这三个方面的内容可能相互交织,共同构成研究者的问题视域。

一、现有研究成果

"现有研究成果"指的是:在研究者将要探讨的研究现象与问题的范围内,目前学术界已经完成的有关研究及其发现。研究者在开始设计之前和之中需要对所有这些有关的成果进行文献检索。对前人的研究成果进行检索是为了回答如下问题:"前人在这个领域已经作过哪些研究?我的研究在这个领域里处于什么样的位置?通过此项研究我可以作出什么新的贡献?如果此研究问题前人还没有涉及,我的研究可以如何填补这一空白?如果此研究问题前人已经讨论过了,我的研究可以如何提供新的角度和看法?如果前人的研究中存在明显的漏洞和错误,我的研究可以如何对这些谬误进行纠正?"

在设计阶段,研究者需要对有关文献的内容和方法进行详尽的检索。文献的类型、数量以及研究者对文献的把握程度都可以表明该研究项目是否处于一个宽厚的理论基础之上、研究者本人的理论功底是否扎实、该项目是否具有研究的价值。因此,在研究设计里研究者应该对如下问题有所说明:"我将对哪些研究成果进行检索?为什么这些成果对我的研究十分重要?有什么理论和发现可以用来指导或丰富我的研究?目前在什么地方可以找到我所需要的资料?我将使用什么方法来进行文献检索?我为什么要使用这些方法?"如果在设计之前研究者已经在图书馆里和计算机网络上查到了一些有关的资料,可以将这些资料的题目或内容提要附在研究设计的后面。这些资料对于研究设计的审批十分重要,因为有关人员(如论文委员会、政府机构、财团)往往将文献资料的性质、数量和组成形式作为衡量研究是否可行的一个重要标准。

在阅读文献时,研究新手们经常碰到的一个问题是:"我应该检索多大范围的文献?"这是一个十分棘手的问题,特别是在我们目前这个信息爆炸的时代。我个人的经验是,首先检索与自己的研究问题有关的领域,同时关照相关领域的主要理论和研究发现。比如,如果我们希望对"中国农村中小学生辍学问题"进行研究,检索的重点应该放在前人有关辍学的研究以及中国农村中小学生辍学的现状和原因上面;与此同时可以兼顾其他相关领域,如中国农村的基本情况(包括社会、文化、政治、经济、家庭、个人各个方面)、中国教育的总体状况(如入学率、升学率、教育投入、教育质量、师资水平、教学设施、学校管理风格)、中国的义务教育政策和措施等。在设计阶段,文献检索可以相对宽泛、粗略一点,不必花费大量的时间对一些具体的细节纠缠不清,也不要为了查寻一个不详的参考书而在图书馆里泡上一整天。研究项目在这个阶段尚未完全定型,过多地纠缠细节可能会使研究者误入歧途,"捡了芝麻丢了西瓜","见树不见林"。设计阶段的当务之急是对有关文献获得一个大概的了解,今后随着研究的深入如果需要了解某些文献的具体内容,可以再仔细查阅。

进行文献检索的目的不是罗列所有有关的理论和发现,而是批判性地阅读这些文献,然后从自己的研究问题的角度对它们进行评判和选择。首先我们应该对前人研究的概貌作一个简单的勾勒,然后找到有待发掘、存在漏洞或空白的地方。通过对现有文献进行批判性的解读,我们可以比较有力地说明自己的研究的重要性和意义所在。如果我们在设计的时候便可以预料某些理论今后可以运用到自己的研究之中,也可以对这些理论进行比较详细的介绍。介绍的时候应该将这些理论与自己的研究之间可能存在的关系交代清楚,以便读者了解我们的研究前景与前人的成果是否融合。

在如何使用前人已经建立的理论方面,质的研究者内部存在不同的意见。有人认为,前人的系统理论就像是一个大衣柜,可以为自己的研究提供一个框架;如果将自己的研究放到这个柜子里合适的地方挂起来,可以看到自己的研究与其他研究之间的联系(Maxwell,1996)。还有的人认为,前人的理论就像是数盏探照灯,可以揭示研究现象的某些侧面,帮助研究者对自己的研究问题聚焦;探照灯的光束不仅可以为本研究领域勾勒出一个基本的地域范围,而且可以为本研究照亮方向。此外,有学者认为,在设计阶段就开始阅读有关文献不仅可以为自己的研究在理论上做准备,而且可以对自己的研究过程和结果进行联想,是一个锻炼思维的好机会(Mills,1959:205)。因此,这些研究者认为,在质的研究中应该使用前人的理论。

与此同时,很多研究者也指出,在使用前人理论的同时要特别注意防止这些理论所造成的"意识形态霸权"(Becker,1986)。在质的研究中使用理论不是为了将这些理论用来指导自己的研究设计,也不是为了证实这些理论是否"正确"或"错误",而是为了帮助自己找到研究的问题、提出新的看问题的角度、提供新的分析资料的思路。了解前人的理论可以使自己的触角更加敏锐,更加容易捕捉问题和自己的灵感,也可以用来丰富自己已经建构的扎根理论。

有关文献检索的时间问题,质的研究者内部也有不同的意见。有的人认为文献检索应该在研究开始之前进行,因为前人的理论可以为研究设计提供一定的指导;有的人坚持在研究进行过程中对文献进行检索,因为研究者在研究中需要不断地与前人的理论展开对话;还有的人提倡在收集资料之后再了解前人的理论,因为过早使用这些理论会妨碍研究者自己建构扎根理论。这些人的主张各有各的理由,分别强调的是理论文献在研究的不同阶段可能发生的作用。我个人认为,像质的研究中其他的部分一样,文献检索也应该是一个不断演化发展的过程,既应该在研究开始之前,也应该在研究开始之后进行。事实上,任何一项研究都是原始资料、现有理论和研究者本人知识三者之间的一个既循环往复又交错作用的互动过程(见图表5-4-1)。

图表5-4-1 研究互动关系图

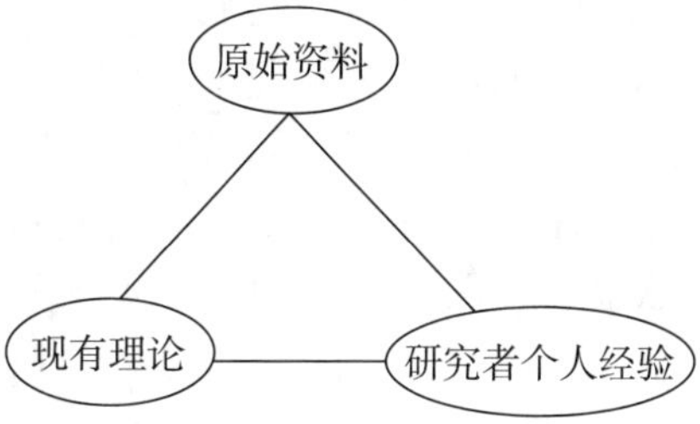

在对前人的发现进行回顾时,我们还可以讨论自己就同一研究问题所作的预研究(pilot study)所获得的结果。为了保证一致性,预研究的对象通常来自正式研究的同一地点和人群。进行预研究的主要目的不是为了获得资料,而是为了给正式研究提供一定的信息和指导。具体地说,预研究具有如下功能:1)初步了解研究的现象(如果该现象对研究者来说比较陌生的话);2)发现当事人对有关问题的看法和感受;3)与当事人建立初步的人际关系;4)检验研究者自己的构想是否合适,自己的假设是否符合当地的情形,选择的方法是否有用,自己的心理准备做得如何,自己应该以什么样的姿态出现在现场等。在进行预研究之前,我们应该告诉被研究者这是一个预研究,希望他们能够帮助我们一起来修改研究计划。同时,我们还要告诉对方,自己今后还会再来进行比较详细深入的研究,以便对方有所准备。如果研究者在进行研究设计时尚未作任何这类预研究,也可以在设计中讨论是否需要或打算进行这么一项研究。

二、研究者的经验性知识

"研究者的经验性知识"指的是研究者本人与研究问题有关的个人经历以及自己对该问题的了解和看法。在进行研究设计的时候,我们应该问自己:"我自己在这个方面有哪些个人生活经历和观点? 这些经历和观点会对研究产生什么影响? 我应该怎样处理这些影响?"

与其他的研究方法相比,质的研究特别强调对研究者的个人背景进行反思。质的研究认为,研究者的个人生活和工作是不可能截然分开的,个人的经历和看法不仅影响到个人从事研究的方式,而且对研究本身来说是十分有价值的经验性知识。正如格拉斯纳(C.Glesne)和派司金(A.Peshkin)所说的(1992:104):"我的主观性是我能够述说的故事的基础,这是我的一个力量的支柱,它使我成为既是一个人又是一名研究者的现在的我。"任何观点都必须透过一定的视角才能形成,而研究者的视角与自己过去的生活经历和看法之间存在着十分密切的关系。比如,在对某医院一些医生的工作情况进行观察时,我的几位学生发现自己对医院里的拥挤状况感到如此吃惊,以致无法集中注意力对医生的工作进行观察,转而观察挂号大厅和病房外面排着长队的病人。他们对医院里病人如此之多、而医生却如此之少的状况感到非常气愤,结果在观察笔记的旁边不断地写下"需要增加医生和医疗设备"等字样。事后,通过进一步思想上的挖掘,这些同学反省说,他们之所以对这种状况感到气愤,是因为他们自己的父母已经年老体弱,很快也会经常需要光顾医院。而一想到自己的父母也将不得不在这种拥挤的状况下候医,心里就觉得特别难受。从这个例子中可以看出,这些学生的不满情绪已经严重地影响了自己的观察内容和效果。如果他们在研究设计的时候就对自己有可能产生的这些想法和情绪进行清理,也许可以对自己将来的反应有所调整,或者对自己之所以产生这些反应的原因有一定的认识和监控。

对自己经验性知识的了解不仅对我们从事研究非常重要,而且还是我们形成研究问题的一个重要的知识来源。比如,我的一位学生之所以选择了"大学生退学"作为自己的研究问题,就是因为他在学校的教务处工作,看到一些农村来的孩子,父母和老师含辛茹苦把他们培养成材,好不容易考到北京来上大学,结果却面临退学的境遇,为此他感到十分痛心。他自己也来自农村,深深地感到一个农村家庭要培养一名大学生是多么地不容易。因此,他个人的经历和感受使他对这些孩子特别关注,特别希望通过自己的研究来了解他们、帮助他们。

三、概念框架（conceptual framework）

质的研究者在明确了研究的现象、目的和问题，并且获得了以上背景知识以后，便可以开始着手构建研究的概念框架了。"概念框架"展现的是研究者的初步理论设想，通常包括：1）组成研究问题的重要概念以及这些概念之间的各种关系；2）研究问题的范围、内容维度和层次；3）研究者自己目前发展出来的工作假设。概念框架可以用语言表述，也可以用图表直观地表现出来。建立概念框架的目的是促使研究者在研究开始之前就用比较简洁、直观的方式将研究问题所包含的重要方面呈现出来。概念框架一方面可以将研究者心中隐蔽的一些理论假设明朗化，另一方面可以进一步加深研究者对问题的理解，发展自己原有的理论。这是一种在纸上思考的方式，可以揭示研究者事先没有想到的一些意义联系以及现存理论中的漏洞或矛盾，帮助研究者找到解决这些问题的办法（Howard & Barton，1986）。

概念框架可以有很多不同的形式，如树形结构、因果网络、圆圈相交关系、时序流程等。图表5-4-2是一个比较简单的概念框架举例，研究的问题是"教育创新的传播研究"。

设计概念图时需要特别注意的是，不要设计一个没有任何风险的概念图，即图中列出了所有可能探讨的方面，而且所有的概念之间都存在相互影响的关系。这样的概念图虽然具有包容量比较大的优点，但是没有突出研究的重点，对研究者思考问题没有好处。此外，概念图不必过于追求简洁、干净和优雅。如果一个概念图看起来十分漂亮，这说明设计者对形式的注意已经超过了对内容的注意。概念图是研究者对研究问题进行思考的一种外在表现，它应该充满思考的内在冲撞和起伏，不可能总是四平八稳、左右对称。

设计概念图不仅需要严谨的思维条理，而且需要一定的创造力和想像力。我们可以采取一种"玩游戏"的态度，将各种概念进行不同的排列和组合，设想各种不同的可能性。比如，我们可以先采取"头脑风暴"（brain storm）的方式对如下问题进行思考："我对这个研究问题已经有了哪些理解？这些理解是否可能形成一些概念？这些概念之间存在什么关系？这些关系是否可以形成一个大的理论框架？我可以如何来勾画这个框架？"此外，我们还可以进行一种思考性试验，对今后的研究结果预先进行猜测，比如，我们可以问："如果……又如何呢？"（Maxwell，1996）。

图表5-4-2　概念框架图举例（有关教育创新传播研究的概念框架）

（资料来源：The Network，Inc.，1979）

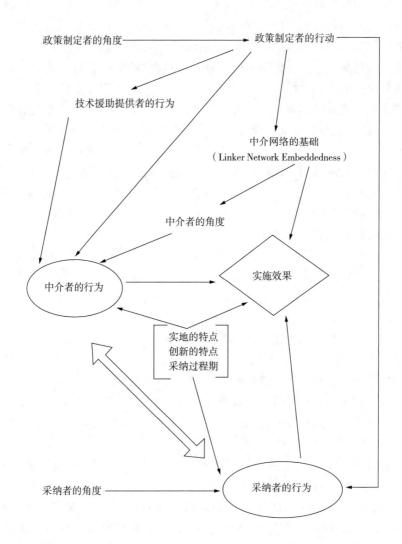

第五节　确定研究对象

在确定研究的问题和回顾背景知识的同时，我们还应该考虑研究对象的抽样问题。在质的研究中，抽样不仅包括被研究者，即人，而且包括时间、地点、事件和研究者收集的原始资料。因此，在研究设计的阶段，我们就应该问自己："我希望到什么地方、在什么时间、向什么人收集什么资料？我为什么要选择这个地方、这个时间和这些人？这些对象可以为我提供什么信息？这些信息可以如何回答我的研究问题？"

抽样的对象被确定了以后,我们需要决定采取什么样的抽样方式进行抽样。与量的研究不同的是,质的研究不可能(也不需要)进行随机抽样。质的研究的目的是就某一个研究问题进行比较深入的探讨,因此样本一般比较小,采取的是"目的性抽样"的原则,即抽取那些能够为本研究问题提供最大信息量的人或事(Pattern,1992)。(有关目的性抽样的原则、具体步骤和注意事项,详见第六章)

第六节　讨论研究关系

质的研究中的"研究关系"涉及到两个方面的问题:1)研究者个人因素对研究的影响;2)研究者与被研究者之间的关系对研究的影响。"研究者的个人因素"又可以进一步分成两个部分:1)研究者的个人身份,如性别、年龄、文化背景、种族、社会地位、受教育程度、个性特点和形象整饰等;2)研究者的个人倾向,如研究者的角色意识、看问题的角度、个人与研究问题有关的生活经历等。"研究者与被研究者的关系"主要包括局内人与局外人、熟人与生人、上下级与平级、性别异同、年龄异同等关系。(有关这方面的具体讨论,参见第七章和第八章)

第七节　选择研究的方法

质的研究的方法丰富多样,具体选择什么样的方法应该根据具体研究的问题、研究的目的、研究的时空情境、研究的对象等各种因素而定。研究方法本身只是一个手段,它们应该为一定的目的服务。所以,在问到"我应该用什么方法来进行研究"这个问题时,质的研究者经常提供的一个回答是:"视情况而定"(It depends)。当然,事先对方法的选择和使用进行考虑总是需要的;但是,如果事先过于明确地作出决定,很容易导致研究缺乏灵活性和应变性。质的研究认为,研究者应该是一个多才多艺的多面手,可以根据研究的需要随时使用各种技艺,也可以随时从自己的聚宝盆里拿出所需要的工具和财宝。因此,具体使用什么研究方法这个问题只能在研究进行时才可能最后确定。在研究设计阶段对这个问题进行考虑只可能是初步的、猜测性的,应该为今后的修改留有充分的余地。但与此同时,事先对方法的选择进行设计又是必要的。研究者脑子里通常对方法的选择已经有一些想法,如果不作出必要的决定,这意味着研究者在有意回避自己思考中隐藏着的设计方案。

其实,任何有关方法的决定都必须以回答研究的问题为主要前提,而不是为了方法本身而选择方法。方法本身并不能保证研究设计的"正确",也不能保证研究结果的"准确性"和"真实性"。如果我们过于注重方法,往往容易忘记自己研究的目的和任务,走向"为方法而方法"的歧路。因此,在对研究的方法进行选择时,我们可以有意识地寻找研究问题与方法之间的相互匹配关系。比如,如果我们希望对一个现象的意义进行研究,可以选择阐释学的方法;如果我们的研究问题涉及现象的发生过程和具体细节,可以使用民族志的方法;如果研究主要通过研究者自己与被研究者之间的互动获得研究的结果,可以选择象征互动的方法;如果研究的重点是通过观察被研究者的行为过程来了解其认知方式,可以使用常人方法学;如果研究的主要目的是建立理论,可以使用扎根理论的方法;如果研究的主旨是改变现存的社会现象,可以使用行动研究;如果研究的关注点主要在探讨社会结构中的权力关系,特别是性别、种族和社会阶层带来的差异,可以使用女性主义的方法;如果研究的资料主要是对话或文字分析,可以采取话语分析的方法;如果研究的重点是对一个个体进行整体性的了解,可以使用个体生态学的方法等。

另外一种选择方法的脑力练习是回溯法,即询问自己"通过这项研究我究竟想要获得什么样的研究结果?"此类问题迫使我们首先在脑子里设想自己今后有可能获得什么样的研究结果,然后回过头来设想自己可以采用何种方法和步骤获得这些结果。在设计阶段问这类问题不仅可以帮助我们对研究的大致轮廓有一个基本的估计,而且可以减少研究开始之前我们每一个人都可能体验的、因为对未来不可知而产生的高度焦虑。

从实际操作的层面看,质的研究的方法部分可以由如下几个大的方面组成:进入现场的方式、收集资料的方法、整理和分析资料的方法、建构理论的方式、研究结果的成文方式等。在进行研究设计时,我们必须对以上每一阶段所使用的方法作出选择,并且陈述自己选择这些方法的根据和理由。

一、进入现场的方式

在设计进入现场的方式时,我们需要认真考虑如下问题:"我应该如何进入研究现场?我可以如何与被研究者取得联系?我应该如何向对方介绍自己的研究?我为什么要这样谈?他们会如何看我?他们会对我的研究有什么反应?他们为什么会有这些反应?如果在他们之上还有'守门人',是否应该获得这些人的同意?到达实地以后我应该如何与各类人员协商关系?在研究的过程中我如何与被研究者始终保持良好的关系?"

在有的情况下,我们需要被研究者以书面形式表示同意参加研究项目(如小学生需要父母签字)。在这种情况下,我们可以事先设计一份类似"同意书"的文件,在进入现场时给被研究者阅读。文件中应该包括对研究项目的简单介绍、对研究者本人的介绍、希望被研究者完成的任务、研究的意义、研究结果的处理方式等。"同意书"应该特别强调自愿原则和保密原则,即被研究者有权拒绝参加研究,研究者将严格为被研究者的姓名、工作/学习地点和其他有关的信息保密。此文件应该作为附件附在研究设计本文的后面。应该注意的是,使用这种文件应该特别谨慎,视研究对象的具体文化习惯而定。在有的地方(如比较偏远的中国乡村),使用这种文件可能使研究对象感到"困惑"或"生分",不如口头交流效果更好。(有关进入研究现场的注意事项和行动策略,详见第九章)

二、收集资料的方法

质的研究中的"资料"与其他类型(如量的研究)有所不同,定义比较宽泛。一条基本的原则是:只要这些"东西"可以为研究的目的服务,可以用来回答研究的问题,就可以作为研究的"资料"。如上所述,质的研究是特定研究者以某种自己选择的方式将世界"打碎",根据自己的需要从中挑选一些自己喜欢的"碎片",然后将它们以某种特定的方式"拼凑"起来,展示给世人看的一种活动方式。所以,任何现实世界中研究者可以找到的"碎片",不论它们是如何的"不规范"、"不科学",只要它们"有用",都可以被作为研究的"资料"。其实,资料本身无所谓"规范"和"不规范",衡量资料是否"规范"的主要标准是研究者使用这些资料的方式,即:研究者是如何收集和分析这些资料的? 这些资料被拿来做什么用? 这些资料与研究的问题和研究的目的是否匹配?

质的研究中收集资料的方法十分丰富,如访谈、观察、实物分析、口述史、叙事分析、历史法等,其中最常用的是前三种。因此,本书只对这三种方法进行重点的介绍(详见第十章到第十七章)。选择收集资料的方法在很大程度上取决于研究的问题、目的、情境和有可能获得的资源,即在特定的时空环境下使用这些方法是否可以收集到回答研究问题所需要的资料。例如,如果研究的问题涉及到小学教师如何看待自己的教学工作,那么就应该以访谈法作为收集资料的主要手段;如果研究的问题有关这些教师的课堂教学风格,那么就应该主要使用观察法来收集资料,同时辅助以访谈;而如果研究的目的是了解某些小学生写墨笔字时容易出现的书写错误,那么就应该以分析他们的墨笔字练习本为主要收集资料的方法。

不论选择什么方法收集资料,我们都应该在研究设计中说明自己为什么要选择这个(些)方法,它们与研究的其他部分是什么关系,自己打算如何运用这个(些)方法。如果我们选择的是访谈的方法,那么就应该讨论访谈对本研究的具体作用,如了解当事人的想法和意义建构、回忆过去发生的事情、与从观察中获得的资料进行相关检验等。同时,我们应该说明自己对访谈的具体打算,如访谈的具体方式、时间、地点、人数、次数、是否打算录音或录像、如果对方不同意录音或录像自己打算怎么办等。在设计时还应拟订一份访谈提纲,将其附在设计的附件部分。访谈提纲是研究问题具体化的一种方式,一般只提出大纲性的问题(包括主要的访谈问题和需要进一步追问的问题)。访谈问题不同于研究问题,后者表示的是研究者希望通过研究而获得答案的问题,而前者是为了获得对后者的答案而用来询问被访者的问题。因此,访谈的问题应该尽量真实、具体、形象、多样,力求自然、生动地从不同角度向被访者探询有关情况。如果我们预测在访谈中需要就一些问题进行追问,可以在访谈提纲中将这些追问的部分列出来。访谈提纲的形式应该比较灵活,允许访谈者随时根据实际访谈的具体情况进行修改和即兴创造。

同理,如果我们决定选择观察作为收集资料的手段,也需要在设计中讨论选择这种方法的理由(如可以直接看到和听到被研究者的行为和自然语言,可以通过与对方的自然互动了解对方的行为反应等)。然后,我们需要探讨具体实施观察的方式,如观察的地点、时间、场合、对象、具体内容、记录方式等。像访谈一样,观察也需要设计一个初步的提纲,对计划观察的内容进行一个大致的勾勒。

如果我们选择实物分析作为收集资料的方式,也要在设计中介绍为什么采用这种方法、计划收集什么实物、打算如何对这些实物进行整理。在质的研究中,实物分析通常与其他方法一起使用,因此在设计时我们还需要讨论实物分析与其他方法之间的关系,比如:实物分析与其他方法相比有什么特点和长处? 不同的方法在收集资料方面各自能起什么作用? 它们可以如何相互补充、相得益彰?

至于"资料什么时候可以收集完毕? 研究者什么时候可以退出现场?"这类问题,我们在研究设计的时候可以提出一些原则性的衡量标准,比如:1)资料达到了饱和,进一步收集的资料已经与前面收集的资料出现了内容上的重复,没有新的资料出现;2)研究者本人已经"成为本地人"了,对当地的情况失去了敏感,注意力开始明显减退;3)资料分析比较密集,分析的理论框架越来越精细;4)研究者对自己的结果越来越感到激动,急于向同行、朋友和家人介绍自己的研究。当然,在实际研究中,导致研究者离开现场的原因可能很多(如预定的时间已到、经费已使用完毕、研究者与当地人发生了冲突、研究者突然生病等),很难在研究设计阶段就作出明确的预测。

三、整理和分析资料的方式

由于质的研究十分强调根据资料本身的特性来决定整理和分析资料的方法,因此我们很难在设计阶段对这个问题提出比较明确的想法。我们只可能根据自己以往的经验以及前人经常使用的方式,预想自己将来收集的原始资料可能属于什么类型,有什么特点,以此来设想自己可以用何种方式对资料进行整理和分析。

质的研究中的资料整理和分析不是两个截然分开的阶段,整理的思想基础是分析,分析的操作基础在整理。因此,在设计的时候,我们很难(也没有必要)将两者完全分开。当然,整理资料时有一些部分具有一定的相对独立性,比如对资料准确性的检查和对遗漏部分的补充,但是大部分时候整理和分析资料都是集两者为一身。

资料整理的主要方式是归类,而归类的基础是建立类属(category)。类属的确定和建立必须通过登录(coding),即将有意义的词、短语、句子或段落用一定的码号(code)标示出来。码号是在认真阅读原始资料的基础上从反复出现的现象(pattern)中提升出来的,它们被赋予一定的标记符号。码号设立以后被列入一个编码本,编码本中的码号可以用来对所有的资料进行设码。原始资料被登录以后,被分门别类地放到按一定系统分类的档案袋里。几乎所有质的研究的资料都要经过这么一个整理的过程,这是因为质的研究者相信这是一个必不可少的过程。虽然资料整理看起来十分机械、单调,需要逐字逐句地对资料进行标示和归类,然而这个过程可以为研究者提供不这么做便无法获得的分析思路。资料本身似乎有自己的生命,需要研究者对它给予积极的关注和足够的互动。

资料分析主要有类属型(categorization)和情境型(contextualization)两种方式,前者将资料按主题分成类别,后者将资料按照一定的时间序列或意义关联进行叙述。对分析方式的选择取决于原始资料本身的特点。比如,如果我们收集的资料大都以分类的方式呈现出来(如大学生转系的主要原因:1)对本学科没有兴趣;2)本学科成绩不好;3)与本学科的教师产生了矛盾;4)转系的学科找工作比较容易等),那么我们就可以采取类属分析的方式对资料进行整理和分析。如果资料是以讲故事的方式出现(如某公司一位经理一天的活动内容),那么我们就可以采取情境化的方式对资料进行整理和分析。资料本身的特点不是自己单独形成的,它受到资料收集方式的影响,而资料收集的方式又受到研究者对研究结果的期待以及研究者自己思维方式的影响。因此,在选择分析方式时,我们不仅需要考虑资料本身的特点,还必须考虑其他方面的因素。(有关资料整理和分析的具体方法和步骤,详见第十八章和第十九章)

四、建立结论和初步理论的方式

在对资料进行整理和分析的同时,我们实际上已经开始了初步的为研究结果做结论的工作。由于对研究的结果尚不清楚,我们在设计中只能尝试性地讨论一些问题,如自己将如何为研究的结果做结论,如何在结论和资料证据之间建立起联系,如何保证研究的结论具有一定的可信度和说服力,如何在自己研究的基础上建构区域性理论,自己的理论与前人的理论之间将存在什么关系,自己是否可以在分析资料的基础上建立一个工作模式以对同类事物进行理论上的诠释等。(有关建立结论和初步理论的具体原则和方法,详见第二十章)

五、研究结果的成文方式

虽然我们在设计时无法确切地知道自己的研究结果将来会是什么样子,因此更加难以决定以什么方式来呈现自己的研究结果,但是如果我们在设计时就对研究的成文方式进行预测,将有助于我们现在进行研究。比如,如果我们估计今后研究的结果将以文字的形式表现出来,那么我们就应该特别注意整理访谈资料,记观察笔记;如果我们今后有可能结合图片和录像的形式表现研究结果,现在则应该注意收集这方面的内容。当然,这种猜测只可能(也应该)是极其初步的,否则将会对研究的进程产生过多的约束和限制。在研究设计阶段,我们可以说明的是,自己打算选择什么写作方式,为什么选择这种写作方式,为什么排除了其他可能的方式,如果用不同的方式写此项研究可能会产生什么不同的结果。

在思考成文方式的时候,我们还需要考虑作品的读者是谁。一般来说,读者可能有如下几类人:1)论文委员会的委员;2)本领域的同行;3)相关领域的学术工作者;4)被研究者;5)一般的公众;6)资助研究的财团或政府机关。显然,不同的读者群体需要不同的写作风格。比如,如果我们心目中的读者是一个由本专业著名学者组成的博士论文委员会,那么我们除了采取比较专业的行文风格对结果进行表述以外,还必须详细报告前人的有关研究成果、自己的研究设计以及自己对研究过程的反思。而如果读者是一般大众,我们则不必如此"正式"和"规范",可以将结果写得通俗、大众化一些,不仅要有学术性,而且还要考虑到作品的可读性和娱乐性。

无论读者是谁,当今质的研究者几乎一致强调应该在研究报告中讨论研究者本人对研究的影响。因此,作为"写文化"的作者,研究者可以采取很多不同的方式来讲述自己的故事。研究者在作品中应该有自己的位置,行文应该采取第一人称叙述角度,对研究结果作个人化的描述和解释。(有关研究结果的成文方式,详见第二十一章)

第八节　确定研究结果的检测手段

在设计阶段,研究者除了对上述方面进行设计以外,还要探讨如何对研究的质量进行检测,其中包括结果的真实性、可靠性、代表性以及有关的伦理道德问题。由于研究尚未开始,在研究设计中便讨论结果的检测问题,显得是"纸上谈兵"。但是,这种"谈"还不得不谈,因为它可以促使我们认真地思考有关问题,从研究一开始就"小心翼翼、战战兢兢",认真细致地对待自己的每一个决策和行动。

一、讨论效度问题

"效度"是传统的实证主义量化研究的一个判定标准,目的是通过客观的测量和量化推论寻求一种普遍的法则。质的研究遵循的是与量的研究不同的思维范式,关注的不是客观的分类计量、因果假设论证或统计推论,而是社会事实的建构过程和人们在特定社会文化情境中的经验和解释。这种过程性的、发生在人际互动之中的对意义的探索很难用"效度"这类游戏规则来进行判断。然而面对实证主义者的质询,质的研究者也不得不思考有关研究的效度问题。

有关质的研究中效度的定义和分类,质的研究者们有很多不同的意见(有关这方面的详细讨论,参见第二十三章)。在研究设计阶段,我们可以追问自己:"我的研究结果是否将会是真实的?我如何知道它们是否真实?我在研究的过程中有可能在真实性方面犯哪些错误?我将如何排除(或减少)这些错误?我的研究结果可以找到哪些其他的解释?我的研究结果有可能存在哪些不真实的信息?我将如何对待和处理这些不真实的信息?如果我继续在实地收集资料,这些资料可以如何支持(或反驳)我所做出的结论?我如何使自己的研究结果令人信服?为什么别人要相信我的研究结果?如果我采取不同的方式进行此项研究会获得什么不同的结果?"

除了询问上述问题,在设计阶段我们还可以探讨自己打算采取什么办法处理研究中有可能出现的"效度威胁"(validity threat),即那些使我们有可能在效度方面犯错误的因素。比如,我们可以有意寻找资料中相互冲突的内容以及结论中自相矛盾之处,寻找反例对已经建立的初步理论进行证伪,使用相关检验的手段对那些来自不同的时间和地点、不同的理论角度、不同的研究方法和不同的抽样人群的研究结果进行对比。我们还可以将研究结果与同行或被研究者分享,看他们有什么反馈意见。为了保证研究结果可以回溯到原始资料和研究的决策过程进行检验,我们可以在研究一开始就保持一份审计记录(audit trail)。典型的记录研究过程的方式是研究者日志(log),日志应该记录研究者在研究过程中作出的所有重要决策以及研究者本人的直觉、猜测和感受。这样,当研究结论出来以后,我们可以一步步按照日志追溯到最初研究过程的每一个阶段(Morse,1994:230)。

二、讨论信度问题

"信度"这个概念来自量的研究,指的是研究结果的可重复性。大多数质的研究者都认为,量的研究意义上的"信度"这一概念不符合质的研究的实际工作情况,对质的研究没有实际意义。质的研究将研究者作为研究的工具,强调研究者个人的独特性和惟一性。因此,即使是在同一地点、同一时间、就同一问题、对同一人群所作的研究,研究的结果也有可能因不同的研究者而有所不同。比如,如果我们就贫困问题进行研究,社会学家、经济学家、人类学家、政治学家、女性主义者、教育学家、医学人类学家、神学家、法学家都有可能因为自己的出发点不同而对这一问题作出不同的描述和解释。除了研究者的职业倾向以外,这些研究者个人的价值偏好、信念、性格特征、年龄、性别、经济地位、家庭背景、个人与贫穷有关的生活历史以及他们与被研究者的关系等都可能导致他们对社会贫穷问题采取不同的态度和不同的切入方式。更何况,所谓"同一时间"、"同一地点"、"同一人群"、"同一问题"这些概念都不是一成不变的。它们随研究的进程而不断变化,在与研究者的互动中共同重新构筑自己。正如赫拉克利特所说的,人不可能两次踏入同一条河流,我们也不可能让一件事情两次以同样的方式发生(Fernandez,1994:136)。

现在在质的研究内部之所以仍旧有学者在讨论信度问题,是因为他们受到实证主义的影响,认为存在着客观的、可以重复发生的事情;只要研究者严格地记下自己的研究手段和步骤,后继的研究者便可以通过模仿而重现过去曾经发生过的事情。比如,科克(J. Kirk)和 M. 米勒(M. Miller)在1986年曾经提出三种信度类型(1986):1)狂想信度(quixotic reliability),即对不同的个案持续不断地采用同一种方式进行探究,看是否会出现不一致或误导的现象;2)历时信度,即在不同的时间用同样的研究方法对同一研究现象进行探究,考察研究结果之间的相似性;3)共时信度,即不同的研究者使用同样的方法在同一时间内对同一个研究现象进行探究,考察不同研究者所获得的研究结果之间的相似性。

虽然科克和 M.米勒对质的研究中的"信度"进行了一些修正,但目前大部分质的研究者都认为"信度"这个概念在质的研究中不适用。有的学者甚至认为,即使是在量的研究中,能够反复出现的现象也不一定就是准确的(Wolcott,1995:167)。如果测量的工具有问题,那么这个工具无论用到什么地方都可能得出错误的结果。虽然用这个工具获得的研究结果的信度可能很高,但是并不可靠。其实,即使是在自然科学中也是如此。自然科学家在宣布自己的研究结果时,就已经限定了研究的步骤、方法及其检验手段,对研究结果的重复本身是有条件限制的。质的研究不强调证实事物,不认为事物能够以完全同样的方式重复发生,因此目前大多数质的研究者在研究报告中不明确讨论信度问题。

三、讨论推论问题

由于质的研究采取的是目的性抽样的原则,而且样本通常都比较小,其结果很难在量的研究的意义上进行"推论"(generalization)。但是质的研究者像其他类型的研究者一样,也希望自己的研究结果对其他的人和组织具有借鉴作用,因此也不得不讨论研究结果的推论问题。(有关这方面的详细讨论,参见第二十四章)

在研究设计阶段,我们需要说明研究的结果属于地方性知识,只局限在样本本身,不企求推论到抽样总体。但是,如果读者在阅读研究报告时得到了思想上的共鸣,那就是一种认同性的推论(或称思想上的启发或启示);而如果本研究建立的理论具有一定的诠释性,也可能起到理论性推论(或称理论的影响或辐射)的作用(蓝永蔚,1999:10)。

四、讨论伦理道德问题

虽然我们将研究的伦理道德问题放到最后一部分进行讨论,但实际上这个问题在研究的各个方面和全过程中都存在,是一个十分重要的问题。伦理道德问题主要包括自愿原则、保密原则、公正合理原则、公平回报原则等。在设计时,我们应该充分考虑到自己的研究在这些原则方面可能会犯哪些错误或可能会遇到什么困境,同时设想自己可以通过什么途径和方式处理或解决这些问题。比如,我们应该明确说明,自己是否会向研究对象承诺对他们的身份严格保密,是否打算与对方分享研究结果,计划如何回报对方的帮助和支持。(有关这些方面的详细讨论,参见第二十五章)

第九节　其他安排

在研究设计中,我们还要对研究项目的其他安排加以说明,如时间、人员和经费安排等。时间安排应该比较具体,落实到每一项工作完成的年、月、日。在安排时间时,我们还应该考虑到被研究者的时间安排,以便在他们方便的时候进行研究。比如,如果我们打算观察学生在暑假期间的活动,就必须将收集资料的时间安排在暑假期间。时间的安排也许还会受到有关机构的规章制度的限制,如高等院校的论文委员会便对学生论文的呈交时间有严格的限制。

人员安排指的是研究队伍的组成和任务分配情况。在研究设计中应该将一定时间内具体的研究任务落实到人,使每一位参加研究的人都事先知道自己的职责范围。

经费安排指的是研究经费的使用计划。在研究设计中应该详细列出每一项开支的具体预期费用,使参与研究的人员以及支持研究项目的财团或政府机构对研究的经费情况有一个大概的估计。

综上所述,质的研究的设计包括很多重要的方面,需要在研究开始之前就进行认真细致的思考和安排。虽然很多方面的工作需要研究者到达研究实地以后才知道如何具体进行,但是事先的"猜想"和"假设"是十分必要的。无论我们从事什么类型的研究,自己的头脑中总是事先有一些计划和想法。通过研究设计这个似乎比较"机械"、"单调"、"纸上谈兵"的过程,我们可以强迫自己比较严谨地对待自己隐蔽的想法和直觉,使自己比较严格地、一步一步地将研究的过程事先思考一遍。虽然有些计划只可能代表我们目前一些初步的想法,而且主要依靠我们自己目前对研究现象的了解,但是今后我们完成研究项目再回到这个最初的研究设计,会发现自己当时的很多想法都是有一定依据的。在研究的过程中(有时候这个过程可以是几年之久),设计中的很多内容可能已经发生了变化,我们自己作为研究者也可能在人格上发生了转变。但是,只要我们保持一种开放的心态和灵活的思维方式,我们的研究设计就会变得更加成熟和完善。

第六章　研究对象的抽样

——我想找谁进行研究？

研究设计完成以后,我们需要开始对研究的对象进行选择。"抽样"指的就是这样一种根据研究的需要对有关的人、时间、地点、事件、行为、意义等进行选择的行为。一般而言,社会科学研究中的抽样可以分成两大类:概率抽样和非概率抽样。

第一节　"概率抽样"和"非概率抽样"

"概率抽样"指的是:在被限定的研究对象中每一个单位都具有同样大的被抽中的概率。比如,如果被界定的研究对象是 1000 人、1000 座房子或 1000 个小时,我们计划从中抽取 100 个进行研究,那么所有这些单位的命中率都是十分之一(Honigmann,1982:79)。为了使从样本中获得的研究结果可以推论到总体,我们通常需要比较大的样本,样本的数量取决于研究的精确度要求、总体的规模以及总体的异质程度。比如,如果研究的允许误差为 5%,置信水平为 95%,总体为 1000,那么样本数应该占总体的 35%,即 350 人(袁方,1997:225—226)。社会科学研究中常用的量的研究就是建立在概率抽样的基础之上的。如果样本的数量充足,从中获得的研究结果便可以推论到抽样总体。

"非概率抽样"指的是:按照其他非概率标准进行抽样的方式。质的研究中使用得最多的"非概率抽样"方式是"目的性抽样",即按照研究的目的抽取能够为研究问题提供最大信息量的研究对象(Patton,1990:169)。这种方法也被称为"理论性抽样",即按照研究设计的理论指导进行抽样(Glasser & Strauss,1967)。由于质的研究注重对研究对象(特别是他们的内在经验)获得比较深入细致的解释性理解,因此研究对象的数量一般都比较小,不可能(也不必要)采取概率抽样的方式。

"非概率抽样"遵循的是与"概率抽样"十分不同的逻辑。按照 M.米德(1953:654)的观点,在人类学的抽样逻辑中,研究结果的效度不在于样本数量的多少,而在于样本的限定是否合适,即该样本是否能够作为一个典型的、能够代表本文化完整经验的个案进行准确的研究。我同意 M.米德这一观点的前半部分(即"样本的限定是否合适"),但是对于后半部分(即"该样本是否能够作为一个典型的、能够代表本文化完整经验的个案进行准确的研究"),我希望用一种不同的方式进行表述:"该样本是否可以比较完整地、相对准确地回答研究者的研究问题"。在本书中,我有意回避"典型的"、"有代表性的"这类表述,因为我不想让自己卷入一场目前尚无结果的论战之中。"典型的"、"有代表性的"这类词语遵循的仍旧是量的研究的思路,仍旧希望将质的研究按照从样本推论到总体的方式来讨论研究结果的代表性问题。这种拉力不论是在质的研究界的外部还是内部都始终存在,而且在本书中也将不断出现。(有关此类问题,详见第二十四章)

布迪厄在将"专门职业"作为一个"场域"来进行探究时曾经就研究的抽样原则说过一段话(布迪厄,华康德,1998:367—368)。我认为这段话可以用来说明"非概率抽样"的原则以及研究目的在抽样中占有的重要地位:

"一旦我不从表面意义来看待'专门职业'这个观念,而是着重探讨产生这个观念所必需的聚类工作与符号强加过程,一旦我把它看成一个场域,即一个具有结构并充斥着各种社会力量和争斗的空间……在这个场域里,你怎么去抽取样本?如果你按照方法论教科书所规定的教条,做一个随机抽样,就会支解了你想要去建构的对象。比如说,在研究司法场域时,你没有抽选最高法院的大法官,或者在考察五十年代法官知识场域时,你漏掉了萨特,或者在研究美国学术界时,你忽略了普林斯顿大学。但只要这些人物类型或制度机构还在独当一面,占据着一个举足轻重的位置,你的场域就是个残缺不全的场域。某种场域或许有不少位置,但它却允许一个位置的占据者控制整个结构。"

第二节 "目的性抽样"的具体策略

有关目的性抽样的具体策略,质的研究领域已经产生了一些可行的思路。下面介绍的十四种方法主要来自派顿(M.Patton)的分类方式(1990:169—180)。但是,由于他所列出的抽样策略主要用于评估类研究,有的不适合非评估类研究,因此我作了一些相应的删改。比如,我删去了"抽取政治上重要的个案",并且将"效标抽样"(criterion sampling)和"以理论为基础的或操作性理论抽样"(theory-based or operational construct sampling)合并为一类"效标抽样"。此外,我发现他的分类将两种不同的抽样策略混杂在一起,一类是有关样本本身的特性(如是否具有"典型性"、"同质性"、"异质性"等);另外一类是有关抽样方式本身(如"机遇式"、"滚雪球式"、"方便式"等)。因此,我将这十四类抽样策略分成两大类进行评介。此外,派顿在介绍这些策略时没有提供足够的说明,因此我根据自己的理解对有关定义进行了阐发,并且提供了一些研究实例。目前归纳的这十四种方法虽然相互之间仍旧有重叠之处,但总的来说各有各的侧重。

一、根据样本的特性进行抽样

在这个类别里,抽样的标准是:所选择的样本本身是否具有完成研究任务的特性及功能。我认为,派顿列出的抽样策略中有九种可以归入这个类别。

1. 极端或偏差型个案抽样

在这种抽样方式中,研究者通常选择研究现象中非常极端的、被一般人认为是"不正常"的情况进行调查。这么做的理由是,从一个极端的例子中学到的经验教训可以用来为一般情况服务。虽然这种现象比较极端,不具有"代表性",但是就研究目的而言,对这种独特现象的揭示有可能比一个典型现象更加具有说服力。

比如,如果我们打算对全国 100 所敬老院内的卫生情况进行调查,事先我们通过有关信息渠道了解到,有的敬老院卫生情况"很好",有的"一般",有的则"不太好"①。如果我们希望对整体情况有一个比较全面的了解,可以对这 100 所敬老院进行随机抽样,这么做样本量会比较大。但是,如果由于时间、精力和财力有限,我们只可能对少数几个地方进行现场调查,那么便可以采取极端个案抽样的方法。我们可以在"最好的"敬老院和"最差的"敬老院中各选择一到两个,对其进行密集的现场调查。在这种情况下,研究的问题主要集中在:"人们一般认为的一个敬老院的'好'与'差'具体是什么情况?在什么情况下一个敬老院的卫生会特别'好'/'差'?"如果我们知道了在这些极端条件下一个敬老院的情形会是如此,那么我们便可以推测一般情况下的敬老院也可能会是如此。然后,我们可以着手探寻在此类情况下推动该敬老院进行改革的可能性。如果在此类极端的情况下我们可以创造某些条件促使事情发生转变,那么可以设想在其他一般情况下应

---

① 这里,对敬老院卫生情况"好"与"差"的判断只是作为一个暂时的抽样标准,作为我们的一个前设。在实际调查时,我们需要将这个前设"悬置"起来,首先了解这个判断是否确切,对谁来说这个敬老院的卫生情况被认为是"好"/"差"。如果实际情况不是如此,我们应该随时改变抽样的原则。

该也可以如此"炮制"。从这个敬老院的研究中,我们获得的不是反映所有敬老院的一般情况,而是在特殊条件下事物发展和变化的"模式"。这种"模式"在表面上不一定适合所有其他的敬老院,但是可以说明在类似情况下有可能发生的事情。

在质的研究的不同分支里,常人方法学经常使用这种抽样的方法。常人方法学的宗旨是通过观察一般人平时的日常行为来探究他们的风俗习惯和价值标准,"极端个案抽样"的策略可以被用来选择那些被当地人认为"反常"的现象,然后通过观察当地人对这些"反常"现象的反应来了解那些被当地人所共享、但又不被他们自己明显意识到的行为规范。比如,研究者可以故意安排一位本地人在当地一个餐厅里饕餮,然后访谈其他在场的人,问他们看到了什么,有什么感受。通过了解当地人对"反常"现象的反应,研究者可以知道他们对"正常"现象的定义和行为表现。

除了常人方法学,其他类型的质的研究者也使用这种抽样方法。比如,布朗(A.Browne,1987)在其《当受虐待的妇女杀人时》的研究中,选择的就是一群受到丈夫毒打而产生杀人念头乃至付诸行动的妇女。虽然这些个案具有很大的极端性,但是对这群人眼中的社会问题进行揭露比一个表现平均情况的概率性抽样研究更加有力。

2. 强度抽样

"强度抽样"指的是:抽取具有较高信息密度和强度的个案进行研究。这种抽样方式的逻辑与上述"极端型抽样"比较类似,但是不像后者如此强调案例的极端性。强度抽样的目的是寻找那些可以为研究的问题提供非常密集、丰富信息的个案,但是这些个案并不一定是非常极端或不同寻常的。

比如,在我参与的中国义务教育课程研究中,一个调查的重点是"中国城镇中小学学生课业负担的现状"。如果我们选择一个不但课业繁重而且可以为我们提供丰富的有关课业繁重的案例的学校作为个案调查的基地,我们便可以比较充分地了解,目前中国城镇的中小学学生学习负担过重的现象可以是一种什么状况。这个学校提供的资料可以使我们对所关注的现象有比较深入的了解,从而揭示存在于该现象中的复杂、细微之处。

3. 最大差异抽样

"最大差异抽样"指的是:被抽中的样本所产生的研究结果将最大限度地覆盖研究现象中各种不同的情况。假设被研究的现象内部的异质性很强,如果我们只抽取其中少数几个个案进行研究,便很难反映该现象的全貌。在这种情况下,我们可以先找出该现象中具有最大异质性的特点,然后使用这个因素作为抽样的标准对现象进行筛选。这么做的主要目的是了解在差异分布状况下事物的某一个特点具体有何种同质或异质表现。

比如,中国某省最近建立了一个新型的医疗保健系统,遍布该省各个不同的地区,如高原、平原、丘陵、沙漠地带等。如果我们想了解该医疗系统在不同地理环境下是如何运作的,便可以将地理分布作为一个抽样的原则,分别在高原、平原、丘陵和沙漠地带抽取一定的样本。这种抽样方式可以使我们同时得到两个方面的信息:1)被抽样的各个地区实施该医疗系统的具体情况;2)在这些不同地区实施该医疗系统时出现的共同或不同的情况以及这些情况相互之间的比较意义。

4. 同质型抽样

"同质型抽样"指的是:选择一组内部成分比较相似(即同质性比较高)的个案进行研究。这么做的目的是对研究现象中某一类比较相同的个案进行深入的探讨,因而可以集中对这些个案内部的某些现象进行深入的分析。比如,如果我们希望对中国的小学生家长课外辅导孩子学习的情况进行调查,我们可以选择单亲家庭的家长进行研究。这些家长通常比双亲家庭的家长负担重,有他们自己的苦衷,而且一般人对他们的情况不太了解,对他们进行研究可以发现一些鲜为人知的事情。对一组单亲家庭的家长(可以同是母亲或父亲,也可以父母同时参加)进行研究还可以为他们提供一个分享共同经验和情感共鸣的机会。由于遭遇比较类似,他们可能会对做小学生的单亲家长这个问题进行比较深入的讨论。

质的研究中的焦点团体访谈使用的便是典型的同质型抽样。在这种访谈中,通常有四到八位背景比较相似的被访者在一起就共同关心的问题进行探讨。(有关此类访谈的具体操作方式,参见第十四章)

5. 典型个案抽样

"典型个案抽样"选择的是研究现象中那些具有一定"代表性"的个案,目的是了解研究现象的一般情况(注意,这里使用的是派顿的语言)。在质的研究中,对典型个案进行研究不是为了将其结果推论到从中抽样的人群,而是为了说明在此类现象中一个典型的个案是什么样子。这种研究的目的是展示和说明,而不是证实和推论。

比如,如果我们希望了解目前中国国营企业职工的工资待遇状况,而专家咨询和统计资料显示,长沙市在全国范围内具有一定的"代表性",大约处于全国国营企业职工工资收入的平均水平,那么我们便可以对长沙市的国营企业职工进行调查。调查的目的不是为了说明全国的情况均是如此,而是为了表明一个典型的国营企业内职工的工资情况处于一种什么状态。

6. 分层目的型抽样

在这种抽样方法中,研究者首先将研究现象按照一定的标准进行分层,然后在不同的层面上进行目的性抽样。这么做是为了了解每一个同质性较强的层次内部的具体情况,以便在不同层次中进行比较,进而达到对总体异质性的了解。与上面的"最大差异抽样"相比,"分层目的型抽样"的重点是了解研究现象中不同层次的具体情况,进而对研究现象的整体异质性进行探究;而"最大差异抽样"的主要重点是了解研究现象中不同情况下某一个特点所呈现的相同点或不同点。

比如,如果我们知道在中国目前的企业内部国营企业、集体企业、私人投资企业和外资企业在投资方面存在差异,但是我们不了解这些差异的具体形态以及它们对投资产生的影响。因此,我们可以在上述四种企业类型中的每一个种类里选择一定的样本进行研究,对研究结果进行对比分析,以此了解它们之间的异同。最后的研究结果可能表明,这些不同的企业在投资结构、机制、手段等方面都存在这样或那样的差异,而这些差异也就构成了中国目前企业内部投资方面的总体异质性。

7. 关键个案抽样

"关键个案抽样"选择那些可以对事情产生决定性影响的个案进行研究,目的是将从这些个案中获得的结果逻辑地推论至其他个案。推论的逻辑是:"如果这个事情在这里发生了,那么它也就一定会在其他的地方发生";换言之,"如果这个事情没有在这里发生,那么它也就不会在其他的地方发生"。这类个案通常不具有典型性,不代表一般的情况,而是一种"理想"的状态。比如,伽利略对自由落体运动的发现使用的便是"关键个案抽样"的方法。他在检测物体的重量是否会影响到物体下降的速度时,选择了一个关键的物体——羽毛。如果他可以显示在真空里一片羽毛的下落速度与一个更重的物体(如铜板)是一样的,那么他就可以将自己的结论推论到任何其他的物体。

伽利略的实验是一个自然科学的例子,而在我们的社会科学研究中也可以找到类似的情形。比如,如果我们要对一套新设计的课程方案进行试验,可以选择一所大家(如教育部、课程专家、学校管理人员、教师、学生和家长等)都公认的、可以进行这类实验的"好"学校进行试点。如果这所"理想型"的学校都不能成功地实施这套课程体系的话,那么我们就可以推断,其他类型的学校更加难以适应这套新的方案。

这种抽样策略与上面的"极端个案抽样"有类似之处,都是选择研究现象中的"特殊"情况进行研究,以此了解研究现象的一般情况。它们的不同之处在于:"极端个案抽样"选择的是研究现象中"极端"、"反常的"个案,而"关键个案抽样"选择的是一种在"理想"状态下有可能影响到研究现象的"关键性"个案。

8. 效标抽样

"效标抽样"指的是:事先为抽样设定一个标准或一些基本条件,然后选择所有符合这个标准或这些条件的个案进行研究(Goetz & LeCompte, 1984:73)。例如,一般正常的产后住院时间是一到两周的时间,如果有产妇在医院住院的时间超过了两个星期,便会被医院认为发生了"不正常"的病情。于是,我们可以将抽样的标准定在住院两周以上的病人范围内,然后对所有这类病人进行调查,了解她们超长住院的原因以及医院对其病情的处理方式。这种抽样方式只针对符合选样标准者,目的是确保抽样的质量。

"以理论为基础的或操作性理论抽样"也可以被认为是一种"效标抽样"的方式,但是其效标是以一定的理论作为基础,目的是寻找可以对一个事先设定的理论进行说明或展示的实例,然后对这一理论进行进一步的修订。比如,如果我们认为环境对人的成长具有十分重大的影响,那么我们可以选择一对生长在不同环境下的双胞胎,对他们的生长过程进行观察,考察环境因素对他们的成长有什么影响。如果我们的研究证明这个理论并不完全正确,孩子的先天条件对他们的成长作用更加重大,我们就需要修改原来的理论。

9. 证实和证伪个案抽样

在这种抽样方式中,研究者已经在研究结果的基础上建立了一个初步的结论,希望通过抽样来证实或证伪自己的初步理论假设。这种抽样的方式通常在研究的后期使用,目的是验证或发展研究者本人的初步结论。

例如,我们通过一项研究已经了解到大部分女性希望自己的丈夫比自己有更高的学历和成就,现在我们希望对这个初步的结论进行证实或证伪。我们可以抽取更多的、不同类型的妇女就这个结论进行调查。比如,如果我们希望了解知识型妇女的情况,便可以抽取一些大学的女教师进行调查;而如果我们希望知道知识型妇女和劳动妇女之间的区别,则可以抽取工厂里的女工、农村的妇女、服务行业的女服务员与大学的女教师进行对比研究。

二、抽样的具体方式

这个部分介绍的是研究者为了达到自己的研究目的在实地研究中可能采用的抽样策略,强调的主要是研究者本人的行动方式,而不完全是样本本身所具有的特性(当然,在有的情况下,这两者之间很难分开)。因此,在我看来,这个部分介绍的内容与其说是"抽样的标准",不如说是对质的研究者主要使用的抽样策略的一种描述。我认为,在派顿介绍的抽样策略中有五种属于这个类型。

1. 滚雪球或链锁式抽样

这是一种用来选择知情人士或决定性个案的操作方式。当我们通过一定的渠道找到了一位知情人士以后,我们可以问他/她:"您知道还有谁对这类事情特别了解吗?您认为我应该再找谁了解情况?"通过如此一环套一环地往下追问,我们的样本像一个雪球一样越滚越大,直到收集到的信息达到了饱和为止。这是一种通过局内人寻找消息灵通人士的有效办法。

假设,某企业的职工医疗保险工作被政府和一般公众认为做得比较"差",我们计划对这个企业有关的人员进行调查,了解他们的做法和看法。首先,通过熟人介绍,我们认识了该企业的一位普通工人,了解了很多有关的情况。然后,我们可以问她:"您认为还有谁对这件事情比较了解?"也许,她会推荐自己的工友或者企业的有关负责人作为我们的信息提供者,而她所推荐的这些人又会为我们推荐其他一些相关的人。

这种抽样方式的一个弱点是:找到的信息提供者很可能是同一类人。由于所有的知情人士都是由他们的熟人或朋友介绍的,他们可能具有同一类型的特点或观点。如果研究者希望了解一个研究现象内部的异质情况,这种抽样方式可能会给研究带来困难。此外,由于所有的信息提供者相互之间都是熟人(或者至少在一个环节上是如此),他们中有些人可能会碍于情面或出于对保密的担心而向研究者隐瞒"实情"。

2. 机遇式抽样

"机遇式抽样"指的是:根据当时当地的具体情况进行抽样。这种抽样通常发生在研究者到达研究实地以后,特别是当他们对本地的情况不太了解,而且有较长的时间在实地进行调查时。这种方法给研究者比较大的灵活性,而且可以得到一些事先意想不到的结果。很多人类学家在进行实地调查时都喜欢采用这种抽样方法。

我的一位学生就曾经使用"机遇式抽样"的策略对一项观察研究进行过抽样。她计划到自己所在大学惟一的一个食堂里进行参与型观察,希望了解人们就餐时的人际交往方式。起初她不知道自己应该选择什么样本进行重点观察,后来经过一周每天一小时的观察,她发现这个食堂里从来没有学生与教师同桌吃饭或交谈的现象。由此她产生了对该校的师生关系进行调查的念头,决定抽取一定数量的学生和教师进行访谈和观察,了解他们对师生关系的看法和做法。

3. 目的性随机抽样

这种抽样方式指的是:按照一定的研究目的对研究现象进行随机抽样。在质的研究中进行"随机抽样"是为了提高研究结果的"可信度",而不是像量的研究那样以保证研究结果的"代表性"。质的研究选择一定数量的样本进行研究不是为了回答"有多少"或"有多频繁"这样的问题,而是为了更加有力地说明"发生了什么事情"、"事情是如何发生的"。质的研究中的目的性随机抽样与量的研究相比的另外一个不同点是,前者是建立在立意取样的基础之上,先设定了研究的目的范围,然后才开始抽样,而后者的抽样标准是固定的,不因某项研究的具体情况而改变其原则。"目的性随机抽样"的方法通常使用于研究的范围限定以后样本数量仍旧太大的情况下,因为其中的"随机抽样"部分可以缩小样本的数量。

假设,我们计划对某医院眼科因白内障开刀的病人术后痊愈情况进行比较详细的个案调查,不仅希望了解他们身体上的变化,而且了解他们的心情和感受,因此我们需要同时进行观察和访谈。结果,我们发现目前在医院住院的病人高达100人,不可能全部进行深度访谈和观察。因此,我们可以从住院部找到此类病人的名单,通过随机抽样的方法从中抽取一部分人(比如20—25人)进行重点的调查。

4. 方便抽样

方便抽样指的是:由于受到当地实际情况的限制,抽样只能随研究者自己的方便进行。比如,如果我们假冒成犯人到一所监狱里去了解犯人之间的人际互动,便没有很多选择样本的自由,只能选择自己所在牢房内的犯人。

与其他方式相比,这种方式比较省时、省钱、省力,但是会影响到研究结果的质量。这种抽样方式的可信程度最低,通常是在上述抽样方式无法使用时才不得不为之的权宜之计。这种抽样方式没有一定的标准,因此而获得的研究结果往往比较松散,缺乏针对性,很难在理论上进行一定程度的归纳。事实上,在很多情况下,这是一种"懒人"的办法。由于很难找到自己需要的样本,研究者便求助于方便抽样的方式。而这种方式往往掩盖了研究者原初的研究意图,使研究的进程和结果受到抽样方便的任意拨弄。

5. 综合式抽样

"综合式抽样"指的是:根据研究的实际情况结合使用上面不同的抽样策略选择研究对象。一种抽样策略不一定使用于一项研究的全过程,也可以在研究的进程中根据实地的具体情况与其他策略结合起来使用。比如,在研究开始的时候,我们可能对研究实地的情况尚不了解,此时可以采取"方便式抽样"或"机遇式抽样"的方式选择研究的对象。随着研究的逐步深入,我们可能对研究现场的情况越来越了解,抽样也可以变得越来越严格、精细、有系统,此时可以采用"目的式随机抽样"或"分层目的型抽样"等方式。

综合式抽样的优势在于:可以结合上述不同抽样策略的长处,在需要的时候灵活地使用各种不同的抽样方法为研究服务。其短处是:由于上述各种抽样策略的标准不一样,在评价研究结果的时候可能会产生一些冲突。当然,我们把这一点当做综合式抽样的"短处",是因为我们仍旧认为研究的结果应该有一定的"代表性",而"代表性"在很大程度上取决于研究对象的抽样方法。如果抽样的方法不一致,"代表性"的问题就无法讨论。然而,现在质的研究者对研究结果的"代表性"问题已经有很多不同的看法和建议,正在试图超越"从样本到总体"的单一思路。(有关这方面的详细讨论,参见第二十四章)

第三节 对"目的性抽样"原则的分析

以上对"目的性抽样"中的十四种主要策略进行了一个简单介绍。从这个介绍中可以看出,这些策略各有自己的长处和短处,研究者可以根据自己研究项目的具体需要以及实际实施的可能性选择不同的抽样策略。

需要特别指出的是,除了上述各自具有的长处和短处以外,所有这些抽样策略都面临着一个共同的难题,即虽然它们在理论上都是按照"目的性抽样"的原则选择研究的对象,但是我们很难根据每一项研究的具体"目的"对抽样的"标准"进行确定。由于"目的"本身可以是一个非常不确定的概念,从这个不确定概念出发而定义的"标准"显然也很难获得确定性。比如,我们很难确定,在"极端个案抽样"中,研究现象内部何种情况属于"极端"或"反常";在"强度抽样"中,什么样的个案可以被认为具有一定的"强度";在"最大差异抽样"中,研究现象的什么特点具有"最大异质性"。我们必须事先对这些"标准"进行界定,然后才可能提出自己的抽样原则。而我们的"标准"只可能来自自己个人的经验、此研究项目的目的以及前人的研究,而对前两个因素(在一定程度上也包括第三个因素)的判断有可能受到我们自己"主观"意向的限制。因此,我们在选择抽样策略时,最重要的是要对自己的研究项目的"目的"有一个清醒的认识。只有"目的"清楚了,才可能导引出清楚的抽样"标准",而"标准"清楚了才可能产生清楚的抽样"策略"。所幸的是,在质的研究中任何"标准"(包括衡量"目的"的"标准"和选择"策略"的"标准")都不是一成不变的。如果某一个"标准"在研究的过程中被发现是不合适的,研究者可以随时调换其他更加合适的"标准"。

我的一位学生曾经非常敏锐地指出,其实"样本"(sample)这个词本身就带有实证的味道,似乎现实中已经先定地存在着某些可以被研究者使用的东西,等待着研究者去"提取"。而质的研究中对研究对象的确定是一个过程,其本质就是"偶遇式"的,甚至没有经过"选择"这个动作。"样本"不仅与课题同时生成,而且随课题的变化而变化。因此,在这个意义上,他认为"样本"这个词本身就不符合质的研究的精神,他宁愿称自己的研究对象为"案主"(client)。我认为他的批判非常中肯,抓住了质的研究中一个无法逃避的内在矛盾:既追求动态的研究过程又讲究严谨的筛选标准。如果我们不仅把抽样看成是一个动态变化的过程,而且把研究的目的也看成是一个形成性过程的产物,也许我们可以在这两个不断往前运动的过程之间找到一定的磨合点。而在这个磨合的过程中,有许多方面的因素会影响到样本的确定。

此外,我们至此谈到的抽样策略似乎一直隐含了这样一个关切,即,"我如何提取一个有'代表性'的样本?我抽取的个别样本的情况是否可以'推论'到从中抽样的总体?"虽然我一再强调质的研究中的抽样不能按照量的研究的抽样原则进行,因此其研究结果也不可能自动地概括到抽样总体,但是上面的各类策略以及我自己的讨论似乎都怀有这样一种期望。我认为,我们之所以会得出这样一个印象,是因为我们已经习惯了实证主义的标准,总是希望自己的样本及其研究结果可以"代表"一些更"大"的、更"高"的、更"广"的、更"深刻"的东西。我们很难将自己放到现象学的位置,只是来考察自己现在面前的这个东西"是什么"。其实,"抽样"、"样本"这类概念本身就与质的研究的精神相悖,隐含的意思仍旧是从总体"抽"出一个"样本",从这个"样本"获得的结果可以推论到总体(高一虹,1998/10)。如果可能的话,我希望使用"选择"这类比较日常的词语来回避因实证主义"统治"而带来的思想局限。然而,现在质的研究领域仍旧比较广泛地使用"抽样"这类词语,我也就暂时"随大流"吧。

在质的研究领域内部有关"抽样"原则与研究结果的"推论"之间的关系问题,讨论十分热烈,意见也很不一致。有的人认为,我们可以采取"个案综述法",在不同研究者所作的个案研究的基础上归纳出一些"普遍的规律"。另外一些人(包括我自己)认为,除了这种"证伪"式的思维方式,我们还可以发展出一些新的概括原则来思考质的研究结果的"推论"问题。比如,我们除了可以将概括的目标定为"是什么"(what is)、"潜在的可能是什么"(what could be),我们还可以选择"今后可能是什么"(what may be)作为抽样的目标(Eisner & Peshkin, 1990)。一般来说,为了达到"是什么"的目标,我们抽取的是一些"典型的"、具有一定"普遍"意义的事例(这种抽样策略与上面派顿所说的"典型个案抽样"、"最大差异抽样"、"同质型抽样"等类似);为了知道"潜在的可能是什么",我们通常抽取一些特殊的、不同寻常的、达到极限的事例来进行调查(这种策略与派顿所说的"极端或偏差性个案抽样"、"强度抽样"、"关键个案抽样"等方法类似)。但是,如果我们把"今后可能是什么"作为抽样的标准,我们的思维便超出了实证(包括后实证)的窠臼,超越了"存在什么"的疆界,而进入了"可能有什么"的领域(高一虹:1998:6—7)。在这种抽样标准下,我们可以选择一些代表了未来发展方向的事例,以此对相关的事情进行导引。比如,如果我们判断中国目前的一些民办学校代表了今后教育发展的一个方向,我们可以对这样的学校进行研究,以便为今后中国教育的发展提供导向。在这里,研究的目的不仅仅是为了对现存事物进行证实或证伪,而是在价值判断和实践理性的基础上导引社会和人的未来发展。

第四节　制约抽样的因素

除了上面提到的各种抽样策略和原则,我们在抽样时还必须考虑到其他一些方面的问题,还可能受到其他一些因素的制约。比如,抽样时研究新手经常提出的问题是:"我应该抽多少人作为研究的对象? 我应该选择什么人作为研究的对象?"要回答这类问题,我们还是不得不求助于质的研究者常用的一个法宝:"看情况而定"。像质的研究中其他的部分一样,样本量和样本类型的选择也取决于研究的其他部分(如研究的目的、问题、范围、时间、地点、经费、人员等)以及样本与这些部分之间的关系。

一、样本与研究问题之间的关系

在对研究对象进行抽样时,人们经常问的一个问题是:"我应该选什么人进行研究?"其实,上面对各类目的性抽样策略的讨论已经暗含了对这个问题的回答,即样本的类型与研究的"目的"有关(这里所说的"目的"其实还包括了"研究的问题")。在选择研究对象的时候,我们应该仔细考虑哪些因素与自己希望研究的问题以及所要达到的目的关系最为密切。这些因素可以是地点、事件、人物、活动或时间,人物还可以进一步按照其性别、年龄、职业、家庭背景等作为抽样的因素。对有关的因素进行确定和筛选以后,我们可以根据这些因素建立一个抽样框架,即抽样因素的分布状态。假设我们研究的问题是中国社会的亲属网络关系,那么我们就应该选择如下因素作为抽样的根据:研究对象在家庭网络中占有的地位、研究对象的性别、年龄、研究的地点(如家庭、邻里、工作单位、社交场合)、观察行为(如人际交往、冲突处理、特殊事件)、访谈内容(如研究对象如何看待家庭成员彼此之间的关系、他们如何为这些关系命名、他们如何解释这些关系对自己的意义等)。

二、样本的个人条件

在确定了抽样的类型以后,我们还可能面临从一群符合抽样标准的人中选什么人的问题。在对具体的个人进行选择时,我们需要问自己:"我希望选什么人来回答我的研究问题? 我为什么要选这些人? 这些人有什么特点? 这些人与其他符合条件的人有什么不一样? 为什么说他们对我的研究项目来说是最好的信息提供者?"这些问题涉及到样本的个人条件,需要对每一位被选中的研究对象的具体情况进行比较详细的了解和说明。

一般来说,我们希望挑选那些在被研究的文化或组织里生活了比较长的时间、了解该文化内部的实情、具有一定的观察和反思能力、性格比较外向且善于表达自己的人。很多来自实地的研究报告表明,最好的访谈对象通常是那些对自己的文化有比较敏锐的观察和反省能力、自己经历了与研究问题有关的重大事件,并且有能力将自己的经历和想法用语言表达出来的人(Whyte,1984)。因此,很多研究者都注意寻找这样的人作为自己的"主要信息提供者"(key informant)。他们不仅可以帮助研究者寻找有关的信息,创造条件使研究者看到或听到本文化内部的典型事件,而且可以从局内人的角度对这些事件作一些"文化主位"的解释。此外,他们还可以根据研究者的需要,使用"滚雪球"的方式向研究者提供本文化群体中其他有关的人员作为访谈的对象。

但是,研究者如果过多地依赖这些"主要信息提供者",也可能给自己的研究带来一些弊端。首先,这些"主要信息提供者"通常与本文化中大多数人不一样,是所谓的"不和群者"、"边缘人",他们的想法不一定代表了该文化群体中大多数人的意见。其次,由于他们与本群体的主流文化规范不太相容,可能受到大多数人的排斥,结果给研究者进入该文化群体造成困难。该群体的大多数成员可能认为研究者与这些"边缘人"是"一伙的",因此而不愿与他们来往。再次,由于与外边来的研究者接触比较多,这些"信息提供者"学会了一些学术界的术语(或者他们认为是研究者所属学术界的术语)。因此,他们可能用这些听起来"堂而皇之"的语言对自己的文化作理性分析,按照自己对"研究"的理解将本地人的日常经验进行过滤。结果,他们不仅为研究者的分析工作越俎代庖,而且给研究者的理解带入很多他们自己的"倾见"(或"偏见"),对"无知的"研究者产生"误导"。因此,研究者在寻找访谈对象时,不仅要考虑到他们是否有可能为自己提供宝贵的信息,还要考虑到他们在本文化群体中的地位以及他们的交往方式对研究有可能产生的影响。

三、样本与研究者之间的关系

制约样本类型的另外一个十分重要的因素是研究者与被研究者之间的关系,比如是局内人还是局外人、熟人还是陌生人、隐蔽关系还是公开关系等(有关研究关系的详细讨论,参见第八章)。如果研究者本人具有双重身份,即:既是一名研究人员(或者是在职学生),同时又在一个单位正式工作,那么最好不要选择自己的工作单位或单位里的同事作为研究的样本。自己在工作单位上难免与别人(特别是领导)有各种各样的利害关系,很难在各种利益的制衡中进行相对"客观"的研究。此外,本单位的研究对象也可能对研究者心存顾虑,不知道自己提供的信息是否将来会给自己或自己认识的人带来伤害,因此不愿意与研究者深谈,特别是涉及敏感性话题时。

比如,我的一位学生在北京大学攻读在职研究生的同时在一所医院里担任领导工作,她想利用自己工作之便对本院护士的职业观念进行一些深度访谈。虽然她花费了很多时间和精力寻找研究对象,结果她发现很多护士都不愿意参加此项目。这些护士的"托词"大都是"工作太忙"、"要回家照顾孩子"、"没有什么好说的",但是她可以明显地感到,由于自己是医院的领导,对这些护士的切身利益有一定的控制权,因此她们都不愿意将自己的心里话告诉她。

上面我们对质的研究中抽样的基本原则、具体策略以及制约抽样的一些因素进行了一个简单的评介。质的研究中的抽样遵循的是"非概率抽样"的原则,不完全遵守量的研究中的抽样规则和程序,也不强调将其研究结果"推论"到抽样整体。上面介绍的所有抽样策略都建立在"目的性抽样"的原则之上,制约抽样的因素也与研究的其他部分密切相关。因此,质的研究中的抽样与其说是一个"规则"的问题,不如说是一个"关系"的问题。不论我们的研究范围有多大(或多小)、不论我们的研究问题有多么宏观(或微观),抽样必须考虑到研究的目的、研究者所具备的条件、样本与研究者之间的关系等这类关系性的问题。从根本上说,质的研究是一种关于"关系"的研究,任何选择或衡量标准都必须放到一定的关系中加以考量。

第七章 研究者个人因素对研究的影响

——我 是 谁?

在选择了研究的问题和研究的对象以后(其实也包括以前和其中),研究者必须仔细反省自己的个人因素将对研究产生什么样的影响。本书将"研究者的个人因素"分成两个部分:1)研究者的个人身份,如性别、年龄、社会地位、受教育程度、性格特点、形象整饰等;2)研究者的个人倾向,如研究者从事研究的目的、研究者的角色意识、研究者看问题的视角、研究者对自己生活经历的体验和评价等。下面我分别对研究者个人因素在研究中的重要性以及这两类因素在研究中发挥的具体作用进行一个简要的讨论。

第一节 讨论研究者个人因素的重要性

与自然科学不同,社会科学主要是人对"人"(或者说包括人在内的社会现象)的研究,认识的"主体"和"客体"(或者说两个"主体")双方都是有意识的人①。即使是对没有"人"或者不以"人"为主要对象的社会现象进行研究时,也涉及到研究者个人对社会现象的概念化过滤。正如韦伯所言,社会"事实"(fact)不能凭借"让事实本身来说话"这种方法而被人所理解,社会事实并非像"事物"(thing)那样凭自身的权力而存在,宛如海滩上的卵石那样等待着被人来拣拾。什么东西算做社会现实,这在很大程度上取决于我们用来打量世界的精神眼镜(帕金,1987:26—27)。

社会科学中质的研究不仅把人当成有意识的研究对象,把社会事实作为研究者选择或构造的结果,而且特别强调通过研究者本人与研究对象之间的互动而获得对研究对象的理解。因此,研究者个人在从事研究时所反

---

① 其实,即使是自然科学也需要科学家个人的想像力和创造力,科学研究很少像局外人所想像的那样按照严格的逻辑方法按部就班地进行,它往前(或往后)的每一步都是人为的行动,其中人的个性和文化传统都会发挥十分重要的作用(Burgess,1982)。普利高金(Prigogine)和斯登杰斯(Stengers)在《新同盟》(La nouvelle alliance)一书中倡导"世界的复魅"就是要打破人与自然之间人为的界限,看到人在科学研究活动中的价值涉入和概念化作用(华勒斯坦等,1997:81)。

映出来的主体意识对研究的设计、实施和结果都会产生十分重要的影响。对研究者的主体性进行反省不仅可以使研究者更加"客观"地审视自己的"主观性",了解"主体"和"客体"之间的"主体间性",而且可以为研究结果的可靠性提供一定的评价标准和"事实"依据。如果对自己的个人因素不进行反省,我们不仅有可能对这些因素所产生的影响毫无察觉,而且舍弃了一个重要的为研究提供假设、灵感和效度检验的源泉。

对研究者的个人因素进行探讨在质的研究中非常重要,这是因为在这种研究中研究者本人是一个"研究工具",而"研究工具"的灵敏度、精确度和严谨程度对研究的质量至关重要。作为一个人化了的(而不是机器类的)"研究工具",我们通常将自己个人的"经验性知识"和"科学知识"结合起来运用,我们的个人生活与职业生涯之间并没有一道不可逾越的鸿沟。我们的每一个看法都来自一定的角度,而这一角度的形成是与我们个人的生活经历和思想观念分不开的。我们个人的"前设"和"倾见"是使我们成为现在的"我"的关键,我们个人的看法和生活经历构成了自己现在所拥有的研究能力,并且决定了我们向世界的某一个方面开放自我(Bernstein,1984:123—128)。因此,在从事研究时,我们必须对自己的个人因素及其与研究对象之间的互动进行反省和审视。只有这样,我们才有可能比较"客观地"看待自己的"主观意向",使自己的"主观性"获得一种比较"客观"、严谨、自律的品质(disciplined subjectivity)(Wolcott,1990)。

虽然研究者的很多个人因素会对研究产生这样或那样的影响,但是这些因素及其产生的影响并不是固定不变的。在不同的时空环境下、在与被研究者互动的过程中,研究者的个人因素可能会发生不同程度的变化,新的因素可能出现,旧的因素可能过时,在某类情境下发生作用的因素在其他场合可能不发生作用。研究者的个人因素与研究本身的关系也不是一个一一对应的因果关系,经常涉及到其他更加复杂、间接和迂回的关系,如时间顺序、事件序列、共生共存、相关联想等。因此,我们在对自己的个人因素进行探讨时,应该采取一种动态的、多侧面的、相互关联的态度。与此同时,我们还应该注意到,在实际研究过程中这些因素不是孤立地、单独地发生作用的。在大多数情况下,它们之间相互交织,共同对研究产生影响。我在此对它们分别进行讨论,只是为了论述和理解上的方便。

第二节 研究者个人身份对研究的影响

研究者的个人身份包括研究者本人与研究现象有关的个人特征,如性别、年龄、社会地位、受教育程度、性格特点和形象整饰等。下面我结合有关的文献以及自己从事研究的体会对这些特征分别进行讨论。

一、性别

"性别"不仅仅指人的生理特征,而且更主要的是指由这些生理特征而带来的心理倾向和性别角色意识,它包括人在社会化过程中习得的已经内化的价值观念和外显的行为规范。以往很多质的研究都表明,研究者的性别对研究的各个方面都可能产生十分重要的影响(Olesen,1994)。比如说,研究者往往对那些与自己的性别关系比较密切的社会现象比较关注,男性研究者通常对宏观的政治制度和社会问题比较热衷,而女性研究者则对人的平等、女性解放和人的情感生活比较敏感。综观本世纪有关西方女性主义的研究,虽然也有男人的参与,但是大部分倡导者和参加者都是女性(Harding,1987)。在我加入的一个有关女性教育平等的世界性网络组织中,几乎百分之九十五以上的成员都是妇女①。我认为,之所以会出现这种情况,是因为人们一般对与自己利益相关的问题比较关切,而性别对个人的社会身份和角色意识都具有至关重要的意义。

性别不仅影响到研究者如何选题,而且对研究的具体操作也有一定的影响。有研究表明,在实际操作中女性一般比男性更加适合做个人访谈(Weiss,1994:140)。就像在日常生活中不论是男人还是女人都愿意找一位女人倾诉心曲一样,在访谈中女研究员往往更加容易让对方感到亲切、自如和安全。在当前男人占据统治地位的社会里,女人通常被认为比较软弱,不具有男人所特有的竞争力和权力。因此,女研究人员在这方面的"优势"往往使被研究者感到比较轻松,不必担心自己的地位或脸面受到威胁。除此之外,大部分女性一般比男性心细,更适合做细致、深入的访谈工作。

从研究者与被研究者之间的互动关系来看,双方性别方面的异同也会对研究产生一定的影响(Seidman,1991:78—79)。一般来说,同性关系可能使双方产生一种认同感,先入为主地认为彼此共同享有某些身心方面的共同之处。比如,如果两位女性在一起谈"做女人"的艰辛,她们之间的共同语言可能就会比两位异性之间要多得多。而如果两位男性在一起谈体育运动或汽车款式方面的话题,他们之间的谈话可能也会比两位异性之间要投

---

① 当然,这些人对研究问题的选择除了受到性别方面的影响以外,还可能受到其他多种因素的影响。当分析每一个具体的研究情境时,我们都应该考虑到其他的可能性因素,如个人的兴趣、受教育程度、生长环境等。以下对性别(以及其他个人身份特征)的讨论都涉及到多因素相互作用的问题。由于每一节只涉及一个方面的问题,因此讨论可能会显得比较片面。但是,我希望读者始终记住,当我在对一个方面进行讨论时,并没有忘记其他可能性因素的存在。对一个方面着重进行讨论是为了突出这方面的问题,是为了说明当其他因素都相等时(假设这是可能的话),这个因素会发挥什么样的特殊作用。

机得多。但是,有时候双方性别相同也可能给研究带来不良的影响,特别是当他们的社会经济地位比较相近时。两位女性也许会暗中对比双方的相貌和衣着,而两位男性可能会相互攀比各自的职位和才智。由于受到这类竞争心理的干扰,交往双方可能较难将自己的注意力集中到研究的问题上,在谈话时不能完全坦诚地向对方吐露心迹。

如果研究者和被研究者的性别不同,研究的关系和结果也有可能受到影响。在男性占主导地位的社会里,如果研究者是男性,他往往倾向于控制谈话的方向、主题和风格。而女被访者由于受到性别社会化的影响,很可能被男性研究者牵着鼻子走。即使她可能对这种谈话方式不满意,也没有胆量向对方提出质疑或主动发问。同理,如果研究者是女性,她有可能缺乏自信,在访谈时不敢或难以控制谈话的走向。而男受访者则可能对女研究人员有意无意地表示出某种轻视,认为对方没有足够的能力或"资格"向自己"刨根问底"。不过,当女研究人员从城市到农村或者从"发达"国家到"落后"地区去作研究时,当地不论男女老少都可能把她们看成"女强人"。他们认为,这些女人在很多方面比本地的女人要"强",可以享受与职业男人一样的地位。在他们眼里,这些女人好像属于一个不同的性别类别,一种"中性人",或者是一个"假男人",不在当地人意义中的"女人"之列(Hammersley & Atkinson,1983:84—85)。

女研究人员一方面可能在相对"落后"的地区获得一种较高的社会地位,但另一方面也可能因为自己的性别而受到当地领导的轻视。而如果当地领导对研究者不够重视的话,他们在与研究者合作时便可能浮皮潦草,随便打发一下对方。在我所参与的一项调查中国农村辍学现象的研究中就出现过这种情况。有一次,纯粹出于偶然,我所在的北京大学总课题组派到西北某县的四名成员全部都是女性。当县领导(也属于被研究者之列)看到我们时,头一句话就问:"怎么你们都是女的啊?"后来,在席间谈话时,我可以明显地感到县领导对我们的"怠慢"。他们或者只顾自己闷头吃饭,或者自己之间谈一些我们不知所云的公事。当时我想,如果我们这个组的成员全部是男性,他们是绝对不会感到如此诧异乃至采取这种"无所谓"的态度的。当然,也许县领导对我们不太重视还有其他一些原因,如我们四人中有三人年纪都比较轻,我们都来自高等院校,看上去对农村的情况不太了解,等等。但是,现在回想起来,我总的感觉仍旧是:即使性别不是惟一的原因,起码也是一个十分重要的原因。

如果研究者和被研究者属于不同的性别,双方还可能受到相互性方面的吸引或排斥。作为研究者,如果我们感到对方对自己有吸引力,可能有意无意地给对方以特别的注意,对对方的动作表情和情感变化格外敏感。而如果对方对我们有性方面的拒斥力,我们则可能在生理上和情感上排斥对方,不给予对方应该享有的注意程度。同理,如果被研究者受到了我们的吸引,也有可能有意无意地设法讨好我们,故意说一些迎合我们心思的话,提供一些他们认为我们希望得到的信息。而如果被研究者在心理上排斥我们,有可能不愿意向我们谈自己的事情,特别是当这些事情与自己的个人隐私或男女关系有关时。

因此,如果我们发现自己已经被对方吸引,应该立刻设法排除这种心理。如果没有办法排除,则应该立刻停止与对方的研究关系,考虑如何进一步处理自己的感情。而如果我们发现对方有这样的意思,也应该立刻停止与对方的研究关系。那种为了与对方保持友好关系而继续进行研究,或者为了获得自己需要的信息而利用对方的情感的行为,都是违背研究中的伦理道德原则的。我们如果不设法趁早撤出,最终将陷入窘境而不可自拔,而这种后果不论是对我们研究者还是对被研究者都是十分不利的。虽然,我个人认为,作为研究者,我们的学术生涯与个人生活之间存在着密切的关系,但是这并不意味着我们可以利用自己的性别优势来获得研究所需要的信息,或者利用自己研究者的"权势"与被研究者建立恋爱关系。性吸引会使研究关系变得十分复杂,使我们失去清醒的头脑和判断事物的能力,同时也会使被研究者产生非分之想。因此,当这种情况发生时,我们应该弄清楚是什么使自己被对方吸引或吸引了对方,然后采取一定的办法处理这种感情。

与此同时,我们也应该承认在研究关系中确实存在性吸引这一现象。异性之间如果相处和谐,便很容易彼此产生好感——这是一件十分正常的事情。更何况在质的研究中,研究者与被研究者在个人层面有比较多的接触,研究者一般对被研究者都表现出尊重和信任,而且研究的内容通常涉及到被研究者的内心世界,因此被研究者特别容易对研究者产生好感。我们应该对这种现象有所意识,并且认识到这种现象有可能对研究产生的影响。如果我们一味地否认这种现象的存在,自欺欺人或佯装不知,那么我们的研究结果的可靠性便值得怀疑。无论如何,研究不是在真空中进行的,而是由有性别、有情感的人在真实的生活世界中进行的一种交流。因此,任何脱离人性情感的研究其"真实性"都是值得进一步探究的。

二、年龄

"年龄"在这里指的不仅仅是人的生理发育程度,而且包括与年龄有关的人生阅历和生活经验、社会上一般人对年龄的看法以及年龄带给人的象征意义。在质的研究中,研究者的年龄也会对研究的实施和结果产生一定的影响。一般来说,在实地从事长期追踪调查的研究者多半是年轻人(Hammersley & Atkinson,1983:87)。这一方面是因为他们有比较多的时间和精力,作这种类型的研究有比较好的条件保证;另一方面是因为他们的适应性比较强,比较容易与被研究者群体打成一片,特别是当被研究者不属于社会规范允许的范围之内时,如流氓集团、犯罪团伙、同性恋俱乐部等。

从选题上来看,研究者的年龄也是一个影响因素。一般来说,年轻的研究者往往对青少年的问题比较关注;而老年人则对一些有关人生晚年生活的问题比较感兴趣。比如,在质的研究中,很多有关青少年亚文化方面的研究都是由年轻研究者完成的;而有关退休、养老、死亡方面的问题往往是老年研究者关注的范畴。这是因为研究者随着自己年龄的增长,其兴趣和爱好相应也有所变化。此外,如果研究者与被研究者的年龄相仿,相互之间的共同语言也会多一些,在从事追踪调查(特别是隐蔽型)时也会相对方便一些。

在实际操作中,研究者和被研究者之间年龄的差异也可能给研究带来一些影响。年长的研究对象有时不太愿意接受年轻研究者的采访,因为他们觉得年轻人生活阅历太浅,"乳臭未干",不可能理解自己所受的人生磨难。而年长的研究者在调查年轻的研究对象时有可能采取一种居高临下的态度,试图(甚至是无意地)运用自己在年龄(及其社会地位和权力)上的优势对对方施加影响。在这种情况下,受访的年轻人可能对年长者所拥有的操纵能力没有察觉,因此而受到对方的误导,提供一些对方希望知道的(但不一定是"准确的")信息。在一些年龄受到特别尊重的社会里(如中国),这种情况尤其普遍。当然,在现代社会里,年长者的这种态度和做法有可能引起一些年轻人的反感,因此而拒绝坦率地回答他们提出的问题。

有时候,研究者与被研究者之间年龄相差太大也可能给研究带来一定的困难。如果研究者计划对实地进行隐蔽式参与型观察,年龄便成为一个十分重要的影响因素。比如,如果一位六十多岁的研究人员到一所中学的课堂上进行隐蔽式参与型观察便不太合适,因为无论他如何打扮也没法变成一位中学生。而一位二十多岁的研究者不暴露自己的身份到一个敬老院去作参与性观察也很麻烦,因为他年轻的长相会立刻受到门卫的质询。在这种情况下,研究者应该改变研究方法,将隐蔽型改为公开型,或者改变研究的问题,选择适合自己年龄段的社会现象进行研究。

三、文化背景与种族

研究者的文化背景与种族对质的研究的进程和结果也会产生一定的影响。通常,双方代表的不仅仅是他们个人,而且还代表了各自的国家和民族。如果研究者相对被研究者来说处于比较"先进"、"发达"的社会经济形态,前者可能会比后者受到更多的尊重和重视。

如果研究者与被研究者双方的文化或种族处于敌对状态,研究者所面临的困难就不仅仅是尊重与否或多少的问题了。双方国家有可能处于一种政治上的紧张状态,特别是当其中一个文化或种族在历史上曾经(或现在仍旧)受到另外一个文化或种族的压迫时。如在美国,如果一位白人研究者计划对黑人的情况进行研究的话,他/她必须特别地小心谨慎。他/她必须意识到自己的民族在历史上曾经对黑人施行过暴虐,这种压迫给黑人民族带来了政治上和情感上的伤害(Keiser,1970)。因此,作为白人的代表,他/她应该与对方坦诚相待,表达自己对对方真正的尊重、信任和兴趣。而如果一位黑人计划对白人进行研究,他/她也要考虑到种族差异方面的问题。他/她应该表现得不卑不亢,注意不要把自己的愤怒或弱者情绪带到研究之中。当然,即使是在白人或黑人内部也存在着不同的社会阶层和性别差异,种族不是一个单独发生作用的因素。当既来自不同种族又具有不同的社会经济地位或性别的研究者和被研究者相遇时,他们之间的关系会变得更加复杂。

研究者的文化如果与被研究者的文化十分不同,而研究者对这种差异程度又没有足够意识的话,双方的关系也有可能出现障碍。我记得在美国学习时,曾经有一位美国白人同学与我访谈。她访谈的题目是"中国文化",而她给我的时间只有一个小时。当我听完她对访谈计划的介绍后,一股怒火从心中冲腾而起:"难道你以为我们中国五千年的文化可以在一个小时内就说完吗? 难道你以为我们坐在这里说就可以了解中国这样一个如此博大精深的文化吗?"当时,我对这位美国同学的"企图"感到十分气愤,结果在整个访谈过程中都带有这种敌对情绪,不愿意很好地与她合作。

四、社会地位与受教育程度

研究者与被研究者的相对社会地位以及受教育的程度对研究的关系也有着至关重要的影响。如果研究者的地位比对方高,对方可能感到诚惶诚恐,不知道自己是否能够达到研究者对自己的预期,自己所提供的信息是否对研究者有"用"。例如,当我在中国农村的一些贫困地区向辍学儿童的家长们进行访谈时,我可以明显地感到他们对访谈都十分重视。他们大都穿戴得非常整齐,衣服是崭新的,头发仔细地梳理过,说话时注意挑选比较正规的词语,面部表情也显得比较紧张。

如果研究者比被研究者的社会地位要低,研究者则有可能感到力不从心,在对方面前感到紧张,担心自己是否可以在这位"权威"面前扮演"研究者"这一角色。例如,我的一位同事曾经就大学课程设置问题对一位中科院院士进行访谈。过后他告诉我,他当时是如此地紧张,以至于在整个访谈的过程中一直不敢插话。尽管他有很多问题希望进一步澄清,但是因为担心自己的问话"不合时宜"或"不够专业",他一直没有向这位院士提问题,只是听对方滔滔不绝地谈了一个多小时。

研究者与被研究者之间这种不对称的关系还可以反映在上下级关系之中。如果研究者是被研究者的直接上级，后者可能因害怕自己平时与前者的关系受到影响，而选择回避一些敏感性话题（Seidman，1991）。例如，如果一位老师对一些平时学习成绩比较差、但考试时却得了高分的学生进行调查，这些学生很可能不愿意告诉老师自己在考试时舞弊的行为。由于老师对他们的行为评定有很大的权力，他们不愿意自己在老师的头脑中留下一个"不诚实"的印象，更不希望受到校方的惩罚。而如果研究者是被研究者的直接下级，研究者也可能难以得到"真实"的信息。例如，如果一位老师向自己学校的校长了解学校的财政收支情况，他/她很可能难以如愿。校长可能碍于面子不告诉他/她学校的一些丑闻，而他/她也因为与校长有直接利益关系而不敢对有关的问题穷追不舍。

在有些情况下，被研究者可能认为研究者是"上级"派来的，代表了"上级"的旨意，因此有意投合研究者，故意报喜不报忧，或者害怕研究者给他们带来厄运。当我随北京大学重读辍学问题调查组下乡时，就经常遇到这种情况。由于所到之处都有各级领导陪同，各类下级人员都以为我们是"上级"政府派来了解情况的（或者是检查工作的）。尽管我们一再申明自己是来从事"研究"的，与他们的"上级"毫无关系，但是学校领导向我们报告的重读辍学率总是大大低于我们观察到的实际情况。当我访谈辍学生时，他们大多数人看上去都非常紧张不安，特别是当我身边有学校或乡里的领导陪同时。不少孩子在访谈时都哭了，当我问他们原因时，有的回答说是因为失学伤心，但不少孩子承认是因为"害怕"。他们一方面因辍学而害怕有关领导批评他们，而另一方面也害怕我这个从"京城"里来的、不知有什么"背景"的"专家"，不知道我对他们的命运将形成什么样的威胁。

如果研究者与被研究者双方地位相等（特别是处在同一工作领域时），双方则有可能受到竞争心理的干扰。比如，威斯（R.Weiss，1994：138）发现自己在采访资历比他高或低的人时都比较容易对付，因为他只要注意最基本的作为访谈者所需要的品质就行了，比如尊敬对方、不卑不亢、谦和有礼等。但是，如果他去访谈一位与他处于同一研究领域而且事业上非常成功的同行时，他往往觉得非常困难。他发现自己常常不自觉地提到自己在该领域所作出的各种贡献以及自己目前享有的各种学术头衔，好像要以此来建立自己作为一名"合格的研究者"的地位似的。

尽管上面的讨论似乎试图说明，研究者应该想办法使自己与被研究者在地位上"平等"，但实际上研究这项工作本身就是一个不平等的关系。研究者通常来自有产阶级，有高深的学问和耀眼的头衔作为后盾，而被研究者的社会经济地位往往比较低下，因为他们那里存在"问题"才需要到那里去进行"研究"。研究过后，研究者通常可以从研究的结果中获得一定的利益,如发表文章,晋升职称等;而被研究者则可能一无所获。有的被研究者可能会从研究的过程中获得一种被尊重或被理解的感觉,但是在很多情况下,他们参加研究主要是出于好心帮助研究者完成任务。因此,我们对研究者角色的反省不能仅仅停留在个人心理的层面,而应该扩大到对整个学术群体和学术制度的反思(布迪厄,华康德,1998)。有学者认为,在有的情况下,研究者与其追求“平等”,不如承认不平等,以帮助者或被帮助者的姿态与被研究者交往,这样的结果往往比“平等”更好(高一虹,1998:10)。我非常同意这个观点,而且也有切身体会。既然“客观现实”就是不平等的,如果研究者刻意地追求“平等”,可能不仅不会拉近自己与对方的距离,反而容易给对方造成一种“虚伪”、“假天真”或“过于天真”的感觉。研究者本人应该对自己实际拥有的不平等地位有所意识,坦率地承认和面对这种不平等,用自己的坦诚而不是“姿态”来赢得对方的信任。

正是因为存在不平等关系,“研究”这一形式本身对有的被研究者并不适合。那些较少受到正规学校教育的人一般不太习惯于访谈这种人为的形式,不善于长篇大论地谈论自己的想法和感受。因此,这些人在研究过程中大都感到不舒服,不知道如何与研究者合作。在这种情况下,研究者应该意识到自己与研究对象在社会地位和知识水平方面的差别,尽量给对方空间和时间,让他们决定研究的地点、时间以及具体进行研究的方式。研究者应该尽量争取在自然环境下与他们接触,和他们一起做事,请他们用自己的语言描述生活中发生的事情。

五、个性特点与形象整饰

由于研究者是一个研究“工具”,这个“工具”的内部心理结构和外部表现方式在质的研究中也具有十分重要的功能。一般来说,质的研究对研究者本人有比较高的要求,“质的研究的好坏取决于调查者的好坏”(Morse,1994:225—226)。例如,威克斯(R.Wax,1971)认为,质的研究者除了需要掌握特定的技能以外,还特别需要有耐心和智慧,思维要灵活机智,善于获得对方的信任,并且愿意使自己在对方眼里看起来像一个“傻瓜”;研究者既要有坚忍不拔的毅力,办事认真负责、一丝不苟,但同时又要有想像力,注意捕捉自己的直觉和灵感;既可以容忍不确定性和含糊性,又不因遇到困难而过分沮丧或急躁,匆匆做出结论。在收集资料时,研究者应该反应敏捷,善于抓住有关线索及其隐含的意义;在分析资料时,他/她应该不仅对社会科学的有关理论十分熟悉,而且注意自下而上使用归纳的方法对资料进行分析;在写作的时候,他/她应该能够清楚地表达自己的看法,写作的风格朴实、清楚、生动。依黎(M.Ely)等人(1991:132—136)也认为,具有下述性格特征的人特别适合从事质的研究:思维和行动敏捷灵活、有幽默感、可以容忍事物的模糊性、具有共情的能力、接受自己的情感反应。我的一位学生在完成自己一个学期的研究项目以后,在研究报告中写道:"我深深地感到,一名合格的质的研究者应该有一个'简单无知'的大脑和一颗'好奇'的心。"另外一位学生也深有同感:"我认为质的研究对研究者的要求比较高,一个合格的质的研究者必须具有广博的知识、丰富的阅历、宏大的胸襟、公正的态度、高尚的品格,能够尊重并理解别人,不仅具有严谨认真的态度,还必须对人生有深刻的理解。"沃克特(1995:237)则从反面提出了质的研究对研究者的要求,他认为如下这些人不适合作质的研究:有权力欲望的人、企望仰仗自己的专业知识而高人一筹的人、希望对他们所接触的事情了如指掌的人、喜欢控制别人的人。一般来说,如果研究者为人谦和、善于倾听对方,对方会感到比较亲切、轻松,乐意与研究者合作。而如果研究者喜欢一个人夸夸其谈,在对方谈话时不断打断对方,对方则很可能对研究者产生反感,不主动与研究者配合。如果研究者不仅谦恭有礼,而且性格开朗,主动与对方分享自己的情感感受,双方会比较容易建立起友好的关系。而如果研究者不善搭讪,交谈时缺乏随机应变的能力,对方可能会感到紧张,不知如何与研究者交往。

研究者的性格不仅会影响到研究的质量,而且对研究者选择课题也有一定的影响。马克斯威尔(1996:30)曾经谈到,他之所以二十多年来对"文化差异"这一问题如此感兴趣就与自己的性格有关。他从小就比较害羞,习惯于一个人独处,不善于同家人和同伴相处。由于他总觉得自己与别人不同,一直希望能够找到一个既不需要改变自己的性格又可以与别人和睦相处的方式。结果,他发现在学术上对"文化差异"方面的问题进行探讨可以为自己找到一条出路。因此,他对"文化差异"问题进行了比较深入的研究,决心致力于寻找一条不是为了认同而是通过相互帮助而使不同文化的人们和平共处的方式。他的亲身经历验证了密尔斯(C. Mills)四十年前说过的一句话(1959:196):"学问既是一个人的职业选择,也是一个人生活方式的选择。"

除了性格,有时候研究者的形象整饰也可能对研究的关系产生影响。如果研究者的发型、衣着和形体动作与所研究的文化群体和具体情境格格不入,被研究者可能很难在心理上接受对方。比如,如果一位男研究人员穿着警服去了解街头流氓集团的亚文化,该集团成员不但不会与他合作,而且还会避而远之。而如果一位生长于大城市的女研究人员打扮得花枝招展、披金戴银地到一个贫困山区去调查当地的扶贫情况,当地的山民也可能对她如此不合时宜的穿着产生反感。在通常情况下,研究者的形象整饰会在一定程度上向被研究者传递一种信息,即表明自己希望与当地某一类人认同(Bogdan & Biklen,1982:130)。假设一位男研究人员到一所学校去做研究工作,如果他西装革履,言谈举止十分正规,学校里的老师、学生和员工可能认为他是"上面"派来的,与学校的领导有关系。如果他身着夹克衫,谈吐比较随和,学校的老师们可能认为他属于"自己人",愿意和他交谈。而如果他身穿 T 恤和牛仔裤,说话比较"随便",学生们和员工们可能更容易接受他,认为他与自己是"一伙的"。

对"研究者应该以什么形象出现在被研究者面前"这个问题,研究界没有定论,只能视具体情况而定。一个普遍认可的原则是:尽可能与被研究者的期待保持一致,不要让自己的外表形象引起他们过多的注意。如果研究者故意穿得和当地人一模一样,反倒有可能使对方感到奇怪或不舒服。一般来说,当地人并不期待着外来人和他们一模一样;只要研究者尊重他们,对他们表现出真正的兴趣,他们对研究者的不同是可以接受的。因此,研究者应该在尊重自己意愿的基础上,选择符合自己在当地人眼中身份的衣着和行为举止。

第三节　研究者的个人倾向对研究的影响

在质的研究中,研究者不仅对研究有自己的目的和动机,对研究现象有自己的看法和假设,而且在自己的生活经历中通常也可以找到从事该研究的理由。这些因素直接影响到研究各个方面的实施。本书所讨论的"研究者的个人倾向"主要包括四个方面的内容:1)研究者从事研究的目的;2)研究者的角色意识;3)研究者看问题的视角;4)研究者与研究问题有关的个人经历。第一点"研究者从事研究的目的"已经在第五章第三节中有比较详细的讨论,在此省略不赘。

一、研究者的角色意识

"研究者的角色意识"指的是:研究者在研究中对自我形象和功能的设计和塑造。由于不同的研究者在从事研究时希望达到的目的不同,他们在研究中可能采取不同的角色,如"学习者"、"鼓动者"或"研究者"(Glesne & Peshkin,1992:36—37)。而这些角色又与研究者个人所信奉的科学范式有关。

一般来说,信奉建构主义的人大都将自己看成是一名"学习者",研究的主要目的是向当地人学习,了解他们的所作所为和所思所想。研究者应该像一名"学生"那样,谦虚、认真、恭恭敬敬地倾听和观看,而不应该像一名"专家"那样对当地人指手画脚。作为一名"学生",研究者应该主动向当地人表示:自己对他们的生活经验和日常知识非常尊重,自己有浓厚的兴趣希望了解他们。与此同时,作为一名"学习者",研究者还必须设法了解自己的学习风格,从而找到适合自己风格的研究课题以及与此相适应的研究对象和研究情境。

遵从批判理论的人大都将自己看成是社会改革的"鼓动者",他们认为研究的使命就是揭露现实中的不公正现象,唤醒当地人的思想意识,提高他们批判社会、改造社会的能力。"鼓动者"一般都有比较明确的行动纲领,从事研究的目的就是为了解决实际问题。大部分政府机构和财团资助的研究项目都带有这种"实用"的倾向,虽然它们的批判意识不是很强。这些机构通常有自己的价值标准和利益倾向,它们在向研究者提供资助的同时往往附加有一定的条件。当然,真正从事社会批判的研究者与为政府和财团服务的研究者在"鼓动"方面的作用和结果是很不一样的。前者通常与既存的制度和常规作对,而后者则致力于维护现存的利益和权威。

推崇后实证主义的人们心中的自我形象不像建构主义和批判理论者那么复杂。在他们看来,研究者就是"研究者"。研究者在从事研究之前有自己的理论假设,他们的任务就是到实地去了解有关的情况,然后根据自己的研究结果对假设进行证伪。持这种态度的研究者认为,"现实"是客观实在,是不以人的意志为转移的。虽然研究者不可能完全认识"客观现实",但是"客观真理"是存在的。研究者的任务就是通过各种方法对研究对象进行"研究",在修正现有结论的基础上逐步接近"客观真理"。

由于研究者与被研究者处于相互关联、相互定义的关系之中,研究者的身份定位也就决定了被研究者的身份定位。"学习者"认为被研究者是自己的"老师",对方不仅仅是一个个有意识的"主体",而且是掌握了研究所需要的信息的提供者。"老师"对研究的方向和进程起着主导的作用,"学习者"只是跟随着他们,向他们学习。"鼓动者"也认为被研究者是一个个行动着的"主体",但是其作用与其说是提供信息,不如说是参与行动。"鼓动者"通过与"参与者"之间积极、平等的对话逐步唤醒对方的"虚假意识",使对方获得自身解放的能力。"研究者"则把对方看成研究的"对象"或"回答问题的人",他们像舞台上的"演员"一样,其行动受到研究者"客观地"、不带感情色彩的"研究"。对"研究者"来说,"研究对象"的作用比较被动,只能按照对方的思路为研究的问题提供对方所需要的答案(Spradley,1979:25—33)。

从上面的讨论中可以看出,研究者的角色意识不仅对研究的实施方式有一定的影响,而且对研究的结果也会产生重要的作用。一般来说,"学习者"获得的研究结果大都揭示了被研究者自己看待事物和解释事物的方式,其研究报告通常使用被研究者自己的语言,目的在于再现他们的行为习惯和意义建构。"鼓动者"则可能更多地看到研究现象中"不公正"的地方,呼吁对这些现象进行批评和改革,并且提出自己的一些改进建议。"研究者"则从自己的理论框架出发,"中立地"对"客观事实"进行冷静的描述和分析。当然,不同的研究态度是研究者个人的指导思想所致,但是也有人(包括我自己)认为,初学者不宜过早地采用"鼓动者"身份。"鼓动者"的价值倾向太强,不宜于对现存的问题进行"客观"、"中性的"了解。与此同时,"鼓动者"有可能对被研究者采取一种居高临下的态度,认为自己的使命是来改造对方(Glesne & Peshkin,1992:36)。

二、研究者看问题的视角

"研究者看问题的视角"指的是:研究者看待研究问题的角度以及对研究问题的有关看法。作为一个有先在意识的活生生的"人",研究者是不可能对一个课题"开始"进行研究的。事实上,研究者在"开始"研究之前就已经在"进行"研究了(Mills,1959:222),在潜意识中对这一课题已经有了某些"先见"或"前设",而"选择"该课题本身通常与自己看问题的视角有关。比如,我在教授质的研究这门课时,班上好几位研究生都选择"北京大学的研究生为什么报考北京大学"这类题目作为自己的研究课题。作为北京大学的研究生,他们不仅自己对这类问题很感兴趣,而且都有自己的看法和假设。他们认为这些研究生报考北京大学必定有自己的"原因",而且这些"原因"是可以用语言来表达的。

研究者的"前设"不仅会促成自己对某一类课题情有所钟,而且还会对自己的研究设计产生影响。比如,我的一位学生对自己孩子的培养制定了分层次的目标,因此他在设计访谈提纲时,一个主要的问题就是:"您对自己孩子的培养是否有一个理想的目标和最低的目标? 如果理想的目标不能够实现,退而求其次的目标是什么?"结果,他在访谈中发现自己的访谈对象根本就不承认存在一种"退而求其次的目标"。他们或者认为"理想的目标"是一定会实现的,或者认为"理想的目标"本身的定义就比较宽泛,而且是可以随情况的变化而变化的。很显然,这些访谈对象在考虑自己孩子教育问题时的思路与研究者本人不太一样。但是,由于这位研究者自己有一套教育孩子的想法,因此他在访谈时便总想问对方类似的问题。

研究者个人对研究问题的价值判断还有可能影响到自己与被研究者的关系以及对被研究者的态度。假设研究者对触犯法律的犯人在道德上不能接受,认为他们都是"坏人",应该受到法律的制裁,那么,如果研究者到监狱里去调查犯人的生活情况,便很难保持"中立"的立场。在对犯人进行访谈时,研究者有可能采取一种居高临下的态度,对他们颐指气使。在观察时,如果研究者看到年老体弱的犯人受到身强力壮的犯人的"欺负",可能认为这是他们自己"活该",不值得为他们打抱不平。

在研究结果的阐释方面,研究者个人的观念和想法也经常留下一些明显的痕迹。例如,在我所参与的对中国大学生人才素质培养的调查中,我们的课题组内既有教师又有学生。大多数教师研究人员认为,目前的大学生普遍缺乏人生理想和道德责任感,需要在这方面采取措施加以改进;而所有的学生研究人员都认为,老一辈的想法过时了,我们应该倾听学生自己的声音。因此,在访谈材料收集上来以后,大部分教师研究人员认为被调查的大学生没有很好地考虑自己在"德育"素质方面的培养;而学生研究人员则很快抓住了被访学生的观点,发现他们更关心的是自己与人交往和适应社会的能力,是自己的"情商"。

上面的例子似乎说明,研究者看问题的视角以及对研究问题的"前设"似乎大都给研究带来负面的影响。但是,我想指出的是,"看问题的视角"和"前设"都是中性词,它们对研究者的影响可以是负面的,也可以是正面的(蓝永蔚,1999:13)。问题是研究者如何了解自己看问题的视角和前设,观察它们是如何影响自己的研究的,而不是受其影响而茫然不知。对视角和前设的了解和运用影响到研究的质量,我们应该不断地锻炼自己,提高自己这方面的意识。

三、研究者的个人经历

"研究者的个人经历"指的是:研究者自己生活中与研究问题有关的经历以及研究者本人对这些经历的体验和评价。在研究的过程中,研究者需要问自己:"我有哪些与本研究问题有关的生活经历？这些经历与我目前的研究有什么关系？我本人对这些经历有什么情绪和看法？这些情绪和看法可能如何影响此项研究的进行？"上面我们谈到的研究者对研究问题所持有的"前见"和"倾见"往往与他们自己的个人经历有关,这些个人经历不仅影响到他们对特定研究课题的选择,而且影响到他们对自己的职业乃至终身研究方向的选择。比如,人格特质理论的创始人阿尔波特(G. Alport)一生对精神分析理论深感不满,就与他在维也纳与弗洛伊德(S. Freud)的一次会面有关(陈仲庚,张雨新,1987:59—60)。当时他是在从西亚回美国的途中,在维也纳做短暂停留,慕名去拜访弗洛伊德。弗洛伊德把他带到自己的治疗室,坐下以后一言不发。为了打破尴尬,阿尔波特开始叙述自己刚才在电车上遇到的一件事情——一个四岁的小孩特别怕脏,在车上什么地方也不愿意坐,好像有恐怖症似的。他刚刚叙述完这件逸事,弗洛伊德突然以一种治疗师的眼光盯着他说:"这个孩子是否就是你?"这使阿尔波特大吃一惊,感到受到了极大的伤害。从这次个人邂逅中,阿尔波特意识到,"深度"心理学如果挖掘得过深了,有可能对人的实际生存状况忽略不计。于是,他开始了自己对人格特质理论的探讨,强调机能自主的"人"在心理学中的重要作用。

在实际研究中,研究者的个人经历不仅对自己选择研究的课题,而且会对研究的具体实施和结果分析产生一定的影响。研究者往往会将自己有关的个人经历及其感受带入研究之中,将自己的经验与研究对象进行比较和对照。特别是当研究者与被研究者同是"局内人"时,这种情况尤其普遍。由于双方共有相同的文化背景和生活经历,研究者很容易将从自己生活经历中总结出来的价值观念作为检验研究结果的标准。比如,如果中国某大学一位校长计划对其他大学的校长们的决策过程进行研究,他在研究设计和建立理论框架时会十分自然地运用自己在这方面的经验。如果他在决策时经常受到上级部门的干扰,他便会将这一点作为校长们决策时必须考虑的一个重要的因素。在进行研究时,他会着重询问这方面的情况,了解其他的校长们是如何处理与上级领导的关系的。原始资料收集上来以后,他会运用自己这方面的个人经验对资料进行分析,然后将自己个人的体会与有关的文献结合起来对结果进行进一步的概括和理论抽象。

除了与研究有关的过去的生活经历以外,研究者在研究过程中的个人经历也会影响到研究的进行以及对研究结果的解释和评价。如果研究者在研究过程中感觉比较愉快,与研究对象相处得比较和睦,便很容易对研究的结果持褒扬的态度;否则,则有可能对研究的对象持比较苛刻的评价标准。比如,派司金在对美国三个学区进行研究时,由于自己在这些学区有不同的个人经历,结果他对这些学区的评价很不一样,写出来的研究报告也迥然各异(Glesne & Peshkin,1992:104—106)。在第一个项目中,他研究的是一个乡村学区。在那里他受到了当地人热情的接待,他非常喜欢这个学区,因此在研究报告中竭力强调保存学区的重要性。在第二个项目中,他研究的是一个基督教学校,该学校不认可犹太教的教义。作为一个犹太人,他在那里的十八个月中一直感到十分孤立。因此,他对这个学区的描述就充满了不满和怨恨的情绪。在第三个项目中,他研究的是一个由多种族、多文化人群组成的城市学区。由于吸取了前两次项目的教训,他在这次研究中对自己的个人身份进行了深刻的反省,列出了自己六个不同的与该研究项目有关的自我身份:1)种族保持的"我",认可自己作为犹太人的价值观念和行为方式;2)学区保持的"我",赞同学区团结和学区成员之间的交流;3)文化融合的"我",愿意与其他民族和文化相互交融;4)寻求正义的"我",试图纠正邻近富裕学区对该贫困学区的偏见;5)教学改进的"我",希望改革学校低质量的教学;6)非研究的、人性的"我",感谢学区人民对自己的欢迎,对学区的建设表示关心。由于对自己的"主观性"进行了比较"客观"的反省,他在这个学区进行研究时对自己的情感和思想有了更加自觉的调控,他的研究报告也比较"客观"地对现实情况进行了描述。

综上所述,研究者的个人因素不仅会对研究产生一定的影响,而且可以为研究者提供丰富的信息以及检验结果的依据。研究者不仅应该对自己的个人特征和思维倾向保持足够的警惕,而且也可以在研究过程中利用它们为自己的研究服务。正如斯特劳斯(1987:11)在下面这个双关语中所说的:"挖掘/注意(mind)你自己的经历吧,那里可能有金子!"无论如何,质的研究是对社会现象的认识,而对社会现象的认识主要是对人的认识,而"对人的认识,本质上是一种自我认识"(景天魁,1993:230)。

第八章　研究关系对研究的影响

——我与被研究者是什么关系？

　　质的研究不仅受到研究者个人因素的影响,而且也在很大程度上受到研究者与被研究者之间关系的影响。质的研究中所说的"研究关系"主要包括研究者与被研究者之间的相互角色以及双方在研究过程中的互动方式。这些关系可以从很多不同的层面来进行探讨,比如群体隶属关系、亲疏关系、局内人与局外人关系等。

　　质的研究认为对研究关系进行反省至关重要,这是因为研究不是在一个"客观的"真空环境中进行的。研究者在从事一项研究的时候必然与研究对象之间存在着一定的关系,而这些关系对研究的进程和结果都有着十分重要的意义。在质的研究中,研究的问题和方法都是在研究者与被研究者的关系中协商和演化出来的,对研究结果的判断也依赖于双方互动的方式。研究关系的定位和变化不仅决定了双方如何看待对方,而且还影响到双方如何看待自己以及如何看待研究本身。

　　在质的研究内部,持不同科学范式的研究者对研究关系的看法存在一定的差异。信奉后实证主义的研究者大都认为,被研究者的思想和行为是客观存在,研究者"主体"与被研究者"客体"之间处于相对分离的状态,研究者可以通过一定的研究手段获得有关对方的信息。因此,研究者在对研究关系(包括研究者自己的个人因素)进行反省以后,应该将其"括"起来,在与被研究者互动时努力控制自己对对方的影响,设法将这些影响中的不利因素排除出去。而持建构主义范式的研究者则认为,所谓的"客观现实"是研究者与被研究者之间互动的产物,研究者对被研究者的理解是一种当时当地的现实建构,是双方知识和意义的共振和融合(Schwandt,1994)。视觉生理学中有关双眼视觉的原理可以直观地说明这个道理。人的双眼在相互配合观察物体时比单眼能够更好地分辨物体的边缘与周围环境之间的反差,而且只有运用两只眼睛才可以形成关于深度的信息(贝特生,1979)。研究者和被研究者的视角就像是人的两只眼睛,他们彼此的理解就是双方"视域"的融合。因此,研究者应该做的不是努力将研究关系中的影响因素排除出去,而是应该在充分反省自己角色的基础上积极地利用这些因素。

在研究的过程中,研究者与被研究者双方可能同时或在不同的时刻拥有不同的角色或多重角色,这些角色的内容也可能因情境的变化而有所变化。不同的角色可能导致双方不同的互动方式,多重角色也可能使双方互动的方式变得更加复杂。本章主要讨论质的研究关系中研究者相对被研究者来说是"局内人"还是"局外人"这一角色问题。这个问题一直是质的研究者们讨论的一个热点,在研究关系中占有十分重要的地位。

第一节 "局内人"与"局外人"

"局内人"指的是那些与研究对象同属于一个文化群体的人,他们享有共同的(或者比较类似的)价值观念、生活习惯、行为方式或生活经历,对事物往往有比较一致的看法。"局外人"指的是那些处于某一文化群体之外的人,他们与这个群体没有从属关系,与"局内人"通常有不同的生活体验,只能通过外部观察和倾听来了解"局内人"的行为和想法。"局内人"和"局外人"的区别可以在质的研究者们常用的一些成对的词语中表现出来,如"文化主位的"和"文化客位的","近经验的"和"远经验的","第一人称的"和"第三人称的","现象学的"和"对象化的","认知的"和"行为的",等等(Geertz,1976)。

研究者不论是研究对象的"局内人"还是"局外人",这种角色定位都会对研究的实施和结果产生正负两方面的影响。这些影响与研究者在每一个具体的研究项目中的角色定位本身共生共灭,不可能事先通过某种计算方式而加以排除,也没有统一的、适用于所有研究现象和研究情境的"规律"可循。下面对这两种角色的利弊进行探讨,目的只是表现它们的基本趋向,其具体呈现方式可能因研究的具体情况不同而有所不同。

一、"局内人"的优势和劣势

一般来说,"局内人"由于与研究对象共有同一文化,他们可以比较透彻地理解当地人的思维习惯、行为意义以及情感表达方式。他们在与当地人的对话中比"局外人"更容易进入对方的"期待视界"(董小英,1994),对对方常用的本土概念中的意义也会有更加深刻的理解。对很多事情,被研究者不必进行详细的描述和解释,研究者就能够心领神会。由于自己与当地人有类似的生活体验,"局内人"对当地人情绪的体察可能更加入微,从而比较容易与其产生情感上的共鸣。在构建研究结论时,"局内人"可能比较容易考虑到当地人看事情的视角,注意在尊重对方意见的基础上对研究结果进行解释。比如,如果要对中国云南省傣族地区人民的生活方式进行调查,一位土生土长的女傣族研究人员就会比一位来自北京的女汉族研究人员具有一定的优势。她可以说傣族的语言,她的长相与被研究者比较相似,她穿上傣族服装不会像她的汉族同行那么别扭(也许她平时一直就穿着傣族服装)。而且更重要的是,她可以利用自己的文化观念和生活经历了解被研究者的意义建构和思维方式。同样是看到寺庙里一排排小男孩在读经文,汉族研究员和傣族研究员可能会得出完全不同的解释:前者可能认为这些孩子不去学校上学而跑到寺庙里来念经是"愚昧落后"的表现;而后者则可能认为这是傣族人的文化信念,男孩在寺庙里念经就是"上学"。

然而,研究者和被研究者来自同一文化也可能给研究布下陷阱。正是由于他们共同享有的东西太多,研究者可能失去研究所需要的距离感。研究者可能对自己文化中人们常用的一些语言和行为习以为常,对对方言行中隐含的意义失去敏感。例如,我在对一些中国留学生的跨文化人际交往进行研究时,由于我和他们来自同一文化,自己也是一名在美国的留学生,因此我对他们所说的很多事情都自以为明白了,不再进行深入的追问。在研究的初期,不少留学生告诉我,"在美国人情味比较淡"。我觉得这种说法很容易理解,没有必要再进一步进行追问。直到后来,我的一位美国教授在阅读我的研究报告时问我在中国语言中"'人情'是什么意思"这类问题时,我才明白,对外国人来说这个词语是非常"中国化"的。由于我自己太"中国化"了,结果没有能力站出来看自己的文化,没有向读者(特别是来自异文化的读者)揭示中国人常用的这些"文化主位"概念的含义。

研究者与被研究者共有同一文化不仅有可能使研究者难以看到本文化的特点,而且可能使研究者对被研究者个人的独特之处视而不见。由于他们来自同一文化,研究者很容易对被研究者的言行"想当然",按照自己的方式去理解对方。例如,当我对人们在日常生活中的分类方式进行研究时,我把自己的丈夫当成了一名"被试"。有一天,当他抱怨一个抽屉里杂物太多时,我问他为什么不将这个抽屉里的杂物整理一下,分别放到别的抽屉里去。他两眼瞪得圆溜溜地对我说:"那杂物放到哪里去呢?"很显然,在他的概念里,"杂物"是一个分类的类别。而对我来说,如果这些东西被分别放到其他的抽屉里去,"杂物"这一概念也就不存在了。由于我和他生活在一起,自认为对他的思维方式十分了解,因此没有意识到他对事物有一套与我非常不同的分类方式。

二、"局外人"的优势和劣势

像"局内人"一样,作为"局外人"的研究者在研究过程中也同样具有一定的优势和劣势。首先,"局外人"由于与被研究者分属不同的文化群体,有自己一套不同的价值观念和行为习惯,因此在研究中可以与研究的现象保持一定的距离。正如欣赏一幅油画需要有一定的距离一样,研究者要了解事物的整体状况以及事物之间的联系也需要与事物保持一定的距离。"局外人"由于在心理上和空间上与研究的现象保持了一定的距离,因此往往比"局内人"更加容易看到事物的整体结构和发展脉络。出于文化上的"无知","局外人"可能会对一些"局内人"视为"理所当然"的事情产生好奇,因而产生对这些事情进行深入探究的强烈兴趣。这种自发的探究往往会产生研究者事先无法预料的结果,不仅使研究者而且使被研究者也对自己的行为获得更加深入的理解。假设一位汉族的男研究人员到新疆去作研究,他可能以前从未看到过奶茶,来到新疆以后对这种饮料十分好奇。通过向当地的维吾尔人详细询问制作奶茶的原料和工序以及供应奶茶的场合和作用,他可能比一个当地的研究者对奶茶的发展历史以及奶茶在现代维吾尔人生活中的重要性获得更加透彻的了解。而当地的研究人员可能天天喝奶茶,并不觉得这种饮料有什么特殊的意义,因此也不会将这样一个"无关紧要"的事情当做一个研究课题来进行探究。

研究者作为"局外人"的另外一个优势是可以在研究的过程中利用自己的文化观念来帮助自己理解异文化。由于研究者来自一个不同的文化群体,对事物往往有不同的看法和情感反应,因此他们通常会对在异文化中看到和听到的事情产生与当地人不同(或不尽相同)的解释。如果他们将自己的解释与当地人的解释进行对照,便会产生一种文化差异感;而这种文化差异感不仅可以使他们体会到文化多元的现实状况,而且还可以借助自己原有的解释框架来对当地人的解释进行解释。这种再诠释实际上是研究者与被研究者在意义层面进行的一种积极的对话,是前者对后者的理解之所以可能的基础。例如,美国社会学家怀特(1984)在一项对秘鲁的研究中就提到,他很庆幸自己不会说西班牙语,否则他将无法了解将英语和西班牙语相互翻译时所遇到的困难,因此也就无法理解当地人使用的一些本土概念中所隐含的微妙之处。通过使用英语这一自己熟悉的语言作为参照系,他对西班牙语以及使用这种语言的人和文化获得了比某些"局内人"还要深刻和独特的理解。

正如"局外人"可以利用自己的文化观念来理解异文化一样,"局外人"也可以利用异文化对自己的冲击来加深对自己文化的理解。当研究者面临自己不熟悉的异文化的观念和行为时,很容易将其与自己习惯的文化观念和行为进行并列对照。而在这种对照中,研究者会对自己的文化重新进行审视,从一个新的角度对那些自己平时"日用而不知"的东西进行思考。比如,作为一名中国的留学生,我是在美国对那里的"种族歧视"问题进行了一些研究以后,才突然意识到在中国也存在十分严重的类似的现象,在我所居住的城市里就经常发生歧视农村孩子、从"小地方"来的人、外来人或社会地位低下的人的事情。

除了距离感和文化比较的角度以外，"局外人"研究者还享有一些"局内人"一般没有资格享受的"优惠待遇"。比如说，研究对象对"局外人"往往比对"局内人"更加宽容，他们对"局外人"的外表和行为表现通常不是特别苛刻。"局外人"不必像"局内人"那样严格效仿当地人的行为规范，也不必特别在意当地人怎么看待自己的外表和衣着。如果他们对当地人的语言或行为不太理解，几乎可以随时提问，而且提的问题无论如何"愚蠢"也不会遭到本地人的奚落和耻笑。例如，如果一名中国的研究人员去问一名中国大学生"你们所说的'应试教育'是什么意思"，这个学生可能会觉得这位研究人员怎么如此"无知"，不屑于向对方作详细的解释。而如果一名来自非洲的研究人员问同样的问题，这位学生可能就会十分耐心地向对方进行解释了。因此，"局外人"研究者可以有意识地利用自己这方面的优势，对一些本地人看来习以为常的事情佯装"无知"，对这些事情刨根问底，挖掘其深层的文化意义。

此外，由于"局外人"处于"局"之"外"，他们通常不会像"局内人"那样与被研究对象之间形成比较密切的人际关系或利益纠葛，对"局内"发生的事情也不会如此介意或冲动。由于在心理上保持了一定的距离感，"局外人"在研究时可以保持一种相对"客观"的心态，看待事物时也许会比"局内人"冷静一些，在为研究做结论时也比较容易坚持一种相对"中立"的立场①。

然而，身为"局外人"也有自己的难处。由于没有长期在本地文化中生活浸润的历史，"局外人"很难对当地人的社会结构、行为规则以及社会事件中隐含的微妙意义有深刻的理解。正是由于和当地人总是保持着一定的距离，他们很难体察对方内心复杂的情感感受和深层的意义建构，在与对方对话时缺乏足够的"共通性"。在这里，距离成了一把两刃剑，一个铜板不可分割的两面。它既给研究者带来一定的便利和轻松感，但同时又给他/她带来一些理解上的障碍。比如，如果一名美国学生去访谈一位中国留学生，他/她很可能对对方所说的复杂的人际关系以及诸如"人情"、"民族自尊"之类的词语感到不知所云。而如果一位中国学生去访谈一位美国同学，他/她也可能很难理解对方所说的"自我意识"、"个体主义"等词语的真正含义。

① 在此使用"客观"和"中立"等词语是因为我无法找到更加合适的词语来表达即使在建构主义范式指导下所从事的研究中也不得不看到的"现实"。这里涉及到了在"科学主义"占统治地位的社会科学研究中人类语言贫乏的问题。不过，使用这类词语也有其长处。用"括号"将这些词语"括"起来不但表示我在此使用这些词语的意思与通常人们所使用的有所不同，同时也可以与通常的用法形成对照，从而帮助读者理解我的意图。这也许比使用一个陌生的词语更有作用。

第二节 "内""外"角色与其他维度的关系

"局内人"和"局外人"各自还可以进一步在研究关系中的公开与否、亲疏关系和参与程度等维度上进行分类。这些分类使研究者的"内""外"身份变得更加复杂和丰富,对研究的进程和结果也各有不同的影响。

一、公开与否

首先,"局内人"和"局外人"可以再各自分成"公开的"和"隐蔽的"两种类型。前者指的是被研究的群体知道研究者在对他们进行研究,研究者的身份是公开的;后者指的是被研究者不知道研究者在对自己进行研究,研究者的身份是隐蔽的。假设一位女售货员希望对本商店售货员的服务态度进行一个调查,而且事先取得了商店有关人员的批准,那么她就是一位"公开的局内人"。可是,如果她自己偷偷地在工作时进行这项研究,没有得到有关人员的同意,那她就变成了一名"隐蔽的局内人"。如果从事这项研究的是一位科研单位的研究人员,而且事先获得了商店有关部门的批准,那么她/他就是一位"公开的局外人"。但是,如果她/他不暴露自己的真实身份,偷偷地跑到商店里把自己装扮成一名顾客,那么她/他就变成了一个"隐蔽的局外人"。

有关研究是否应该向被研究者公开的问题,学者们一直是仁者见仁、智者见智。同意不公开的学者认为,人的本性中存在着不向别人袒露自己秘密的特点,因此只有隐蔽地进行研究才有可能得到真实的信息(Douglas,1976)。这种看法在本体论和认识论上代表的是实证主义的观点,认为被研究者是一个固定不变的客观实体,研究者的任务就是去"发现"他们。美国社会学家J.道格拉斯(J.Douglas)等人对裸体海滩的参与型观察就是一个"隐蔽型局内人"的研究(Douglas & Rasmussen,1977)。J.道格拉斯本人把自己装扮成裸体海滩上的一名游客,通过与其他游客聊天来了解他们的想法和感受。而与此同时,他还是附近海滩上一幢别墅的拥有者,而这个别墅拥有者群体对在海滩上设立裸体浴场一直持反对意见。因此,J.道格拉斯本人扮演的是一个双料的、相互冲突的、"隐蔽的局内人"角色。作为一个"局内人",他既是一名裸体游客,又是一个别墅的主人。而对这两个相互冲突的群体来说,他都是一个隐蔽的"研究者"。由于在一个短暂的研究时间内他的"真实"身份没有被暴露,他得以在这两者之间游刃有余、来回穿梭。

与J.道格拉斯等人相反,很多质的研究者都认为研究的意图应该向被研究者公开(Glesne & Peshkin,1992;Maxwell,1996)。他们认为,从伦理的角度看,被研究者有权利了解研究的真实目的和实施计划,然后根据自己的意愿决定是否参加研究。至于这样做是否可以了解到事实的"真相",他们认为,世界上并不存在绝对"客观的真相",被研究者在知道研究计划的情况下向研究者披露的情况就是"真相"。这个世界是一个"真实的世界",每个人对任何他人或任何事物的了解都是在一定的情境下通过社会交往而获得的。被研究者选择向研究者袒露的信息也就是他们此时此地向这一特定交往对象所展现的"真相",被研究者没有一个惟一的、固定不变的"真相",研究者也无法穷尽被研究者的"真相"。被研究者和研究者双方都在不断地变化,他们之间的每一次相遇都受到特定时空的限定,他们的每一次理解都是一次新的建构。因此,研究者不论是"局内人"还是"局外人",都应该向被研究者公开自己的身份。

二、亲疏关系

除了"公开的"和"隐蔽的"身份以外,"局内人"和"局外人"还可以各自按照"熟悉的"和"陌生的"身份进一步分类。前者指的是研究者与被研究者相互认识,在研究之前就已经建立起了一定的关系和交情;后者指的是研究者与被研究者相互不认识,只是在研究中才开始建立联系。比如,如果一位女售货员对自己商店的服务质量进行调查,她就是一位"熟悉的局内人"。但是,如果她跑到另外一家自己不熟悉的商店去进行调查,那她就是一位"陌生的局内人"。如果一位专业研究人员希望对一家商店的服务质量进行调查,而他的妻子就在这家商店工作,商店的很多售货员都认识他,那么他就是一位"熟悉的局外人"。但是,如果他与这个商店的人都不认识,只是通过正式渠道来从事这项研究,那么他就是一名"陌生的局外人"。

在一般情况下,"熟人"参加研究的可能性比"陌生人"要大一些。这是因为前者往往碍于面子或出于好心而接受研究者的要求,而后者则不必如此顾及人情。有的"熟人"不仅很"熟",而且已经成了"朋友",甚至是"亲戚",而为"朋友"和"亲戚"帮忙则被认为是天经地义的事情,不容推脱。此外,如果研究者与被研究者之间是"熟人",研究者会比较容易理解对方。双方可能共同经历过一些生活事件,彼此对对方的个性脾气也有所掌握,因此在对有关事情进行解释时会有比较丰富的背景知识作为支撑。

不过,"熟人"这一角色也可能给研究带来不良的后果。由于双方是"熟人"或"朋友",被研究者可能不愿意将自己的一些个人隐私告诉对方。研究过后双方彼此还会经常见面,如果被研究者将自己的个人隐私暴露给对方,可能会感到十分尴尬。有时候,双方还可能有一些共同的朋友或熟人,被研究者提供的情况可能会涉及到这些人;因此为了避免引起不必要的麻烦,被研究者可能选择向对方隐瞒真情。此外,"熟人"关系还可能使被研究者受到面子观念的影响,为了自己的名声而不愿向研究者暴露真实情况。

从我们日常的观察中可以发现,很多人情愿向陌生人倾诉心曲,也不愿向一位"靠不住的"朋友诉说隐私。这是因为陌生人不会对他们的生活造成威胁,而一位粗心的朋友却有可能给他们的名声带来损害。在这种情况下,作为"局外人"的研究者通常享有一种"局内人"没有的优势,即"陌生人效应"(Goldstein,1987:69)。由于研究者是一个陌生人,被研究者往往更加愿意袒露自己内心的隐私。陌生人来了又走了,不像长期居住在本地的"局内人"那样时刻有可能向彼此都熟悉的人泄露自己的机密。因此,被研究者很可能选择向一位"陌生的局外人"吐露更多的、更加隐秘的信息。

此外,"朋友"之间因为关系亲密,可能很难产生研究所需的距离感。研究者从"朋友"突然变成了"研究者",这其间的角色转换可能过于唐突,使对方难以马上适应。由于双方关系友好,研究者可能难以采取一种严肃认真的态度来对待研究。如果研究者过于严肃,他/她的"朋友"可能会觉得他/她"装模作样"、"假门假式";而如果他/她态度过于随便,又很难保证研究的规范性和有效性。此外,如果研究者对对方的情况过于熟悉,还有可能在收集资料和探询意义方面产生困难。如果他/她坚持追问"朋友"之间常用的一些词语或行为的含义,对方会觉得他/她"明知故问",不予理睬。结果,研究者可能会感到心灰意懒,不得不放弃自己的一些研究计划。

三、参与程度

除了公开与否和亲疏关系以外,"局内人"和"局外人"各自还存在着参与程度上的不同。这种不同呈现为一个连续体,一头是"完全的参与者",另一头是"完全的观察者"(Junker,1960)。比如,如果一位农民在田里一边劳动一边注意了解其他农民的工作强度,那么他就是一位"参与型的局内人"。但是,如果他自己不参加劳动,而是坐在田边用录像机为其他农民录像或记笔记,那么他就成了一名"观察型局内人"。如果一位研究者来到这个村子里当"农民",通过与其他的农民们一起劳动来体验他们的工作强度,这时他就是一位"参与型局外人"。但是,如果他不参加劳动,只是坐在田边观察其他的农民劳动,那么他就变成了一位"观察型局外人"。在"完全的参与者"和"完全的观察者"之间还可以有很多角色形态,如"观察型参与者"和"参与型观察者"等。

做一名"完全的参与者"的一个长处是研究的情境比较自然,比较容易获得相对"可靠"的信息。在与被研究者一起做事的过程中,研究者可以即时了解对方做事的方式以及有关事件发生时的具体情境和过程。与人为制造的研究环境相比,参与型研究收集到的资料往往比较"真实",因为被研究者可以比较自如地表现自己。研究者与被研究者一起做事情还可以密切彼此之间的关系,帮助研究者进入对方的内心世界。此外,如果研究者到比较"原始"的地方去从事调查,或者对没有接受过正规教育的人们进行研究,对方可能对人为的研究环境(如访谈)不习惯。研究者如果参与到他们的日常生活中,结合当时的具体情形与他们进行交谈或对他们进行观察,一般可以获得比人为环境更加有效的资料。

参与型研究的另外一个长处是研究者可以将自己作为一名研究的对象,通过自己的亲身体验来了解被研究者的心理感受。由于与被研究者享有共同的工作和生活经历,研究者可以将自己对有关人物和事件的反应作为参照,以此来对照被研究者的感受。不论研究者的反应与被研究者的相同还是不同,这种对比都会为研究结果的解释提供多重角度。而看待事物的角度就像是投向同一物体的光束,光束越多,照射角度越不同,获得的信息就越多,对该物体的理解也就会越全面、深刻。

然而,研究者参与程度太高也不是没有弊端。研究者有可能忙于向被研究者学习做事,没有时间和空间在思想上对周围发生的事情进行处理。有时候,被研究者可能完全把研究者当成了自家人,对他/她有很高的期待,希望他/她做一些他/她不愿意做或者做不到的事情。比如,美国文化人类学家格尔茨在爪哇岛上作实地调查时,他的一位最好的信息提供者碰巧也是一名作家(Rosaldo,1993:174)。他经常向格尔茨借打字机,弄得格尔茨自己工作起来很不方便。有一天,格尔茨不得不给他留了一个条,委婉地向他暗示自己那天急需使用打字机。结果这个条子触怒了作家,他们的合作关系也就从此而结束了。

像"参与者"一样,做一名"观察者"(特别是"完全的观察者")也有它的利与弊。一方面,"观察者"可以全神贯注地从事自己的研究,不必同时花费脑筋按当地人的行为规矩与他们"应酬"或"周旋"。而与此同时,由于研究者只能从外部对研究对象进行观察,很难准确地把握对方一些行为的意义。比如,格尔茨(1973a)提供了十分有趣的事例来说明这个问题:如果我们看到一个男孩眨了一下右眼,起码可以提供三种不同的解释:1)有一粒沙子落进了他的右眼,他眨眼是一个自然的条件反射;2)他在向一位姑娘暗送秋波;3)他在模仿另外一个男孩眨眼,目的是逗乐。如果我们与这位男孩一起玩耍,对他当时眨眼的特定情境有所了解,那么我们对他这一举动的解释就会准确一些。即使我们感到困惑不解,也可以当时马上问他,不必等到回去以后才对他的真实意图反复进行没有根据的猜测。

从上面的讨论中,我们可以看出,研究者的"内""外"角色可以与公开与否、亲疏关系、参与程度相互交叉形成许多复杂的关系。下面的图表8-2-1中列出的只是上面讨论过的一些主要的关系。在"局内人"和"局外人"各自的内部,上述维度相互之间还可以形成很多角色上的重叠和交叉。由于篇幅所限,在这里就不一一举例说明了。

图表8-2-1　研究关系一览表

	公开与否		亲疏关系		参与程度	
局内人	隐蔽的局内人	公开的局内人	熟悉的局内人	陌生的局内人	参与型局内人	观察型局内人
局外人	隐蔽的局外人	公开的局外人	熟悉的局外人	陌生的局外人	参与型局外人	观察型局外人

第三节　"局内人"还是"局外人"

实际上,在大多数情况下研究者由于受到外部条件的限制,自己并没有办法选择做"局内人"还是"局外人"。研究者的个人身份如年龄、性别、职业、社会经济地位、文化背景、种族、受教育程度等都可能限制研究者的角色定位。例如,如果一位英国的大学教授计划到中国某个村庄去调查那里的计划生育现状,他无论如何努力也不可能把自己装扮成一个"局内人"。他的长相、肤色和语言都事先决定了他不可能被当成中国农村中的一员。

研究者的"内""外"角色并不总是固定不变的,有时会随着研究的进程而有所变化。例如,美国社会学家约翰逊(J.Johnson)等人(1975)在对家庭争端和暴力进行调查时,起初是作为观察者与户警们一起在社区巡逻来了解情况。后来,他们通过观察户警的工作逐步学会了如何处理家庭矛盾,慢慢地被户警和一些当地的家庭当成了处理家庭争端的专家。这时,他们便开始帮助一些家庭进行协商和调停,运用自己的法律知识为他们提供咨询,或者将无法解决的问题付诸其他法律机关。最后,他们成了当地户警有用的帮手,在处理家庭纠纷方面扮演了一个十分积极的角色。当然,他们并没有(也不可能)被户警和当地的居民当成完全意义上的"户警",但是与研究刚开始时相比,他们与这一角色的距离已经被大大地拉近了。

其实,从一定意义上来说,真正的"局内人"是不存在的。当一个人作为一名研究者对自己的文化进行研究时,他/她就已经与自己的文化拉开了一定的距离。他/她已经(而且必须)站到一个与自己的同胞不同的观察视角上,才有可能看清楚自己的文化和人民(包括他/她自己)。因此,所谓"局内人"与"局外人"、"自己的文化"与"他人的文化"之间的区别在某种意义上来说是没有意义的。这些区别只是在程度上有所不同而已,并不存在本质上的差别。所有的科学研究者实际上都是一定意义上的"局外人",他们在从事研究的时候必然地带有自己的理论框架,代表的是特定科学家群体所信奉的研究范式。比如,在我的博士论文研究中,我自己是一名中国留学生,与我的研究对象有相同的经历,因此相对他们来说,我应该可以算是一个"局内人"。但是由于我同时又是一名"研究者",我不得不将自己从"中国留学生"这一身份中抽身出来,站在这一群体之外来观察、倾听并分析他们。此外,由于我是在美国做的论文,我的整体构思基本上遵循的是一条西方文化的思路:从跨文化人际交往的角度看中国留学生的"自我意识"和"文化认同"方面发生的变化,而"自我意识"和"文化认同"都是十分"西化"的概念,我实际上是在用一种西方的理论体系来研究中国人。因此,从这个意义上来说,我已经变成了一个"局外人"。结果,在研究的过程中,我不得不经常提醒自己:我已经不是一个完全的"局内人"了,我必须在思维上跳出这个圈子,把"熟悉"的东西视为"陌生",重新审视我所调查的中国留学生们告诉我的每一句话和每一件事情。

第四节 "局外人"如何理解"局内人"

如果我们同意,在一定意义上研究者都是"局外人"的话,那么"局外人"如何才能理解"局内人"呢? 这个问题是质的研究者们讨论的一个难点和热点,很难作出一个令人满意的回答。

一、"局外人"变成"局内人"

有的研究者认为,如果"局外人"要真正理解"局内人",就应该设法变成"局内人"(Ely et al.,1991:49)。变成"局内人"意味着从自己的皮肤里跳出来,进入研究对象的身体,用他们的头脑来思维,用他们四肢和形体来行动。只有这样,研究者才可能真正理解当地人的语言和行为以及他们看世界的方式。这种努力的结果便产生了研究者在实地工作中"本地化"、"成为他人"和"宾至如归"的状态。如果用我们上面所使用的语言来表达,这种状态表明研究者与被研究者之间关系非常"熟悉","参与程度"非常高。

与此同时,另外一些研究者则认为,如果"局外人"变成了"局内人",这对研究者来说是一个危险的信号(Hammersley & Atkinson,1983:102)。这标志着研究者已经离开了科学家群体所共同遵守的规范,意味着科学探究的结束。如果研究者过分地追求与被研究者之间的认同,自己会失去进行研究所需要的心理距离和空间距离。双方已经融为一体,研究者不可能将"熟悉的"东西再变为"陌生"了。由于没有足够的分析空间,研究者只能对当地人的故事进行自传式的描述,而不能对自己的思考进行反省。这些故事本身可能很有意思,但这已经不是真正意义上的"研究"了。

此类研究者认为,除了研究的规范性可能受到影响以外,研究者与"局内人"彻底同化还可能影响到研究的"客观性"。由于在价值观和情感方面完成了与被研究群体的认同,研究者有可能被卷入到这一群体内部的权力争斗之中。研究者很难再保持科学研究所需要的"中立"和"公正",在对研究结果进行解释时难免带入自己的个人倾向。当然,研究者不可能没有自己的"个人倾向",但重要的是应该对此有所意识。如果研究者与被研究者群体中的一个政治社团结为同盟,将很难"客观"地站出来看自己和该社团。而更糟糕的是,如果这个政治社团在当地的权力斗争中有自己的对立面,这一对立面便会对研究者进行排斥和打击。在这种情况下,研究者将很难从不同的角度对研究的现象进行一个比较"全面"的了解。他/她很可能会落入一个十分难堪的地步,难以从当地的政治纠纷中脱身出来。

在我看来,以上对"局外人"变成"局内人"利弊的探讨基本上是基于后实证主义范式的思路。这种范式认为,研究的主体和客体之间是相互分离的,"局外人"通过同化的方式"真实"地了解"局内人"是可能的。虽然,"局外人"本人不可能真正"变成"一个"局内人",但是他/她可以通过一定的手段对研究中的某些"主观"因素进行控制或排除,从而获得有关"局内人"的"客观"的、"真实"的信息。以上对"局外人"变成"局内人"这一现象不论持赞同态度还是反对态度的人都是基于这么一种认识。赞同者认为成为"局内人"是获得"真实"信息的最可靠的方式,反对者则认为这么做会影响到研究的"规范性"和"客观性"。从表面上看,反对者似乎不同意"局外人"变成"局内人",但是他们对这么做给研究的"规范性"和"客观性"带来的危害如此关注——这本身就说明他们是承认"局外人"可以认识"局内人"这一前提的。因此,在认识论上,他们与赞同派没有本质上的区别,只是对这种做法持不同意见而已。

然而,在质的研究中,很多研究者并不认为主体与客体、主观与客观、事实与价值之间是可以绝对分离的。研究者与被研究者被认为是两个主体,研究是这两个主体通过平等的对话共同建构"现实"的一个过程。因此,研究者必然(也必须)有自己的身份,他/她在与被研究者互为主体的关系中占据的是一个十分重要的位置。当然,研究者可以选择一个尽量靠近被研究者的身份,尽量缩短自己与他们之间的距离,扩大自己与对方的"共通性",但是他/她永远不可能(也没有必要)"变成"一个"局内人"。研究者在实地进行研究时既不可能像一个"局外人"那样,只是简单地收集资料,然后拿回家去闭门进行分析;也不可能完全变成一个"局内人",声称自己已经掌握了开启当地人心灵的钥匙。研究者需要的是一种使自己和当地人的"视域"相互融合的方式,在自己与当地人之间建立起一座理解的桥梁。

二、保持双重身份

因此,有人认为,研究者与其努力从一名"局外人"变成一名"局内人",不如设法获得既是"局内人"又是"局外人"的双重身份。汉莫斯里(M. Hammersley)和阿特肯森(1983:79)把这种角色称为"可以被接受的边缘人"。在这种情况下,研究者已经获得了当地文化群体的认可,已经被接受为他们中的一员,但是他/她只是一个"边缘分子",一个"不合格的"成员。就像对待自己文化群体中的那些边缘分子一样,本地人也允许研究者保持自己与大多数人不同的行为方式。这种双重身份可以使研究者处于一种十分有利的位置:他/她既可以和当地人接近,了解他们的所思所想;同时又可以伺机撤出,不必完全拘泥于大多数人的礼节。他/她可以同时享有"局内人"和"局外人"的双重身份,既有一种归属感,又有一定的个人空间。在公开程度上,他/她是一个"公开的"研究者,不必为掩藏自己的真实身份而处心积虑;在人际关系上,他/她处于"朋友"和"陌生人"之间,对本地人不必像"朋友"那样亲密和忠实,也不必像"陌生人"那样视同路人;在处理信息方面,他/她在"熟悉"和"陌生"两者之间徘徊,既有"近经验"的体验,又有"远经验"的视角;在参与程度上,他/她处于"参与"和"观察"之间,既可以亲身体验对方的生活,又可以获得一定的空间距离;在情感投入上,他/她处在冷静和热情之间,既可以对对方保持一种热烈的情感,又可以比较清醒地观察对方的情感表露(Rosaldo,1993:172)。这两种角色之间所形成的张力为研究者创造了一定的空间,为他/她获得灵感和创造力提供了一个丰富的刺激源。

美国人类学家 J.比瑞格斯(J.Briggs,1970)对爱斯基摩人的情感表达所进行的研究便是一个典型的"双重人"例子。在实地从事调查时,她不顾当地人的不解和反对,坚持在野地里给自己搭了一个帐篷。当夜幕降临,与当地人在一起待了整整一天以后,她回到自己的帐篷里,靠吃花生酱、冻枣子等自己熟悉的西方食品以及读亨利·詹姆斯(H.James)的小说来驱散内心深处的孤独,修复身心所受的磨损。虽然当地人多次邀请她搬过去和他们一起住,她坚持留有自己的一块隐私。由于她设法与当地人保持了一定的距离,她从他们对她西方式的"奇特的"情感表达方式的反应中了解了他们对情感的定义和解释(Rosaldo,1993:178)。

事实上,来自实地的很多事例表明,被研究者群体并不期望研究者成为他们中的一员。如果研究者企图这么做,他们反而有可能感到奇怪。一般来说,"局内人"对"局外人"的态度比较宽容,并不指望对方有能力可以完全按照他们的方式思维和行动。例如,怀特(1984:66—67)在哈佛大学做本科生时曾经对波士顿的意大利裔青年进行了一个长期的实地研究,当时他便遇到过这种情形。由于他希望尽可能与这些年轻人接近,学会了很多他们平时经常挂在嘴边的脏话。有一天晚上,他和这些年轻人一起在街上漫步时顺口说了几句脏话,这几位年轻人突然停了下来,对他说:"比尔,你可不该这么说话,这听起来可不像是你在说话"。尽管他竭力向他们解释说这几句话是街角文化中司空见惯的语言,他们却告诉他,他是不一样的,而且他们希望看到他不一样。从这件事情,怀特意识到,这些年轻人并不期待着他和他们一样。他们对他所表现出来的"不同"不但没有反感,而且感到十分有趣。只要他对他们态度友好,保持对他们的兴趣,他的"不同"对他们来说就不是一个"问题"。

有时候,如果研究者效仿"局内人"的行为做得过分的话,还可能使"局内人"感到恼怒,甚至觉得自己的文化受到了侵犯。例如,如果一名无神论者到穆斯林居住的地方去作研究,为了与当地人接近而把自己装扮成一名穆斯林的话,他很可能不但不被接受,而且还会受到当地信徒们的怀疑和反感。如果他只是在外表上模仿穆斯林的行为,而在自己的信仰中并没有真正皈依真主,他会在很多关键的时刻暴露自己的真实面貌。因此,作为研究者,我们应该接受自己的身份特征。我们只有充分地了解了自己,学会了与自己和睦相处,才有可能与被研究者和睦相处,也才有可能将自己的身份特征作为与被研究者互动时的一个宝贵资源。

当然,在"局内人"和"局外人"两者之间保持骑墙的姿势并不总是十分舒服。这种双重身份不仅会给研究者带来很大的心理焦虑,而且会对他们的自我概念和形象整饰带来挑战。在按照当地人的风俗习惯行事的同时,他们必须牢记自己的研究者身份,在亲近和疏远之间保持一定的距离。这种既参与又不参与、既在"内"又在"外"的状态使很多研究者感到自己似乎有一种双重人格,好像得了"精神分裂症"似的(Lofland & Lofland,1971:108—109)。美国心理学家温特罗布(R. Wintrob,1969)曾经对一些人类学家进行了一个心理测评,结果表明大多数人的焦虑程度都很高。他们大都表现出一种"适应不良症",感到自己很"无能",害怕不被当地人所接受。特别是当他们不能被当地人理解时,很容易感到愤怒和沮丧。像许多他的后继者一样,人类学的鼻祖马林诺夫斯基(1967)在日记中也记载了自己在特罗比恩岛上作研究时所感受到的各种矛盾复杂的心情。对岛上的土著人他有一种既恨又爱的复杂感情,而与此同时他又对自己的身心状况以及形象整饰经常感到无所适从。

三、全身心地投入

有学者(包括我自己)认为,上述"双重身份"依据的仍旧是一种"主""客"分离的世界观,希望对研究者的"主观性"进行系统的处理(Heshusius,

1994）。而在实际研究中研究者需要将自己的全身心（包括全部的身份和个性特点、价值观、行为方式和情感表露）都投入进去，才可能真正与对方完成"视域的融合"。那种希冀将自己的一部分身份用括号"括"起来，然后在研究中对这些身份加以反省或排除的做法实际上是行不通的。研究者既不可能将自己的某些身份"摘"出来扔掉，也不可能将其"悬置"起来进行"客观"地反思。

美籍日本文化人类学家孔杜（D. Kondo, 1986:74—78）对这一点有十分切身的体会。当她在日本从事研究的时候，有一天她突然在超级市场的金属陈列板上看到了自己的身影：一个典型的日本家庭主妇的形象。她惊恐自己已经变成了一个地道的"本地人"，赶快回到美国居住了一个月，希望回来以后可以与本地人保持一定的距离。然而，令她失望的是，她回来以后，周围的日本人并不把她看成是一个外来的研究者。她的长相与当地的日本人是如此地相似，以至于他们总是期待着她像他们一样说话和行事。她不能像她的西方同行那样向本地人问一些"不合时宜的问题"，也不能超越社会地位与不同的人"平等"交谈。最后，她只好采取一种折中的办法，利用自己的多重身份，在不同的亲疏关系和权力关系之中来回斡旋。

美国人类学家卡浦（D.Karp, 1980）在对纽约时代广场附近的红灯区进行调查时也利用自己的亲身体验对被研究者的心态获得了比较深入的了解。他把自己装扮成一名普通的游客，通过在当地淫秽书店和电影院里进行观察以及与那里的人们闲聊来了解他们的行为和想法。他发现自己尽管在那里待了将近九个月，但是每次一想到要进入一个淫秽戏院便感到十分紧张。当走近戏院时，他的心会加剧跳动，他会有意选择附近人比较少的时候进入戏院，事先很早就拿出买票的钱攥在手里，到了门口他会有意避开与女售票员的目光接触。通过自己的这些亲身体验，他意识到那些在淫秽场合活动的人们都像他自己一样面临着一个形象整饰的问题。他们对自己行为的评价很不确定，而且很在意周围的人如何看自己，因此他们在进入这些场合时都经历了不同程度的心理波折。

孔杜和卡浦等人的例子表明，研究者个人的身份（不论是单一的还是多重的）对研究本身来说并不是一个障碍，而是一个十分丰富的、为研究提供信息的来源。研究者应该对自己的这种资源有充分的意识，努力在自己的实践中对其加以利用（Rosaldo, 1993:178）。研究者应该做的不是努力将自己变成一个"局内人"（像怀特试图做的那样），或者执意保持自己的"局外人"身份（像孔杜曾经努力做的那样），而是应该具有参与的意识，调动自己的全身心，与被研究者之间进行积极、平等、互为主体的对话。

科学史方面的研究表明，不仅人文社会科学领域需要这种"参与的意识"，即使是在自然科学界人们也在呼唤科学的"复魅"。这种"复魅"不是纯粹的对人的"主观性"的反思,而是一种希望超越"主—客"之间的分裂、达到主体之间融合的努力(Griffin, 1988)(在这里我们看到了加达默尔的"视域融合")。诺贝尔奖获得者、著名的女生物学家麦克林托克(B. McClintock)在对玉米的研究中就表现出这么一种"参与的意识",下面的引言表达了她与玉米之间一种亲密无间、主客不分的状态:

> "没有两棵玉米是一样的……我从播种开始一直和它们在一起,不想离开它们。如果我不一直看着它们成长,我会觉得自己对它们生长的故事会不了解。所以,我对田野里所有的玉米都非常熟悉,与它们有非常亲密的关系。而且,我发现,了解它们,这对我来说是一个极大的快乐。我发现我越和它们在一起工作,它们个儿就长得越大。当我和它们一起工作时,我不是一个局外人,我也在下面那个地方……我就在下面那个地方,和它们在一起……当你望着它们的时候,它们就成了你的一个部分。结果,你忘记了你自己。最重要的事情是,你忘记了你自己"(Keller, 1983: 117, 198)。

质的研究中经常讨论的"主观性"仍旧是一种对象性的思维,虽然不是把"客观"当成对象,却是把"主观"当成了对象。但是"参与的意识"和"复魅"已经不再是对象性的思维,而是一种混沌一体的生存状态(在这里我们听到了海德格尔的声音)。它不是关于(about)某一个外在的东西,而是与这个东西在一起(with)。因此,在质的研究中,我们最为关心的不应该是如何把自己的"主观性""客观化",而是如何在我们自己身上培养出"物我两忘"和"完全关注"的能力。

总之,质的研究是一种研究者与被研究者互为主体的研究,研究者的角色是多元和动态的,既可以从"内"到"外",也可以从"外"到"内";既可以由近及远,也可以由远及近;既可以是单一的,也可以是多重的。研究者正是在这些丰富的互动关系之中与被研究者一起协商和建构着一个构成性的、不断往前发展着的"现实"。质的研究是一种"理解"的"艺术",需要研究者与被研究者的共同努力和创造。其实,"他人"就是"我们"的一部分,而"我们"既是研究的主体,又是研究的对象(华勒斯坦等,1997:61)。"局内人"、"局外人"或"双重人"这些词语只是学术界对研究者一部分个人身份的描述而已,一项扎实、充分的研究需要研究者将自己全部的"自我"投入进去。研究者只有认识到自己首先是一个"人"然后才是一名"研究者",才有可能真正将自己投身于与其他"人"(同时也是"被研究者")一起构建世界的共同努力之中,才可能认识到此时此地的"真实"。

第九章　进入研究现场

——我如何与被研究者建立关系？

　　研究者明确了研究的问题，选好了研究的对象，并且思考了自己的个人因素及其与被研究者之间的关系对研究的影响以后，便面临着如何进入研究现场的问题了。所谓"进入研究现场"至少可以指两种不同的行动：1）研究者与被研究者取得联系，征求对方是否愿意参加研究；2）研究者个人置身于研究现场，在与当地人一起共同生活和劳动的同时与对方协商从事研究的可能性。研究者可以在这两种方式中选择一种，选择的标准取决于具体研究项目的要求以及研究实地的可能性。比如，如果我们的研究是对十名优秀工人进行个别访谈，那么我们"进入现场"的方式可以采用前者，直接与被访者个人进行联系；而如果我们打算对一个村子里的劳动生产情况进行长期的实地调查，则应该采取第二种进入现场的方式。

　　研究者进入现场主要包括如下几个方面的工作：进入前的准备工作、确定和接触"守门员"、选择进入现场的方式、了解被研究者内部的权力结构、选择合适的交流方式、正确处理进入失败的情况等。在实际操作中，这些部分通常是相互交叉、循环反复或同时进行的。本章将这些部分分开来讨论，主要是为了理解上的方便。

　　进入研究现场不是一个一次性的工作，也不是一件一劳永逸的事情，需要研究者坚持不懈地努力。因为种种无法预料的原因，研究开始时建立起来的良好关系可能在研究的过程中变质，需要进行不断地修补或重建。研究关系就像是一棵树，需要研究者精心培育，不断浇水施肥，才会枝繁叶茂、开花结果。本章将研究者进入现场的活动写成似乎是一个线性的过程，也只是为了叙述上的方便。

第一节　进入现场前的准备工作

　　不论采取什么具体的方式，研究者在与被研究者接触之前应该尽可能做一些准备工作。首先，研究者应该设法了解当地的权力结构、人员关系以及人们一般认可的行为规范。如果研究者认识当地的人或者他们的朋友和家人,可以事先与这些人取得联系,尽量充分地了解当地的情况,听取他们对进入研究现场的建议。如果研究者与当地人不认识,可以事先了解一下当地人中有没有态度比较开明、愿意帮助别人的人。如果有这样的人,研究者可以亲自上门拜访,看对方有什么高见。虽然研究者个人的经验和判断力在进入研究现场时通常起主要作用,但是"局内人"的视角和经验对于研究者了解当地的情况有着至关重要的意义。"局内人"可以向研究者提供一些"文化主位"的观点和信息,而且还可以为研究者在本地从事研究提出一些有用的建议。

如果所研究的问题对当地人来说是一个敏感话题,研究者预料当地人不一定会热情地接待自己,那么研究者可以考虑事先到研究实地去进行一个初步的调查,看在那里从事此类研究是否可能。此外,研究者也可以在这个地方先做一项不太敏感的研究项目,借此了解当地人对外来研究者的基本态度,然后决定自己是否应该从事先前已经计划好的研究项目。如果研究者针对一项研究设计了几种不同的方案,也可以先到实地作一个预研究,了解哪种方式比较合适。研究者还可以与其他曾经在这个地方作过研究的人员联系,了解他们的经验和教训。

为了增加自己身份的"可信度",研究者可以在研究开始之前请自己单位的领导写一封介绍信,或者请被研究单位的上级领导写一封批文。但是,这么做的时候必须十分小心。单位领导或上级的文件可能会给被研究者造成心理上的压力,使他们强迫自己参加研究。此外,官方的文件还可能使被研究者认为研究者有一定的"来头",与上级机关串通一气来对他们进行"监督检查",因此而不愿意与研究者合作。

有时候,即使研究者获得了被研究者单位的同意,但是出于保密原因该单位不愿暴露被研究者的姓名,拒绝研究者直接与他们联系。在这种情况下,研究者可以写一封"盲信",通过被研究者的单位与他们取得联系。比如,在我对中国留学生的研究中,接受他们入学的大多数美方学校都不愿意提供他们的姓名,因此我写了一封自我介绍的信(其中包括对研究项目的介绍、许诺保密原则等),通过这些学校寄给他们。在这么做的时候,我不知道这些中国学生的姓名,但是他们可以通过学校转来的这封"盲信"了解我和我的项目,然后自己决定是否答复我的请求。

如果研究者担心自己在向当地人介绍研究项目时说不清楚,可以在进入现场之前先练习一下。研究者可以找一些自己的同行或朋友当听众,试着向他们说明自己的研究和意图。这些听众可以扮演当地人的角色,问一些他们认为当地人可能会问的问题。在角色扮演之后,大家可以坐下来进行讨论,看研究者哪些方面做得比较好,哪些方面应当进一步改进。

在进入现场之前,研究者还应该学习一些与被研究者建立良好关系的"诀窍",如谨慎、诚实、不作预设、当一个反思的听众、愿意表露自己等(Bogdewic,1992:52—53)。马克斯威尔(1994)提出了协商研究关系中的"4C"原则:1)关系(connections);2)交流(communication);3)礼貌(courtesy);4)合作(cooperation)。"关系"与我上面讨论的通过自己的朋友或同事寻找被研究者的途径类似,即通过一定的人际关系与被研究者建立信任和友好的关系;"交流"指的是研究者应该心胸坦荡,愿意与被研究者交流自己的意见和感受;"礼貌"指的是研究者应该尊重被研究者的风俗习惯,对他们彬彬有礼,注意倾听他们的心声;"合作"指的是在被研究者需要帮助的时候研究者应该主动为他们排忧解难,使研究成为一种相互受益的行为。我认为以上这些原则都非常重要,但是最最重要的是获得被研究者的信任。如果被研究者对研究者产生了信任,其他一切问题便都可以迎刃而解了。而要获得被研究者的信任,研究者自己必须做到坦率、真诚、信任对方。

很多来自实地的报道表明,研究者进入研究现场通常靠的不是理论,而是研究者本人的机敏,特别是研究者本人处理人际关系的策略、即兴的创造力以及应付突发事件的灵活性。其实,每个人(包括研究者与被研究者)在日常生活中都经常使用这些策略,只是有的人比较在行,有的人不太注意罢了。因此,研究者需要在日常生活中注意操练自己,提高自己的敏感性和想像力。

第二节　确定并接触"守门员"

研究者在进入现场时需要了解很多方面的情况,其中重要的一环是"守门员"。"守门员"指的是那些在被研究者群体内对被抽样的人具有权威的人,他们可以决定这些人是否参加研究。

一、"守门员"的类型

"守门员"一般可以分成两种类型,一类是"合法的守门员";另一类是"不合法的、自己任命的守门员"(Seidman,1992:34)。如果研究涉及到中小学学生,他们的家长以及学校的领导和老师就属于"合法的守门员"之列,因为他们具有社会所认可的、决定孩子是否参与研究的身份和权力。对这类"守门员",研究者应该表示尊敬,慎重地征求他们的意见,努力获得他们的许可。

但是,在有的文化群体里存在着一些自己任命的"不合法的"守门员,他们认为自己应该知道群体内发生的一切事情,应该对其他成员的行为有所控制。这种人没有正式的权威地位,而且群体内其他成员对他们并不尊重。在这种情况下,研究者最好对他们敬而远之,避免与他们接触。如果研究者认可他们的权威,群体中其他成员可能会感到不快,因此而拒绝参加研究。

在"合法的守门员"中还存在着"正式的"和"不正式的"两种类型。前者指的是那些对被研究者来说具有正式权威头衔或职位的人,如中小学生的家长。后者指的是那些没有正式官衔的人,但是他们在被研究者群体内享有一定的声誉,受到其他成员的广泛尊敬(如某个村子里的前任村主任)。通常,如果这些人加入到了被研究者的行列,其他的人便觉得比较放心,也愿意加入进来。而如果这些人没有参与研究,其他的人则可能觉得该研究可能有某种蹊跷,不愿意自己冒险一试。因此,在这种情况下,研究者应该首先争取这些人的参与。

二、谁是"守门员"

研究者在开始研究之前必须决定谁是"守门员",而每一项研究因其具体情况不同其"守门员"的类型也有所不同。在确定"守门员"的时候,我们首先应该了解被研究者所处环境中的权力结构及其与我们的关系。进入现场不仅仅是一个方法技巧的问题,而且也是一个权力协调的问题。如果我们了解了包括我们自己在内的权力运行机制,进入现场的过程对我们来说就是一个获知的过程(朱苏力,1998)。获知不仅仅需要一定的方法,而且还涉及到有关人员所拥有的权力和"文化资本"(Bourdieu,1977)。通过对权力运作机制的了解,我们不仅可以将研究的现象放到一个更大的政治、经济和社会的背景中加以考量,而且可以根据当地的实际情况确定合适的"守门员"。

一般来说,如果研究要对某一个社会机构进行深入的个案调查,那么我们就必须获得所在机构领导的批准(Lincoln & Guba,1985)。如果我们只是获得了该机构中被研究者本人的同意,而没有征求领导的意见,我们的研究就有可能受挫。假设我们计划向一所中学里的部分教师进行访谈和观察,了解他们的教学情况。如果我们只获得了这些教师本人的同意,而没有与他们的校长商量,那么校长一旦知道了,而他/她正巧对这种研究问题比较反感,或者对自己的权威没有得到尊重而感到不满,便很可能出来阻挠研究的正常进行。

虽然在大多数情况下我们必须考虑到权力高位者的意见,但有时候如果我们首先接触被研究者的上级,获得了他们的批准以后才接触被研究者,后者也可能感觉不快。他们可能会感到自己不受尊重,因此而产生抵触情绪。我个人就曾经作为一名"被试""被迫"参与了一项这样的研究,因此而感到十分"窝火"。这是一项由教育部支持的调查回国留学生情况的研究。为了保证所有被抽样的教师都参与调查,研究者通过教育部向教师所在学校的人事处颁发了一份"红头文件",各学校的人事处则通过教师所在的系、所通知教师本人在指定的时间到指定的地点去接受访谈。我记得当时自己接到通知时,以为是学校人事处布置的一项不得不做的工作,来到访谈现场以后才了解到事情的真实情况。像其他一些被访的教师一样,我当时感到非常气愤,认为这种做法不但没有考虑我们这些教师是否有时间参加,而且严重违反了社会科学研究的道德规范,没有给被研究者选择的自由。

在上述情况下,被研究者还可能怀疑研究者与他们的上级有某种"默契",企图通过研究来对他们的工作进行"检查"或"评估"。这种情况在研究受到财团或政府机构支持的时候尤为突出。如果研究还涉及到一些敏感性话题,或者被研究者的观点与上级的想法不一致,他们更有可能拒绝与研究者合作,即使口头上同意合作,行为上也会敷衍了事。

因此,我的建议是,如果研究者不认识被研究者,最好自己直接与他们接触,或者通过一些在权力上与他们平等的人与他们接触。如果研究的项目不涉及对一个地方进行长期的追踪调查,主要是对一些个人进行研究,研究者可以直接去找这些个人,了解他们是否愿意参加,不必获得他们单位领导的同意。比如,如果我们计划对一些公司老板进行访谈,了解他们的经营观念和管理策略,我们就可以直接与他们联系,到他们家去了解情况。如果我们认识这些老板的同事、熟人、朋友或家人,也可以通过他们与这些老板联系。这样做可以在一定程度上避免权力上的不平等,消除被研究者对权威"守门员"的顾虑。通常,被研究者对自己的熟人和朋友推荐的人比较信任,因此而愿意与研究者合作。

对上面的看法和建议,也有学者提出了不同意见(高一虹,1998:10)。他们认为,"守门员"就像一把双刃剑,既可能产生不好的作用,也可能产生好的作用。而且,在不同的文化里,"守门员"的作用也可能不一样。比如说,在现在的中国,如果研究者首先接触"守门员",与其达成了一定的"默契",然后再接触被研究者,后者可能觉得此研究"非常重要",因此而很好地与研究者配合,否则可能不好好配合,或者不配合。如果"守门员"动用领导权力通知被研究者参加研究,后者可能感觉"受宠若惊",从而竭力提供自己认为对方需要的情况。

三、"守门员"与研究的关系

"守门员"由于自己的特殊位置,通常对研究有一定的考虑或顾虑(Bogdan & Biklen,1982:125)。他们通常会有一种自我防御心理:或希望影响我们,以便获得对他们自己有利的研究结果;或希望限制我们,使我们只能与某些特定的人接触（高敬文，1996：63）。例如，几乎所有的校长都对自己学校的形象十分在意，他们不愿意过多地暴露自己学校工作中不好的一面，更不希望研究者把自己的学校报道得一无是处（Hammersley & Atkinson，1983：65）。因此，在研究的过程中，他们很可能想方设法阻止研究者了解学校的阴暗面，或者试图对研究者的行为进行控制或"指导"。在某些学校里，校长可能认为自己是教师和学生的保护者，担心研究活动会搅乱学校的正常教学，占据教师太多的时间，影响学生的注意力，因此不同意研究者进入学校。在这种情况下，如果在一所学校被抽样的人数比较少，研究者可以权且将这些人当成没有组织关系的人，与他们个人直接接触。研究者这样做有时候可能反而会使校长如释重负，不必自己承担过多的责任。

通常，"守门员"和当地的被研究者对研究者都抱有一定的期待。他们认为研究者是某一领域里的"专家"，应该有能力对他们的工作进行指导。在这种情况下，研究者可能被当成一个"权威"，不得不做一些他们也许没有能力做的事情，比如为企业的改革出谋划策。如果研究者有能力这么做，企业的领导会非常高兴，认为他们除了进行"纯研究"以外，还对本单位的管理工作有一些使用价值。但是，如果研究者因此而变成了"行动者"，他们的身份可能会与自己希望着意表现的既"无知"又"无能"的"学习者"形象不相吻合（Smigel，1958）。他们不得不勉为其难，努力扮演一个"专家"的角色，因此而失去了很多向当地人"学习"的机会。另外，作为一名"专家"，研究者的存在也可能使"守门员"感到焦虑不安。他们不知道研究者如何评价自己的工作，甚至可能认为研究者在对自己的工作评头论足。因此，他们可能故意制造一些障碍，不让研究者看到自己工作中不足的一面。

研究者的出现有时候还会给"守门员"和当地的人们带来疑虑和恐慌，特别是当他们的一些行为与本地人的规范不相符时。比如，美国人类学家巴莱特（R. Barrett，1974）在一个西班牙村子里作实地调查时，他对当地人的言行做笔录的行为便给他们带来了极大的不安。他们不知道他这个举动是什么意思，也不知道他都写了些什么东西。由于他这种奇怪的举动，当地人对他的身份产生了各种各样的猜测：共产党间谍？美国中央情报局的情报人员？新教牧师？政府派来的收税官？

第三节　进入现场的方式

进入研究现场可以有很多不同的方式，比如在实地自然地进入、直接说明意图地进入、隐蔽地进入等。理想的状态是自然地、直接向被研究者说明意图地进入，但是在有的情况下这样做却比较困难。

一、隐蔽地进入

在有的情况下,研究者预料自己的研究肯定会受到"守门员"的拒绝,因此他们只能采取隐蔽进入的方式。比如,如果一位男性研究者计划对上海市的贩毒集团进行研究,他不可能得到集团头目的同意。因此,他只能把自己装扮成一名吸毒分子或毒贩子,在毒品活动频繁的地方接近集团内部的人员来了解情况。

隐蔽式研究使研究者避免了协商进入研究现场的困难,而且研究者有较多的个人自由,可以随时进出现场。但是,这种隐蔽的方式也有其弊端。由于研究者成了一个"完全的参与者",他/她不可能像在公开型研究中那样广泛地接触被研究者,只能在自己的角色范围以内与人交往。假设一名研究人员在一个学校里找到了一份教书的工作,利用自己的教师身份平时进行隐蔽式研究。她/他也许可以通过与其他教师和学生交谈的方式了解学校里的一些情况以及这些人的想法,但是她/他不可能像一位公开的研究人员那样就一些敏感性话题(如学生的体罚问题、学校的财政收入问题)正式与校长或其他管理人员进行访谈。此外,撒谎总不是一件令人愉快的事情。研究者可能时刻受到自己良心的谴责,而且担心无意中暴露自己的真实身份。如果真相不慎败露,不仅会使研究者处于十分尴尬的境地,而且会使被研究者感到受到了侮辱。已经建立起来的良好关系可能会毁于一旦,研究可能不得不因此而终止。

二、逐步暴露式

在进入现场时,研究者如果预感到"守门员"有可能对自己的研究有顾虑,也可以采取逐步暴露的办法。在研究开始的时候,研究者可以简单地向被研究者介绍一下自己的研究计划,然后随着被研究者对自己信任程度的增加而逐步展开。其实,大部分被研究者并不需要了解研究的全部内容和过程,他们最关心的是:"研究者是什么人?他/她到底要干什么?我能够从这个研究中得到什么?"因此,我们只要对上面这几个问题作出解释就行了,不必详细介绍研究的具体程序和细节。

另外,在质的研究中,研究的问题和方法都会随着研究的进行而不断变化,研究者事先设定的步骤不一定会如期实现。一开始就向被研究者和盘端出一个复杂的研究计划不但没有必要,而且可能不符合今后真正会发生的"客观实际"。被研究者可能会对这个"堂而皇之"的计划感到不知所措,不知道自己是否可以很好地与研究者合作,因此而拒绝参加研究。因此,在向被研究者介绍自己的研究时,研究者可以保持一种低调的姿态。随着研究者与被研究者之间关系的深入,后者对前者的信任程度会逐步提高,到那时原来看上去复杂、困难的研究计划也许会变得不复杂、不困难了。

在有的情况下,如果我们知道在被研究的群体中有一部分人肯定会拒绝参加研究,而其他的人则没有异议,那么我们可以对后者坦诚相告,而对前者则暂时保守秘密。随着研究的进行,那些知道底细的人会逐步地把研究的情况告诉其他不知道的人。如果他们之间相互信任,而我们与所有的人又都已经建立起了良好的关系,那些事先没有被告知真相的人到这个时候多半会接受既成事实。不过,这么做有一定的冒险性。如果那些不知实情的人十分在意这件事情,而我们尚没有与他们建立起良好的关系,那么他们可能奋起反抗,设法让研究半路搁浅。因此,如果可能的话,我们最好使用通俗易懂的语言事先与所有被研究者一起以粗线条的方式讨论一下研究的计划。

有时候,研究者如果在研究开始之前采取自然接触被研究者的方式,然后再逐步暴露自己,效果也许比一开始就直接协商更好一些。在研究开始的时候,研究者可以在被研究的地点"闲逛"一阵,参与当地人的一些活动,与他们随便交谈。然后,随着当地人对研究者的了解逐步加深,他们会对对方的出现比较习惯,对他/她的信任感也会不断增强。美国人类学家利波(E.Liebow,1967)在华盛顿地区对低收入家庭的育儿方式进行调查时采取的就是这种进入方式。他第一天到达指定的街区时,正好碰到一位妇女在和警察吵架。他在旁边看了一会儿,便与身边的几位旁观者搭讪了起来。结果其中的一位小伙子特别健谈,和他一聊就是几个小时。第二天,他来到同样的地方,又碰到了几位中年"酒鬼",于是便又和他们神聊了起来。就这样,他很快和当地的人熟悉了起来,他们中的一个人成了他的"亲信",在研究中为他提供了很多有用的关系和宝贵的信息。

三、制约进入方式的因素

研究者进入现场的方式取决于很多有关的因素,如研究所在地的性质是属于"封闭型"还是"公共型"。如果研究涉及到某些个人和社会机构,那么这些地域便具有"封闭"的性质,研究者必须事先取得被研究者和(或)他们的"守门员"的同意。而如果研究是在一些"公共"场合进行,研究者则不必(有时候也不可能)获得被研究者的批准。比如,如果一位女研究人员到一所幼儿园对孩子的学前教育进行调查,她必须获得幼儿园领导、老师以及孩子家长的同意。而如果她到一条大街上观察每分钟车辆的流量,她就不必事先通知本市的交通大队或车辆管理局。

在上面的两个例子里,研究者与被研究现象之间的关系似乎比较清楚,研究者比较容易决定是否应该向有关人员获取批准。然而,在很多情况下,研究者可能很难对"封闭型"和"公共型"之间的区别做出定论。在大街和幼儿园之间进行区分比较容易,而对一个商店或食堂进行归类就比较困难了。比如,如果一名男性研究人员希望到一个商店了解产品的包装质量,他是否应该事先征得商店经理和服务员的同意呢? 如果他计划到一个食堂里观察就餐人员的互动关系,他是否要获得食堂管理人员(甚至他们的上级机关)的批准呢? 我们可能很容易就回答说:"没有必要",因为这位研究人员并不会影响商店的正常营业,也不会妨碍食堂里的人们就餐。但是,假设这位研究人员在商店里一转就是几个小时,拿起一件商品琢磨半天,那么他会不会引起服务员的注意,以为他是想偷东西呢? 又比如,如果他在食堂里架起了一台录像机,对食堂里就餐的人们进行近距离的聚焦观察,那些就餐的人们会不会感到十分恼火呢? 因此,"公共"和"封闭"这一对概念的定义不仅仅取决于地点本身的性质(如大街没有明显的所属管理机构,而幼儿园则有比较明显的管辖边界),而且在于研究者个人的行为。在上面食堂的例子中,由于研究者架起了录像机,食堂这一本来被认为是"公开"的场所变成了一个"封闭"的场所,研究者需要获得有关人员的同意才能进行研究。

上面的例子同时说明,即使是在一个"公开型"场合,研究者的个人行为也会受到一定的制约,其异常行为也会影响到自己的"公开进入"(蓝永蔚,1999:17)。比如,在上面商店的例子中,研究者之所以引起了服务员的注意,不是因为他身在商店,而是因为他的行为与众不同。如果他只是像一般的顾客一样,对架子上的商品端详片刻便往前移动,他便不会受到服务员的怀疑了。

第四节　接触研究对象的策略

在具体与研究对象接触时,我们可以采取很多不同的策略。每一个研究实地和每一个被研究者都有自己的特性,我们需要根据实际情况选择合适的接触方式。在与被研究者个人进行接触时,我们需要考虑至少两个方面的问题:1)研究者与被研究者交流的方式;2)研究者处理进入失败的态度和策略。

一、选择交流方式

进入研究现场时,研究者向被研究者交流有关信息的方式对自己进入现场会产生非常重要的影响。一般来说,在首次与被研究者联系时,研究者应该向对方作自我介绍,告诉对方自己的个人背景、研究的内容和目的、自己对对方的期待、研究结果的去向等。与此同时,研究者还要向对方许诺志愿原则和保密原则,明确告诉对方可以选择不参加研究,自己会为对方提供的所有信息保密。此外,双方还应该就研究的大致内容、时间(包括具体的时刻和长度)、地点等方面达成共识。原则上说,研究应该在被研究者认为合适的时间和地点进行,而且应该以不影响他们的正常工作和生活为基本前提。

格拉斯纳和派司金(1992:32)建议,在向被研究者作介绍时,研究者可以提供如下十二个方面的信息:1)研究者的个人身份;2)研究的内容;3)研究的目的;4)处理研究结果的方式;5)选择研究地点和参与者的方式;6)参与者参加此项研究的风险和好处;7)对参与者和研究地点保密,使用匿名;8)研究者希望进行观察或访谈的频率;9)当日从事研究的时限;10)请求对观察和语言进行记录、录音或录像;11)声明研究者不是来评论或评估对方,而是来理解对方的;12)声明被研究者是专家和老师;他们对研究者提出的问题所作的回答无所谓对错。

有时候,在介绍了上述问题以后,被研究者可能还会问一些另外的问题,如:"我可以看你收集的材料吗? 我会得到一份最后的研究报告吗?"在这种情况下,研究者应该如实地告诉对方自己能够做的事情,并且向对方解释为什么自己只能做到这一步。向对方做超出自己能力的许诺不但是不明智的,而且也是不道德的。许诺如果到时候不能兑现,不仅会使被研究者感到失望,而且会使他们对研究者失去已经建立起来的信任。

有的被研究者可能希望知道自己能够从研究中得到什么,当被问及这类问题时,我们应该坦率、如实地回答对方。首先,我们应该向对方表示感谢,为对方愿意花费时间和精力帮自己的忙而深表谢意。然后,我们可以根据研究的具体情况告诉对方本研究有可能为对方带来的"实用"价值。比如,如果研究结果得以发表,或者有机会向上级汇报,被研究者所关心的问题也许会得到公众和有关部门的注意,有关领导也许会出面来解决问题。如果双方关系不错,研究者还可以向对方指出,也许研究可以使他们感到自己受到了尊重,有机会把自己压抑的情绪释放出来;向一位关心自己命运、愿意耐心倾听的人倾诉心曲,这本身也可以算是一种"收获";同时,有机会和研究者一起对研究的问题进行深入探讨,被研究者也许可以对这个问题获得更加深刻的了解和认识。但是,在很多情况下,我们也许不得不告诉对方,本研究对任何个人都没有太大的"实用"价值,只是为人类了解自身增添一些知识而已。

研究者向被研究者介绍自己的研究的一般原则是:提供足够的信息,避免对方产生不必要的猜忌或好奇;但要注意适可而止,过多或过少都不合适。当然,所谓的"足够"或"合适"并没有一个明确的量化标准,只能视研究的问题、情境、被研究者的身份等具体情况而定。比如,如果一位研究人员到一所中学去了解学校的教学改革,学校的教务长很可能比一般的教师和学生希望对研究的内容有更多的了解；而一个接受访谈的教师比一个受到观察的教师更有机会直接向研究者询问研究的详情。在通常情况下，研究者可以将心比心，设想如果自己处于对方的位置，需要了解了什么情况以后才能决定是否参加研究。如果研究者提供的信息过少，被研究者可能心存疑虑，不知道如何判断对方的诚意和意图；而如果研究者提供的信息过多（特别是过于专业），对方可能感到不知所措，不知道自己是否能够与对方合作，而且可能怀疑对方有意说服自己参加研究。如果被研究者对研究的计划有异议，研究者应该根据对方的意见对研究设计进行修改。进入现场是一件有得有失的事情，研究者应该在不违背自己的价值标准和研究的实际需要的前提下，根据被研究者的要求作一些必要的妥协。

二、处理进入失败

有时候，出于某种原因，被研究者可能拒绝研究者的请求，不愿意参加研究。拒绝本身对研究者来说是一个重要的信息，研究者应该根据当时的情况反省自己在哪些方面做得不对。比如，美国人类学家怀丁（N.Whitten，1970）在加拿大挪瓦斯格夏省对黑人的生活进行研究时，当地人告诉他应该首先与当地黑人居住区的议员通电话，征求他的同意。在和议员谈话时，怀丁声称自己是美国的一名教授，对那些在主流文化之外的"黑鬼们"的生活特别感兴趣。结果，他遭到了议员十分有礼貌但非常坚决的拒绝。议员告诉他本地的"有色人种"已经过多地受到外来研究者的骚扰和伤害，他们已经对被当成"不同"的人而感到厌烦了。过后，怀丁通过进一步调查才意识到，他之所以遭到议员的拒绝主要有两个原因。首先，当一些本地人建议他与议员通话时，他们只是表示一下自己对地方官员的尊重，并没有指望他真的这么做。按照当地人的惯例，他应该首先与一位认识议员的人建立良好的关系，然后通过这个人与议员面谈。这个中间人非常重要，因为他应该对研究者所犯的所有错误负责。而如果研究者直接与议员通话的话，则可以免去人们可能担当中间人的负担，因此他们提出了这么一个建议。既然当地人都知道这么做是绝对不明智的，所以他们向怀丁提出这个建议时并没有指望他真的会这么做。其次，外人是不能用"黑鬼"这个词来指当地的有色人种的。这个词只能在当地人的社区内部使用，外人使用这个词语被认为是大不敬的行为。

在上面这个例子里，研究者遭到拒绝在很大程度上是因为自己的行为不符合当地人的规范。但是，有时候研究者受到拒绝却可能与自己的行为毫无关系。比如，当派司金和一名助手一起对美国某学校的种族问题进行调查时，一位女教师拒绝接受派司金到她的教室里进行观察（Glesne & Peshkin，1992：35）。而对他的助手季米，她却没有表示异议，因为季米比派司金年轻,而且刚刚从研究生院毕业。这位女教师觉得季米不会对她的教学构成威胁,因此和他在一起时感到很自在。而如果派司金到她班上来作观察,她会感到十分紧张,因为他是一个"重要人物"。因此,当遭到拒绝时,研究者除了检查自己的行为以外,还可以考虑一下自己的个人身份(如性别、年龄、社会地位、种族等)对自己进入现场有什么影响。

不管因为什么原因而遭到了拒绝,我们都可以设法换一个方式与被研究者进行协商。当然,被研究者不一定直接说明原因,我们需要自己多动脑筋,注意观察被研究者拒绝时所说的话以及他们的神情举止。通过对这些线索进行分析,我们有可能了解对方拒绝我们的"真实"原因,然后选择其他的方式与他们协商。正如我的一位学生所认为的,如果我们第一次遭到了拒绝,应该继续努力,"精诚所至,金石为开;如若不开,下次再来"。另外一位学生则采取了比较迂回的方式,在遭到对方口头上的拒绝以后,又主动给对方写信,再一次向他发出热情的邀请。

当然,在一些情况下,被研究者的拒绝就是"拒绝"。虽然他们可能不好意思明确向我们说明,但是他们都有自己的理由:他们可能工作太忙,生活太紧张,没有时间参与研究;他们可能对研究的题目不感兴趣,觉得没有什么可说的;他们可能对研究者印象不好,不想与其继续来往;他们可能对"研究"这种形式本身就有反感,觉得这种"研究"没有用,研究者是"吃饱了饭没事干";他们可能自己心情不好,不想和人交谈,等等,原因不一而足。正如接受的理由可以有很多种一样,拒绝的理由也可以千奇百怪。

面对这种情况,我们应该怎么办呢?我认为,除了应该反省在协商研究关系时自己的行为以外,我们还应该认真分析被研究者的具体情况,了解他们提供的这些理由是否"真实"。而不管被研究者的理由是否"真实",我们都应该分析对方的拒绝对我们自己的研究意味着什么。例如,如果被研究者拒绝参加是因为他/她认为这种研究"没有用",那么我们是否应该调整研究的方向或重点呢?在质的研究中,所有的东西都是资料,进入研究现场本身就是一个收集资料的过程。我们在进入现场时使用的策略、遇到的障碍以及克服阻力的方式——这本身就是研究的一个重要组成部分(Hammersley & Atkinson,1989:54)。协商研究关系中发生的很多事情不仅可以帮助我们了解当地的社会结构、权力网络和人际关系,而且可以帮助我们修改自己的研究问题和研究方法。

上面的讨论可以看出,在质的研究中,研究者进入研究现场的方式对研究关系以及研究的质量都有十分重要的影响。确定并接触"守门员"、选择进入现场的公开程度、了解被研究者内部的权力结构及其与研究者的关系、采纳合适的交流的方式、正确处理进入失败的情况——这都是我们在研究开始时不得不考虑的问题。我们只有对这些问题有清醒的意识，才可能知道这些问题对自己的研究有什么影响，也才能最终对研究结果的质量进行有根据的评价。

第三部分

质的研究的资料收集

　　在质的研究中,收集资料的方法可以有很多种。这是因为在质的研究中任何东西只要可以为研究的目的服务都可以成为"资料",因此几乎任何方法都可以成为质的研究中收集资料的方法。在收集资料的时候最重要的问题是:"如何从被研究者那里获得能够表现他们的所思所想、所作所为的资料? 如何从他们的角度理解他们的行为和意义建构?"

　　本部分主要介绍质的研究中最主要的三种收集资料的方法:访谈、观察、实物分析。访谈主要回答的问题是:"我如何了解被研究者的所思所想?"这个问题在重视意义解释的质的研究中非常重要,因此本书使用了五章的篇幅(第十章到第十四章)讨论这个问题。观察主要回答的问题是:"我如何了解被研究者的所作所为?"第十五章和第十六章主要对观察的作用和具体实施手段进行了介绍。实物分析主要回答的问题是:"我如何解释自己所看到的物品的意义?"第十七章探讨的是对实物具体进行分析的方法。

首先,第十章讨论了访谈的定义、作用、类型、访谈前的准备工作、有关的注意事项以及访谈的具体操作程序等。接下来的三章(第十一章到第十三章)重点讨论访谈的具体实施,其中包括访谈中的提问、倾听和回应技术。第十一章探讨的是访谈者提问的基本原则、所提问题的类型、追问的重要性以及访谈问题之间的衔接和过渡。第十二章对访谈者倾听的方式以及应该注意的基本原则进行了探讨,如强调开放地、积极关注地、有感情地倾听对方,不要随便打断对方的谈话等。第十三章主要讨论访谈者的回应方式和回应的时机,要求访谈者按照受访者的思路作出回应。第十四章介绍的是一种特殊的访谈形式——焦点团体访谈,讨论了这种访谈的作用(如集体建构知识、观察群体成员之间的互动等)以及具体实施这种访谈的步骤。

　　本部分的第十五章和第十六章对观察的方法进行了探讨。第十五章主要从比较宏观的层面讨论了观察的作用、观察的分类以及不同流派对观察的理解。第十六章则在比较具体的层面对观察前的准备工作、观察的实施步骤、观察中的记录方式以及观察者对自己的反思进行了讨论和分析。

　　第十七章探讨的是实物分析的理论基础、分类方式以及具体实施步骤。由于实物分析大都与其他手段结合使用,本章还对实物分析本身的作用及其与其他手段结合的途径进行了探讨。

第十章 访　谈

——我如何了解被研究者的所思所想？

　　本章着重探讨质的研究中最重要的一种收集资料的方式——"访谈"，讨论的内容包括"访谈"的定义、作用、类型、访谈前的准备工作、记录的方式、访谈中的非言语行为、访谈收尾的方式等。接下来的四章（第十一章到第十四章）将重点讨论访谈的具体实施，如访谈中的提问、倾听、回应技术以及一种集体访谈的方式——焦点团体访谈。

第一节　什么是"访谈"

　　顾名思义，"访谈"就是研究者"寻访"、"访问"被研究者并且与其进行"交谈"和"询问"的一种活动。"访谈"是一种研究性交谈，是研究者通过口头谈话的方式从被研究者那里收集（或者说"建构"）第一手资料的一种研究方法。由于社会科学研究涉及到人的理念、意义建构和语言表达，因此"访谈"便成为社会科学研究中一个十分有用的研究方法。

一、访谈与日常谈话的区别

　　访谈与日常谈话很不一样，前者是一种有特定目的和一定规则的研究性交谈，而后者是一种目的性比较弱（或者说目的主要是情感交流）、形式比较松散的谈话方式。两种交谈方式都有自己的交流规则，交谈双方一旦进入交谈关系，便会自动产生一种默契，不言而喻地遵守这些规则。一般来说，访谈与日常谈话有如下主要区别（Spradley，1979：57—68）。

　　1）日常谈话通常没有明显的目的性，或者说目的性不像访谈那么强。在日常谈话中，虽然双方都有一些事情想谈，但不会直接对对方说："让我们来谈一谈某某事吧"。而访谈却有十分明确的目的性，交谈双方对这个目的都十分清楚，而且在访谈开始之前和之中对此都开诚布公、直言不讳。

　　2）日常谈话通常以友好的招呼开始，经常还伴有身体上的接触，如握手、拍肩、拥抱等。交谈双方打招呼以及身体接触的方式表示的往往是双方关系的亲密程度,比如,拥抱比握手要更加亲密一些。访谈一般也以友好的招呼开始,双方也会握手,但不会有超出握手的身体接触。招呼过后,双方便会就预定的计划开始访谈。

3)在日常谈话中,双方通常有意避免重复,以免使对方感到自己没有听清楚对方所说的话,或者使对方感到自己意思表达得不够清楚。比如,很少有人在日常谈话时会说:"请你就刚才谈到的那一点多说一说好吗?"可是,在访谈中访谈者却经常要求对方做这样的重复,以便了解事情的来龙去脉和具体细节。

4)在日常谈话中,交谈双方可以相互问对方问题,问题的内容多半与个人的生活和工作有关。一方在询问了对方一个问题(如"你最近好吗?")以后,通常会设法为对方提供问这一同样问题的机会。比如,发话者在听完对方的回答"我很好"以后,通常会停顿一下,等候对方问自己同样的问题:"你呢?"而在访谈中,通常是访谈者向对方发问。双方达成的默契通常是:访谈主要是为了满足访谈者的要求,受访者必须向访谈者提供"有用"的信息。

5)在日常谈话中,交谈双方往往频繁地向对方表示自己希望继续交谈下去的兴趣,如,"是吗?""真棒!""真有意思!"同时还伴有许多表示兴趣的形体动作,如微笑、点头、挥舞手臂等。而访谈只要求访谈者向对方表示兴趣和热情,受访者不需要(通常也不会)这么做。

6)在日常谈话中,为了使对方感到自己所说的话很有意思,双方会经常使用一些表示自己无知的话语,以衬托出对方话语的重要性,比如"我从来没有去过那个地方","你说的话对我很有启发"等。在访谈中,这种表示无知的话语比日常交谈时使用得更加频繁,但是主要是访谈者这么做,目的是鼓励受访者尽可能多地说出自己的经历和看法。受访者一般不会这么做。

7)在日常交谈中,双方的言语轮换是平等的,双方以几乎同样的频率问对方问题,一方问(或回答)了一个问题以后,往往等待对方问(或回答)下一个问题。而在访谈中,轮换规则是不平等的,通常访谈者提问题的时候比较多,而且主要是由访谈者挑起新的话题。

8)日常交谈时,双方使用大量的简略语和参照物,彼此都认为对方对一些事情已经有所了解,不必详细介绍细节,对方自己会在脑子里对这些细节加以补充。而在访谈时,访谈者通常要求对方详细说明细节,举例说明自己的观点,通常是越具体、越明确越好。

9)日常交谈允许比较长时间的沉默,交谈双方如果在某一时刻都觉得不必说话,可以保持沉默。他们这么做也许是在思考如何回答对方的问题,也许打算转换一个话题,也许希望结束谈话。在访谈中,虽然访谈者被告之要容忍沉默,但通常不会长时间地保持沉默。如果受访者沉默不语,访谈者会想尽办法让对方说话。

10)在日常谈话中,双方在谈话结束时一定要使用结束语。这些结束语通常表达的是说话人的一个"借口",作为结束谈话的理由,比如"我要去赶汽车了","我现在马上要去开会"。而在访谈中,结束不必有"借口",访谈者只需表示时间到了,或者信息够了就行。当然,访谈者要向对方表示感谢,如果需要的话还要与对方商量下一次访谈的时间和地点。

从上面的讨论中可以看出,访谈是一种与日常交谈十分不同的谈话方式,具有一定的目的和形式,交谈双方的地位和权力也是很不一样的。这是一种"人为的"谈话环境,明显地改变了人们日常交流的结构和风格。访谈这一形式本身使研究者有权力控制双方交谈的方式,包括交谈的内容、谈话的风格以及信息的类型和容量(Bernard,1988:207)。研究者可以在一定程度上忽略当地人不得不考虑的一些制约因素,如亲属关系、年龄、性别、亲密程度、发话的主动权等。在这里,人们日常谈话时彼此共享的谈话情境、交流规则、知识交换和互惠的目的都被弱化了(Mishler,1986:1)。因此,访谈不是一种轻松随便的"聊天",双方的地位是不平等的。当然,如果受访者可能而且愿意的话,他们也有权利颠覆这种"不平等"的关系,对访谈者采取不合作态度,拒绝回答对方的问题,或者故意"歪曲事实"欺骗对方。但是,一般来说,只要受访者同意接受访谈,便不由自主地接受了这套规则,并且会主动遵守这套规则。如果他们不遵守这些规则,便会被认为十分"奇怪",无法得到访谈者的理解。

因此,一些研究者发现,访谈这样一种"人为的"交谈形式不一定适合所有的被研究者,特别是那些接受正规教育较少的人。比如,美国人类学家C.比瑞格斯(C.Briggs,1986)在新墨西哥州通过访谈了解一位年长的木匠师傅的劳动技术时,对方总是无话可说。实在逼得急了,这位木匠师傅便会突然冒出一句:"谁知道呢?"后来,通过与当地人交谈,比瑞格斯意识到,这位木匠师傅不说话是因为:1)他不习惯用语言来描述自己的工作技艺;2)当地的风俗习惯不允许一位年幼的人反复向一位年长的人提问题,学习应该通过观看和示范,而不是询问和说明。后来,他采取了与对方一起干木匠活的方式,结果从对方的行为中发现了很多实践性知识。

基于上述类似情况,有研究者认为,访谈是一种不"真实的"谈话情境,不能完全"客观"、"真实"地反映"现实"。这种观点隐含的一个观点是:"客观真实"是存在的,访谈者的任务就是通过提问将答案问出来。但与此同时,也有一些研究者认为,访谈本身就是"现实"存在的一种形式,它是一种言语事件,反映的是一种特定的社会现实(Briggs,1986;Mishler,1986)。

二、访谈作为言语事件

"访谈作为言语事件"的说法至少具有三个方面的含义:1)访谈是一个

"真实"发生的社会事件,是人们交谈的一种方式;2)访谈作为一种话语,本身是一个有机的整体,其各个部分之间具有一定的意义联系;3)访谈中双方所说的话都是言语行为,不仅可以"以言表意"(locutionary act),而且可以"以言行事"(illocutionary act)和"以言取效"(perlocutionary act)(Austin,1962)。

首先,访谈本身就是参与双方共同建构的一个社会事件,对双方都有一定的"现实"意义。交谈双方同意进行访谈,这本身就预设了一个特定的社会情境。双方对自己的位置和地位都有一个基本的估计,对自己的言语和非言语行为也有一定的规定。访谈的言语风格是双方共同构建的,访谈者提问以及受访者回答的方式都受到彼此对访谈这一社会事件的理解。当访谈者向受访者提出问题时,就已经在向对方进行一种搅动,为对方的意义建构提供了一个契机。而对方的回答,不论是回忆还是对现实的描述,都是一种对事实或意义的重构。通过访谈这种对话的方式,受访者让访谈者进入自己的生活,对访谈的内容重新进行意义上的解释。访谈所获得的结果不是访谈者独自从对方那里"收集"来的,而是交谈双方在访谈这一特定社会情境下相互"建构"出来的。因此,在对访谈的认识上,我们应该打破"客观主义"的虚假意识,认识到集体构建社会现实的"真实"。

其次,访谈作为一种言语事件,其本身是一个有机的整体。交谈双方的每一段对话(或提问、回答)都只是这个言语事件中的一个部分,各个部分之间都存在着相互关联的关系。受访者的回答不仅仅是对访谈者所提问题的回答,而且是针对访谈的整体情境而言的。作为访谈的一个部分,受访者的回答经常标示了(index)访谈这一整体事件中各种因素和利益之间相互冲突、相互竞争的状态(Peirce,1932)。除了访谈中原本存在的交谈权力以外,双方的社会角色、交往目的和个人兴趣都有可能影响到受访者的回答。受访者之所以接受访谈,多半有自己个人的动机,而这些动机往往会暗中导引受访者谈话的内容和方式。

例如,我的一位学生是一所大学下属分院的院长,当她就"新生入学后对学校教学的感受"这一课题访谈一位一年级学生时,对方向她滔滔不绝地说了两个小时,抱怨自己最近在一位老师那里受到的委屈。虽然,这些内容与她所希望了解的问题有所偏差,但是无论她如何"纠偏",也无法把这位学生的思路拉到"正道"上来。很显然,在这个访谈中,交谈双方的动机是很不一样的:访谈者希望了解对方入学后对学校教学工作的想法;而受访者看到对方是学校的领导,希望利用这个机会向上级领导"倒苦水",甚至可能期待着对方采取措施为自己"申冤"。因此,在这种情况下,我们不仅应该对受访者所说的话加以注意,而且(更加重要的是)要考虑到受访者的个人动机以及访谈双方的关系,特别是受访者如何看待这个关系以及这个关系对受访者所关心的问题是否具有实用价值。在对这样的访谈内容进行分析时,我们需要将受访者的谈话与访谈中其他部分结合起来考虑,而不只是在语言层面对受访者的个别言词进行细部的分析。只有将个别和整体同时纳入自己的视野,不断地在这两者之间聚焦和扩焦,我们才可能真正明白受访者接受访谈的真实意图。

再次,访谈作为言语行为,不仅可以表达意义,而且可以"以言行事"和"以言取效"。"以言行事"是指说话者使用语言来完成某种超出于语言的行为;"以言取效"是指说话者借助于语言来达到改变听话人的思想和行为的效果。比如,假设访谈者问对方:"你中午吃饭了吗?"对方回答"今天是星期天",这似乎很不符合一般人的思维"逻辑"。可是,如果我们仔细询问受访者,可能会发现,对受访者而言这个回答至少可以表达如下四种言语行为(同时伴有相应的语气、语调和表情)。1)传递信息:"今天是星期天,我星期天中午不吃饭"(可能是出于宗教原因实行斋戒,也可能是出于经济困难)。2)责备对方:"我星期天中午不吃饭,你难道不知道吗?"3)感谢对方:"谢谢你问我,我星期天中午不吃饭"(此时受访者理解对方的问话是一个"表示关心"的言语行为)。4)谢绝对方的帮助:"你不必为我买饭,我星期天中午不吃饭"(此时受访者理解对方的问话是一个"提供帮助"的言语行为)。因此,我们在访谈时,不能只是将对方的语言表达作字面上的理解,还要了解对方的文化群体对言语行为是如何定义和分类的,对方的语言表达在现在这个具体的情境下实施的是什么言语行为,这个情境中有哪些因素(如语气、语调、表情、动作、交谈双方的关系、谈话的时间、地点、其他在场的人等)决定了我们对对方言语行为的理解。

上面的讨论表明,访谈不是一个一方"客观"地向另一方了解情况的过程,而是一个双方相互作用、共同建构"事实"和"行为"的过程。在访谈进行的时候,双方实际上是在相互探询、相互博弈、相互协调。双方的个人身份和相互关系都会影响到访谈的风格和进程,交谈双方实际上是在一起营造访谈的氛围和话语情境。

三、访谈的具体功用

访谈是建立在这样一种信念之上的,即通过语言交流,人可以表达自己的思想,不同的人之间可以达到一定的相互"理解";通过提问和交谈,人可以超越自己,接近主体之间视域的融合,建构出新的、对双方都有意义的社会现实。归纳起来,我认为质的研究中的访谈主要有如下几个方面的功能:

1)了解受访者的所思所想,包括他们的价值观念、情感感受和行为规范;

2)了解受访者过去的生活经历以及他们耳闻目睹的有关事件,并且了

解他们对这些事件的意义解释;

3)对研究的现象获得一个比较广阔、整体性的视野,从多重角度对事件的过程进行比较深入、细致的描述;

4)为研究提供指导,事先了解哪些问题可以进一步追问,哪些问题是敏感性问题,需要特别小心;

5)帮助研究者与被研究者建立人际关系,使双方的关系由彼此陌生变成相互熟悉、相互信任;

6)使受访者感到更加有力量,因为自己的声音被别人听到了,自己的故事被公开了,因此有可能影响到自身文化的解释和构建。

与其他研究手段相比,访谈具有自己独特而又十分重要的功能。首先,与观察相比,访谈可以了解受访者的所思所想和情绪反应、他们生活中曾经发生的事情、他们的行为所隐含的意义。观察往往只能看到或听到被研究者的外显行为,很难准确地探究他们的内心世界;而访谈却可以进入到受访者的内心,了解他们的心理活动和思想观念。

与问卷调查相比,访谈具有更大的灵活性以及对意义进行解释的空间。问卷通常使用的是研究者自己的语言,向被研究者询问研究者自己认为重要的问题;而访谈可以直接询问受访者自己对问题的看法,用自己的语言和概念表达自己的观点。此外,在研究关系和具体情境许可的情况下,访谈者还可以与受访者探讨问卷中无法处理的一些敏感性话题(如犯罪行为、婚姻、性倾向等)。如果访谈的结构足够开放,访谈者还可以通过让受访者讲故事(或举例)的方式对自己的生活细节进行比较细致的描述。

与实物分析相比,访谈更具有灵活性、即时性和意义解释功能。实物往往没有自己的嘴巴,无法直接向研究者表白自己;而访谈者可以在与受访者交谈的时候询问他们的看法,了解他们对自己创造的实物的意义解释,探询这些实物与他们生活中其他事件之间的关系。

在使用观察、问卷或实物分析的同时使用访谈还可以起到相关检验研究结果的作用。在访谈中,研究者可以对受访者在观察中的行为表现、在问卷中所作的选择以及他们制作的实物在意义层面上进行比较深入、细致的询问。如果受访者在访谈时的回答与他们在观察中的行为不一致,访谈者可以一方面通过追问了解这种不一致产生的原因,另一方面也可以再回到研究实地对对方进行观察。通过往返不断的、各种方法之间的相关检验,研究的结果有可能逐步接近一致。

第二节 访谈的类型

社会科学研究中的访谈可以分成很多类型,依分类的标准不同而有所不同。一般的分类标准有:访谈的结构、访谈的正式程度、接触方式、受访者的人数以及访谈的次数等。下面分别对这些分类方式进行简单介绍。

一、按结构分类

就研究者对访谈结构的控制程度而言,访谈可以分成三种类型:封闭型、开放型、半开放型。这三种类型也分别被称为"结构型"、"无结构型"和"半结构型"(Bernard,1988;Fontana & Frey,1994)。

在封闭型的访谈中,研究者对访谈的走向和步骤起主导作用,按照自己事先设计好了的、具有固定结构的统一问卷进行访谈。在这种访谈中,选择访谈对象的标准和方法、所提的问题、提问的顺序以及记录方式都已经标准化了,研究者对所有的受访者都按照同样的程序问同样的问题。

与此相反,开放型访谈没有固定的访谈问题,研究者鼓励受访者用自己的语言发表自己的看法。这种访谈的目的是了解受访者自己认为重要的问题、他们看待问题的角度、他们对意义的解释,以及他们使用的概念及其表述方式。在开放型访谈中,访谈者只是起一个辅助的作用,尽量让受访者根据自己的思路自由联想。访谈的形式不拘一格,访谈者可以根据当时的情况随机应变。

在半开放型访谈中,研究者对访谈的结构具有一定的控制作用,但同时也允许受访者积极参与。通常,研究者事先备有一个粗线条的访谈提纲,根据自己的研究设计对受访者提出问题。但是,访谈提纲主要作为一种提示,访谈者在提问的同时鼓励受访者提出自己的问题,并且根据访谈的具体情况对访谈的程序和内容进行灵活的调整。

一般来说,量的研究通常使用封闭型的访谈形式,以便收集统一的数据,对其进行统计分析。而质的研究方法在研究初期往往使用开放型访谈的形式,了解被访者关心的问题和思考问题的方式;然后,随着研究的深入,逐步转向半开放型访谈,重点就前面访谈中出现的重要问题以及尚存的疑问进行追问。由于本书是对质的研究方法进行探讨,因此从现在起,除了特别说明以外,本书中所说的"访谈"一词一律指开放型访谈和半开放型访谈。

二、其他分类标准

除了按结构分类以外,访谈还可以根据正式程度、接触方式、受访者的人数以及访谈的次数进行分类(Bernard,1988)。首先,按照正式程度,访谈可以分成正规型和非正规型。前者指的是研究者和被研究者双方事先约定好时间和地点,正式就一定的问题范围进行交谈;后者指的是研究者根据受访者日常生活的安排,在与对方一起参加活动的时候根据当时的情形与对方交谈。在质的研究中,这两种访谈方式都可以使用。有时候,结合使用两者还可以提高研究结果的丰富性和"可靠性",因为从这两种不同方式中获得的资料相互之间可以进行补充和交叉检验。从正规访谈这种人为的研究环境中获得的结果有时候可能不如从非正规访谈这种自然环境中获得的结果来得"贴切"、"自然";而从非正规访谈中获得的结果有时可能不如从正规访谈中获得的结果"深入"、"细微"。

其次,根据访谈者与受访者双方接触的方式,正规型访谈还可以进一步分成直接访谈和间接访谈两种类型。前者指的是研究者与被研究者一起坐下来,进行面对面的交谈;后者指的是研究者与被研究者事先约好时间,通过电话等交通工具对对方进行访谈。直接访谈的好处是:研究者可以看到对方的表情和动作,对对方的情绪波动、精神状态、特别是对方的言语行为与非言语行为之间的关系可以有一个比较完整、准确的把握。电话访谈的好处是:1)可以解决因地域距离或时间匮乏而带来的困难;2)如果受访者不愿意让访谈者看到自己,或者谈话的内容让自己感到尴尬,这种访谈方式可能使受访者感到轻松一些。但是,在电话访谈中,访谈者无法看到对方的面部表情和形体动作,因此很难判断对方的"真实"态度和情绪。因此,我的建议是,如果不是万不得已,最好不要使用间接访谈的方式。如果确实没有其他更好的办法,而研究者又在这之前已经与被研究者进行过多次面对面的访谈,对对方的形象、神态、语气和动作等非言语行为都有所了解,也可以适当地采用电话访谈的形式。另外,如果研究者在与对方进行了多次直接接触以后,发现自己对一些问题还不太清楚(特别是一些不太复杂的事实性问题),而此刻又没有机会与对方见面,也可以通过电话向对方询问。但是,如果问题非常复杂,涉及到研究中一些重大的概念性问题,访谈者最好还是想办法与对方面谈。

再次,根据受访者的人数,访谈还可以进一步分成个别访谈和集体访谈两种情况。个别访谈通常只有一名访谈者和一名受访者,两个人就研究的问题进行交谈;而集体访谈可以由一到三名访谈者和六到十名参与者组成,访谈者主要协调谈话的方向和节奏,参与者自己相互之间就有关的问题进行讨论(有关这种访谈的具体实施步骤,详见第十四章)。在个别访谈中,受访者可以得到访谈者较多的个人关注,有较多的机会与访谈者交流,因此可能对自己的内心世界进行比较深刻的挖掘。由于只有访谈者一个人在倾听自己的故事,受访者可能感到比较放松,不像在公众场合那样不愿暴露自己的隐私(当然,这里的前提是,受访者必须信任访谈者)。与个别访谈相比,集体访谈可以为参与者提供一个相互交流的机会,调动大家对有关问题进行争论,对"事实"和"知识"进行集体性建构。由于人们在集体环境中的表现往往与个人独处时不太一样,集体访谈还可以为访谈者提供一个机会,观察参与者在集体互动中的行为表现。在质的研究中,个别访谈和集体访谈可以结合起来使用。就像结合使用正规型访谈和非正规型访谈一样,结合使用个别访谈和集体访谈也可以提高研究结果的丰富性和"可靠性"。从不同环境中获得的研究结果可以相互充实、相互验证,从多重角度对研究的现象进行透视。

此外,根据访谈的次数,访谈还可以分成一次性访谈和多次性访谈。一次性访谈通常内容比较简单,主要以收集事实性信息为主;多次性访谈则通常用于追踪调查,或深入探究某些问题(特别是意义类问题),可以有一定的结构设计,逐步由浅到深,由表层到深层,由事实信息到意义解释。在质的研究中,如果不是特殊情况,研究者都提倡进行多次访谈。第一次访谈往往是研究者与对方建立关系的好机会,通常只能了解受访者一些一般的情况,很难就研究的问题进行深入的探讨。此外,研究者在第一次访谈以后可能发现其中提到的一些重要概念和事件需要进一步澄清,而多次访谈可以为此提供更多的机会。美国学者塞德曼(I.Seidman,1991)认为,如果要就有关问题对受访者的经历和看法进行比较深入的了解,起码应该进行三次访谈。第一次访谈主要粗略地了解一下受访者过去的经历,访谈的形式应该绝对开放,以受访者自己讲故事的方式进行。第二次访谈主要就研究的问题询问受访者目前有关的情况,着重了解事情的有关细节。第三次访谈主要请受访者对自己行为的意义进行反省和解释,重点在认知和情感层面对受访者的反应进行探索,在受访者的行为、思想和情绪之间建立起一定的联系。塞德曼的模式只是很多模式中的一种,我们可以采取其他不同的方式。但是,不论进行多少次访谈,一个应该遵循的原则是:收集的资料要尽可能达到饱和状态。如果我们在后续访谈中得到的资料只是对以前收集到的资料的重复,那就说明访谈的次数已经够了。

虽然访谈的形式多种多样,对访谈形式的选择应该依研究的问题、目的、对象、情境和研究阶段不同而有所不同,在必要的时候还可以结合不同的方式。例如,如果某一项研究课题希望对某商店里的服务员就"优秀服务员"的定义进行调查,研究者可以采取正规与非正规访谈、个别与集体访谈相结合的形式对该店的服务员进行面对面的、多次而又深入的、先开放后半开放型的访谈。而如果该店一位十分重要的服务员恰好在外地出差,而研究者又不得不在她/他返回之前听取她/他的意见的话,可以进行电话访谈。同时采取这些不同的方式对该店的服务员进行访谈不仅可以从多方渠道收集资料,而且可以起到相关验证研究结果的效果。服务员们在集体场合不好说出口的一些事情可能会在个别访谈中披露出来,而那些在正规访谈中被认为敏感的话题可以在非正规场合进行探讨。

第三节　访谈前的准备工作

在访谈开始之前,研究者要做一些必要的准备工作,这通常包括:抽取访谈对象、确定访谈的时间和地点、建立访谈关系、设计访谈提纲等。第六章已经对研究对象的抽样进行了详细的讨论,这里不再赘述,只对其他部分进行探讨。

一、确定访谈的时间和地点

一般来说,访谈的时间和地点应该尽量以受访者的方便为主。这么做一方面是为了对受访者表示尊重,另一方面也是为了使受访者在自己选择的地点和时间里感到轻松、安全,可以比较自如地表现自己。假设,如果一位女受访者被邀到研究者与其同事共用的一间办公室里谈自己最近离婚时的痛苦心情,她不仅在谈话时会表现得局促不安,而且会担心自己的隐私被办公室里其他的人宣扬出去。如果她可以在下班以后按照自己的意愿在家里接待研究者,她的心情可能会轻松得多,谈起话来也不会像在办公室里那么瞻前顾后。当然,如果她的家里人员太多(如与母亲和儿子同住一套公寓),她也许希望选择一个公共场所来进行访谈。在这种情况下,研究者要考虑选择一个比较僻静的地方,避免过多的人员来往以及噪音的干扰。

研究者在与受访者初次接触时,还应该就访谈的次数和时间长短与对方进行磋商。一般来说,一个比较充分的收集访谈资料的过程应该包括一次以上的访谈;每次访谈的时间应该在一个小时以上,但是最好不要超过两个小时。与研究者交谈两个小时以上往往会使受访者感到十分疲劳,如果不及时打住可能会使受访者对讨论的话题产生厌倦情绪,甚至可能认为研究者"不近人情"。如果受访者产生了不满情绪,其思维活动有可能趋于缓慢乃至停滞——这显然不利于研究者今后进一步与受访者合作。当然,如果受访者自己兴趣盎然,希望在两小时以后继续交谈,访谈也可以继续进行下去。但是,在这种时候,访谈者应该密切注意对方的神情,并且不时地用言语或动作表示访谈已超过约定的时间,如果对方愿意的话可以随时结束。

二、协商有关事宜

访谈成功与否在很大程度上取决于访谈者与受访者之间的关系,而访谈关系的建立和保持又在很大程度上取决于双方就有关事宜达成的共识。一般来说,访谈者在访谈开始之前就应该向受访者介绍自己和自己的课题,并且就语言的使用、交谈规则、自愿原则、保密原则和录音等问题与对方进行磋商。

访谈者在向受访者介绍自己的研究课题时,应该告诉对方他们是如何被选择作为访谈对象的,自己希望从他们那里了解哪些情况。访谈者应该尽量做到坦率、真诚,尽自己的可能回答对方提出的问题,帮助对方消除疑虑。访谈者应该向受访者本人表示高度的兴趣,通过自己的言语和非言语行为向对方传递这样一个信息,即:自己不仅仅希望从对方那里得到有关的信息,而且更重要的是了解对方这个人;对方不仅仅是一个"信息源",而且更重要的是一个活生生的"人",自己很希望了解这个"人";自己是一名"学习者",希望从受访者那里"学"到经验;因此希望对方积极配合,毫无保留地对自己这名"学生"进行"指导"。与此精神相一致的是开放型访谈的交谈风格:访谈者在一开始就应该鼓励受访者主动发表自己的意见,并且明确地告诉对方可以随时打断自己的谈话。

此外,在访谈开始之前,访谈者应该再次向对方许诺志愿原则,说明在研究的过程中受访者有权随时退出,而且不必对研究负任何责任。同时,研究者应该向受访者作出明确的保密承诺,保证对受访者提供的信息保守秘密。如果在研究报告中需要引用受访者提供的资料,研究者将对所有的人名和地名使用匿名。

如果受访者的语言是访谈者不熟悉的,访谈者要尊重受访者的语言表达方式,鼓励他们用自己的母语来表达自己的思想。一个人的母语往往离自己内心的情感最近,最容易用来表达自己深层次的思想和感受,因此访谈者应该努力学习当地人的语言,只是在迫不得已的时候才雇用翻译。同时,访谈者应该学会用受访者习惯的语言方式提问题,而不应该要求对方用自己熟悉的表达方式来交谈。

在访谈开始之前,访谈者还应该与受访者探讨是否可以对访谈进行录音。一般来说,如果条件允许而受访者又没有异议的话,最好对谈话内容进行录音。由于开放型访谈强调使用受访者自己的语言对他们的意义进行分析和再现,因此录音可以帮助研究者日后分析资料和撰写报告。此外,录音还可以使访谈者从记笔记的负担下解放出来,将全部注意力放在受访者身上。访谈者全神贯注不仅有助于自己与对方共情,而且可以使受访者感到自己所说的内容十分重要,因此而愿意开放自己,与对方进行更深层次的交流。在有的情况下,录音机还可能成为促使交谈双方接近的媒介。比如,朱克曼(1982:367)在对美国的诺贝尔奖获得者进行访谈时,她的录音机碰巧很漂亮,结果许多受访者都问及它的性能和价值,还有的人对它的录音效果表示关切。在这种情况下,录音机成了她与受访者开始交流的一个十分自然而又便利的话题。

　　但是,在某些情况下,录音也会产生副作用。如果良好的访谈关系尚未建立起来,受访者感到不安全,录音有可能使他们感到紧张不安,甚至选择隐瞒那些今后有可能给他们带来不利后果的信息。另外,有的受访者可能觉得谈话被录音是一件非常重要的事情,有可能今后"名垂千古",因此在谈话的时候尽量使用正规的、堂而皇之的语言,不愿意使用自己日常使用的语言。此外,虽然大多数质的研究者认为录音十分重要,但是也有研究者不习惯录音。他们说,录音使自己变得懒惰,因为想到事后可以听录音带,访谈时便不强迫自己对访谈内容进行即时的记忆(Champaigne,1996)。结果,访谈时他们的思维变得迟钝,不能敏锐地捕捉住受访者的语言和思路,当然就更谈不上对访谈的内容进行即时追问了。

　　然而,如果访谈者不录音的话,有的受访者可能感到自己受到了冷落,似乎自己提供的信息不够重要,不必逐字逐句地记录下来。我本人最近就有过这样一次经历。一位美国历史学家就中国文化大革命期间工厂女工的工作情况对我进行访谈时,事先没有与我讨论是否需要录音的问题。当交谈进行得十分热烈的时候,我突然发现对方慌慌张张地往笔记本上记着什么,还不时地停下来打断我的话,询问一些细节。作为一个不仅访谈过很多人而且接受过很多次访谈的人,我对她这种窘态实在是感到"惨不忍睹",情不自禁地问她:"你需要录音机吗?"她对我的问话好像如释重负,马上表示愿意接受我的给予。结果,我(一名受访者)不仅为我的访谈者提供了一部录音机,而且还免费提供了一盘录音带。当然,撇开我是否对自己的谈话内容被"永久地"录了下来而感到欣慰,起码我对这位访谈者连问都不问我是否愿意录音感到十分不满。这次经历给我的教训是:不管受访者是否愿意接受录音,访谈者一定要征求对方的意见。如果对方拒绝了,那是对方的权利。作为研究者,我们起码应该给对方一个选择的机会。

三、设计访谈提纲

　　虽然开放型和半开放型访谈要求给受访者较大的表达自由,但是访谈者在开始访谈之前一般都会事先设计一个访谈提纲。这个提纲应该是粗线条的,列出访谈者认为在访谈中应该了解的主要问题和应该覆盖的内容范围。访谈问题与研究问题不一样,后者是从研究的现象提炼出来的、研究者尚有疑问的问题,而前者是为了回答后者而设计的问题。因此,访谈问题应该明白易懂、简要具体、具有可操作性。访谈提纲应该尽可能简洁明了,最好只有一页纸,可以一眼就全部看到。

　　访谈提纲的作用就像是一个舞台提示,在访谈中只是起一个提醒的作用,以免遗漏重要的内容。因此,访谈者在使用访谈提纲时一定要保持一种开放、灵活的态度。访谈的具体形式应该因人、因具体情境而异,不必拘泥于同一程式,也不必强行按照访谈提纲的语言和顺序提问。如果受访者在访谈结束的时候还没有提到访谈者在提纲中列出的重要问题,访谈者可以询问对方。访谈提纲应该随时进行修改,前一次(或者是对前一个受访者)访谈的结果可以为下一次(或者是对下一个受访者)的访谈设计提供依据。

通常,访谈者在设计访谈提纲的时候,并不知道什么访谈问题比较适合受访者的实际情况,往往只能根据自己的经验进行猜测。因此,访谈提纲中列出的问题应该尽量开放,使受访者有足够的余地选择谈话的方向和内容。在我的教学中就有一个十分有趣的例子可说明这个问题。在一次课堂访谈练习中,我要同学们当场访谈一位在美国生活了十年、获得了博士学位以后最近回国工作的中国留学生,研究的问题是"留学生回国后的文化适应"。首先,全班同学利用一堂课的时间设计了一个访谈提纲,先分组讨论,然后一起商议,列出了大家认为比较重要的访谈问题。在这个访谈提纲中,第一个问题是:"您回国以后感觉怎么样?"这是一个开放型的访谈问题,可以给受访者足够的机会谈自己的感受。但是,在讨论中同学们一致认为,这位留学生在美国生活了十年以后才回国,各方面一定很不适应,因此大家设计了很多子问题,就受访者可能有的各种不适应的情况进行追问,如:"您回国以后有什么不适应的地方吗?比如说,住房?工资?工作条件?交通?空气?食品?孩子上学?"然后,全班同学经过个人自荐、全班通过的办法选出了一位访谈者。下节课开始,受访者进来,双方坐下以后便开始了正式访谈。访谈者问了对方第一个开放型问题以后,对方立刻爽快地回答:"我回国以后很适应,没有任何不适应的地方。"全班同学一个个面面相觑,显得非常吃惊的样子。十五分钟访谈结束后,受访者退去,同学们开始就刚才的访谈进行讨论。在场的很多同学都说,受访者的第一个回答使他们大吃一惊,万万没有想到对方会如此做答,他们都暗暗地为那位担任访谈者的同学捏一把汗,不知道下面她该怎么问。访谈者说,她自己也一下子慌了手脚,不知道应该如何回应,由于大家的猜测失误,访谈提纲里准备的那些追问的问题一个也没用上。从这个例子得到的教训是:不论是在设计访谈提纲还是正式访谈时都应该尽量保持一种开放的心态,准备接受受访者不同的反应,然后按照对方的思路深入下去。在上面的访谈中,访谈者虽然使用了一个非常开放的问题作为开头,但是由于自己(以及全班同学)的前设太强,访谈提纲中的问题太"偏执",结果没能跟上对方出乎意料的回答。

第四节　其他注意事项

除了选择合适的访谈类型、了解访谈对自己研究课题的具体作用、做好访谈前的各项准备工作以外,访谈者还要考虑如下几方面的问题:对访谈内容进行笔录、观察并解释交谈双方的非言语行为、选择合适的方式结束访谈。(具体的访谈实施,如提问、倾听和回应,将在下面三章详细进行讨论)

一、访谈记录的方式

访谈记录在质的研究中占据了一个十分重要的位置。由于质的研究的目的是捕捉受访者自己的语言,了解他们建构世界的方式,因此受访者的谈话最好能够一字不漏地被记录下来。如果可能的话,访谈者应该对访谈进行现场录音或录像。如果条件不允许的话,访谈者应该对访谈内容进行详细的笔录。

现场笔录一般有四种方式:内容型记录、观察型记录、方法型记录和内省型记录。"内容型记录"记的是受访者在访谈中所说的内容,这种记录在无法录音的情况下尤其重要。"观察型记录"记下的是访谈者看到的东西,如访谈的场地和周围的环境、受访者的衣着和神情等。"方法型记录"记的是访谈者自己使用的方法以及这些方法对受访者、访谈过程和结果所产生的影响。"内省型记录"记下的是访谈者个人因素对访谈的影响,如性别、年龄、职业、相貌、衣着、言谈举止、态度等。

有时候,访谈者可能认为受访者所说的话已经"离题"了,没有记录的必要。但是过后在分析资料的时候,可能会发现那部分资料实际上非常有价值。一般来说,在访谈初期,访谈者很难知道哪些资料有用,哪些资料没有用。因此,最好的预防措施是:记下所有的事情。

然而,过多的现场笔录有可能影响到访谈的质量和研究关系。如果访谈者低头忙于记笔记,受访者可能感到自己没有得到足够的关注,而访谈者自己也很难从对方的表情捕捉到重要的信息。结果,访谈者可能显得思维迟钝,不能很快地对对方所说的内容做出回应。而为了弥补这一点,访谈者往往身不由己地加快问话的速度,结果使访谈的质量进一步下降(Whyte,1982)。在这种情况下,受访者可能听不清楚对方的问题,或者被对方心神不宁的样子弄得忐忑不安。

因此,访谈者与其急匆匆地试图记下所有的内容,不如发明一些自己看得懂的速记方法,在访谈进行时对谈话内容进行速记,然后等访谈结束后再找机会将细节补充进去。详记的时间应该越早越好,在记忆尚未消失之前立刻进行。通常,访谈者事后做记录时往往习惯于用自己的语言对谈话内容进行总结和概括,容易忽略说话者自己的语言和说话的方式。因此,访谈者在事后补充记录时一定要注意将自己放回到访谈的情境之中,身临其境地回忆当时受访者所说的原话。比如,我在对辍学学生进行调查时,他们自己以及家长对辍学所用的词语是"不读了",他们的老师所用的词语是"不上学了"。因此,我在对资料进行整理时注意使用了他们自己的语言,而没有使用学术界常用的"失学"乃至"辍学"这种文绉绉的表达方式。

二、访谈中的非言语行为

访谈中交谈双方除了有言语行为,还有各种非言语行为,如外貌、衣着、打扮、动作、面部表情、眼神、人际距离、说话和沉默的时间长短、说话时的音量、音频和音质等。双方的非言语行为可以提供很多重要的、言语行为无法提供的信息。根据拉康的观点,在两个人进行对话时,至少总是存在一个"第三参与者",这个第三者就是嵌入语言中的无意识结构、术语、行为等各种非言语代码(马尔库斯,费彻尔,1998:54)。交谈双方的非言语行为可以比言语行为更加有力地表现双方的态度、关系以及互动的状态。

受访者的非言语行为不仅可以帮助访谈者了解对方的个性、爱好、社会地位、受教育程度以及他们的心理活动,而且可以帮助访谈者理解他们在访谈中所表现出来的言语行为。一般来说,受访者在说话的时候会表现出相应的非言语行为,如高兴时会笑,痛苦时会哭。如果受访者的非言语行为与其语言表达之间不相吻合(如谈到痛苦的心情时脸上的表情却是在笑),这便为访谈者了解受访者的人格提供了可见的依据。因此,在访谈过程中,访谈者可以对受访者的面部表情和形体动作进行观察,同时做一些简短的记录。录音往往无法记录下这些重要的信息,因此即使有录音,访谈者也应该同时对这部分信息进行笔录。例如,朱克曼(1982:368)在访谈美国的诺贝尔奖获得者时,就注意通过对方的一些非言语行为来了解对方的态度。比如,在一次访谈开始时,受访者坐在轮椅上,离她大约四英尺,接着他就开始往后撤。到访谈结束时,他离开原来的位置至少有十英尺。朱克曼注意到这是对方对访谈不感兴趣或怀有敌意的一种暗示,因此采取了一些其他的办法来改善双方的关系。

访谈者本人的非言语行为(如服饰、打扮、动作、表情和目光等)也会对访谈产生十分重要的影响。访谈者的穿着如果与受访者所处的文化环境格格不入,可能会使对方感到不舒服,从而影响对方与自己合作。如果访谈者的形体动作过于频繁、目光左右环顾、表情过于夸张,也可能使受访者受到干扰,不能集中注意力思考问题。比如,我曾经接受过一位美国教育学家的访谈。当我谈到中国的文化大革命时,她的表情是如此地惊恐万状,似乎她不能理解我这样的中国人是如何活下来的。也许,她做出这样的表情是为了向我表示同情,但是她这种不可理解的神情使我觉得她没有能力理解我所说的事情,因此也就不想继续向她述说下去了。

另外一类交谈双方都可能使用的非言语行为包括在访谈时使用辅助工具,如绘画、照片和分类卡片等。这些投射型工具可以刺激受访者的感觉器官,帮助他们从其他的角度看待正在讨论的问题。比如,绘画可以付诸受访者的视觉感受,激发他们的认知和情感反应;照片可以唤醒记忆,使受访者产生联想和想像;为研究特意设计的分类卡片可以帮助受访者对某些概念进行命名和分类。访谈者在使用这些辅助工具时不仅可以运用自己的非言语行为(如画画儿、写字),而且可以观察对方的非言语反应(如大笑、皱眉头、表示惊奇等)。

三、访谈的收尾工作

访谈应该在什么时候结束?——这是质的研究者经常遇到的一个难题。一般的建议是:访谈应该在良好的气氛中进行,因此如果访谈已经超过了事先约定的时间、受访者已经面露倦容、访谈的节奏变得有点拖沓、访谈的环境正在往不利的方向转变(如受访者有客人来访)等,访谈应该立刻结束。访谈者要善于察言观色,在适当的时机结束访谈。

有时候,有的访谈新手希望在一次访谈中获得所有希望获得的信息,结果任意延长访谈时间,不能在适当的时候结束访谈。这样做对访谈的关系极为不利,容易使受访者产生"受剥削"的感觉。有时候,由于访谈者自我暴露太少,受访者不知道对方对已经提供的信息是否感到满意,结果(往往是出于好心)按照自己的猜测不停地说下去。这样做的一个后果是:访谈时间可能被无限制地延长,访谈者失去了控制,而受访者过后也可能因耽误自己过多的时间而感到不快。

访谈应该以什么方式结束?——这也是质的研究者经常询问的一个问题。通常的建议是:尽可能以一种轻松、自然的方式结束。访谈者可以有意给对方一些语言和行为上的暗示,表示访谈可以结束了,促使对方把自己特别想说的话说出来。比如,访谈者可以问对方:"您还有什么想说的吗?""您对今天的访谈有什么看法?"如果必要的话,访谈者还可以做出准备结束访谈的姿态,如开始收拾录音机或笔记本。为了给结束访谈做一些铺垫,访谈者也可以谈一些轻松的话题,如询问对方:"您今天还有什么活动安排?""您最近在忙什么?"如果受访者在此时对研究仍旧表现出疑虑,访谈者可以再一次许诺自愿原则和保密原则。如果本研究需要对同样的受访者进行多次访谈,访谈者也可以利用这个机会与对方约定下次见面的时间和地点。当然,对所有的受访者,访谈者都应该在访谈结束的时候表示自己真

诚的感谢,为他们付出的时间和精力、他们对自己的信任以及他们愿意进行
自我探索的勇气(因为并不是每个人都能够这么做)。

综上所述,访谈是质的研究中一个十分重要的收集资料的方式。访谈
与日常谈话不一样,是一种有目的的研究性谈话。但与此同时,访谈又可以
作为一种言语事件,其本身的存在和作用便可以作为一个十分有意义的研
究现象。在质的研究中,访谈发挥的不仅仅是一个简单的、访谈者向受访者
"收集"资料的作用,而且更重要的是一个交谈双方共同"建构"和共同"翻
译"社会现实的过程。因此,质的研究中的访谈不能仅仅依靠访谈者运用
个人的技艺,而且还需要访谈者理解访谈的作用、把握访谈的情境、对研究
关系有足够的意识。虽然本章对访谈的程序(如准备工作、记录方式、非言
语行为、收尾的策略等)进行了一个简单的介绍,而且下面四章将对访谈的
具体实施(如提问、倾听、回应、组织集体访谈等)进行比较详细的讨论,但
是我们应该时刻牢记的是:访谈的成功不仅需要访谈者将自己的"心"打
开,而且需要想办法让受访者打开自己的"心"。只有"心"与"心"之间进
行交流,我们才有可能进入"心"的深处;而对"深处"进行探究才是访谈的
真正使命。

第十一章 访谈中的提问

——我想知道什么？

在上一章里,我们讨论了访谈的定义、类型、作用、准备工作、记录和收尾方式等,下面的三章将分别讨论访谈实施中三个主要的工作:提问、倾听、回应。访谈的实施可以被认为主要包括这三个方面,但是它们在实际操作时其实是相互交融、密不可分的。比如,在很多情况下回应的方式就是提问的方式,只是前者更加强调与受访者前面所说内容之间的联系,而后者更多地出自访谈者自己的筹谋(agenda)。质的研究要求访谈者的提问始终与受访者前面所说的内容密切相关,因此从这个意义上来说,提问与回应几乎可以说是一回事。而倾听则对提问和回应都具有指导性的作用,因为不会倾听就不会回应和提问。访谈者如果听不到受访者的真实意图,根本就无法进入对方的内心世界,也就不可能对对方的意图做出积极的回应和进一步的探询。本书将访谈的这三个组成部分分开来进行讨论,主要是为了分析上的方便。

此外,很多来自研究实地的经验表明,访谈在很大程度上受到访谈者个人素质及其与受访者之间关系的影响,访谈成功与否并不完全取决于访谈者使用的具体技巧。如果我们希望成为一名成功的访谈者,不仅需要学习一些必需的访谈技术,而且(更重要的是)需要在日常生活中培养自己理解他人、关心他人、与他人和睦相处的能力。本书对访谈技巧进行讨论,只是为访谈者提供一个对自己的具体行为进行检验和反省的机会。这种一点一滴的对自己实践活动的反思也许可以最终汇入我们为提高自己全面素质所作的努力之中。

第一节 提问的基本原则

在访谈中,访谈者所做的主要工作之一是提问题,因此“问”在访谈中占据极其重要的地位。一般来说,提问题的方式受到很多因素的制约,比如研究问题的性质(如公开或隐私话题)、访谈者和受访者双方的个性、年龄、性别、民族、职业、受教育程度、社会地位以及访谈者与受访者之间的关系（如信任程度、相互喜欢程度）、访谈的具体情境（如公共场合或私下交谈）等。因此，访谈者应该学会随机应变，根据具体情况选择最佳的方式提问。如果研究的问题属于敏感性话题，访谈者应该十分谨慎，采取迂回的方式进行。如果受访者性格比较内向、不善言谈，访谈者可以多问细节，以此启发受访者做出回应。如果访谈关系尚未建立起来，访谈者应该避免直接询问个人隐私，等到关系融洽了以后再试探性地进行询问。

"在访谈中如何开始说第一句话？"——这是访谈新手们经常问的一个问题。回答可以有很多种，但是一个重要的原则是：尽可能自然地、结合受访者当时的具体情况开始谈话。比如，访谈者可以先与受访者聊聊天，询问一下对方的个人经历、家庭背景和生活工作情况。如果合适的话，双方也可以就共同感兴趣的话题（如球赛、国家大事、衣着等）先闲聊一会儿。如果访谈者走进访谈的地点（如受访者的家）时对方正在做事（如做作业、缝衣服、看电视），访谈者也可以就这些事情与对方开始交谈，如："你在做什么作业呀？""你缝的衣服真漂亮！""电视上有什么节目啊？"访谈者这么做可以使气氛变得比较轻松，增进双方的情感交流，消除（或减少）双方心理上的隔膜。一定的人际关系建立起来以后，访谈者就可以开始正式提问了。

第二节　访谈问题的类型

访谈者提的问题可以千变万化，依研究的问题、访谈者的习惯、受访者的个性以及当时的具体情境不同而有所不同。如果我们希望对访谈问题进行分类的话，我认为可以大致分成开放型和封闭型、具体型和抽象型、清晰型和含混型三组类型。不同的问题类型会在很大程度上影响到受访者的言语行为，不仅对他们回答内容的范围和长度，而且还会对整个访谈的风格有所限定。

一、开放型与封闭型问题

开放型问题指的是在内容上没有固定的答案、允许受访者作出多种回答的问题。这类问题通常以"什么"、"如何"和"为什么"之类的词语为语句的主线，如："您对高校入学收费有什么想法？你们学校是如何收费的？你们学校为什么这么收费？"而封闭型问题指的是那些对受访者的回答方式和回答内容均有严格的限制、其回答往往只有"是"或"不是"两种选择的问题，因此这类问题又被称为"是或否问题"，比如："您认为高校入学收费合理吗？你们学校对每个学生都收费吗？是不是国家有规定要求这样收费？"

很显然,在开放型访谈中,封闭型问题应该尽量少用。开放型访谈的目的是了解受访者看待研究问题的方式和想法,因此访谈问题不仅在结构上还是内容上都应该灵活、宽松,为受访者用自己的语言表达自己的想法留有充分的余地。而封闭型问题首先在结构上就限制了回答者的选择,使其无法自由地表达自己的想法。比如,在上例中,当访谈者问对方:"您认为高校入学收费合理吗?"对方只能说"合理"或"不合理"。尽管受访者可能对高校入学收费的问题有很多自己的看法(如"对富裕家庭的孩子而言,收费是合理的;对热门专业来说,收费也是合理的"等),但是如果访谈者不继续追问的话,对方只能就此打住。这类提问获得的信息量类似于书面问卷,没有发挥面对面开放型访谈的优势。

封闭型问题不仅在形式上对受访者的回答有所限定,而且在内容上也严重地限制了受访者的思路。这类问题往往带有提问者个人自己的定见或"倾见",有意无意地将自己对事物的概念定义和分类方式强加给对方。例如,如果访谈者问一位受访者:"你认为自己是什么类型的性格,内向还是外向?"这个问题本身就已经将人的性格分成了两类:"内向"或"外向",而受访者也只可能在这两者之间作一个选择。可是,这位受访者很可能不使用"内向"和"外向"这样的词语来描述人的性格;或者,即使他/她平时使用这样的词语,但是并不认为自己的性格可以被放入其中一类。他/她也许认为自己在某些场合(如上班、社交活动时)表现得比较"内向",而在其他一些场合(如与家人和朋友在一起时)却表现得比较"外向"。当访谈者提出这样一个先入为主的问题时,他/她很可能不知如何作答,随便搪塞一下说"内向"或"外向"。也许访谈者对他/她来说是一位"权威人物",在这之前他/她曾经受到对方的暗示,说他/她的性格有点"害羞",因此而"不得不"(甚至是无意识地)回答说"内向";也许他/她心里对这个问题不太满意,可是又不知道问题出在哪里,心里觉得挺别扭。如果访谈者连续不断地问这类封闭型的问题,他/她可能会感到自己被强迫放到了一个被动的位置,因此而渐渐失去谈话的兴趣。

虽然访谈者应该尽量使用开放型问题,但是使用这类问题时也必须考虑到受访者的个人特点。有时候,问题过于开放,或者开放的问题过多,受访者可能会对对方的意图感到迷惑不解,因此而产生心理上的焦虑。比如,怀特(1982)在一家餐馆里研究人际关系时,对每一位餐厅服务员都使用了一个类似下面这样的"非指导型问题":"请告诉我,您认为在您的工作中什么事情比较重要,而您又对此比较关心?"结果,他得到的回答通常是:"你到底想要知道什么?"这些受访者好像被这种过于开放的问题弄得十分不安,不知道对方究竟想干什么。由于访谈者所提的问题过于开放,给对方留的余地过多,对方不能有针对性地作出回答。我本人对一些小学生进行访谈时,也曾发现类似的问题。如果我问一位小学生:"你对学校有什么感觉?"他/她会抬起头来,十分疑惑地望着我,好像我是一个从外星球上下来的怪物似的。而如果我改变提问的方式,问这位小学生:"你喜欢上学吗?"他/她可能会回答:"喜欢。"然后,如果我再继续追问:"为什么喜欢?""学校里什么事情你最喜欢?""能多告诉我一些你们学校的事情吗?"这位小学生的反应会立刻变得生动起来。因此,如果受访者对过于开放的访谈结构不习惯(这种情况多半发生在受教育程度较低或年龄较小的受访者身上),访谈者可以考虑适当地问一些封闭型的问题。通过这类问题,访谈者可以为对方确定一个思考的基本方向(但不是具体的内容)。

除了引导方向以外,在其他一些特殊情况下访谈者也可以适当地使用一些封闭型问题。比如,访谈已经进行到一定阶段,访谈者希望对自己的某个初步结论进行检验。在这种情况下,此类问题因其明确的导向性也被称为"导向型问题",其主要目的是引导受访者往访谈者希望探讨的方向走。比如,如果访谈者发现某大学很多学生都对学校食堂的伙食不满意,希望在访谈中明确地知道是不是所有被访的大学生都有这类看法,那么他/她可以直接问每一位受访者:"你对学校食堂的伙食满意吗?"有时候,访谈者甚至可以故意使用一个与目前发现的"事实"相反的陈述,有意邀请对方对此进行纠正,以求从不同侧面来检验自己的初步结论(Sullivan,1954)。比如,如果访谈者明明知道某大学内大部分学生都对食堂的伙食不满意,但是在访谈时故意问被访的学生:"你对学校食堂的伙食很满意吧?"以此来邀请对方对这个问题进行反驳。另外一种具有导向性的封闭型问题被称为"控制型投射"即:使用别人的意见或在别的情境下发生过的类似事件对受访者进行检验(Whyte,1982),比如:"你们学校有的同学认为食堂的伙食很不错,不知你的意见如何?"或者"我访谈过的中文系的几位同学都认为食堂的伙食很不好,不知你是否同意这种看法?"

当然,使用这种检验性封闭型问题有一定的危险性,很容易造成对受访者的误导。由于访谈者在很多情况下都出于权力的高位,提出的问题中所隐含的思维倾向很容易影响到受访者的回答。因此,使用这类问题时一定要十分谨慎,不到迫不得已时不要使用。如果一定要用,也应该控制在访谈的后期进行(个别特殊情况除外,如上面所谈的受访者不习惯过于开放的访谈结构)。一般来说,如果访谈者在前期成功地使用了开放型访谈结构和开放型问题,受访者通常在访谈结束之前便覆盖了访谈者希望了解的所有情况。如果受访者在结束时还没有谈及一些访谈者认为十分重要的问题,访谈者可以采用相对封闭的方式对这些问题进行比较有针对性的提问。

二、具体型与抽象型问题

从所期待的回答内容来看,访谈的问题还可以分成具体型和抽象型。前者指的是那些询问具体事件(特别是事情的细节)的问题,如:"昨天在你们学校里发生了什么事情？在哪里发生的？当时都有谁在场？在场的人都说了(做了)什么？"后者则具有较高的总结性和概括性,如:"你们学校的学生一般在什么情况下上课迟到？你们平时下课时都干些什么？现在的中学生最喜欢看什么课外书籍？"具体型问题有利于受访者回到有关事件发生时的时空和心态,对事件的情境和过程进行细节上的回忆或即时性建构。抽象型问题则便于对一类现象进行概括和总结,或者对一个事件进行比较笼统的、整体性的陈述。

如果研究的目的是了解受访者个人的独特经历和想法或者探寻某一事件的来龙去脉,访谈者应该尽量使用具体型问题。总的来说,抽象型问题应该尽量少用,因为受访者对这类问题往往容易凭自己的印象想当然,作出的回答可能与实际情况有所出入。由于思维理性化的影响,人们(特别是"知识分子")往往习惯于在理性层面探讨问题,不习惯落实到具体的实处。如果访谈者使用过于理性化的问题,受访者也会倾向于作出理性化的回答,而这样的回答通常不能"真实地"表现说话人思维和行动的具体方式。比如,如果访谈者问一位新郎:"你是出于什么原因决定与你爱人结婚的？"这位新郎可能感到无从答起。而如果访谈者问:"你们当时是怎么认识的？""在一起你们都说了些什么？""做了什么？""后来关系是如何发展的？""如何确定恋爱关系的？""是谁提出来要结婚的？""双方如何决定结婚的？""你们双方的家人是如何看待你们的关系的？"等等。对于这类问题,这位新郎也许会告诉对方很多有趣的故事。而通过对这些故事情节的分析,访谈者可以得出比较"真实可靠"的、不仅仅局限于因素分析的结论。

所以,如果一项研究课题是以因果关系为主线的话,访谈者不应该总是直接向受访者问以"为什么"这样的词语开头的访谈问题。当人们回答一个以"为什么"开头的问题时,往往倾向于在理性层面上作因果分析,而实际发生的情况可能不是如此的理性、线形或简单。比如,当上述例子中那位新郎被问及"你是出于什么原因而决定与你爱人结婚的"这个问题时,他可能马上想到:长相？家庭条件？受教育程度？个性？双方是否般配？……而实际情况也许并不是按照这样的逻辑思路发生的。也许这位男青年与他的爱人恰巧是同班同学,他们在一起学习时不知不觉地就产生了爱情。他当时并没有因为某些"原因"而喜欢上她,也没有一个明确的"决定"结婚的时间或行动。他们的恋爱和结婚是一个自然发生的过程,其中有很多有趣的故事和具体的细节。因此,访谈者应该首先把"为什么结婚"这个问题

"掰开",将各个部分"打碎",然后再从具体的细节着手对他们结婚的前因后果进行情境化的、过程化的、多角度的分析。

当然,几乎所有的研究问题都具有一定的抽象性,问题不是不应该研究抽象的问题,而是应该在访谈的过程中将抽象的问题具体化,然后在归纳的基础上再进行分析层次上的抽象。如果直接从抽象到抽象,访谈者是不可能获得"真实"、生动的访谈内容的。如前所述,访谈的问题与研究的问题是不一样的,研究的问题通常比较抽象,而访谈的问题则应该比较具体,抽象的研究问题应该通过具体的访谈问题而体现出来。

具体型问题不仅可以"掰开"抽象的研究问题,帮助访谈者了解事情的细节、情境和过程,而且还可以调动受访者的情绪和情感反应。一般来说,人的情感往往与具体事件密切相关,当事件的具体细节在受访者的意识中栩栩如生时,受访者比较容易回到当时的情境氛围之中。因此,向受访者询问比较具体的问题可以引导他们将自己的注意力集中在可见、可触、可闻的细节上,以此将他们浸润在其中的情感引发出来。例如,在我的一项对留美中国学生的调查中,一位受访者在谈到自己与美国同学的交往时总是说:"我感觉不错。"当我进一步问他:"'感觉不错'是什么意思"时,他回答说:"就是感觉很好。"我发现自己这种询问方式很难使他接触到与美国同学交往时的具体感受,于是改变了提问的策略:"你们在一起都干些什么?"结果,他兴致勃勃地告诉我他们曾经在一起栽花除草,当他们俩一边干活一边聊天时,他感到与那位同学"十分亲近",心情也"很愉快"。在叙述具体故事的过程中,他的"愉快"心情便自然而然地表露出来了。我发现这种方法对男性受访者特别有效,因为相对女性来说,男性往往更加难以直接表露和描述自己的情感。

有的受访者在回答问题时习惯于使用时下流行的口号式语言,有意无意地用很多大道理来美化、标榜或贬低自己。特别是当受访者认为访谈者有一定的"来头",是上级机关派来进行调查时,他们更加习惯于用比较正规的、被社会规范所接受的方式来表达自己。根据美国组织行为研究专家阿吉里斯(1985)的理论,每个人至少有两套行为指导理论,一套是自己认为应该如此的理论,一套是自己在实际行动中遵循的理论。比如,大部分中国人都认为与人交往时应该"重义轻利,不计回报",但是在实际交往中却很难做到这一点,特别是在现代中国社会。因此,访谈者应该注意到这种普遍的"人格分裂"倾向,采取相应的措施来了解受访者个人"真实的"行为和意义解释。比如,在访谈时,访谈者与其问:"您认为人与人交往应该遵循什么原则?"不如仔细询问受访者在与朋友、同事、邻居之间具体礼尚往来的细节。如果只是与受访者就做人的标准泛泛而谈,访谈者很可能只会得到一些理论上的皮毛,而无法深入到对方的日常行为和内心世界。

对上述理性化的、泛泛而谈的现象,访谈者除了直接询问受访者个人的行为和想法以外,还可以采取其他一些迂回的方式来获得相对"真实"的信息。比如,访谈者可以询问对方他们周围的人对有关问题的看法和行为方式,通过观察对方谈论他人时所使用的语气和词语来了解其"真实"态度。沿用上例,访谈者可以问受访者:"您的邻居是如何与人交往的? 您的同学是如何与人交往的? 您的家人呢? 您的妻子(丈夫)呢? 您的孩子呢? 您对他们的行为有什么看法? 您对他们做的事情有何评价? 您认为他们为什么会这么做? 他们如何评价您的行为? 您认为他们为什么会这么看您?"通过看待别人、评价别人以及从别人的角度来分析同一问题,受访者在视觉上和心理上与所谈论的对象产生了一定的距离,因此可能谈论得比较"客观"、"真实"、具体一些。

有时,即使访谈者使用的是具体型问题,但是受访者出于习惯或某种外在的压力有意无意地回避具体情况,而选择使用抽象的语言作出回答。在这种情况下,访谈者应该坚持不懈地使用具体型问题,从不同的角度、在访谈的不同时刻、用不同的办法进行追问。比如,我的一位加拿大朋友在对中国农村的计划生育问题进行调查时问被访的妇女:"您有几个孩子?"有两个孩子以上的母亲通常回答说:"我们一般都只有一个孩子。"于是,访谈者采取了迂回的方式继续追问:"您有兄弟姐妹吗?"(答:"有")"他们每个人有几个孩子?"(答:"两个"或"三个")"您有多少个侄儿侄女?"(答:"四个")"他们各是谁的孩子?"(答:"我姐姐和妹妹的")或者问:"您的邻居有几个孩子? 你们村总共有多少人家? 村里总共有多少孩子? 村办小学里有多少学生? 每个年级有多少学生? 每个班有多少学生?"等等。通过这种迂回的询问方式,访谈者对本地计划生育的现状获得了相对"真实"的了解。这个例子进一步说明,受访者在对具体细节的描述中所(无意)透露出来的态度和事实通常比他们自己(有意)声称的要"真实可靠"一些。

三、清晰型与含混型问题

从语义清晰程度上来看,访谈的问题还可以进一步分成清晰型问题和含混型问题。前者指的是那些结构简单明了、意义单一、容易被受访者理解的问题;而后者指的是那些语句结构复杂、叠床架屋、承载着多重意义和提问者个人"倾见"的问题。比如:"你今天是几点钟到校的?"就是一个清晰型问题,问题比较明确,只问"到校时间"这一个问题。而"你今天什么时间、和哪几个同学一起到校的? 到校以前是不是和这些顽皮的同学跑到附近的游乐场去转了一圈?"就是一个含混型问题,不仅询问"到校时间"、"到校时的状况"和"到校前的行为",而且包含对对方有关行为的指责和批评。

通常,清晰的问题因其意义明了,往往容易获得同样清晰的回答;而含混的问题因为意义重叠不清,容易得到同样含混的回答。比如,如果访谈者问受访者:"怎么样?"对方的回答多半是:"还可以"或"不怎么样"。而如果访谈者问:"你今天心情怎么样?"受访者的回答可能是:"比较愉快"或"不太好"。很显然,"比较愉快"比"还可以"、"不太好"比"不怎么样"在语义上要清晰一些;但是,"愉快"、"不太好"对这位受访者究竟意味着什么?上述回答仍旧没有提供明确的解释,还有待访谈者使用更加清晰一些的问题来进行详细、具体的提问。

含混的问题不仅因为意思含混,有时还因为问题中包含一层以上的意思而给受访者的回答带来困难。受访者受到一连串问题的"轰炸"之后会感到头脑发蒙,不知从何答起,结果往往出于记忆规律只抓住了问题中的最后一层意思,只就这一部分作答。比如在上面有关含混问题的例子中,被访的小学生可能只记住了该问题的三个部分中的最后一个部分"到校以前是不是和这些顽皮的同学跑到附近的游乐场去转了一圈?"而把前面的部分统统忘记了。而这个部分不仅是一个封闭型问题,而且还隐含了访谈者自己强烈的价值判断。因此,被访的小学生只可能被迫回答"是"或"不是",根本没有机会对访谈者的"倾见"进行反驳(也许他根本就不认为这几位同学"顽皮")。

一般来说,访谈者提问的方式、词语的选择以及问题的内容范围都要适合受访者的身心发展程度、知识水平和谈话习惯,要能够使对方听得懂。如果对一位儿童使用大人腔,对一位老农大谈相对论,便不是十分合适的谈话方式。总的来说,在访谈中应该遵循口语化、生活化、通俗化和地方化的原则,尽量熟悉受访者的语言,用他们听得懂的语言进行交谈。访谈毕竟是一种类似(虽然不是)生活中经常发生的口头交谈,不宜使用过于艰深的书面用语和专业行话。通俗化的口语更容易接触受访者的心灵深处,更贴近他们的日常生活,更能表现他们所处时代的特征,也更符合当地的风俗习惯。而学术界的行话往往令受访者丈二和尚摸不着头脑,不知道访谈者葫芦里卖的究竟是什么药。我在自己的研究中就曾经遇到过这类问题。我在美国学习了四年以后回到中国了解中国大学生的交友方式,在访谈时我经常问的一个问题是:"交朋友对你的个人成长和自我认同有什么影响?"结果,我发现,被访的大学生几乎个个面露疑色,不知道我在说什么。通过与他们进一步交谈,我才意识到,我使用的"个人成长"(personal growth)和"自我认同"(self identity)这些词语都是十分"西化"的表达方式,对土生土长的中国人来说是十分陌生的。由于我在美国受了几年教育,我的研究设计又是用英文写成的,结果我的思想也因此而变得含混不清了。从那以后,我改变了自己的提问方式:"交朋友在你的生活中有什么作用?朋友对你来说意味着什么?"虽然这些问题听起来仍旧有点"洋"味儿,但是在意思上起码可

189

以让对方听懂了。而让受访者听懂所问的问题,是访谈得以进行的最基本的前提。

第三节 追问的作用

在质的访谈中,访谈者除了应该尽量使用开放型、具体型和清晰型问题以外,还应该有意识地使用追问这一手段,对有关问题进行深入的探讨。"追问"指的是:访谈者就受访者前面所说的某一个观点、概念、语词、事件、行为进一步进行探询,将其挑选出来继续向对方发问(Seidman,1994)。在开放型访谈中,追问的一个最基本的原则是:使用受访者自己的语言和概念来询问受访者自己曾经谈到的看法和行为。比如,访谈者在倾听了一位中学教师对自己教学经验的介绍以后,发现对方提到的"发现型学习"这一概念很有意思,希望进一步了解,于是问道:"您刚才使用了'发现型学习'这个词,请问这个词是什么意思?"在教师对这个词进行了解释以后,也许访谈者还想了解这位教师是如何针对自己的情况进行"发现型学习"的教学的,因此又继续追问:"您刚才解释了'发现型学习'这个概念,请问您自己在教学中是如何做的?"

一、追问的时机与度

追问可以帮助访谈者进一步了解受访者的思想,深挖事情发生的根源以及发展的过程,是开放型访谈中一个不可或缺的提问手段。但是,与此同时,访谈者也应该特别注意追问的时机和度。"追问的时机"指的是访谈者就有关问题向受访者进行追问的具体时刻;"追问的度"指的是访谈者向受访者追问问题的合适程度。

就追问的时机而言,一般来说,追问不要在访谈的开始阶段频繁进行。访谈初期是访谈者与受访者建立关系的重要阶段,访谈者应该尽量给对方自由表达自己思想的机会,不要急于就自己感兴趣的问题进行追问。在很多情况下,受访者有自己想说的事情,即使有时候他们想说的话与访谈者希望知道的不太"相干",他们也要想方设法把自己的想法说出来。他们通常有自己的(甚至是无意识的)动机和筹谋,会"顽强地"在访谈的过程中将自己的意愿表现出来。因此,访谈者应该给他们机会"表现自己",然后再在他们所谈内容的基础上进行追问。这样做不仅可以将受访者希望说的事情与访谈者自己感兴趣的问题自然地连接起来,而且可以不伤害受访者的感情,不使他们感到难堪。

当然,如果在受访者谈话时,访谈者发现自己对一些具体的细节不太清楚(如学校上课的时间、班级的人数等),希望对方进行补充或澄清,这种时候访谈者可以即时进行追问。但是,如果访谈者希望追问的内容涉及到重大的概念、观点或理论问题(如"素质教育"、"为人师表"等),应该先用笔将这些问题记下来,等访谈进行到后期时再进行追问。这样做可以使访谈进展自然、顺畅,按照受访者的自由联想进行下去。

追问不仅要注意适时,而且还要讲究适度(水延凯,1996:205)。访谈者在追问时要考虑到受访者的感情、访谈者本人与受访者之间的关系以及访谈问题的敏感程度。如果问题比较尖锐,访谈者应该采取迂回的办法,从侧面进行追问。例如,如果一位小学生在谈到有的老师对学生施行体罚时表现出迟疑,研究者应该避免正面追问,待与对方建立了信任关系以后再委婉地询问详情。

访谈中最忌讳的追问方式是:访谈者不管对方在说什么或想说什么,只是按照自己事先设计的访谈提纲挨个地把问题抛出去。这样的追问不仅把访谈的结构砍得七零八碎,妨碍访谈自然地往前流动,而且没有抓住受访者的思路,强行将访谈者自己的计划乃至偏见塞给对方。

二、追问的具体策略

要使追问适时和适度,访谈者必须首先将自己的"前见"悬置起来,全身心地倾听对方谈话。在倾听的时候,访谈者应该对对方使用的语词保持高度的敏感,发现了重要的词语、概念或事件以后需要记下来,在适当的时候进行追问。

追问适时和适度的一个具体办法是注意捕捉受访者在谈话中有意或无意抛出的言语"标记"(Weiss,1994)。通常,受访者之所以接受访谈,除了为研究者提供信息以外,还有一些自己的动机、兴趣或利益,因此在回答问题时,他们常常"滑"向自己的意愿,好像是顺口随意地说出一两句与研究问题无关的话来。比如,在回答我的问题"您上课的时候通常使用什么教学方法?"时,一位大学教师说:"在我调到这个学校来以前,我比较喜欢使用讨论法。现在嘛,只好用讲授法了。"我立刻意识到,对这位教师来说,工作调动与她的教学方法之间存在着重要关系。虽然我并没有询问她工作调动的事情,但是她自己主动提到了这一点,这说明这是她生活中一个十分重要的事件,她希望引起我的注意。于是,我就她工作调动的情况进行了追问。结果发现她原来所在的学校是一所研究型大学,她教的是研究生,班级不大,可以采取讨论式的教学方法。而现在她所在的学校是一所省级师专,教课的对象是专科生,班级很大,只好进行课堂讲授。通过对受访者好像是无意中流露出来的"调动学校"这个"标记"进行追问,我获得了对自己的研究十分重要的信息,即学校和学生类型对教师教学风格的影响。

有时候,访谈者的追问可能使自己显得很"蠢",好像对自己希望研究的问题一无所知。而一般来说,受访者总认为访谈者是"专家",期待着访谈者就研究的问题高谈阔论。然而,在开放型访谈中,访谈者的角色应该主要是一名"学习者",而不是"专家"。因此,访谈者不必隐瞒自己的无知,而应该公开承认自己的无知,并且主动向对方表示自己向对方学习的愿望和需要。也许,在某些问题上,访谈者并不是如此地"无知",也确实有一些自己的看法。但是,从事访谈的目的不是让访谈者自己发表意见,而是向受访者学习,了解他们的观点和看法。因此,即使访谈者对研究的现象有一些自己的看法,也要有意地从受访者的视角重新审视这些现象。

第四节 访谈问题之间的内在联系

与日常谈话一样,访谈中所提的问题相互之间也有自己内在的结构性联系,问题与问题之间存在一个先后顺序、承前启后的关系。在对访谈问题进行筹划时(如编制访谈提纲时),访谈者应该考虑到这些问题之间的逻辑关系以及对这些问题进行提问的前后顺序。在进行访谈时,访谈者则应该根据当时的具体情况使所问的问题自然连贯、首尾呼应。

一、访谈问题的顺序

一般来说,访谈应该以非指导性问题开始,从开放型结构逐步过渡到半开放型结构,一步一步地对问题进行聚焦。访谈开始是交谈双方相互试探、了解对方最为重要的时刻:一旦谈话的基调定了下来,往后便很难作较大的改变。因此,访谈者对受访者所做的第一次回应十分重要,对后者了解访谈的预期形式具有导向(或暗示)作用。如果访谈者在一开始就打断受访者的谈话,执意追问自己感兴趣的事情,受访者可能立刻改变自己的谈话方式(或放弃打算长谈的计划),在下面的谈话中总是提供比较简短的回答。这是因为,访谈者的行为容易给受访者一个印象,以为这是对方所希望的谈话方式,因此只好采取与对方"合作"的态度。而如果访谈者后来意识到了这个问题,希望改变访谈风格,时机已经过去了,被访者已经被塑模成型了。因此,访谈者在开始的时候应该格外注意,尽量追随对方的思路,不要随便打断对方。

一般来说,访谈的问题应该由浅入深、由简入繁。访谈者可以先问一些开放的、简单的、对方容易理解的问题,然后随着访谈关系和内容的深入再逐步加大问题的难度和复杂性。这里所说的"难度"和"复杂性"不一定指的是内容上的艰深或语句上的复杂,而更多的是指对受访者来说比较难以启齿的事情,比如个人的隐私、政治敏感性话题、有违社会规范的行为和想法等。如果访谈一开始就问这类问题,受访者在心理上尚没有完全接受对方,可能会感到唐突甚至反感。而如果访谈者先从比较容易谈的问题开始,对方就比较容易打开话匣子。

此外,出于记忆的一般特点,人们往往对自己生活中最近发生的事情记忆犹新,比较容易就这些事情进行交谈,而对那些很久以前发生的事情则比较容易淡忘,需要一定的思想准备和内容提示。因此,访谈者在提问时可以采取由近及远的策略,先从最近的事情问起,逐步延伸到那些久远的往事。

二、访谈问题的过渡

在一个进行得比较顺畅的访谈中,访谈者所提的问题相互之间在内容上应该有一定的联系。在一个完整的访谈记录中应该可以看到一条贯穿访谈全过程的内容线,而将这条线连起来的便是一个个的提问。问题与问题之间的衔接应该自然、流畅,与前面受访者的回答在内容上有内在的联系。

要做到访谈问题之间过渡自然、流畅,访谈者应该注意倾听受访者的谈话,将对方前面所谈内容中的某一点作为构建下一个问题的契机。访谈问题应该以受访者的思想作为起承转合的主线,问句的构成应该使用受访者自己前面使用过的词汇和造句方式。如果访谈者不够灵活,顽固地坚守自己事先设计好的访谈提纲,不管对方说什么都定期地将自己的问题一个一个地抛出去,那么这个访谈不仅在形式上会显得十分地生硬、僵化,而且在内容上也没有自己内在的生命。反之,如果访谈者将自己放到与对方情感和思想的共振之中,用对方的语言和概念将访谈的问题像一串珍珠似地串起来,那么这个访谈便不仅会如行云流水,而且会展现出自己生动活泼的生命。

有时候,受访者正在兴致勃勃地谈论某一个话题,而访谈者出于种种原因(如时间限制或者认为对方已经"跑题"了),希望转换话题。在这种情况下,访谈者应该使用一个过渡型问题,使内容的转换显得比较自然(Weiss, 1994)。比如,当一位母亲正在谈她的孩子如何调皮,而访谈者希望转到有关她的工作问题时,可以这么问:"您的孩子这么顽皮,这对您的工作有什么影响吗?"如果需要转换的话题很难与当时受访者正在谈论的问题联系起来,访谈者可以用铺垫的方式为转换话题事先作一些准备,比如:"您说的这些很有意思,可是因为时间的关系,我还想问您另外一个问题,不知道行不行?"这么做不仅可以在时间上和谈话的节奏上有所缓冲,而且可以使受访者在心理上作好转换话题的准备。访谈时转换话题之所以要尽可能做得自然,这其中起码有两方面的考虑:一是可以使访谈进行得比较顺畅,不因为话题的转换而显得突兀;二是可以使受访者感到心情愉快,不因为自己

"跑题"了而感到不安。

虽然上面的讨论强调访谈者应该对访谈问题的顺序和过渡加以注意，但在实际访谈时，如果交谈双方的关系已入佳境，受访者往往不需要对方提问便会主动敞开自己的心扉。毕竟，在现实生活中受访者要找到像访谈者如此有耐心、有兴趣，如此尊重自己的听众是不容易的。因此，访谈者最需要做的不是坚持按顺序问完自己访谈提纲上所有事先准备好了的问题，而是要用自己的心去体会对方的心，用自己的触觉和直觉谨慎地、细心地、富有共情地与对方进行交流。访谈者如果有这样一种态度，就必然会知道什么时候该问什么样的问题，而所谓"访谈问题的顺序和过渡"便由不得不遵守的"技术"变成了一门"艺术"。

综上所述，访谈中的提问是一门十分复杂的技(艺)术，不像我们平时想像的那么容易。访谈的形式看上去好像是两个人在一起聊天，但这种"聊天"与日常人们的聊天是很不一样的。访谈中的"聊天"不仅要求访谈者具有对受访者的尊重、兴趣和高度关注，而且需要访谈者不断地审视自己的言语和非言语行为。访谈者提出的每一个问题都会对受访者的回答产生制约作用，而访谈的成功与否在很大程度上取决于访谈者对自己行为的意识与调控。访谈者只有对自己的思维方式和行为习惯进行充分的反省，才可能有意识地让提问这一技(艺)术为自己的研究目的服务。

第十二章 访谈中的倾听

——我听到了什么？

在开放型访谈中，如果说"问"是访谈者所做的最主要的有形的工作，而"听"则是访谈者所做的最主要的无形的工作。在一定意义上说，"听"比"问"更加重要，因为它决定了"问"的方向和内容。在理想的开放型访谈中，交谈双方应该都是"听者"；双方如果需要"说"的话，也是作为"听者"在说话(利奥塔，1997)。所谓先定的、固定的"说者"的位置应该是空缺的，没有人可以先入为主地占据那个位置，交谈双方只有在"听"的过程中才知道如何去"说"。因此，我认为，"听"是开放型访谈的灵魂，是访谈者的心之所至。在质的研究中，访谈的主要目的是了解和理解受访者对研究问题的看法，因此访谈者应该注意倾听他们的心声，了解他们看问题的方式和语言表达方式。

第一节 "听"的方式

"听"是一门综合的艺(技)术，它不仅涉及到人的行为，而且需要心与心之间的交流。虽然下面的讨论对访谈中的"听"在行为、认知和情感三个层面进行分析，但在实际操作中，"听"是一种直觉，一种感悟，不可能被分成各自相对独立的部分，更不可能在单一层面进行运作。将"听"按层面进行分析只是一种权宜之计，目的是使读者更清楚地了解访谈中"听"的状态和过程。

一、行为层面上的"听"

访谈者在行为层面上的"听"指的是一种听的态度，有可能表现为"表面的听"、"消极的听"和"积极关注的听"三种状态。"表面的听"指的是访谈者只是做出一种听的姿态，并没有认真地将对方所说的话听进去。访谈者此时可能在想自己的事情，或者在对受访者的容貌或衣着评头论足。俗话说"一只耳朵进，一只耳朵出"，指的就是这种情况。让我们假设，一位来自北京的汉族研究人员在拉萨访谈一位男性藏民时,虽然看上去是在听对方诉说家庭生活困难的问题,而实际上心里却在想:"这个人为什么穿着这么奇怪呢? 他的一只袖子为什么不穿呢?"这就是典型的"表面的听"。

"消极的听"指的是访谈者被动地听进了对方所说的一些话,但是并没有将这些话所表示的意义听进去,当然更不用说理解对方的言外之意了。访谈者好像是一个录音机,只是把一些声音机械地录了下来,并没有进行积极的思维理解活动,也没有在自己的情感上产生任何共鸣。比如,一位医生在访谈时说自己每天下班以后都感到"心情很不好",如果访谈者不即时追问对方:"'心情不好'是一种什么状态? 这种状态是如何发生的? 为什么会心情不好? 心情不好对你有什么影响? 心情不好与什么其他的事情有关?"那么这位访谈者的"听"就是十分被动和消极的。一般来说,如果访谈同时有录音机在录音,而访谈者既没有记笔记又没有即时追问的习惯,便很容易进入这种消极状态。

"积极关注的听"指的是访谈者将自己全部的注意力都放到受访者的身上,给予对方最大的、无条件的、真诚的关注。访谈者通过自己的目光、神情和倾听的姿态向对方传递的是这样一个信息:"你所说的一切都是十分有意思的,我非常希望了解你的一切。"在这样的倾听中,访谈者给予对方的不仅仅是一种基本的尊重,而且为对方提供了一个探索自己的宽松、安全的环境。在访谈者的支持和鼓励下,受访者可能对自己过去从未想到过的一些问题进行思考,更加深入地探索自己的内心世界。作为受访者,我自己便有过这样的经历。有一次,一位美国同学就中国学生在美国的学习适应情况对我进行访谈,她真诚关注的目光和亲切柔和的语调使我感到她非常可以信赖,结果在访谈中向她倾诉了连我自己以前也没有感受到的许多受挫感。由于有人积极关注地倾听我的故事,我对自己的了解也因此而加深了。

很显然,在访谈中,"表面的听"和"被动的听"都是不可取的态度。"表面的听"不仅不能获得研究所需要的信息,而且会影响访谈者与受访者的关系。访谈者心不在焉的神情可能使受访者感到自己不受重视,访谈者眼光中透露出的居高临下的评判态度也可能使受访者产生反感甚至抵触情绪。"被动的听"虽然吸收了对方提供的信息,但是如果访谈者不作出积极的反应,受访者可能感到自己所说的话没有意思,因此而对自己失去信心,失去继续谈话的兴致。相比之下,"积极主动的听"是访谈中最佳的选择。在访谈者积极主动的关注下,受访者会觉得自己十分重要,自己所说的话非常有意思,因此而一直不停地说下去。

二、认知层面上的"听"

认知层面上的"听"可以分成"强加的听"、"接受的听"和"建构的听"

三种情况。"强加的听"指的是访谈者将受访者所说的话迅速纳入自己习惯的概念分类系统,用自己的意义体系来理解对方的谈话,并且很快对对方的内容作出自己的价值判断。比如,当听到一位被访的小学教师谈到"我们班上有三分之一的学生是差生"时,访谈者脑海里马上出现"上课时大声吵闹、下课后相互打骂、不按时交作业、学习成绩不及格"的男学生的形象。而这位教师所说的"差生"可能并不全是男同学,上下课时也并不吵闹,只是学习成绩"不太好"而已;而所谓的"成绩不太好"指的是考试平均分数在90分以下(该学校片面追求升学率,学生考试分数在90分以下便被校方认为是"不及格")。由于这位访谈者对"差生"有自己先入为主的概念,不了解对方学校的具体情况,结果没有理解对方的真正意思。

"接受的听"指的是访谈者暂且将自己的判断"悬置"起来,主动接受和捕捉受访者发出的信息,注意他们使用的本土概念,探询他们所说语言背后的含义,了解他们建构意义的方式。比如,一位北京大学的研究生在谈到报考该校的原因时说,他认为北京大学代表的是一种"知识品牌",因此他愿意到这所大学来学习。访谈者感到"知识品牌"这个概念是对方的一个本土概念,立刻就这个概念向对方进行追问。通过详细的了解,访谈者得知,对方将知识比喻为"商品"。正如商品的牌子越响价钱就越高一样,知识也有牌子,具有象征意义:"当你是名牌大学毕业时,说明你的出身比较好;知识品牌在知识社会里是最有力量的东西,它可以转化成钱,也可以转化成权力。"在这个访谈中,由于访谈者用接受的态度倾听对方,抓住了对对方来说有意义的概念,结果比较准确地了解了这位学生报考北京大学的心态。

访谈中"建构的听"指的是访谈者在倾听时积极地与对方进行对话,在反省自己的"倾见"和假设的同时与对方进行平等的交流,与对方共同建构对"现实"的定义。比如,我就跨文化人际交往这一问题对一些中国留学生进行访谈时,在一位受访者的谈话中听出了"如何在美国这一异文化中保持自己的中国特色"这一主题。我就自己在这方面的经历与对方进行了探讨,结果我们发现使用"文化认同"这样一个舶来的概念可以比较确切地表达所有受访谈者的意思。在研究结束的时候,这位受访者告诉我:"我以前从来没有考虑过'文化认同'这个问题,你的研究使我思考了很多新的问题。"作为研究者,我自己的感受也是如此,我在研究中所获得的成长也是自己始料不及的。

综上所述,"强加的听"是文化客位的做法,很容易过早地将研究者个人的观点强加给被研究者,得出不符合"客观实际"的研究结果。当然,这里所说的"客观实际"指的是被研究者眼中的"客观实际",而不是一个"客观"存在的"事实"(如果这种"事实"确实存在,并且对研究者和被研究者有意义的话)。"接受的听"是文化主位的做法,是开放型访谈中最基本的倾听方式,是访谈者理解受访者需要掌握的基本功。"建构的听"对访谈者的个人素质有较高的要求,访谈者必须具有较强的自我反省能力,能够与对方共情,通过主体间的互动共同对"现实"进行重构。当然,"建构的听"必须建立在"接受的听"的基础之上。双方只有在真正理解了对方的意图和思维方式以后,才有可能进行平等的对话和互为主体的建构。

三、情感层面上的"听"

情感层面上的"听"可以分成"无感情的听"、"有感情的听"和"共情的听"。"无感情的听"指的是访谈者在听的时候不仅自己没有感情投入,而且对对方的情感表露也无动于衷。一般来讲,如果访谈者自己没有情感表露,受访者也不会表露情感。在与访谈者接触伊始,受访者的直觉就会告诉自己对方是一个什么样的人,对方喜欢还是不喜欢(或者允许还是不允许)情感表露,然后受访者自己的感觉器官会受到相应的调节。如果访谈者态度十分冷峻或冷淡,受访者会不由自主地压抑自己的情感,拒绝接触自己内心的情感反应。而受访者如果无法接触自己的情感,那就更没有能力向别人表达自己的情感了。比如,当一位年满30岁的男性小学教师告诉研究者,由于工资低、没有住房、受社会歧视,自己至今尚未成亲时,如果研究者面部没有一点表情,也没有在言语上表示同情,对方便很可能对研究者产生不满,停止向对方倾诉自己的苦衷。

"有感情的听"指的是访谈者对对方的谈话有情感表露,能够接纳对方所有的情绪反应,而且表现出自己对对方的情感表达方式可以理解。在这种情况下,受访者会受到对方的感染,比较愿意接触和表达自己的情感。比如,当一位年近六十的大学教师谈到自己因教学任务繁重、没有时间从事科研,结果至今没有评上正教授,感到十分苦恼时,如果研究者全神贯注地倾听对方,用自己的眼神、面部表情或言语(如"这对你太不公平了"、"学校也应该更加重视教学才对")向对方表示了同情,对方便会感到遇到了知音,愿意继续倾诉自己的委屈。其实,"有感情的听"并不意味着访谈者一定要直接用语言表露自己的情感,认真倾听本身就表明自己具有理解对方的能力。受访者只要感到自己的情感可以被对方所接纳,便会比较自由地去体会自己和表达自己。

"共情的听"指的是访谈者在无条件的倾听中与受访者在情感上达到了共振,双方一起同欢喜、共悲伤。"共情"可以进一步分成两个层次,一种是低一级的、表示认可的共情;另一种是高一级的、准确的共情(Egan,1986)。前者指的是访谈者在言语层次对对方所说的内容表示认可,后者指的是访谈者在内容上与对方准确地进行认同。比如,当一位被访的小学校长谈到自己的学校因经费短缺无法为学生修补危房、家长经常跑到学校来抱怨、自己感到十分被动时,访谈者在低级共情时可以说"是吧"、"唉"、"也真是的"诸如此类的表示认可的语言;在高级共情时则可以说:"唉,这可真是太困难了。您得操好多心啊!这也真是太难为您了。""共情的听"不是指访谈者居高临下地向对方表示同情(这么做有可能使对方感到自己不受尊重),或者有意展现自己具有理解对方的能力,而是自己确实体会到了对方的哀与乐,在自己的心中也产生了共鸣。因此,有时候(甚至是更多的时候),访谈者不必说很多话来"表示"共情,无言的倾听和关切的目光有时比语言更加具有传递功能和感染力。

毋庸置疑,在质的研究中,访谈者应该学会"有感情的听"和"共情的听",避免"无感情的听"。"有感情的听"和"共情的听"并不排除理智上的理解,正是具有情感上的共振,访谈者才可能比较准确地理解对方。而"无感情的听"虽然在言语层面理解了对方,但却不能理解对方所要表达的真实意图和人际态度。

要做到"有感情的听",特别是"共情的听",访谈者首先要学会了解自己的情感,特别是自己对研究问题的看法和情绪反应。访谈者只有坦诚地、勇敢地面对自己的感情,尽可能多地了解这个世界上人们所可能有的各种情感的类型、强度、频度和表达方式,才会有足够宽阔的胸怀接纳这些情感,也才可能真正理解对方。其次,访谈者要学会不带成见地对待受访者,不因对方的长相、个性、性别、社会地位、受教育程度、说话习惯等因素而产生心理上的排斥感。如果访谈者感到自己与对方在一起时"不太舒服",应该立刻反省自己,想办法梳理自己个人的某些"倾见",而不应该立刻想方设法找对方的"错"。无论在什么情况下,受访者都是"对"的,应该得到访谈者的尊重、兴趣和宽容。受访者只有在感到自己被尊重、被关注、被理解时,才会真心实意地与访谈者合作,才有可能就双方感兴趣的问题进行探讨。

第二节 "听"的基本原则

在积极关注地、接受地/建构地、有感情地/共情地倾听受访者时,访谈者应该遵守一定的行为原则。除了上面提到的一些有关各类倾听方式的原则以外,还有两条适合所有情况的重要原则需要特别注意:1) 不轻易打断对方的谈话;2) 容忍沉默。这两条原则相互之间是相辅相成的关系,缺了其中的一条,另外一条也无法有效地实施。

一、不轻易打断受访者的谈话

在开放型访谈的倾听中,一条重要的原则是不要随便打断受访者的谈话。一般来说,受访者在说话的时候通常有自己的动机和"逻辑"。虽然访谈者可能认为受访者已经"跑题了",但是受访者可能有话要说,有向访谈者表白的需要。也许,受访者是一位不受单位领导重视的工人,平时很少有机会与访谈者这样耐心、虚心、尊重他人的人交谈,觉得自己好不容易才遇到了一位"知音",希望与对方多聊一聊;也许,受访者认为访谈者是一位政界的"重要人物",可以把自己所说的内容汇报给上级领导,可以为自己"打抱不平";也许,受访者认为自己目前所说的内容与访谈者所提出的研究问题有关,只是目前访谈者自己还没有看到而已,等等。总之,受访者通常有自己的理由和需求,他们只有在自己内心的需要得到了满足以后,才会(甚至是无意识地)愿意就访谈者认为重要的问题进行交谈。因此,访谈者一定要耐心地倾听,不仅要注意受访者所说的具体话语,而且要思考对方是一个什么样的人,具有什么样的动机、愿望和需求。比如,当一位年迈的工程师挥舞着双臂、慷慨激昂地向访谈者谈到自己工厂经济效益不好的原因时,访谈者应该问自己:"他究竟要向我说什么? 他为什么会如此激动? 他本人有哪些工作和生活经历? 工厂的效益好坏对他意味着什么?"

在倾听受访者的时候,访谈者应该不断地问自己:"我能听见对方内心世界的声音吗? 我能感知其内心世界的形态吗? 我能对他的话产生共鸣吗? 能在我心中形成来回震荡的回声吗? 我能既感知到他明确说出的意思,又能感知到他害怕谈出然而又极想对人倾诉的意思吗?"(罗杰斯,1987:180)。而"回答就在这静静的聆听之中,我们必须理解对方的现象世界,给他们的经验予以无条件的同情,让他们越来越自由、越来越准确地回忆、描述自己的思想、体验和情感"(崔艳红,1997:3)。受访者只有在对方不间断的积极关注中才能充分自由地探索自己的内心,而受访者的自由联想通常会给访谈带来事先意想不到的效果和结果。因此,在访谈的过程中,如果访谈者听到了自己希望继续追问的重要词语,不应该立刻打断对方,而应该等待时机,在对方谈话告一段落时再对这些概念进行追问。

二、容忍沉默

除了倾听受访者的言语表达以外,访谈者还要特别注意倾听沉默。"沉默"在不同的文化中往往有不同的定义,因每个文化的容忍程度不同而有所不同。比如,在美国,如果谈话一方有十秒钟左右不说话,就会被认为是"沉默";在中国,"沉默"可以到二十秒钟左右;而在日本,交谈时"沉默"的时间可以更长一些。此外,"沉默"在不同的文化中还具有不同的含义。跨文化交流方面的研究表明,东方文化通常赋予"沉默"更多的积极意义,而西方文化则给予它更多的消极意义(关世杰,1995:285)。东方文化(如中国、日本等)一般认为,"沉默"是一个人"成熟、谦虚、懂礼貌"的表现;而西方文化(如美国、意大利等)则通常认为,"沉默"表示的是一个人"害羞、自卑、没有想法"。

在访谈中,造成受访者沉默的原因可以有很多,如无话可说、不好意思、有意拒绝回答访谈者的问题、思想开小差、在建设性地思考问题,等等。如果良好的研究关系已经建立起来,访谈进行得比较顺利,而受访者在谈到某一问题时突然沉默了下来,这很可能是因为他/她需要一定的时间来思考问题,或者正在考虑用什么方式将自己的想法说出来。比如,当一位年逾九十的老科学家在访谈中被问道:"您当时是如何决定回国服务的?"他沉默了足足有两分钟之久。很显然,老科学家此时正在茫茫的记忆长河中搜寻这一事件的线索,需要一定的时间和空间保持沉默。在这种情况下,访谈者应该耐心地等待,不要为了打破沉默而立刻发话。

当然,访谈者如果不能确定对方长时间保持沉默是否是因为在进行上述建设性的思维活动,可以试探性地询问对方:"请问您在想什么?"如此温和、友好的发问不仅可以帮助访谈者了解对方此时此刻的思维状况,而且可以帮助对方对自己的思维进行清理。如果访谈者明确地知道对方保持沉默是因为害羞或害怕(如一位胆小的小学生突然被叫到校长办公室接受访谈便很可能感到不知所措),则应该采取措施,先使对方放松下来,如讲一个笑话、闲聊一下,然后再继续进行访谈。

如果研究者在访谈关系尚未建立起来就询问对方一些敏感性话题,如:"你的学习成绩怎么这么差啊?你父母离异了对你的学习有没有影响啊?"对方很可能不愿意回答。如果对方表示了明显的敌意,不愿意继续与访谈者合作,访谈者可以采取委婉的方式询问对方是否愿意与自己公开地讨论一下无法合作的缘由。总之,当受访者沉默时,访谈者不要马上发话来打破沉默,而应该首先判断对方是因为什么原因而沉默,然后再根据具体情况作出相应的回应。

通常,访谈者在受访者一沉默时就立刻发话是因为自己不能忍受沉默。当双方都不说话时,访谈者往往将责任归咎到自己身上,好像自己是一个不称职的研究人员似的。为了打破僵局,访谈者通常马上发话,以此来缓解自己内心的焦虑。结果,这么做往往打断了受访者的思路,不仅失去了研究所需要的宝贵资料,而且剥夺了受访者深入探索自己的机会。因此,访谈者应该首先扩大自己容忍沉默的能力。要做到这一点,访谈者首先要相信自己对所探讨的问题有一定的了解,对访谈的情境有一定的判断。如果访谈者自己心态平和,受访者也会相应地感到轻松,也就会比较自然地表现自己,包括沉默地思考访谈者所希望了解的一些问题。

总之,访谈中的"听"既是一门技术又是一门艺术,它需要访谈者不仅有意识地学会一些"听"的技能,而且要用自己的心去体会对方的心。访谈者在"听"对方说话时,不仅要听到对方所发出的声音和语词,而且要设法体察对方那些没有说出来的意思,包括隐含在对方所说出来的话语中的深层意义。在与受访者对话的过程中,访谈者面对的不仅仅是一个"信息提供者",而且是一个活生生的人。因此,访谈者要调动自己所有的触觉和情感去感受对方,去积极主动地、有感情地与对方交往。只有这样,访谈的双方才能就共同关心的问题进行深入的、建构性的探讨。

第十三章 访谈中的回应

——我应该如何与对方对话？

在质的研究的访谈中,访谈者不仅要主动提问题、认真地倾听,而且还要适当地做出回应。"回应"指的是:在访谈过程中访谈者对受访者的言行作出的反应,其中包括言语反应和非言语反应。访谈者做出回应的目的是使自己与受访者之间建立起一种对话的关系,及时地将自己的态度、意向和想法传递给对方。访谈者的回应不但直接影响到受访者的谈话风格和谈话内容,而且在一定程度上限定了访谈的整体结构、运行节奏和轮换规则。

第一节 回应的类型及功能

访谈者对受访者作出回应的方式可以有很多种,一般常用的有:1)认可;2)重复、重组和总结;3)自我暴露;4)鼓励对方。因其不同的特点,这些回应的类型可以分别(或同时)起到接受、理解、询问、共情等作用。

一、认可

"认可"指的是访谈者对受访者所说的话表示已经听见了,希望对方继续说下去。表示认可的方式通常包括两类行为:1)言语行为,如"嗯"、"对"、"是的"、"是吗"、"很好"、"真棒";2)非言语行为,如点头、微笑、鼓励的目光等。在一般情况下,这两类方式都可以起到鼓励对方多说话的作用。如果访谈者在访谈中频繁使用这些方式,对方会感到自己是被接受、被欣赏的,因此而愿意继续交谈下去。尽管访谈者似乎并没有直接说什么实质性的表示鼓励的话语,但是其面部表情、态度以及语气已经使对方感到自己在被认真地倾听、自己所说的话是有价值的,因此而愿意继续说下去。比如,当一位被访的老工人在谈到自己工资待遇低时,如果研究者面带理解的表情,不时地点头,同时辅以"嗯、是吗"这样的语言,对方就会继续将自己的苦衷说出来。而如果研究者一声不吭,只是埋头记笔记的话,这位老工人可能会感到十分纳闷,不知道对方是否理解自己,因此而产生不安全感,不愿意再继续谈下去。有研究表明,当访谈者做出上述认可的动作和响声时,受访者的回答比访谈者一声不吭时要长三倍(Bernard,1988)。

虽然我强调访谈者应该注意给受访者以正面鼓励,但是,如果访谈者言语反应过多,不时地打断对方,也会产生不良的效果。受访者可能感到十分突然,不能顺畅地按照自己的思路进行谈话。沿用上例,如果老工人刚刚谈到自己工资待遇低,访谈者便马上插话说:"现在做个体户比当工人工资要高,"老工人的思路有可能被打断,脑海中有关自己生活状况的图像会被这句话所扰乱。因此,在这种情况下,访谈者与其立刻对老工人表示同情,不如先采用一些上述认可的行为,注意倾听对方陈述有关工资低的事实和感受,然后再选择适当的时机对其进行共情。

访谈者过少或过多的言语插入通常是因为对自己作为访谈者这一角色的作用不够了解或者缺乏信心。在过于沉默的情况下,访谈者一般有畏惧心理,害怕自己的言语表达不合适或不适时。当受访者是一个权威人物,对访谈者来说处于权力的高位时,这种情况尤其突出。在过于话多的情况下,访谈者内心通常有焦虑,认为自己作为一名"研究者"应该在访谈中说点什么,否则就会显得不称职。而来自研究实地的很多实践经验表明,在大多数情况下,访谈者的点头微笑以及不时的"嗯"、"是的"这类简短的言语表达就足以鼓励对方不停顿地说下去了。

二、重复、重组和总结

"重复"指的是访谈者将受访者所说的事情重复说一遍,目的是引导对方继续就该事情的具体细节进行陈述,同时检验自己对这件事情的理解是否准确无误。比如,一位重点中学的女班主任谈到自己每天工作十分辛苦,常常干到夜里十一二点才睡觉。访谈者如果想进行重复的话,可以说:"您每天工作都十分辛苦,常常干到十一二点才睡觉啊。"通常,被访的教师听到这句话,会马上接着说:"是啊,我每天都……",下面便会引出很多有关她深夜辛勤工作的细节。

"重组"指的是访谈者将受访者所说的话换一个方式说出来,检验自己的理解是否正确,邀请对方即时作出纠正,同时起到与对方进行高级共情的作用。沿用上例,如果访谈者希望对这位班主任的话进行重组的话,可以说:"您工作非常努力啊。"这时,对方多半会接着说:"是啊,每天都是这样……",接下来一定会有很多她辛苦工作的例子。如果她谈到自己工作十分辛苦但却乐此不疲时,访谈者也可以说:"您对教师这个职业十分热爱啊。"在这种回应中,访谈者试图将自己的"前见"和个人经验暂时"悬置"起来,把自己放到受访者的角度,用他们的眼睛来看世界。如果访谈者的解释符合受访者个人的意愿,受访者会感到自己被理解、被支持,因而愿意进一步对自己的意识深层进行探索。

　　"总结"是访谈者将受访者所说的一番话用一、两句话概括地说出来，目的是帮助对方清理思想，鼓励对方继续谈话，同时检验自己的理解是否正确。比如，如果访谈者希望对上面那位中学教师的话进行一番总结的话，可以说："你们中学老师很辛苦啊。"如果对方同意这个总结，可能会立刻说："是啊，我们每天都……"，接下来是一大串中学老师如何辛苦的事例。而如果这位老师不同意这个总结，认为访谈者将她个人的情况过分地夸大到其他老师身上，也可能会说："嗯，也不见得，并不是所有的中学老师都这么辛苦。比如说我们学校那些不当班主任的老师吧……"

　　上面的例子表明，"重复"、"重组"和"总结"虽然形式不完全相同，但是它们具有类似的功能：1）从访谈者的角度为受访者理清所谈的内容；2）帮助访谈者确认自己的理解是否准确；3）鼓励受访者继续谈下去。从内容上看，这三种方式似乎并没有为访谈提出新的问题或看问题的角度，但是它们在访谈中占有十分重要的位置。对受访者本人的语言和谈话内容进行复述，这表明访谈者在努力将自己的问题暂时搁置起来，注意倾听受访者的心声，从他们的角度对谈话内容加以组织。如果受访者感到自己所说的话是受重视的，值得对方这么一个"重要人物"复述，便会受到精神上的鼓舞，愿意继续将自己的看法说出来。

三、自我暴露

　　一个成功的访谈者在访谈中并不总是一言不发、点头微笑的，在适当的时候也应该以适当的方式暴露自己。"自我暴露"指的是访谈者对受访者所谈的内容就自己有关的经历或经验作出回应，如："我本人也当过工人，我也有过这种经历"等。这么做可以产生至少两个方面的作用：1）可以使受访者了解访谈者曾经有过与自己一样的经历和感受，因此相信对方具有理解自己的能力；2）可以起到"去权威"的作用，使受访者感到对方也像自己一样是一个普普通通的人，而不是一个高高在上、无所不知、刀枪不入的研究"权威"。

　　访谈者适当的自我暴露不仅可以拉近自己与受访者之间的距离，使访谈关系变得比较轻松和平等，而且还可以改变访谈的结构，使交谈的方式变得更加具有合作性和互动性。如果访谈的形式仅仅局限于简单的一问一答，受访者往往会感到十分紧张，没有足够的心理空间进行自我探索。当访谈者成为谈话者，对自己的经验进行描述时，受访者在倾听对方的过程中可以更加积极地探索自己的内心。如果访谈者的谈话非常真诚、非常个人化、接触到了自己的内心深处，受访者通常会受到感染，因此而更加深入地进入自己的意识深层。

从某种意义上来说,访谈本身就是一个双方共同建构现实和意义的过程(Briggs,1986)。访谈者不论处于什么位置、扮演什么角色,都与受访者处于互为主体的关系之中。如果访谈者将自己掩盖得十分严实,不让受访者知道自己的任何情况,那么受访者可能感到对方很神秘,不知如何与其交往。结果,受访者在谈话时也会有意无意地避免涉及实质性问题。而如果访谈者适当地暴露自己,受访者会感到对方可以接近,因此自己在谈话时也会采取相应的措施向对方靠拢。

然而,访谈者的自我暴露一定要适当,过多或过少、过早或过晚都有可能产生不好的效果。如果访谈者过多地分享自己的个人经历,访谈的重心可能会从受访者身上转移到访谈者身上,产生喧宾夺主的感觉。比如,如果一位被访的公司老板正在兴致勃勃地谈论自己经商的成功经历,访谈者贸然打断对方,加入自己过去"下海"时的种种辉煌,这位老板可能会感到十分扫兴,似乎自己的经历不够有趣,不能吸引对方的注意。如果访谈者过早与对方分享自己的经历,也可能剥夺对方充分介绍自己的机会,同时容易给对方一个印象:访谈者有"自我中心"倾向。结果,受访者可能对访谈者产生反感,不愿意向访谈者过多暴露自己。

访谈者进行自我暴露时不仅应该注意暴露的时机是否合适,而且需要了解这种暴露能够产生什么效果。有时候,访谈者的个人经验不一定与受访者完全类似,暴露自己类似的经历不一定能够说明对方的情况,因此也不一定能够给对方以启迪或共鸣。比如,当一名小学生谈到自己的学习成绩不好,经常受到老师的责备时,访谈者如果立刻跟上一句:"我小时候成绩也不好,也经常受到老师的批评",对方可能会想:"你怎么知道你的情况和我的一样呢?! 你小时候? 那是几十年前的老皇历了,怎么会和我现在的情况一样呢!?"如果访谈者的自我暴露使对方产生了反感情绪,不仅不会使双方的关系接近,反而会造成双方情感上的疏远或隔膜。

四、鼓励对方

受访者通常有一些顾虑,不知道自己所说的内容是否符合访谈者的要求。尽管访谈者一再告诉对方,按照自己的思路谈下去,但是受访者往往习惯于听到对方的肯定和鼓励。有时候,即使是对十分自信的人,访谈者也需要给予适当的鼓励和支持。朱克曼(1982:370—371)在访谈美国的诺贝尔奖获得者时就曾经面临这种情况。有一次,一位获奖者对自己是否应该继续谈出某些看法显得有些犹豫不定,而朱克曼还希望他谈下去,因此她回应道:

朱克曼:我觉得挺有意思(的是)您考虑过这件事。

获奖人:我不是因为你这次采访才考虑的。但是——顺便说一下——我一直注意到这种事情……这很容易发生……有人表示感兴趣，而且看来是了解你的，于是你就讲得太多——我看我就讲得太多了。

朱克曼：一点也不多。

有时候，访谈者问的问题可能使对方感到很为难，特别是那些似乎要求对方披露自己的个人隐私、自己生活中发生的伤心的事情或者同事之间发生冲突的细节等。在这种情况下，访谈者可以使用一定的回应方式安抚对方，表示自己并不要求对方这么做，因此鼓励对方就自己觉得可以谈的话题继续谈下去。比如，在朱克曼（1982：371）的访谈中，有一位生物化学家在谈到自己与其他同事之间产生了冲突时曾经表示了迟疑：

受访者：没有必要具体谈那件事。
访谈者：当然没有必要。我感兴趣的并不是有关的人，而是引起冲突的那种情况以及发生了什么事情。

通过表明自己并不是对有关的人感兴趣，朱克曼使对方消除了不必要的顾虑，就自己认为可以"具体谈"的话题继续谈下去。一般来说，如果受访者对访谈者产生了信任感，对访谈关系感到放心，而这个话题又对了解研究的问题至关重要的话，受访者会在自己认为"安全"的时候、以他/她自己认为"合适"的方式再次回到这个话题。

第二节 应该避免的回应方式

上面介绍的是访谈者可以使用的几种比较合适的回应方式以及它们在访谈中所起的作用。在实际访谈中，还可能出现一些不恰当的回应方式，访谈者应该注意避免。在比较常见的不合适的回应方式中，"论说型回应"和"评价型回应"是比较典型的两种方式。

一、论说型回应

"论说型回应"指的是访谈者利用社会科学中一些现成的理论或者访谈者个人的经验对受访者所说的内容做出回应。这种回应方式遵循的是"文化客位"的思路，访谈者从自己的角度对访谈内容进行评论。例如，当前述被访的中学班主任老师谈到自己工作很辛苦，每天都要干到十一二点才睡觉时，访谈者可能对精神分析理论略知一二，认为对方这么做是受到自己内心某种潜意识的驱使，因此而回应说："您这么做是不是为了弥补自己内心的某种缺陷呢？是不是希望获得领导和同事的赞扬而提高自己的自尊呢？"

很显然,不论在任何情况下,访谈者都应该尽量避免使用论说型回应。论说型回应不仅在态度上给受访者一种居高临下的感觉,而且在知识权力上显示出访谈者的优越感和霸权。这种方式很容易使受访者感到自己在被分析,而不是被理解,因此而产生排斥心理,不想与对方继续合作。比如,在上面的例子里,如果访谈者使用精神分析的理论对受访教师的辛勤劳动进行论说,这位教师十有八九会扭头而去,再也不想听这位所谓的"专家"在这里"瞎扯"。

因此,访谈者如果确实希望了解自己的发现与学术界现有某些"宏大理论"是否相符,而且确实想从受访者那里得到验证的话,可以采用比较间接、委婉的方式进行。比如,上述研究者如果希望对心理分析理论进行验证,可以在访谈结束时问受访的老师:"有学者认为,如果一个人工作过分努力,这可能说明这个人有人格上的某种缺陷。不知您对这一点有什么看法?"或者,"根据我个人的经验,如果一个人工作过分努力,这个人多半有心理上的问题。不知您对这如何看?"

虽然在实际访谈中,访谈者可以采取上述间接方式就有关理论向受访者发问,但是我认为,即使访谈者希望在自己的实地研究结果和现存理论之间找到联系,也不必在访谈时直接询问受访者。受访者通常对学术界的理论不太了解,很可能被访谈者的问题弄得晕头转向。此外,研究者如果希望对理论进行验证,不应该直接询问研究对象,而应该对原始资料进行分析,寻找有关的论证依据,通过归纳和演绎等手法建立自己的理论假设。

二、评价型回应

"评价型回应"指的是访谈者对受访者的谈话内容进行价值上的判断,其中隐含有"好"与"不好"的意思。访谈者的评价方式有的比较明显,有的比较隐晦,但总的目的都是对受访者所说的内容进行价值判断。比如,当上述被访的教师谈到自己深夜还在工作时,访谈者可能出于自己的价值取向,认为干工作不必如此卖力,因此回应说:"您工作这么卖力又是何苦呢?您这么干可不太好"(而这位教师可能认为自己如此努力工作应该受到表扬而不是批评)。同样地,也许访谈者觉得对方工作努力是一种"美德",因此在访谈时不断使用正面评价来强化自己的观点:"您这么做真是太好了!我们都应该向您学习!"(而这位教师也许认为自己如此努力是不得已而为之,别人大可不必像自己这么辛苦)

与论说型回应一样,评价型回应也会给访谈的进行以及访谈的关系带来不好的影响。评价型回应通常反映的是研究者自己的价值观念和评判标准,不仅不一定适合被研究者的具体情况,而且表现出自己对对方的不尊重。过多的评价还表明访谈者个人不够成熟,不能接受事物的多样性、不确定性以及道德两难性,不能容忍受访者有与自己不同的观点或感受。此外,从研究者自己的利益着想,评价型回应还会妨碍受访者自由地表露自己的思想;由于害怕访谈者对自己的想法或行为品头论足,受访者可能会选择隐瞒有关的"真相"。

上面的讨论表明,论说型回应与评价型回应之间存在一些共同之处。论说型回应经常隐含有评价型回应所表达的价值取向,而评价型回应也经常隐含一些论说型回应所依据的外在"理论"或研究者个人的标准,它们之间的差异主要在于各自强调的重点不同。对访谈者而言,如何对这两种回应方式进行区分并不重要,重要的是在访谈中尽量避免使用它们。

第三节　回应的时机

在对受访者的谈话作出回应时,访谈者应该考虑到回应的时机是否合适。回应的时机没有一个普遍的规则,只能视访谈时的具体情况而定。一般而言,访谈者的回应应该使受访者感到自然、及时,使访谈的进程如行云流水,顺畅地沿着受访者的思路往前流动。访谈者最应该做的是使自己与受访者融为一体,感受到对方的思想状况和情感波动,与对方一起对问题进行探索。因此,对回应时机的掌握除了一些基本的原则以外,在具体实施时主要在于研究者个人的感觉和经验。

有时候,受访者就一个问题谈得太多、太泛,访谈者认为对方已经"跑题"了,决定使用回应的方式把对方"拉"回来。在这种情况下,"拉"的方式必须十分谨慎、得体,不要让对方觉得自己做错了事情而感到难堪。例如,一位工厂女工在谈到自己工作十分辛苦时,提到自己的丈夫不但不帮忙干家务,而且还经常出去喝酒、打牌、深夜不归(滑入了对丈夫不满的冗长细节的描述),此时,如果访谈者希望将对方"拉"到工作问题上来,可以在对方略有停顿时伺机插入:"您的丈夫不帮您,这对您的工作有什么影响吗?"通过这种比较委婉的回应方式,访谈者不仅向这位女工表明,自己对她的家庭状况已经有所关注,而且希望她能够从"丈夫不帮忙"这个角度出发对"工作紧张"进行进一步的探讨。如果"丈夫不帮忙"与"工作紧张"之间确实存在一定的联系,那么这位女工便会"顺水推舟",对这个关系进行阐发。而如果两者之间没有什么联系的话,这位女工也可以借这个"台阶"给自己"下台",接着谈工作紧张的问题,而不必为自己刚才的"跑题"行为而感到面子上无光。

除了是否应该(以及如何)将受访者"拉"回轨道以外,访谈者的回应还涉及到是否应该(以及如何)打断特别健谈的受访者。通常,访谈新手由于牢记"不要打断"的原则,不敢随便打断对方。而有的受访者特别健谈,任何一个小问题都能从他们那里得到一长串似乎永远不会停止的回答。在这种时候,访谈者往往不知所措,不知是否应该(或如何)打断对方。怀特(1982)根据自己多年从事实地研究的经验指出,我们不必担心打断这样的受访者。这种人平时就特别爱说话,在日常生活中也经常被别人打断,因此我们不必担心他们的自尊心会因此而受到伤害。我在自己的研究中也发现,如果我微笑着对一位谈锋甚健的受访者说:"对不起,您说的这些内容非常有意思,但是因为时间关系,我不得不再问您另外一个问题,"对方一般都不会表现出不满。

访谈者对回应时机的思考不仅应该考虑到"跑题者"和"健谈者",还应该照顾到另外一类缺乏如此勇气或口才的"怀疑者"或"胆怯者"(这些人通常处于权力的低位,如被学校认为是"差生"的学生、被家长认为"害羞"的孩子、工厂里的一般工人等)。由于平时很少有机会与访谈者这样和善、耐心的人交谈,这类人可能在谈话时一时放松了警惕,过多地暴露了自己。过后,他们可能对自己的一时"大胆"有所察觉,感到十分后怕,因此在访谈后期表现得畏葸不前。在这种情况下,访谈者应该立刻停止追问,有意把谈话转到比较轻松的话题上去。如果在访谈结束的时候,受访者仍旧显得十分紧张,访谈者应该与其闲聊一会儿,轻松地谈一些与访谈内容无关的话题。这样做可以使受访者感到自己与访谈者已经建立起了某种"关系",自己不是暴露了个人隐私以后就被"抛弃"不顾了,对方会对自己所作的承诺(包括保密原则)负责任(有趣的是,如果访谈者直接就受访者所谈的内容与其聊天,可能会使对方更加紧张,因此采取比较迂回的方式往往效果要好一些)。

综上所述,访谈中的回应是一门十分复杂的技(艺)术,并不像表面看起来那么容易掌握。在访谈中,访谈者不仅应该注意如何提问和倾听,而且还要认真考虑自己所作出的回应对受访者有可能产生什么样的影响。上面的讨论表明,访谈者的任何一个举动都会对访谈的结构、风格和进程产生不可避免的影响。因此,如何对自己的行为有所反省? 如何有意识地使用(或不使用)某类回应方式? 如何估量这些回应方式对访谈过程和结果的作用? ——这都是质的研究者在访谈时不得不时刻掂量的问题。

第十四章　焦点团体访谈

——我如何组织一群人一起交谈？

在质的研究中,访谈可以分成个别访谈和集体访谈两种形式。"个别访谈"指的是研究者向一位被研究者进行访谈,通过两个人之间的个人互动对研究的问题进行探讨;"集体访谈"指的是一到两个研究者同时对一群人进行访谈,通过群体成员相互之间的互动对研究的问题进行探讨。"焦点团体访谈"便是一种最常见的集体访谈的形式。在这种访谈中,访谈的问题通常集中在一个焦点上,研究者组织一群参与者就这个焦点进行讨论。

第一节　焦点团体访谈的起源

焦点团体访谈起源于社会学的群体访谈和历史学中的口述史研究。在20世纪40年代,著名社会学家默顿(R.Merton)便开始使用这种方法对政府发放战争宣传品的效果进行检验(Merton & Kendall,1946)。他将一些具有同类社会身份的人聚集在一起,请他们就某类战争宣传品对他们个人和家人的影响进行讨论。通过观察不同参与者对同一主题进行交谈,他获得了个别访谈所不能得到的看待问题的多种角度、参与者之间的相互纠正以及他们之间的人际互动信息。

口述史作为历史学的一门分支学科创建于1948年,这是一种用口头叙述记录历史的方法,主要用来了解参与者对事件的描述和解释(杨雁斌,1998/2:3)。这种方法特别适合下列情况:1)参与研究的人属于没有书写能力的弱势群体,他们的声音很难被正统的历史文本记录下来;2)有关某研究课题的历史文献比较缺乏,需要研究者自己到实地去收集资料。因此,研究者扮演的是一个"拓荒者"的角色,他们采取一种主动的态度去接近历史,到普通的民众中去发掘那些被忽略了的或者没有被充分发掘的史实。口述史不仅可以为文字史料提供佐证,而且可以使研究者在"看"到历史的同时"听"到"活生生的历史"。由于注重从下层劳动人民那里了解历史,口述史把历史从记录王公贵族的显赫功绩恢复成了记载普通人日常生活故事的历史,并使过去的历史与劳动人民目前的生活现实紧密地联系起来。通常,研究者召集一群或亲自参加、或目睹、或听说过有关事件的知情人士,请他们就这些事件进行口头叙述。在收集口述凭证的过程中,研究者既是观察者又是参与者,通过自己与对方的互动了解对方的叙述方式。研究者特别注重对参与者的言语进行分析,倾听他们的话语中所表现出来的内在"逻辑"以及从中透射出来的道德意义。通过观察不同参与者之间的言谈互动,研究者还可以看到谈话者之间的权力关系以及他们所信奉的意识形态(江文瑜,1996)。

社会学中群体访谈的方法和历史学中的口述史方法为焦点团体访谈提供了一个发展的雏形。从 20 世纪 40 年代到 70 年代的 30 年间,团体访谈的方式主要被新闻界用来检验社会各界人士对新闻媒体的反应,引出焦点式讨论。同时,一些社会学家也使用这种方法在群体环境里对一些热点问题进行讨论。市场研究者看到焦点团体访谈在其他方面取得了成功,认为这种方法可以用来探测消费者的心理动力和深层动机,因此在市场调查时也广泛使用这种方法,了解公众对市场商品的价格、质量、种类、市场人员的营销策略等所作出的反应。

70 年代以后,因为种种原因,特别是量的研究在社会科学研究领域占据统治地位,焦点团体访谈的方法曾经在社会科学界沉寂一时。进入 90 年代以来,这种方法再度成为社会科学研究的一个热门方法。原因不仅仅是因为它相对于其他研究手段更加便宜、快捷,更重要的是它注重参与者对知识建构所作的贡献。群体成员聚集在一起,对某些问题进行即兴讨论,其结果往往会超出研究者事先的预设。集体讨论的方式不仅可以为研究者提供每一位参与者个人的意见,而且可以提供在特定情境下特定社会公众对特定事物的集体性解释。由于具有以上这些特点,一些量的研究者也开始采取焦点团体访谈的方式,通过刺激—反应过程对统计上显著的研究结果进行进一步的意义解释。与此同时,这种方法现在仍旧被广泛地运用于市场调查、新闻传播、选举行为和心理动力民族志等社会科学研究领域。

第二节　焦点团体访谈的作用

焦点团体访谈有很多个别访谈所没有的优势,可以发挥一些比较独特的作用。其中比较突出的作用有:1)访谈本身作为研究的对象;2)对研究问题进行集体性探讨;3)集体建构知识。

一、访谈本身作为研究的对象

在焦点团体访谈中,参与者被鼓励相互之间进行交谈,而不仅仅是向研究者谈话。因此,研究者可以将访谈本身作为研究的对象,通过观察参与者之间的互动行为来了解他们在个别访谈中不会表现出来的行为。研究者可以有意识地提出问题,然后通过观察参与者的反应来辨别他们的认知方式、看问题的角度、思考问题的"逻辑"、分析问题的步骤等思维动态过程。在这种访谈中,研究者除了可以看到参与者个人的言语行为和非言语行为(这些行为在个别访谈中也可以看到),还可以看到参与者相互之间的行为反应,如交谈机会的轮换、目光的接触、对不同人说话时的声调和语气、表示不同程度亲密关系的身体接触方式等。假设,某研究小组计划就北京市出租汽车司机与交通警察之间的矛盾冲突进行研究,组织了六位出租汽车司机进行集体访谈。在访谈中,如果研究者问在场的出租汽车司机:"你们对北京市的交通警察有什么看法?"并且鼓励他们相互进行对话的话,可能会发现年龄较大的司机反复强调自己的看法,不给年轻司机发表意见的机会;而年轻的司机只要有机会发言就立刻向对方发起"进攻",态度上显得"不够恭敬"。通过观察不同年龄段的汽车司机在访谈时的表现,研究者可以了解他们平时在一起交往时的行为模式。

不仅不同年龄的参与者在团体访谈的情境下可能会表现出一定的互动模式,而且来自不同文化群体、不同性别或不同社会阶层的参与者也会有一定的行为表现。他们在团体访谈这一微观场景下所表现出来的互动行为不仅可以反映他们平时彼此对对方的态度和看法,而且可以透视出他们所处社会中宏观政治、经济、文化等方面的权力关系。比如,在上述对出租汽车司机的集体访谈中,那些受到比较"正统的"共产主义教育、担任了一定的领导职务、曾经被评为"优秀工作者"的司机对北京市交通警察的看法可能会与那些接受西方自由主义思潮比较多、没有担任过领导职务、从来没有得过"优秀"奖章的司机的看法不太一样。前者可能认为,虽然北京市有的交通警察态度比较"粗鲁",但是总的来说,他们是为了北京市的治安在辛勤地工作,应该得到理解和尊重。而后者可能认为,很多交通警察对出租汽车司机的管理(如"违章罚款")纯粹属于"刁难",是为了给自己的腰包增加收入而采取的创收措施。由于这两类汽车司机在社会上占据的权力位置以及得到的利益"实惠"不一样,他们看待交通警察的角度和看法也可能存在差异。

如果如上例所述,参与者对一些问题存有争议,研究者可以利用团体访谈的机会激发他们彼此进行辩论。这样做既可以达到深化主题的目的,又可以观察参与者在遇到冲突时的行为表现。在个别访谈中,由于没有"竞争对手",受访者往往不太容易激动起来,也不太容易进入平时与别人辩论时的心态。而在团体访谈这样一个环境里,参与者有"对手"与自己较量,因此可能会主动调动自己的对抗能力。与自己相对平等的人在一起讨论问题(而不是单独面对一位访谈者这样的"权威"),参与者自己平时意识不到的或者主动压抑的一些情绪或想法也可能会主动"冒"出来。在这里,访谈不仅仅被作为一个研究的工具,而且还被作为一个研究群体动力的对象(Fontana & Frey,1994:361)。

二、对研究问题进行集体性探讨

焦点团体访谈除了可以被作为研究的对象,还可以在一个集体的环境中调动参与者一起对研究的问题进行思考。由于参与者是一个群体,而不是一个人,研究者可以充分利用群体成员之间的互动关系对问题进行比较深入的探讨。大家通过相互补充、相互纠正,讨论的内容往往比个别访谈更具有深度和广度。

群体成员一起进行集体性探讨可以发挥很多功用。首先,如果研究者涉入的是一个新的研究领域,自己对研究的现象不够了解,可以在研究正式开始之前组织一次焦点团体访谈。在这种情况下,研究者提的问题可以宽泛一些,在倾听参与者的对话中逐步形成自己的研究问题和理论假设。比如,我有一位美国朋友,希望对中国的幼儿教育进行研究,但是感觉自己对这方面的情况了解太少,无法提出有分量的研究问题。结果她先到中国组织了一次有幼儿的父母和幼儿园教师参加的焦点团体访谈,请他们就中国的幼儿教育现状、成人对幼儿的期待、国家对幼儿教育的要求和有关政策、学校和公众媒体对幼儿教育的影响等方面的问题进行广泛的讨论。通过几次这样的集体讨论,她发现中国人的幼儿教育与中国政府、学校、公共媒体以及孩子家长对未来的设想有关;通过对幼儿使用特定的教育思想、方法和手段,有关社会机构和个人希望在孩子身上塑造自己理想中的"未来"。因此,她在这个假设的基础上提出了一个很有趣的研究问题:"孩子是人类的未来——中国的幼儿教育与中国人对未来社会的构想之间的关系"。

如果研究的问题已经确定,但是研究的具体计划尚未落实,研究者也可以组织一次焦点团体访谈,在比较短的时间内广泛了解有关人对研究设计的意见,以便进行修改。比如,一位上海的社会学家计划对郑州某居民小区的文化娱乐活动进行参与性观察,但是由于自己以前从来没有在那个地区生活过或访问过,对观察的具体时间、地点、内容和方式都不是特别清楚。此时,这位社会学家可以组织该小区的一部分"知情人士"(如小区家委会的干部、在该地居住长久者、退休的居民等)进行一次焦点团体访谈,以此来确定自己的观察计划和观察提纲。通过倾听这些人的谈话,他/她可能决定在早上六点到七点、晚上八点到九点分别在小区的活动中心、小花园和球场上观察居民下棋、跳舞和打球等娱乐活动。

如果研究已告一段落,研究者已经获得了初步的结果,计划继续进行后续研究,此时也可以采用焦点团体访谈的形式对今后的研究进行筹划。研究者可以将自己的初步研究结果告诉参与者,征求他们的意见,探寻下一步继续研究的线索。比如,在上面的研究项目中,上海的社会学家已经对郑州的一个居民小区进行了一个月的参与型观察,得出了一些初步的结论(如"早上在小花园跳舞的多半是年过五十的妇女","晚上在活动中心下棋的多半是年过六十的老头儿"等)。现在,如果他/她打算继续就这个现象进行研究,可以再组织一次焦点团体访谈,邀请经常在小花园跳舞的年过五十的妇女和经常在活动中心下棋的年过六十的老头儿参加。在这次访谈中,他/她可以询问这些人为什么选择这个特定的时间从事这种特定的娱乐活动,这种活动对他们的日常生活有什么意义。通过倾听他们之间的讨论,这位社会学家也许能够了解这些参与者对自己行为的解释,进而对这些居民日复一日的"现代仪式"进行更加深入的探讨。

如果研究者从事的是一项行动型研究,需要提高参与者的自我意识和解决问题的能力,寻找改善现实状况的途径,焦点团体访谈也可以作为一种十分有用的手段。在集体环境中,研究者可以最大限度地调动大家的智慧,使所有在场的人(通常是与需要解决的问题有关的当地人)群策群力,一起参与到对有关问题的探讨之中。通过提建议、相互辩论、比较不同方案、共同协商解决办法等不同方式,这种访谈不仅可以使大家共同面对现存的问题,而且(更加重要的是)可以使大家都参与到民主参政的过程之中。比如,在一项有关改革退休工人生活待遇的行动型研究中,我的一位朋友(他是一位社会活动家)将一些退休工人召集到一起,共同探讨解决自己生活困难的办法。通过畅所欲言,这些退休工人提出了很多有益的建议(如向市民政厅申请提高退休金、增加再就业机会、向银行申请贷款从事个体经营等)。由于平时很少有机会与其他退休工人在一起讨论这些与自己的日常生活利益攸关的问题,参与访谈的退休工人都感到非常兴奋。事后,几乎所有的人都反映说,他们在访谈之前根本没有想到自己其实有这么多办法可想,作为一个群体,退休工人可以如此有力量。很显然,通过这次访谈,他们不仅发现了自己的智慧,而且感到了民主参与的甜头。

此外,研究者还可以通过焦点团体访谈中的集体性思维对自己的初步研究结果进行效度检验,以确定目前收集到的资料以及做出的结论是否符合参与者的实际情况。研究者在访谈中可以将自己的初步结论呈现给参与者,征求他们的意见和建议。如果研究者对自己的某些结论还不太满意或不太肯定,也可以利用这个机会请参与者对其进行补充或进一步的阐发。我个人以及我的一些学生的研究经验表明,在研究后期使用这种方法特别有效。例如,在一项对亚洲孩子在美国中学遇到的文化适应问题进行的调查中,我首先对八名亚洲中学生(分别来自日本、韩国、新加坡、越南)进行了个别访谈,得出了一个初步的研究结论。但是,我感觉自己的结论比较肤浅,主要是一些事实的罗列和个别零碎的解释,因此决定将这些中学生召集在一起进行一次集体座谈。结果,在这次座谈中,这些中学生彼此之间讨论得非常热烈,一些在个别访谈中没有出现的问题被提了出来,一些曾经被个别人提到过的问题在这里得到了深化。特别是当我告诉他们自己的初步结论以后,很多同学都提出了补充和修改意见,使我在短时间内获得了十分丰富的信息,为研究结论的检验和深化提供了非常有益的依据。

三、集体建构知识

除了上述作用以外,焦点团体访谈的另外一个十分重要的功能是对知识的建构。传统意义上的个别访谈主要是基于一种个体主义的、实证的知识建构方式,认为在个体身上存在一些“知识”,需要研究者想办法去“挖掘”。虽然近年来质的研究中的建构主义流派认为,个别访谈中的知识获知也是访谈者与受访者之间的一种共同建构,但是由于种种原因这种观点仍旧没有进入质的研究的主流,而且(更加重要的是)个别访谈这一形式本身在知识建构上不如团体访谈有效。虽然访谈者可以向受访者声明自己不是一个“权威”,对方应该与自己“平等地”交谈,但是学术研究的传统已经使受访者落入了“被研究”的陷阱;而且个别访谈这一形式本身(主要是“问”与“答”之间的交流)也很容易使受访者不得不扮演“信息提供者”的角色。

而在一个理想的焦点团体访谈中,参与者不是单独地“对着”研究者说话,而是自己相互之间进行交谈,参与者相互之间的激励和刺激是产生思想和情感的主要手段。焦点团体访谈的一个理论假设是:个体的知识是从一个复杂的、个体与他人互动的人际网络中涌现出来的;在这种网络互动中,参与者的视角会通过集体的努力而得到扩展,进而接触到更加具体的知识内容,深入到更加深刻的认知模式、人际情感和价值评价,并引发出个人以往经验和现有意义之间的联系(Morgan,1988)。个体的知识不是一个独立的、先在的存在,而是在与其他群体成员进行交流时产生的。与其他成员在一起会使个体产生自己独处时不会产生的一些想法和感受,激发个体即兴的创造力和想像力,从而产生预想不到的结果。

焦点团体访谈不仅可以将群体成员的认识往前推进,共同建构新的知识,而且可以加强群体成员相互之间的了解,消除(或减少)彼此之间的隔阂。我认为,通过人际交流所带来的人际关系的改善也可以被认为是一种“知识”的增长,涉及到质的研究十分看重的人的“实践性知识”。例如,当北京大学“人才素质与课程体系研究”课题组对生物专业的教学改革进行个案调查时,我们组织了生命科学院的部分教师和学生进行焦点团体访谈。访谈开始时,主动发言的主要是教师,学生们一直沉默不语。我们可以明显地感到,教师和学生之间存在隔膜,学生对教师的发言有很大的抵触情绪(比如,当一位教师谈到"现在很多大学生都没有远大的人生理想,没有为科学献身的精神"时,在座的不少学生都流露出不以为然的表情)。后来,经过我们的一再调动,学生终于慢慢地参加了进来。当讨论进行得比较热烈时,有一位学生甚至向上面那位批评现在的大学生没有理想的教师主动"发难":"刚才这位老师说我们大学生没有人生理想,但是我们考虑的是自己在学校学到的东西是不是能够为我们提供足够的知识和能力,我们今后是不是能够找到一份合适的工作,这是我们最关心的。而学校的领导和老师并不了解我们,学校提供的课程也很不合理"。接着,这位学生列举了一些"课程不合理"的具体实例。在场的教师们似乎很受启发,都在认真地倾听这位学生的发言。访谈结束时,不少老师和学生说,这次访谈不仅对有关的问题进行了探讨,而且增进了师生之间的交流和了解。以前虽然学生与老师也经常见面,但是从来没有机会这么认真地坐下来,一起讨论如此具体的问题。他们都向课题组表示感谢,说我们为他们提供了一个很好的彼此交流的机会。通过这次座谈,他们感觉师生之间的关系更融洽了,学生对老师的"神秘感"、"敬畏感"和"抵触情绪"减少了,老师对学生的"理解"和"同情"也增加了。

四、焦点团体访谈的弊端

尽管焦点团体访谈法有上述各类优点,但同时也有一些弊端。这些弊端通常是在与其他研究手段(如个别访谈或参与型观察)进行对比时才凸现出来的。首先,与个别访谈相比,虽然焦点团体访谈可以节省时间,在较短的时间内获得较丰富的信息,研究者的控制比较少,可以给参与者比较大的自由,但其弱点是:在一个群体里,总是有人比较喜欢出头露面、夸夸其谈,而与此同时也总有一些人比较含蓄、害羞、不善言谈。那些不善言谈的人可能会感到心理上受压抑,没有机会像在个别访谈时那样比较充分地发表自己的意见。如果群体被个别有强烈领导欲、试图影响其他成员的人所控制,形成了一种思维和谈话的定势,其他成员往往会随波逐流,不愿意或不敢违背主流趋势。群体中的成员通常有一种从众心理,团体内部的动力会创造出一种集体性思维,对成员之间的交谈方式和内容产生导向作用。

比如,我的一位学生对部分北京大学研究生报考北京大学的动机进行一项小型研究时,对四名研究生进行了个别访谈,之后又组织了一次焦点团体访谈。结果,他十分吃惊地发现,这些同学的表现与以前很不一样:有的同学提出了不同的报考北京大学的理由,有的改变了自己原来的看法,还有一位同学现在提供的理由与在个别访谈中所说的理由自相矛盾。通过与班上同学一起对访谈记录进行仔细的分析,他发现,这些同学的"不同"表现在很大程度上与他们相互之间的关系以及他们当时的言语交流有关。比如,其中一位女同学在个别访谈时曾经谈到自己报考北京大学的主要原因是因为自己的男朋友在北京读书,自己希望今后和他在一个城市里工作。可是,在团体访谈时,她却改变了说法,说自己报考的主要原因是"希望到北京大学自由宽松的学术环境里来学习"。经过对团体访谈的人际关系进行分析,我的学生认为,由于当时在场的其他三位同学都是男生,这位女生可能不想在男生面前表现得"女孩子气"或"小家子气",不愿意承认自己报考北京大学是出于自己个人生活的考虑。而其他几位男生的"不同"表现也许与这位女生的发言有关。由于她在当时的讨论中第一个发言,结果后面发言的几位男生也提出了比在个别访谈时更加"堂而皇之"的理由,如"北京大学的名声比较好"、"北京大学的师资水平比较高"等(而在个别访谈中替代这两个理由的分别是:"本科毕业以后没有找到自己喜欢的工作"、"从北京大学毕业以后可以有更多的机会出国")。由于这个群体所提供的特殊互动关系,参与者在此时此地对自己的行为构建了新的意义解释。

当然,我们不应该说,这些同学在个别访谈中提供的理由"比较真实",而在焦点团体访谈中提供的理由"不够真实"。这些理由都是特定研究环境下的产物。个人在私下所说的话与在群体中所说的话有"出入",这说明群体势力对在场的个人的思维方式和行为决策产生了影响。一般来说,如果谈论的话题比较敏感,涉及到参与者个人的隐私,有可能遭到其他参与者的轻视,或者有可能给参与者本人带来麻烦,参与者多半不愿意就这些话题表露自己的"真实"想法。

与个别访谈相比,焦点团体访谈的另外一个困难是:由于参与者不止一个人,获得的访谈内容可能比较杂乱。研究者在团体访谈中的控制比在个别访谈中要小(在某种意义上这是前者的一个优势),但因此而获得的资料也比较混乱,给今后的资料整理和分析带来一定的困难。

与参与型观察相比,虽然焦点团体访谈比较节省时间,可以在较短的时间内获得较多的信息,但是(与其他类型的访谈一样)团体访谈的情境是研究者人为制造的,不像参与型观察那么自然。虽然研究者的控制比较小,但是参与者的谈话内容和基本走向仍旧受到研究者的控制。此外,在焦点团体访谈中,虽然研究者可以观察参与者的非言语行为和行为互动,但是研究者了解的主要是参与者的语言表达,没有机会像在参与型观察中那样看到他们自然地生活和工作。因此,在焦点团体访谈中(如其他类型的访谈一样)研究者很难获得参与型观察时能够获得的非语言资料。

第三节　焦点团体访谈前的准备工作

在正式进行焦点团体访谈之前,研究者需要做一些必要的准备工作,如探讨研究者自己的角色、对访谈进行设计、对参与者进行抽样等。

一、焦点团体访谈中研究者的角色

焦点团体访谈中的研究者主要不是一个提问者,而是一个中介人、辅助者或协调人。研究者的主要职责是促使参与者积极参加讨论,密切注意群体的动力结构和成员之间的互动模式,在需要的时候适当地对群体进行干预。

首先,研究者应该想办法将谈话的主动权交给参与者,鼓励他们即兴发言、相互对话、积极参加讨论,不要依靠研究者这个“权威”。而研究者要达到“去权威”的目的,自己必须有意识地保持一种低调姿态(low profile),即不要轻易发表自己的意见,也不要随便打断群体的讨论。如果访谈的目的主要是对一个尚未定型的研究问题进行探索,研究者应该严格采取“不干预”政策,让参与者自由地对这个问题进行探讨。如果访谈的目的主要是检验研究早期的初步结论,或者对从其他渠道获得的资料进行相关检验,研究者的参与可以稍微积极一些。但是,总的原则是:让参与者自己相互说话,研究者尽量在旁边观察和倾听。如果在访谈的过程中,有的参与者出于平时的习惯,只面对研究者一个人说话,或者使用的言语中表现出研究者是惟一的听众,研究者应该及时提醒大家,将所有在场的人都作为自己对话的伙伴。

为了达到让参与者自己相互交谈的目的,研究者还要设法使所有在场的人感到轻松、安全,可以自由地表现自己。要做到这一点,研究者自己首先要放松。不论是在情绪上还是在行为举止上,研究者都应该表现得自然、随和。一般来说,在一个集体场合,如果主持活动的人态度民主、开放,其他的人也会相应地感到轻松、愉快,没有精神上的压抑。如果团体暂时出现冷场的现象,研究者不必紧张,也不要马上打破沉默,因为这个沉默很可能是一种有意义的情感表示,研究者应该给予足够的时间和空间让其流露出来。总之,研究者要努力创造一个舒适、宽松的环境,使参与者不把过多的精力放到自我形象整饰和人际争斗上面。

研究者除了自己保持轻松的心态以外,还应该设法保证在场的每一个人都有发言的机会。如果在访谈的过程中有人因个性或社会地位方面的优势造成了“领导效应”,研究者应该注意在不伤害他们情感的前提下调动其他成员发表意见。研究者应该明确告诉参与者,不要害怕发表自己的看法,如果自己不同意其他成员的意见,应该主动提出来。团体往往会压抑个别人的参与,因此研究者应该鼓励那些说话比较少的人多说话,调动团体对他们的支持。在对这些人进行鼓励时,研究者要注意策略,多观察他们的行为和语言线索,顺着他们的思路鼓励他们发言,不要造成勉强和尴尬的局面。

在访谈的过程中,参与者可能会询问主持人一些问题。如果这些问题只是为了澄清研究的目的和有关访谈的规则,研究者可以直接就问题进行解答。而如果这些问题是表达者借以避免表达自身感受而采取的一种转移注意力的策略,研究者则应该采取一些技巧重新引导讨论。比如,研究者可以重新陈述或澄清对方的感受,将关注的"球"踢回给提问的人;也可以就这个问题反问其他成员,调动大家一起参与思考(胡幼慧,1996:235)。

不论是为了达到哪一类目的,研究者在访谈期间都要认真记笔记。与个别访谈相比,团体访谈的人数比较多,交叉发言的情况时有发生,即使使用录音机或录像机也很难准确地判断讲话内容与发言者之间的关系。因此,研究者应该保持记笔记的习惯。笔录的内容不仅可以日后与录音、录像等其他类型的资料进行相关检验,而且可以为访谈后期进行追问提供线索。

二、焦点团体访谈的设计

由于焦点团体访谈注重了解参与者相互之间的即兴互动行为,其设计相对个别访谈来说应该更加开放一些。一般来说,访谈的结构应该视研究的目的而定。如果研究的目的是对同一团体中的不同成员进行对比,看他们对研究问题的看法存在什么异同,可以采取如下几种策略:1)在同一团体中使用相同的访谈问题,看不同参与者的回答是否存在异同;2)在同一团体中就同一研究问题使用不同的访谈问题进行提问,看这些不同的访谈问题是否会导致参与者提供不同的回答;3)对同一团体系统地变换提问题的程序以及问题的语言表达,看成员之间的反应有什么区别。

如果研究的目的是对一个社会现象进行追踪调查,了解同一团体在一段时间内就该社会现象的看法或态度所发生的变化,我们可以在不同时段对这一团体进行访谈。如果访谈的目的是对不同团体之间的异同进行比较,我们可以对这些团体询问同样的访谈问题,看它们的反应是否存在差异。如果研究的目的是对数个团体在时间上的变化进行对比研究,我们可以同时对数个团体进行多次追踪访谈,在考察每一个团体是否发生变化的同时,对比数个团体所发生变化之间的异同。在进行追踪访谈时,如果第二次访谈的内容比第一次集中,为了节省人力和时间,可以考虑将原有各团体的部分成员混合在一起组成一个新的群体进行访谈。为了检验"研究效应",我们也可以将以前参加过团体访谈的成员与新加入的成员混合在一起,看他们的反应有什么不同。

如果我们在进行集体访谈之前不能肯定这个方法是否适合自己的研究,还可以先进行一个"预研究"。预研究时使用的访谈问题和抽样人群应该与正式访谈时的基本一致,以便对方法和结果进行类推。如果参与者反应热烈,积极参加讨论,能够满足焦点团体访谈的基本要求,我们便可以确认这个方法适合本研究项目,具有一定的可行性。

与个别访谈相比,焦点团体访谈的访谈提纲应该更加灵活机动。我们只需将自己希望探讨的问题范围列出来,写在一张纸上作为提示。在具体进行访谈时,可以随进程的变化适当进行提问和导引。

三、焦点团体访谈的抽样

在焦点团体访谈中,为了便于交流,所有的成员都应该可以面对面地看到对方,也都应该有充分发言的机会。因此,团体的样本不宜过大,一般为6—10 人。如果研究的目的只是对有关问题进行初步的探索,希望在短时间内得到较多人的看法,也可以适当增加人数。

如果研究涉及到多个团体,应该根据研究的目的以及经济效益来确定团体的数量。一般来说,团体的数量为3—4 个比较适宜。如果研究的目的是尽可能多地获得对有关议题的不同看法,需要对资料进行细致的内容分析,那么也可以适当增加团体的数量,如 6—8 个(胡幼慧,1996:233)。通常,团体成员在个人背景和看问题角度方面的同质性越大,需要的团体数量就越少。从经济效益考虑,如果增加团体并不会增加新的内容,那么目前的数量就应该是合理的,可以就此打住(Calder,1977)。

在挑选参与者时应该注意其同质性,因为具有同质性的成员通常有比较多的共同语言,相互之间比较容易沟通。如果他们在社会地位、教育背景、职业、性别、种族、年龄、辈分等方面异质性太强,可能会产生戒备心理,不愿意主动发言。这种情况对社会经济地位较低的人来说尤其明显(Cabanero-Verzosa,1993)。应该指出的是,"异质性"指的是参与者的个人背景和生活经历方面的不同,而不是态度和看法上的不同。后者正是焦点团体访谈所希望发现的。

当然,如果研究的目的是了解具有不同背景的人聚在一起时如何互动,我们也可以有意把他们放到一起进行访谈。比如,如果我们希望了解父亲和母亲对自己孩子的教育有什么不同的看法,就应该将父亲和母亲召集到一起进行讨论。虽然焦点团体访谈的长处是通过成员互动将问题引向纵深,而不只是停留在表面的争执上,但是将不同的人聚集在一起也可以揭示一些我们希望了解的事情。比如,当父母聚集在一起对孩子的教育进行讨论时,我们不仅可以了解父亲和母亲在态度和看法上存在的异同,而且可以观察他们相互之间的互动关系。因此,样本应该"同质"还是"异质"的问题,主要取决于研究的问题和目的。

　　抽样时还要考虑的一个问题是:我们应该选择熟人还是生人作为参与者? 这个问题至少涉及两个方面的情形:1)参与者对研究者来说是熟人还是生人? 2)参与者相互之间是熟人还是生人? 我认为,除非有特殊要求,最好选择对研究者和参与者都是生人的人。原因是:生人彼此不熟悉,对研究更加有新奇感,可能比较积极地投入讨论。此外,生人之间不必像熟人那样讲究交情和面子,可以比较坦率地发表自己的看法。从研究者的角度看,我们对生人的情况不了解,他们提供的信息应该更加有价值。当然,如果讨论只适合在参与者相互之间是熟人的情况下进行(比如,某商店内部营业员对该商店经营管理的看法),我们只能选择熟人。但是应该特别注意的是,不要把对研究者是熟人和生人的人同时混合在一个团体内。如果这两种人混在一起,研究者可能有意无意地对他们表露出亲疏之分,如对熟人面带笑容直呼其名,而对生人则以"那位先生"、"这位女士"这类比较生分的称谓。研究者这种区别对待的态度可能使参与者产生不平等感,特别是对那些与研究者是生人的人来说。

　　另外,在挑选参与者时,我们还要考虑这些人对研究的问题是否感兴趣,是否有话可说,是否愿意在一个群体环境里说话,而且更加重要的是,是否对同一问题有不同的看法。比如,卡巴尼罗·沃佐沙(Cabanero-Verzosa)等人(1993)在几内亚一个村子里对一群正在哺乳的妇女进行了两次焦点团体访谈,询问她们对当地从西方引进的一种新型的哺乳食品的看法。访谈采取的是实验型设计,一次在使用该食品之前,一次是在试用之后。由于参与者都是正在哺乳的母亲,而且都正在试用这种新型的食品,因此她们相互之间有话可说。这种食品可以帮助她们缓解哺乳中遇到的一些困难,因此她们都愿意就食品的准备和质量等问题提出自己的看法。由于食品是从西方国家引进的,与当地的饮食习惯有一个适应的过程,她们对此也各有自己不同的做法。此外,在使用食品的前后对哺乳的妇女各进行一次访谈,这种方式还为研究者提供了丰富的对比资料。

第四节　焦点团体访谈的实施

　　焦点团体访谈的实施一般包括如下几个方面:安排物质空间、开始访谈、组织进行访谈、结束访谈。

一、安排物质空间

在访谈开始之前,研究者应该事先选择访谈的地点。集体访谈的物质空间安排十分重要,因为它直接表达了研究者对团体关系的一种暗示。如果条件允许,座位应该尽量排成圆圈,以表示所有在场的人(包括研究者本人)都是平等的,彼此不分高低。如果研究者多于一个人,最好坐在一起,不宜分散于圈内,以免参与者围绕着研究者形成多个小团体,同时各自自己对话。此外,焦点团体访谈中偶发事件比较多,研究者需要经常在一起商量对策,如果坐在一起,可以比较方便地交换意见。

研究者将参与者的座位安排以后,可以请大家自由就座。此时,观察参与者选择坐在什么地方、与什么人坐在一起,能够为研究者提供十分有意思的信息。比如,如果某一位参与者故意避免与研究者坐在一起,这也许说明:1)他/她比较害怕"权威";2)他/她对研究者有反感;3)他/她平时就对研究者这样的人(处于权力高位、来自学术圈子、"自视清高"等)敬而远之。又比如,一位女性参与者有意选择与其他女性坐在一起,这也许说明:1)她的性别认同意识比较强烈;2)她对男性有"偏见";3)她与同性在一起感到比较安全,等等。有时候,虽然研究者将座位排成一个圆圈,有的参与者可能有意将自己的座位拉到圆圈外面,坐到其他参与者的背后。这也许说明:1)这个人不喜欢抛头露面;2)这个人在这里感到不安全;3)这个人希望与众不同,有"反社会倾向",等等。总之,研究者可以利用就座的机会对参与者的行为进行观察,透过他们自己对物质空间的选择来了解他们的个性以及他们对现场的反应。

二、开始访谈

大家就座以后,研究者就可以开始访谈了。无论研究者采取什么具体的策略,访谈都应该以轻松、愉快的方式开始。比如,研究者可以先讲一个与在场的某些参与者有关的幽默故事,或者讲一个有关研究者本人或研究项目的笑话。这样可以使大家精神上有所放松,减轻他们初次来到陌生地方常有的防御心理。另外一种开场的方式是让所有的参与者(包括研究者本人)各自介绍自己,使大家对在场的人有一个基本的了解,以便决定自己应该以什么姿态参与访谈。此外,研究者也可以请每个人谈一谈自己最近生活中发生的好事情,将大家的注意力先放到比较轻松愉快的事情上面。总之,研究者应该尽一切努力,使参与者感到放松、舒服、安全。

访谈开始时,研究者可以对自己的研究项目作一个简短的介绍,其中包括研究的问题、研究的目的、处理结果的方式、志愿原则和保密原则等。介绍研究项目的方式与个别访谈基本类似,研究者的态度应该诚恳、坦率;介绍的内容可以概括一些,不必过分交代细节。与个别访谈不同的是,研究者在介绍保密原则时,不仅要许诺自己对参与者的信息绝对保密,而且应该要求参与者对彼此的信息绝对保密。这一点在团体访谈中特别重要,因为它直接关系到参与者对访谈的信任程度,对访谈的质量有很大的影响。

介绍了研究的项目和有关事宜以后,研究者还要向参与者交代团体访谈的基本规则,如:1)一次只允许一个人说话,别人在说话时不要与自己旁边的人"开小会";2)所有的人都应该有机会发言,不要让少数几个人统治会场;3)参与者可以自己组织讨论,不必等待研究者介入,发言的人要面向大家,不要只是朝着研究者一个人;4)讨论的问题应该比较集中,就大家共同关心的问题进行讨论,后面发言的人应该尽量与前面发言人的谈话内容挂上钩;5)尽量使用自己的日常语言,不要使用一些时髦的政治术语和口号式的语言;6)所有在场的人的经历和看法都同样重要,没有"好坏"之分,欢迎发表不同意见,等等。

为了避免"集体性思维"和"同伴压力"(peer pressure),研究者还可以在访谈正式开始时,建议每一位参与者作一个简短的发言。待每个人都有机会发表自己的看法以后,再放开讨论。另外一个办法是,请所有参与者在发言之前先花几分钟写下自己的想法,以便强化他们在团体中发言的愿望和能力。既然他们已经将自己的想法写了下来,希望说话的愿望会更加强烈一些,说话的能力也会增强。如果研究者不担心参与者中有人会统治会场,也可以直接介绍一个话题,让参与者自己展开讨论。

三、进行访谈

焦点团体访谈中引进话题的顺序与个别访谈一样,应该像一个倒置的金字塔,开始时比较宽泛,然后逐步收紧。转换话题要流畅、自然,避免过分强制、操之过急。追问时应该尽量使用参与者自己提供的概念线索,而不是生硬地"另起炉灶"。

为了使参与者接触自己内心的感受,研究者可以让对方重述具体的情境和事件的细节。当参与者对一个事件进行描述时,研究者应该注意捕捉线索,帮助对方不断接近具体细节,避免泛泛而谈。

在对研究问题进行讨论时,研究者还要注意哪些问题参与者认为比较有意思、比较重要,哪些问题他们认为没有意思、不重要,然后重点就前者进行讨论。有时候,参与者谈到的问题可能是研究者事先没有想到的,但是与研究的问题密切相关。此时,研究者应该鼓励对方就此问题进行深入的讨论。

为了了解参与者的态度和价值观念,研究者还可以适当地使用控制式投射法,如问参与者:"有人认为……不知你们怎么看?"当参与者对一些问题形成了对抗,有的人表示同意,有的人表示反对时,研究者应该注意他们彼此的态度和神情,了解他们在面对冲突时的处理方式。

四、结束访谈

访谈结束的时候,研究者可以请每一位参与者简单地总结一下自己的看法,或者补充自己想说而没有机会说的话。这样做一方面可以使大家进一步理清思路,另一方面也可以为那些没有机会或机会较少的人提供一个说话的机会。

通常,在一个集体活动结束的时候,参与者往往期待着组织者作一个总结,对大家的看法作一个概括性的评价。但是,我认为,在焦点团体访谈中研究者应该避免这么做。原因是:我们不应该让参与者认为研究者具有最后的"权威",可以对讨论的内容作一个总结和评价。如果研究者只是就大家谈论的内容作一个简要的概括,同时表示这些资料对自己十分有用,参与者会带着开放的心态离开会场,回去以后还可能对有关的问题进行思考。而如果研究者在访谈结束的时候对讨论的内容下一个定论,那些被肯定的人可能感到比较高兴,而那些被否定(哪怕是间接地被否定)的人会感到比较丧气。更加重要的是,研究者在访谈过程中煞费苦心经营起来的"去权威"的气氛会因此而毁于一旦。

访谈结束的时候研究者还需要做的一件重要的事情是:再一次向参与者强调保密原则。虽然在访谈开始的时候研究者对这个问题已经有所强调,但是经过两个小时的访谈以后,有的参与者可能对这个原则有所淡忘;有的参与者可能与群体中的一些人已经建立起了良好的关系,认为大家已经成了"熟人",没有保密的必要。另外,在访谈的过程中可能有的参与者暴露了自己的一些个人隐私,或者就某些敏感话题发表了意见,这些人可能会感到不安全,需要研究者和其他参与者的进一步保证。因此,研究者应该利用这个机会再次慎重地对保密原则加以强调。团体访谈与个别访谈一个很大的不同是,参与者不止一个人。因此,在团体访谈中,不仅研究者应该为参与者保密,所有在场的人都要做到这一点。而这不是一件十分容易的事情,需要研究者不断地给大家敲警钟。

当然,访谈结束以后,研究者还应该向参与者表示感谢,感谢他们为自己的研究投入了宝贵的时间、精力和信任。如果财力允许的话,研究者还可以利用这个机会向每一位参与者送一件小礼品,以表达自己的感激之情。(有关质的研究中的回报问题,详见第二十五章第四节)

综上所述,一个"成功的"焦点团体访谈应该达到如下几方面的效果:1)能够让所有参与者都积极参加讨论,就有关议题激发出最大范围的反应;2)参与者相互之间进行平等的对话,不频频向研究者寻求批准或支持;3)参与者的反应生动、具体,有一定的深度,反映了他们自己对有关议题的感受、认知和评价,而不是停留在抽象、笼统的概念层面;4)参与者的谈话内容反映了他们个人的生活经验以及他们亲身经历过的有关事件的情境脉络,参与者能够在自己过去的经历和现在自己的反应之间建立起联系(Merton,1987)。焦点团体访谈是访谈的一种形式,它具有个人访谈所没有的一些特点和作用。作为一种特殊的研究手段,焦点团体访谈可以帮助研究者了解一个特定的人群在集体场合思维、表达、交流和建构知识的方式。群体成员聚集在一起进行交谈——这种形式本身就为研究者提供了一个观察他们互动的绝好机会。如果与个人访谈结合起来使用,这种访谈形式还可以为研究结果提供相关检验的机会。因此,我们应该学会有效地使用这种方法,使其最大限度地为自己的研究目的服务。

第十五章 观 察

——我如何了解被研究者的所作所为？

除了上面提到的访谈方法，质的研究中另外一个主要的收集资料的方法是观察。观察是人类认识周围世界的一个最基本的方法，也是从事科学研究（包括自然科学、社会科学和人文学科）的一个重要的手段。观察不仅仅是人的感觉器官直接感知事物这么一个过程，而且是人的大脑积极思维的过程。正如爱因斯坦所说：“你能不能观察到眼前的现象取决于你运用什么样的理论，理论决定着你到底能观察到什么”（引自赵慕熹，1991：44）。感知是人头脑中的认知图式和意向与感觉材料之间相互作用的结果，人通过脑外感知所获得的物理场必须与脑内感知所获得的心理场相互对应，才会产生认知上的体验（阿恩海姆，1966：309）。所谓的“把某物作为某物而看见了”（seeing-as）这类活动本身就是一个既在“看”又在“想”的过程（Wittgenstein，1953）。观察者必定从自己的观察中创造出某种东西，而这种创造在于观察者与被观察对象之间的关系。就人对事物的认知而言，世界是由各种关系而非事物本身构成的，事物的真正本质不在于事物本身，而在于观察者在各种事物之间构造、然后又在它们中间感觉到的那种关系（霍克斯，1987：8）。

与上述观点类似，质的研究认为，观察不只是对事物的感知，而且取决于观察者的视角和透镜。观察者所选择的研究问题、个人的经历和前设、与所观察事物之间的关系等都会影响到观察的实施和结果，需要认真进行分析。

第一节 观察的分类

一般来说，观察可以分成两大类型：1）日常生活中的观察；2）作为科学研究手段的观察。日常生活中的观察是人的一种最基本的生存方式，没有明确的目的性和计划性。就好像人需要呼吸一样，人生活在世界上也需要不断地对周围的事物进行观察。由于这种观察是人的一种本能的活动，如果不通过有意识的反思,人一般对自己的观察习惯没有意识。在科学研究中,观察是研究者有目的、有计划的一种活动。观察者运用自己的感觉器官或借助科学仪器能动地对自然或社会现象进行感知和描述,从而获得有关的事实材料(水延凯,1996:172)。本书主要对社会科学领域内质的研究方法中的观察手段进行探讨,而质的研究中的观察是一种有意识、有目的的研究活动,因此我在此只对"作为科学研究手段的观察"进行探讨。

作为"科学研究手段的观察"还可以进一步分成实验室观察和实地观察两种形式。前者通常在备有单向透镜、摄像机、录音机等设备的实验室内或者事先有所控制的自然场所中进行;后者是在自然环境下对当时正在发生的事情进行观看、倾听和感受的一种活动。质的研究主要使用实地观察的方式,所以我在此不讨论实验室观察所涉及的问题。

一、参与型观察与非参与型观察

质的研究中的实地观察可以进一步分成参与型观察与非参与型观察两种形式。在参与型观察中,观察者和被观察者一起生活、工作,在密切的相互接触和直接体验中倾听和观看他们的言行。这种观察的情境比较自然,观察者不仅能够对当地的社会文化现象得到比较具体的感性认识,而且可以深入到被观察者文化的内部,了解他们对自己行为意义的解释。在操作层面上,研究者可以随时问自己想了解的问题,并且可以通过观看被研究者的行为而发问。这种观察具有开放、灵活的特点,允许研究者根据研究问题和情境的需要不断调整观察的目标、内容和范围。由于其参与性质,观察者具有双重身份,既是研究者又是参与者。观察者不仅要和当地人保持良好的关系,而且在参与当地人活动的同时必须保持研究所必需的心理和空间距离。观察者与被观察者之间的关系比较灵活,不是一方主动、一方被动的固定关系,研究的过程也不完全先入为主地由某种外在的、机械的模式所决定,而是融入了参与双方的决策、选择和互动。

最早使用"参与观察"一词的学者是林德曼(Lindemann),他在1924年提出将社会科学研究中的观察者分成两大类型:客观的观察者和参与观察者(Friedrichs & Ludtke,1974)。最早将参与观察法运用于田野工作的是马林诺夫斯基(1922),他于1915年到1917年在特罗比恩岛上对当地的土著人进行了两年之久的参与型研究。基于他自己田野工作的经验,马林诺夫斯基建立了社会人类学中的功能主义学派,其中三个主要的论点是:1)研究文化不能把文化的某些个别方面分割开来,而应把文化的不同方面放在它们实际用途的背景下进行考察;2)社会人类学者不应依赖被研究者的口头言论和规则来研究人,而应该重视他们的行为;3)如果人类学者已经理解被研究者的行为,并且把这些行为放在一定的场合中考察的话,那么他们就会发现"野蛮人"的头脑与西方人一样具有理性,因为他们也懂得如何操作和利用可能的机会(王铭铭,1997:133)。现在八十多年过去了,虽然马林诺夫斯基有关"野蛮人"的论说在用词和态度上显然已经过时了,但是以上这三点发现至今对社会科学研究中的参与型观察仍旧具有十分重要的指导意义。对整体情境的考量、对参与者行为的关注、对当地人理性的尊重——这仍旧是参与型观察的主要特点。

与参与型观察不同的是,非参与型观察不要求研究者直接进入被研究者的日常活动。观察者通常置身于被观察的世界之外,作为旁观者了解事情的发展动态。在条件允许的情况下,观察者可以使用录像机对现场进行录像。非参与型观察的长处是研究者可以有一定的距离对研究对象进行比较"客观"的观察,操作起来也比较容易一些。但其弱点是:1)观察的情境是人为制造的,被研究者知道自己在被观察,往往比参与型观察受到更多的"研究效应"或"社会赞许"的影响(杨宜音,1998:19);2)研究者较难对研究的现象进行比较深入的了解,不能像参与型观察那样遇到疑问时立刻向被研究者发问;3)可能受到一些具体条件的限制,如因观察距离较远,研究者看不到或听不清正在发生的事情。

其实,参与型观察和非参与型观察不一定是一个相互截然分开的类型,它们之间还可以有很多结合的形态。我们可以将"参与"和"观察"这两个概念暂时分开,然后在不同的参与程度和观察角色上将它们进行各种不同的两两结合。比如,我在第三章讨论质的研究的分类时提到高德(1958)的观察连续体,遵循的就是这种思路。他将参与观察分成四种类型:1)完全的观察者;2)作为参与者的观察者;3)作为观察者的参与者;4)完全的参与者。

上面这种将观察活动分成"参与型"和"非参与型"的分类方式(包括在这两类之间进一步分出不同变种的做法)在我看来代表的是实证主义的观点,即认为"参与"和"非参与"之间的区别是十分明显的,研究者应该做的是在观察(特别是参与型观察)时努力排除自己的"前设",尽量获得"客观"、"真实"的事实。而建构主义者则认为,从某种意义上来说,所有的社会科学研究都是一种"参与型观察"。研究者只有成为社会世界的一部分,才有可能理解这个世界,真正意义上的"局外人"是不存在的(Hammersley & Atkinson,1983)。研究者从历史发展进程中获得的"前理解"是理解当下事物的必要条件,所谓的"前设"和"偏见"是人类相互交流、相互理解必不可少的条件(加达默尔,1994)。所以,研究者要做的不是努力排除自己的"偏见",而是有效地利用这些"偏见",并且对自己的"视域"、被研究者的"视域"以及双方"视域融合"的方式有尽可能清醒的认识。

因此,随着近年来质的研究往建构的方向发展,上述高德列出的四种观察者身份也开始发生变化,观察者的参与性在逐渐增大。有学者认为,现在质的研究者在从事实地研究时大都采取如下三种身份："完全成员式研究者"、"积极成员式研究者"和"边缘成员式研究者"(Adler & Adler, 1994:379)。这些身份的共同之处是:它们都具有"成员"的成分,强调观察的"参与性"。虽然比较起来,有的身份(如"完全成员式研究者")中"成员"成分相对多一些,有的身份(如"边缘成员式研究者")中"成员"成分相对少一些,但是它们都认可这样一个"事实",即研究者如果要理解被研究者,不能(也不可能)只是站在外面"观察"对方;研究者只有作为被研究者文化群体中的一个"成员"(虽然涉入的程度有所不同),参加到他们的生活中去,才可能真正理解他们。

二、其他分类法

除了参与型和非参与型观察这一分类方式以外,社会科学中的实地观察还可以按照公开程度、结构状态、接触程度、运动形态、观察目的以及时间安排等维度进行分类。这些分类方式从观察活动的不同侧面对观察进行分类,相互之间并不完全排斥。其中有的类别可能在同一个观察活动中同时发生,在此分开讨论只是为了理解上的方便。

按照公开的程度分,质的研究中的观察可以分成隐蔽型与公开型。前者指的是观察者在被观察者不知道的情况下进行观察,被观察群体不知道研究者的真实身份。这种观察方式的优点是:不影响或破坏观察对象原有的社会结构和内部人际关系,能够获得比较"真实"、自然的信息。但其缺点是违背了社会科学研究中有关"志愿"这一伦理原则,没有征求被研究者是否愿意被观察。公开型观察指的是被观察者知道研究者在对自己进行观察,研究者事先向他们说明了自己的身份和任务。这种观察方式的优点是研究获得了被观察者的同意,符合研究的伦理规范。但弱点是有可能造成"研究者效应",被观察者有可能有意改变自己的行为方式。在质的研究领域,学者们对这两种观察方法有不同的看法。有人认为,人的天性之一就是向外人隐瞒自己内心的真实想法,因此只有通过隐蔽的研究活动才能发现"真实"的情况(Douglas, 1976)。而主张公开型的人则认为,研究的情境本身就是一个"真实"的环境,如果被观察者选择"做假",这本身就是现实生活中的"真实",因此研究者不应该"做假"(Maxwell, 1996)。

除了公开和隐蔽的分类以外,实地观察还可以按照观察本身的形式分成结构型和无结构型。前者是一种比较程式化的观察活动,研究者事先设计了统一的观察对象和记录标准,对所有的观察对象都使用同样的观察方式和记录规格。这种观察的主要目的是获得可以量化的观察数据,对观察到的内容进行统计分析。无结构观察是一种开放式的观察活动,允许观察者根据当时当地的具体情境调整自己的观察视角和内容。观察者事先可能设计一个观察提纲,但是这个提纲的形式比较开放,内容也比较灵活,可以根据当时当地的情形进行修改。在质的研究中,研究者通常使用无结构的观察方式,目的是对社会现象进行探索性的、不断深化的研究。

根据观察者以及所观察事物的状态来分,质的研究中的观察还可以分成静态观察和动态观察两种。从观察者的角度讲,静态观察指的是观察者固守在一个地点,对某一现象进行观察,观察的对象则可以是静态的,也可以是动态的。动态观察指的是观察者与被观察的对象一起移动,随对象的地点、时间变化而变化。动态观察可以是一个短时间的观察,也可以是一个长期的追踪调查。由于长期的动态观察可以捕捉到事情发展的过程和变化形态,大部分人类学家在实地作观察时都采取这种方法。

按照观察的目的,实地观察还可以分成探索型实地观察和验证型实地观察两种形式。前者的主要目的是对社会现象(通常是对研究者来说不熟悉的现象)进行初步的、比较全面的了解,以便为今后进一步深入研究奠定基础。在验证型观察中,研究者已有自己初步的理论假设,观察的目的是对这些理论假设进行检验。在质的研究中,研究者大都使用探索型观察的形式,因为质的研究的主要目的不是验证现有理论,而是理解社会现象。

根据观察者与观察现象的接触方式来分,质的研究中的观察还可以分成直接型观察和间接型观察。直接观察指的是对那些正在发生的社会现象进行观察,研究者身临其境,亲眼看到和听到所发生的事情。间接观察指的是:研究者通过对物化了的社会现象进行查看,以此来认识研究的对象;其手段包括物质痕迹观察(如通过查看哪些书刊磨损得比较严重来推测这些书刊比较受读者欢迎)、累积物测量(如通过观察私人书架上的灰尘猜测主人对书籍的喜好程度)(袁方,1997)。与直接观察相比,间接观察对被观察者的正常生活不会产生什么干扰,研究者有足够的时间和空间对观察的现象进行考察。但是,由于间接观察的内容与被观察者的活动不同步,研究者很难对观察的结果进行效度检验。比如,造成上述书刊磨损的原因也许不是因为受读者欢迎,而是因为图书馆本身管理不善所致。因此,在这种情况下,质的研究者通常结合间接观察、直接观察以及其他研究方式(如访谈)对研究的结果进行多方验证。

按照观察的时间安排来分,实地观察还可以分成长期观察、短期观察和定期观察。长期观察是一种连续不断地、在较长时间内对社会现象进行观察的活动。其优点是可以比较全面、细致地了解被研究的现象;但比较费时、费精力,对被观察者的干扰也比较大。短期观察相对来说精力和时间比较集中,可以在较短的时间内对研究现象获得一个即时的了解;但其弱点是:只能对研究的现象获得一个片刻的印象,很难获得比较全面、深入、整体性和过程性的了解。定期观察是在某个指定的时段内对社会现象进行反复的观察,观察内容一般比较集中,而且可以通过重复观察对初步的研究结果进行验证;但是这种观察往往只能了解到某个特定时段的情况,较难看到社会现象的连续性。质的研究通常根据研究的具体要求以及实际条件选择不同的观察方式。一般来说,如果条件允许的话,研究者大都进行比较长期的观察,以便对研究现象的社会文化情境以及现象的运动过程有一个比较整体性的、深入的、动态的了解。

综上所述,质的研究往往使用参与的、公开或隐蔽的、无结构的、动态的、探索型的、直接的、长期的观察方式。在某些情况下,研究者也可能使用其他的观察方式(例如在研究项目后期对初步结果进行验证型观察),但是在一般情况下(或者说理想的情况下),研究者通常使用体验性的观察方式。因此,从现在起,除了特别说明以外,本书中所说的"观察"一律指具有上述特点的"参与型观察"。

第二节 观察的作用

有学者认为,参与型观察的主要目的是"从扎根在人类日常生活的有关事实中发掘实践性真理和理论性真理"(Jorgensen,1989:14)。在参与型观察中,由于研究者亲身参与到所观察的活动之中,可以对当地的社会文化情境有比较直接的感性认识,可以看到行为或事件的发生、发展、变化过程。通过这种观察活动,研究者可以掌握有关研究对象的第一手资料,为构建自己的有关理论提供具体的论证基础。

通过对有关观察的文献进行检索(Glesne & Peshkin,1992;Jackson,1987;Jorgensen,1989)以及我个人的研究经验,我认为参与型观察对如下情况最为有用:

1)当有关社会现象(如同性恋、吸毒、监狱生活等)很少被人所知时。相对其他研究方法,参与型观察(在这种情况下通常是隐蔽型)可以保证研究者比较顺利地进入研究现场,获得相对"真实"的信息,同时对当地人生活的打扰也比较少。但是,进行这种观察活动的最大问题是违背了社会科学研究中的参与者志愿原则。

2)当研究者需要了解有关事情的连续性、关联性以及背景脉络时。在有的研究项目中,这些方面的信息对回答研究的问题至关重要,研究者必须获得这方面的信息。

3)当研究者(以及一般公众)看到的"事实"与当事人所说的内容之间存在明显的差异,或者"局外人"与"局内人"对同一事物的看法很不相同时。比如,一般人可能认为学校里有的学生参加青少年流氓集团是道德品质败坏的表现,而这些学生自己可能认为这是他们寻找友谊和身份认同的一种积极的方式。如果研究者参与到这些学生的日常活动之中,与他们建立了相互信任的关系,便有可能了解他们的具体行为方式以及他们自己真实的想法。在这里,研究的主要目的是了解局内人的意义建构以及他们的行为互动方式。

4)当研究者需要对社会现象进行深入的个案调查,而且这些个案在时空上允许研究者进行一定时间的参与型观察时。通过参与型观察,研究者可以将所研究的个案放到当时当地的社会文化情境之中,对事件的发生过程以及社会成员之间的行为互动关系获得较为直接、完整和全面的了解。

5)当对不能够或不需要进行语言交流的研究对象进行调查时,比如,对婴儿或聋哑人进行研究时无法使用语言;对处于不同文化背景之中的人们进行研究时(如汉族研究者对藏族人进行研究),双方的语言可能不通。在这种时候,参与型观察具有一定的优势,尽管语言的缺失使研究失去了一个十分丰富的信息渠道。

6)当研究者希望发现新观点、建构自己的"扎根理论"时。由于探索型参与观察允许研究者灵活地调整和重新定义自己的研究问题,研究者在筑构自己的理论时可以采取一种开放、灵活的发现逻辑。根据收集到的原始材料,研究者可以提出自己的初步理论假设,然后通过解释的循环不断修订自己的观点,直至形成基本理论。

7)对其他研究方法起辅助作用,比如在访谈之前进行一次预备性的观察,可以使访谈的内容更加有针对性。

一般来说,参与型观察不适合如下情况:1)在面上就研究问题对研究对象进行大规模的宏观调查;2)对过去的事情、外域社会现象以及隐秘的私人生活进行调查;3)对当地人的思想观念、语词概念和意义解释进行细密的探究;4)对社会现象进行数据统计和量化分析;5)对社会现象进行因果分析。关于最后一点,质的研究界存在分歧。有学者认为,通过细密、深入的观察也可以对人们行为的原因进行一定的推论(Maxwell,1996)。我本人同意另外一些学者的看法,即这种推论有很大的冒险性。观察可以比较明确地回答"谁在什么时间、什么地方与谁一起做了什么"这类问题,但很难准确地回答"他们为什么这么做"(Whyte,1984:84)。

第三节　不同流派对观察的理解

对观察的实质和作用的理解取决于研究者个人的立场以及他们对"知识"的定义,持不同观点的研究者往往有不同的理解。由于他们对"知识"

的理解不同,对获致"知识"的方式(如观察与"知识"的关系)也很不相同。下面,借鉴 P.阿德勒(P. Adler)和 P. A.阿德勒(P. A. Adler)的有关分析(1994)以及我个人的理解,分别从经验主义、象征互动主义、戏剧社会学、存在主义社会学和常人方法学等流派的角度对观察的作用进行一个简单的探讨。

一、经验主义的观点

从经验主义的角度看,"知识"是可以直接感知和观察到的。研究者通过自己的感官或科学仪器,可以直接观察到"客观"、"真实"的"事实"。因此,"科学的"观察方法是获得"事实"和各种直接性"知识"的基本方法。主动的研究者可以(而且也可能)对被动的被研究者进行观察,从而获得有关后者的"知识"。这种观点基本上遵从的是实证主义的思路,认为主体和客体是相互分离的,主体可以对客体进行"客观的"观察。只有可以感觉到的东西才是"真实"的存在,研究者只要按照严格的"科学"观察手段和程序,就可能"真实地"获得有关被研究者的信息。

二、象征互动主义的观点

从象征互动主义的角度看,人类社会是行动者参与过程的集合,个人的行为是人际互动的结果(Blumer,1969)。人类的"知识"产生于人与人之间互动的过程和情境脉络之中,理解只有通过人与人之间的互动才可能呈现(严祥鸾,1996:201)。因此,研究者必须与被研究者进行互动才能获知对方的意义建构。参与型观察便是使研究者与被研究者之间产生互动的一种十分有效的方式。一般来说,任何一个文化群体都有自己的一些假设,而该群体的成员们通常对这些假设习以为常,很难用语言表达出来。因此,如果研究者通过参与型观察这类与研究对象直接互动的方式,便有可能直接接触到那些隐含在对方行为中的理论假设,进而对有关社会现象进行比较深入的分析。

三、戏剧社会学的观点

戏剧社会学的观点与象征互动主义十分相似,只是更加强调人在社会场合通常戴着的"戏剧"性"面具"。这种观点认为,人在公众面前的自我呈现通常有自己个人的意图在背后支持(Adler & Adler,1994)。人通常比较在意自己在别人面前的形象,因此会想方设法用自认为最好的形象来表现自己(Goffman,1959)。相对其他形式的研究方法(如访谈),参与型观察对于了解被研究者的"戏剧面具"更为有效。参与型观察强调研究者对被研究现象进行个人体验,并且与被研究者之间产生共情。因此,这种观察的方法可以使研究者深入到被研究者的自我形象整饰过程之中,了解他们掩盖在"面具"背后的选择策略和决策方式。

四、存在主义社会学的观点

存在主义社会学认为,对他人的理解必须通过与他人生活在一起,通过亲身的感受、接触、倾听和观看来达到对他人的理解。理解涉及到一个双重视角之间相互作用的问题,研究者既是研究的主体,又是研究的客体(如果我们认为主客体是可以分开的话)。作为主体的研究者在与他人互动中,通过对作为客体的自己的体验而达到主客体的统一。双重视角之间的互动不仅可以使理解成为可能,而且可以为研究提供一定的深度。参与型观察将研究者本人作为观察的工具,因此研究者可以沉浸到自己与被观察者所共享的日常生活之中。这种与他人共同生活的研究方式提供了一个理解他人的有效途径。

五、常人方法学的观点

常人方法学主要通过观察平常人的生活习惯和行为方式来了解他们的思维方式和看待世界的角度。因此,从常人方法学的角度,参与型观察可以有效地帮助研究者了解被研究者是如何具体生活的。通过分析他们的语言和行为,研究者不仅可以观察他们做(说)了什么,而且可以了解他们是如何做(说)的、如何想的。

上面的讨论表明,不论从何种思想流派的角度出发,质的研究中的观察方法都具有自己的特点和作用。虽然经验主义的观点仍旧停留在对"客观"、"真实"的追求上,但其他流派已经超越了实证的范围,把观察看成是一种主体之间的互动活动。它不仅使我们"看"到了观察的对象(或者说观察的对象是因为我们对它"看"才得以产生),而且同时促使我们对观察的对象进行"思考"和"建构"。质的研究要求研究者在自然情境中与被研究者一起工作和生活,通过自己亲身的体验来获得对对方的理解。因此,如果我们真正将自己放到研究的现象之中,在注意被研究者的同时注意自己的思想和情感反应,我们应该可以比较深入地进入对方的生活世界。

第十六章 观察的实施

——我看到了什么？

在讨论了观察的分类和作用以后,现在让我们来看一看观察是如何具体实施的。质的研究中的观察一般包括如下几个步骤:确定观察的问题、制定观察计划、设计观察提纲、进入研究现场、进行观察活动、记录观察资料、整理和分析观察资料、检验研究结果、撰写研究报告等。虽然这些阶段可以相对独立出来,但是在实际操作中各个阶段之间的分界并不十分清楚。由于质的研究本身具有循环往返的特性,观察中不同的阶段实际上都在以螺旋上升的方式往前发展,各自之间也有不同程度的交叉和融合。

由于本书其他部分已经对质的研究中进入研究现场、整理和分析资料、检验研究结果、撰写研究报告等方面有一个整体的介绍,而观察中的这些部分与其他方法(如访谈、实物分析)基本一致,可以在如上部分一起进行讨论,因此本章只对观察中其他比较独特的部分进行讨论,如:1)观察前的准备工作;2)具体进行观察的方法和策略;3)记录观察内容的方式;4)观察者的自我反思。

第一节 观察前的准备工作

在观察开始之前,研究者需要先做一些必要的准备工作,如:确定观察的问题、制定观察计划、设计观察提纲等。

一、确定观察的问题

在实施观察之前,研究者首先应该确定观察的问题。与访谈的问题一样,观察的问题是一个次级问题,与研究的问题是不一样的。"研究的问题"是研究者在所要探究的研究现象中提炼出来的、学术界或实践界尚有疑问的、研究者个人认为有必要回答的问题;而"观察的问题"是研究者在确定了"研究的问题"之后决定选择使用观察的方法,根据观察的需要而设计的、需要通过观察活动来回答的问题。提出"观察的问题"的目的是为了回答"研究的问题",前者是完成后者之使命的一个工具。例如,我有一位在芝加哥大学人类学系攻读博士学位的美国朋友,她的博士论文研究的问题是"从中国的幼儿教育看中国社会变迁与全球资本主义之间的关系"。她准备使用多种研究方法(包括参与型观察、访谈、实物分析、收集统计数据等)对这个问题进行研究,其中参与型观察是最主要的方法。她计划在北京一个中国家庭里住一年,对这个家庭以及其他二十个家庭进行观察,了解家长教育孩子的方式。家庭按经济收入分成富裕家庭和贫困家庭,孩子的年龄在六到十岁不等。在这个研究设计中,她提出了很多观察问题,其中包括:"孩子平时穿什么衣服?吃什么食品?玩什么玩具?看什么电视节目?在哪里上学?和谁一起玩耍?孩子平时读什么课外书?一个月自己有多少零花钱?谁可以决定上面这些事情?孩子自己有多大的自主权?"等等。从这个例子中,我们可以看出,研究的问题可以是一个比较抽象的问题,而观察的问题(像访谈的问题一样)则应该比较具体。根据这些具体可操作的问题,研究者才可能设计自己的观察计划和观察提纲。

二、制定观察计划

观察的问题确定以后,我们可以着手制定一个初步的观察计划。一般来说,观察计划应该包括如下几个方面。

1)观察的内容、对象、范围:我计划观察什么?我想对什么人进行观察?我打算对什么现象进行观察?观察的具体内容是什么?内容的范围有多大?为什么这些人、现象、内容值得观察?通过观察这些事情我可以回答什么问题?

2)地点:我打算在什么地方进行观察?观察的地理范围有多大?这些地方有什么特点?为什么这些地方对我的研究很重要?我自己将在什么地方进行观察?我与被观察的对象之间是否有(或有多远的)距离?这个距离对观察的结果有什么影响?

3)观察的时刻、时间长度、次数:我打算在什么时间进行观察?一次观察多长时间?我准备对每一个人(群)或地点进行多少次观察?我为什么选择这个时间、长度和次数?

4)方式、手段:我打算用什么方式进行观察?是隐蔽式还是公开式?是参与式还是非参与式?观察时是否打算使用录像机、录音机等设备?使用(或不使用)这些设备有何利弊?是否准备现场进行笔录?如果不能进行笔录怎么办?

5)效度:观察中可能出现哪些影响效度的问题?我打算如何处理这些问题?我计划采取什么措施获得比较准确的观察资料?

6)伦理道德问题:观察中可能出现什么伦理道德问题?我打算如何处

理这些问题？我如何使自己的研究尽量不影响被观察者的生活？如果需要的话，我可以如何帮助他们解决生活中的困难？这么做对我的研究会有什么影响？

三、设计观察提纲

初步计划拟定以后，我们可以开始编制具体的观察提纲，以便将观察的内容进一步具体化。观察提纲应该遵循可观察原则和相关性原则，针对那些可以观察得到的、对回答观察问题具有实质意义的事情进行观察。我们可以先确定自己希望观察的具体内容，然后将这些内容进行分类，分别列入观察提纲。通常，观察提纲至少应该回答如下六个方面的问题(Goetz & Le-Compte，1984)。

1)谁？(有谁在场？他们是什么人？他们的角色、地位和身份是什么？有多少人在场？这是一个什么样的群体？在场的这些人在群体中各自扮演的是什么角色？谁是群体的负责人？谁是追随者？)

2)什么？(发生了什么事情？在场的人有什么行为表现？他们说/做了什么？他们说话/做事时使用了什么样的语调和形体动作？他们相互之间的互动是怎么开始的？哪些行为是日常生活中的常规？哪些是特殊表现？不同参与者在行为上有什么差异？他们行动的类型、性质、细节、产生与发展的过程是什么？在观察期间他们的行为是否有所变化？)

3)何时？(有关的行为或事件是什么时候发生的？这些行为或事件持续了多久？事件或行为出现的频率是多少？)

4)何地？(这个行为或事件是在哪里发生的？这个地点有什么特色？其他地方是否也发生过类似的行为或事件？这个行为或事件与其他地方发生的行为或事件有什么不同？)

5)如何？(这件事是如何发生的？事情的各个方面相互之间存在什么样的关系？有什么明显的规范或规则？这个事件是否与其他事件有所不同？)

6)为什么？(为什么这些事情会发生？促使这些事情发生的原因是什么？对于发生的事情人们有什么不同的看法？人们行为的目的、动机和态度是什么？)很显然，这个问题需要通过一定的推论，不能完全通过外部观察而获得。当然，参与型观察不排除现场询问，因此也可以通过这类方式获得当事人的想法。

从上面列出的问题中，我们可以看出，质的研究中的观察提纲与量的研究很不一样，要求有一定的开放性和可变通性。与质的研究中的访谈提纲一样，观察提纲提供的只是一个大致的框架，为观察活动提供一个方向。研究者来到研究实地进行观察时，应该根据当时当地的具体情况对提纲进行修改。

第二节　进 行 观 察

观察的步骤一般是从开放到集中,先进行全方位的观察,然后逐步聚焦。不论是在开放还是聚焦的过程中,研究者都面临着如何与被观察者互动以及如何选择观察内容的问题。下面就这几个方面的问题分别进行讨论。

一、开放式观察

在质的研究中,观察的方式在不同阶段通常呈现出不同的风格。一般来说,在观察的初期,研究者通常采取比较开放的方式,用一种开放的心态对研究的现场进行全方位的、整体的、感受性的观察。研究者尽量打开自己所有的感觉器官,包括视觉、听觉、嗅觉、味觉、触觉以及所有这些感觉的综合运用,用自己身体的所有部分去体会现场所发生的一切。比如,如果一位研究者希望对晚上某公园舞场里跳舞的人们相互之间的行为互动进行研究,那么在观察的前几次,他/她应该先对舞场周围的物质环境和人文环境有一个整体性的了解。他/她可以先在公园里闲逛,对前来跳舞的人们以及周围围观的人们进行观察,有机会时与他们闲聊,自己参加跳舞体会公园舞者的心情,感受舞场的音乐、灯光对舞者的影响等。在对舞者所处的大环境有了一个比较完整的、全方位的了解以后,再开始对他们的行为互动进行细部的观察。

在对观察现场获得一个整体感受的同时,作为观察者,我们还应该训练自己对周围事物的敏感和反思能力。跨入现场的一刻,我们就应该问自己:这是一个什么样的地方? 这个地方有什么特色? 这个地方的空间是如何安排的? 这种安排有什么特色? 在这个空间里有什么具体的摆设? 在场的有多少人? 他们是干什么的? 他们的年龄、性别、衣着和行为举止有什么特点? 是否可以从这些特点中看出他们的社会地位、经济地位、受教育程度、婚姻状态和职业? 这些人聚在这里干什么? 他们相互之间是一种什么关系? 在询问这些问题的时候,我们不仅要了解自己目前所处的现场有哪些人和东西,而且要知道这些人和东西所处的状态以及他们之间的相互关系。就像一张家具清单反映不出一个房间的原貌一样,对所观察到的事物进行简单地相加也反映不出这个现场的本来面貌(徐友渔等,1996:55)。与此同时,我们还可以问一些有关观察方法方面的问题,比如:"我来到这里有什么感觉? 我为什么会有这种感觉? 我是通过什么方式对上述问题进行探讨的？我是不是觉得有些问题无法用观察的方式来了解？"等等(Jorgensen，1989：82—83)。

在这个阶段，观察记录应该以全面描述为主，尽可能记录下所有看到、听到和体会到的东西。如果研究的场景对我们来说是陌生的，初次的感觉会比较敏锐，对周围事物的新鲜感也会比较强烈，因此应该及时地将这些感触记录下来。即使研究的环境对我们来说是熟悉的，我们也应该保持开放的态度：也许我们过去的印象是"错误"的，也许这一次会有不同的感受。从建构主义的观点看，人对现实的每一次理解都是一次重构。因此，我们也许会发现自己以前习以为常的东西现在因为自己身份的变化而变得"面目全非"了。

二、逐步聚焦

对观察的整体现场获得了一定的感性认识，明确了自己希望回答的观察问题以后，我们便可以开始聚焦了。聚焦的程度取决于研究的问题、具体的观察对象以及研究的情境等因素。沿用上例，如果观察的问题是"晚上公园里跳舞的人们相互之间是如何认识的"，那么观察的焦点最终必须落到跳舞的人们相互交谈的具体内容上面。而如果观察的问题是"晚上公园里跳舞的人们是如何邀请对方跳舞的"，那么观察的焦点落到人们相互邀请对方跳舞的动作上就可以了。

一般来说，聚焦时的视野可以有狭窄单一和开阔的两种方式。前者焦点比较集中，对单一现象或行为进行集中的观察(类似西洋画中的焦点透视)；后者的焦点比较开阔，强调对整个事件进行全方位的关注(类似中国画中的散点透视)。比如，如果上述研究者主要对公园里某一对舞伴跳舞时目光注视的角度进行观察，观察的焦点始终放在这一对舞伴的眼睛上，那么这便是一个比较狭窄的聚焦视野。而如果该研究者对公园里所有舞伴的目光注视方式进行观察，观察的焦点比较宽泛，同时囊括所有舞者的眼睛，那么这就是一个比较开阔的聚焦视野。

在实际观察中，研究者可以(而且应该)变换使用狭窄的视野和开阔的视野。比如，如果上述研究者希望对公园里舞伴们目光注视的现象进行观察，他/她可以在人们跳舞时目光注视的整体状况和某一对舞伴的目光注视之间来回聚焦。通过这种不断、来回的拉锯，研究者可以同时在宏观和微观层面获得比较丰富的资料。这种方法类似有的学者所说的"分析综合法"，即先观察事物的局部，然后再观察事物的整体；或者反之，先观察事物的整体，然后再观察事物的局部(水延凯，1996：179)。在如此反复移动焦点、扩大或缩小视野的同时，研究者可以对观察的内容进行综合和分析。

除了视野上的不同，聚焦还可以采取一些不同的程序和步骤，如主次程序法、方位程序法、动与静结合法、时间抽样法、场面抽样法、追踪法等。例如,在"主次程序法"里,研究者可以先观察研究现象中主要的观察对象和部分,然后再观察次要的对象和部分。沿用上面的例子,如果观察的问题是公园里舞者的互动行为,研究者可以先对他们相互邀请跳舞的动作、目光注视的方式等进行重点观察,然后再观察舞场周围的物质环境(如音乐的高低、灯光的亮度、舞场的大小等)和人文环境(如那些站在旁边不跳舞的人的表情和动作),看这些次要部分对舞场内跳舞的人们的行为互动有什么影响。

在"方位程序法"里,研究者可以按照观察对象所处的位置采取由近到远或由远到近、由左到右或由右到左、由上到下或由下到上的方法逐次进行观察。比如,在上述对舞者行为互动的观察中,研究者可以先从左边舞场进口处观察舞者刚刚到达舞场时的行为表现,然后再观察他们在右边舞场中心跳舞时的互动行为。完成了一(或数)轮从左往右的观察以后,研究者也可以从右往左进行观察,看这么做与前面相反的方向有什么不同。又比如,研究者在对某一对舞伴进行狭窄式观察时,可以采取从上往下的方位程序,先观察两个人的头部动作,然后逐渐往肩膀、上身、腰部、腿、脚等部位移动。

在"动与静结合法"中,研究者可以选择从静态到动态或从动态到静态轮流进行聚焦。比如,在对公园舞场的观察中,研究者可以先对舞场的静态环境进行观察,重点放在舞场内那些站在圈外观看、自己不跳舞的人;然后再把视点放到那些正在翩翩起舞的人身上。反之,研究者也可以先对动态的人群进行重点观察,然后再对静止的人群进行观察;既可以对两者进行比较,也可以考察这两个不同人群对彼此行为的影响。

在"时间抽样法"里,研究者首先选择一个特定的时间段,然后对这个时间内发生的事情进行观察。比如,上述研究者通过几次开放型观察以后发现,晚上八点到九点这段时间跳舞的人最多,气氛最热烈,人们相互之间的接触(如邀舞、交谈、相互学习跳舞等)也最频繁。因此,他/她决定选择这个时段,重点对这个时段内来跳舞的人们的类型、相互之间邀舞的动作、跳舞时相互之间的目光注视等现象进行观察。

在"场面抽样法"里,研究者首先选择一类活动场面,然后对这个场面重点进行观察。例如,上述研究者通过一定的前期观察以后发现,在舞者中很多舞伴双方都是女性,而这必然会打破传统的由男性邀请女性跳舞的惯例。他/她认为这个现象非常有趣,决定将观察焦点放在舞者对舞伴的选择上面,如:在什么情况下男性主动邀请女性?什么样的男性行为比较主动?什么样的女性经常被男性邀请?这些女性在被邀请(或不被邀请)时有什么行为表现?在什么情况下女性邀请女性?她们是如何相互邀请的?她们相互之间是什么关系(如是否原来就是熟人)?等等。

如果研究的项目涉及到研究对象在时间和空间上的变化过程,研究者还可以使用"追踪法"对研究对象进行比较长期的、持续性的观察。例如，上述研究者在研究开始时的第一次开放式观察中发现，很多舞者在进入舞场时首先很快地对舞场环视一周，然后选择一个地点将自己驻扎下来；然后，在整夜的跳舞过程中，除了特殊情况，他们总是回到自己原来选择好的地点，在那里出发去邀请别的舞伴，或接受别的舞伴的邀请。因此，研究者决定对舞者的位置选择和位置保持这一现象进行追踪观察。他/她可以就这个现象在整晚的观察中追踪几位舞者的情况，也可以在连续几个晚上的观察中对这些舞者进行重点追踪。

需要特别指出的是，聚焦式的（focused）观察不等于封闭式的（closed）观察。前者指的是一种虽然有焦点但形式开放的聚焦方式：研究的问题相对比较集中，但是观察的方式始终是开放的。比如，在上面对公园舞者的观察中，研究者的问题比较集中：对舞伴的目光注视模式进行观察，但其观察的方式却是开放的，即允许任何方式的目光注视成为观察的内容，研究者对所有可能性行为都采取接受的态度。而"封闭式的观察"是一种事先设定了角度和内容的观察方式，只对某一类行为进行观察，而且对观察到的内容进行量的计算。比如，在上面的观察中，研究者在一定的时间间隔内只观察男性舞伴注视女性舞伴的次数以及女性舞伴回避男性舞伴的次数，然后将这些次数记录下来，进行统计分析。当然，如果研究者对观察的内容采取的是开放的态度，但同时使用一些量化的数据来说明自己的研究结论，这种做法在质的研究中也是可以接受的。但总的来说，质的研究中的观察特别强调开放性和灵活性，即使是在聚焦时也是如此。

三、回应式互动

在观察的过程中，研究者应该尽量自然地将自己融入当地的文化之中。要做到这一点，研究者可以有意识地采取一些策略，如与当地人在一起生活，与他们一起做事，保持谦逊友好的态度，不公开表示自己与当地人不一致的意见，观察活动尽可能与当地人的日常生活相一致等。在可能采取的种种策略中，一个被认为十分有效的策略是回应式（reactive）反应，即对当地人发起的行为作出相应的反应，而不是自己采取主动的（active）行动。

例如，寇沙若（W.Corsaro,1985:117）在对幼儿园儿童之间的人际交往行为进行观察时便着意使用了这种方式。在对这些儿童进行参与型观察时，他十分注意他们对他提出的各种问题以及他们要他参加游戏的邀请，然后根据当时的需要作出必要的回应，如回答他们的提问、反问他们、参加他们的游戏等。与现实生活中很多成年人所习惯的行为不同，寇沙若没有主动问这些孩子任何问题，也没有为了引起他们的注意而主动为他们做一些事情。相反，他力图保持幼儿园内孩子们自己原有的互动模式和行为节奏，同时通过回应式反应的方式将自己融入对方现有的行为惯例之中。比如，当他看到两个四岁的女孩贝蒂和珍妮在一起玩儿时，他没有走过去说："你们在玩儿什么啊？"而是站在旁边看她们玩儿，直到贝蒂开始了下面这段对话：

> 贝蒂：你不能和我们一起玩儿！
> 比尔：为什么？
> 贝蒂：因为你太大了。
> 比尔：那我坐下吧。（他边说边坐下来）
> 珍妮：你还是太大了。
> 贝蒂：是啊，你是大比尔。
> 比尔：我只看行吗？
> 珍妮：行，但是什么也别碰！
> 贝蒂：你只看，好吗？
> 比尔：好。

在前几个月的观察中，他一直保持这样一种低调的姿态，直到后来孩子们让他参加进来，一起玩耍。通过回应式反应和其他适应性策略（而不是主动反应和干涉性策略），他自己亲身体验了这些孩子的日常活动规范。

回应式行为不仅可以帮助研究者比较自然地融入当地人的日常活动，避免使当地人对研究者的存在感到突兀（当被观察的当地人相对研究者来说在年龄、职位等方面处于低位时尤其如此），而且可以帮助研究者比较深入地理解当地人的文化。在很多情况下，那些被学术界认为对于了解当地人的文化最为重要的事情往往不被当地人自己所认识，他们认为这些事情是家常便饭，是生活中理所当然应该发生的事情，没有什么可以大惊小怪的。如果研究者不真正参与到当地人的日常活动之中，作为一名群体"成员"与他们分享生活经验，便很难了解当地人这些习以为常的文化习俗。但是，即使是与当地人一起生活，如果研究者死死抱住自己的思维方式不放，一味地按照自己的计划向当地人发问，那么也无法进入对方的"生活世界"。而如果研究者采取回应的方式，根据当地人发起的行为做出回应，那么研究者遵循的就是对方的行为模式，而不是自己的文化习惯，因此可以比较深入地理解对方。

四、选择观察内容

无论是在观察的早期、中期还是晚期，研究者都需要对观察内容进行选择。研究者不得不经常问自己的问题是："我到底打算观察什么？什么内容对我比较重要？我观察的内容应该宽泛到什么程度？应该具体、细致到什么程度?"比如,当我们在观察一所学校的大门口时,看到很多汽车来来往往,我们是否应该注意这些汽车呢? 如果应该注意,应该注意这些汽车的哪些方面呢? 数量? 颜色? 牌子? 新旧程度? 司机? 驾驶速度? 很显然,无论如何努力,我们也不可能什么都注意到。因此,我们需要进行选择,而且应该是有意识的选择。

那么,如何才能做到有意识的选择呢? 我个人认为,无论对什么现象进行观察,我们都必须时刻牢记自己的研究问题。问题明确了,才能确定观察的重点,然后才能对所看到的事情进行选择。沿用上例,如果我们观察学校大门的目的是了解那里的交通情况,当然应该注意各种交通工具的流量和行驶情况。但是,如果我们的目的是了解过往行人在进入校门口时的行为,我们便无须过分注意汽车的情况。当然,如果行人的行为受到过往汽车的影响,我们也得注意到汽车的驾驶情况,但是有关汽车的颜色和牌子等细节则变得无关紧要了。

其实,观察的内容与研究的问题之间不仅仅是一个后者决定前者的关系,在一定情况下前者也可能对后者产生影响。虽然研究者事先脑子里有一个研究的问题,但是到达现场以后,如果发现自己观察到的内容与原来的设计不太一样,完全可以改变自己的研究问题。比如,我的一位同学原来计划对一所小学的校园文化进行研究,重点观察学生在校园里活动的情况;结果发现那所小学非常拥挤,根本没有"校园"可言,没有任何空地供学生开展校外活动。结果,她将自己的研究问题改成对学生课间活动的研究,重点观察学生下课后在教室内或走廊上展开的活动。

观察内容的选择不仅取决于研究的问题,而且取决于观察者本人的习惯。观察不仅仅是研究者了解别的人和事的一个过程,同时也是研究者自己观察习惯的再现。比如,我班上的一些研究生在对学校大门进行了开放型观察以后,组成小组对自己的观察方法进行讨论。结果他们惊异地发现,同学们各自都有自己的观察风格和习惯,而这些风格和习惯都与自己的生活经历、性别、职业、个性等因素有关。比如,一位大学的行政管理人员十分注意门卫的换岗时间和动作;一位本科学工程的学生特别注意在一定时间内出入门口的人数;一位平时重视穿着打扮的女生对过往行人的衣服的颜色特别注意;一位文学爱好者对温煦的气候、蓝天白云以及周围的景色深有感触。很显然,由于这些同学平时的观察习惯不一样,虽然他们在就同一观察问题对同一现象进行观察,每个人具体观察的内容却很不一样。

因此,作为观察者,我们应该在进行观察时注意了解自己的观察风格。如果我们对自己的习惯了解得比较透彻,便有可能知道自己是如何观察到所观察的事情的、自己是如何选择观察内容的、自己的观察结果是否"可靠"。通过对自己以及别人的观察行为进行反省,我们还可以有意识地培养自己从不同的角度、用不同的方式(特别是自己不习惯的方式)进行观察。

第三节 观察的记录方式

在进行观察时,研究者除了可以使用自己的眼睛、耳朵、鼻子等知觉器官以及其他仪器设备(如录像机、录音机)以外,还可以使用笔对观察的内容进行记录。记录在观察中占有十分重要的位置,是观察中一个必不可少的步骤。

一、记录的重要性

在质的观察中,记录的作用十分重要。首先,人的记忆是有限的,不可能将所有看到和听到的事情都回忆起来。即使我们认为"回忆"是一种"重构",时间先后和地点差异也会对"重构"的质量产生影响。很显然,时间上滞后的"重构"显然与当时当地的"重构"不一样。记录下来的内容可以为研究者事后分析问题提供一个基本的文本,"白纸黑字"比"凭空回忆"总归是要"可靠"一些。

其次,记录可以使我们对自己所观察到的事情更加熟悉。通过逐字逐句地将自己看到的东西记录下来,我们对这些东西的印象会更加深刻。记录实际上是一个将现象变成文字的编码过程,被用文字符号编码过的现象有利于我们在记忆中进行归类和储存。

再次,记录本身便是一个澄清事实、组织思路的过程,书写本身便是思考。我们在进行笔录时,实际上是在进行一系列决策活动(如选择、归类、比较等),反映的是我们与观察现象之间的一种互动。我们实际上将观察到的现象在自己的脑子里过滤了一遍,经过了思考和筛选以后才记录下来。因此,我们在从事观察活动时,不应该放弃这样一个宝贵的思考机会。

此外,记录不仅可以帮助我们对手头的资料进行整理,而且记录这一过程本身便是一个十分有价值的资料来源。如果我们在进行笔录的同时对自己的这些决策活动进行反思,不仅可以了解自己的决策依据和决策逻辑,而且这种反思本身可以为研究提供十分有意义的资料。

最后,记录可以对我们的记忆力和关注力进行训练,及时周密的记录不仅可以使我们的记忆力增强,而且可以使我们的注意力在观察的时候变得更为集中。

二、记录的程序

观察记录可以有很多不同的方式,我们可以根据自己的习惯、观察的问题、观察的内容、地点、时间以及使用的工具来进行选择。通常,观察伊始,我们可以先就观察的现场画一张现场图。这张现场图不仅应该包括观察现场的物质环境(如教室内桌椅板凳的布置、墙上悬挂的图片和标语等),还应该包括观察现场的人文环境(如学生就座的位置、教师活动的范围等)(见图表16-3-1)。在观察的过程中,如果我们发现现场内某些物体的摆设或人员位置有所变动,可以随时画新的现场图。画现场图是质的观察中一个十分有用的手段,可以对观察现场提供一个直观、二维、超越语言表述的图像展示。现场图画好以后,我们还应该在下面附上一段文字说明。这段文字不仅应该对观察的现场进行比较详细的说明,而且应该介绍研究者本人来到观察现场的第一反应。

图表16-3-1　观察现场图

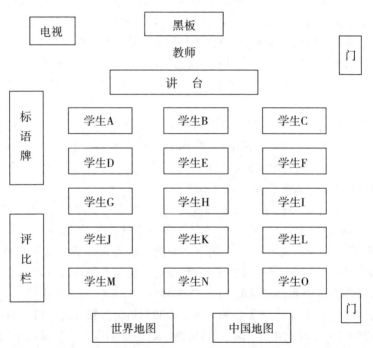

对观察活动进行记录要求按时序进行,所记的事情之间要有连续性,一个事情一个事情地记,不要对所有事情作一个整体性的总结。这样做一方面可以保持事件发生时的时序和情境,有利于今后分析时查找;另一方面保留了大量有关事件的细节,便于今后为建构理论提供具体的素材。

与量的研究不同,质的研究中的观察是非结构型的,要求尽可能将所有的事情都记下来。特别是在观察的初期,记录的完整性和丰富性是观察笔记的一个首要要求。质的研究要求对研究现象进行"深描",要有具体的细节,使读者仿佛身临其境。因此,我们在做实地笔记时必须注意完整、细密,以便为今后在研究报告中进行"深描"提供资料基础。

在实地进行观察时,我们要有意识地训练自己的笔录能力。如果当场有的细节记不下来,可以先使用一些代号或缩写形式,事后再找机会追记详情。实地观察者常用的一个策略是"上厕所",躲在无人知晓的地方迅速补记重要的信息。如果时间确实非常紧张,我们还可以求助于录音机,在合适的时间和地点将观察到的内容先口头录入录音机,待今后有时间时再逐字逐句地整理出来。

如果在研究后期,观察的目标已经比较明朗、内容已经比较集中,我们也可以采取摘要记录的方式将重要的事情记录下来。但是,这样做有一定的冒险性,因为随着研究的深入,我们可能发现原来自己认为不重要的事情变得重要了。而如果这些事情当时没有被及时地记录下来,过后无论我们如何回忆也不如当时的记忆那么生动、确切。

三、记录的格式

质的观察中的记录规格不像量的观察那么统一、固定,往往因人或因研究的具体情境而异。一条基本的原则是:清楚、有条理、便于今后查找。通常的做法是:在记录的第一页上方写上观察者的姓名、观察内容的标题、地点、时间、本笔记的标号、此套笔记的名称,然后在笔记的每一页标上本笔记的标号和页码。笔记的段落不宜过长,每当一件新的事情发生、一个不同的人出现在现场、一个新的话题被提出来,都应该重起一个段落。

实地笔记的纸张应该比较大,在记录的左边或者右边留下大量的空白,以便今后补充记录、评论、分类和编码。记录纸的页面应该分成至少两大部分,从中间垂直分开,左边是事实笔记,右边是研究者个人的思考。"事实笔记"部分记录的是研究者在观察中看到和听到的"事实",是可以感觉和知觉到的东西。如果这部分记录了被观察者所说的原话,应该用引号标示出来,以区别于研究者的重述或说明。"个人思考"部分记录的是研究者本人对观察内容的感受和解释,是对研究者的同步思考活动的一个现场记录。这个部分非常重要,应该及时地记录下来,但记录的时候应该注意与"事实笔记"分开。

叙兹曼(L.Schatzman)和斯特劳斯(1973)提出了比我上面所提议的更加精致的现场记录格式。他们将现场观察笔录分成四个部分:1)"实地笔记",专门用来记录观察者看到和听到的事实性内容;2)"个人笔记",用来记录观察者个人在实地观察时的感受和想法;3)"方法笔记",记录观察者所使用的具体方法及其作用;4)"理论笔记",用于记录观察者对观察资料进行的初步理论分析。他们的四分法实际是将我上面所说的两分法中的第二部分"研究者个人的思考"进一步分成了三个部分:个人感受、方法反思、理论思考。他

247

们的分类中的第一部分"实地笔记"与我上面说的"事实笔记"是一回事。

下面让我们看一下叙兹曼和斯特劳斯的记录方式是如何被使用的。让我们假设有一位观察者从中午 12 点到 12:30 在一所大学的食堂里作观察，他/她将自己看到、听到和想到的事情分别填入下表中有关的栏目里（见图表16-3-2）。

图表16-3-2 实地观察记录表

实地笔记	个人笔记	方法笔记	理论笔记
12:00——食堂里大约有 300 人，10 个窗口前队伍平均有 4 米长。	我感觉很拥挤。	这个数字是我的估计，不一定准确。	中午 12 点似乎是学生就餐的高潮。
12:05——在卖馅饼的窗口排了一个足有两米长的队，而且排队的大部分（大约四分之三）是男生。	我想是不是今天的馅饼特别好吃？是不是男生特别喜欢吃馅饼？	我站在离卖馅饼的窗口有 5 米远的地方，看不清楚馅饼的质量，不知道这些人买馅饼是否因为馅饼好吃。	也许买某一样食物的人数与该食物的质量之间有正相关关系？
12:10——食堂里有 5 对成双的男女坐在一起吃饭，两个人坐得很靠近，都是男的坐在女的左手边。	也许他们是恋人。	我只是根据他们坐在一起的亲密样子判断他们是恋人，这个猜想需要进一步检验。	也许在食堂里就餐时，男生习惯于坐在女生的左手边？
12:20——一位女生将一勺菜送到旁边男生的嘴边，望着对方的眼睛说："想不想吃这个菜？"	为什么这些"恋人们"在公共食堂里如此"放肆"？！我对此有反感。	我现在与他们坐在同一张桌子上，可以听到他们的对话。	似乎女生喜欢主动向男生"献殷勤"，这一点与我平时的印象不一样，需要进一步观察和检验。

四、记录的语言

观察记录除了对格式有一定的要求以外，还对记录的语言有一定的要求。记录的实际作用是将研究者在观察时看到和听到的"事实"概念化、文字化。研究者使用的文字不仅可以对所观察到的"事实"进行概念化，而且为概念的"编码"和"解码"提供了物质形态。任何文字对"事实"的构型都会产生影响（在某些情况下甚至决定了对"事实"的构型），因此也就在很大程度上决定了研究者（以及读者）对这些"事实"的解释。观察中的文字记录提供的是有关观察活动的一个文本，而这个文本是今后读者（包括研究者本人）理解观察中的"事实"的一个依据。因此，研究者在作记录时，一定要对自己使用的语言进行严格的推敲,力图具体、清楚、实在地对观察到的现象进行描述。

1. 具体、清楚、实在

观察记录的语言要求尽可能具体、清楚、实在。这三个标准是一种相互关联的关系,做到了其一,便会影响到其二和其三。具体的语言会使记录的内容显得比较清楚、实在;清楚的语言会使记录的内容看上去比较具体、实在;而实在的语言也会使记录的内容显得比较具体、清楚。下面虽然将这三条标准分开来讨论,但是我们在作观察记录时应该同时兼顾,并且考虑到它们的综合效果。

首先,研究者在做观察笔记时,应该使用具体的语言,不要用抽象的、概括性的或总结性的词语。比如,当我们在观察一个商店的经营情况时,如果我们写下"商店里十分萧条,营业员人浮于事,工作没有效率"这样的笔记,就显得过于抽象和概括。一个改进的办法是:在实地笔记部分写下:"在这个面积二百平方米的商店里有十名顾客、二十名营业员",然后在个人笔记中写下:"我感觉这个商店工作效率不高"。

当然,记录内容的具体和抽象程度应该因具体情境不同而有所不同。比如,当对一本书进行描述时,我们是应该只停留在"一本书"这样抽象的层面呢? 还是应该具体到"一本十六开的、封面是红色的、厚度为两厘米的、纸张相当白的、内容是有关中国历史的教科书"呢? 很显然,如果这项观察是在一堂历史课上进行的,研究者的目的只是希望知道在历史课上同学们是否人手一册书,那么只提到"一本书"这样的程度就够了。但是,如果这项观察的目的是记录有关这本书的信息,以便告诉出版界有关教学课本的装潢情况,那么有关这本书的开本、颜色、厚度乃至纸张的质量便是必不可少的了。更有甚者,如果我们假设地球上来了外星人,他们不知道被地球上的人称之为"书"的东西是什么的话,那么我们便不得不更加具体了:"一个长方形的、封面上有一些图画的、由大约二百页纸张装订在一起的、纸上写满了字的东西"。当我们如此细致地进行描述的时候,我们还必须假设这些外星人已经知道了"长方形、封面、图画、大约、二百、页、纸张、装订、字"等概念的意义。否则,我们的描述将不得不更加细致和具体。

从上面这个例子中,我们可以看出,当我们对一个读者可能不熟悉的东西进行描述时,具体一点总是比抽象一点要保险。上面我们向外星人描述"书"时所使用的语言虽然显得有点"笨拙、累赘",但是如果他们知道什么是"长方形、封面、图画、大约、二百、页、纸张、装订、字"这些概念的话,也许可以通过对这个比较具体的描述进行推测而形成有关"书"的概念。而如果我们使用比较抽象的语言来描述我们概念中的"书"(如"一个人们用来表达思想的工具"),我们的外星人朋友可能更加不知道我们在说什么了。

实地记录使用的语言不仅要求具体、细致,而且要求清晰、易懂。当然,"清晰、易懂"的程度可能因研究者而异,这里主要是针对那些有可能阅读我们的观察记录的读者而言。假设,我们在对一个工厂的食堂进行观察时看到那里人"很多",显得很"拥挤",结果在观察记录中写道:"食堂里人很多,很拥挤。"而读者在读到这类描述时,很可能感到不清楚,不知道食堂里具体的情形是什么样子。他们可能要问:"食堂里到底有多少人?食堂有多大?多少人算是'很拥挤'?'拥挤'的标准是怎么定的?是根据谁的标准定的?"可以假设,对于一个生长在上海的中国人来说,一个一百平方米大小的食堂里有三百人可以说是"很拥挤";而对于一个来自加拿大北部的人来说,同样的面积里装上五十人便可能被认为"很拥挤"了。

在作上述记录的时候,也许我们自己心里有一杆秤,知道自己在说什么,但是其他不明"真相"、不在实地的人是很难根据这种描述作出"准确"判断的。事实上,这种含混不清、指代不明的记录对我们自己也是一个十分危险的陷阱。若干时间以后,如果我们还需要找回当时的记录进行核对的话,可能会发现,当时的情形已经淡忘了,而眼前的记录又是如此地含糊不清,即使我们自己也很难根据这些记录"回忆"起当时的具体情形。因此,当我们说,记录要考虑读者时,这个"读者"也包括若干时间以后的我们自己。"读者"的意义在这里已经扩大了,包括所有我们可以设想的现在和将来有可能进入我们的"交往共同体"的人。

观察记录不仅应该具体、清晰,而且应该实在、平实。研究者在做记录时应该尽量使用朴实、"中性"的语言,避免使用过于文学化的语言(如隐喻、双关语等)、具有特定含义的用语(如成语、歇后语等)、过于通俗的民间语言(如俗语、俚语等)、过于程式化的语言(如新闻口号、政治套话等)以及学术行话。文学语言虽然具有生动再现当时情境的作用,但由于其空白和未定性,给读者留有较大的想像空间,容易造成解释上的歧义(金元浦,1997)。成语通常来自一定的历史典故,带有独特的民族文化特色,读者需要一定的文化(或跨文化)功底才可能理解。特别是当研究涉及国际交流时,成语这类表达法很容易造成理解上的困难或误会。民间俗语一般比较诙谐、精练,但通常带有强烈的感情色彩,容易妨碍读者"客观地"了解观察的内容。像成语和歇后语一样,对俗语的理解也取决于对特定人群或文化的了解,圈外人往往不知所云。套话通常具有特定的社会政治背景,内容比较概括、空泛,不适合对具体的观察内容进行记录。学术行话的意义一般比较专一,带有学术行会的特点,不易跨学科交流,也不易为一般读者所理解。

下面列出的几段观察笔记来自我的学生的观察练习作业,它们都在不同程度上表现了上述问题。

1)观察某学校升旗仪式时:"升旗仪式庄严肃穆,四处万籁俱寂、鸦雀无声。仪仗队队员一个个英俊潇洒,昂首阔步,观看的人心潮澎湃,但见五星红旗冉冉上升。"

　　2)观察食堂就餐情况时:"食堂里人山人海,熙熙攘攘;同学们一个个摩拳擦掌,准备开始一场饭的战斗。"

　　3)观察餐厅内人际互动行为时:"一对热恋中的情侣走进餐厅,男士人高马大,女士娇小玲珑,一副小鸟依人的样子。一个奶油小生模样的家伙正和他旁边的小姐谈笑着。他的吃相显得很做作,右手小指古怪地向上翘着,很女性化。那位小姐慢条斯理地在吃一条鱼,像一只吃东西的波斯猫。两个人吃完以后把餐具扔在桌子上就走了,义无反顾。"

2. 命名准确

在对观察进行笔录时,我们还经常面临如何为事物命名的问题。"命名"指的是给事物起一个名字,用这个名字来指称这个事物,如用"单人摩托车"来指"一种交通工具,由金属做成,有两个轮子,由动力机驱动,只能供一个人使用"。"命名"至少涉及如下几个方面:命名的语言、命名的角度、命名在不同语言中的翻译、命名所指向的读者类型。

一般来说,当我们看到一个在自己的语言中有相应词语表达的事物时,可以直接使用这个词语为该事物命名,如上面所说的"单人摩托车"。而如果我们的语言中没有这类词语,便不知如何为其命名了。例如,在一次课堂观察练习中,我的一位加拿大助手带来了一些西方儿童"办家家"时常用的玩具,其中有一个几乎每一个西方家庭都有的烤面包机的模型。结果,在场的大部分学生都不知道这是一个什么玩意儿,使用了各种词语来描述它:"一个长方形的、中间有一条缝的东西","这个东西旁边有一道槽,槽里可以放入一片东西,用手一按把柄,中间的那个东西就会跳起来",等等。由于这些学生不知道这是一个烤面包机,无法"确切地"对这个东西进行指称,于是只好借助他们所知道的有关形状、空间和其他物品(如"把柄")的概念来对其进行间接的描述。而这种描述比较"累赘"、"笨拙"、"间接",很容易给读者带来理解上的困难①。

有时候,我们知道所看到的事物的用途和形状,但是却不知道这个事物的名称。在这种情况下,也需要采取其他途径来解决命名的问题。比如,在

---

　　① 这个例子同时说明,作为观察者,我们对事情的定义和理解在很大程度上取决于我们生长于其中的文化。我们的文化使我们习得了一套定义事物的语言,而这套语言又反过头来成为我们看待事物和理解事物的必要手段。如果我们没有相应的语言来指称自己观察到的东西,就会陷入"命名的困境"。在上面的事例中,由于大部分中国人常用的食品器皿中没有烤面包机,他们的思维中没有这个概念,而且中国的语言中也没有这个词语,因此我的这些学生不知道如何指称这个"奇怪"的东西。

对某大学的食堂进行观察时,我的一位学生写道:"很多学生把碗放到一个有很多格子的类似屏风的木架子上。"很显然,这位学生注意到了这个架子的用途:这是一个被用来放碗的架子,而且由于它所在的位置使它同时发挥了屏风的作用。但是,由于在观察者的语言中没有一个固定的词语来指称这种类型的架子,于是她便使用了上述比较迂回、具体的描述方式。如果她只告诉我们这是一个"木头碗柜",我们便无法获得有关这个特殊碗柜的"有很多格子"的形态和作为"屏风"的作用了。

当我们为自己观察到的事情命名时,还不得不考虑"从谁的角度"、"使用谁的语言"来为事物命名的问题。这里我们起码应该考虑三个不同的人群:1)作观察时的观察者本人及其所代表的研究者群体;2)被观察者及其所代表的文化群体;3)读者(包括观察过后的观察者本人)。例如,我们在一所幼儿园对儿童进行观察时,看到一个小女孩将一块桌布盖在一个布娃娃身上。这种时候,我们是应该把这块布称为"桌布"还是"被子"呢?很显然,从这个小女孩的角度看,这是一床"被子";但是,从我们观察者(大人)的角度来看,这应该是一块"桌布"。而观察笔记的最终目的是服务于读者,是为了给研究报告的读者以及分析记录的研究者本人提供资料依据。因此在记录时,为了让读者了解观察者和被观察者在角度和语言上的不同,我们可以在实地笔记中写下:"一块桌布"(或者"一块布"),然后在个人笔记中写下:"我想她是把这当成一床被子了"。

如果观察笔记需要进行翻译,我们还需要考虑不同语言之间的可译性以及翻译中的命名问题。比如,"菜"这个词在中国只指副食(如蔬菜、鱼肉等),不包括米饭和面条。但是在英文中,"菜"的翻译"dish"却可以包括中国人的主食,而且经常被作为一个计量单位使用,相当于中文中"一盘(包括饭和菜在内的)食物"(a dish of food)。因此,如果我们翻译观察记录时将"菜"译成"dish",就很容易在说英语的人中间引起歧义。与其逐字逐句地将"菜"硬译成"dish",不如选择其他更加合适的(能够具体说明这种情况的)词语,如"vegetable"(蔬菜)、"meat"(肉)、"fish"(鱼)等。

在对观察记录进行翻译时,我们还要考虑到读者的文化背景,以免造成不同读者对不同命名的误解。例如,我的学生在观察一所大学的食堂以后所作的记录"学生们使用的饭卡不利于健康"便使我的美国同行感到困惑不解。首先,他们不知道什么是"饭卡";其次,他们不明白"饭卡"与"健康"之间有什么关系。而作记录的学生却认为这是十分清楚的事情:"饭卡"是学生事先在学校伙食科购得的、代表了一定金额的、可以直接用来买饭的卡片;由饭卡导致的"健康"问题是因为学生的饭卡使用时间过长以后表面十分肮脏,在与服务员相互传递之间容易给食物带来污染。而在美国,大部分学校的食堂都已经社会化了,即使是在学校内经营的餐厅里也都是使用现金购买食品。因此,在这种情况下,观察者如果知道自己的记录将会有来自不同文化的读者群,应该对"饭卡"的定义和用途以及因为饭卡使用时间过长变得肮脏进而影响学生身体"健康"的问题作一些必要的说明。

我之所以在这里将"命名"的问题提出来讨论,是因为它在观察中(不仅仅是观察记录中)非常重要。"命名"在表面上看是将一个名称放到一个与其相应的事物上面,但它实际上反映的是观察者通过自己的语言对观察到的事物进行选择的过程。通常,在观察时我们只可能对那些自己可以概念化和符号化的事物进行选择,那些非概念的、非符号的东西很难进入我们的观察笔记。因此,只有找到既可以比较确切地描述我们所观察到的东西,又可以使读者确切地理解我们的意思的命名,我们的观察结果才会比较"确切"。如果观察记录要做到"确切",我们必须对自己看到和听到的东西感觉"确切",而"感觉确切"在很大程度上取决于我们是否有相应的语言对自己看到和听到的东西进行识别。如果我们找到了这样一种语言,对观察内容的"编码"和读者的"解码"经过了一个共同语言的中介,那么有关各方对观察内容的理解就会更加准确一些。

第四节　观察者的反思

在质的观察中,研究者除了对看到和听到的事实进行描述以外,还应该反思自己是如何看到和听到这些"事实"的、自己在观察的过程中走过了一条什么样的心路历程。这种反思活动可以在上面介绍的观察记录中的"个人笔记"、"方法笔记"和"理论笔记"部分进行,也可以通过事后写备忘录的方式进行。

波格丹(R.Bogdan)和比克兰(S.Biklen)认为(1982:87—88),观察者在做实地笔记时应该对如下几个方面进行反思:1)反省自己的思维方式,询问自己是如何进行观察的,如何注意到目前自己手头收集到的资料所反映的观察内容的,自己为什么会对这些内容加以注意;2)了解自己使用的具体研究方法和过程,分析自己观察的角度、记录时使用的语言等;3)对观察中出现的有关伦理道德问题进行反省,检查自己是否在某些地方违背了公认的伦理原则和研究规范;4)反省观察者自己对研究问题的前设、个人生活经历、政治立场、宗教信仰、种族、性别、社会地位、受教育程度等;5)对目前自己仍感困惑的问题加以澄清,对实地笔记中一些不清楚的地方加以说明,对错误的地方进行纠正。

根据我个人作观察以及观察别人作观察的经验,我感觉观察者可以从很多方面对自己的思维方式和使用的方法进行反思,其中最重要的几个方面是：观察者进行推论的依据、观察者本人的心情对观察的影响、观察者的叙述角度。

一、观察者的推论

从上面的讨论中，我们已经知道，观察不是一个简单的感知活动，必须依赖观察者本人的推论。观察者必须使用自己的理性思考，才可能"观察"到自己所看见的东西。任何观察活动都离不开观察者的思考，都必须经过观察者推论的过滤。因此，在进行观察活动和作观察记录时，我们需要有意识地对自己的推论进行反省，尽量将自己所做的推论与自己观察到的事情分开。虽然这么做十分困难，但是人为地这么做可以使我们对自己的思维活动更加清楚，不把自己的"私货"偷偷地塞入"事实"里面。例如，我的一位学生在对课堂上学生就坐的行为模式进行观察时作了如下一段记录："同学们一走进教室就开始选择座位，大部分人都选择坐在熟人旁边。"这个记录除了对同学们的行为进行了描述以外，还夹杂了观察者本人对同学们行为意图的推论。其实，如果仅从这个记录所表现的同学们的外显行为，我们很难知道他们是在"选择"座位，也很难知道他们"选择"的邻居是"熟人"。很显然，在这里观察者动用了自己的常识，对同学们这些行为的目的进行了推论。因此，为了使那些缺乏此类常识的读者能够理解观察者是如何得出这个推论的，观察者可以在实地笔记部分写下："同学们一走进教室就左顾右盼，眼光从一个座位移向另外一个座位；在五十名学生中，有三十六人坐下来以前或者以后与他们旁边的人说话、微笑或握手"，然后在"个人笔记"部分写下："我想这些同学是在选择座位，而且大部分人选择坐在自己的熟人旁边"。

当我们在观察无法直接看见或品尝的东西时，也会遇到需要推论的难题。如在观察一节化学实验课时，我们就无法知道教师从一个玻璃水杯里倒入试管中的是自来水、蒸馏水还是盐水。在这种情况下，比较安全的做法是：在实地笔记中写下："教师将大约两立升的液体从一个玻璃水杯里倒入试管中"；然后在个人笔记部分写上："根据我个人对这类实验的了解，我想教师倒的是蒸馏水"；同时在方法笔记部分写上："课后应该进一步向教师验证"。

如果观察者对自己的思维活动意识不足，在作观察的时候很容易从一个自己看到的"事实"推出错误的结论。比如，我的一位学生在食堂作观察时，看到很多女生都在排队买牛肉面，因此便在笔记中写道（他没有将实地笔记和个人笔记分开）："很多女同学在排队买牛肉面，好像女同学都喜欢吃牛肉面。"而根据我自己的经验以及平时的了解，我感觉"排队买牛肉面"与"喜欢吃牛肉面"之间也许并没有直接的因果关系。这些女生在牛肉面柜台前面排队,也许是因为牛肉面比较便宜,也许是因为吃面条比吃米饭和馒头节省时间,也许是这些女同学中有人今天过生日,大家希望用吃面的方式庆祝她的生日,也许……这种假设可以无止境地设想下去。

因此,问题不是不能对所看到的事实做推论,而是应该将事实与推论区别开来。而且,更加重要的是,观察者在进行推论的时候应该给出相应的证据,仔细检查自己的前设,说明自己是如何得出这个推论的。比如,在上述情况下,这位学生也许可以通过观察这些女生吃牛肉面的情形来判断她们的饮食习惯:如果她们吃的时候面露不快,吃的速度很慢,而且剩了很多面条,那么他也许可以因此而推论她们并不喜欢吃牛肉面(起码是这个食堂在这一顿饭时做的牛肉面)。同时,如果合适的话,他也可以去问排队的女生她们在此排队是不是因为喜欢吃牛肉面,如果不是,究竟是什么原因。只有获得了足够的证据以后,他才有资格比较自信地在观察的反思部分写下自己的初步推论。

二、观察者的心情

除了观察者自己的推论以外,观察者个人的心情也可能会影响到观察的效果和内容,也应该在反思部分进行反省。比如,在北京大学校庆之前,我曾经组织学生在学校大门口进行了一次实地观察。回到课堂上进行讨论时,我惊奇地发现至少有四名同学对校门口挂着的一块匾表示了极大的抵触情绪。他们说,当他们看到这块匾上标明北京大学这个大门是中美合资修缮时,感到"心里很不舒服"、"很难受"、"很憋气",不明白"为什么修一个大门还要他们洋鬼子来出钱"。由于这些同学对这块牌子有怨气,他们将观察的焦点从大门转到了门前的大街上,放弃了对大门的仔细观察。

这个例子表明,不仅观察者个人的思维方式会影响到观察的内容和角度,而且观察者个人的情绪也会影响到他们的观察行为。因此,观察者应该密切注意自己的情绪,并且在方法笔记部分记下自己的情感反应。这种记录在今后对资料进行分析时将会十分有用,可以提供有意义的分析角度和观点。

三、观察者的叙述角度

观察者作记录时的叙述角度也十分重要,也需要在反思部分进行认真的思考。一般认为,在实地笔记中,研究者应该保持一种第三人称的角度,对"客观"事实进行如实的记载(当然,这里的一个前设是所有的"事实"都是从观察者本人的视角看到的)。如果研究者对观察到的事实有疑惑或猜测,应该放到个人笔记部分,而不应该放到实地笔记部分。否则会给读者一种错觉,好像这也是观察者看到的"事实"。比如,下面这段记录便表现出记录者对视角的混淆:"从我的对面来了一个五十多岁的女教师,手里拿着两个饭盒,令人奇怪的是两个盒里全是菜"。首先,这个妇女的年龄和工作性质是很难直接观察到的,需要提供一定的细节(如她的眼角有一些细微的皱纹,头发有点灰白,带着一副金丝眼镜,胳膊底下夹着一个讲义夹,身上有一些粉笔灰等)。其次,如果她手里拿着两盒菜令观察者本人感到"奇怪"(而不是令所有的"人"奇怪),观察者应该将其放到个人笔记部分,而且说明为什么自己感到"奇怪"。这里,当观察者使用"令人奇怪"时,事实上他已经对某种"不奇怪的"、"正常的"情况进行了一种带有普遍意义的预设;而显然,对这个端着两盒菜的当事人来说,这并没有什么可"奇怪"的。也许,为了节省时间,她在为另外一位同伴打菜,而她的同伴正在为两个人打饭;也许她背包里带有自己准备的面包,只需要在食堂打菜就行了,而她不喜欢将两种不同的菜放在一个盒里。

观察者的视角混淆还有可能在如下情况下发生:观察者对观察的对象来说是一个局内人,对观察到的一些事情有自己先入为主的理解,因此不自觉地将自己的理解与看到的"事实"混杂在一起进行记录。比如,在下面这段记录中,"今天工厂的宿舍里人很少,因为是星期天大家不上班,都出去玩儿去了",观察者就在利用自己个人的知识和经验对看到的现象进行解释。如果研究者从外部对事物进行观察,就不应该在实地笔记部分使用局内人叙述角度。否则,角度的混淆很难使读者明白,什么是观察者看到的事情,什么是他/她本人的猜测或解释。当然这种解释并不是不允许,而是应该与实地笔记分开记录。比如,如果在实地笔记中观察者写了"今天工厂的宿舍里人很少",那么可以同时在个人笔记中写下:"根据我自己个人对工厂的了解,我想人很少是因为星期天大家都不上班,出去玩儿去了"。

总之,质的研究中的观察要求达到如下几条标准。1)"准确":观察要获得相对"确切"的资料,即符合观察对象的"实际"情形。虽然持不同范式的质的研究者对什么是"准确"理解不一样,但是他们都认为仍旧存在一个衡量是否"准确"的标准。2)全面:观察要求注意事物的整体状况,特别是观察时的社会、文化、物质背景。3)具体:观察要求细致入微,注意了解事情的细节。4)持久:观察要长期持续地进行,追踪事情的发展过程。5)开放:观察可以随时改变方向、目标与范围,观察本身是一个演化的过程。6)具有反思特点:观察者要不断反思自己与被观察者的关系,注意这一关系对观察的进程与结果所产生的影响。

第十七章 收 集 实 物

——我找到了什么？

除了访谈和观察以外,质的研究中另外一种主要的收集资料的方法是实物分析。"实物"包括所有与研究问题有关的文字、图片、音像、物品等,可以是人工制作的东西,也可以是经过人加工过的自然物。这些资料可以是历史文献(如传记、史料),也可以是现时的记录(如信件、作息时间表、学生作业);可以是文字资料(如文件、教科书、学生成绩单、课表、日记),也可以是影像资料(如照片、录像、录音、电影、广告);可以是平面的资料(如书面材料),也可以是立体的物品(如陶器、植物、路标)。

第一节 实物分析的理论基础

将实物作为质的研究的资料来源是基于这样一个信念,即任何实物都是一定文化的产物,都是在一定情境下某些人对一定事物的看法的体现;因此这些实物可以被收集起来,作为特定文化中特定人群所持观念的物化形式进行分析。任何实物都具有"合同"的性质,即表现了社会上某些人相互之间或者人与环境之间的一种"契约"。它们之所以被生产出来,是因为它们满足了社会上某类人的需要。作为特定时代特定文化环境下的产物,实物不应该被看成"实在的"(actual)、自足的(self-contained)、不以人的主观意识而转移的客观"现实"(Hammersley & Atkinson,1983:141)。

实物属于一种物品文化,有其自身的特点。对实物的分析与对语言的分析是很不一样的,遵循的是一种十分不同的逻辑。语言主要依赖于概念的使用,而实物更加依赖于形象的召唤和联想以及物品本身的使用方式。语言分析受到语言规则的制约,是一种以规则为基础的认知方式,依靠的是人们对语言本身的理性知识;而物品分析依赖的是一种联想模式,其意义主要来自人们日常生活中的"实践理性"。这些物品通过自身的被使用,不仅具有意义解释的作用,而且具有改变特定社会规范的潜能。例如,公路上铺设的路障被称为"睡着的警察",它们被城市交通管理部门用来促使汽车司机减速(Hodder,1994)。如果司机们遇到这些路障不减速,就有可能损坏自己的汽车。有关部门之所以没有在路边竖立文字警告牌,是因为文字可能对大部分汽车司机不起作用。文字唤起的是汽车司机的语言知识,而语言知识主要停留在他们的认知层面。相比之下,路障这类实物性的警告付诸的是他们的实践知识,如果不执行就会立刻产生负面效应,因此更加具有实际效果。

由于实物的制作是和特定的社会文化环境密切相关的,因此我们在对实物进行分析时应该将其放回到其被生产、被使用、被重复使用或者被抛弃的历史文化背景中加以考虑。对物品的分析涉及到一定社会文化情境下人们生产、交换和消费的方式,需要我们采取一种关联性的、历时和共时相结合的思路。我们需要辨别实物产生的时代背景、被使用的方式、作者的意图、使用者的目的、各类实物之间的相同点和不同点。在对一件实物进行收集和分析时,我们应该就如下问题进行追问:"这件实物是谁制作的? 是如何制作的? 是在什么情况下制作的? 制作的目的是什么? 它是如何被使用的? 谁在使用它? 为什么使用它? 使用过后有什么结果? 这件实物中什么被记载下来了? 什么被省略掉了? 什么被认为是理所当然的? 为什么制作者和使用者认为这些是理所当然的? 使用者为了理解这件实物需要知道什么?"等等(Hammersley & Atkinson,1983:143)。

在上面这些问题中,制作者的目的和动机尤为重要。心理学家阿尔波特(1942:69)认为,人们创造个人实物可能是出于如下几个方面的原因:1)为了个人心理上的满足,如显示自己的才能和情趣;2)希望通过写作这种创造实物的方式使自己的生活呈现出一种秩序,并且获得写作上的愉悦;3)消除自己心理上的紧张,如通过制造实物协助自己进行心理治疗,或为自己过去的过失赎罪;4)希望通过实物保留自己的观点,达到名垂千古的目的;5)希望通过出售实物获得金钱,牟取物质利益;6)出于自己对科学研究的兴趣,通过制造实物对未知进行探究;7)希望通过制造实物为公众服务;8)出于外部的压力不得不制造实物①。

第二节　实物资料的分类

实物资料的分类通常包括两大类:个人类和官方类。这两类也可以按照正式程度分成"正式的官方类"资料和"非正式的个人类"资料(Lincoln & Guba,1985:277)。前者指的是那些被用于比较正规的、严肃的社会交往中

---

① 阿尔波特原来的分类比较琐细,我进行了一些归纳。

的资料,这些资料被认为记录了"文件类现实",主要用来为公众服务,因此被认为比较正式。后者主要被用来为个人目的服务,通常与个人生活有关,因此被认为不太正式。

将实物分成非正式的个人类和正式的官方类,这种分类方式类似语言学上对口语和书面语的区分。个人类类似口语,对它们的理解需要依赖它们产生于其中的具体情境;而官方类则可以相对独立于制造人的原本意图,只需要结合使用者的目的进行分析就行了。在质的研究中,如果研究者与被研究者建立了较好的个人关系,一般比较容易获得他们的个人类资料。而官方类资料则可能受到隐私权、保密原则或匿名法等法律条文的约束,要获得这些记录比较困难(Hodder,1994:393)。

一、正式官方类

"正式官方类"通常包括各种由政府部门颁发的证件和文件,如结婚证、身份证、工作证、驾驶证、银行收支表、电话单、统计资料、报纸杂志、历史文献等。虽然有的证件和文件是供个人使用和保存的,但是它们的生产者一定是官方机构。

上述各种证件是政府部门用来记录和证实公民的特定身份、资格和任务完成情况的证据,具有法律效应。在研究中收集这些证件可以帮助我们比较确切地了解有关人员是否具有某些特定的社会身份(如是否通过法律程序结婚?是否具有驾驶员资格?是否确实是北京大学的教师?),是否在行为上按法律要求行事(如是否按时向电话公司交纳电话费?自己如果有汽车是否每年接受交通管理部门的年检?作为北京大学的教师自己是否定期归还在学校图书馆借阅的图书?),等等。

官方统计资料是国家统计部门、各级政府部门和专业机构收集并编制的各种统计报表和统计报告。这些资料提供的是可量化的社会现象的一般情况,对我们了解这些现象的整体状况很有帮助。但是,由于各种原因,官方统计的数据不一定十分准确。有的申报单位或个人为了逃避法律上或政治上的责任可能谎报"实情",有的则因为技术上的原因而导致资料不准确,如统计口径不一致、计算中出现差错等。此外,统计数据通常有自己的适用范围,各种指标、比率和数字也有其特殊的含义。我们在收集这些资料时要特别小心,注意这些数据是否与自己的研究问题相匹配(袁方,1997:395)。此外,在使用这些数据时,我们应该持一种批判的态度,对如下问题进行追问:"是谁收集的这些数据?这些数据是为谁收集的?为什么要收集这些数据?我准备如何使用这些数据?这些数据与我的研究问题之间是什么关系?我如何知道这些数据是真实、可靠的?"等等。

报纸杂志通常被某些社会机构或个人用来记录、报道或解释社会现象

(或社会问题),可以为我们的研究提供丰富的二手资料。但是,在收集这类资料时,我们应该特别注意报道人的角度、动机和兴趣所在。报刊(特别是报纸)一般比较讲究轰动效应,追逐的是社会上流行的热点问题。由于时间的限制,这类资料对事情的分析通常不够全面、细致或深入。此外,出于某些政治或经济上的原因,有些报刊反映的是特定社会机构的观点,经过了某些具有自己特定动机的新闻机构的筛选,往往具有十分明显的导向性。因此,我们在使用这类资料时应该特别小心,注意它们是否具有研究所需要的"真实性"和"客观性"。

历史文献指的是对过去发生的、年代比较久远的事件的记载,通常当事人已经不在人世。这些资料可以为我们提供一个了解过去的窗口,比较适合历史研究,特别是在有关该历史的见证人已不在人世的情况下。然而,任何历史都是作者的重新解释,而我们作为读者对这些历史文献的解读又有一次新的诠释。因此,在使用这类资料时,我们需要特别注意历史记载者以及我们自己的视角,对他们和我们自己作为历史的诠释者的作用进行反省。

官方机构颁发的资料还可以按照保密程度或使用范围分成内部资料和外部资料。比如,就一所学校而言,内部资料通常包括由学校制定的课表、学生使用的课本、教师使用的辅导用书、学校行政部门颁发的各种通知、学生成绩单、个人档案、规章制度等。而外部资料指的是学校对外的资料,如学校的简报、年度总结、给家长的信、学校的改革方案等。内部资料和外部资料对于我们从事社会科学研究都十分有用,可以帮助我们比较具体地了解社会机构内部的管理结构、领导风格、制度法规、时间安排等方面的情况。然而,正如上述所有正式的官方记录一样,官方机构颁发的资料也是一定社会环境下的产品。我们在分析这些资料时,一定要认真结合当时当地的具体情况,不能简单地将它们作为"客观的事实"而接受。

此外,作为研究者,我们之所以决定收集这些官方资料,是因为它们可以满足我们自己一定的目的和需求。因此,我们在考察这些资料的"倾向性"的同时,也要审视我们自己研究的"倾向性"。比如,在一项对某中学课程体系进行的研究中,如果我们只收集中央政府和地方颁发的教材作为资料,而不对学校的具体教学活动进行观察,那么此项研究的一个前设就是:这些教材足以反映该中学课程体系的情况,或这些教材起码可以反映该中学课程体系的一个方面。

二、非正式个人类

非正式个人类通常包括被研究者个人所写的东西,如日记、信件、自传、传记、个人备忘录等。日记是个人内心思想情感的自然流露,对于了解当事人的内心世界很有帮助。通过对日记内容的分析,我们可以了解当事人是如何看待周围世界的。此外,日记通常是当事人按照时间顺序在一定时段内持续完成的,因此可以从中了解过去发生的某些事情的来龙去脉。在所有个人资料中,日记是最能够获得相对"真实"信息的一个来源。但是,一般来说,被研究者不会主动将自己的日记给研究者看,因此获得日记这种个人资料的可能性相对比较小。

个人信件通常表现了写信人在没有外部压力的情况下自然袒露的心情状态,其中包括写信人对某些事情的看法以及写信人与收信人之间的关系。因此,如果我们希望了解写信人的精神状况、想法以及与有关人员之间的交往方式,收集他们的个人信件会很有帮助。比如,在本书第二章介绍质的研究的历史时我们谈到,托马斯和兹南尼斯基的《欧洲和美国的波兰农民》(1927)就是通过大量的个人信件对当事人的主观心态进行研究的一个例子。通过阅读这些个人信件,他们从写信人的角度了解了移居美国的这些波兰人是如何看待自己的生活的(Bogdan & Biklen, 1982:10)。但是,出于与日记同样的原因,写信人和收信人一般不愿意主动为研究者提供自己的私人信件。即使这些信件不涉及个人的隐私,他们一般也不会愿意将其公布于众。像托马斯那样在散步时信件"从天而降"的幸运者在这个世界上毕竟是少数。

自传是作者将自己作为主人公的一种写作方式,通常将自己从小到大的生活经历以及各个时期发生的社会事件、家庭变故等内容比较详细地记录下来。因此,自传比较适合了解作者本人的生活史以及他们所处的时代背景。传记是对有关人物或历史事件的记载,通常作者本人不是中心人物。如果我们希望了解一个特定的历史时期、某些特定的历史事件以及某些特定人群在该时期的行为,传记可以提供比较丰富的资料。但是,在收集自传和传记的时候应该特别注意其"真实性"和"准确性"。自传和传记都是对过去事件的追记,作者一方面可能对某些细节"记忆"有误,另外一方面可能有意"歪曲事实"。由于现时的记录都会受到目前记事人观点的影响,在一定程度上反映了当下的思想意识形态以及作者个人的动机和利益,因此我们读到的不一定是事实的"真相",而只是特定作者眼里的"真相"。这些作者可能出于种种原因有意标榜自己,对有权势的人褒多于贬,对自己不喜欢的人贬多于褒,而对那些没有势力的人则忽略不计。

除了日记、信件、自传和传记以外,个人文件还包括被研究者可能拥有的其他个人资料,比如,教师写的教案、家长为自己孩子做的成长记录、旅行者的杂记等。教师的教案对于了解教师的教学思想、教学构思和个人教学风格很有帮助,特别是当这些教案伴有一些教师个人的评语时。家长为孩子写的成长日记,通常记下每一阶段(如每三天、每周、每月)孩子的生长情况,通过这些日记我们不仅可以了解孩子的具体成长状态,而且可以了解父母如何看待自己的孩子以及父母对孩子有什么样的期待。被研究者的旅行杂记不仅表现了他们在特定情境下对周围新鲜事物的反应,而且可以帮助研究者了解他们所处的异文化环境。

三、照片

照片是另外一类实物资料,可以是个人的,也可以是官方的,因此我把它与上面的实物分开进行讨论。把照片分成"个人的"和"官方的"主要体现在"照相"和"收藏"这两个行为层面以及"目的"这一个动机层面上。它们可以有四种表现形态:1)照片是个人照的,并且由个人收藏着,主要为个人的目的服务;2)照片是个人照的,但是目前由官方收藏着(如放置在国家博物馆或档案馆里),主要为官方服务;3)照片是官方照的,目前由个人收藏着,主要为个人服务;4)照片是官方照的,目前由官方收藏着,主要为官方服务。

照片在人类学发展早期被认为是一种简单的展示"真实"的方式,可以用来为人类种族的分类提供视觉方面的信息(Edwards,1992:4)。到20世纪20年代,随着人类学家深入实地进行长期的调查,通过参与型观察了解当地人的社会结构,照片失去了往日的重要地位。当时的研究界普遍认为,照相只是一个抓住表面现象的工具,不能揭示事物的深度。在30年代,贝特森和M.米德(1942)使用照相的方式进行了一项长达十年的研究,总共照了两万五千张照片。虽然此类研究在人类学史上具有一定的地位,但是照相这种方式在当时仍旧被认为只能反映社会现象,不能对社会现象进行解释。从60年代起,视觉社会学开始兴起,照片的作用被进一步发掘。研究界开始认为,照相不仅可以反映社会现象,而且可以揭示照相者自己的观点,是照相者个人视角、前见和知识的反映(Harper,1994)。人们开始追问照片背后隐藏着的动机和兴趣以及照片所反映的"真实性"问题:"照相人确实反映了他/她所看到的现实吗? 这个被拍下的事件有代表性吗? 这张照片意味着什么?"人们开始意识到,所有的影像都受到特定社会形态以及技术手段的建构,是摄影师与观看者共同创造的结果,两者都给照片的解释带来了自己的意义框架。

目前在质的研究中,照片被认为是一种十分有价值的实物资料,可以为研究提供十分丰富的信息。首先,照片可以提供非常清楚的描述型信息,包括场景、人物和事件的具体细节。照片通常是在自然情境下拍摄的,可以相对"真实"和"准确"地记录过去发生的事情及其场景。其次,由当事人自己拍摄的照片可以提供了解他们的世界观和人生观的有关线索。通过仔细观看这些照片,我们可以了解他们是如何看待自己周围的世界的,什么事情对他们来说比较重要。我们还可以在访谈时将这些照片作为一种"控制性投射"工具,请被访者对照片作出自己的介绍和解释。在这种情况下,通常的研究角色被颠倒了过来,被访者成了说者,研究者成了听者。此外,照片还可以用来纠正历史事实,对一般人所认为的观点进行反驳或提供多元解释。比如,波格丹和比克兰(1983:104)在对 20 世纪 20 年代一所专门招收智力低下儿童的州立小学进行研究时,发现在所有与这所学校有关的照片中,学生们看上去都非常整洁、行为端庄,与来自中产阶级家庭的孩子没有什么两样。这些照片所显现的学生们的形象与当时一些专业人士对这类儿童的描述形成了十分鲜明的对照。20 世纪 20 年代在美国是优生学运动的高峰期,专业人士一般认为智力低下的人是对社会的祸害,对人类的福祉是一个威胁。所以,他们对这些儿童的介绍往往带有贬义,给后人造成一种十分恐怖的印象。波格丹和比克兰通过对这些照片的分析,提供了一个与当时专业人员不同的解释。

尽管照片有上述各种用途,但是我们必须牢记,照片都是某个特定的人拍摄的,这个人一定有自己的目的、视角和照相的方式。比如,个人拍摄的照片可能是为了记录下某一重要的历史时刻、一次重要的聚会、一个印象深刻的场景;官方拍摄的照片可能是为了纪念某一个重要的场合、将某一历史事件记录下来、为新闻报道提供直观的信息和可信度等。因此,在对照片进行分析时,我们应该考虑到照相人的动机和目的以及形成这些动机和目的的历史文化背景。

此外,与文字资料相比,照片中隐含的政治权力通常比较抽象或隐蔽,很难从表面上直接看到。因此,我们在使用照片的时候应该结合有关的文字资料,在两者之间进行相关检验。如果我们在研究报告中提供有关的照片,应该配上相应的文字说明,特别要说明摄影师的身份、摄影的目的和摄影的具体场景,使读者对其中的权力关系有比较清楚的认识。

四、其他分类方式

除了上述分类以外,实物还可以按其他方式进行分类。比如,以其产生的时间为界,可以分成两大类:研究开始之前已经存在的实物、研究开始之后产生的实物。前者指的是在研究者开始研究之前已经存在的实物资料,包括上述大部分个人文件、官方记录和照片。后者是研究开始以后由于研究的需要而出现的资料,这些资料可以以很多不同的形式出现,比如:1)研究者根据研究的需要要求被研究者按照一定规格产生的资料(如研究者要求被研究者每天记的日记);2)研究者事先设计一些情境,要求被研究者作出有关书面回应(如假设被研究者是一位住院医生,请写下自己打算如何处理医患关系);3)出于研究的需要,研究者临时设计的招聘被研究者的广告;4)在研究过程中,研究者对有关人员发放的研究计划和修改方案等(Bogdan & Biklen,1982:98)。

以收集资料的方式分,实物还可以进一步分成偶然发现型和特意收集型。比如,上面提到的托马斯和兹南尼斯基在对美国的波兰移民进行研究时获得的信件就属于偶然发现型。而大多数情况下的实物收集都是在研究者的计划之内,是研究者的主动行为。比如,研究者可以到被研究者家里收集照片,到历史档案馆收集历史文献,要被研究者在接受访谈之前指导研究者对他们认为重要的物品进行拍照等。

一般来说,质的研究中的实物应该是"真实的",而不是虚构的,即使是上面谈到的自传和传记也应该是建立在"真实"发生的事实之上的。但是,在现代主义民族志的实验型研究中,一些来自第三世界地区的小说和文学作品也正在成为分析的对象(Fischer,1984)。这些文学作品不仅可以为研究者提供其他形式所无法替代的有关当地人的生活经验表达,而且构成了作为本土评论的自传体民族志。使用文学作品作为分析的资料——这显然犯了"科学"的大忌,但是这些作品确实可以为不了解当地文化的研究者提供探究的指南,形成了具有一定价值的研究对象(马尔库斯,费彻尔,1988:111)。

第三节　收集实物资料的方式

收集实物可以有很多不同的方法,应该视每一项研究的具体情况进行选择。一个总的原则是:收集实物必须获得当事人的同意。不论是个人非正式的资料还是官方正式的记录文件都有自己的"守门人",我们在收集这些资料的时候必须了解他们是谁,如何最顺利地获得他们的首肯。如果他们不同意提供这些资料,我们应该尊重他们的选择。当然在可能的情况下,我们可以想办法说服对方,表明我们的诚意和研究的"纯洁性",并且许诺保密原则。

在收集实物资料的同时,我们还要考虑到实物的用途和价值,以及实物的主人对这方面的打算。比如,如果我们计划收集当事人目前日常生活中正在使用的一个瓦罐,我们应该问对方是否愿意卖给我们、价值多少。如果这个瓦罐是当事人家里的传家宝,不愿意转让给别人,我们应该想其他的方法与其协商,比如,为瓦罐拍一张照片? 又比如,如果我们计划收集当事人的日记,而对方不愿意将原件留在我们手中过久,我们也许可以征求对方的意见,是否可以对有关内容进行复印? 如果对方不同意复印,我们也许可以与对方商量,看是否可以在对方在场的情况下阅读一遍? 总之,不论采取什么措施,我们应该在尊重对方意愿的基础上与对方协商具体收集实物的方式。

为了收集比较逼真的信息,有时候研究者提议为当事人照相。这种方式有可能使当事人感到不自然,不安全,特别是在那些对照相不适应或甚至认为照相是禁忌的文化之中。研究者提出来为当事人照相,还可能使自己愈发显得是外来人,因此会进一步拉大与当事人之间的距离。所以,在研究的初期,研究者应该避免为当事人照相。随着关系的逐步深入,当事人对研究者已经有了一定的信任以后,研究者再提出类似的要求可能会显得自然一些。因此,在收集照片这类实物的时候,我们应该考虑的一个重要问题是:"什么时候、在什么地方、以什么方式、找谁收集何类资料比较合适?"其中一条重要的原则是:尽量少地影响当事人的正常生活。研究者在照相之前应该征求当事人的同意,照完相之后应该询问他们今后自己是否可以在研究报告中使用这些照片。当然,不同的文化对个人"隐私"以及"内""外"之别的定义和处理方式有所不同,因此对上述要求也有所不同,需要酌情考虑。(有关这方面的讨论,详见第二十五章)

在收集实物资料时,为了使自己的目的明确,收集的内容相对集中,我们需要经常问自己一些聚焦类和前瞻性的问题,比如:"我为什么要收集这些物品?这些物品可以如何回答我的研究问题?这些物品如何与其他渠道(如访谈和观察)所获得的资料相补充?它们与其他资料有何相同和不同之处?我将如何分析这些物品?我的理论分析框架是什么?我的分析可以与什么宏大的理论联系起来?"通过询问这些问题,我们可以在收集实物资料的同时就开始形成自己的理论假设和分析框架,使收集活动更加具有目的性和方向性。

第四节　实物分析的作用

与其他研究手段相比,实物分析有自己的长处和短处。首先,作为质的研究的一种资料形式,实物可以扩大我们的意识范围,增加多种研究手段和分析视角。与其他方式相比,实物可以为我们提供一些新的概念、隐喻、形象和联想,使我们的视野更加开阔。例如,通过观察一个家庭里家具的摆设,我们可以看到该家庭女主人沉默的表达方式(如果该家庭的物质环境安排是以女主人的意志为主的话)。虽然她没有机会(或者甚至没有能力)直接说出自己对"家"的定义或向往,但是她的家庭摆设却生动、直观地表现了她的内心世界。

实物通常是在自然情境下生产出来的产品,可以提供有关被研究者言行的情境背景知识。由于研究者的直接干预相对其他研究方式比较少(特别是对那些在研究开始之前就存在的实物而言),实物所提供的这些背景知识往往比研究者使用人为的方式(如访谈和观察)所获得的资料更加"真实"、"可信"。

此外,实物在一些情况下可以比访谈中受访者使用的语言更加具有说服力,可以表达一些语言无法表达的思想和情感。比如,当一位受访者在谈到自己远在他乡的家庭成员时,如果研究者同时要她/他对这些家人的照片进行回忆和评说,可以唤起她/他比较强烈的、深层次的情感。通常,具有立体感、颜色、付诸视觉的人物和景物形象能够刺激起当事人的深层记忆,使她/他的谈话变得更加生动、具体。

从研究的"可靠性"考虑,实物分析还可以用来与从其他渠道获得的材料进行相互补充和相关检验。例如,研究者可以利用实物分析的结果检验被研究者在访谈时所说的话以及在观察时所做的事是否"真实"。假设一位学生在访谈时说:"我的学习成绩很好,在全班排名总是在前五名,"结果我们在全班的成绩单上却发现他常常排名在第十到十五名,那么我们便需要采取措施对这个相互矛盾的"事实"进行检验。

除了上面谈到的各种长处,实物分析也有自己的短处。首先,实物的作者有可能有意美化自己,制造不符合"事实"的实物资料。比如,自传的作者可能有意无意地往自己脸上"贴金",希望自己的形象在读者眼里比实际情形要"光彩夺目"一些。其次,实物记录的制造者通常是社会权贵,因此这些资料可能反映的是有权有势的人或社会机构的价值观念和行为准则,对无权势和弱势的人们的声音反映较少。再次,很多实物记录(如历史文献、传记)是后人所为,他们的记忆可能衰退,对有关的事实细节表述有误或表述不清。此外,实物是一种比较间接的资料,不像文字资料那样可以直接进行研究。实物的意义比较隐晦、含蓄,留有多重解释的余地,容易造成理解上的歧义。

本章对实物分析的理论基础、分类、实施方式和作用进行了一个简要的评介。总的来说,实物分析是质的研究中一个非常有效的收集资料的方式。遗憾的是,目前人们对这种方法的有效性还认识不够,通常将其作为访谈和观察的辅助手段,没有给予它应有的重视。从上面的讨论中,我们可以看到,如果被有效地利用的话,实物分析不仅可以为研究提供一些物质依据,而且可以揭示制作者和使用者的动机和意图。如果我们仔细探究实物的象征意义,可以从中获得很多访谈和观察所无法获得的信息。

第四部分

质的研究的资料分析

在质的研究中,对资料进行分析时最重要的问题是:"如何从资料中发掘意义?研究者如何可能理解被研究者?被研究者文化主位的意义如何通过研究者文化客位的解释获得意义?主体间性的解释性理解具体是如何发生的?"

本书的资料分析部分由四章组成(第十八章到第二十一章),呈现的是质的研究者对原始资料进行分析的过程、手段和方法以及在原始资料的基础上建构理论、撰写研究报告的方式。

首先,本书使用两章的篇幅对质的研究中的资料整理和分析进行了探讨。第十八章"资料的整理和初步分析"主要介绍了资料整理和分析的特点、时机的把握、基本的思路(如互动模式)、具体的步骤(如登录、寻找本土概念等)。第十九章"资料的归类和深入分析"对资料分析中的具体分析方式(如类属分析、情境分析)、归类的形式以及归类时研究者的思维活动等进行了进一步的探讨。第十八章介绍的内容可以被看做是资料整理和分析中比较基础的、比较"机械的"工作，与前面的资料收集部分关系比较密切。第十九章讨论的是资料分析中比较深入、比较"理性"的工作，与后面的建立结论部分有更加密切的联系。然而，正如前面所强调的，质的研究是一个循环往返的过程，资料的整理和分析与资料的收集以及结论的建立之间不仅仅是一个前后顺序的关系，而且是一个相互渗透、相互作用的关系。即使是在第十八章和第十九章的内容之间也并不存在一个必然的先后顺序，它们在实际研究中通常是同时发生或交叉进行的。在此将它们分开讨论，一是为了理解上的方便，二是为了突出大部分研究者进行资料整理和分析工作时的一般状况。

第二十章"质的研究中的理论建构"探讨了质的研究者对理论的态度、对理论的定义、理论在质的研究中的作用以及质的研究者建构理论的一般做法。与此同时，本章着重介绍了一种目的在于建构理论的质的研究方法：扎根理论，其中包括建构扎根理论的基本原则（如从资料产生理论的思想、保持对理论的敏感性、不断比较的方法、理论抽样的方式）以及三级登录的具体步骤。

第二十一章对质的研究报告的写作进行了探讨，包括写作的定义和作用、质的研究中进行写作的基本原则、一般方式和具体步骤。此外，本章还介绍了民族志研究中常用的写作手法以及现代主义民族志呈现研究结果的方法，并提供了具体实例加以说明。

第十八章 资料的整理和初步分析
——我想到了什么？

　　资料收集上来以后,研究者需要对资料进行整理和分析。"整理和分析资料"指的是根据研究的目的对所获得的原始资料进行系统化、条理化,然后用逐步集中和浓缩的方式将资料反映出来,其最终目的是对资料进行意义解释。在质的研究中(与所有其他形式的社会科学研究一样),没有任何"客观存在"可以自己为自己说话。"客观存在"之所以存在,之所以有"意义",是因为经过了研究者的分析和解释(Denzin,1994:500)。研究者之所以能够理解被研究者,是因为前者在对自己与后者的互动过程中所发生的事情进行了意义上的解释。所以,任何收集到的资料都已经经过了研究者视域的扫视(或者说研究者透镜的透视),对其进行整理和分析只不过是将这个理解进一步深化、具体化、可操作化而已。整理和分析资料是意义解释的必由之路,是保证研究结果"严谨"、"确切"的一个重要手段。

　　就像质的研究中其他的组成部分一样,资料的整理和分析也没有一套固定的、适用于所有情境的规则和程序。意义阐释既是一项研究活动,又是一门艺术,不可能机械地、按照一套固定的程序来进行。下面介绍的有关方法主要来自有关文献以及我自己的经验。读者在阅读的时候应该保持自己的批判精神,在作每一项具体的整理和分析时,针对自己的研究目的以及自己资料的特性选择合适的方法。

第一节 质的研究中资料整理和分析的特点

　　英国经验主义科学家培根认为,对原始资料的处理有三种方法,可以与蜘蛛、蚂蚁和蜜蜂的工作状况进行类比(陈波等,1989:238)。蜘蛛只从自己的肚子里吐丝布网,脱离外面的实际情况,不管是否有无证据,自己一个劲地埋头制造理论。蚂蚁只是收集资料和证据,将其堆积起来,不进行分析,也不建立理论。而蜜蜂既从花园里采集资料,又对这些资料进行消化和加工,酿出蜂蜜。因此,科学研究应该采取蜜蜂的方法,从大量的事实证据中抽象出关于事物本质的知识来。虽然培根的观点在持建构主义观点的质的研究者看来犯了二元论(即理论与事实之分离)的大忌,但是我认为这种类比对于质的研究中的资料整理和分析还是十分恰当的。质的研究者(像蜜蜂一样)虽然不一定要"抽象"出关于事物"本质"的知识,但是对资料的整理和分析确实是研究者的一种加工,是通过一定的分析手段将资料"打散"、"重组"、"浓缩"的一个过程。

一、整理和分析同步进行

在概念上,整理资料和分析资料这两个活动似乎可以分开进行,我们可以分别对它们进行辨析。但是,在实际操作时,它们是一个同步进行的活动,整理必须(也必然)建立在一定的分析基础之上,而任何一个整理行为又都受制于一定的分析体系。正如下面的图表18-1-1所示,整理和分析实际上是一个整体,不可能截然分成两个相互独立的部分。它们相互之间来回循环,同时受到研究中其他部分的制约。

整理资料这一工作看起来十分机械、单调,但实际上其本身便是一个十分重要的分析过程。通过对资料进行一步步具体的梳理,研究者往往能够获得不这样做便无法得到的启示和顿悟。因此,我在此将资料的整理和分析一起进行讨论。

图表18-1-1 资料整理和分析关系图

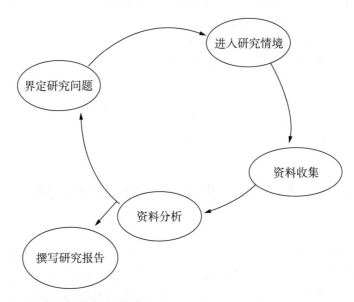

二、整理和分析要求及时

在质的研究中,不仅资料整理和分析不能作为两个截然分开的阶段区别对待,而且整理/分析资料作为一个整体与收集资料之间也不是两个分开的阶段。这两者之间也是一个相互交叉、重叠发生、同步进行的过程。对资料及时进行整理和分析不仅可以对已经收集到的资料获得一个比较系统的把握,而且可以为下一步的资料收集提供方向和聚焦的依据。因此,整理和分析资料的时机应该越早越好,不应拖到积累了很多资料以后才进行。克威尔(S. Kvale,1988:90)曾经对一位研究新手提出的问题"我如何才能找到一个方法来分析我已经收集的一千页访谈记录"回答说:"在作访谈研究时,永远不要让自己落到不得不问这样一个问题的地步。"如果研究者不及时对资料进行整理和分析,堆积如山的资料不仅会使研究者感到无从下手,而且会使研究失去方向,变成纯粹的资料堆积。波格丹和比克兰(1982:146—165)也对研究新手提出了类似的忠告。他们认为,在实地收集资料的同时对资料进行整理和分析可以起到如下作用:1)强迫研究者逐步缩小研究的范围,尽早就研究的方向和类型作出决定;2)帮助研究者提出一些可以统揽所有资料内容的观点,发展出一些可供进一步分析的问题;3)使研究从原始资料向理论建构的方向过渡;4)帮助研究者在整理资料的基础上了解自己还需要哪些方面的信息,以便下一步有计划地收集资料。

上述两位学者还提出,如果研究者是一位十分有经验的老手,研究的规模比较小,收集的资料比较少,而且研究的目的也比较单一的话,那么研究者也许可以采取一次性分析的方法,直接对资料进行"整体观看"(eye ball),然后凭记忆写出研究报告。而如果研究者是一位新手,这么做会比较困难,应该采取收集在前、分析在后这样一个顺序,以便把握住实地工作的进程。我个人认为,无论是新手还是老手,都应该及时地对资料进行整理和分析。研究者只有自己亲自动手对资料进行一点一点的辨析,才可能沉浸到资料之中,真正与其进行对话。当然,如果整理和分析资料的工作量太大,研究者也可以雇用助手,以减轻自己的负担。但是,自己亲手做和不做是很不一样的,即使是雇用助手自己也应该参与到对主要资料部分的分析之中。

在强调及时整理和分析资料的同时,我们也应该看到,实际上研究者在收集资料(包括同步的分析)之后是需要一段时间来专门进行分析的。这个时间可以是几个星期,也可以是几个月,而且应该是一个整段、持续、不受到其他事情干扰的时间。有的研究者从实地回来以后,习惯让原始资料放一段时间,然后再全力以赴地投入分析。这么做是为了使自己转换一下脑筋,从沉浸在实地工作的心态转入与资料保持一定距离的分析状态。但是,应该特别注意的是,我们不应该把这一心态的转换当成一种拖延、一个逃避对资料进行分析的借口。在某种意义上说,分析资料在难度上比收集资料更大,因此我们很容易沉迷于对资料的收集之中。此外,我们往往担心自己已经收集的资料不够用,总是希望尽可能多地收集资料。因此,如果不及时对现有的资料进行分析,我们可能又会找很多借口去收集更多的资料。结果,我们便会停滞在收集资料的阶段,无法将研究向前推进。

由于时间的关系,实地记录通常做得比较仓促,书写可能不太清楚,细节也记录得不够全面,因此需要及时地进行整理。如果研究是由一个课题组共同承担,记录必须在成员中分享的话,则更应该对实地笔记进行及时的整理。研究者从实地回来以后,应该在记忆消退以前立刻对初级笔记进行清理,补上遗漏的信息和必要的内容细节。在开始整理笔记以前,注意不要向别人谈论自己的观察活动。谈话往往会根据双方的关系、心情、时间、地点等因素而对原始资料的内容进行有意无意的筛选,造成记录的"失真"。为了保证自己的思路畅通,工作的时间一定要有所保证,不要让自己被其他的琐事所打扰。整理实地笔记时不宜同时进行文字上的编辑,因为实地笔记的最大价值在于"原始"(crude),越是能保持其"原汁原味",今后使用起来越能凸现当时的"真实"情形。

我的一位学生通过一个学期的学习以后,深深地感到及早整理资料的重要性。她在期末的研究报告中这样写道:

> "资料整理应该越及时越好……一是可以防止遗忘,因为常常在打开录音机之前或关闭录音机之后有许多重要的信息,及时整理可以帮助我们增补信息;二是可以记下访谈过程中最真切的感受,刚刚访谈完备,心中常常会感受到一种冲动和激情,而此时应该及时地用文字保存下来,否则时间久了,不但失去了激情,淡化了情感,反而不愿再做那种烦琐的工作;三是可以在记录的过程中发现问题,在下面的访谈中加以改进,或及时继续同一个对象的再次访谈以补充遗漏的信息,追问忽略的问题。"

三、分析前的初步整理

虽然我们说资料整理和资料分析是密不可分的一个过程,但是有一些比较具体可见的整理工作具有一定的相对独立性,可以在分析之前完成,如检查原始资料是否完整、准确,对多种资料来源进行相关检验等。

质的研究中的资料整理要求比较严格,通常需要将资料的内容一字不漏地记录下来。比如,访谈中的录音记录必须逐字逐句地整理出来,不仅包括被访者的言语行为,而且包括他们的非言语行为(如叹气、哭、笑、沉默、语气中所表现的迟疑等);观察笔记事后必须进行处理,对遗漏的细节进行补漏,对简化的内容进行扩展;实物资料如果有不全或错误记录的地方,应该及时补充或纠正。质的研究之所以要求对所有的资料都进行整理,是因为这种研究认为"所有的事情都是资料"。有时,在整理资料时研究者认为不重要的东西可能今后在分析资料时被发现有非常重要的价值,而如果当初不记录下来,可能就永远地被遗漏了。

在具体整理资料之前,我们可以先给每一份资料编号,然后在这个基础上建立一个编号系统。编号系统通常包括如下几方面的信息:1)资料的类型(如访谈、观察、实物);2)资料提供者的姓名、性别、职业等;3)收集资料的时间、地点和情境;4)研究者的姓名、性别和职业等;5)资料的排列序号(如对某某人的第一次访谈)等。为方便起见,我们可以给每一项赋予一个标号。比如,有关被访谈者的职业,我们可以用 J 表示教师,X 表示学生,G 表示工人,N 表示农民。所有的书面资料都应该标上编号,并且按页标上页码,以便今后分析时查找。

原始资料经过初步的整理和编号以后,我们还应该将所有这些资料复印一份,以便分析时用来剪贴和分类。原件应该保持原封不动,以便今后查找。如果有计算机进行文字处理,也可以存一个备份。今后在对一些被挑选出来的资料片段进行分析时,我们可能需要参照与这些资料片段有关的其他事件或细节,甚至可能需要查看这些片段的上下文出处。因此,在整理资料时,应该时刻保存一份按时序记录的原始资料。

第二节　资料分析的基本思路

资料分析的基本思路是按照一定的标准将原始资料进行浓缩,通过各种不同的分析手段,将资料整理为一个有一定结构、条理和内在联系的意义系统。有关这一点,质的研究界主要存在两种模式,一种是线性的、自下而上对资料进行抽象的模式;一种是循环往返、分析部分相互互动的模式。

一、线性模式

这种模式认为,资料分析可以被看成一个阶梯,自下而上不断地对资料进行抽象(见图表18-2-1)。

在图表18-2-1里,资料分析被视为一个自下而上、逐步上升的"抽象"阶梯,其中包括三个主要的层次。第一个层次和第三个层次又各自进一步分成两个子层次。在第一个层次里,研究者的主要任务是对原始资料进行总结和重新包装,具体有两个步骤:1)通过整理原始资料建立一个可供分析的文本;2)对文本进行登录(coding),通过写分析型备忘录(memo)的方法对文本进行意义解释,寻找登录类属(category)。第二个层次的主要任务是在第一个层次的基础上对资料重新进行汇集和包装。具体的做法是:通过写

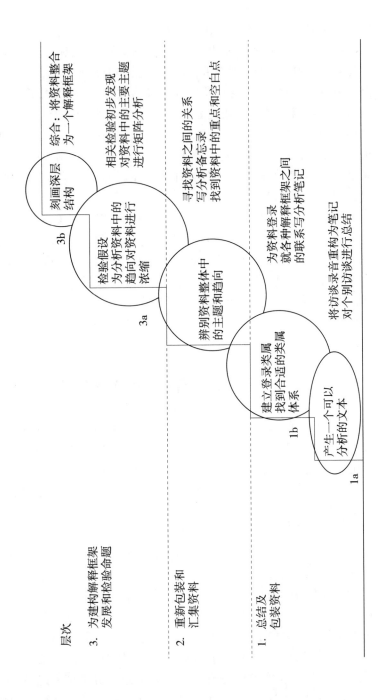

图表18-2-1 分析抽象阶梯
（资料来源：Carney,1990）

分析型备忘录寻找资料中存在的各种意义关系,发现资料内容中的重点和空白点,确认资料内容的主题和基本趋向。第三个层次的工作是:对在前两个层次的基础上建立起来的有关命题进行进一步的扩展或检验,以便建构一个可以用来解释资料整体内容的理论框架。这个部分分成两个子层次:1)对初步的研究结论进行相关检验,对主要命题进行分析,对研究的假设进行验证,同时进一步浓缩资料,分析资料中呈现的基本趋势;2)将资料整合为一个解释框架,描绘出资料的深层结构。

莱斯曼(C.Riessman,1993:10)的"社会成员经验世界的再呈现"模式也是一个线性的结构,从下往上经过五个层次的提升。这个模式的主要目的是说明研究者在呈现被研究者的生活经验时所走过的分析历程(见图表18-2-2)。

图表18-2-2　社会成员经验世界的再呈现
(资料来源:Riessman,1993:10)

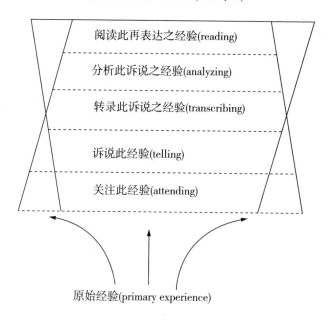

二、互动模式

另外一些研究者(包括我自己)认为,质的研究中的资料分析更像是一个圆圈,圈中各个部分相互关联、循环往返(见图表18-2-3)。虽然在实际操作中,分析通常是从一个部分开始,但是各个部分都可以作为开始的起点。资料的浓缩与其他的部分(如资料的收集、展示、建立结论与检验结论等)相互结合、相互照应。

275

在图表18-2-3中,资料浓缩是资料分析的实质,其目的是将具体、零散的资料提炼为具有一定意义关联的资料。资料浓缩的步骤主要有:将资料中重要的核心概念或主题提升出来,使用这些概念或主题将所有的资料内容统领起来,然后再将这些核心概念或主题放回到资料之中,使它们在特殊、具体的事物中表现出来。资料浓缩的具体手段包括比较、类比归纳、外推、演绎、朔因、分析和综合等。在浓缩的过程中需要经常寻找类属之间的相关关系,将不同的类属合并成类群(Miles & Huberman,1994)。

图表18-2-3 资料分析的组成部分:互动模式
(资料来源:Huberman & Miles,1994:429)

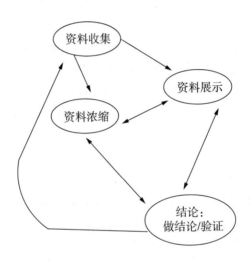

资料浓缩与资料分析中其他的部分(如资料收集、资料展示和做结论)之间是一个相互作用的关系。资料收集上来以后需要同时进行浓缩和展示,展示是浓缩的一种方式,浓缩又为展示提供了可能。资料经过浓缩和展示以后导致结论的产生,而结论又反过来为资料浓缩和展示提供线索。结论产生以后经过论证可能发现仍旧存在漏洞,需要更多的或其他的资料进行论证,这又为资料收集提供了依据。此后,进一步的资料收集又为资料浓缩和资料展示提供了素材……如此往返循环,直到资料饱和、结论充实为止。

因此,我认为质的研究中的资料分析是一个循环的过程,而不是如图表18-2-1和图表18-2-2所展示的一个自下而上进行“抽象”的过程。当然,上述两图所展示的也可以被看成是资料分析过程中的一个环节,类似的环节可以无止境地循环下去。在第一轮中已经整合起来的解释框架可以作为第二轮的原始资料,在下一个分析循环中重新开始。

第三节 资料分析的具体步骤

如果我们将资料分析作为一个环节来看的话,其具体步骤主要有如下几个方面:1)阅读原始资料;2)登录;3)寻找"本土概念";4)建立编码和归档系统。在实际操作时,2)和3)有时可以同时进行,也可以有意识地将3)分出来进行重点分析。

一、阅读原始资料

分析资料的第一步是认真阅读原始资料,熟悉资料的内容,仔细琢磨其中的意义和相关关系。在对资料进行分析之前,研究者起码应该通读资料两遍,直到感觉已经对资料了如指掌,完全沉浸到了与资料的互动之中。

1. "投降"的态度

在阅读原始资料的时候,研究者应该采取一种主动"投降"的态度。这意味着研究者把自己有关的前设和价值判断暂时悬置起来,让资料自己说话。研究者只有彻底敞开自己的胸怀,腾出一定的空间,才能让资料进到自己的心中。质的研究认为,收集到的资料已经成为了"文本",而文本是有它自己的生命的。如果我们不注意它的声音,很可能会过多地受到自己前设的影响,过多地读进去很多文本本身没有或者没有强调的问题(Eco,1992)。我通过自己作研究的经历也深深地感到,资料确实有它自己的生命,只有当我与它单独待在一起到一定的时间,与它有足够的互动以后,它才会相信我,才会向我展现自己的真实面貌。

在阅读原始资料的时候,除了向资料"投降",我们还要向自己在与资料互动的过程中产生的感觉和体悟"投降"(Lofland,1971)。虽然资料本身有自己的特性,会对人的理解范围有所限定,但是阅读情境的可能性却是无穷的。文本内在的风格会对读者的阅读起到一定的约束作用,但是读者本人的生活经历和阅读本领也会影响到自己对文本的解读。每一次阅读都是读者与作者和文本之间一次新的遭遇,都可能产生新的意义火花(Eco,1992:121)。因此,我们在阅读资料时不可避免地会产生一些思想上和情绪上的反应,而这些反应是理解资料的一个有效的来源。我们只有深切地体会到自己对资料的反应,才有可能了解自己是如何理解资料的。任何理解都离不开参与者的前设和个人背景,因此对资料的分析在某种意义上来说也就是研究者对自己的分析。

我自己有一个例子可以用来说明上述问题。我在美国留学时曾经对中国留学生初到美国时的文化适应情况作了一个调查。大量的资料收集上来以后,我开始坐下来仔细阅读这些资料。结果,资料中反复出现的"困难"、"挫折"、"困惑"、"彷徨"等词语立刻揪住了我的心。这些词语如子弹般一个一个地从字里行间蹦出来,猛烈地敲打着我的心和每一根神经。我常常是一边听磁带、做笔录,一边泪流满面、全身震颤。后来,在研究报告中,我试图对自己的情绪反应进行反省。结果我发现,自己之所以对这些资料产生了如此强烈的反应,是因为我自己三年前刚到美国时也感觉非常不适应,几乎经历了所有我所调查的中国留学生们提到的这些困难。他们的倾诉使我仿佛又回到了最初那几个月难熬的日子,又一次在心灵上和肉体上经历了一次强烈的冲击。他们的诉说不仅使我再次回到了自己过去的生活体验之中,而且使我更深地了解了自己。通过对他们的情绪反应进行分析,我对自己过去的受挫感有了更加深刻的体验和认识。与此同时,我也意识到,自己之所以选择这个课题,决定对中国留学生的文化适应进行研究,这本身就是与我自己的生活经历和关心的问题分不开的。

2. 寻找意义

在阅读原始资料的时候,我们除了应该采取一种向资料自身以及我们自己的感受"投降"的态度,还必须完成在资料中寻找意义的任务。阅读资料这一活动本身便是一个在资料中寻找意义的过程,可以从很多不同的层面进行。比如,我们可以在语言层面寻找重要的词、短语和句子及其表达的有关概念和命题;在话语层面探询资料文本的结构以及文本内部各部分(句子之间、段落之间)的联系;在语义层面探讨有关词语和句子的意义;在语境层面考察语词出现的上下文以及资料产生时的情境;在语用层面寻找有关词语和句子在具体语境中的实际用途;在主题层面寻找与研究问题有关的、反复出现的行为和意义模式;在内容层面寻找资料内部的故事线、主要事件、次要事件以及它们彼此之间的关系;在符号学的层面探讨资料文本的内容与相关的符号系统及其社会、文化、政治、经济背景之间的关系。

让我举一个例子来说明上述各种阅读层次以及它们之间的关系。假设我们面前现在有一份关于中国人人际交往习惯的访谈记录,受访者是一位45岁的工程技术人员,男性。在这份长达30页的访谈记录中,受访者十分详细地介绍了自己平时与人交往的原则和行为以及他认为的中国人一般的人际交往习惯。通过仔细阅读访谈记录,我们可能会发现,在语词的层面,他使用了很多诸如"礼尚往来"、"面子"、"交情"、"讲义气"之类的词语。在话语的层面,在一段有关他与邻居交往的陈述中,他不时地回到前面他所谈到的与同事交往时所遵循的一些原则,在话语上形成了一个比较完整的前后呼应的结构。在语境的层面,我们发现,每当他谈到自己的朋友时都会提到"铁哥们",而且会同时提供一些十分具体的有关"铁哥们"相互之间"两肋插刀"的生动故事。在语用的层面,他在访谈过程中不止一次提到"我要在5

点钟去接我的孩子",而这个看起来似乎与访谈内容无关的陈述可能是受访者在使用一种典型的中国式的委婉方式向对方表示自己希望访谈在 5 点钟以前结束。在主题的层面,受访者反复提到"人情"、"关系"、"善解人意",这几个概念可以用来解释他所提到的有关中国人人际交往的基本原则和行为规范。在内容的层面,他谈到自己与家人、朋友、同事、同学、同乡等不同人群交往的行为惯例,从这些叙述中能够发现他从小到大的人际交往脉络。在符号的层面,我们可以将他所提供的内容与中国的语言、绘画、诗歌、戏剧等符号系统联系起来,分析他所谈到的中国人的人际交往行为与中国社会大背景(如家族传统、乡土社会、农耕经济、儒家思想等)之间的联系。

上面的例子只是一个非常肤浅的说明,在实际阅读中情况可能要复杂、丰富得多。至于究竟应该选择(或者说是否可能选择)哪些层面来捕捉资料中哪方面的意义,取决于研究的问题、研究的目的、研究者个人的思维方式和阅读习惯,以及目前所拥有资料本身的特性。我认为,重要的并不在于一定要在某个层面进行意义上的解读,而是应该了解我们自己和我们的资料,在尽量开放自己的同时有意识地选择解读的层面。一般来说,如果条件(时间、精力、阅读能力)允许的话,我们应该尽量敞开自己的胸怀,尽可能多地从不同的层面解读资料,让尽可能多的意义进入我们的意识。多层次的解读可以从不同的角度对资料进行透射,使资料本身所蕴含的多重意义透过多重视角显现出来。

二、登录

寻找意义的工作主要是通过登录来完成的。登录是资料分析中最基本的一项工作,是一个将收集的资料打散,赋予概念和意义,然后再以新的方式重新组合在一起的操作化过程。登录要求研究者具有敏锐的判断力、洞察力和想像力,不仅能够很快地抓住资料的性质和特点(特别是那些隐藏在语言下面的深层意义),而且可以很快地在不同概念和事物之间建立起联系。

登录时经常遇到的一个问题是:"哪些资料应该登录?"这个问题实际上涉及到对资料的抽样问题,需要为选择资料设立一定的标准(Berg,1998:235)。通常,我们收集的原始资料很多,内容也非常庞杂,如果对每一个词都进行登录,那显然是不切合实际的。因此,就像对研究现象和研究对象进行抽样一样,我们也需要对所收集到的资料进行"目的性抽样",即抽取那些能够最有力地回答研究问题的资料。

资料的抽样在很大程度上取决于研究的问题,但两者之间不是一个单向的关系,而是一个相互作用的关系。如果我们对资料的取舍举棋不定,对研究问题进行思考可以帮助我们进行选择;但是,如果我们的研究问题尚不确定,或者我们来到实地以后发现自己原来设计的问题并不符合当地的实际情况,那么对资料进行初步的抽样可以帮助我们形成、稳定或发展研究的问题。在后一种情况下,选择资料没有具体的"标准"可言。我们应该对资料采取完全开放的态度,注意资料本身呈现的特性。其实,即使是在前一种情况下,我们也应该保持一种开放的态度,既牢记自己的研究问题,又同时尊重资料本身。

1. 思考单位

确定了选择资料的基本方向以后,我们便可以开始对资料进行登录了。登录可以从不同的思考单位(thought unit)入手,根据资料的具体特性进行选择。J.罗夫兰(J.Lofland)和 L.罗夫兰(L.Lofland)提出了如下九类思考单位(1984:72—91)。

1)被研究对象群体或个人的意识形态和世界观、他们定义自己生活世界的方式;

2)被研究者的行为规范、规则以及意义建构,包括那些他们明确说出来的、隐蔽的和有意拒绝回答的意义;

3)被研究者的社会实践,包括他们平时行为中最小的单位以及那些对于他们来说具有戏剧性和特殊性的事件;

4)被研究者的社会角色,包括先赋的角色(如种族、性别、年龄等)和正式的角色(如职业、职务等)、人格特征、交往角色、角色策略、当事人故意做出某种角色姿态的原因和动机;

5)人际交往、社会系统中的人际关系、社会成员之间的邂逅,包括交往的主要阶段如相遇、相知、共同建构关系、关系低落、重新恢复关系、分手等;

6)群体(如社会阶层、团伙和正规社会组织)及其适应社会环境的功能;

7)居住地(由复杂的、相互关联的人、角色、群体和组织所组成)、居住地的边界领域及其维持生命的功能;

8)社会世界(由一个巨大的但边界模糊的人群所组成,中心权威比较弱,具有高频度的社会变迁,人们的社会角色不正规);

9)生活方式(一大群居住在同类环境下的人们为了适应生活而采取的一种总体方式)。

在选择上述思考单位时,我们还可以问自己:1)这个单位的结构是什么①? 2)这个单位出现的频率是多少? 3)导致这个单位发生的原因是什

---

① "结构"在这里指的是一事物内部各组成要素之间相对确定的关系,是如下三个要素的统一:一定的构成部分、各部分在时空上相对稳定的秩序、各部分之间相互联系与相互作用的方式和规则。

么？4)与这个单位同时出现的还有什么其他的单位？5)这个单位的发展进程(如阶段、时段、层面、螺旋上升、循环、前后序列)呈现一种什么样的状态？6)这个单位所造成的后果是什么？(Lofland & Lofland,1984)。让我举一个例子来回答这些问题。假设我们对某国营企业的人员管理工作进行了一项调查,在阅读原始资料时发现其中有很多有关"人际交往"的内容,因此决定从这个思考单位入手对资料进行登录。通过对资料进行仔细的分析,我们发现:

1)"人际交往"这个思考单位的"结构"是由企业员工的社会角色、相互关系、接触方式和交往规则所形成的,这些部分相互之间互相制约、相互影响,形成企业内部人际交往的基本模式;

2)"人际交往"在资料中出现的"频率"非常大,每一个访谈、观察和实物分析的记录中都有这方面的内容;

3)导致"人际交往"频繁发生的"原因"是该企业人事上正在进行大幅度的改革,很多工人都面临下岗的危险,因此人际活动频繁,很多人希望通过这种渠道为自己争得一定的利益;

4)与"人际交往"这个思考单位同时出现的其他思考单位还有:国营企业内人们看待周围环境的方式、他们的基本行为规范和社会角色等;

5)"人际交往"的发展进程呈一种逐步恶化的"状态",随着大批工人面临下岗,企业内部的人际关系变得日益紧张,很多人都感觉人心惶惶;

6)这种"人际交往"带来了非常严重的"后果",很多工人反映没有安全感,不知道明天会发生什么事情,无法控制自己的命运。

上面所说的"思考单位"主要从资料的意义内容入手,而在对资料进行登录时,我们也可以从资料的语言单位入手,如词、短语、句子、一个段落、几个段落、整个文本、几个文本等。整理和分析资料时应该根据研究的要求决定最基础的单位是什么。比方说,如果收集的资料比较多,研究的问题比较宏观,可以从段落大意开始进行登录。而如果研究的重点是被研究者的本土概念,则必须从每一个词语着手。一般来说,在首次对资料进行开放型登录时,应该从最基础的层面开始,对资料中的每一个词语都进行认真的考量。随着分析的不断深入,可以逐步扩大分析的范围,从语词扩大到句子、段落和话语。如果研究者对资料分析比较有经验,也可以同时从几个层面进行登录。

2. 设码

登录的一个十分重要的、具体的工作是找到对本研究问题有意义的登录码号(code)。"码号"表示的是资料分析中最基础的意义单位,是资料分析大厦中最小的砖瓦。例如,在对课堂教学中师生互动模式的观察记录中,我们注意到学生问了很多问题教师都没有回答,那么我们便可以建立一个

"未予回答的学生的问题"这样一个码号来表示这一类现象。

寻找码号的一个标准是有关词语或内容出现的频率。如果某些现象在资料中反复出现,形成了一定的"模式"(pattern),那么这些现象往往是资料中最为重要的内容,是被研究者关注的焦点,需要进行重点登录。比如,在我对中国留美学生的一项调查中,学生们反复谈到在美国"人情味比较淡";不仅同一位受访者在不同的访谈中反复提到,而且不同的受访者也多次提到这个概念。因此,我便提取了"人情"这个概念作为一个码号,在资料中注意寻找这方面的内容,重点对其进行登录。

在设立码号时,我们还应该考虑到码号与码号之间的关系,注意它们所代表的不同现象之间的联系。通过在码号之间建立起相关关系,资料的内容会不断浓缩,登录的码号也会更加集中。比如,在对一部分中国男青年的择友观念进行调查时,我的初级编码非常零散,似乎有关男女择友的所有方面都涉及到了。后来,通过一遍又一遍的分析、比较和筛选,我在一些码号之间找到了联系。比如,将"聪明"、"能干"、"温柔"和"善解人意"都归到"强女人"这个码号下面,将"聪明"、"能干"、"强悍"和"刚愎"都归到"女强人"下面;同时在"强女人"和"女强人"这两个主要码号之间找到了一些十分有意思的联系,如都很"聪明"、"能干",但前者主要体现的是"女人"的特点,而后者表现的主要是"强人"的特征。

为了使登录快捷、节省空间,登录中的每一个码号都应该有相应的数字或符号加以表示。如"1"代表"学习成绩"、"2"代表"学习态度"、"3"代表"学习效果"等。如果使用语言符号,通常取码号中每一个词的首字母作为代表,比如上述"未回答学生的问题"可以用"USQ"(unanswered student question)。符号也可以与数字结合起来使用,如"1USQ"代表第一位被访的教师未回答学生的问题;"2USQ"代表的是第二位教师类似的情况。选择何种数字和符号取决于研究的需要,特别是研究者个人辨认和查找码号的方便,没有一个固定的程序。

为使登录方便、直观,登录可以直接在原始资料复印件的空白处进行。重要的词语和短语应该用笔圈起来,码号可以写在靠近所登录的资料旁边。用来分析的原始资料应该看上去是"使用过的",不必保持整洁。完成一份资料的登录以后,可以将所有的码号及其所代表的意义抄到一张纸上,与原始资料装订在一起,以便今后查找。如果条件允许的话,所有这些工作也可以在计算机上进行。目前计算机界已经发明了不少为质的研究进行资料整理和分析的软件,如 ETHNO、TAP(Text Analysis Package)、QUALPRO、The Ethnogrph、TEXTBASE ALPHA、HyperQual 等(Tesch,1990)。

为了使读者对资料登录有一个比较直观的了解,我从波格丹和比克兰的《教育中的质的研究》(1982:168)一书中引用了一个被登录过的访谈片段,在此作为登录的示例(见图表18-3-1)。这个访谈来自比克兰的博士论文研究,内容是成年妇女对自己小学时所受教育的回顾和反思。由于该书出版较早,研究者分析资料时使用的仍旧是"剪刀+糨糊"的办法。不过,我认为,这种办法在登录的思路上与计算机登录没有什么两样,只是后者在编排上速度更快一些而已。

图表18-3-1 访谈资料登录举例
(资料来源:Bogdan & Biklen,1982:168)

访谈片段:一位 25 岁的妇女对自己小学时所受教育的看法

#101,第 2 页

⑩
6
35
15

受访者:我记得当时对自己的相貌很在意。我比所有其他的人衣服都多。
访谈者:为什么会这样呢?
受访者:我的姨妈是一位服装设计师,我当时的衣服是其他女孩的 10 倍。

访谈者:你当时有什么感觉?

⑩
6
10

受访者:嗯,那时我是大家注意的中心。我享有所有的特权和地位。我记得当时我总是被挑选出来代表合唱团答谢观众,因为我头发上总是插着鲜花。你知道,事情就是这样。我总是把裙子上的带子解开,而老师就会花很多时间为我把带子系上,然后拍拍我的头。
访谈者:你是说,你有意把彩带解开是为了得到关注?
受访者:是啊。
访谈者:那是几年级的事情?
受访者:我想是四年级吧。
访谈者:让我们继续往下谈吧——关于五年级你记得什么事情吗?

⑩
4

受访者:我记得我总是带领别人做宣传板报。这是学校的工作——我喜欢做这些事情;我喜欢念书,尽管我花费更多的时间在课外阅读,读那些学校不要求读的东西。我记得自己曾经为很多报告做封面。
访谈者:比内容还多吗?

⑩
4

受访者:是的。尽管我通常做得很好,但是我记得这种事情不是特别激动人心。我不记得自己真正兴奋过。我变得……我记得曾经因为得到 A 而非常激动,但是至于那些为了得到 A 而做的工作,我却一点也不记得了。

⑩
9
41

六年级的时候必须在家政课上学缝纫,我恨死了。
花了我差不多一年才缝了一件东西。
访谈者:为什么你恨缝纫?
受访者:我只记得老师经常说:"不是机器的原因,是操作者的原因。不是机器的原因,是操作者的原因。"而我在想:"就是他妈的机器的原因。"那时候我没有想到"他妈的"这个词;我当时还不知道这个词。但是我有这种感觉。我简直不能相信自己怎么会这么无能,我竟然不能使那个绕线筒按要求转起来,而我一直做不到这一点。我感觉这似乎是我应该做的,但是我却不喜欢它。

码号翻译

6=关注/表扬	4=学校工作
35=衣服	9=性别角色意识/期待
15=相貌	41=方法问题

三、寻找"本土概念"

为了保留资料的"原汁原味",登录时我们应该尽量使用被研究者自己的语言作为码号。被研究者自己的语言往往代表的是对他们自己来说有意义的"本土概念",作为码号可以更加真切地表现他们的思想和情感感受。

1. 什么是"本土概念"

首先,"本土概念"应该是被研究者经常使用的、用来表达他们自己看世界的方式的概念。这些概念通常有自己的个性特色,与学术界或社会上一般人使用的概念不太一样。比如,我在上面提到过的"强女人"这个概念就是我所访谈的男青年们经常使用的一个本土概念,这个概念就比学术界常用的概念(如"能干的女性"、"现代女性"、"双肩挑的女性")要来得真切、有力、有内蕴。

其次,本土概念不必是研究者本人或研究者所属文化群体不知道的概念,只为被研究者群体所占有。即使一个概念在研究者看来"非常平常",但是只要这个概念对被研究者来说具有一定的意义,就可以被认为是他们的本土概念。比如,我的一位学生在整理自己对一位大学生的访谈记录时,发现在一万多字的记录中对方使用了三十余次"安静"这个词。虽然这个词看起来十分普通,访谈者本人及其学术团体都知道这个词的意义,但是在这个具体的访谈资料中,它表达了很多不同的意思,根据不同的语境而有所不同,比如:"尽量少和周围同学接触、交往"、"不介入班级或外界事务"、"家庭和睦,生活安定"、"与世无争,少惹是非"、"平凡、安于现状"等。

本土概念不仅不必被研究者群体所独自占有,而且也不必是在他们之间普遍使用的用语,可以是被研究者个人经常使用的特殊语言。比如,我的一位学生在对一位曾经产生过轻生念头的受访者访谈时发现,她对"幸福"和"快乐"这一对概念有自己"不同寻常"的理解:

> "我有好多事情不用操心,家里的好多事情我也不用操心,我又能上学,又不担心什么,经济上也不是很拮据……我这样已经算是很幸福的了,但是我并不快乐……因为我必须什么时候都要去适应别人,必须要做一个和大家一样的、让大家看你是一个正常的人……大家如果都喜欢又闹又玩,我也得尽量地去适应大家……别人去做那种事情是去寻找快乐,但我并不觉得那是快乐。"

我的学生在对这一对概念进行分析时认为,"在我们一般人看来,'幸福'与'快乐'是很难区分的,而在她看来,'幸福'好像是一种物质上的、外在的、赋予的东西,而'快乐'才是自我的、主观的、内在的满足"。由于这位受访者正在成长的过程中,从儿童期满足他人的期望逐渐转向青春期追求自主独立,因此她不仅需要别人赐予的、外在的"幸福",而且需要自己亲身感受到的、内在的"快乐"。

在寻找上述本土概念的时候,我们还要特别注意,不要将语词和概念混为一谈。通常,我们以为对方使用的语词与自己所理解的概念之间存在一致的关系,而实际上对方是在用一个相同的语词表达一个不同的概念。比如,我的一位学生在对一位在美国家庭当保姆的中国妇女访谈时,对方反复使用了"生活习惯"这个词。通过分析访谈记录,他发现这位阿姨所说的"生活习惯"实际上指的是他(以及他所属的学术群体)所认为的"文化"。也许是由于她的文化程度和了解范围所至,她所说的"生活习惯不同"包含了所有那些她认为中国文化和美国文化之间的差异。因此,如果这位学生将"生活习惯"理解为一般人意义上的"生活习惯",如饮食、说话、衣着方式等,他就会大大地缩小这位妇女所指概念的范围。

有时候,我们找到的本土概念可能不是由一个词,而是由一个句子来表达的。这种时候,我们需要首先对这个句子中的每一个概念进行澄清,然后再陈述自己找到的本土概念。比如,我的一位学生在调查大学生的卫生意识时,一位被访者说:"博士生的本分就是把学问做好,卫生意识不重要。"在这里,我们首先需要了解对这位被访者来说这句话里的一些概念(如"本分"、"博士生的本分"、"学问"、"做学问"、"做好学问"、"卫生意识"、"重要"、"不重要")是什么意思,然后才可能对这整句话进行分析。如果这些概念不弄清楚,整个句子所代表的本土概念便会含混不清。

2. 如何寻找"本土概念"

寻找本土概念没有一定的程式可循,主要依靠研究者的直觉和经验。如果我们一定要寻找某些"规律"的话,我认为,那些被研究者经常使用的概念对他们来说通常比较重要。如果这些概念反复被他们使用,这说明这些概念在他们的生活中占据比较重要的位置,使用的频率比较高。其次,被研究者在使用的时候带有强烈感情色彩的概念往往比较贴近他们的心。这些概念不必多次被使用,但是如果被使用的时候伴随着明显的情感表达,便表明它们对被研究者来说是十分重要的。再次,如果我们相信自己的判断力的话,那些在阅读的时候容易引起我们注意的概念通常也是有其存在的道理的。如果这些概念在上下文中明显地凸现出来,这说明它们对我们有吸引力,值得我们注意。

例如,我在对中国学生交友方式的研究中,发现很多人将一般人称之为"朋友"的人叫做"铁哥们"。他们不仅在访谈时反复地使用这个词(女性则使用"铁姐们"),而且在使用的时候带有明显的情绪偏爱(如面带笑容,表情柔和)。我自己也很快就受到了这个词的吸引,立刻抓住不放,反复进行追问。结果,我在分析资料时便采用了这个概念作为中国学生交友观念中一个重要的码号。

当然,如果有的现象很难找到一个本土概念作为码号,我们也可以采用一个文化客位的概念(即研究者自己的概念或学术界普遍接受的概念)作为替代。比如,如果一位受访者在访谈时反复地说"我不知道"这句话,研究者不知道该用受访者的什么话来直接命名这个现象,可以选择一个"进口"的概念,如"自我怀疑"。在很多情况下,文化客位与文化主位的分析方法可以结合起来使用,研究者"远经验"的概念和被研究者"近经验"的概念可以相互补充、相辅相成。根据格尔茨(1973a)的观点,研究者并不需要完全移情或进入被研究者的头脑才可能理解对方,双方概念之间的并置和协商可以使双方的理解不断得到交换和校正。当然,这里所说的"远经验概念"不是那些脱离社会背景的概念,而是研究者在特定情境下与被研究者互动时产生的概念。

虽然在需要的时候我们可以适当地借用一些文化客位的语言,但是需要特别强调的是,在登录的时候应该尽量使用文化主位的语言,特别是在进行第一轮开放型登录时(今后随着分析层次的提高可以适当增加文化客位语言的运用)。通常,文化主位的语言比较直观、具体、靠近被研究者自己看问题的视角,比较适合第一轮开放型登录。而文化客位的语言往往比较抽象、概括,理性分析的成分比较大,如果一开始就使用这种语言进行登录,很可能会忽略被研究者自己的本土概念。

四、建立编码和归档系统

第一轮登录完成以后,我们可以将所有的码号都汇集起来,组成一个编码本。这是一个将所有的码号按照一定的分类标准组合起来的系统,反映的是资料浓缩以后的意义分布和相互关系。编码本有两个主要的作用:1)将码号系统地排列出来,使我们了解现有码号的数量、类型以及码号所代表的意义之间的联系,由此而决定现有的码号是否合理、是否需要增加新的码号或减少旧的码号、是否需要改进码号系统的整体结构;2)为我们今后查找码号(特别是码号所代表的具体意义)提供方便。编码本中的码号不宜过多,应该比较集中地反映原始资料的内容。有学者认为,第一次登录时采用的码号不应该超过三十到四十个(Bogdan & Biklen,1982:166)。随着研究的逐步深入,编码会逐渐集中,数量也会相应地减少。编码本中的码号系统不应该一次定终身,应该根据资料内容的变化以及码号本身的变化而变化。

编码本所反映的编码系统是研究者目前对资料进行分析的基本概念框架,是对资料进行解读的一种方式。有关编码系统的内容和结构,一些研究者提出了自己的经验之谈。比如,波格丹和比克兰(1982:157—162)提出,在一般情况下,登录系统可以包括如下十一个方面:1)场景/情境;2)被研究者对事情的定义;3)被研究者看问题的角度;4)被研究者看待人和事的方式;5)有关事情的过程;6)活动;7)事件;8)策略;9)人际关系和社会结构;10)研究者使用的方法;11)研究者事先设定的编码系统。斯伯莱德里(1980:78)提供了另外一套实地笔记的分类系统,其中包括九个方面的内容:1)空间(地点的物质环境);2)行动者(参与事件的人);3)活动(有关人员从事的一系列相关行为);4)实物(在场的物品);5)行为(有关人员的单一行为);6)事件(有关人员从事的一系列相关活动);7)时间(事件发生的前后序列);8)目标(有关人员希望完成的事情);9)感受(人们所感受到的和表现出来的情绪)。

　　上面介绍的两个编码系统只是这几位研究老手的经验之谈,而且针对的是实地研究的一般情况。在我们自己的研究中,我们还必须考虑到自己的研究问题的特殊要求以及自己所关心的事情,建立自己相应的编码系统。比如,如果我们对中小学生课业负担重这一现象进行调查,我们的登录系统很可能包括:时间的安排(上课时间、课外活动时间、家庭作业时间、课外辅导时间、睡眠时间)、作业量(课堂作业、家庭作业、课外辅导)、作业难度、考试频率和类型,等等。因此,登录的时候必须考虑到自己研究的目的和问题,不必机械地套用别人的模式。

　　此外,分析资料时首次建立的编码系统通常只是一个初步的尝试,不必是一个惟一的、"正确的",甚至不必是"最好的"选择。质的研究中的资料分析是一个不断演化的过程,在分析的过程中,一些新的码号可能出现,某些旧的码号可能需要修改或抛弃,一些下位类属和上位类属也可能会从原来的码号中分化出来。因此,我们需要对现有的编码系统进行相应的调整。J.罗夫兰和L.罗夫兰(1984:134)提出了一个检验现有编码系统是否合适的"绝招"。根据他们的经验,如果研究者根据自己目前的编码系统对资料进行登录时,发现自己收集的资料中只有很小一部分"有意义"、"有用",可以被登录进来,或者需要登录的内容特别多、自己正在花费大量的时间"吭哧吭哧"地对所有的资料进行登录,这可能说明自己手头的这个编码系统存在问题,需要进行调整。

　　在建立编码系统时,我们不仅要检验该系统是否反映了原始资料的"真实"面貌,而且还要考虑这个系统是否能够在今后自己撰写研究报告时有效地为自己服务。研究报告的撰写与原始资料的登录之间存在着密切的联系。如果我们认为研究结果可以按照某一种风格撰写出来,那么目前的登录系统也应该适当地与其匹配。比如,如果我们推测自己的研究报告将以主题的方式呈现(如男性择偶的标准是"女强人"、"强女人"等),那么我们在分析资料时就可以考虑将资料按主题进行登录和归档。而如果我们的报告将以叙事的方式进行(如"王小二的择偶观念"和"张大山的择偶标准"),那么我们的登录则可以以个案的方式进行。当然,写作方式的确定受制于原始资料的登录,不可能完全超出后者的特点和形式。在此强调这一点是为了提醒研究者,在分析资料的阶段就注意两者之间存在的互动关系。

对原始资料进行登录以后,我们还需要建立一个随时可以储存和调出的系统,这包括一个简明的检索系统(其中包括交叉参照体系)以及相关的资料分类档案袋(Huberman & Miles,1994:430)。检索系统可以写在一张或数张卡片上,按字母、数字或主题符号排列,以便查找或修改。如果条件允许的话,也可以在计算机上将检索系统存成一个新文件。由于同样的资料可能被归类到不同的类属下面,因此还需要一个交叉参照体系,在必要的地方作出标示。

档案系统是对资料进行归类的具体体现,需要经常进行调整和完备。新的码号需要增加新的档案袋,旧的不适用的码号需要将其相应的档案袋取消。如果某一个档案突然变得过于臃肿,这可能表明这个码号需要进一步被细化。总之,编码系统及其档案系统都不是一成不变的,需要不断地随着研究的变化而变化。

有研究者提议将档案系统分成三大类:1)一般的档案(记录有关人员、地点、组织、文件等资料);2)分析档案(收集在分析中已经出现的码号和主题);3)实地工作档案(记载研究者从事研究的方法和个人的反思)(Lofland & Lofland,1984:132—133)。我认为,无论档案采纳什么方式,它反映的都是研究者分析资料的指导思想,受到研究者头脑中目前对资料分析所具有的导向理论的影响(Glesne & Strauss,1967)。这个指导思想有可能随着分析的深入而发生变化,但是目前为研究者在资料的大海中航行起到了一个导航的作用。

本章对质的研究中的资料整理和分析进行了一个简单的介绍,重点主要放在整理和分析资料的特点、时机、思路和步骤上面(有关资料分析的具体思路和归类方法,下一章还有详细的讨论)。整理和分析资料是质的研究中一个十分重要的部分,是一个在原始资料中寻找意义解释的过程。通过不断地在资料的分与合之间反复拉锯,我们可以挖掘出对被研究者来说重要的主题,提炼出反映他们生活经历的故事,建构出对研究双方都有意义的社会现实和社会理论。

第十九章　资料的归类和深入分析

——我可以做什么？

对原始资料进行登录并且建立了编码本和档案袋以后,研究者需要对所有的资料按照一定的标准进行归类和进一步的分析。"归类"指的是,按照编码系统将相同或相近的资料合在一起,将相异的资料区别开来,找到资料之间的联系。"深入分析"指的是将资料进一步浓缩,找到资料内容中的主题和/或故事线,在它们之间建立起必要的关系,为研究结果做出初步的结论。

在质的研究中,选择归类方式的标准不是绝对的、惟一的,存在很大的人为因素和相对性。一旦某一个标准被选定,分析便会突出符合此标准的有关资料,而将那些没有被纳入该标准的资料掩盖或忽略不计。归类标准的选择在很大程度上受到研究者本人所持理论假设的影响,其本身就是对研究现象的一种归类分析。比如说,如果我们认为现实是由相同或不同类型的现象所组成的,那么我们便会倾向于使用分类的方式对资料进行归类。如果我们认为现实是由一个个具体的事件和过程所组成的,具有连续性和动态性,那么我们便会采取叙事的方式对资料进行归类。因此,作为研究者,我们应该对自己的理论假设有所意识,在选择归类标准时注意自己的哪些假设以何种方式影响了自己的哪些决策行为。

对资料进行归类可以有很多不同的、灵活的方式,但是必须遵守的一个重要原则是:结合研究目的的需要以及资料本身的特点选择合适的归类方式。比如,如果研究的目的是对某个村庄里不同人群对村史的描述和解释,主要的资料收集方法是访谈,而且访谈是按照一定的主题进行的,那么对资料的整理和分析就可以采取类属分析的形式(categorization)。而如果研究的目的是了解该村历史发展的脉络,收集到的资料既有访谈又有观察记录和实物,资料呈现出过程性和动态性的特点,那么对资料的整理和分析则可以采取情境化的分析方式(contextualization)(Maxwell,1996)。对上述这两种比较常用的归类方式,其他学者曾冠以一些不同的名称,如"变量取向"和"个案取向"的方法(Ragin,1987)、"以问题聚焦的分析方法"和"以个案聚焦的分析方法"(Weiss,1994),"社会学的分析"和"历史的分析"(Wievorka,

1992）等。下面对这两种比较常用的分析方式作一简单介绍。

第一节 类 属 分 析

在对类属分析进行介绍之前,首先需要讨论一下什么是"类属"。"类属"是资料分析中的一个意义单位,代表的是资料所呈现的一个观点或一个主题。类属与前面所说的"码号"有所不同,"码号"是资料分析中对资料进行登录的最小意义单位,而"类属"是资料分析中一个比较大的意义单位。"码号"是资料分析中最底层的基础部分,而"类属"则是建立在对许多"码号"的组合之上的一个比较上位的意义集合。一个"码号"可以分别归到不同的"类属"下面,一个"类属"也可能包含几个相关的"码号"。比如,在一篇对中国人人际关系的资料分析中,我们可以将"谦和"、"含蓄"、"面子"、"回报"和"送礼"等码号都归到"人情"这个类属下面。而根据资料的具体情况,"送礼"这个码号也可以既被归到"人情"这个类属下面,也被归到"社会交往行为"、"利益的互换"等其他类属下面。

类属和码号的定义是相对而言的,依据研究者为主题分层的形式不同而有所不同。在某一个分类系统中是码号的概念可能在另外一个分类系统中成为类属,而在某一个分类系统中是类属的概念可能在另外一个分类系统中成为码号。比如,上面的码号"面子"在其他的研究情境下有可能成为"害羞"、"回避冲突"、"使用委婉用语"等码号的类属,而上面的类属"人情"也可能在一个意义层次更高的类属(如"人际交往")中成为一个码号。

一、类属分析的定义

"类属分析"指的是在资料中寻找反复出现的现象以及可以解释这些现象的重要概念的一个过程。在这个过程中,具有相同属性的资料被归入同一类别,并且以一定的概念命名。类属的属性包括组成类属的要素、内部的形成结构、形成类属的原因、类属发挥的作用等。

类属分析的基础是比较,因为有比较才有鉴别,才能区别此事物与他事物的异同。比较可以采取很多不同的方式,如同类比较(根据资料的同一性进行比较)、异类比较(根据资料的差异性进行比较)、横向比较(在不同的资料之间进行比较)、纵向比较(对同一资料中的各个部分进行前后顺序的比较)、理论与证据比较(将研究者的初步结论与后续收集到的资料进行比较)等。

通过比较设定了有关的类属以后,我们需要对类属之间存在的关系进行识别,如因果关系、时间前后关系、语义关系、逻辑关系、平行关系、包含关系、下属关系,等等。将类属之间存在的关系建立起来以后,我们还可以发展出一个或数个"核心类属"。核心类属是所有类属中最上位的意义单位,可以在意义上统领所有其他的类属(关于这一点,参见第二十章)。与此同时,每一个类属下面还可以进一步发展出下属类属,表示的是该类属所包含的意义维度和基本属性。为了使资料分析直观、明了,我们在建立不同类属之间的关系时可以使用画图的方式,如树枝形主从属结构、网状连接形结构等。例如,在一项对大学毕业生就业的调查中,我们北京大学课题组对北京市的一些人才洽谈会进行了现场观察和访谈,结果发现用人单位在挑选大学生时使用了很多重要的概念,如:"做人"、"做事"、"敬业精神"、"团队精神"、"职业道德"等。经过讨论和画图,我们将"做人"与"做事"作为"合格的大学生"的两个核心类属,在"做人"这个类属下面我们列下了"敬业精神"、"团队精神"和"职业道德"等下属类属;在"职业道德"这个下位类属里我们又分出了"自我定位"(即不轻易"跳槽")、"自我评价"(即正确评价自己的能力,不认为自己大材小用)、"自我约束"(即不打招呼就"跳槽"了)等(见图表19-1-1)。

图表19-1-1　类属分析图举例

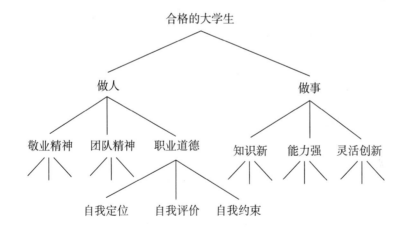

二、设定类属的标准

设定类属应该有一定的标准,不能随心所欲。在质的研究中,一条最重要的标准是:按照当事人自己对事物的分类设定类属。即使当事人的分类方式也许在社会科学研究界看来"不合逻辑"、"缺乏理性",但是如果这种分类方式表现的是他们看待世界的方式,就应该被认为是"合适的"、"有理性的"。

国内很多关于社会科学研究的文献都提到,对资料进行分类时要注意避免"逻辑错误",如"子项相容"和"子项过多"(李秉德,1986;裴娣娜,1994;水延凯,1996;袁方,1997;赵慕熹,1991)。"子项相容"指的是:分类标准不统一,分类后的各子项其外延不相互排斥,如"我们对该学校进行了智力测验、态度测验、文字测验和非文字测验"。"子项过多"指的是:分类不相称,分类后所得子项的外延之和与母项的外延不相等,如"大学包括文理工科和中专"。上述原则在"传统的"研究方法及其思维方式中有其明显的"合理性",但是在质的研究中却不尽"合理"。由于质的研究强调从当事人的角度看世界,选择类属时不应该使用我们自己或学术界公认的"逻辑",而应该注意当事人自己的"逻辑",使用他们对事物的分类标准对概念进行分类,即使这些标准在我们看来是不符合"逻辑"的。比如,一位研究人员在访谈一位二年级的小学生时,问她语文课上老师念的一篇文章"写得怎么样"时,小学生回答说:"写得很好听"。此时,如果按照大人的"逻辑",我们一定会认为这个孩子说得不对,应该改成"写得很好/很美"。但是,如果我们仔细深究孩子的思维,可能会发现,她这么说是因为刚刚听过老师的朗诵,认为老师"读得很好听"。当她说"写得很好听"时,她是将自己的听觉感受与文章的书写效果结合在一起了。这是一种儿童所拥有的典型的"通感"现象,在没有经过严格的成人社会化过程之前是孩子们一个十分宝贵的特色。

当然,如果我们有足够的证据说明,当事人"不合逻辑"的表现有其隐蔽的原因,如故意撒谎、神志不清,那么我们可以反驳当事人的说法,提出自己"合乎逻辑"的意见。但是,我们一定要认真反省自己是如何面临这类思想上的冲突的,是如何协调学术界的"逻辑"与当事人的"不合逻辑"之间的"矛盾"的。这类思考本身便是十分有价值的原始资料,不仅应该在分析资料的过程中积极地加以运用,而且应该在研究报告中加以详细的报道。

第二节 情 境 分 析

"情境分析"指的是:将资料放置于研究现象所处的自然情境之中,按照故事发生的时序对有关事件和人物进行描述性的分析。这是一种将整体先分散然后再整合的方式,首先看到资料的整体情形,然后将资料打碎、进行分解,最后将分解的部分整合成一个完整的、坐落在一个真实情境中的故事。情境分析强调对事物作整体的和动态的呈现,注意寻找将资料连接成一个叙事结构的关键线索。

情境分析的结构可以有很多不同的组成方式,如前因后果排列、时间流动序列、时空回溯、圆周反复等方式。情境分析的具体内容也十分丰富,可以是研究现象中的主题、事件、人物、社会机构、时间、地点、状态、变化等。

内容的前后顺序可以按照当事人的言语、事件发生的时间或语意上的联系进行组织。情境分析的具体手段包括轮廓勾勒（profile）、片段呈现（vignette）、个案、访谈片段、观察事件、故事等。对资料进行情境分析的具体操作方式因资料的特性不同而有所不同，我们既可以将一次访谈或一次观察的内容写成一个情境片段，也可以将对一个人的几次访谈写成一个故事，还可以将几个人的故事连成一体，组成一个综合个案。

一、情境分析的理论基础

情境分析主要基于这样一种理论，即语言可以为人类做很多事情，如表达思想或情感、满足物质上的需求、对生活经历进行意义建构、保持和发展个人身份、将自己介绍给别人、指导日常生活、对生活中的无序现象进行排序、分配责任、说服别人、分享信息和价值观、通过讲述自己的故事使自己变得更加有力（因为被听到的故事可以对个人所属集体文化的建构产生影响），等等。而语言在发挥这些作用的时候，一定要借助特定的语言情境和社会文化情境。抽空了情境的语言是空洞的、无意义的，只有将它们放置到一定的语用情境之中，它们才可能发挥上述功能。因此，如果我们希望理解被研究者，对他们的语言进行情境化的分析是一个十分有效的途径。

情境分析这种方法可以追溯到结构主义语言学、符号互动论、后现代主义等研究传统（Manning & Cullum-Swan,1994:467）。结构主义语言学认为，意义依赖于结构的组成形式以及结构中各个部分之间的关系。因此，对原始资料进行分析时，必须将其放到特定的语言情境之中，在情境结构的关系中对其意义进行探究。符号互动论认为，意义产生于人与人之间的互动，而语言是人类互动的主要符号。语言之所以产生意义，是因为它被使用于人的社会交往之中。因此，只有在社会交往的情境中对语言符号进行分析，才可能了解说话人的意义建构。后现代主义认为，一个文本里有很多不同的声音，不同的读者可以有不同的解读方式，传统的"元情境"（meta-context）已经不复存在了，对任何文本都必须进行具体的、区域性的分析。"情境分析"便是这么一种针对原始资料具体所处情境所进行的分析，资料不具有自身独立的生命，必须被放回到产生它的源头和情境脉络之中才具有意义。

情境分析的具体操作方式主要来自两个传统:1) 语言学中的话语分析;2) 人类学和社会学中的常人方法学。话语分析注重对文本的语言结构进行细致的辨析，强调在句子结构之上（即话语的层面）考察语言的意义和功能。比如，著名语言学家拉波夫（W.Labov,1982）的情境结构分析主要集中分析一个情境结构中有关事件和行动的时间序列（如导向、事件、问题的解决、结束、评价）;哈里德（M.Halliday,1973）的语言功能分析认为，语言具有三种功能:理念表达、人际功能、文本功能，研究者可以通过对话语功能不同层面进行分析而了解说话者的思想观念和人际交往意图。

20世纪70年代发展起来的常人方法学特别强调在分析资料时使用情境分析的方法。该流派认为,社会现实是由社会成员所具有的意义解释形成的,意义解释是他们借以产生和组织自己日常生活的基础(Holstein & Gubrium,1994:264—266)。社会成员在研究中提供的文本不是"客观现实"的再现,而是对特定社会的重构。他们所陈述的生活故事不仅仅是一种"社会真相",而且是他们个人经验的再呈现(胡幼慧,1996:160)。社会成员使用的语言不是对现实的描述(description),而是对现实的铭刻(inscription)。语言不只是一种透明的传达或反映"事实"的媒介或工具,其本身就是一种行动。社会成员之所以有某些行为习惯是因为他们持有某些行为规范,而遵守这些行为规范是他们建构生活意义的一种策略。因此,他们的行为都有自己的结构,都具有特定的情境特征和意义,没有任何细节可以被认为是"混乱的"、"偶然的"或与正在进行的互动"无关"。生活的意义就坐落在具体的情境之中,为意义提供情境的那些环境本身就是有意义的。因此,研究者应该将这些情境和环境本身作为分析的内容,而不仅仅是作为交流某些更加深刻的社会现象或"本质"的工具。

二、情境分析的具体步骤

一个好的叙事体故事往往使读者感到将这个故事整合在一起似乎是一件十分容易的事情,而实际情况却不是如此。表面看起来,叙事或如行云流水,娓娓道来,或惊心动魄、跌宕起伏,似乎是作者一个人在任意地"讲故事"。而实际上,要把从被研究者那里收集到的既丰富又复杂的原始资料整合成一个具有内在联系的故事,这并不是一件容易的事情。构造一个不仅生动有趣而且有实际资料支撑的故事,研究者必须一步步对资料和自己的构思进行认真细致的推敲和斟酌。通常,质的研究界对叙事体故事最好的评价是"看起来似乎很简单"(deceptively simple),然而在"简单"的背后却隐藏着作者长期、艰苦的劳动。

对资料进行情境分析的主要思路是:把握资料中的有关重要信息,找到可以反映资料内容的故事线,发展出故事的有关情节,对故事进行详细的描述。进行情境分析时应该特别注意资料的语言情境和社会文化情境、故事发生的时空背景、叙述者的说话意图、资料所表达的整体意义以及各部分意义之间的相关联系。

情境分析的第一个步骤是系统认真地通读资料,发现资料中的核心叙事、故事的发展线索以及组成故事的主要内容。核心叙事是情境分析中最中心、内容最密集的部分,代表了资料的整体意义。在核心叙事中应该有一条故事线,围绕这条故事线可以追溯故事发生的时间、地点、涉及的人物、事件、过程以及故事发生的原因等。核心叙事可能是对资料中多个个案的一个汇总,用一个典型个案的方式表达出来;也可以以一个个案为主,辅以其他个案的内容作为补充。寻找核心叙事和故事线的工作可以通过"头脑风暴"的方式进行,研究者可以一个人独自思考,也可以组织课题组成员一起进行思想上的碰撞。在思考和讨论的时候,研究者应该尽量让自己放松,调动自己的想像力,让思想自由地从脑子里流出来、大声地从嘴里说出来(Mishler,1986:67)。在阅读原始资料时,研究者应该注意随时写下自己即兴的想法,将关键的词语列出来作为码号。同时,研究者还可以将有关场景以及从资料中涌现出来的主题列成图表,使自己对资料有一个比较直观、明了的把握。

情境分析的第二个步骤是按照已设立的编码系统为资料设码。像上面介绍过的设码工作一样,通篇资料都要经过仔细的斟酌,将有关的片段用符号标出来。与类属分析不同的是,情境分析中的设码不是将资料按照差异原则进行分类,而是寻找资料中的叙事结构,如引子、时间、地点、事件、冲突、高潮、问题的解决、结尾等。在寻找这些因素的同时,我们还应该对它们之间的关系及其与其他因素之间的关系进行探讨,如什么是主要事件?什么是次要事件?它们彼此之间的联系是什么?这些事件可以如何系统地被组织起来?在情境分析中对资料进行设码,其目的是功能性的,而不是实质性的(Mishler,1986:82)。这些码号主要用来对情境结构中的不同部分进行标示,而不是按照一定的类属系统对资料进行编码。

设码的工作完成以后,下一步的任务是对资料进行归类。归类的具体做法与上面介绍的有关类属分析的做法基本相同,但是归类以后对资料的处理有所不同。类属分析是把相同的资料内容放到一起,然后进行分门别类的陈述;而情境分析是在归类的基础上将内容浓缩,然后以一个完整的叙事结构呈现出来。因此,在情境分析中,资料归类以后,需要将有关内容整合为一个具有情境的整体。这个整体的各个部分之间应该具有内在的联系,包括时空、意义或结构上的联系。

如果依靠资料内容本身很难建立起一个连贯的、具有内在联系的整体,研究者也可以将自己的声音放进去,通过自己的再述说把资料各部分之间的关系表述出来。有关如何处理研究者自己的声音及其与被研究者的声音之间的关系问题,研究界始终存在争议。虽然本书一再强调研究者的声音不可能从资料分析中消失,不论我们承认还是不承认它,它总是存在,但是,在具体操作时,研究者的声音仍旧存在明显或不明显的区别。当资料本身的"逻辑"关系非常明显时,研究者往往将自己的声音退居其后;而当资料本身需要比较多的"解释"时,研究者的声音则变得比较明显。因此,问题不是是否应该(或可以)否认或排除研究者的声音,而是如何使用研究者的声音。研究者的声音是研究中一个十分有价值的组成部分,应该加以"合适的"运用。如果我们将自己的声音作为一个联系资料的纽带,同时注意资料本身的特质,也许可以不仅保持资料的"原汁原味",而且还可以体现出我们自己对资料内容的理解和组织能力(Weiss,1994:169)。

第三节　类属分析和情境分析的利弊及结合

从上面的讨论中我们可以看出,类属分析和情境分析各有千秋,也各有自己的弊端。基于对现实不同的理解,它们对资料的解读也是很不一样的。类属分析根据的是一种"差异理论",认为现实是由相同或不同类型的现象所组成的,因此对社会现实的认识必须通过并列比较的手法。情境分析根据的是一种"过程理论",认为社会现实是由具体的事件和过程所组成的,具有连续性和动态性,因此资料必须复原到事物发展的进程之中,寻找处于特定情境中事件发生和发展的动态过程以及各个因素之间共时的联系(Maxwell,1992)。

一、类属分析和情境分析的特点

类属分析的长处是:将一部分资料(或概念、主题)从它们所处的情境中抽取出来,通过比较的手法凸现它们之间的关系。这种处理资料的方式比较符合一般人对事情进行归类的习惯,能够对资料进行比较系统的组织,突出表现资料之间的异同,并且对资料所反映的有关主题进行强调。其短处是容易忽略资料之间的连续性以及它们所处的具体情境,无法反映动态事件的流动过程。此外,分类的方式有可能将一些无法分类、但是对回答研究的问题十分重要的资料排除于研究的结果之外。

情境分析的长处是:更加贴近当事人的生活真实,叙事的结构本身与他们的日常生活比较类似。与类属分析相比,情境分析更加符合当事人的意义建构方式,也更加尊重他们的说话习惯。通过直接再现当事人的声音,叙事故事可以使他们感到自己更加有力量,可以为自己置身于其中的社会现实的建构提供自己的角度。其短处是:可能会忽略叙事或情境中存在的一些基于相似性基础之上的意义关系,对资料内容的相同点和不同点视而不见。研究者可能深深地陷入故事的情境之中,以致无法看到使用其他资料分析方法(如类属分析方法)的可能性。

二、两者之间的结合

虽然类属分析和情境分析各有其利弊,但是它们在实际分析中是可以相互包容对方的。一个类属可以有自己的情境和叙事结构,而一个情境故事也可以表现一定的意义主题(Merriam,1988；Yin,1984)。在对资料进行分析时,两者可以有机地结合起来使用。比如,在情境分析中,我们可以按照一定的意义分类系统将故事进行分层,使故事按照一定的主题层次展开叙述;在类属分析中,我们可以在主题下面穿插一些故事片段和轮廓分析,让这些故事性的描述对该主题的内容加以展示和说明。与此同时,我们还可以先后交替使用这两种方法,如先使用类属的方法对资料进行归类,然后将已经被归类过的资料坐落在一定的情境中作因果型或关联型的分析。此外,我们也可以先将资料进行整体性的情境性分析,然后对其中的一些概念或类属进行总结性的分析。

例如,我的一位学生在对北京大学四位硕士研究生报考北京大学的原因进行访谈时就结合使用了这两种分析方法。首先,他从类属分析的角度将这些受访者所陈述的原因归纳为四大类,然后根据每个人的特殊情况对他们报考研究生的过程以及相关的生活故事进行了情境分析。他认为,类属分析中获得的原因只是几个"点",如果把这些"点"还原到每一个人,他们便都各自展现出一条逻辑的"线"。通过将"点"与"线"结合起来,他不仅对所有被访的学生报考北京大学的原因获得了一个整体性的了解,而且对其中每一个人的特殊情况也有了具体的感受。

将类属分析和情境分析结合起来使用可以获得单独使用其一所不能获得的效果:情境分析可以为类属分析补充血肉,而类属分析可以帮助情境分析理清意义层次和结构。结合两者可以达到共时性与历时性的统一,不仅可以在叙述一个完整的历时性故事的同时进行共时性的概念类别分析,而且可以在共时性的概念类别框架内叙述历时性的故事。这样做可以比较完整地保存当事人实际生活经历的原貌,而不是人为地将其进行概念上的切割或情节上的拼凑(Viney & Bousfield,1991:764)。

三、一个结合分析的实例

下面,让我们来看一个结合两者对资料进行分析的实例。图表19-3-1中的资料片段来自我的一位学生的访谈记录,访谈的问题是"家长对孩子教育问题的看法"。访谈者是一位男性,35岁,是北京某大学的教学管理人员,目前在攻读在职硕士学位。受访者也是男性,47岁,在北京某大学任教,他的孩子是女孩,现年17岁。我在此试图从类属分析和情境分析两个角度同时对资料进行分析,分析的思路有的来自课堂上学生的反馈,有的来自我自己的思考,有的来自我们共同的讨论。由于这个访谈片段来自一位初学者的课外练习,其访谈技巧仍旧存在一些问题。比如,他提问的方式比较程式化,主要按照自己的思路进行提问,对受访者所说的大部分内容没有进行追问,因此对方没有机会充分发表自己的意见,结果得到的信息比较单薄。我选择这个访谈片段作为分析的素材不是因为该访谈本身做得非常出色,而是因为它比较适合同时进行情境分析和类属分析,为我提供了一个比较便捷的例子。在实际研究中,研究者收集到的资料通常要繁杂、丰富得多,分析起来难度也会更大一些。因此,在下面的例子中,我在对资料进行初步分析的同时,将那些我认为需要继续追问的地方标示出来,为后续研究提供一些线索。

图表19-3-1 访谈分析举例

访谈者:您的孩子上小学以前,您对她是怎么要求的? 是否让她参加一些学习班?

受访者:她上小学前我们让她参加绘画班。1983年我去美国时给她买了一个电子琴,注意对她在心灵上进行陶冶。1986年孩子上小学,上小学前本来不在本校幼儿园,我们托人给她送到了外面的一个幼儿园。

访谈者:为什么给她送到那个幼儿园?

受访者:那里条件好,老师的素质高,对孩子的影响好。

访谈者:那里的条件怎么好? 您看重的素质是什么呢?

受访者:那里的老师都是幼师毕业的,而且本校幼儿园没有整托,那里有整托。

访谈者:在那里学习什么?

受访者:拼音、诗歌、美术等等,学到了一些东西。但是那里也有一个毛病,吃完晚饭以后六、七点钟就让孩子上床了。老师走了以后孩子就开始闹了,有人放哨,老师一来放哨的就打一个暗号,孩子们就假装睡觉。所以孩子从小就学会了撒谎,用撒谎来保护自己。还有一个问题就是她在幼儿园里年龄是最小的,所以总是受欺负。

访谈者:您孩子上小学的情况如何?

受访者:孩子上小学时我们又有两个错误的选择。本来孩子是划片上小学,上本校的附小。我们托人让孩子上了外面一所小学。第一个错误的选择是孩子年纪小,比一般的孩子小一岁。第二个错误是让孩子上了实验班,要求五年的时间学完六年的课程。由于孩子年龄小,在实验班里学习比较吃力。老师对学习吃力的孩子通常采取批评的态度,她总是感到受压抑。

访谈者:您的孩子在中学的情况如何?

受访者:中学有一段时间出现反弹,也许是因为在小学太受压抑了,在中学阶段就要反弹。她自己想扬眉吐气,她个子高,跑得快,在体育上出风头。

访谈者:学习成绩如何?

受访者:学习成绩属于中等。初中毕业时面临两个选择,或者是上普通高中,或者是上中专。我们没有替她选择,而是与她商量,向她摆出路,哪条路都行,让她自己选择。她坚决不去高中,而是报考了一个中专。我们上门看了,还不错。

访谈者：她在这个学校学习情况怎么样？

受访者：也许是她自己选择的，所以学习比较努力，学习成绩也不错。她自己有很强的奋斗精神，表示什么课都要学好。

访谈者：你们作为父母对孩子的学业有什么希望或要求？

受访者：我们的想法是，我们根据你的情况，你能够学到什么程度，我们就供你到什么程度。

访谈者：如果您的孩子学完中专就不再学习了，您怎么看？

受访者：我们也不会干涉。

访谈者：据我所知，一般的家庭对子女大都有一个比较明确的期望，而您和您的爱人似乎有所不同。您是怎么看这个问题的呢？

受访者：一般的家庭有一个明确的期望，但是我觉得这样做不符合人的发展。人的发展必须有内在的动力。现在的孩子都比较早熟，一般都有自己的判断。作为父母，只能对孩子进行引导，而不能强求。孩子如果没有自己的内在动力，是发展不好的。……我们对孩子的要求是比较严格的，不允许孩子有奢侈的要求，不准超过允许的范围。我们注重孩子的营养，孩子打扮得比较朴实。我们经常在一起聊天，用间接的方式，而不是直接的方式，是用诱导的方式。

（下面继续讨论自己对教育孩子的看法和做法）。

1. 情境分析举例

从情境分析的角度，我们可以首先将孩子的学习经历以及家长的态度和有关行为列出一条故事线。

1）上小学前，家长为了让孩子受到"心灵上的陶冶"，送孩子参加绘画班，为她买电子琴(这是一种什么类型的"心灵陶冶"？——可继续追问)。与此同时，家长把孩子送到一个家长认为"条件好"的幼儿园：老师的素质高(标准是：老师都是幼师毕业)，对孩子实行整托制，在那里可以学习拼音、诗歌、美术等，孩子在那里"学到了一些东西"(学到了具体什么"东西"？——可继续追问)。但是，在这个幼儿园孩子遇到的问题是：由于被要求过早上床睡觉，孩子学会了撒谎，"用撒谎来保护自己"；此外，由于孩子年龄是最小的，在幼儿园总是受到别的孩子的欺负(具体发生了什么事情？"撒谎"和"受欺负"对孩子的成长有什么具体的影响？)。

2）上小学时，家长有意托人送孩子上了一个不在划片之内的学校(为什么？——受访者没有说明，但这个信息似乎非常重要，应该追问)。此时，家长又做了两个"错误的选择"：第一个"错误"与上幼儿园时所犯的"错误"一样，孩子年龄比别的孩子小；第二个"错误"是送孩子上实验班，五年要学完六年的课程。由于家长所犯的这两个"错误"，孩子学习感到十分吃力。因为学习吃力，孩子经常受到老师的批评，感到受压抑(具体发生了什么事情？其他孩子是如何对待她的？老师是如何批评她的？她学习时什么方面感到吃力？她感到受压抑有什么表现？这几件事情之间的因果关系：年龄小+实验班—学习吃力—老师批评—受压抑，是否确实如此明确？）。

3）初中期间，孩子出现了"反弹"（即对小学阶段受压抑的一种反抗，想"扬眉吐气"）。她个子高，跑得快，在体育上出风头（"体育"对她意味着什么？"体育好"的学生在学校里处于什么地位？）。她的学习成绩属于中等。初中毕业时，家长没有替孩子选择，而是与她商量（当时家长有什么具体的考虑？他们相互之间是如何商量的？）。孩子自己坚决不去高中（为什么？她对高中有什么情绪和想法？），自己选择去了一个中专。家长去学校进行了考察，比较满意。

4）中专期间，孩子学习比较努力，成绩也不错（什么情况属于"不错"？）。自己有很强的奋斗精神，什么课都希望学好。家长认为，孩子这方面的变化可能是因为学校是孩子自己选择的（是否真的如此？孩子具体有什么想法？家长是如何知道孩子的想法的？）。

5）对孩子的未来，家长的态度是：根据孩子的情况，尽量供她到可以达到的学习程度。即使孩子中专毕业以后不再上学了，家长也不会干涉（为什么不干涉？什么情况属于"干涉"？家长对孩子的未来有什么设想？）。

6）家长对孩子的教育现在的态度是：人的发展必须有内在动力（这是一个非常重要的概念，应该重点探讨），内在动力只能通过间接的方式（如交谈）进行"引导"或"诱导"，不能"强求"（什么情况属于"强求"？是否有具体的例子说明？）。现在的孩子都比较早熟，一般有自己的判断（这是一个"标记"，他似乎在暗示自己的孩子有这方面的表现，应该继续询问）。他对自己的孩子有一些基本的要求，而且要求比较"严格"，如身体健康、外貌朴素，不允许孩子有奢侈的要求，不许超过允许的范围（家长的"范围"在哪里？具体所指是什么？如果孩子违背了这些要求，家长是怎么做的？"要求严格"表现在哪里？）。家长所采取的措施是注重孩子的营养，与孩子聊天（效果如何？是否还采取了其他的措施？为什么这么做？）。

从上面的时序分析中，我们可以看到，家长的态度随着孩子的成长在发生变化，从控制比较多到逐步放开，然后到比较尊重孩子自己的选择。在孩子上幼儿园和小学时，家长决定孩子所有的事情：学习的内容、上幼儿园和上小学的年龄、幼儿园和学校的类型、班级的选择等。到孩子上初中的时候，家长似乎有所"悔悟"（这是我的词语），不但认可了孩子在体育上的专长（而在我看来，大部分中国知识分子家长不一定认为"体育好"是一个值得骄傲和鼓励的"优点"），而且在孩子初中毕业时与孩子商量何去何从。现在孩子在上中专，家长对孩子教育方面的思考似乎进入了一个比较"超脱"的境界。他认为家长不应该对孩子有明确的期望，这么做"不符合人的发展"。"人的发展"必须有自己"内在的动力"，父母应该对孩子进行引导。

虽然他仍旧强调对孩子有"比较严格"的要求,但是可以看出,他总的基调与访谈者和他自己所认为的"一般人"的做法是不一样的。

追溯这位家长对自己孩子成长过程的回顾,我们不仅看到了孩子在不同阶段的有关情况,而且可以听出家长自己的反省(虽然这种反省没有明显的语言标示,大都暗含在他对有关事情的描述中)。在他的陈述中表现出一种自我批评的态度,似乎对自己过去管束孩子过多而感到后悔(如,他对幼儿园整托给孩子带来"撒谎"问题的反省,"孩子上小学时我们又有两个错误的选择"等)。通过幼儿园和小学的教训,他在孩子上中学以后开始对孩子采取比较民主的态度,而且收到了比较好的成效(如"她学习比较努力,学习成绩也不错")。

当然,这段访谈是家长对自己孩子成长过程的一个回溯性的描述和评价,难免受到家长目前对"什么是好的教育孩子的方式"的看法的影响。我们很难知道在孩子上幼儿园和小学时,他对自己和妻子的决策持什么态度。很有可能当时他们并不认为送孩子上实验班是一个"错误"。"错误"这一标签是若干年后他看到了该决定的负面效果、自己改变了教育孩子的看法以后加上去的。因此,我们的叙事故事应该采取一种回溯的、建构的手法,而不是一种现实主义的、事实性的描述。

2. 类属分析举例

对上述访谈片段中的内容,我们还可以从类属入手进行分析。对资料进行类属分析可以有很多切入点,其中一种方式是将资料内容分成三大类:1)家长对孩子的要求;2)家长提供的外部条件;3)家长教育孩子的方式。在第一类里面,家长对孩子的要求可以进一步分成五个方面:1)心灵方面(心灵方面的陶冶);2)智力方面(学习有关的知识和技艺);3)道德方面(不应该撒谎);4)个性方面(不要受压抑,受欺负);5)身体方面(体育拔尖,注重营养,打扮朴素)。在第二类里面,家长为孩子提供的外部条件有:上绘画班,买电子琴,上"条件好"的幼儿园,上实验班,上幼儿园和小学的年龄提前。初中和中专时的有关资料缺乏。在第三类里,家长教育孩子的方式是:1)家长自己作决定(主要在幼儿园和小学期间),后来家长对自己的"错误"有所反省;2)尊重孩子自己的选择,但同时非常关心孩子的选择(如孩子初中毕业时与孩子商量去向,并且"上门看了"孩子选择的中专);3)认识到孩子"早熟"的倾向,任孩子自由发展,同时有一定的要求范围(如注重孩子的营养和衣着,不允许奢侈的要求),通过间接的方式(如聊天)给予引导,调动孩子的"内在动力"。

通过对这段资料的分析,我们对这位家长目前教育孩子的方式似乎可以得出一个初步的结论:聊天—引导—调动内在动力—达到人的发展。虽然他对孩子有这样那样的希望和要求,在孩子成长的重要阶段做了很多决策,采取了一系列的行动,但是现在他的认识是:教育孩子不能强求,一定要尊重孩子自己的意愿,用间接的方式对孩子进行引导。这大概可以作为我们对这段资料进行分析的"核心"概念。

下面我从类属分析的思路就上面的分析设计了一个概念图,试图将上述三类资料内容整合到一个图中,同时标示出家长态度变化的过程(见图表19-3-2)。

图表19-3-2 资料分析概念图举例

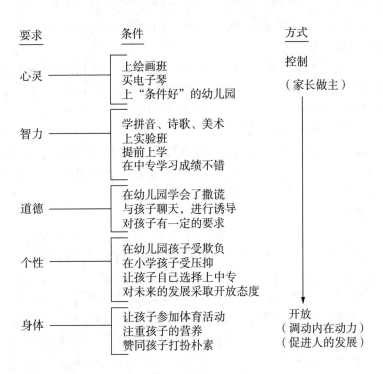

第四节 归类的方式和手段

无论是对资料进行类属分析还是情境分析,我们都需要使用一定的操作方式和分析手段对资料进行归类。质的研究传统非常丰富、复杂,对资料进行分析的方式和手段也十分繁杂,不可能十分清晰、有条理。下面从操作方式和分析手段这两个方面进行讨论,只是一种将复杂的实践活动进行简化的尝试,在实际操作中,研究者可能使用很多即时发明的、符合自己的具体情况的方式和手段。

一、具体操作方式

在计算机软件出现之前,归类主要以手工操作为主,多使用"剪刀+糨糊"法。研究者在资料复印件上进行登录以后,用剪刀将相关的部分剪下来,标上代码,然后分门别类放入档案袋里。现在,随着高科技的发展,很多计算机软件已经被发明出来,大大加快了整理和分析资料的过程(Tesch,1990)。计算机归类主要有两种方式:1)按等级分类,即将资料中的概念按照一定的等级排列成不同的层次,类似金字塔型;2)按网络分类,即将资料中的概念按照其内在关系组成各种不同的网状结构。用计算机进行归类的一般程序是:研究者首先将所有的原始资料都输入计算机,在人工制定了编码本以后,在计算机上将已经符号化了的码号逐一地标在资料的空白处,然后给出相应的指令,计算机便开始对资料进行归类。

虽然计算机的出现大大加快了归类的速度,但是计算机只能机械地对资料进行归类,设定分析框架、类属和码号的工作仍旧需要由人来做。此外,资料分析需要一定的直观视野,以便对资料进行全方位的观照,因此目前很多研究者仍旧对原始的"剪刀+糨糊"法情有独钟。这种方法可以将属于某一码号或几个相关码号的全部资料放在一个大的平面上(如桌子、地板或墙上),同时对其观看或移动、拼接。由于面积比较大,移动起来比较方便,这种传统的方法反而比较容易帮助研究者"看出"资料中隐含的各种关系。而计算机的屏幕比较小,研究者要在脑子里进行拼接,感觉比较困难。

归类这个工作看起来十分简单,甚至枯燥乏味,但是做与不做对资料分析的结果会产生完全不同的效果。特别是对一项规模较大的课题来说,如果研究者只是凭借自己的记忆在研究结束时撰写报告,其结果很可能与研究者自己事先设想的不相上下,没有什么新意。即使提出了一些新的观点,但是由于没有对资料进行认真细致、一丝不苟的挖掘,研究者很可能无法再现资料的丰富细节以及各种因素之间的复杂关系。很多研究老手都报道说,实实在在地将自己收集到的资料一句一句地登录、剪贴、归类、一一放到档案袋里,不时地将档案袋里的资料拿出来,铺展在一个宽大的桌面上仔细观看和拼接——这个过程本身经常给他们带来意想不到的惊喜(Maxwell,1996)。将自己的注意力长时间地集中在资料的拼接上,使他们对自己的资料产生了一种直观的、整体的、三维的、切身的感觉(而不只是线性的、概念化的文字描述)。将资料打散以后再拼接起来,这个过程本身便会产生意想不到的奇迹。著名人类学家列维·斯特劳斯(1966:17)认为,所谓的研究者就是"作为拼接者的实地工作者"(field-worker-as-bricoleur)。虽然他所指的是对现实的拼接,而我认为对资料的拼接也是一种解读文本的方式。

二、分析手段

在对资料进行分析的时候,质的研究者(像量的研究者一样)需要使用一些分析的工具或手段。然而,与量的研究不同的是,质的研究一般不使用现成的量表,而是更加依赖能够随研究情境而灵活调整的方式。

1. 写备忘录

质的研究中一个最重要的分析手段是写备忘录,又称分析报告。"备忘录"是一种记录(同时也是思考)研究者自己的发现、想法和初步结论的方式,其主要的目的是通过写作对自己的研究进行思考。

"备忘录"可以分成很多类型,如:1)描述型,对所发生的事情以及被研究者所说的话用描述的语言表现出来;2)分析型,对一些重要的现象和概念进行分析,特别是被研究者的本土概念;3)方法型,对研究者自己从事研究的方法进行反省,讨论研究方法可能给研究结果带来的效度和伦理道德问题等;4)理论型,对资料分析中开始出现的初步理论进行探讨,随着研究的深入逐步建立假设和理论;5)综合型,结合以上各种类型进行综合分析。

在各类备忘录中,分析型备忘录是最常用的一种形式,通常用来讨论研究者自己目前已经找到的本土概念。在这种备忘录中,研究者需要回答如下问题:"我目前找到了什么本土概念? 我是如何找到这个本土概念的? 我为什么认为这是一个本土概念? 这个概念表达的是一个什么问题? 我有什么资料可以用来说明这个问题? 这些资料可以对这个本土概念作出什么解释? 是否可以有其他不同的解释? 我将如何处理这些不同的解释? 这个本土概念与其他哪些理论或社会、文化方面的问题有联系? 将来我可以如何进一步就这个概念进行探讨?"

写分析备忘录的主要目的是:1)将自己在研究过程中产生的想法及时地记录下来;2)将分析集中到某些重要的现象、概念和主题上;3)记录自己是如何发现这些重要的现象、概念和主题的;4)帮助自己理解资料的内容,记录下自己对有关问题的理解和思考;5)从资料中提升出主题,将资料内容逐步聚焦;6)提出今后继续进行研究的方向等。备忘录主要是写给研究者自己看的,是为了帮助研究者自己思考问题,让思想主动、自然地流溢出来,因此写作时研究者的心态应该轻松、真诚。写作的风格应该比较随意,不必刻意使用正规的语言,也不必担心别人会怎么看。

例如,贝克等人(1977)在对波士顿一所医院里的男性实习医生进行的一项研究中,发现他们经常使用"crock"这个词。通过反复地观察和询问,他写了下面这篇分析型备忘录(图表19-4-1)。

在这个备忘录里,贝克回答了前面我提出的在写分析型备忘录时应该回答的绝大多数问题。

图表19-4-1　分析备忘录举例
（资料来源：Becker et.，1977）

　　我最初听到"crock"这个词是我在刚开始实地研究不久，当时这个词被用来描述一位病人。这是一位肥胖的中年妇女，她痛苦地抱怨说她身上很多不同的地方都很疼。当我问那位使用了这个词来描述这位病人的实习生，这个词是什么意思时，他说这个词被用来指所有那些因心理问题而抱怨自己有躯体反应的病人。我问他，病房里那位年轻的 X 先生，他的胃溃疡曾经被一位外科医生认为是典型的心理疾病躯体化，是不是一个"crock"，这位实习生说，这么用不对，但是他说不清楚为什么这么用不对。

　　几个星期以后，通过对上午值班时所看到的各种病案与实习生们进行了多次讨论以后，我终于理解了这个词的意思。我意识到，这个词指的是这样一种病人，他们所抱怨的许多症状都找不到器官上的病变。我一开始就注意到这个词带有贬义，并且问实习生们，为什么他们不喜欢医院将"crocks"分配给自己进行检查和诊断。起初，这些学生不承认这个词带有贬义。但是后来我多次看到，当这样的病人被分配给他们时，他们总是表现出厌恶情绪，因此我认为他们的否认是不现实的。最后，有几位学生终于向我解释了他们不喜欢这类病人的原因。下面这句话可以说比较典型地表达了他们的意思："一个真正的 crock 是一个你为他花费了很大的力气，他身上有所有这些含糊的症状，而你却找不到他的病因到底是什么。"

　　进一步的讨论使我更加清楚地认识到，这些实习生主要将病人当做一种学习的工具，通过病人可以学到书本上或老师授课中无法学到的一些临床医学知识。而"crock"通常花费掉他们大量的时间（而他们的时间总是很紧），却不能展示出任何有意义的、可以使他们从中学到东西的疾病状态，因此在这些病人身上花费时间纯属浪费。这个发现提示我，也许我可以进一步对这些实习生对医学院的一般看法进行研究，这方面的看法导致了他们用这样的标准来判断自己的病人。与此同时，这个发现还为我如何看待有关医院等级制度的价值观念提供了一些假设，在这个等级制度中这些实习生处于最底层。

　　1)"你目前找到了什么本土概念?"——回答："crock"。

　　2)"你是如何找到这个本土概念的?"——回答：对病人与医生之间的互动进行观察，询问实习生，多次与他们进行讨论。

　　3)"你为什么认为这是一个本土概念?"——回答：因为这个概念被实习生们反复使用，而且带有明显的情绪反应；研究者本人对"crock"这个词不了解，刚到医院进行实地研究不久就注意到了这个词。

　　4)"这个概念表达的是一个什么问题?"——回答：这些实习生如何看待病人以及病人对自己在实习时学习医学知识所起的作用。

　　5)"你有什么资料可以用来说明这个问题?"——回答：这些实习生们使用"crock"这个词时带有明显的贬义；他们不喜欢这样的病人，因为这些病人所抱怨的许多症状都找不到器官上的病变,对他们学习医学知识没有帮助;他们不喜欢医院将"crocks"分配给自己进行检查和诊断;研究者多次看到,当这样的病人被分配给他们时,他们总是表现出厌恶情绪。

6)"这些资料可以对这个本土概念作出什么解释?"——回答:这些实习生主要把病人当做一种学习医学知识的工具,通过病人可以学到书本上或老师授课中无法学到的一些临床医学知识。而从"crock"身上他们学不到任何东西,反而花费掉自己大量的时间;使用"crock"这个贬义词表现了这些实习生对这类病人的基本态度。

7)"这个本土概念与其他哪些理论或社会、文化方面的问题有联系?"——回答:"crock"这个概念也许与医院内部的等级制度(在其中实习生处于最底层)有关,它从一个侧面体现了这些实习生对医学院的一般看法,这些看法影响到他们判断病人时所使用的标准。

8)"今后你可以如何就这个概念进行进一步的分析?"——回答:对这些实习生对医院的一般看法进行进一步的研究,了解医院的等级制度以及有关人员对这种等级制度所持的价值观念。

2. 写日记、总结和内容摘要

如果研究者有良好的记日记的习惯,应该在实地研究时保持下来。每天记日记是一个非常有效的分析资料的手段,不仅可以随时记下自己的感受和想法,而且可以利用记日记的机会有意识地反省自己当天的活动。上面所说的备忘录可以被看成是一种分散型的实地日记,其时间密度不如实地日记那么大。实地日记和备忘录都可以作为研究报告的草稿,经过修改以后纳入最后的研究报告。

除了备忘录和实地日记,另外一个分析资料的方式是写总结和内容摘要,目的是对资料内容进行简化,将资料的精髓以浓缩的方式表现出来。就资料内容所呈现的意义而言,研究者可以围绕某些主题对资料进行总结,也可以按照内容本身的前后顺序(如时间序列、因果关系、情境程序)进行总结。就资料数量上的处理而言,研究者可以就一篇资料的内容进行汇总,也可以就分散在数篇资料中、但在内容上有相似性的资料进行汇编。与总结不同的是,内容摘要不是对资料内容的汇总或概括,而是将资料中一部分内容原封不动地提取出来。内容摘要通常从资料中信息比较密集的部分摘取,原则是该信息对回答研究的问题比较有效。不论是总结还是内容摘要都应该标有明确的参照体系,与相应的原始资料形成交叉参照,以便今后需要时查找。

3. 画图表

浓缩资料的方式除了写总结以外,还可以用图表展示。图表是对线性文字资料进行的一种立体浓缩,可以通过三维直观的方式比较集中地、生动地展现资料中蕴涵的各种意义关系。质的研究中常用的图表有矩阵图、曲线图、等级分类图、报表、网络图、认知图、模型、本地人分类图、决策模式、因果关系图等(Miles & Huberman,1994:95—135)。由于篇幅所限,这里只列出几种比较常用的、同时又比较容易理解的图表以供参考。如果读者希望更加详细地了解使用分析图表的方式,可以参见迈尔斯和惠泊曼的《质的资料分析》(1994)。

下面的图表 19-4-2 是一个反映一位大学生学习和工作经历的流程图。左边表示的是该生的主要生活经历,右边是研究者对那些导致该生从一个生活事件转向下一个生活事件的动力的总结。图中的加号(+)表示的是这些动力所具有的强度;减号(-)表示的是该生对下一段生活经历不满意的程度。这种网络图的长处是可以一眼看到这位大学生的主要生活事件以及他自己的反应,具有简洁、直观的效果。如果我们希望将这位大学生的生活经历与其他大学生的生活经历进行对比的话,使用这种图表会特别有用。这种将生活事件压缩到一个网络图中的分析方法需要研究者将大量的资料进行处理,然后从中提炼出一条生活主线。

图表19-4-2 事件流程网络图:一位学生的学习和工作经历
(资料来源:Miles & Hubeman,1994:114)

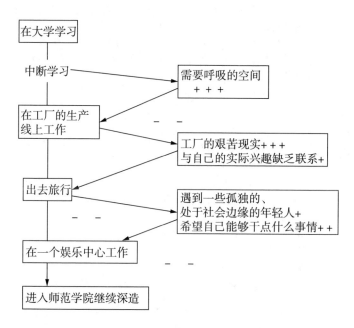

图表 19-4-3 是一个矩阵图,将所收集到的有关某一个方面("支持改革的条件")的资料按照两个维度(如"有关的人"和"有关的条件")进行分

类,然后将这些资料集中填入一个表格中。在这里,研究者同时使用了当事人的语言和自己的总结性语言对资料进行综合。这种表格的长处是,可以将大量繁杂的资料进行标准化浓缩,使研究者一眼便看到自己目前已经收集到的有关资料,而且可以对比不同的被研究群体(如"使用者"和"管理者")对不同的条件(如"责任"、"理解")所作出的不同反应。这种表格的短处是:1)由于篇幅有限,研究者不得不强行对资料进行简化;2)出于对比的需要,研究者不得不按照一定的规格对资料进行量的测量(如使用了从"无"到"强"的计量单位)。

图表19-4-3 清单矩阵图:某学校支持改革的条件
(资料来源:Miles & Huberman,1994:95)

目前存在的支持改革的条件

条件	对于使用者而言	对于管理者而言
责任	强:"希望使它变得有效"。	弱:在基础层次。 中心办公室的主要推动者很负责; 其他的人不负责任。
理解	"一般":对于教师而言("我觉得我可以做,但是我就是不知道怎么做。") 缺乏:对于教学助手而言("不理解我们怎么会得到这一切。")	无:在基础层次和教辅人员中间。 一般:对两个主要推动者而言("从发展者那里得到了所有我们需要的帮助。") 缺乏:对其他的中心办公室的人员而言。
物质	不合适:订货太晚,令人困惑("和我以前使用过的所有的东西都不一样"),被弃之不用。	与此无关
前后的培训	"粗略":对教师而言("这么快就全完了");没有示范课。 无:对教学助手而言("完全没有准备……我不得不和孩子们一起学")。	中心办公室的主要推动者在发展者所在地受训;其他的人没有得到任何培训。
技能	从弱到合适:对教师而言。 "无":对教学助手而言。	一位主要推动者(罗伯逊)对内容很熟悉;其他的人都不熟悉。
持续性服务	无:除了每个月开一次委员会会议;无替代资金。	无

条件	对于使用者而言	对于管理者而言　（续表）
计划及合作时间	无:双方使用者白天都在干别的事情;实验室时间安排很紧,无任何空余时间。	无
排除障碍的准备工作	无:没有系统的准备;使用者在夏天临时做一些工作。	无
学校管理部门的支持	合适	与此无关
中心管理部门的支持	非常强:就主要推动者而言。	基础管理部门只在中心办公室的职责基础上行动。
以前相关的经验	强:在两种情况下不仅强而且有用;对个人进行了指导,帮助低成就者开展工作。但是教学助手没有诊断经验。	存在:在中心办公室不仅存在而且有用,特别是罗伯逊(专家)。

　　图表19-4-4是一个事件—状态网络图,目的是将一些先后发生的事件及其状态在时间的维度上表现出来。该图中方形的盒子表示的是事件,圆形的气球表示的是状态。盒子和气球之间的连接线表示的是它们之间的所属关系。制作这样的图可以采取如下步骤:1)首先将所有发生的事件都列出来,将一个事件写在一张卡片上;2)将每一个事件的状态写在相应配套的卡片上,然后与事件卡片放在一起;3)将事件及其状态呈现的网络关系画在一张大纸上,同时用箭头将这些关系标示出来。画图时研究者应该经常回到原始资料,检查各类事件之间的因果关系和时间前后关系,比如某些特定事件产生了什么后果?在这些事件发生之前发生了什么事情?与此同时,研究者需要对各个事件之间的形成性动力进行思考,并且对自己的理解进行反省。通过画此类图表,研究者可以使自己心目中一些隐蔽的、对事件之原因的理解逐步明朗化,对于分析因果动力等因素尤其有效。

　　在画此类图表的时候,我们还可以问一些关系性的问题:"这个图表是否可以表现我所找到的资料的内容?资料的各个部分之间是一种什么关系?这部分资料是否可以归到上一层次的类属之中?这部分资料是否还可以归到其他的类属之中?"图表中的关系可能错综复杂,需要用一些符号标示,如单箭头表示一方导致另一方,双箭头表示双方相互作用,直线表示相互之间有一定的逻辑关系,虚线表示相互之间有一定的关联。画图伊始,不必追求准确、完美,可以一边思考一边进行,边画边想。设计图表本身就是一个思考的过程,目的是通过图像的方式简洁、直观地再现资料的核心内容和有关关系。

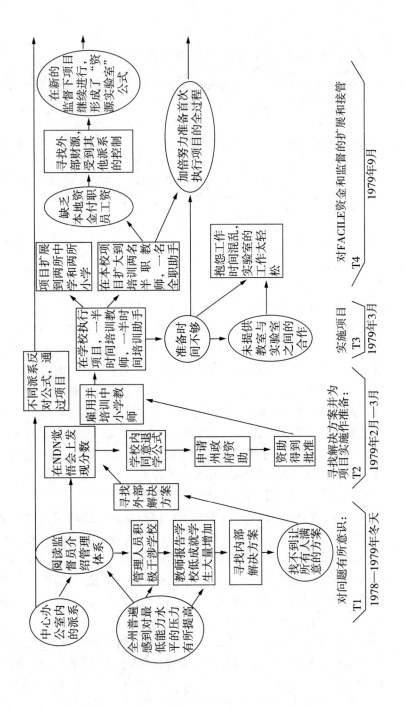

图表19-4-4 事件—状态网络图

（资料来源：Miles & Huberman, 1994:116）

4. 与外界交流

在分析资料时,我们可以使用的另外一个辅助性手段是与外界交流思想。我所说的"交流"包括与其他研究者、同行、同事、朋友和家人交谈以及阅读有关的文献。在上面的讨论中,我似乎把整理和分析资料描绘成一个非常"孤独"的工作:研究者常常是一个人在家里(或者在研究实地临时搭起的帐篷里)一个字一个字地整理访谈录音,重写观察笔记,对资料进行登录、归类、归档,写备忘录,写日记,写总结,写内容摘要,画图表……而且我还一再警告读者——现在的和未来的研究者——在写这些东西之前不要与别人交谈,以免对自己的资料进行预先过滤,或减少自己写作的热忱。但与此同时我也意识到,虽然研究者确实需要单独完成上面所有这些工作,而且单独做这些事情确实有无法估计的效果,但是在分析资料时与别人交流也是一个十分有益的手段。研究者与那些自己信任的、有一定理解能力的、对自己的研究比较了解的人交流思想可以扩展分析资料的思路、发现新的分析角度、开阔自己的视野。特别是当研究者自己的分析走入"死胡同"时,与一位善解人意的、善于倾听的朋友交谈,往往可以为自己提供一些意想不到的灵感和启迪。

除了与其他人交流以外,与外界交流还可以通过读书的方式进行。阅读有关的研究文献可以使研究者了解本领域内的"大师们"是如何分析资料的,进而在自己的资料分析中借鉴他们的经验和教训。前人的研究不仅可以为研究者提供一定的理论指导,而且也可以在一定程度上减少研究者个人的"孤独"感。在读书的过程中,研究者有可能感到自己不是孤单一人,而是属于一个学术传统和学术群体。

有关阅读文献的时间问题,质的研究界存在一定的分歧。有人认为,在研究开始的时候不要读前人有关的研究,以免受到学术界某些宏大理论的影响,无法看到自己资料中呈现的本土概念。另外一些人则认为,可以在研究开始之前阅读有关文献,因为这些文献可以为自己的研究提供一个导向,了解前人做过什么、自己可以在哪些方面有所创新。还有的人认为,阅读文献应该在实地工作时进行,特别是分析资料的时候,广泛的阅读可以使自己有比较开阔的思路,使自己的头脑更加活跃。我认为,阅读前人的研究报告对我们自己的研究无疑是有帮助的,但与此同时,我们也要特别注意不要将前人的理论当做自己分析资料的替代物,把自己的资料生硬地塞到前人预定的理论框架中。头脑中有一个导向理论可以帮助我们对资料进行聚焦,但是如果过于固执地坚持某个先入为主的大理论,可能会使我们的研究结论出现偏差或偏执。

第
四
部
分

质
的
研
究
的
资
料
分
析

第五节　资料分析的思维方式

　　不论是写备忘录、做总结、画图表，还是阅读文献，其中的分析工作都涉及到研究者个人的思维。从某种意义上来说，质的研究是一种介于"客观主义"和"主观主义"之间的研究，它既强调对社会现象进行经验主义的调查，又重视研究者个人对社会现象的理解和解释。质的研究反对将社会现象当成一种自然现象，通过收集可感知到的资料找到事情的"客观规律"。质的研究同意韦伯的观点，认为"社会事实最终归结为可理解的事实"，研究必须依靠研究者对所观察到的现象进行意义上的解释(袁方,1997:34)。所以，当研究者对研究的资料进行分析时，除了应该注意一般的操作技巧和工作程序以外，还应该特别注意自己的思维方式和思维特点。

　　研究者从事研究的时候可能有很多不同的、复杂的思维活动，很难将其归纳为几个方面。下面，我挑选了四个方面进行探讨，不是为了完整地对所有质的研究者的思维方式进行概述(这也是不可能的)，而是针对我个人以及有关文献认为比较重要的思维方式作一简单的探讨。

一、因果分析

　　对资料进行浓缩的一个十分重要的工作是寻找资料内容之间的因果关系。虽然质的研究强调不要过早将因果概念强加到资料之上，应该注意资料本身所呈现的关系，但是因果关系确实是社会现象中一个十分重要的现象，不得不加以注意。然而，与量的研究不同的是，质的研究中的因果关系不是在脱离具体情境的条件下进行逻辑推理而获得的，而是在探究特定事件发展的过程中获得的。我们要问的问题是"如何"而不只是"是否"。通过对事情发展过程的分析，我们可以发现不同事件发生的时间顺序、它们之间的相关关系以及它们内部存在的各种因素，因而对事件之间的因果关系进行推导(Denzin,1970:26)。

　　在用这样的方法对因果关系进行探索时，我们需要对事件发生的前后顺序进行描述，考察某一个因素在事情发展的过程中是如何导致另外一个因素的出现的。如果我们发现同一顺序发生在不同的被研究者身上，或者同一顺序在不同的情形下同样发生，那么我们便可以就此顺序建立一个初步的假设，然后对这个假设进行检验或修正。为了说明某一事件导向了另外一个事件的发生，我们不必付诸一个统一的、在任何情况下都适用的发生过程。我们只需要说明，这个过程在这个(些)特定的情境下是如何从原因走向结果的就行了(Weiss,1994:180)。

二、部分和整体之间的阐释循环

对资料进行思考的另外一个方式是"阐释循环"。"阐释循环"有两个主要的意思：一指的是在文本的部分和整体之间反复循环论证，以此来提高对文本的理解的确切性。二指的是在阐释者的阐释意图与阐释对象(文本)之间的循环，寻求两者之间的契合。我认为，在质的研究的全过程，我们都可以用这两个层面的循环来对资料进行分析和检验。在对质的研究的效度进行讨论时(第二十三章第四节)，我着重介绍了后者，现在主要就前者来探讨对资料进行分析的阐释循环。

就像摄影技术中的全息照相一样，解释学认为文本中的每一个部分都包摄了整体，对部分的理解依赖于对整体的理解；而整体是由部分组成的，对整体的理解又依赖于对部分的理解。如果我们对部分进行检验，就必须对整体有所理解，了解部分在整体中所处的位置和关系。而如果我们要对整体进行检验，就必须对部分进行分析，了解部分是如何与整体发生关系的。"一切个别性与整体性之间的一致是理解的正确性的当时标准，未出现这种一致就意味着理解的失败"(加达默尔，引自徐友渔等，1996：175)。一个文本就像是一个文化，"在每一个文化内部，不同的部分和方面之间不但彼此关联和相互渗透，而且共享和体现着这个文化的一般精神。所谓文化就是一个层层叠架而又相互包容的复杂和庞大的系统，其真实意义只能在不断地从整体到部分、再从部分到整体的循环往复中得到说明"(梁治平，1994：32)。

在质的研究中，资料的分析是一个整—分—合的过程，我们可以在部分和整体之间来回拉锯，运用自己的想像对资料进行逐步的螺旋式提升。分析伊始，我们可以有两种"出发"的方式(如果我们可能从某一点"出发"的话)：1)首先对资料获得一个整体的印象，然后将其分解为数个部分，深入其内部了解各个部分的特性，掌握各个部分之间的关系，然后在此基础上进行概括，形成一个新的整体；2)从局部开始，对一些具体的部分进行分析，然后整合为一个整体。这两条路线可以分别进行，也可以同时并行，总的原则是在部分和整体之间形成一个"阐释循环"。

分析资料时在整体和部分之间往返观照是为了既见木又见林，不因顾及部分细节而忘记了整体全貌，也不因陶醉于对整体景观的欣赏而忽略了细部的"深描"。比如，在对一份访谈资料进行分析时，我们不仅应该考虑受访者所说的每一句话，而且要考虑这句话与访谈资料中其他部分是什么关系，访谈内容与说话者的个人背景、兴趣和意图有何关联，这位受访者究竟想说什么，他/她这次说的话与他/她在其他地方所说的话和所做的事有什么关系，他/她所说的话和其他有关的人所说的话之间有什么联系。在对一部分资料进行解读时,我们可以同时考虑到资料的整体意义;在对资料的整体意义进行把握时,我们又可以不断地回到资料的细部进行细致的考察。假设,当我们读到一位受访者对自己离婚后的痛苦心情的陈述时,我们可以将这段陈述放到受访者的整个一生的故事中进行考察。结果,我们可能发现,她的父母在她和姐姐还未成年时就离婚了,给她和姐姐的生活带来了很多困难和伤害。为了逃避自己父母的命运,她决定嫁给一位年龄比她大很多的男人,结果没有想到自己对对方的依赖(以及其他一些原因)最后导致了婚姻的破裂。如果我们把这位受访者目前因离婚而带来的痛苦与她的父母的婚姻结合起来考虑,我们能够更加深刻地理解她的痛苦心情。

阐释循环的目的是将最地方性的细节与最宏观的结构结合起来,使它们两者同时进入分析的视野(Bernstein,1983:95)。通过在宏观与微观之间、地方与整体之间、个别与总体之间不断循环,我们可以获得更加丰富的、多层次的、高密度的研究结果和意义解释。这是一种"思想互构"的方式,即赵汀阳(1998a)所说的"一个或所有问题"的思想状态——当我们思考某一个问题时,不得不同时思考所有的问题;而当我们思考所有的问题时,又不得不落实为某一个问题。这是一种"在余地里思考"的方式,当我们集中看一个点时,这个点的其他方面是一直在场的,而且正是由于其他方面的在场,这个点才能够被看清楚①。

三、回溯觉察之重组

对资料进行分析的另外一个手段是"回溯觉察之重组"(reconstruction in retrospective consciousness)(Kau,1981:i-ii)。这种方法在进程上与上述方法正好相反,即研究者已经对资料有了自己的理解,采取回溯的方式,回想自己是如何得到这些结论的,自己有哪些资料可以支撑这些结论。使用这种方法有两个要点:1)检视参与研究各方在不同时间和场合对有关事件或主题的看法;2)报告研究者本人在不同时间、从不同角度对于某一现象或主题的认识所发生的变化。

---

① 虽然我们可以使用"阐释循环"的方法在资料的部分和整体之间进行循环检测,但与此同时我们也面临一个无法解决的难题:在理解和阐释的过程中,我们必须从局部开始;而要理解局部的意义,我们又必须对整体的意义有所理解。这似乎便形成了一个逻辑上的恶性循环:理解整体只能从理解局部开始,但若没有对整体的理解,对局部的理解又是做不到的。有学者认为,这个恶性循环实际上在人们的社会实践中已经得到了解决(徐友渔等,1996:266)。其实并没有绝对的局部意义,也没有绝对的整体意义,更没有一次性的对意义的充分理解。我们不能说,对意义的理解如果是不充分的和不全面的,就不是理解。在实践中,我们总是不充分、不全面、不深刻地理解局部的意义,达到对于整体意义的大致把握,然后重新阅读,加深对于各个局部的理解,从而提高对于整体的理解。因此,循环是自然的、必要的,但它在社会实践中呈现的是一个良性的状态,而不是一个如上所说的、逻辑上的恶性循环。

　　我的一位加拿大朋友在对中国农村妇女育儿方式的研究中便使用了这种方法对资料进行分析。她所领导的课题组在一个村子里住了三个月,通过访谈和观察收集了大量的原始资料。由于资料是如此的庞杂,她感到很难进行逐字逐句的分析。结果,她召集课题组成员一起进行"头脑风暴",探询大家对研究结果的预感。在初步收集了大家的感觉以后,成员们被要求反省自己是如何获得这些感觉的。为了说明自己的感觉,课题组返回到原始资料,一步一步寻找可以对自己的感觉进行证实或证伪的依据。

　　这种分析思路似乎与我上面强调的对原始资料一个字一个字地进行分析的方式是相悖的,似乎研究者可以先有自己的结论,然后再回到资料中寻找证据。如果读者得到这样一个印象,那么我不得不说这是一个误会。我在此介绍"回溯重组"的方法是因为我认为这不失为一个有效的分析资料的方法,特别是当原始资料特别多、特别杂时。如果使用得当的话,"回溯重组"的方法可以使研究者暂时摆脱资料细节对自己的缠绕,跳出来大胆地设想一下自己的结论。但是,这种方法并不意味着研究者可以(或者说应该)到资料中寻找"证实"自己结论的根据。虽然研究者已经对研究的结论有一些初步的假设,但是在返回原始资料时必须保持质的研究所应该具有的开放态度,不仅在自己的假设和资料之间建立起牢固的联系,而且对其他可能性结论敞开自己的胸怀。在这种分析方法中,研究者对自己结论的假设与其他实验型研究中的假设是不一样的。前者要求有研究者自己收集的原始资料作为基础,是研究者对资料内容的一个跳跃式总结;而后者产生于研究开始之前,是研究者根据前人的理论建立起来的,可能不完全符合本研究的具体情况。

　　虽然"回溯重组"的分析方法有自己的长处,但是我不提倡将这种方法作为资料分析的主要手段。由于它本身所具有的对结论进行证实的"倾向性",如果使用不当很容易违背质的研究的基本精神:开放。因此,我仍旧认为,在资料分析的初期对资料一步一步地进行最基础的整理和分析是非常重要的,"回溯重组"的方法只是在需要的时候作为一种补充。

四、直觉与想像

　　资料分析中经常使用的另外一种思维方式是直觉与想像。虽然在上面很多地方我一再强调"机械的"登录和归类在资料分析中十分重要,但与此同时我也意识到直觉和想像在资料分析中的作用。将资料按照码号和类属打碎以后再组合包装起来——这种做法很容易毁掉质的研究所追求的自然、完整、原汁原味的、未经"抽象"的"原貌"(高一虹,1998:10);而研究者的直觉和想像在把握其"原貌",以浓缩的方式"重构"其丰富、复杂的状态方面可以起到不可或缺的作用。前人的经验表明,即使是在自然科学中,科学家也要大量运用直觉和想像。不论是对事物进行概念定义,还是就研究的现象建立理论假设,科学家都离不开直觉和想像(赵慕熹,1991:189)。

"直觉"是一种潜意识的活动,是一种思维的感觉。它能够一下子抓住事物的本相,但又完全没有逻辑程序,是一种突如其来的感悟。因此,直觉可以用来选择登录中的重要概念,并且对资料的整体内容建立假设。"想像"是以人的大脑中的表象为基础,进行分析、综合、加工、改造而构成新形象的一个思维过程;它是形象思维的高级形式,是通过图像来思考问题、解决问题的一种方式。"事实和设想本身是死的东西,是想像赋予它们生命"(贝弗里奇,转引自赵慕熹,1991:181—183)。想像是进行模拟和类比的重要手段,可以为资料分析产生假设,也可以将相互孤立的资料片段有机地联系起来。质的研究强调有意识地进行创造性想像,在资料分析时自由地使用比喻、隐喻和联想。

直觉产生的条件是全神贯注,集中注意力,长期对某一个问题十分关注,抱有浓厚的兴趣,有解决问题的强烈愿望,思维敏捷、灵活,有丰富的生活经验,能够及时捕捉那些随时可能降临的灵感。想像产生的条件是尽量使自己思考的问题具体化,形成直观、清晰的形象,并且善于反省自己,将研究者本人对象化。这些条件对质的研究者进行资料分析的启示是:1)长时间地与原始资料待在一起,保持对资料全神贯注的关注;2)经常对自己进行"头脑风暴",随身携带记事本,随时随地记录下自己脑子里飞掠而过的灵感、图像和情绪感受;3)保持思维的灵活、敏捷和发散性,设想用不同的语词、不同的概念组合和不同的思考角度呈现资料的内容,尝试使用不同的暗喻、明喻、类比来表达资料,对资料进行自由联想,尝试将论理推到极端看可能产生什么效果;4)造一些不同的短语来捕捉自己已经发展出来的假设;5)不要害怕猜测,"事实可以使推理有条理,但是推理是所有学习领域里的向导"(Mills,1959:205);6)将自己站到资料之外,用轻松、娱乐的方式对待自己的分析工作。

有研究表明,形象(直觉)思维与抽象逻辑思维之间具有相互联系、相辅相成的关系。斯佩里(1982)的裂脑研究表明,人的大脑的两个半球不仅具有差异性,而且具有互补性。在工作时,两个脑半球紧密结合如同一个单位,它们之间的通路胼胝体对意识的整合具有极大的重要性。这说明形象思维和抽象逻辑思维之间不是相互隔离,而是相得益彰、相互渗透的。因此,在分析资料的过程中,我们应该在创造性与严谨、想像力与理论敏感性之间保持一种平衡。

本章继上一章之后对质的研究中资料的归类和深入分析进行了探讨,主要介绍了"类属分析"和"情境分析"两种归类方式,同时对归类的具体操作手段以及资料分析的主要思维方式进行了讨论。质的研究中的资料分析是一个十分艰苦、费时、有时甚至是枯燥的工作，需要研究者具有毅力、耐心、热情和灵活性。虽然这两章对资料整理和分析的基本思路和方法进行了一个初步的介绍，但是在真正从事研究的时候，研究者仍旧需要根据自己的实际情况加以调整。质的研究不仅仅是一门"科学"，而且是一门艺术，需要研究者将自己的全身心、全部智慧和想像力都投入进去。

第二十章　质的研究中的理论建构

——我可以说什么?

　　通过分析资料对研究结果做出初步的结论以后,我们就可以开始建构有关的理论了。建构理论是社会科学研究的内在要求,也是研究结果的一个必然归宿。这是因为人类任何有意义的行为都隐含了一定的理论,需要将其明朗化、系统化。正如美国哲学家威廉·詹姆斯(W.James)所说的,"你即使是在田野里捡石头也需要理论"(Agar,1980:23)。理论就像锻炼身体或者吃维生素C,有的人过分上瘾,有的人很少考虑,但是没有人可以没有它(Wolcott,1995:183)。社会科学研究是一种有目的的理性活动,比日常生活更需要了解其中隐含的理论。任何研究都始于问题,而问题的形成和发展在很大程度上依赖于研究者脑子里有关的理论思考。

第一节　什么是"理论"

　　质的研究对"理论"这个概念的定义以及建构理论的态度与其他研究方法不太一样。下面分别对这两方面的问题进行讨论。

一、质的研究对"理论"的定义

　　在传统的意义上,"理论"被认为是"为了解释和预测现象,确定变量之间的关系,用系统的观点将相互关联的概念、定义和命题组织在一起的总和"(Kerlinger,1986)。"理论"是一组被推论和被修正的法则,包括从单一、简单的判断到复杂法则的组合;所有理论中的陈述不管它是解释的还是被解释的都具有普遍意义,用以解释它物的判断被称为"公理",被解释的判断则被称为"定理"(Brobeck,1963)[①]。很显然,上述定义根据的是一种自然科学的法则,认为理论是"公理"和"定理",对事物具有普遍的解释意义,可以用来确定事物之间的关系,并且还可以用来对未来的情况进行预测。

――――――――――

①　这两个定义均引自维尔斯曼(1997:21)。

有学者认为,理论可以分成"广义的理论"和"狭义的理论"两种类型(陈波等,1989:269)。"广义的理论"指的是一系列具有内在联系的范畴的体系或命题的集合,是关于特定领域或对象的系统化知识。"狭义的理论"是经过实践检验的理论,在真实性上是可靠的,与尚未得到实践检验的、不可靠的理论(即"假说")相对。根据这样一种分类,上面柯林杰(F. Kerlinger)和比罗贝克(M.Brobeck)的定义均属于狭义的范畴。

"理论"还可以按照另外一种标准分成两种类型:"形式理论"和"实质理论"。"形式理论"指的是系统的观念体系和逻辑架构,可以用来说明、论证并预测有关社会现象的规律。上述"狭义的理论"基本上属于这种类型。"实质理论"是在原始资料的基础上建立起来的、适于在特定情境中解释特定社会现象的理论。

根据上面的定义和分类,我认为,质的研究中的"理论"大都属于广义的、实质理论的范畴。质的研究的目的是对特定的现象本身及其内在联系进行探究,注重人的实践理性和实践知识,因此其理论也具有一定的特殊性和实践性。质的研究中的理论不是对社会现实的概念化和形式化,而是特定研究者从特定的角度通过特定的研究手段对特定的社会现象作出的一种解释。这种理论具有一定的时间性和地域性,必须根据具体情况的变化而加以修正。

质的研究通常将"大写的理论"(即上述"定理"和"公理"、"狭义的理论"、"形式理论"等)与"小写的理论"(如"假设"、"观点"、"猜测"、"想法"等)区别开来。后者一般被传统社会科学认为不属于"理论"的范畴,或者不属于上面所定义的"狭义的理论",是没有经过检验的、"不可靠的理论"。但是,质的研究却认为它们是十分合理的"理论"。虽然这些"小写的理论"在"抽象"层次上不如"大写的理论"高深,概括性不如"大写的理论"广泛,但更具有针对性,更注意研究现象的个性和复杂性,有时可以比"大写的理论"更具有解释力度。

"理论"还可以进一步分成"个人的理论"和"公众的理论"、"小理论"和"大理论"等类别。"个人的理论"是对被研究者一个人而言的、可以对其行为和思想进行解释的理论;"公众的理论"则是那些相对一个特定的人群而言的、对其具有解释意义的理论。由于质的研究所具有的特殊性和地方性,研究者一般倾向于建立"个人的理论"。但是,如果所研究的公众有一个明确的范围(而不是一个包括所有人的概念),质的研究也可以对该人群的有关理论进行探讨。

"小理论"指的是区域性的、针对某一个(些)特殊情况而言的理论,其抽象程度一般比较低,旨在说明一个(些)具体的问题,与上面所说的"实质性理论"有类似之处。"大理论"指的是那些旨在说明世界上所有同类情形的、自称具有普适性的理论,如皮亚杰的发生认识论、弗洛伊德的精神分析理论等。质的研究通常将重点放在"小理论"的建构上,因为这属于它力所能及的范围。它不但不认为自己可以建构"大理论",而且认为这些"大理论"也必须放到具体的社会文化情境中才有意义。

从另外一个角度看,质的研究中的"理论"至少包括三个方面的内容:前人的理论、研究者自己的理论、资料中呈现的理论。"前人的理论"是研究界在本领域目前已经建立起来的、被公认的理论;"研究者自己的理论"指的是研究者自己对本研究现象的假设、观点、前见等;"资料中呈现的理论",是研究者从被研究者那里直接获得的或者通过对原始资料进行分析以后获得的意义解释。这三种理论相互之间是一个互动的关系,它们共同对研究最终做出的理论假设提供思路、角度和观点。在研究的过程中如何协调这三者之间的关系?——这对质的研究者来说是一个极大的挑战。

此外,非常重要的一点是,对质的研究者来说,"理论"这个词应该总是复数,而不是单数。对同一问题的探讨可以产生很多不同的理论,对同一现象的解释也可以使用多种不同的理论。质的研究讲究从不同的角度探讨问题,从多方面揭示问题的复杂性和丰富性,因此其理论建构也应该是多元的、丰富多彩的。

二、质的研究对"理论"的态度

由于质的研究比较重视对社会现象进行描述和"移情"式的理解,因此并不要求所有的研究项目都建立理论。如果某一项研究没有产生理论,那么它就是一项"非理论的"研究,其价值就在于对现象本身进行描述。质的研究结果可以有很多不同的表现形式,既可以建构不同层次的理论,对现象进行总结和概括,也可以纯粹让当事人自己说话,从他们的角度展现其生活世界;而在这两者之间存在着很多不同的变体。虽然描述性研究也必然受到研究者一定理论导向的影响,理论阐释也不得不涉及到对具体问题的描述,但是很多时候质的研究结果可以以描述为主,不一定非要建立"理论"。

事实上,很多质的研究者并不热衷于建构理论。例如,存在主义理论建构者认为,被研究者日常生活中的常识足以帮助研究者发展自己的研究方法、策略和步骤,研究的目的是寻找人类生存的使用性知识,而不是抽象的理论(Adler & Adler,1987;Douglas,1976)。研究者从自己的直接观察和体验中获得的知识可以作为解释社会现象的生成性概念,不必去寻找或借用那些形式化的、绝对的理论(Jonhson,1975;Kotarba & Fontana,1984)。

阐释学方法的倡导者对理论持更加激进的态度(Agar,1986;Bruyn,1966; Cicourel,1974)。这些人认为,人类的生活受到特定历史时期的限定,现实生活可以被看成是一个文本,具有一定的历史性。对文本的解释或

理解需要研究者对文本提出问题,与文本之间进行互动(Clifford & Marcus,
1986;Goffman,1974)。对一个问题的解决将导致更多问题的产生,部分的
理解和整体的理解是一个不断相互印证的过程,是一个阐释的螺旋。每一
个解释都是暂时的、相对的。解释永远不会停止,也永远不会完满。因此,
任何先见的或固定的理论对文本的解释都是无济于事的。

还有一些研究者认为,研究的目的不是为了建立理论,而是为了解决问
题。判断理论的标准不是"正确"与否,而是"有用"与否。研究者无法对理
论进行证实,而只能说某些理论对具体问题进行解释或说明时是否"合
理"、"有效"、"有解释力度"。理论必须有事实作为依据,必须与特定的使
用情境相联系,抽象的理论对具体的研究没有什么意义。他们认为,目前社
会科学研究界各种各样的理论太多了,常常使研究者感到不知所措。这些
理论不仅没有帮助研究者更加清楚地认识自己所研究的问题,反而使他们
变得更加糊涂了。建立理论的目的应该是指导研究者进行研究,而不是用
来吓唬别人(包括研究者自己),也不是为了理论本身。正如费孝通曾经指
出的"我们的理论不在道破宇宙之秘,只是帮你多看见一些有用的事实,理
论无非是工具"(引自丁元竹,1992)①。

与上述"实用主义"的观点相比,批判理论者对"唯理论主义的理论"更
具批判性。比如,批判理论的重要代表人物霍克海默(M.Horkheimer,1989:
187)认为,知识不可能由纯粹逻辑的或方法论的根源推演出来,而只能在
社会现实的过程中加以理解。任何新的观点(包括自然科学中的观点)之
所以能够取得胜利,其主要原因在于当时具体的历史环境。布迪厄也认为,
自己所有的研究遵循的都是一种具体研究的逻辑,在这种研究逻辑中,理论
与实践经验是不可分割的(布迪厄,华康德,1998:211—214):

> "对我来说,理论不是一种预言性的或纲领性的话语,这种话
> 语往往是将其他理论拆拆拼拼而成,其惟一目的就是与其他这样
> 的纯粹'唯理论主义的理论'相抗衡……我认为科学理论应该以
> 感知方案和行动方案——如果你愿意,可以称其为科学惯习——
> 的形式出现,它只能在使之成为现实的经验研究中一展身手。它
> 是一种形塑经验研究,但同时又是为经验研究所形塑的临时性构
> 造。因此,接触新的对象比投身理论争辩得益更多,后者除了支持

————————————

① 蓝永蔚(1999:34)认为,上述狭隘的"实用主义"的观点不可取。实际解决问题的办法受
各种因素的制约,往往是一种权衡,在此之上还有实施谋略的运用。因此,研究的结果与解决问题
之间还存在很大的距离,是两个完全不同的层面,属于不同的范畴。如果研究的目的不是为了建立
理论,而是为了解决问题,那么研究者最好不要进行研究,而是去直接解决问题好了。此外,他认
为,"如果不能建立理论,又如何解决问题?"因此,如果要处理好这两个不同范畴的问题,正确的提
法应该是:"研究的目的是建立理论,而建立理论的目的则是为了解决问题"。

一种围绕被视为思想图腾的概念而创造的永不止歇、自我维持、并且往往空洞无物的元话语以外，毫无益处。要把理论作为一种做法，以实践的方式引导并形塑科学实践，显然意味着我们要放弃所谓'理论家们'经常为理论所树立的那种带有拜物教色彩的无所不包的形象。"

对于布迪厄而言，理论反思只有把自身深藏在社会实践之中，或者与社会实践融为一体，才能真正展现自身。他引用了智者希比阿的形象来说明这个问题。在柏拉图的《小希比阿篇》中，希比阿表现得就像一个笨伯，不能使自己超出任何具体的事例。当他被问及"美"的本质时，他顽固地坚持通过列举各种特定的事例来作答：一个"美"的水壶、一位"美"的少女，等等。他这么做有自己明确的意图，即拒绝一般化的概括以及这种概括所形成的抽象概念的物化(Dupreel, 1978)。布迪厄认为，除了像希比阿这样在经验事例中进行思考的方式，我们不可能有别的更好的方式了。

除了上述各种反对意见，质的研究领域里也有人热衷于建构"理论"。最为明显和公开的是"扎根理论"的倡导者，他们认为研究的目的就是建构理论。不过，他们强调理论必须从资料中产生，自下而上进行建构，而且这样建构的理论不必都是"形式理论"，也可以是"实质理论"，与人的实践理性和实践知识密切相关(下面第三节对"扎根理论"有详细介绍)。我个人认为，如果研究者有足够的资料支撑，对资料进行了细密、严谨的分析，而且具有建构理论的能力，可以尝试建构理论。但是，我非常同意扎根理论的观点，理论一定要有资料作为根据，不能完全按照自己的直觉进行猜测。而且我个人倾向于建立"实质"小理论，对那些泛文化的"形式"大理论表示怀疑。

通常，研究新手们对建立理论和使用理论总是十分担心，不知道自己到底有没有理论，自己的理论在哪里，没有理论怎么办。但事实上，我们每个人(包括不从事研究工作的人)对事情都有自己的理论。比如，我们大家都知道，如果一个人白天在床上睡觉，那么这个人多半是：1)累了；2)困了；3)生病了；4)假装睡觉为躲避来访的客人，等等。这些理由虽然非常简单，来自我们自己的生活常识，但都可以作为解释"一个人白天睡觉"这一现象的理论。质的研究尊重研究者个人的实践知识，特别是他们对研究问题所持的"前设"和"倾见"，认为它们是研究者从事研究的入门钥匙。正是因为有这些"前设"和"倾见"，研究者才受到有关问题的吸引，或者说某些研究问题才会产生出来。而这些"前设"和"倾见"以及随之产生的问题是研究者建构理论的一个坚实的基础。因此，我认为，研究者在建构理论的时候，不仅应该尊重原始资料和前人的理论，而且应该尊重自己的直觉和"倾见"，有效地利用它们来为自己的研究服务。

第二节　建构理论的方法

虽然有的学者不重视理论在质的研究中的作用,不刻意追求理论上的建树,但是大部分人(包括我自己)认为,建立广义的、实质的、个人的、小理论还是十分重要的。这些理论不仅可以作为资料分析的最终结果,而且可以对研究本身以及有关的后续研究提供十分有益的指导。

一、理论的作用

在质的研究中,建构理论这一工作具有很多功能。首先,理论可以赋予事实以意义,将事实置于恰当的分析角度之中。从某种意义说,研究者观察到的经验性事实通常没有(或无法表达)自己的意义,只有通过研究者对其进行理论分析以后才会"产生"意义。而这些通过理论分析而"产生"的意义可以加深人们(包括研究者、被研究者以及读者)对这些事实的认识。理论通常具有一定的抽象性和概括性,可以从经验中提升出概念和命题,帮助人们将经验世界与理性世界联系起来。理论的初级形式——"敏感性概念"(sensitizing concepts)——还可以使我们在对经验性个案进行分析时获得思想上的启迪,进而关注经验世界中存在的一些共同特征(Blumer,1954,1969)。理论的深刻性还可以使研究者所说的故事更加有意思,而不只是停留在个人日记或旅行杂记的水平。正如扎根理论的代表人物格拉斯(1978:8)曾经说过的,"研究的结果很快就被人们忘掉了,但是思想却不会被忘记"。

其次,理论可以为研究导航,研究早期获得的初步理论可以为后期的工作导引方向(Bensman & Vidich,1960)。由于一个理论中的各个概念之间通常存在一定的"逻辑"关联,因此在建立理论的时候研究者必然会考虑到研究现象中各个方面之间的关系,如果发现前期工作中某些方面比较薄弱,可以在后续研究中加强。来自实地的调查表明,研究不是一个按部就班的、遵照一定规则和程序进行的活动,而是一个概念和经验事实之间互动的过程,既要使用归纳又要使用演绎的方法(Bechhofer,1974:73)。理论、方法和资料之间存在一个三角互动的关系,前期通过分析资料获得的理论可以指导研究者使用更加合适的方法进行后续研究。

再次,由于理论具有一定的概括性,可以为那些范围较狭窄的个案提供相对宽阔的视野和应用范围。个案调查的样本通常很小,面临着没有"代表性"的难题。研究者面临着双重挑战:一方面,这些个案因其特殊性需要被研究;另一方面,研究者必须说明这些独特的个案与大的理论问题和现实问题之间有什么关系(Wolcott,1995:183)。我认为,理论可以将思想与个别经验性信息结合起来,整合为一个相对完整的思想体系。通过理论的概括性"推论",我们对具体个案的认识会更加深刻,意蕴会更加博大,应用范围也会更加广阔(维尔斯曼,1997:23)。(有关质的研究结果的"推论"问题,详见第二十四章)

此外,理论还可以帮助我们鉴别研究中存在的空白点、弱点和自相矛盾的地方,将一些学术界以前没有注意到的问题或者注意不当的问题挑选出来重新进行探讨。虽然我们无法证实任何事情,但是我们可以通过理论来行使证伪的权利,通过寻找反例来批驳那些不尽完善的观点。如果我们在自己的研究中建构出来的理论比现有理论更加完善,那么我们的理论就可以为本领域的理论建设作贡献。这样做的时候,我们不仅是在研究一个个案,而且是在检验一类社会现象和一类理论现象。

最后,从"实际"的角度看,理论因其"普遍性"可以为我们的研究成果提供一些现成的标签,将我们的工作与前人(包括我们自己以前)的研究成果联系起来。理论赋予我们的研究和思想以一些特定的标记,因而使我们的研究比较容易被有关的学术群体所接受。那些与我们有共同兴趣的人通过对这些理论的体认,会比较容易注意到我们的研究成果,把这些理论作为与我们讨论问题的起点或焦点。

其实,理论与作研究是一个统一完整的过程,我们在研究中的所有决策和行为都受到自己理论的指导。理论不是一个孤立的东西,是与研究的所有其他部分紧密相连、相互影响的。比如,在理论和原始资料之间就存在一个相互对话、相互促进、相辅相成的关系。一方面,资料为理论的获得提供依据;另一方面,理论赋予资料以意义,使资料具有系统性和深刻性。通过资料和理论之间的相互结合,理论变得更加充实,资料所表现的内容也变得更加有条理。理论促进了研究,研究也促进了理论的发展。因此,对理论的探讨不可能被放到研究的前面或最后,也不可能被放到一个分离的盒子里进行探究。理论就像是一张空白支票,它的潜在价值在于使用它的人以及使用它的方式(Burgess,1982)。

二、建构理论的方式

传统意义上的理论建构通常走的是自上而下的路线,即:从现有的、被有关学科领域认可的概念、命题或理论体系出发,通过分析原始资料对其进行逻辑论证,然后在证实或证伪的基础上进行部分的创新。如果在研究开始的时候没有现成的理论可借鉴,研究者通常根据逻辑分析或前人的研究自己预先构建一个理论,然后将其运用到对当下研究现象的分析之中。

与上述传统的思路不同,质的研究中的理论建构走的是自下而上的路线,即:从原始资料出发,通过归纳分析逐步产生理论。通过这种方式建立的理论既可以是一个非常简单的、单一的陈述,如"人肚子饿了要吃饭";也可以具有十分复杂的层次结构和语义关系。哈佛大学的肖(T.Shaw,1993)在其"民族志与青少年亚文化"这门课中曾经借用P.佩尔托(P.Pelto)和G.佩尔托(G.Pelto)的理论抽象模式(1978:3),对威利斯(P.Willis,1977)的《学会劳动》一书中的理论作了如下建构(见图表20-2-1)。

第二十章 质的研究中的理论建构

图表20-2-1　建构理论模式举例
（资料来源:Shaw,1993）

抽象层次		
	宏大理论 （grand theory）	社会阶层在每一代新人身上得到了复制。
	一般理论 （general theory）	学校以及其他社会机构在复制社会阶层上起到了工具性的作用。
	中层理论 （mid-range theory）	那些抵制学习的孩子发展出了一种反学校的文化。
	低层理论 （low-order propositions）	由于来自劳动人民家庭的孩子拒绝学校的权威,他们对学校提供给自己的东西不珍惜。
	观察方式 （modes of observation）	与学生交谈、与教师交谈、与学生的家长交谈、观察学生在校内的行为、记录学校官员对学生成功和失败的解释等。
	真实的世界 （real world）	事情和事件,如教室、教师、教学、同学群体、校外活动、父母的职业等。

威利斯的这本专著只有一半是从实地收集的资料,其余一半是他从马克思主义的理论出发对资料进行的分析。在英国对一所专门为工人阶级家庭的男孩子提供中学教育的学校里进行调查时,他发现,这类学校实际上是在复制资本主义社会所需要的底层劳动人民的品质,如身体强壮、头脑软弱、逆来顺受的人生态度等,其目的是把他们改造成工业生产所需要的劳动力。威利斯认为,如果研究者要理解现代社会对个人进行的这种非个人化的过程,必须充分地探究其中微妙的细节、有关人员的行为方式以及他们在日常生活中展示的话语模式。虽然他的研究使用的是马克思主义的研究范式,但是他认为必须借助民族志的方法把大范式转译为建立在日常生活基础之上的文化术语(马尔库斯,费彻尔,1998:119)。为了获得对研究对象

的透彻理解,研究者必须把他们看成具体的存在者,而不是深藏于抽象语言之中的、为了说明一个理论系统的工具。在此项研究中,他从现实资料(如学校内外发生的各种事情、学生与各种人之间的关系)出发,通过在学校里进行观察、交谈和记录,逐步建立了不同层次的理论。

自下而上建构理论可以有很多不同的方式,不同的研究问题、不同的原始资料可能需要不同的操作手段和步骤。一般比较普遍的做法是:1)用简单的理论性语言对资料进行初步的描述、分析和综合;2)根据资料的特性建立初步的理论框架;3)按照初步建立的理论框架对资料进行系统的分析,如归类和组成逻辑故事线;4)在原始资料与理论框架中的概念和命题之间不断进行比较和对照;5)建立一个具有内在联系的理论体系或一套比较系统的理论假设。兹南尼斯基(1934,1952,1965)提出,建构理论可以使用"分析性归纳法"。这种方法一般具有如下四个步骤:1)确定某一类事实的主要特性;2)对这些特性进行抽象以后建立一个初步的假设,这个假设愈是基础愈具有普遍性;3)对这个假设进行检验,寻找其他不同假设(基础的和非基础的)特性;4)按照这些特性的功能将这些假设组成一个理论系统。居金森(1989:112)认为,兹南尼斯基所谓的"分析性归纳法"就是"通过抽象的方式从原始资料中产生具有一定普遍性的结论的方法"。但是,我认为,质的研究中的"抽象"不同于一般化的、未分离的抽象。一般化的抽象是为了发现那些不变的东西,这些东西在研究现象的其他特征发生变化时也保持不变。而质的研究中的"抽象"是一种"分离的抽象",意即:从一些相互的联系中抽出某些特征和关系,并赋予它们某种程度上独立自主的存在(史梯尔林,1985:15)。

让我从自己的研究中举一个例子来说明,在有关的概念被发现以后,如何从一个概念开始分析,逐步扩展到其他相关概念,然后在更高层次上将这些概念联系起来,建立一个初步的理论假设。比如,我就择偶观念访谈一些男青年时,发现他们在使用"强女人"这个概念的同时还使用了很多其他的概念如"新派女性、现代女性、有能力、开朗、活泼、有生活情趣、文静、温柔、善解人意、有人情味、现代、传统、女强人"等。结果,在这些概念中,我挑选了"强女人"作为分析的起点,同时试图在这个概念和其他的概念之间建立起意义联系。比如,在分析时我问自己:"如何对'强女人'这个概念进行分析?是否可以将这个概念掰开来分析?比如说,是否可以从'强'和'女人'这两个方面来考察?'强'是否意味着'有能力、开朗、活泼、有生活情趣'?'女人'是否指的是'文静、温柔、善解人意、有人情味'?'女人'这个概念是否可以进一步分开来考虑?'人'主要指'善解人意'、'有人情味',而'女'则要求'文静'、'温柔'等等?'强'和'女人'加起来是否指的是一种'新派女性'、'现代女性'?这是否意味着'现代'与'传统'的结合?'强女人'这个概念与被研究者所说的其他概念(如'女强人')之间是什么关系？这些不同的概念可以导向什么更大的理论问题(如'择偶时性别角色对人们的影响')?"通过对这些问题的探讨,我最后试图建立这样一个理论假设:"现代思潮与传统文化在男青年选择择偶标准时共同发挥作用"。

在将研究结果提升为理论时需要特别注意的一件事情是:同时照顾到资料内容内部的相同点和不同点,避免为了使理论看上去完满、清晰而牺牲资料的丰富性和复杂性。如果资料本身呈现出不同的角度和观点,我们应该设法让它们表现出来。只有让不同的声音都为自己说话,我们的理论才会获得概念密集的品质。比如,在我所参与的有关综合大学理科人才素质和课程体系的研究中,我们就遇到了多重声音的问题。在访谈学校管理人员和教师时,他们大都认为当代的大学生缺乏理想、没有为科学献身的精神和道德责任感。而我们所调查的大学生们却一而再、再而三地告诉我们,在改革开放、经济转型的今天,他们最关心的是"情商",是自己与人社交的能力,是找到一份可以实现自我价值的工作。为了体现老一辈和年轻人不同的价值取向,我们在研究结论中同时报道了他们的观点,并提出了"多元价值观念的冲突与整合"这样一个理论假设。我们认为,虽然被访的教师和学生所持价值观念有所不同,但是他们之间并不存在原则性的冲突,只是侧重点不同而已。他们只是从不同的侧面强调了"做人"和"做事"的标准,是当代多元价值共存现象的一种体现。结果,在保留多重声音的同时,我们力图在一个更高的理论层次上对不同人群的不同观点进行了整合。

第三节　扎根理论的基本原则

在质的研究中,一个十分著名的建构理论的方法是 1967 年格拉斯和斯特劳斯提出的"扎根理论"。扎根理论是一种研究的方法,或者说是一种作质的研究的"风格"(Strauss,1987:5),其主要宗旨是从经验资料的基础上建立理论。研究者在研究开始之前一般没有理论假设,直接从原始资料中归纳出概念和命题,然后上升到理论。这是一种自下而上建立理论的方法,即在系统收集资料的基础上,寻找反映社会现象的核心概念,然后通过在这些概念之间建立起联系而形成理论。扎根理论一定要有经验证据的支持,但是它的主要特点不在其经验性,而在于它从经验事实中抽象出了新的概念和思想。

在扎根理论被提出来以前,社会科学研究界普遍存在理论性研究与经验性研究相互之间严重脱节的现象。人们或沉溺于对纯粹理论的探讨,空谈一些形而上的问题;或停留在对经验事实的描述上,一味强调"可观察性"和"可证实性"。因此,扎根理论的发起人在提出这种方法时,声称自己的主要目的是"填平理论研究与经验研究之间尴尬的鸿沟"(Glaser & Strauss,1967:vii)。正如康德所言,"没有理论的具体研究是盲目的,而没有具体研究的理论则是空洞的"(引自布迪厄,华康德,1998:214),扎根理论不仅强调系统地收集和分析经验事实,而且注重在经验事实上抽象出理论,因此被认为较好地处理了理论与经验之间的关系问题。

扎根理论的方法起源于格拉斯和斯特劳斯两人(1965,1968)20世纪60年代在一所医院里对医务人员处理即将去世的病人的一项实地观察研究。这个方法的形成与两方面的理论思想有关,分别来自哲学和社会学领域(Strauss,1987:5)。一是美国的实用主义,特别是杜威、G.米德和皮尔士(C.Peirce)的思想。美国的实用主义强调行动的重要性,注重对有问题的情境进行处理,在问题解决中产生方法。另外一个影响来自芝加哥社会学派。该学派广泛使用实地观察和深度访谈的方法收集资料,强调从行动者的角度理解社会互动、社会过程和社会变化。这两个学派都认为,变化是社会生活中一个持久不变的特征,需要对变化的具体方向以及社会互动和社会过程进行探究。受上述学术传统的影响,扎根理论方法特别强调从行动中产生理论,从行动者的角度建构理论,理论必须来自资料,与资料之间有密切的联系。与其他质的研究分支(如民族志)相比,扎根理论认为在社会科学研究中发展理论非常重要,各种层次的理论对深入理解社会现象都是不可或缺的(Glaser & Strauss,1967;Glaser,1978)。

一、从资料产生理论的思想

扎根理论特别强调从资料中提升理论,认为只有通过对资料的深入分析,一定的理论框架才可能逐步形成。这是一个归纳的过程,自下而上将资料不断地进行浓缩。扎根理论不像一般的宏大理论,不是对研究者自己事先设定的假设进行演绎推理,而是强调对资料进行归纳分析。理论一定要可以追溯到其产生的原始资料,一定要有经验事实作为依据。这是因为扎根理论认为,只有从资料中产生的理论才具有生命力。如果理论与资料相吻合,理论便具有了实际的用途,可以被用来指导人们具体的生活实践。

扎根理论的首要任务是建立"实质理论",这种理论类似默顿(1967)以及P.佩尔托和G.佩尔托(1970)等人所说的"中层理论",介于"宏观大理论"和"微观操作性假设"之间(Glaser,1982:226)。与其他质的研究者不同的是,扎根理论的倡导者虽然把重点放在建构"实质理论"上面,但也不排除对"形式理论"的建构。然而,他们强调,形式理论必须建立在实质理论的基础之上,而实质理论必须扎根于原始资料之中,不能凭空制造。扎根理论的一个基本的理论前提是:知识是积累而成的,是一个不断地从事实到实质理论,然后到形式理论演进的过程。建构形式理论需要大量的资料来源,需要通过实质理论的中介。如果我们从一个资料来源直接建构形式理论,这其中的跳跃性太大,有可能导致很多漏洞。因此,如果研究者希望建构形式理论,一定要首先在大量事实的基础上建构多个实质理论,然后再在这些实质理论的基础上建构形式理论。一个理论的密度不仅表现在其概括层次的多重性上、有关概念类属及其属性的相互关系上,而且在于这个理论内部所有的概念是否被合适地整合为一个整体。要使一个理论的内部构成获得统一性和协调性,我们必须在不同的实质理论之间寻找相关关系,然后才能在此基础上建构一个统一的、概念密集的形式理论。形式理论不必只有一个单一的构成形式,可以涵盖许多不同的实质性理论,将其整合、浓缩、生成为一个整体。这种密集型的形式理论比那些单一的形式理论其内蕴更加丰富,可以为一个更为广泛的现象领域提供意义解释。

二、理论敏感性

由于扎根理论研究方法的主要宗旨是建构理论,因此它特别强调研究者对理论保持高度的敏感。不论是在研究设计阶段,还是在收集资料和分析资料的时候,研究者都应该对自己现有的理论、前人的理论以及资料中呈现的理论保持警觉,注意捕捉新的建构理论的线索。保持理论敏感性不仅可以帮助研究者在收集资料时有一定的焦点和方向,而且可以在分析资料时注意寻找那些可以比较集中、浓缩地表达资料内容的概念,特别是当资料内容本身比较松散时。

其实,人们从事任何工作都有自己的理论,问题是自己对这些理论是否了解、了解程度如何。在质的研究中,如果研究者采取扎根理论的方式进行研究,则应该对理论给予特别的关注。在研究的所有阶段和层面,研究者都应该时刻注意建构理论的可能性,将资料与理论联系起来进行思考。通常,质的研究者比较擅长对研究现象进行细密的描述性分析,而对理论建构不是特别敏感,也不是特别感兴趣。扎根理论出于自己的特殊关怀,认为理论比纯粹的描述具有更强的解释力度,因此强调对理论保持敏感。

三、不断比较的方法

扎根理论的主要分析思路是比较,在资料和资料之间、理论和理论之间不断进行对比,然后根据资料与理论之间的相关关系提炼出有关的类属及其属性。这种比较必须贯穿于研究的全过程,包括研究的所有阶段、层面和部分。因其持续性和不间断性,这种方法被称为"不断比较的方法"。这种方法通常有如下四个步骤(Glaser & Strauss,1967:105—115)。

1)根据概念的类别对资料进行比较。首先对资料进行细致的编码,将资料归到尽可能多的概念类属下面;然后将编码过的资料在相同和不同的概念类属中进行比较,为每一个概念类属找到其属性。

2)将有关概念类属与它们的属性进行整合,同时对这些概念类属进行比较,考虑它们之间存在什么关系,如何将这些关系联系起来。

3)勾勒出初步呈现的理论,确定该理论的内涵和外延。将这个初步的理论返回到原始资料进行验证,同时不断地优化现有理论,使之变得更加精细。如果发现这些理论可以基本解释大部分(或者所有)的原始资料,那么其概念类属就可以被认为是"有力的"和"合适的"。

4)对理论进行陈述。将所掌握的资料、概念类属、类属的特性以及概念类属之间的关系一层层地描述出来,最后的理论建构可以作为对研究问题的回答。

此外,研究者还可以使用"逸事比较"的方法,即回想自己在别的地方看到过或听说过哪些类似情况,将这些情况与自己手头已经发展起来的概念类属或初步理论进行比较(Glaser,1982:229)。研究者不必排除自己个人的经验以及来自其他方面的信息,如尚未正式发表的文章、被研究者在非研究情境下流露出来的信息等。虽然这些资料来自非正式渠道,但扎根理论认为,只要它们可以丰富研究者对本研究问题的理解就可以拿来为研究服务。既然研究者是研究工具,那么这个工具的丰富、复杂、精致与否是不可能脱离研究者本人的生活经历的。研究者的学术生涯和个人生活其实是一个无法分开的整体,两者之间是一个相互影响、互相促进的关系。但是,需要注意的是,研究者在使用这些资料的时候一定要说明出处,不要把它们与本研究特意收集的资料混为一谈。

四、理论抽样的方法

扎根理论认为,当下呈现的每一个理论都对研究者具有导向作用,都可以限定研究者下一步该往哪里走、怎么走。因此,研究不应该只是停留在机械的语言编码上,而应该进行理论编码。研究者应该不断地就资料的内容建立假设,通过资料和假设之间的轮回比较产生理论,然后使用这些理论对资料进行编码。在对资料进行分析时,研究者可以把从资料中初步生成的理论作为下一步资料抽样的标准,以指导下一步的资料分析工作,如选择什么样的资料、如何设码、建立什么样的编码系统和归档系统等。同理,在下一轮资料收集工作中,这些初步的理论也可以指导研究者进一步收集资料,如在什么时间、什么地方、向什么人、以什么方式收集什么样的资料。

在收集和分析资料的过程中,研究者还应该不断地对自己的初步理论假设进行检验。检验应该是初步的、过程性的,贯穿于研究过程的始终,而不只是在最后。经过初步验证的理论可以帮助研究者对资料进行理论抽样,逐步去除那些理论上薄弱的、不相关的资料,将注意力放到那些理论上丰富的、对建构理论有直接关系的资料上面。

五、文献运用的方法和准则

与其他质的研究者一样,扎根理论的倡导者也认为,研究者在进行理论建构时可以使用前人的理论或者自己原有的理论,但是必须与本研究所收集的原始资料及其理论相匹配。如果研究者希望发展前人的有关理论,必须结合自己的具体情况进行。虽然使用有关的文献可以开阔研究者的视野,为分析提供新的概念和理论框架,但也要注意不要过多地使用前人的理论。否则,前人的思想可能束缚研究者自己的思路,有意无意地将别人的理论往自己的资料上套,或者换一句话说,把自己的资料往别人的理论里套,也就是人们常说的"削足适履",而不是"量体裁衣"。

在适当使用前人理论的同时,扎根理论也认为,研究者的个人解释也可以在建构理论时起到重要的作用。研究者之所以可以"理解"资料是因为研究者带入了自己的经验性知识,从资料中生成的理论实际上是资料与研究者个人解释之间不断互动和整合的结果。原始资料、研究者个人的前理解以及前人的研究成果之间实际上是一个三角互动关系,研究者在运用文献时必须结合原始资料的性质以及自己个人的判断。因此,研究者本人应该养成询问自己和被询问的习惯,倾听文本中的多重声音,了解自己与原始资料和文献之间的互动关系是如何发生和发展的。

六、检核与评价

扎根理论对理论的检核与评价有自己的标准,总结起来可以归纳为如下四条。

1)概念必须来源于原始资料,深深扎根于原始资料之中。理论建立起来以后,应该可以随时回到原始资料,可以找到丰富的资料内容作为论证的依据。

2)理论中的概念本身应该得到充分的发展,密度应该比较大,内容比较丰富。这种方法与格尔茨(1973a)所说的"深描"有所不同:前者更加重视概念的密集,而后者主要是在描述层面对研究的现象进行密集的描绘。为了获得概念密集的品质,理论的内部组成应该具有一定的差异性,具有较大的概念"密度",即理论内部有很多复杂的概念及其意义关系,这些概念坐落在密集的描述性和论理性的情境脉络之中。

3)理论中的每一个概念应该与其他概念之间具有系统的联系。扎根理论认为,"理论是在概念以及成套概念之间的合理的联系"(Strauss & Corbin,1994:278)。因此,理论中各个概念之间应该具有一定的关联,彼此紧密地交织在一起,形成一个统一的、具有内在联系的整体。

4)由成套概念联系起来的理论应该具有较强的实用性,使用范围比较广,具有较强的解释力。与由单一概念形成的理论相比,这种理论的内涵应该更加丰富,可以对更多的问题进行阐释。此外,这种理论应该对当事人行为中的微妙之处具有理论敏感性,可以就这些现象提出相关的理论性问题(Strauss & Corbin,1990:254)。

对理论进行检核应该在什么程度上停止?——这取决于研究者建构理论时面临的内、外部条件。内部的条件通常是:理论已经达到了概念上的饱和,理论中各个部分之间已经建立了相关、合理的联系。外部的条件主要有:研究者所拥有的时间、财力、研究者个人的兴趣和知识范围等。扎根理论中的理论建构不是一个一劳永逸的事情,不可能一蹴而就,需要不断发展。所有的理论都是流动变化的,都具有时间性和地域性,都涉及到不同的创造者和使用者。在每一次新的探究中,已经建立起来的理论都会受到一次新的检验,看其是否合适、如何合适(或不合适)、今后可以如何改进。

第四节　扎根理论的操作程序

扎根理论的主要操作程序如下:1)对资料进行逐级登录,从资料中产生概念;2)不断地对资料和概念进行比较,系统地询问与概念有关的生成性理论问题;3)发展理论性概念,建立概念和概念之间的联系;4)理论性抽样,系统地对资料进行编码;5)建构理论,力求获得理论概念的密度、变异度和高度的整合性。

对资料进行逐级编码是扎根理论中最重要的一环,其中包括三个级别的编码:1)一级编码——开放式登录;2)二级编码——关联式登录,又称轴心式登录;3)三级编码——核心式登录,又称选择式登录(Stauss & Corbin,1990)。如果抽出来看,这套编码程序中的很多具体步骤和技巧与上一章我所介绍的编码方式之间存在类似之处。其主要的不同在于,当这些编码技术被运用于扎根理论这一特殊研究方法时,具有十分强烈的建构理论的目的性。

一、一级编码(开放式登录)

在一级编码(开放式登录)中,研究者要求以一种开放的心态,尽量"悬置"个人的"倾见"和研究界的"定见",将所有的资料按其本身所呈现的状态进行登录。这是一个将资料打散,赋予概念,然后再以新的方式重新组合起来的操作化过程。登录的目的是从资料中发现概念类属,对类属加以命名,确定类属的属性和维度,然后对研究的现象加以命名及类属化。

开放式登录的过程类似一个漏斗,开始时登录的范围比较宽,对资料内容进行逐字逐句的登录,随后不断地缩小范围,直至码号达到饱和。在对资料进行登录时,研究者应该就资料的内容询问一些比较具体的、概念上有一定联系的问题。提问的时候要牢记自己的原初研究目的,同时留有余地让那些事先没有预想到的目的从资料中冒出来。这个阶段研究者应该遵守的一条重要原则是:既什么都相信,又什么都不相信(Strauss,1987:29)。

为了使自己的分析不断深入,研究者在对资料进行开放式登录时应该经常停下来写分析型备忘录。这是一种对资料进行分析的有效手段,可以促使研究者对资料中出现的理论性问题进行思考,通过写作的方式逐步深化已经建构起来的初步理论。这一轮登录的主要目的是对资料进行开放式探究,研究者主要关心的不是手头这个文本里有什么概念,而是这些概念可以如何使探究进一步深入下去。

在进行开放式登录时,研究者需要考虑如下一些基本的原则(Strauss,1987:30)。

1)对资料进行非常仔细的登录,不要漏掉任何重要的信息;登录越细致越好,直到达到饱和;如果发现了新的码号,可以在下一轮进一步收集原始资料。

2)注意寻找当事人使用的词语,特别是那些能够作为码号的原话。

3)给每一个码号以初步的命名,命名可以使用当事人的原话,也可以是研究者自己的语言,不要担心这个命名现在是否合适。

4)在对资料进行逐行分析时,就有关的词语、短语、句子、行动、意义和事件等询问具体的问题,如:这些资料与研究有什么关系?这个事件可以产生什么类属?这些资料具体提供了什么情况?为什么会发生这些事情?

5)迅速地对一些与资料中词语有关的概念之维度进行分析,这些维度应该可以唤起进行比较的案例;如果没有产生可以比较的案例,研究者应该马上寻找。

6)注意研究者自己列出来的登录范式中的有关条目。

二、二级编码(关联式登录)

二级编码(又称关联式登录或轴心登录)的主要任务是发现和建立概念类属之间的各种联系,以表现资料中各个部分之间的有机关联。这些联系可以是因果关系、时间先后关系、语义关系、情境关系、相似关系、差异关系、对等关系、类型关系、结构关系、功能关系、过程关系、策略关系等。在轴心登录中,研究者每一次只对一个类属进行深度分析,围绕着这一个类属寻找相关关系,因此称之为"轴心"。随着分析的不断深入,有关各个类属之间的各种联系变得越来越具体、明晰。在对概念类属进行关联性分析时,研究者不仅要考虑到这些概念类属本身之间的关联,而且要探寻表达这些概念类属的被研究者的意图和动机,将被研究者的言语放到当时的语境以及他们所处的社会文化背景中加以考虑。

每一组概念类属之间的关系建立起来以后,研究者还需要分辨其中什么是主要类属,什么是次要类属。这些不同级别的类属被辨别出来以后,可以通过比较的方法把主要类属和次要类属之间的关系连结起来。所有的主从类属关系都建立起来之后,研究者还可以使用新的方式对原始资料进行重新组合。比如,可以先设计一些图表和模型,看它们是否可以反映资料的情况,然后再考虑是否能够通过这些图表和模型发现其他新的类属组合方式。

为了了解目前这些分析方式是否具有实践意义,研究者还可以在对各种类属关系进行探讨以后,建立一个以行动取向为指导的理论建构雏形(Strauss,1987:99)。这种理论雏形将重点放在处理和解决现实问题上面,其理论基础是当事人的实践理性。

三、三级编码(核心式登录)

三级编码(又称核心式登录或选择式登录)指的是:在所有已发现的概念类属中经过系统分析以后选择一个"核心类属",将分析集中到那些与该核心类属有关的码号上面。与其他类属相比,核心类属应该具有统领性,能够将大部分研究结果囊括在一个比较宽泛的理论范围之内。就像是一个渔网的拉线,核心类属可以把所有其他的类属串成一个整体拎起来,起到"提纲挈领"的作用。归纳起来,核心类属应该具有如下特征。

1)核心类属必须在所有类属中占据中心位置,比其他所有的类属都更加集中,与大多数类属之间存在意义关联,最有实力成为资料的核心。

2)核心类属必须频繁地出现在资料中,或者说那些表现这个类属的内容必须最大频度地出现在资料中;它应该表现的是一个在资料中反复出现的、比较稳定的现象。

3)核心类属应该很容易与其他类属发生关联,不牵强附会。核心类属与其他类属之间的关联在内容上应该非常丰富。由于核心类属与大多数类属相关,而且反复出现的次数比较多,因此它应该比其他类属需要更多的时间才可能达到理论上的饱和。

4)在实质理论中,一个核心类属应该比其他类属更加容易发展成为一个更具概括性的形式理论。在成为形式理论之前,研究者需要对有关资料进行仔细审查,在尽可能多的实质理论领域对该核心类属进行检测。

5)随着核心类属被分析出来,理论便自然而然地往前发展了。

6)核心类属允许在内部形成尽可能大的差异性。由于研究者在不断地对它的维度、属性、条件、后果和策略等进行登录，因此它的下属类属可能变得十分丰富、复杂。寻找内部差异是扎根理论的一个特点。

这个阶段研究者经常问的问题是："这些概念类属可以在什么概括层面上属于一个更大的社会分析类属？在这些概念类属中是否可以概括出一个比较重要的核心？我如何将这些概念类属串起来，组成一个系统的理论构架？"此时研究者写的备忘录应该更加集中，针对核心类属的理论密度进行分析，目的是对有关概念进行整合，直至达到理论上的饱和和完整。核心类属被找到以后，可以为下一步进行理论抽样和资料收集提供方向。

核心式登录的具体步骤是：1)明确资料的故事线；2)对主类属、次类属及其属性和维度进行描述；3)检验已经建立的初步假设，填充需要补充或发展的概念类属；4)挑选出核心概念类属；5)在核心类属与其他类属之间建立起系统的联系。如果我们在分析伊始找到了一个以上的核心类属，可以通过不断比较的方法，将相关的类属连接起来，剔除关联不够紧密的类属。

让我举一个例子来说明上述三级编码的过程。当我对一些在美国的中国留学生的跨文化人际交往活动进行研究时(1998)，对资料进行了逐级的登录。首先，在开放式登录中，我找到了很多受访者使用的"本土概念"，如"兴趣、愿望、有来有往、有准备、经常、深入、关心别人、照顾别人、管、留面子、丢面子、含蓄、体谅、容忍、公事公办、情感交流、热情、温暖、铁哥们、亲密、回报、游离在外、圈子、不安定、不安全、不知所措、大孩子、低人一等、民族自尊、不舒服"等。然后，在关联式登录中，我在上述概念之间找到了一些联系，在七个主要类属下面将这些概念连接起来，即"交往、人情、情感交流、交友、局外人、自尊、变化"。在每一个主要类属下面又分别列出相关的分类属，比如在"人情"下面有"关心和照顾别人、体谅和容忍、留面子和含蓄"等；在"局外人"下面有"游离在外、圈子、不知所措、不安定、不安全、孤独、想家、自由和自在"等。最后，在所有的类属和类属关系都建立起来以后，我在核心式登录的过程中将核心类属定为"文化对自我和人我关系的建构"。在这个理论框架下对原始资料进行进一步的分析以后，我建立了两个扎根理论：1)文化对个体的自我和人我概念以及人际交往行为具有定向作用；2)跨文化人际交往对个体的自我文化身份具有重新建构的功能。

四、过程探究和条件矩阵

除了上面介绍的逐级编码的程序以外，扎根理论还特别重视对理论建构过程的探究。这个过程不是时间上分阶段的过程，而是各种概念关系之间的互动过程。随着各种外部条件和内部条件以及它们相互之间作用的不断变化,概念之间的互动关系也在发生变化。因此,扎根理论要求研究者注意这些变化,根据这些变化对理论的建构作出相应的变化,用一种动态的方式建构理论。

有关理论建构的条件,扎根理论提出了"条件矩阵"的概念。"条件矩阵"好像是一套圆圈,一圈套一圈,每一个圆圈代表现实世界的一个部分。靠近里面的圆圈代表的是那些与行为和互动更加密切的条件特征,而靠外面的圆圈代表的是那些与行为和互动比较疏远的条件特征。扎根理论在进行逐级编码时,不仅要考虑到这些条件,而且应该将它们与探究的过程联系起来。条件、过程以及研究者的行动(包括研究者与资料之间的互动)一起结合运作,最后导致理论结果的产生。

五、一个分析实例

下面,让我借用斯特劳斯在《为社会科学家提供的质的分析》(1987:12—17)一书中提供的一个实例来展示扎根理论方法分析资料的过程。这个案例来自斯特劳斯和格拉斯在一所医院里进行的实地调查,下面摘取的只是一个十分复杂的分析过程的开头。分析的资料主要来自研究者的实地观察和访谈,同时伴以研究者个人的经验性资料。

> 研究的问题是:"在医院里使用机器设备是否会(以及如何)影响医务人员与病人之间的互动?"我们在病房里看到很多机器设备被连接在病人身上,于是形成了一个初步的类属——"机器与身体的连接"——来表示这个现象。根据观察的结果,我们初步决定将机器分成两大类:连接病人身体外部(如皮肤)的机器、连接病人身体内部(如鼻子、嘴巴、肛门、阴道)的机器。这个区分引出了"机器与身体"这一类属的两个维度:内部的连接、外部的连接。然后,我们可以对这些维度进一步细分,比如有关"内部的连接",我们可以继续问:"这些机器是否给病人带来疼痛?它们对病人是否安全?是否舒服?是否可怕?"提出这些问题时,我们可以使用两分法:"是"或"不是",也可以使用一个连续体,从"强"到"弱"。当然,如此分类不只是来自我们在实地收集的原始资料,而且也来自我们自己的经验性资料(比如,人的这些内部器官非常敏感,机器连接可能使这些部位感到疼痛;那个从病人肚子里伸出来的管道看起来很可怕,所以这个管道可能不安全)。

> 上述问题与行为或事物的后果有关,如:"如果这个东西看起来如此,那么它可能会带来危害生命的后果吗?"此时,我们还可以加入一些具体的条件,如:如果病人移动得太快,或者他晚上睡觉的时候翻身,或者这个管子掉出来了,他的身体发炎了,在这样

的情况下他的生命会受到威胁。我们也可以就医务人员使用的策略发问:"为什么他们把管子这么插着,而不那么插着?"或者就病人使用的策略发问:"他是否与护士协商使用另外一种方式?"我们还可以就双方之间的互动发问:"当机器连到他身上时,他和护士之间发生了什么事情? 他们是否事先告诉他了,是否给了他一些警告? 他们是不是没有告诉他就这么做了,结果他感到很惊恐?"(最后这个问题也涉及双方互动所产生的结果)

对这些问题给予初步的回答以后,我们就可以开始形成假设了。有的假设还需要进一步通过观察或访谈进行检验,但是使用这些假设可以使我们比以前更有针对性地进行观察和访谈。我们也许会发现一个连接病人鼻子的管道虽然不舒服,但是很安全。因此,我们可以就这一点进行访谈。如果我们希望对"导致不安全的条件"继续进行探询,可以问护士:"在什么时候这些连接对病人来说不安全?"我们也可以注意观察,当病人的鼻子被机器连接变得不安全时,有什么条件出现,如连接突然断了,或者连接的方式出了问题。

这一思考线索可以进一步引导我们对维度进行细分,提出更多的问题,形成更多初步的假设。比如,对那些比较容易脱落的机器连接,我们可以问:"它们是如何脱落的? 是因为事故、疏忽,还是故意的(比如病人感到恼怒、不舒服或害怕时自己拉掉的)? 护士使用了什么策略和技巧尽可能避免或预防脱落? 如:给病人特殊照顾? 警告病人不要乱动? 强调个人的安全取决于不论多么疼都不要动或者不要拉断连接? 通过'合作'的方式,保证只连接几个小时? 定期地移走机器,使病人放松一下?"上述这些问题、假设和区分不一定"属实",但是如果"属实",我们可以进一步就此进行探究,找到"是—不是—可能"和"为什么"。我们需要问很多有关条件和后果的问题,这些问题不仅涉及到病人本人,而且还涉及到病人的亲属、护士、不同的工作人员、病房的功能,还可能问到对某些机器部位的重新设计。

上述比较有针对性的探究会自然地引导我们追问:"我可以在哪里找到'X'或'Y'的证据?"这里提出了"理论抽样"的问题。通过前面的调查,现在我们开始为那些初步出现的(也许是十分原始的)理论寻找有关的人群、事件和行动作为抽样的依据。对于研究新手来说,这个抽样通常是隐蔽地在比较的活动中进行的,主要是对不同的子维度进行对比。比如,我们可以对比那些使病人感到舒服和不舒服的机器。我们已经想到了各种机器连接会给病人带来各种不适和焦虑,但是我们还可以到实地去观察,对比当一个危险的脱落发生时的情形与一个不危险的脱落发生时的情形有什么不同。假设,医院突然停电了,我们可以观看机器断电时会发生什么情况。结果,我们可能发现各个病房的情况很不一样。在一个没有为停电做准备的大楼里,护士们花了整整两个小时为病人做人工救急。

受到上述理论的导引,我们还可以更加广泛地进行抽样。比如,就其他机器的安全和舒适程度进行抽样,看这些机器是否与人的身体相连,如 X 光设备、飞机、烤面包机、锄草机或那些受雇在街上打破水泥路面的工人手中的机器震动时身体的震荡。这么比较不是为了对所有的机器(或安全的/危险的机器)形成一个概括性的理论,而是为了给在医院环境下使用医疗设备的有关理论提供理论敏感性。我们的外部抽样是与内部抽样紧密相连的。当然,这些比较也可以从我们自己的其他经验资料中获得(即所谓的"逸事比较")。比如,我们自己与机器有关的个人经历、观看别人使用机器、阅读有关机器的小说或报告文学等与目前这个医院里的情形有什么不同。

本章对质的研究中的理论建构方式进行了一个简单的探讨,重点放在质的研究对理论的态度和定义、理论在质的研究中的作用、质的研究中建构理论的主要思路和方法。在此,我着重介绍了扎根理论的研究方法,因为这种方法在质的研究中是一个比较重要的旨在建立理论的方法。事实上,在质的研究中存在很多其他不同的建构理论的方式,研究者个人所受训练的流派不同、看问题的方式不同、研究的情境不同,都可能使研究者采取一种不同的对待和处理理论的方式。因此,研究者在建构理论时,需要采取一种开放、灵活的态度。

第二十一章　研究结果的成文方式

——我可以如何说我的故事？

　　撰写研究报告是科学研究中至关重要的一环，每一项研究都需要最终将结果呈现给公众，接受公众的检验。作为研究者和"作者"，我们在与公众分享自己的研究成果时不仅需要有一定的研究能力和写作能力，而且需要有一定的社会责任感。如何将我们在研究中获得的知识用一种对读者来说有意义的方式呈现出来，而与此同时意识到我们作为"作者"的权力和影响——这不是一件容易的事情。

第一节　什么是质的研究中的"写作"

　　从表面来看，写作是将流动、模糊、复杂、多面相的现象和观点用概念捕捉住，然后以具体的语言符号表现出来这么一个过程。但实际上，写作还可以发挥很多其他的作用。除了展示研究结果、说明研究现象以外，写作还可以被用来思考问题、与不同意见展开辩论或对话、说服假想中的读者、建构社会现实等。下面对质的研究中写作的主要特点和作用作一初步探讨。

一、写作是思考

　　通常我们很容易同意这样的观点，即写作可以帮助作者进行思考。而在质的研究中，写作不仅可以"帮助"我们思考，对我们的思维方式和内容进行挖掘和澄清，而且它本身就是思考。思考与写作的关系是一个既相互独立又相互依赖的关系，在某些情况下思考可以脱离写作，但写作却永远无法脱离思考。"作者"在写作的时候一定同时也在思考，通过写作发现自己在思考什么问题、自己的思考中还存在什么漏洞、自己思想上的困惑可以如何得到解决。比如，在分析资料阶段，写作不仅迫使我们将不同的概念类属连接起来，重新对原始资料和分析框架进行思考，而且可能要求我们再回到实地收集更多的或不同的资料。在撰写研究报告时，我们不仅用语言把研究结果呈现出来，而且同时也在对研究结果进行重新构建。每一次写作都是一个思考的活动,都可能产生原来没有预料到的结果。从这个意义上来说,写作还是一种求知的方式,"我写是因为我想知道在写之前我不知道的事情"(Richardson,1994:517)。写作可以使我们进一步发现自我,找到自己真正感兴趣的研究问题以及自己的切身"关怀"。

如果我们同意写作本身就是思考的话,那么写作的过程实际上也就是作者不断做出决策的一个过程。写作并非是一个简单的、工具化的机械运动,而是一个包含了理论与实践之间相互作用的行动历程。在写作中,作者需要不断地与资料和理论进行对话,从原始资料中寻找意义解释,同时在自己的思想和现存理论中寻找分析的线索。因此,写作不应该留到研究的最后阶段进行,也不要希冀在某特定时间内一口气完成。相反,写作应该在研究一开始时就进行,作为一种思考活动贯穿于研究的全过程。

由于写作是一个动态的决策过程,因此在写作时我们应该时刻保持一种健康的怀疑态度。我们应该认识到,自己的写作永远只是知识建构过程中的一部分,永远不可能完满无缺。写作是对"现实"一次又一次的重新解说,目的是从不同的角度对研究现象进行结晶。每一次结晶都只是从一个角度对"现实"进行昭示,因此也必然是不完全的,不完美的。然而,通过无数次不同角度的结晶,"现实"的各个部分、各个层面和各种关系会相对明晰地凸现出来。

二、写作是对现实的建构

由于大部分研究结果是用语言写成的,而语言决定了我们看世界的方式,因此质的研究认为写作本身也就是对研究现象的一种建构。语言不仅仅是一个透明的、反映客观社会现实、传递思想的工具,而且具有塑模现实、创造意义的形成性力量。语言在特定的历史和地域环境下建构了人的主观性,塑造了人看待事物的视角和方式。例如,在质的研究中,被研究者是通过语言叙事的方式来理解自己和他人的生活的,而研究者也是通过语言叙事的方式来写被研究者的生活的。被研究者在叙事结构中通常将自己的生活经历用时间顺序排列起来,而大部分叙事写作就是建立在这样一种论理形式之上的。因此,所谓"清晰的写作"实际上是对"混乱的世界"的一种重构。对他人语言的表达不应该被视为社会"真相"的反映,而应该作为作者对他人意义的呈现,反映的是他人对世界的解释①。

----

① 蓝永蔚(1999:35)认为,即使"反映他人对世界的解释"也是十分困难的,因为:1)这种表达无论如何总是经过了作者主观的过滤;2)语言不能脱离时空情境,而"对他人语言的表述"很难做到,因为作者本人很难摆脱"主观性";3)由于人文社会科学的模糊性,对同一语言可以有各种解释。我非常同意他的观点。我也认为,"对他人意义的呈现"只可能是作者与他人在特定情境下相互对话的结果,是作者在此时此地作出的解释。

作为语言的一种形式,写作既受到文化的制约,同时又创造了文化本身。写作不仅可以帮助作者发现和探究现实及其文化,而且更重要的是帮助作者建构现实及其文化。作为作者,我们总是在一定的时间和地域内、通过一定的角度、作为一个"人"在写作,我们永远无法(也没有必要)避免自己的"主观性"。因此,我们没有必要(也不可能)希冀扮演一个"上帝"的角色,在一个文本中向所有的人说所有的事情。在社会科学中,没有任何事情可以为自己说话,所有的研究结果都经过了研究者个人"主观性"的过滤。"任何一个经历都是一个被经历着的经历",而不是一个"客观的"、发生在真空中的、没有参与者主观意识的经历。研究报告是研究者创造的一个文本,呈现的是研究者自己的自我,这个文本的所属是"我"而不是"他们"(Denzin,1994:503)。作者的自我与其写作的主题就像是一对双胞胎,同时降生到这个世界上。写作的主题可以由作者本人来塑形,作者写作的时候也可以有很多不同的路可走。因此,研究者在写作时不只是在"发现世界",而且是在尊重原始资料的基础上"建构世界"。

作为作者,我们可以对同一个故事说了又说,而如果我们交代了自己的立场和视角,所有这些版本都没有所谓"对错"和"高低"之分。只要我们不断地从不同角度、用不同方式对社会现实进行勾勒和透视,在不同的时间、对不同的读者、用不同的方式对其结晶化,那么这个结晶体就不仅能够反映其外部或某一部分的形状,而且从内部折射,向不同的方向发出不同的颜色、光束和形状。在质的研究领域,一些研究者对上述多重透视、多重结晶的方式进行了十分有益的尝试。例如,沃尔夫(M. Wolf)在《三次述说的故事》(1992)中使用了三种不同的文体(虚构的故事、田野记录、社会科学论文),对自己的研究结果进行多重呈现。卢卡斯(J. Lukas)在《共同的立场》(1985)中从三个不同家庭的角度对波士顿地区中小学生种族隔离的情况进行解说:一个是长期居住在本社区的白人劳动人民家庭,一个是最初忠实于城市但最终迁居郊区的白人中产阶级家庭,另外一个是曾经参与民权运动的黑人劳动人民家庭。由于各自不同的立场和利益,他们对同一事件所说的故事不仅很不一样,而且从不同角度将同一问题透射出来。

除了表达被研究者的意义解释以及建构研究者自己所了解的社会现实,写作从一定意义上说还是一种召唤,作者召唤读者与自己一起来参与对社会现实的建构。作者通过写作所表现的自我和主题是作者本人的一种行动表达,具有社会实践的作用。作品是作者与读者交流的一种方式,作者在写作时实际上是在向读者呼唤理解和共鸣。读者在阅读作品的同时也在与作者展开对话,通过自己对文本的再诠释重新对社会现实进行一次建构。

三、写作是权力和特权

除了思考问题和建构现实,质的研究中的写作还是一种权力和特权。写作是作者拥有的一种权力,作者可以通过写作对被研究的对象进行文字上的处理。表达别人的经验——这本身就是一种权力,就是一种"征服"。研究者借助自己的思维方式和概念体系对被研究者的生活和意义加以"理解",并且用自己的语言表述出来,这本身就是一种权力的介入(利奥塔,1997)。当我们在"写"社会科学时,我们实际上是在使用自己的权力"写"自己的研究对象。被研究者成了我们写作的内容,通过我们的笔,他们的生活故事被公布于众。

写作不仅允许我们将别人的故事说出来,而且允许我们用自己的方式把这些故事说出来。而无论我们写什么、如何写,实质上都是在表现我们自己。我们透过别人的故事在陈述自己的观点和感受,利用自己作为作者这一特权向公众"兜售"自己的东西。而在社会科学领域,无论我们生产什么东西都涉及到价值观念,质的研究中的写作也是如此。当我们选择以某种方式写某些事物以及这些事物之间的某些关系时,我们已经在利用自己作为"作者"的身份向公众表达自己的某些价值取向。因此,我们应该不断地追问自己所拥有的权力的合法性:"我在为谁说话?对谁说话?我在用什么声音说话?我有什么权利为别人说话?我有什么权利写他们的生活?我这么做是为了达到什么目的?我写作时使用的是什么样的标准?在我的写作中什么样的社会关系、权力关系或性别关系正在被复制?我的写作是不是又在延续一个不平等的制度?我的写作可以如何向这个制度挑战?"(Richardson,1990)

既然我们意识到自己所拥有的权力和特权是可以被挑战的,那么我们在写作时应该有意识地控制或调整对这些权力和特权的实施。我们应该尽量地让被研究者为自己说话,使用他们自己的语言和视角表达其观点和感受。每个人都有自己的故事,我们应该让他们行使把自己的故事说出来的权利。在质的研究的写作中,说话的应该是多重声音,而不是一个单一的"作者"的声音。

与此同时,我们也应该意识到,在被研究者群体里也存在着等级和权力上的不平等,我们应该看到他们之间的权力斗争,有意识地给那些历史上没有声音(或声音微弱)的人以说话的机会。我们的研究报告应该让被研究者(无论他们的社会地位是多么地"卑微")使用自己的语言,讲述自己的故事。而他们的故事一旦被说出来,就会对他们自己文化的建构产生影响,在其文化的形成中加入不同的声音(Smith,1979:325)。因此,作为作者,一方面,我们应该努力"放弃"(或"悬置")自己的权威,让被研究者自己说话;

而另一方面,我们应该担负起作者的责任,为弱小的声音和沉默的声音摇旗呐喊①。

质的研究中有很多可以用来表示作者对自己的特权有所意识的具体做法,其中一个比较流行的做法是使用第一人称叙事方式写研究报告。受实证主义的影响,20世纪70年代以前质的研究报告大都采用第三人称形式,以确保报道角度的"客观性"。然而,近年来质的研究界越来越意识到研究者个人对研究的影响,开始使用第一人称叙事角度再现研究者个人的身影。这么做被认为有利于把研究者当成一个活生生的"人",一个在其他的"人"中间进行研究的"人",而不是一个无所不在、无所不知的权威,高踞于其他人之上对世界进行全方位的观看。通过第一人称作者的叙述,被研究者也成了活生生的、与研究者本人具有千丝万缕联系的"人",而不只是一个被物化了的"样本",被动地供研究者探究。使用第一人称还可以使读者透过研究者个人的眼睛看到研究的过程,了解研究者自己对研究方法和结果的反省②。

由于质的研究者对自己作为作者之权力和特权的认识在不断深化,质的研究报告的写作风格也经历了一次又一次的变革。一个总的变化趋势是:从写历史"史实"到写当事人的生活故事,从写宏大理论到写地域性知识,从写学术观念到写实践行动,从写语言到"写文化",从表达单一声音到表达多元声音(Clifford&Marcus,1986)。作为作者的质的研究者也越来越意识到,自己在写作时实际上同时在扮演着不同的角色,代表着不同的身份,发出不同的声音。这些角色、身份和声音始终贯穿于研究者的写作之中,研究者永远也无法逃离自己的"主观性"和"客观"权力。

---

① 我意识到这两种立场之间可能发生冲突,特别是在后者的情况下,我们很难知道自己为之"摇旗呐喊"的是否属于"弱小的声音",自己是否真的在为他们"摇旗呐喊",如此"摇旗呐喊"到底有什么后果。我想,这只能依靠研究者自己根据当时当地的历史、文化条件以及自己的价值观念来作出判断,希冀找到一个固定的、清楚的、适合于所有情境的衡量标准显然是不可能的。

② 虽然大部分质的研究者现在都使用第一人称叙事角度写研究报告,但是也有人对过分"滥用"研究者个人身份的做法提出了异议。比如,林肯和丹曾(1994)曾经尖锐地指出,当我们强调在研究报告中再现研究者的身影时,我们实际上是在做一个虚假的分界,似乎认为研究者的"个人自我"可以与其"研究自我"相分离,这个世界上存在着一种没有作者痕迹的文本。而质的研究的实践使研究者越来越明确地意识到,自己不可能变成"他人";现在的研究者不可能再像自己的前辈那样,声称自己与本地人一起生活过,因此可以了解他们。现在的研究者可以说的只是,自己与他们生活的距离曾经很近,因此有一些理解他们的生活世界的线索。因此,现在的任务不是让研究者的"个人自我"完全统治文本,使研究报告成为一种"自我中心"、"自恋"和"自我放纵"的地方,把研究的内容本身挤出研究报告(Bruner,1993;Ellis,1991,1994; Ellis & Bochner,1992)。

第二节　成文的方式

写质的研究报告可以有很多种方式,因研究的问题、目的、理论框架、收集和分析资料的方法、研究的结果、研究者本人的特点以及研究者与被研究者之间的关系等不同而有所不同。研究者应该根据自己的具体情况(特别是自己所收集的资料的特性)作出相应的选择。

一、研究报告的组成部分

一般来说,不论研究者采取什么样的写作风格,研究报告通常包括如下六个部分:1)问题的提出,包括研究的现象和问题;2)研究的目的和意义,包括个人的目的和公众的目的、理论意义和现实意义等;3)背景知识,包括文献综述、研究者个人对研究问题的了解和看法、有关研究问题的社会文化背景等;4)研究方法的选择和运用,包括抽样标准、进入现场以及与被研究者建立和保持关系的方式、收集资料和分析资料的方式、写作的方式等;5)研究的结果,包括研究的最终结论、初步的理论假设等;6)对研究结果的检验,讨论研究的效度、推广度和伦理道德问题等。

虽然上述程式与一般研究报告所要求的程式基本一致,但是与量的研究报告相比,质的研究报告的形式一般比较灵活。首先,上述这些部分不一定在所有质的研究报告中出现。比如,有的研究报告就没有独立的文献综述部分,而是将文献资料糅入到对原始资料的分析之中。其次,研究报告中各个部分的内容不一定严格按照上述秩序排列。比如,为了吸引读者的注意,有的作者将研究结果放在报告的最前面,而把对方法的反省放在论文的最后。有的作者为了表明自己的研究结论有原始资料作为支撑,在正文中讨论了研究的结果以后,把原始资料作为附录全部附在论文的结尾。如果研究报告是博士论文,作者大都将方法篇放在研究结果的前面,以示研究的规范性和严肃性。而如果研究报告作为一般的学术书籍出版,作者则大都将对方法的探讨放在附录里,正文只讨论研究的结果。有时,为了满足特定读者的需要,有的论文只集中讨论某一方面的问题。例如,对研究的资助者,作者通常只需要提供研究的结论,因为资助者通常对研究的过程不感兴趣。一般来说,不论采取什么方式或报道顺序,所有在研究设计中提到的部分都应该在研究报告中有所交代。

二、处理研究结果的方式

质的研究者在具体写作时往往有自己处理研究结果的方式,通常是因人而异、因材料而异、因研究的目的和问题而异。比如,有的人喜欢从具体的事情开始,将自己所有收集到的故事进行分类,然后以人物为单位进行个案的呈现。有的人喜欢从比较概括的层面开始,从研究结果中挖掘出来的理论问题出发进行探讨。还有的人喜欢将资料混合使用,同时在概括和具体之间来回穿梭(Weiss,1994:184—185)。

一般来说,质的研究处理研究结果的方式可以分成两大类型:类属型和情境型。这两大类型与前面第十九章中关于资料分析的思路有相似之处,但是资料分析中的"类属分析"和"情境分析"指的是资料分析时的具体策略,而这里所说的两大类型是写作研究报告时处理研究结果的方式。虽然它们在思路上十分相似,但是它们处理的是研究的不同阶段和不同方面的问题。

1. 类属型

类属型主要使用分类的方法,将研究结果按照一定的主题进行归类,然后分门别类地加以报道。一般来说,类属法适合如下情况:1)研究的对象(人、社会机构、事件等)比较多,很难进行个案呈现;2)研究的结果中主题比较鲜明,可以提升出几个主要的议题;3)资料本身呈现出分类的倾向,研究者在收集资料的时候使用的是分类的方式。比如,我在对中国贫困地区的一些辍学生进行研究时,从他们自己的角度将他们辍学的过程、原因、辍学后的去向、心情、打算、各类人对辍学生的反应等进行了分类描述和分析。

类属型写作的长处是:1)可以比较有重点地呈现研究结果;2)逻辑关系比较清楚,层次比较分明;3)符合一般人将事物进行分类的习惯。但其弱点是失去了如下重要信息:研究的具体场景、被访者的个性特征和生活故事、研究者使用的具体方法、研究的过程、研究者与被研究者之间的互动关系等。有时候,为了将研究的结果分成类别,研究者难免删去一些无法进入类别但对回答研究的问题却非常重要的信息。

2. 情境型

"情境型"非常注重研究的情境和过程,注意按事件发生的时间序列或事件之间的逻辑关联对研究结果进行描述。由于注重研究或事件的具体情境,情境法通常将收集到的原始资料按照个案的方式呈现出来。个案可以涉及一个人、一个社区或一个事件,也可以由数人、数个社区或数个事件拼接而成。个案所表现的内容可以是一个自然发生的故事,也可以是一个按时间顺序排列的各种事件的组合。

情境法的长处是:1)可以比较生动、详细地描写事件发生时的场景;2)可以表现当事人的情感反应和思想变化过程;3)可以揭示事件之间的衔接关系;4)可以将研究者个人的自我反省即时地揉入对研究结果和过程的报告中。由于个案保留了事件发生时的社会、文化和文本情境,内容比较具体、生动、逼真,比那些抽象的、概括性的陈述更加吸引人(Weiss,1994:167)。一个好的个案能够将读者直接带到研究现象的现场,带到当事人的生活情境之中,使读者对研究的问题获得比较直接和直观的理解。

虽然情境法有上述各种长处,但是也有自己致命的弱点。这种写作手法不太符合一般人概念中的"科研报告",没有将研究结果分门别类地列出来,通常也没有将研究方法和结果分开处理。一方面,对于那些想一眼看到研究结果而对研究过程不感兴趣的人来说,这种叙事方式往往使他们感到"浪费时间"、"不够简洁"、"含糊不清";另外一方面,对于那些习惯于看到分门别类的研究结果的人来说,这种方式也显得不太"正规"、太"文学化"、太像在"讲故事"。

3. 结合型

从上面的讨论中,我们看到,类属法和情境法分别有自己的长处和短处。因此,在写作中,我们可以扬长避短,同时结合使用这两种方式。比如,我们可以使用类属法作为研究报告的基本结构,同时在每一个类属下面穿插以小型的个案、故事片段和轮廓勾勒。我们也可以以情境法作为整个报告的主干叙事结构,同时按照一定的主题层次对故事情节进行叙述。不论是以分类为主、辅以个案举例说明,还是以叙事为主、辅以类属分析,结合使用两者总会比单独使用其一更具说服力。

我在自己的博士论文《旅居者与外国人——中国留美学生跨文化人际交往研究》(1998)的写作中就有意识地结合了这两种方式。论文中有关研究结果的主体部分使用的是类属法,由我在研究中发现的七个本土概念作为七章的叙述主题。与此同时,我在这七章里结合使用了情境法,讨论每一个重要的概念时都引用了一些小故事、访谈片段或当事人自己的叙述,将对主题的讨论放置到具体的情境之中。此外,我还在这七章的前面讲述了一位留学生的故事,将这个故事作为一个个案;而这个个案所呈现的主要问题又都与后面的七个主题密切相关。通过结合使用类属法和情境法这两种不同的写作手法,我希望既突出研究结果的主题层次,又照顾到研究结果发生时的自然情境以及我与被研究者之间的互动关系。

然而,要在分类法和情境法之间保持一种平衡是一件很不容易的事情。在上述论文中,尽管我努力在这两者之间求得一种和谐和互补,但是在行文时我始终感到在这两者之间存在一种相互抗衡的张力。由于整个论文的框架是建立在分类基础之上的,所以对研究结果的呈现仍旧显得比较僵硬。虽然此研究是一个追踪调查,研究结果在很大程度上具有时间流动性,可是由于篇幅的限制以及分类型总体结构的特点,很多情境性的、动态的研究结果仍旧无法充分地表现出来。

第三节　写作的基本原则

不论采取何种处理研究结果的方式,质的研究者在写作时一般都遵守一些基本的原则。下面对一些在质的研究领域讨论得比较多的有关的问题进行一个简单的评介。

一、"深描"

质的研究报告特别强调对研究的现象进行整体性的、情境化的、动态的"深描"。通常,研究报告在讨论研究结果之前有一定的篇幅介绍研究的地点、时间、社区、任务、事件、活动等。即使在对研究结果本身进行报道时,研究者也十分注意事情的具体细节、有关事件之间的联系、当时当地的具体情境以及事情发生和变化的过程。质的研究的写作的一个很大的特点就是描述详尽、细密,力图把读者带到现场,使其产生"身临其境"之感。

之所以强调对研究现象进行"深描",是因为质的研究认为研究的结论必须有足够的资料支持。作者必须为研究结果中的每一个结论提供足够的资料证据,不能只是抽象地、孤立地列出几条结论或理论。作者在论证自己的研究结论时,必须从原始资料中提取合适的素材,然后对这些素材进行"原本的"、"原汁原味的"呈现。很多时候,资料本身的呈现就说明了作者希望表达的观点,不需要作者明确地对自己的观点进行阐发。如果作者一定要明确提出自己的观点,这些观点必须符合原始资料的内容,不能随意超出资料所指涉的范围。例如,心理动力民族志研究者柯累克(W. Kracke, 1978:137)认为,研究者在提供自己的研究结果时,必须非常详细地把自己的访谈资料摆在作品中,从各个方面向读者展示自己进行心理分析解释的资料基础。与那种简单地用结论来重复或证实自己的观点的数学论证方法相比,民族志研究者在提出自己的看法时必须提供详尽得多的原始资料:

> "重要的事并不是要迫使报道人对(某种解释)提供肯定或否定的答案。'是'的回答也许仅仅是一种义务性的附和,'不'的回答也许只意味着他羞于承认。重要的事应该是考虑此报道人是否继之更为公开地表达他的观点,更加精致地论说它,或者增添上别的思想和记忆以修饰他的观点,使之更易理解,与他的生活的关系更明朗化。"

在"深描"中,研究者大都详细引用当事人自己的原话,提供较多的未经研究者分析过的原始资料。有关使用当事人引言和研究者分析语之间的比例,质的研究界目前还没有一个统一的认识(我怀疑是否有统一认识的必要,但是这个问题确实在质的研究界被认为是一个"问题")。有人认为,引言与分析的比例应该是4∶6;有人认为应该正好相反,是6∶4;但是也有人认为,频繁地从当事人引言转到研究者的分析可能给读者的注意力转换造成困难,建议增加分析型描述的比例(Weiss,1994:192)。我认为,这个问题应该视具体情况而定,特别是应该视研究的问题和目的而定。如果研究是以描述为主,我们可以多使用当事人的直接引言和行为;而如果研究是为了探讨某个理论问题,引言的比例就可以小一些。无论进行何类研究,我想,应该牢记的一个基本原则是:列举引言的目的是为了支撑作者从资料中抽取出来的有关主题,是为了说明问题,而不是为了列举本身而列举。因此,如果原始资料中有关某一个观点的当事人引言比较多,通常列举一两个例子就可以了,不必将所有有关的例子都列举出来。如果为了说明持同样观点的人很多,也可以列出有关的人数和次数。

在具体使用引言的格式方面,质的研究者通常持两种不同的态度:1)保留主义的态度;2)标准化的态度。持前一种态度的人在引用当事人的语言时尽量使用他们的原话,甚至包括各种语气词(如"嗯"、"啊"、"哎"等)和停顿,目的是尽可能准确地保留说话人的言语和非言语行为,包括态度、情感等。这些研究者认为,语言(包括言语行为和非言语行为)是一个人自我的呈现,应该尽可能真实地将它们再现出来。对引言持"标准化"态度的人认为,将当事人的原话原封不动地引出来可能给读者造成困难。引言中不时穿插以停顿和语气词不仅不符合一般读者所习惯的书面语的规范,而且容易给读者一种印象,好像谈话人没有受过足够的正规教育。因此,他们提倡对资料进行标准化的编辑,比如删掉没有实质性意义的语气词、停顿、重复的话语、非言语表情等。特利普(D. Tripp,1983:35)认为,口头文字和书面文字在传递信息方面具有十分不同的功能,如果将口头文字逐字逐句地呈现在书写形式中,读者可能根本无法理解。读者与作者对这些口头文字的理解所具有的基础是很不一样的,作者曾经亲耳听到过这些语言,而读者却只能依靠文字再现当时的情境。因此,如果作者将口头文字照搬到写作文本中,实际上是改变了该文字的理解基础,因此也就改变了该文字意欲表达的意义的内容和结构(Moffett,1968)。因此,为了在写作中有效地传递说话人的意图,作者必须进行必要的修改。我认为,我们可以采取一种折中的方式,在尽量保持原话的同时,对一些重复的语气词、谈话之间长久的沉默等进行编辑。如果我们对某些内容有所省略,应该用省略号标示出来,必要的时候还可以用文字直接说明(如:"此时说话人沉默了三分钟")。如果引言的自然顺序与我们希望写作的顺序不相吻合,我们也可以在写作时重新组织,但是应该在引言之前加以说明。

在写作研究报告时,直接引言应该用引号标出来,以示与正文相区别。在写初稿时,我们就应该将引言完整、准确地写下来,同时将引言的具体出处标出来,如来自对某人某次访谈的记录的某页。如果我们为了一时图方便或节省时间只将引言的大意记下来的话,今后在定稿的时候会遇到很多麻烦。由于当时没有明确的标记,我们将很难准确地对这段引言的原文进行引用,也很难迅速地找到该引言的上下文语境。

二、注意作者自己的态度和语言

在写研究报告时,研究者除了应该对研究的现象进行"深描"、适当地引用当事人的语言以外,还应特别注意自己的态度和语言。由于质的研究强调对研究现象进行细致的描述性分析,因此质的研究者一般不太习惯(或者说"不敢")提出十分明确、肯定的政策性建议。如果一定要对某些现实问题提出改进意见的话,他们通常采用比较弱化的方式,如提出本研究结果可能产生的引申意义,分享自己对某些问题的思考,对今后的工作提出推荐性意见等。即使如此,他们也十分小心,不超出资料的范围而空谈。有时候,研究者自己对研究的现象有一些感觉、印象或猜测,但是却没有原始资料作为依据,此时他们可能与读者分享自己的这些感觉,但同时说明这只是自己的感觉而已,并解释自己为什么会产生这些感觉。如果研究者提供一些线索作为论证的依据,读者可以根据这些线索自己判断该感觉是否合理。

研究者自己的语言一般可以分成描述型语言(即研究者对研究现象的描述)和分析型语言(即研究者对研究现象的分析)两类。在写研究报告时,我们应该注意不要把这两者混淆在一起。虽然"描述"不应该被认为是作者对"事实"的"客观"描述,但是对事物本身的描述与作者本人对事物的分析——这之间还是存在差异的。前者可以被视为一种"隐蔽性分析",而后者则是一种直接的"介入性分析"。如果将两者混在一起,很容易造成对读者的误导。比如,在下面这段话里:"我在观察汪小玲时发现她十分喜欢赶时髦,虽然来自安徽农村,却有意识地按照上海一些年轻人的样子把自己的头发染成了金黄色",作者对汪小玲染发的"客观事实"进行了描述,但同时又对她染发的动机进行了分析,如"喜欢赶时髦"、"有意识地……"这种述说方式将"事实"和作者的"推论"混杂在一起,给读者了解两者之间的区别造成极大的困难。如果换一个说法可能会比较清楚一些,如"我在观察汪小玲时发现她把自己的头发染成了金黄色,根据我对她的了解(这里可以进一步列出有关的证据),我想她这么做是为了赶时髦。虽然来自安徽农村,她希望自己看上去像一位上海的年轻人"。

无论是使用描述性语言还是分析性语言,研究者都应该避免使用对被研究者直接进行价值评价的语言。比如,如果研究者了解到按照国家的规定某少数民族人口中有30%的人可以被认为是"文盲",那么在报告中应该如实地将这一"事实"报道出来:"该民族人口中30%的人按照国家有关规定可以被认为是文盲,他们不会读书、写字",或者根据国家对"文盲"的定义更加具体地对这些人的文化水平进行描述,如"该民族人口中的30%是文盲,他们不能读一般的报纸,不会写信和一般的应用文,也不会对小学三年级的算术进行运算"。上述比较直接"客观"的描写可以使读者了解作者所说的"文盲"是处于一种什么具体的状态。而如果作者像我的一位学生所做的那样,在研究报告中写道:"该民族人口中有30%的人是文盲,这是一个落后的民族",便非常不恰当。作者个人的价值判断毕竟只能代表作者个人或作者所属的某些文化群体的观点,而作者目前所表现的这个少数民族的人们可能并不这么认为,也许对于他们来说,"不识字"不是什么大不了的事情,而且"不识字"并不等于他们的文化就"落后"。

在撰写研究报告时,我们也可以适当地使用前人的理论,对自己的研究结果或理论假设进行补充或对照。具体地说,质的研究报告在使用前人理论时通常采取如下几种不同的方式:1)将理论放在结果前面的文献综述部分进行介绍,指出这些理论将为后面的结果分析提供一定的理论指导;2)将理论放在研究结果之后,与前面的研究结果进行对照;3)将理论与研究结果融合为一体,在对原始资料进行分析时有机地运用这些理论。介绍和使用前人的理论涉及到研究的"主"、"客"位关系问题:一方面,作为研究者群体的一员,我们希望与其他成员对话,使用其他成员能够听得懂的理论性语言讨论自己的研究成果;而与此同时,我们又十分看重自己的具体研究情境,特别是自己的研究对象所关切的问题,希望从他们的角度重构他们的世界。很显然,这两者之间存在着张力。因此,在写作阶段(就像在质的研究的其他阶段一样),我们也需要十分慎重地对待使用前人文献的问题。

在质的研究报告中,研究者不仅要有一种开放的态度,谨慎地使用自己的语言,而且要用一种反思的态度详细报道研究的过程。在写作的时候,研究者需要不断追问自己:"我是如何获得手头这些资料的? 我的研究结论是如何得出来的? 我的理论假设建立在什么基础之上? 此项研究的可靠性是如何进行检验的? 研究中还存在什么漏洞? 我可以如何进一步改进?"传统的"科学论文"一般不对研究的过程进行报道,特别是研究者个人的思考,好像一切都在真空中发生,具有绝对的"客观性"和价值"中立性"。这样的研究报告通常给读者一种错觉,以为科学研究就是如此进行的,对其结果不予以任何质疑。研究者如果要帮助读者"去除"对"科学研究"的"神秘感",邀请读者参与到对社会现实的建构之中,就应该有一颗平常人的心,像一个平常人那样谈论自己的研究,真诚坦率地与读者分享自己内心的激动和困惑。

三、考虑写作的对象——读者

在写作质的研究报告时，我们还应该考虑到自己的读者是谁。通常不同的读者群对作品有不同的要求，因此需要根据读者的特点使用不同的写作风格和写作规范。当面对不同的读者时，我们要考虑到他们的知识水平和认知方式，用他们听得懂的语言与他们交流。如果我们不考虑读者，只是根据自己的想法进行"独白"，那么，即使我们的报告写得再"好"，也无法达到撰写报告的目的。

一般来说，如果我们的读者是学者，他们对研究的结论和论证过程会十分注意，特别是建立理论的逻辑步骤和理论的丰富性。因此，我们在报告中需要为结论提供足够的资料证据，而且对推论过程加以详细的说明。如果对资料的分析可能导致不同的结论，我们还应该在研究报告中对这种可能性进行探讨。

如果我们的读者是技术人员，他们可能对研究结果的可行性十分注意，因此他们可能希望了解研究问题的证明过程和严谨程度，如使用资料的可靠性、使用的证明方法是否合适、每一步证明的逻辑性是否强、研究的设计是否可行等等(蓝永蔚,1999:36)。因此，我们在写作的时候需要把重点放在论证的严谨性方面。

至于那些出钱请我们从事研究的"案主"，如企业、公司或国家机构，他们一般最希望知道我们对那些他们视为是"问题"的现象有何看法、我们认为可以如何改进。此时，我们的写作需要明确、简洁，列出问题所在，提出解决问题的方案(虽然只可能是初步的方案)。如果研究涉及敏感性话题，我们还需要事先与案主商量，寻求调和的办法。

如果读者是一般大众，他们的主要兴趣是了解内情，对研究的过程和结果的真实性一般不太关心。这样的研究报告不要使用过于生僻的专业术语，以适应一般读者的阅读水平。对于那些过于理论性的观点和方法论方面的问题，作者应该使用通俗易懂的语言对其进行解释，使读者明白作者的确切意思。为了使这些读者把握研究的整体情况，作者在写作研究报告的中途应该不时提供阶段性总结，不要把所有的总结都放到最后。总之，这类研究报告的内容应该丰富多彩，文风生动活泼，分析层次清楚，具有较强的可读性(Weiss,1994:186—188)。

有时候，我们的研究报告需要同时满足一种以上读者群的要求，如学术界和一般民众。在这种情况下，我们不仅应该注意文笔的生动和内容的丰富，还要注意自己论证的严谨性和结论的可靠性。这样，我们才有可能照顾到两类不同读者群的要求，做到雅俗共赏。

总之，在撰写研究报告时，我们不仅要对自己的工作和自己的作用十分了解,而且还要了解我们的读者是谁,他们有什么愿望和需求。如果我们对读者的要求保持沉默,什么也不说,这本身便是一种姿态,说明我们对读者的需要不敏感、不重视。另外,从建构主义的观点看,考虑到不同的读者的特点和需求本身就是对他们眼中的"现实"的认可。当我们根据上述不同读者的需求使用不同的风格写自己的作品时,我们已经在对他们眼里的、有可能与我们的看法不一致的社会现实进行辨认和归类。

第四节 民族志的写作风格

上面我对质的研究中"写作"的定义、成文的方式(包括研究报告的组成部分、处理研究结果的方式以及写作的基本原则)进行了一个简要的探讨。下面,我将重点介绍质的研究中一个主要的分支"民族志"的写作风格。正如上面各章不时提到的,民族志是质的研究中一个使用得十分广泛的研究方法。这种方法不仅在研究的设计和实施方面有自己的特殊要求,而且在写作上也具有比较明显的特色。封·马南(Van Maanen, 1983, 1988)通过广泛的调查,认为至今为止民族志的研究结果主要由下面七种方式写成:1)现实主义的故事;2)忏悔的故事;3)印象的故事;4)批判的故事;5)规范的故事;6)文学的故事;7)联合讲述的故事。他在《实地里的故事》(1988)这本书里主要对前面三种方式进行了介绍,并且从自己的研究报告中提供了一些实例,对后面四种方式只是简单地讨论了一下其特点。下面我结合自己的理解以及其他有关文献对这七种写作方式进行一个简单的评介。

一、现实主义的故事

"现实主义的故事"的写作风格是纪实性的,作者对一些典型事例、文化模式或社区成员的行为进行详细的描述。使用这种文体讲故事的人是现实主义者,他们力求尽可能"真实地"再现当事人的观点,从当事人的角度来描述研究的结果,对当事人的所作所为以及作者自己认为的当事人的所思所想进行报道。作者通常采取一种冷静、客观的态度,直接引用当事人所说的话以及他们对事情的解释。通过详细地报道当事人的言行,作者希望读者相信这些"事实"来自当事人本人,是"真实"、"可靠"的,而不是作者自己的杜撰。作者认为,自己如果"客观地"、"准确地"对这些资料进行报道,那么自己的研究结果就可以代表当事人"真实的"想法。

尽管现实主义的故事注重对当事人的日常经验进行细致的报道,但是研究者通常对研究的现象有自己的观点和学科方面的兴趣。有关当事人日常生活的细节不是随意地堆砌在现实主义的文本里的,而是按照作者本人认为重要的结构或步骤进行排列的。通常这种故事关注的是某一个亚文化内人们日常的惯例性行为,而不是某些特殊个人的独特行为。这是因为现实主义者的任务是按照一定的标准将当地的文化分成类别(如家庭生活、工作、社会网络、权威关系、亲属模式、社会地位系统、人际互动程序等),然后通过对当事人日常生活的观察对这些类别进行描述。因此,现实主义的故事通常表现的是一个"典型",比如一个典型的流浪汉、一只典型的狗、一个典型的婚姻、一桩典型的离婚案等(Manning,1982)。总之,这种故事表现的是特定文化中典型成员即所谓"平均人"的日常关切,而不是个体的特殊行为和语言(Marcus & Cushman,1982)。

在对原始资料的解释方面,现实主义的作者具有一种统观全局的视角,像"上帝"一样无所不在、无所不知,似乎自己提供的所有解释都是理性的,不是没有道理的胡言。作者对当地的文化现象具有最后的裁定权,可以决定如何解释和呈现这些现象。正如马林诺夫斯基在日记中对自己的作者权威进行反思时所说的,"是我来描述或创造他们"(Stocking,1983:101)。作者表达的是一种社会机构的声音,因其学者的身份和资历而获得作品的可信性。在这类故事中,作者本人的身份是隐蔽的,具有一种经验主义的作者(权威)[experiential author(ity)]。在这种研究报告中,最为典型的表达方式是"某某做了某事",而不是"我(作者)看见某某做了某事"。作者通常只在前言中露一次面,以示"我曾经到过那里"、"我是一名研究者",然后就隐退到幕后,再也不在前台露面(Richardson,1994:520)。

现实主义的文体大都出现在 20 世纪初到二次大战以前的 50 年间,也就是质的研究的传统期。在这个时期里,民族志的研究(像其他类型的质的研究一样)在很大程度上受到实证主义的影响,其经典著作大都使用"现实主义"的手法写成,如埃利克森(K. Erikson)的《事事入轨》(1976),怀特的《街角社会》(1943),利波的《达利的一角》(1967)和斯德克(C. Stack)的《我们所有的亲戚》(1974)等。

下面我借用崴斯(1994:189)从格拉斯和斯特劳斯的《死亡的时刻》(1968:79)一书中摘取的一个片段来展示"现实主义的故事"的基本风格。这本书的作者对一些护士进行了访谈,这些护士的工作是上门为那些家里有即将死去的病人的家人服务。下面这一段文字描述了作者从被访的护士们那里了解到的情况。

"通常,当即将去世的病人在家里迟迟拖延时,越是接近尾声,对家庭成员的照顾就变得越困难。除非这些护士以前曾经经历过这种死亡的情形,否则事情恶化的程度以及由此而导致的工作量是她们无法想像的。结果,几乎所有的护士都发现,自己在病人即将去世的时候都不由自主地增加了上门服务的次数:'在收尾的时候你不得不更经常地去,这使你感到结局快到了'。"

二、忏悔的故事

忏悔的故事文体主要出现于 20 世纪 50 年代以后,也就是质的研究的现代主义时期。随着现象学、阐释学、符号学等解释方式进入民族志研究,研究者对自己的作用的意识不断增强,其写作风格也开始从"现实主义"往自我反省的基调转变。忏悔的故事要求研究者真诚、坦率,"如实交代"自己在研究中使用的方法以及在研究过程中所作的思考,再现研究的具体情境以及自己与被研究者的互动关系。

忏悔的故事通常使用第一人称的叙事角度,作者从"上帝"的位置上降了下来,成了一个普通平凡的"人"。读者可以看到作者是如何一步一步与被研究者接触的、作者本人曾经有过什么困惑、后来是如何处理这些困惑的。在这种故事中,现实主义的"客观"叙述(如"某某做了某事")变成了作者自己"主观"的交代(如"我看见某某做了某事")。通过暴露自己的行为和想法,作者有意识地将研究的过程"去神秘"了。作者个人化的自我呈现使文本与读者之间产生一种亲近的感觉,使读者有可能自己来判断研究的"真实性"和"可靠性"。

忏悔的故事基于这样一种信念,即任何写作本质上都是写作者自己,因此作者对自己越了解,其写作也就会越深刻。在忏悔的故事这样一种叙事中,作者将自己作为一个知者和说者,主动向读者交代自己的"主观性"、自己作为作者的权力和使用权力的方式、自己作为研究者的反身性(reflexivity)。作者不再声称自己可以在外部"客观地"观察研究的现象,而是坦诚地说明自己在其中是如何挣扎的,交代自己对研究存有的个人偏见、自己个性上的缺陷和行为上的坏习惯,以此勾勒出一副读者可以与其认同的、带有漫画风格的自画像("瞧,我和你一样,也有很多缺点和怪癖")。在这里,现实主义者至高无上的权威口气已经让位于一种谦虚的、直率的风格,作者开始如实地向读者交代自己是如何将一大堆杂乱无章的原始资料拼接成一个相对完整的故事的。

忏悔的故事通常由作者本人的实地工作经历组成。作者一个人面对着一个新的文化,情感上产生了很多强烈的冲击,看到了当事人不同的看待世界的方式,一些在当地人看来是日常惯例、但对研究者来说却是始料不及的事件突然发生了——作者把这一切都如实地告诉读者,以此说明自己是如何理解周围发生的这些事情的。在这类故事中,作者常常会介绍自己在研究过程中感到的惊奇、自己所犯的错误、自己在一个怪异的地方以意想不到的方式突然发现的秘密等等。通过将自我插入研究报告之中,揭示自己在研究过程中的遭遇,作者似乎希望告诉读者,研究的过程与一般人日常生活的经历并没有什么本质上的不同。

虽然这类作者力图如实地报道研究过程中发生的事情,但是他/她并不是一个没有个性特色的人物,被动地等待着事情的发生或者灵感的降临(Berrenman,1962;Douglas,1976)。相反,他/她是一个十分机敏、老练、富有创造力的人,了解人性中的很多弱点,知道如何想办法战胜困难而获得自己需要的信息(Gans,1982;Powdermaker,1966)。通常,作者在研究的过程中会经历一个个性方面的转变。在开始研究时,他/她用某种方式看待自己所看到的事情,可是到研究结束时他/她可能对事情得出一个完全不同的解释。这种人格上的变化不是突然发生的。在整个研究的过程中,他/她不断地在"局内人"富有情感的立场和"局外人"冷静的态度之间来回拉锯。这是一种分裂的、自相矛盾的精神状态,很难用恰当的文字表现出来,而作者常常用一种语词的游戏来表现自己既是知识的储存器又是知识的传送器这一双重身份。他/她既需要用一种"投降"的态度接受在实地工作中遇到的问题,而与此同时又必须将自己从研究的情境中抽身出来对自己的工作进行反省。

通过对自己的研究方法和研究过程进行反省,这类研究者还希望向读者传递这样一个信息,即研究不仅仅是研究者个人对有关事件的记录(如现实主义者所做的那样),而是具有一定研究规范的集体性行为。通过对自己的行为进行反思,特别是对社会科学研究中经常出现的认识论方面的问题进行思考,这些作者希望为自己的研究领域设立一定的标准和规范,给"没有秩序"的实地工作设定一定的秩序,进而提高人们对实地研究的尊重和重视。在这里,有关异文化的"知识"的可靠性依赖于研究者在实地提供的证据,而且这些知识只能按照研究者在异文化实地学到的行为规范或解释标准得以呈现。研究者与异文化似乎在相互寻找对方。尽管研究者可能在寻找的过程中犯很多错误,但是最终两者相互之间会获得一种契合。通过描写自己与异文化人群之间的共情以及自己对对方生活的参与和体验,作者希望读者能够从中认定研究结果的"真实性"和"可靠性"。

根据克利福德(1983)的观点,忏悔的故事的作者可以分成两种类型。一种是将自己作为被研究人群的"学生",像该文化中的一个小孩或一位外来人那样学习有关的生活规范,或者像一名学徒那样通过耳濡目染、察言观色的方式向"师傅们"学习(Van Maanen & Kolb,1985)。另外一种是将自己作为该文化所拥有的文本的翻译者或解释者,对当地人的语言符号进行解码(Geertz,1973a)。这两种作者因其侧重不同,产生的作品也不太一样。通常,前者导致一种侧重当地人认知方式的、表现一定规律的、行为主义的作品;而后者则产生一种反思的、以语言分析为基础的、解释性的写作文本。

忏悔的故事的写作风格在研究者介绍自己的研究方法和过程时使用得比较普遍,通常作者在出版专著或博士论文时单列一章介绍自己的心路历程。如果研究者在自己以前的著作中(通常使用的是现实主义的手法)已经获得了一定的名气,那么他/她现在可能以整本书的篇幅来探讨自己的知识探究过程。而如果作者是一个无名小卒,不管他/她的反省是多么地"深刻",读者一般是不会有兴趣阅读他们个人的"忏悔"的。

下面我借用崴斯(1994:190)从卡丹(M. Carden)的《新女性主义运动》(1974:107)一书中摘取的一段文字来展示"忏悔的故事"的基本风格。作者就20世纪60年代后期和70年代早期的女性主义运动对一些妇女进行了访谈,在研究报告中她对自己访谈时所穿的衣服进行了细致的反省。通过描述她自己对衣着的关心,作者表现了衣着在被研究者群体中的身份认定作用:

> "我试图将自己的行为举止和衣着适合周围的环境,但同时又不违背自己的人格。比如,去参加妇女解放团体组织的会议时我穿的是一般的毛衣和裙子,但是没有穿几乎所有的人都穿的牛仔裤或长裤,因为我自己感觉不舒服。当一天访谈几个人时,我通常穿同样的针织衣服去见妇女平等行动团的人以及妇女解放组织的人。当访谈妇女平等行动团的人时,我通常在衣服上加一个金色的胸饰,鞋子也穿得稍微讲究一点——这是当我可能需要讲演时经常穿的衣服。当访谈妇女解放组织的人时,我通常加一件毛衣,鞋子也穿得朴素一些——这是我去看电影时经常穿的衣服。"

三、印象的故事

印象的故事通常将事件发生时的情境以及当事人的反应和表情详细地记录下来,对具体的过程和细节进行生动、形象的描绘。就像西方19世纪曾经盛行一时的印象派绘画一样,印象的故事表现的是作者在某一时刻对某一研究现象的"主观"情绪感受,不一定具有现实主义意义上的"真实性"和"客观性"。这种故事将所研究的文化以及研究者本人了解这个文化的方式同时展示出来,同时交给读者去检验。从认识论的角度看,这种文体试图同时考察主体和客体两方面的活动,将知者与被知者的体验交织为一体进行探讨。

印象的故事的主要特点是将研究者个人实地工作的经验用第一人称的叙述角度讲述出来,故事中有密集的焦点,文体生动活泼,用词具体、形象,大量使用比喻和想像的手法。通常作者本人是实地经验中的一名参与者,是故事中的一个人物,他/她按照时间先后顺序讲述自己经历过的事件。

情节的发展充满转折和意外,往往事情的结局与故事开始时读者的期待截然不同。这些故事讲述的往往不是人们日常生活中经常发生的事情,而是那些较少发生的、特殊的事情。

印象的故事的叙事风格具有十分明显的戏剧效果,作者通过戏剧性的回忆手法将自己经历过的事件一一呈现在读者面前,目的是把读者带入一个不熟悉的环境,让读者自己与实地工作者一起观看、倾听和感受。这类故事的魅力在于:通过一些即兴的、生动具体的、充满情感力量的、相互之间密切相关的情节来引起读者的兴趣和好奇。故事通常使用现在时态,使读者产生"你也在那里"的感觉。作者在叙述故事的时候力图保持一定的悬念,注意不在故事结束之前泄露故事的结局。由于作者详细地告诉读者故事发生的具体时间、地点和方式,读者很容易与作者产生亲近感,愿意继续与作者交流下去。

在这类故事里,作者比较注意对人物和事情的个性特征进行描绘,对故事中的主要人物和重要事件进行大彩笔的渲染。他们关心的不是典型的人物,也不是一类人物,而是一个个具体的人。他们笔下的人物都有自己的名字、脸面、个性、动机、行为、情感,而且当他们行动起来时都有机会为自己说话。与现实主义的故事不一样,印象的故事表达的是个体的声音,而不是"典型"人物的声音,也不是某一个学术团体或社会机构的声音。这种故事似乎告诉我们,"知识"是从特殊人物和特殊事件中获得的,而不是对某些既定的、与某些普遍现象相关的主题进行探讨而获得的。

在印象的故事里,作者只就发生的事情讲故事,不作任何意义上的解释。这么做的实际效果是,作者在告诉读者:"这里是这样一个世界,按你自己的愿望去理解吧。"在这种故事里,作者鼓励读者与自己认同,主动邀请读者参与到研究的情境之中,要读者自己来亲身体验这个世界。因此,读者比较容易将自己的怀疑暂时悬置起来。在这里,写作的目的不是告诉读者如何评价一个已经发生的事件,而是将这个事件从头到尾地展现给读者,让他们自己参与到故事之中,随着故事情节的发展自己来发现问题、消除困惑。

由于印象的故事提供的故事情节和场景往往是没有规律的、意想不到的,读者在这种故事中获得的知识一方面斑斓多彩,但同时又十分支离破碎。故事的意义可能非常含混、不确定,读者不知道作者下一步将把他们带向何方。因此,读者需要自己在文本中仔细识别,通过自己的判断确定这些"知识"是否"可靠"。其实,印象派写作的一个目的就是为读者提供一个探索的机会。一些在故事开始时好像十分重要的情节到故事结尾时可能变得微不足道了,而一些在故事开头时似乎不重要的情节到结尾时可能变得非常关键。读者不知道下一步将发生什么事情,也不知道现在读到的内容是否有决定性的意义,因此只好随着故事的发展仔细阅读作者提供的每一个细小的情节。结果,在这种持续不断的阅读活动中,读者仿佛亲身经历了实地工作者当时曾经经历过的每一个具体事件。

印象的故事在第二次世界大战以后便开始在民族志的研究报告中出现,至今仍旧比较流行。这种文体被认为是民族志写作中的一个亚文体,通常被穿插于现实主义的故事或忏悔的故事之中。为了使研究结果显得生动、有趣,有的作者使用这种风格对研究的结果部分进行重点的渲染。有的作者甚至使用虚构的方式,对自己的研究结果进行想像性的再创造(Bowen,1954;Lurie,1969)。在人类学领域使用这种写作文体的成功典范有夏格农(N. Chagnon)的《亚努马莫》(1968)、J. 比瑞格斯的《永不愤怒》(1970)、都蒙特(J. Dumont)的《头人和我》(1978)和拉比罗(P. Rabinow)的《摩洛哥实地工作反思》(1977)。在社会学领域,以专著的方式写作印象的故事的优秀作品有贝农(H. Beynon)的《为福特工作》(1973)、克里杰(S. Krieger)的《镜子舞》(1983)和雷哈兹(S. Reinharz)的《成为一个社会科学家》(1979)。

下面我从封·马南的《实地的故事》(1988:109)提供的例子中抽取一段来说明"印象的故事"的写作风格。这个片段来自封·马南自己在一个警察局进行参与型观察时所写的研究报告。原来的引文很长,因篇幅所限我在此只选择了前面三段。

> "这是在联合城发生的一个故事。事情发生在我第三次到那里去做实地调查期间,当时我认为自己对事情已经很了解了。我当时属于查理三班,正与一位好朋友大卫·斯在北头工作。那是一个星期天的夜班,没有发生什么事情。我们只是就搬运货物和交通情况作了一些记录,处理了几个无线电传呼:一桩家庭纠纷……一个汽车的挡泥板掉到了湖里。一些很平常的事情,没有什么稀奇的事情发生。
>
> 半夜的时候周围非常安静,为了不老待在汽车里,我们到大卫的家里去坐了一会儿。我们喝了几杯啤酒,坐在那里聊天,谈到他的前妻、三角锦旗比赛、我们的孩子、枪和其他一些事情。过了大约一个小时,我们的手提电话收到一个电话,要我们到离警察局开车大约 15 分钟远的一个贫民住宅区去处理一起家庭纠纷。
>
> 当我们驱车开往出事地点时,另外一个班在传呼机上说,他们现在已经到达那个贫民住宅区了,正在处理一桩抢劫案,他们完事以后就会为我们去处理那起家庭纠纷。'很好',大卫回答说,这样我们就不必为那个电话负责任了。只有几个小时就要下班了。我已经很累了,而且有一点困。我在考虑是不是要大卫在路上送我回家,不必在这个平安无事的夜晚消磨时间。但是也许是因为

他刚才对我表示了好客,我决定坚持下来。"

四、批判的故事

批判的故事的写作风格遵循的是批判理论的指导思想,主要从历史、社会、文化的大环境对研究结果进行探讨。通常,这类故事通过那些在资本主义社会中处于不利地位的弱小人群的眼睛来呈现社会现实,作者希望通过自己的写作来揭示社会现实中存在的不公,对丑陋的现象进行攻击。读者通过阅读这样的文本,可以获得新的看待世界的视角,达到自身意识上的解放。

批判的故事反对传统的民族志对异文化进行"浪漫的描写"或脱离社会文化背景的"写实手法",批评自己的前辈对研究环境中的政治、经济大背景没有给予应有的重视。这些作者自己的研究不再局限在对一个文化的细微描写上,而是将分析的视野扩大到了其他学科领域,如政治学、经济学、历史学和心理学等。他们大都具有新马克思主义的思想意识,关注社会制度中存在的不平等,关心受压迫者的生活现状和心声。因此,他们在选择研究对象时,除了考虑到对方自身的文化特性,还特别关心对方的情况是否可以揭示资本主义社会中更大的政治和经济方面的问题(Marcus,1986)。

除了按新马克思主义的思路进行写作,一些作者也从其他的角度(如女性主义、精神分析)对社会现实进行批判。女性主义从社会对弱小人群(如妇女、儿童、少数民族、残疾人)的剥夺入手,通过研究者与被研究者的情感渗透和关爱来帮助对方增强社会批判的能力。精神分析则从深度心理学的角度,挖掘被研究者被压抑的无意识,帮助对方获得了解自己的途径。比如,荷齐斯齐尔德(A. Hochschild)的《被管束的心》(1983)使用实地调查、文献分析、访谈和深度心理分析的手法对德尔塔(Delta)航空公司的一些"空中小姐"进行了深入细致的研究。通过深度访谈,她了解了这些人作为女性的性别意识以及作为"空中小姐"而不得不"面带微笑服务"时所感受到的情感压力。

批判的故事面临的一个重大的挑战是:当研究者与被研究者之间的角度不一致时,如何进行协调。这个挑战与吉登斯(A. Giddens,1979)曾经提出的社会学中的首要问题类似,即在研究中如何将结构的(行动理论)和互动的(意义理论)结合起来。作者作为研究者群体的一分子,往往有自己的理论范式和批判立场,而被研究者自己在社会交往中也有自己的意义建构方式。因此而可能产生的问题是:如果这两者之间不协调的话(在批判的故事中通常是如此),它们相互之间应该如何协调?谁可以来评价双方的"合法性"和"合理性"(特别是研究者进行批判的理论和立场的"正确性")?如何对其进行评价?

下面我从威利斯《共有的文化:年轻人日常文化中的象征游戏》(1990)一书中抽取了一段作为展示"批判的故事"的例子。威利斯通过对一些工人阶级孩子的研究,试图说明暴力是他们展示自身能力和身份认同的一种有效方式。

　　"现在可以确认暴力是我们文化中无法挽回的一部分。对于一些年轻人来说,殴斗释放出一种似乎没有受到控制和无法控制的力量。这种力量是受到羡慕的、令人激动的,而与此同时又是危险的和可怕的。这两种情感都与中产阶级以及一般人所认为的应该时刻保持控制的观点大相径庭,可能只有在那些'为艺术而艺术'的安全的外围是一个例外。'坚强'享有非常广泛的支持和尊重。它表示一个人在必要的时候以及面临压力的时候有所准备,敢于拿自己冒险,试图控制暴力中的各种危险的势力和相互冲突的势力。

　　具有讽刺意味的是,对这种危险的力量进行控制和定位的文化体系涉及的主要是控制和表现:就像是一出呈现和解读外表和意图的戏剧。缺乏控制是被人看不起的。控制和力量,这些非常真实的身体上的和社会性的利害因素以及在法律之外所隐含的危险性和意义使暴力及其有关的戏剧表演成为强有力的象征材料,来代替或干扰既定的官方的意义和社会机构的意义。这些材料有利于建构和重新建构不同的在世界上生活和看待世界的方式,以及不同的对人进行评价的价值观念和方式。"

五、规范的故事

　　与批判的故事的作者一样,规范的故事的作者也希望通过自己的研究来建立、检验、概括和展示理论。但是,不同的是,他们对研究实地的政治、经济和文化背景不是非常关心,而最关心的是建立规范的形式理论。在这种叙事文体中,作者的"主观性"比较强,观点比较明确,具有明显的理论导向。由于作者的目的是建立理论,因此行文的风格也比较正规、严肃,逻辑性很强。

　　虽然规范的故事也强调从资料中产生理论,但其主要目的是证实或证伪研究者自己抽象出来的理论。作者在写作时也对一些具体的人物和事件进行描写,但是使用这些资料的目的是为了论证自己的理论假设。因此,在这种作品中引用的资料一般都具有一定的"可旅行性",即具有一定的独立性,不完全依赖某一个特定的情境。在对原始资料进行整理和归类时,作者主要关心的是自己建立理论的需要,而不是资料本身的特性。

由于规范的故事关心的是建立理论,这种故事中的人物通常没有自己的个性和特点。他们就像是马戏演员手中的玩偶,任作者按照自己的意图拨来拨去。在这里,理论是至高无上的,作者关心的是如何利用有关人物或事件来为自己的理论服务,而不太关心人物的思想和情感特性及其所处的社会权力地位。因此,在规范的故事里,作者很容易忽略研究现象中那些隐藏着的、无意识的、被虚假地意识到的或者被认为是理所当然的意识形态。

与本书第二十章第三节介绍的"扎根理论"相比,这种写作方式对理论的强调更加明显。虽然两者都强调从资料中生成理论,自下而上建构理论,但是规范的故事更加强调建立"形式理论",而扎根理论在建立"形式理论"的同时也非常注重建立"实质理论"。"实质理论"不必像"形式理论"那样遵守正规的逻辑法则,也不必具有普遍的说明作用,因此可以囊括更加丰富复杂的、具有个性特征的资料。而"形式理论"有一定的逻辑规则,希望对所有的同类现象进行统一的解释。因此,要从庞杂的原始资料中形成"形式理论"有一定的难度,特别是对研究新手而言。虽然将知识建构作为一种任务有利于研究者对自己的研究结果进行提炼,但是希冀建立形式理论的"野心"往往使实地调查变成了一种类似试验室的工作,失去了自己的特点和独特的贡献。很显然,这种做法与民族志的传统有一定的冲突。

六、文学的故事

文学的故事指的是研究者借用文学的手法讲述自己在实地进行研究的经历,其写作风格与新闻体类似,将那些被新闻记者们认为"值得说的"(noteworthy)、"有新闻价值的"(newsworthy)的故事情节与小说家的叙事感觉和讲故事的技巧有机地结合起来。这类故事的特点是:深刻的人物刻画、富有戏剧性的情节、回想或伏笔的运用、多元的叙事角度、不同文体的对照、透明的和即兴的写作风格。这种故事将戏剧性的和日常的事件按照时序重新进行建构,围绕一些作者认为重要的主题编织成一条明显的故事线,同时使用大量的对话和独白直接表现人物的内心活动和情感反应。沃尔菲(T. Wolfe)曾经在他的《新新闻学》(1973:28)中就这类故事的吸引力说过如下一段话:"嘿,到这里来吧!这就是人们现在生活的方式——这就是我要告诉你们的!你们可能感到惊奇,感到恶心,感到有趣,这里的事情可能让你们瞧不起,使你们发笑……但是这就是事实。没有关系!你们不会感到乏味的!来看一看吧!"

文学的故事的主要目的不是对原始资料进行理性的分析,而是为了给读者一种情感上的冲击。因此,这种故事没有被人为地分成相互独立的部分进行意义分析,而是整个地以戏剧的方式呈现给读者。作者将具有强烈感情色彩的、组织得十分严密的情节呈现给读者,将读者带到研究的现场,让他们自己亲身体验故事的发展。像印象的故事的作者一样,文学的故事的作者只是在讲述故事,而不告诉读者如何解释故事的情节。

在文学的故事里,作者通常采取两种叙事方式。一种是隐藏式,作者通过故事中的人物直接说话,或者作为一个叙事者讲述故事中人物的行为和想法(Mathiessen,1962;Wambaugh,1984;Wolfe,1979)。隐含在这种叙事风格中的一个假设是:作者对研究对象生活于其中的世界是如此地了解,以致他/她可以代表对方说话。这种文体中经常有作者的内心独白或者一个模拟的作者与研究对象之间进行的对话,以示作者与研究对象之间已经获得了完全的认同。另外一种叙事方式比较微妙,作者将自己作为一名记录者和过滤者,通过自己的嘴巴对所发生的事情进行讲述(Bass,1985;Kramer,1978;Mailer,1979)。这种形式似乎告诉读者,在这个世界上,除了作者自己提供的参照系以外,已经不存在其他更加有力的、可以与读者共享的外在参照系了。由于作者使用的是自己的声音,他/她可以随意并用多元叙事角度,或将自己变成故事中的一个人物,或采取一种讽刺的口吻对故事进行戏弄。

文学的故事是由一个具有创造性的、有个性的声音讲述出来的,它具有其他文体所没有的"自由"独立精神。由于作者没有受到学术规则的束缚,写作不是为了获得博士学位或终身教职,所以他们的故事更加具有个人的特色,更多的是为了满足自己的好奇心和创造欲望,更加关心故事的吸引力和独特性。这种文体为那些富有非凡想像力、具有自己独特风格的民族志作者提供了一个施展才华的机会,他们不必受到历史上积淀下来的、做一个"学术人"不得不遵守的学术规范的约束。

当然,正因为其"自由"的文体,文学的故事在所有文体中受到学界的批评最为激烈。最典型的批评是作者本人在故事中出现得太多,或太少。在前一种情况下,作品被认为过多地受到作者本人的过滤;而在后一种情况下,作品被认为过多地受到被研究者提供的信息的控制。其次,文学的故事的一个最大的"缺陷"就是从来不引用前人的研究,似乎这些"情节"完全是作者自己崭新的发现。他们的故事是如此地生动有趣,以至于他们不屑于去探究自己的故事与前人的理论或发现之间有什么关系。再次,由于缺乏统一的标准,文学的故事的写作方式通常比较松散,将一些相互没有关联的主题"任意地"串在一起。由于作者过分关心故事的戏剧效果,结果可能反而会歪曲"现实"。对行动的戏剧性描绘、丰富多彩的人物刻画、浓重的文学渲染——这一切都可能掩盖被研究者生活中虽然平淡无奇但含蓄、庄重的特点。为了弥补(或讨论)这些"缺陷",有的作者在作品发表之后接受报界记者的采访,通过这种方式"交代"研究过程中发生的"忏悔"的故事。利用这个机会,他们可以向读者说明一些在文学的故事中无法说明的问题,比如,作品中描绘的故事确实是自己亲身的体验,故事中的情节忠实于"事实"等。

七、联合讲述的故事

联合讲述的故事是由研究者和被研究者一起讲述的故事,双方同时拥有作品的创作权。与现实主义的故事不同的是,这类故事不将研究者个人的观察和想法作为当地人的观点呈现出来(或反之,将当地人的观点作为研究者个人的看法表达出来),而是尊重当地人和作者双方的观点,将两个不同的意义系统平行并置,将它们之间的鸿沟填补起来。这类故事可以被认为是对实地工作之真实情况的一种坦率的认可,因为任何研究成果都只可能是研究双方共同努力的结果。也许,这可以被认为是处理上述吉登斯(1979)所说的社会学中的首要问题(即将结构的行动理论和互动的意义理论结合起来)的一个有益的尝试。

在联合讲述的故事中,研究者引进了对位法,即让不同的声音和不同的观点在文本中同时展开,特别是那些在传统的文本中被迫沉默的声音。它保留了文化现实中的不同视野,将文本转换成不同视野的展示和互动。马伊耐波(I. Majnep)与布尔麦尔(R. Bulmer)合作的《我的卡兰乡村之鸟》(1977)、巴赫(D. Bahr)等人合作的《皮曼人的萨满信仰》(1974)被认为是此类合作性文本的典范(马尔库斯,费彻尔,1998:106)。社会学中的生活史使用的也是这样一种写作方式,研究者给予对方以足够的空间讲述自己的生活故事,不对他们的故事进行翻译或分析,与此同时,研究者在文本中提供自己的评论,与被研究者的声音形成对照(Klockers,1979)。

联合讲述的故事有时候可能使读者感到,信息提供者与研究者具有同样的(如果不是更大的)能力呈现自己的文化,因此而提出了作品的"著作权"问题。但是,在大多数情况下,研究者在"协商"的过程中实际上始终占有优势,起码拥有最终编辑和出版作品的权利(Tyler,1986)。因此,联合讲述的故事在权利的处置上不可能是完全平分秋色的,研究者与被研究者之间的谈判也不可能是完全平等的。通常的情况是:信息提供者说,民族志研究者写。虽然联合讲述的故事可以为实践者提供一个直接表达自己声音的机会,但是作者与实践者之间的权力平衡仍旧是一个值得认真对待的问题。

由于联合讲述的故事拥有双重作者,不太符合一般人的阅读习惯,因此阅读起来比较困难。读者必须非常有耐心,容忍文本的含糊性和复杂性。尽管如此,越来越多的民族志研究者正在使用这种对话式的、多重声音的文体来呈现自己的实地工作(Clifford,1983)。随着行动研究和参与型研究的日益兴盛,我认为,今后这种讲述故事的方式会更加流行。(有关行动研

的介绍,参见第二十六章第一节)

下面我从特利普的文章《联合著作权及协商——作为创造行为的访谈》(1983:36—37)一文中摘取一段引言来展示联合讲述的文本形式。在这段叙述中,作者(名为大卫)在与受访的小学教师贝利讨论如何教授社会研究这门课程,引言中的"随后评论"是作者在完成初稿以后请受访者就写作内容所作的评论。

贝利(读备忘录):"阅读的目的应该是学会认路标、道路规则,然后通过书写考试而获得驾驶证。这可能可以为学生提供足够的学习动力。"其他的建议有:"认投票卡片、申请休病假、申请社会服务和保险、存钱、写支票、取钱、申请消费者保护、在超级市场认价格……"

然后双方开始讨论学校和家庭的作用是什么,特别是社会研究这门课程的作用是什么。大卫反对上述看法,认为这"简直就不是社会研究课,社会研究应该是历史、地理、社会学、经济学等课程的总和","社会研究作为一门学科在这里已经不存在了"。

(随后的评论——贝利:"我同意——学生们已经将社会研究作为一门副科,一门无关紧要的课程。")

贝利争辩说,"此类教授基本技能的"课程可以"帮助孩子们更好地适应社会",而社会研究的技能"可以像其他任何一门课那样很容易就学会"。

大卫认为,这样的课程也应该包括数学和科学(如价格比较、高科技),但是在学校里科目教师没有时间教这些课程,因为他们忙着教自己的科目课程,而刚才谈到的课程中所出现的问题和活动其实与这些科目课程的基础有关。

贝利回应说,课程内容只是一门课的一个部分,"最重要的是那些通过课程内容而学到的东西,也就是如何学习的方法"。因此,上此类课时,如果将学生带到户外去看三条河,每条河代表了一个不同的发展阶段,这比"在黑板上抄信息,测试学生对这些知识的掌握程度"更加重要。

大卫建议说……贝利所举的例子明显是社会研究的主题,而不是"公民课"的主题。然后,双方开始讨论应该由谁来教这门课(社会研究的主题)。如果使用探究的方式,在同样的时间内覆盖的课程内容会相对少一些。

(随后的评论——贝利:"不,不一定少。我坚持认为,仍旧要完成原来的工作量,但是应该用一种更加有趣的、以学生为中心的方式。"大卫:"我仍旧认为,那么做会花费更多的时间,即使两者的工作量相同,所教的内容也会少一些。")

特利普认为,在一个合作型访谈中,访谈者必须与受访者一起协商讨论,共同建构访谈的主题和结构。访谈结果出来以后,访谈者应该主动征求对方的意见,请对方就结果的表述发表自己的看法。合作型访谈的写作不应该只是一字一句地将双方所说的话写出来,也不应该只是将双方的讨论用概括的方式写出来,而是应该处于这两者之间。这么做的目的是表现交谈双方对各自的观点所达到的共识,而不只是再现讨论过程本身。由于口头语言和书面语言之间转换的困难,逐字逐句地将双方的原话呈现出来并不一定就非常确切、"真实",而通过了双方协商以后双方(特别是受访者)同意写入研究报告中的内容反而更加公正、确切。因此而导致的另外一个问题是:"协商是否应该有一定的限度?应该使用什么标准来定义这个限度?"在合作型写作时,有时意义确实会发生变化。如果受访者所说的一段话被抽出特定的语言情境,与其他受访者或访谈者的话并置在一起,有可能会变得面目全非。在这种情况下,受访者可能会要求改变所说的内容,或者希望删除有关段落。在这种时候,作者必须尊重他们的意愿,因为他们最有权力对自己所说过的话进行判断。与此同时,作者也可以要求对方对这些内容进行评论,然后将评论附在引言后面(如上面所做的一样)。总之,合作型文本一定要经过双方的协商,而且最后的报告一定要包括参与者的评论,因为这些评论可以帮助读者了解研究者的有关假设和观点。

上述七种写作方式虽然被认为是民族志的主要风格,但是也基本适合质的研究者写作的一般情况。比如,格拉斯纳和派司金(1992:163)认为,前五类写作方式在质的研究中非常普遍,它们分别起到了描述(相对于"现实的故事")、分析(相对于"忏悔的故事")、解释(相对于"印象的故事")、评价(相对于"批判的故事")和规定(相对于"规范的故事")的作用。

八、现代主义民族志的手法

马尔库斯和费彻尔(1998:101—112)在介绍现代主义民族志的文本时,提到了其他一些比较激进的写作或呈现研究结果的方式。除了上面提到的合作式文本(即"联合讲述的故事"),其他的类别有:对话、民族志话语、超现实主义文本、诗歌、戏剧、小说、电影等。这些方式代表的是民族志写作中比较富有挑战性的实验,完全打破了传统民族志的写作规则及其构建现实的观念。

在"对话"中,研究者将自己与被研究者在实地进行的访谈对话原原本本地呈现出来,借此揭示民族志知识是如何产生的。这种文本给被研究者表现自己声音的空间,使读者在阅读时不得不使用多维视角。例如,德耶尔

(K. Dwyer)的《摩洛哥对话》(1982)就是一本只是略加编辑的实地访谈笔录,作者把自己在实地收集到的全部资料都摆在读者面前,促使读者自己判断这些资料能够用来做什么。通过重现访谈的全过程,德耶尔希望表现自己与被研究者之间的关系以及自己在一个异文化中的意识形态体验。通过这种"反常"的方式,他还希望揭露传统的民族志研究者的做法,即为了掩盖自己的目的,可以对自己的实地经验进行干净利落的文本处理,以此说明实地工作者貌似权威的论述其实通常是建立在不完善和不可靠的资料之上的。其他比较成功地使用了"对话"文本的著作还有:博文(E. Bowen)的《重返笑声》(1964)、J. 比瑞格斯(J. Briggs)的《永不愤怒》(1970)、列斯曼(P. Riesman)的《费拉尼社会生活中的自由》(1977)等。

在"民族志话语"中,作者按照言语互动的修辞魔力来建构文本,力图捕捉口头话语的主动性。例如,法弗雷特-萨达(J. Favret-Saada)的作品《致命的言语:博卡吉人的巫术》(1980)使用一些修辞策略,利用自己在法国一个乡村巫术仪式中的亲身体会来修正读者原有的对巫术的误解。这部作品将读者置于防卫的位置,作为作者所要揭露的一个无知的根源。以这种"被告"的姿态,读者被逐渐地引入民族志作者自己学习巫术的话语之中。作者的分析步骤是:首先揭示当地乡民的话语是如何运作的,然后表现这种话语对乡民自己的生活是如何地恰当,最后说明作者自己是如何逐渐地了解和运用当地人的做法的。通过阅读这样的文本,读者被邀请参与作者的切身体验,逐渐改变自己对巫术的误解(如把它理解为一种古代的风俗或一种直接的社会控制机制),认识到巫术其实是一种反文化的话语。这种阅读类似心理治疗,使读者同时把注意力放在语言和自己所介入的心理动力过程之中。

"超现实主义文本"也许是民族志实验文本中最具挑战性的一种,以克拉潘扎诺(V. Crapanzano)的《图哈米:一个摩洛哥人的图像》(1980)为主要代表。这部作品把一个人的生活史和一次访谈的阐说当成一个难题,让读者与作者一起对其进行解释。对于作者(及其读者)来说,叙述中最为困难的部分是当图哈米使用一些生动的隐喻来表达自己的痛苦和困境时。克拉潘扎诺认为,心灵的沟通和幻想的语言隐喻是表达个人经验的有效手段,但是在传统的现实主义文本中根本无法充分地展开。如果作者对其进行解释,可能会把自己的曲解强加给对方,造成一种"过度解释"。因此,作者提供了自己编辑过的访谈笔录,邀请读者与他一起对这些资料进行分析。虽然他也提供了一些自己对资料的评论以及自己从事研究的感受,但留出了充分的余地让读者进入到探究的过程之中。这个作品不仅展示了图哈米用以表达自身困境的隐喻和其他手段,而且表现了这些手段在克拉潘扎诺的传译过程中所带来的解释方面的困难。这本书让人感觉作者似乎很犹疑,不知道自己是在向读者展示译解当地人的话语时所面临的困惑,还是在向读者阐述自己的文稿确实代表了对话的原本过程。马尔库斯和费彻尔认为,如果作者明确地把文本定位在解释的困惑之内,那么它就超越了传统民族志现实主义的惯例,产生了唤起现实的作用。作者片段式的描写表现出一种超现实主义的力量,以一种捕获风格、状态和情感的基调熟练地使用了很多文学手法,有效地使读者饶有兴致地参与对文本的解释之中。

在现代主义民族志的写作实验中,一些研究者还使用了诗歌、戏剧、电影、小说等文学形式。这些形式与上面封·马南所说的“文学的故事”有相似之处,已经混淆了“科学”和“艺术”、“现实”与“虚构”之间的区别。民族志诗歌通常把土著人的口头叙述作为分析的资料,或按照诗歌的形式来体现土著文化的原貌(Hymes,1981),或对这些口头文本进行写作文本的转换(Jackson,1982;Tedlock,1983),或将这些口头诗歌体的叙述作为写作文本的补充(Tedlock,1985)。民族志诗歌还包括研究者自己创作的诗歌,用来展现自己在实地的思绪情怀(Handler,1983;Tyler,1984)。此外,有的作者还将研究的结果写成剧本,以舞台阅读的方式表现出来(Rose,1993)。

民族志对影视媒体的兴趣反映了人类学在 20 世纪上半叶对纪实现实主义的期望。他们认为,在传递研究对象的经验方面,影视媒体比书写形式具有更大的力量和潜能,可以将研究对象的生活经历表现得更加自然、生动。现在,民族志研究者意识到,电影(与写作文本一样)也是一种被构造出来的文本,也有诸如焦点的选择、剪辑的手段、作者的反省等问题需要考虑。不过,在视觉媒体日益强大、丰富的今天,电影、录像、多媒体图像等高科技手段正在以自己特有的优势与写作文本争夺消费者(包括知识分子和学术界)。

除了诗歌、戏剧和电影,民族志小说长期以来也被作为一种实验形式。由于意识到传统的科学文本不足以描绘被研究者生活的复杂性,一些研究者使用了小说的写作手法。有时,作者将自己作为主角,用虚构的方式讲述自己的故事。有时,被研究者被作为叙事的主角,主角可以是一个也可以是多个,也可以由一个主角同时表达几种不同的声音。有时,作者首先进入谈话或叙事,然后退出场景,让被研究者自己说话(Richardson,1994)。在小说文本中,历史小说备受青睐,通常用故事形式来处理历史史实,使阅读变得更加生动有趣。使用虚构的手法还可以保护被研究者的隐私,减少研究对有关人员和社会结构的影响(Certeau,1983;Webster,1983)。

与上述“文学的故事”一样,诗歌、戏剧、电影和小说这些“非正统”的呈现方式与“科学专著”之间始终存在一个明显的界限,前者通常被认为是一种次要的文本,只能作为后者的补充。近年来,一些学者公开提出,在人类历史上,文学作品(如小说)比其他任何形式都更加敏锐、更加有力地帮助人理解自己生活在其中的世界以及周围其他的人,今后小说这种形式有可能被某些专业(如教育学)接受为撰写博士论文的一种文体(Eisner & Peshkin,1990:365)。目前,社会科学界之所以仍旧不能接受这种形式,是因为社会科学的传统使我们相信,小说是虚构的产品,因此是"不真实"的。而"虚构"的东西是否就真的"不真实"呢?"知识"一定要限定在对我们这个世界上可以感知的东西的范围之内吗?——对这些问题的回答只可能依靠我们自己的判断,而我们自己的判断不可避免地要受到我们自己职业社会化的影响。

目前上述各种写作方式都不同程度地在质的研究报告中被使用,有时被分别用于对不同研究报告的写作,有时候被结合起来使用于同一研究报告。在前一种情况下,研究者通常根据研究的目的和研究结果的特性选择一种写作风格。比如,如果研究的目的是对研究的现象进行细致的描述,研究者可能采取"印象的故事"作为自己的主要写作风格;如果研究的目的是对某一个理论进行论证,研究者则可能采取"规范的故事"作为写作的主要文体。在后一种情况下,作者往往根据研究的需要,对结果中不同的部分采用不同的风格进行写作。比如在研究的过程部分采取"忏悔的故事",在研究结果部分采取"现实的故事",在分析部分采取"批判的故事"或"规范的故事"等。总之,写作方式的选择和运用比较灵活,研究者可以根据自己的需要选择不同的方式,或者发明创造适合自己研究的问题、自己所收集的资料的特性以及自己的写作习惯的文体。

第五节　撰写研究报告的具体步骤

写作质的研究报告是一个比较艰难的过程,没有固定的章法可循。面对繁多混杂的原始资料,如何从中建构意义,如何将它们传递给读者——这不是一件容易的事情。沃克特(1990)认为,写作的过程可以大致分为四个阶段:1)起头;2)继续;3)打整;4)收尾。我认为,他基本上勾勒出了质的研究者写作的全部过程。但是,我感觉在写作之前进入状态也十分重要,因此在下面的讨论中加入了这一节。

一、进入状态

伍兹(P. Woods,1985:87)认为,写作开头是一件十分痛苦的事情,如果作者在开始写作的时候不感到痛苦,这可能说明有什么不对头的地方。因此,我们应该训练自己忍受或排解开头的痛苦,训练自己进入写作的状态,比如:1)反复阅读自己收集的资料和分析大纲;2)运用自己的想像力和直觉对资料进行"头脑风暴";3)使用不同的概念将资料的内容串为一个整体;4)将各种概念之间的联系用图画出来;5)设想使用不同的方式进行写作;6)假设不同的读者群对自己的作品会作出什么反应。

写作之前,我们可以先制定一个比较详细的写作大纲,帮助自己提前思考。提纲不必过于固定,可以根据写作的进展随时修改。写作质的研究报告的最大困难是资料太多,使研究者最头疼的不是资料不够,而是如何去掉不必要的资料。因此,在写作大纲中,我们应该确定自己的基本故事线、讲故事的主人公以及写作的风格,从而决定原始资料的取舍。在写作之前制定写作大纲还可以帮助我们对写作的具体步骤和方式有所预测。比如,我们可以事先设想一下整篇文章的长度以及各个部分的字数,然后根据这个设想对文章的详细和紧凑程度作一个基本的估计。

在对写作进行设计时,我们还可以在头脑中假定一些特定读者,调动自己的想像力与其进行对话。比如,如果我们计划对研究结果中的理论问题进行探讨,可以假设一位十分喜欢进行抽象思维的读者将如何向我们发问,我们可以如何回答他/她的质疑。我们还可以假设自己现在面对的是学校论文委员会、资助研究的财团或上级主管部门,自己应该如何向这些不同的人群介绍自己的研究发现、如何使他们相信自己的研究结果是"可信的"和"有意义的"。我们还可以将现在的发现与自己事先的设想进行比较,看自己现在知道了一些什么新的东西,可以如何将这些新的东西传递给读者。

为了使自己进入写作的状态,我们在开始写作之前还可以不断地询问自己:"我的研究的问题是什么? 我现在得到的研究结果是否可以回答该研究问题? 我可以如何利用自己收集的资料来回答这个研究问题?"在这种询问中,我们可以不断地对自己的写作构思进行调整。如果我们发现为了论证某些观点自己手头的资料还不够,可以回到实地再收集更多的资料。如果我们发现研究结果中仍旧存在自相矛盾的地方,可以及时地对资料进行进一步的分析。

如果我们其他方面的工作很多,大脑时刻处于紧张的状态,经常被各种各样的杂事打扰,这种时候一般很难进入写作的状态。写作需要一定的时间,需要沉浸到一种气氛之中,不能过多地受到外界的干扰。当然,每个人的习惯不一定相同,有的人可能需要绝对安静才能开始写作,而有的人却习惯于一边听音乐一边写作。有的人可能需要一张可以铺开所有参考资料的大桌子,而有的人则只需要茶馆里一张小圆桌。最重要的是要找到适合自己的写作方式和环境,立刻开始写作。如果我们在某一时刻不得不停下来的话,应该选择在下一次容易继续的地方停止,不要将自己的才思随意打断。下一次开始写作时,可以先修改上一次所写的内容,以便恢复记忆,保持写作的连续性。

为了保证自己有比较好的写作状态,我们在写作期间最好有一些好朋友、要好的同事或家人在自己的身边。这样,我们可以经常向这些自己信任的人交流想法,宣泄不良情绪,以达到心理上的平衡。虽然有人认为,好的写作的先决条件就是能够在既写得很差又没有心情写作的时候还能够继续写下去(Woods,1985),而我自己的切身体会是:一个愉快的心情通常比一个沮丧的心情更加有利于写作。

此外,我发现自己有时候在休息的时候反而更加容易进入写作的状态,此时我的思想放松了,创造力和想像力反而变得更加活跃起来。从认知心理学的角度看,这是一种假性消极状态(吴文侃,1990:406)。表面上看起来,我们好像很轻松,正在娱乐或休息,而实际上我们的大脑正处于极其活跃的状态。因此,我们需要时刻将纸和笔带在身边,即使是在度假和睡觉的时候也要不失时机地记录下自己转瞬即逝的灵感。

二、开始写作

"万事开头难"——这句民间的格言特别适合质的研究的写作过程。通常,当我们着手写作时,总是受到各种各样的来自自身的阻抗,比如,"我的资料还不够丰富,我还需要收集更多的资料";"我的资料太丰富了,我不知道该如何处理";"我的想法还不成熟,还不能写成文字";"我的能力还不够强,不能胜任写作的任务";"我的脑子里想法太多,不知从什么地方下手";"我对自己要求很高,希望一次就能够写得既通顺又漂亮";"我现在时间不够,不能进入角色";"我周围环境太吵,没有写作的心情";"我手头要做的事情太多,无法定下心来写作",等等。这个单子可以无止境地列下去。

然而,正如格尔茨(1973a:20)所说的,"为了理解某些事情,不必知道所有的事情"。我们可以从很小的一点(如一个想法、一个概念、一个事件)开始写,然后逐步扩大开来。在实地里收集资料时我们就应该开始写作,不必等到所有的资料都收集好了、所有的问题都想清楚了才开始写作。其实,在自己对资料还不太熟悉的时候就开始写作有很多优势,因为这时候我们可能有很多想法和感受,而这些想法和感受可能是最"真实"、原初、未加修饰的,最能够反映自己当时的反应。有的学者甚至认为,研究者到实地收集资料之前就先写一个初稿,以便了解自己对研究的问题已经有了哪些了解、希望了解什么信息、如何去寻找这些信息(Wolcott,1990:22)。此外,提前写还可以为研究报告提供一个初步的体例、内容的顺序、篇幅限制以及研究的焦点,迫使研究者为自己的实地工作确定一个基本的方向。如上所述,写作本身便是思考,写作就是一个分析和建构被研究现象的过程。因此,研究开始的同时就需要开始写作,写作需要一步一步地进行,而不是一蹴而就。

很多成名的质的研究者写作的一个诀窍是，不必总是从第一章写起。他们大都是从自己认为最容易的那一部分开始，然后再按照难易程度逐个"攻破堡垒"（Richardson, 1990; Weiss, 1994; Wolcott, 1990）。通常，他们从对方法的反思开始，因为这一部分比较直接，前后程序比较清楚；然后再开始撰写研究结果，最后才写第一章的概论。之所以将第一章放到写作的最后，是因为通常到了这个时候他们才知道自己到底想写什么、已经写了什么，才真正了解自己的意图。因此，第一次写作时他们通常尽快地把草稿写出来，然后再对内容进行修改。至于写作的风格和修辞，可以等到较后阶段再考虑。例如，崴斯（1994:204）为了在短时间内使自己知道的信息和自己的想法连贯地流露出来，首先把它们读到录音机里，然后再一边听录音，一边进行整理。他感觉这样做可以使自己的思想比较连贯，不致因文字的修饰而中断思维。伍兹（1985）也认为，首先将自己所有的想法都"塞"到文章里是写作中必要的第一步，修改可以放到下一步进行。通常，研究者收集的资料非常丰富，具有多元视角和多重声音，无法在第一次就全部捕捉到，必须通过人为的一次又一次的压缩和提炼，才可能将它们比较丰满地表现出来。

三、继续写作

文章开头以后，需要继续进行写作。在这个阶段，保持不断写作的兴趣和热情是最重要的任务。我发现，要保持写作的持续性，一个比较有效的办法是阅读自己前面已经完成的部分。这一部分通常与后面计划要写的内容之间存在相关关系，可以为我们继续写作提供兴奋点和内容生发处。此外，阅读自己已经完成的部分通常可以给自己一种成就感，使我们又一次看到自己已经取得的成果，可以增强信心。

为了保持写作的兴趣和热情，我们需要不断地想办法给自己充电。除了自己给自己打气以外，我们还可以有意识地为自己创造一个友好、宽松的环境，比如经常与那些了解自己的同事、朋友和家人一起交流，与他们分享自己初步的成果，征得他们的支持以及建设性的建议，与他们分担自己的焦虑和不良情绪等。此外，我们还需要有一定的时间保证，使自己可以不间断地连续进行写作。

如果我们在写作中遇到了阻抗，应该像在考试中遇到了难题一样先绕过去，先捡容易的部分做，然后再回到困难的部分。假如我们对这些难题穷追不舍，不仅会浪费自己大量宝贵的时间，而且容易使自己产生受挫感，对自己的写作能力失去信心。通常，在完成了比较容易的部分以后，我们会发现原来自己认为困难的部分已经不成问题了，自己可以轻而易举地就攻下这些堡垒。写作时最危险的敌人就是试图第一次就写"对"。

任何文章都是需要修改的,不可能一蹴而就。作为初学者,我们不应该希冀自己第一次就写得十分出色,就像我们所羡慕的那些大作家的作品一样。相反,我们应该从最简单的步骤开始,一步一步地对自己的文章进行修改和润色。其实,大作家的作品通常也不是一气呵成的,也经过了千百遍的锤炼。因此,我们不必过多地追求修辞和文采,应该尽可能将自己的注意力放在自己想说的事情上面,设法将它们先说出来。把自己的想法说清楚了以后,今后再慢慢修改句法和词汇就比较容易了。

在继续写作的过程中,有的研究者可能容易忘记自己的研究问题。由于研究结果的内容本身是如此地丰富,他们常常被内容所吸引,忘记了自己研究的焦点是什么、自己到底要回答什么问题。因此,在写作的过程中如果我们遇到了此类迷惑,可以有意识地问自己:"我到底想说什么? 我最希望说明什么问题? 我最希望向读者传递什么思想?"当然,正如前面多次讨论过的那样,研究者个人的筹谋与原始资料之间总是存在着一种张力。如何在它们之间获得一种平衡,如何在资料极其丰富的情况下不"迷失方向"? ——这是质的研究者必须时刻考虑的问题。

如果原始资料确实过多、过杂,写作时不知如何处理,我们可以像旅行者收拾自己的箱子那样,采取如下办法加以解决:1)重新安排其中的物品;2)把不必要的东西挑出来;3)找一个更大的箱子(Wolcott, 1990:62)。第一和第三个办法促使我们重新考虑自己的归类标准和/或故事线是否合适,是否可能找到一个更好的"包装"方式或更合适的容器。第二个办法提示我们:质的研究的写作过程也是一个不断聚焦的过程,就像是一个漏斗,越往下,收口越小;而聚焦就必须舍弃一些东西,"看的方式就是不看的方式"(Burke, 1935:70)。用老庄的话来说就是,只有有所不为才能有所为。写作中的聚焦也是一个不断往返的过程,一方面需要我们逐渐靠近焦点,使描写工作成为可能;另一方面又需要我们逐渐拉开距离,直到能够有一定的观看角度。

四、整理初稿

初稿完成以后,需要对其进行整理和修改。整理往往需要相当长的时间和相当多的精力,不可能期待一次性完成。在整理之前,作者可以考虑让初稿先搁置一段时间,让它自己慢慢酝酿、逐渐成熟。作者与自己的作品分开一段时间可以使自己在时间上、空间上和心理上拉开一定的距离,回过头来进行修改时头脑会比较清醒。

与此同时,我们也可以请一些思路比较清晰、对我们的研究比较熟悉的朋友或同行帮忙阅读初稿,提供反馈意见。在选择读者的时候,要特别注意选择那些与我们关系密切、相互有信任感的人。在请这些人阅读以前,我们可以告诉他们自己需要什么方面的帮助,以便他们有针对性地提供反馈意见。通常,在我们的指导下,这些读者会变成对我们来说非常有帮助的读者。我在哈佛大学学习时,就曾经参加了一个论文写作支持小组。组员们每两周见一次面,互相阅读彼此的论文片段和初稿,相互进行评判。我发现这种形式对自己非常有帮助,不仅在思想上给了我很多启迪,而且在情感上给予了我非常大的支持。

对文稿进行编辑可以采取很多不同的形式。比如,可以从前面往后进行编辑,也可以反过来从后面往前进行编辑;可以找一个陌生的地方进行编辑,利用环境的生疏感给自己带来对文稿的距离感;也可以大声地阅读自己的初稿,用听觉来帮助自己找到纰漏和不协调之处;可以迅速地阅读初稿,力图抓住文章的大意和基本结构,也可以细嚼慢咽,仔细品味文章的微妙之处。虽然编辑文稿时可以有各种不同的方式,但是在对初稿进行修改时,一般应该从比较宏观的层面开始。我们可以先从文章的整体层面开始,考察自己的写作是否将研究结果中所有的部分都合适地整合起来了,各个部分之间是否具有有机的联系。如果有的部分与整体不相吻合,应该进行适当的调整和删改。然后,我们才进一步对文字进行润色。

对文字进行修改时要特别注意行文清楚、简练、质朴、细密。虽然质的研究要求对结果进行"深描",但文风要简洁、干练,不要拖泥带水,更不要矫揉造作,卖弄"知识"。密尔斯(1959:218—219)认为,很多学者之所以容易滑入表达含混的境况,是因为他们对自己的地位十分在意。因此,要克服学术语言(prose)的弊端,我们首先应该改变自己的学术姿态(pose)。

在这个阶段,我们还可以考虑从不同的角度、用不同的方式来撰写自己的研究报告。比如,我们可以假设:"如果换一个叙事角度,我们将得到一个什么样的故事?如果叙事者来自一个不同的文化,他/她会如何看待这个故事?如果我们与几位研究者共同合作一起来写这个故事,将会是什么样的结果?"通过这样的设问,我们可以发现自己目前的写作方式有何利弊,如果希望改进的话,可以如何做。

五、收尾

初稿经过反复的整理和修改之后,我们就可以考虑结束写作了。在结束写作之前,我们需要提醒自己是否已经说了自己所有想说的事情。比如,我们可以问自己:"我到底想要说什么?我是如何说的?我说的效果如何?我原来的设想与现在的成文之间有什么不同?现在的写作形式保留了什么?失去了什么?文章中的论点是否还存在问题?我如何使自己的论点更加有说服力?文章中的引言对说明我的观点是否有用?文章各个部分之间的联系是否清楚?它们表达的是一些什么关系?我是否可以用不同的方式对所收集的资料进行解释？我是否可以对这些解释进行批判？我是否沉醉于某些我个人的偏见?"等等。

　　一般来说，在研究报告的结尾处，作者习惯于对自己的研究结果做出一些结论性的陈述。质的研究报告一般也是如此，但是特别强调不要使用过于绝对化的语言。文章应该留有一定的余地，让读者(以及作者自己)对文章中提出的问题继续进行思考。如果我们的研究报告显得十分完整，滴水不漏，没有任何"不足之处"，这不但不"实事求是"，而且也容易使读者对研究结果的"真实性"产生怀疑。我以为，最好的"阅读"不是读者读到了很多"知识"，而是在读者的心中激起了很多新的问题，激发他们进一步对这些问题进行思考。因此，在文章结尾时，我们可以对自己的研究结果作一个比较中肯的总结，同时指出研究的局限性、尚未澄清的问题、有待进一步探讨的问题以及今后继续研究的打算等。如果我们的结论与学术界现有的理论不一样，我们也可以告诉读者这里存在着什么矛盾，可以如何对这些矛盾进行解释。一般来说，读者并不指望我们什么都知道。我们与其佯装什么都知道，还不如"如实道来"，与读者坦诚相待。作者的态度越坦诚，就越能够得到读者的信任，也就越容易使他们参与到与作者的对话之中。

　　一般的学术论文要求作者在文章收尾时就研究的结论提出有关政策性建议。但是，质的研究特别强调不要过分强调自己研究结果的意义和作用。如果我们提出的建议过于理想化，没有事实作为依据，反而容易使读者生疑。如果我们论说的态度过于激动，脑海里有一个可能并不存在的"稻草人"，写作时极力与之争辩，论证的口吻缺乏冷静和严谨，也容易使读者感到作者不够自信，只能靠贬低别人来抬高自己。但是，在避免过分抬高自己的同时，研究者也不必显得过分卑微谦恭。如果我们过于拘谨，过低地评价自己的研究，一个劲地向读者道歉，也很容易产生我们在利用谦虚以求得读者的同情之嫌。总之，研究报告的结尾应该做到不卑不亢、不温不火、平心静气、以理服人。

　　综上所述，质的研究报告的写作不仅仅是对研究结果的呈现，而且是一种对资料进行思考、建构社会现实以及行使作者权力(利)的活动。由于作者思考方式的不同、看待世界的方式不同、对自己的权力(利)的意识和处理方式不同，写作的具体实践也呈现出千变万化、丰富多彩的样式。本章重点介绍了民族志的主要写作风格、成文的具体方式以及一些研究老手们有关写作研究报告的原则、程序、步骤等方面的经验。作为作者，我们应该根据自己的思考、自己的角色意识以及自己研究项目的具体情况选择合适的写作方式，"写"出我们自己在与被研究者的互动中所构造的社会现实。

第五部分

质的研究的检测手段

　　本部分探讨的是质的研究中十分重要的理论问题，涉及到研究的质量、效度、信度、推论和伦理道德等，由四章(第二十二章到第二十五章)组成。这些问题目前在质的研究领域仍旧存在争议，我在此主要作一个介绍，并提出自己的一些看法。由于质的研究在这些方面与量的研究思路不太一样，本部分在必要的时候还对两者之间的异同进行了比较。

　　第二十二章"质的研究的质量评价"处理的是一个十分困难的问题，即如何评价质的研究的质量？本章提出从"范式"的角度来看待社会科学研究的质量评价，基于"另类范式"之上的质的研究应该有与基于实证主义之上的量的研究不同的衡量标准。虽然质的研究与量的研究有不同的范式作为自己的理论基础，但是它们相互之间可以进行对话。只有通过平等、积极的对话，参与各方才有可能形成新的、动态的、形成性的标准，也才可能真正在关系中看待研究的质量评价问题。

　　第二十三章"质的研究中的效度问题"讨论的

是质的研究的"真实性"、"可靠性"问题,这也是质的研究中的一个"老大难"问题。本章着重讨论了质的研究界对效度的定义和分类、导致效度失真的原因、检验效度的方法等。这些问题目前在质的研究界都没有定论,只是提出来供读者思考。

第二十四章"质的研究中的推论问题"探讨的也是质的研究中一个令人头疼的问题,涉及到研究结果的"代表性"。由于质的研究的样本通常比较小,研究结果很难在量的意义上进行"推论"。本章首先对质的研究界目前对"推论"的定义、希望"推论"的理论基础以及客观原因进行了辨析,然后提出了一条新的思考质的研究结果的"代表性"的思路。借用皮亚杰的图式理论,我认为质的研究中的"推论"不是在量的意义上从部分到整体的"推论",而是一种知识的逐步积累以及知识结构的不断更新。

第二十五章"质的研究中的伦理道德问题"探讨的是质的研究者不得不时刻面临的问题。这个领域里布满了"陷阱",没有既定的规章可循,研究者一不小心就有可能掉下去。本章对质的研究者经常遇到的一些伦理道德方面的问题进行了探讨,如志愿原则、尊重个人隐私和保密原则、公正合理原则、公平回报原则等,同时对质的研究者内部存在的不同意见进行了分析。

第二十二章 质的研究的质量评价

——我如何知道什么是一个"好的研究"？

　　质的研究者(像所有其他类型的研究者一样)经常碰到的一个问题是："什么样的研究是一个好的研究？评价一个好的研究的标准是什么？"这类价值观方面的问题通常把讨论引向另外一些有关本体论、认识论和方法论方面的问题，如："什么是'研究'？评价'研究'的原则和标准是什么？如何认识和发现社会事实？如何衡量研究的真实性？"等等。而对以上问题的探讨又常常导致一些更具根本性的问题，如："什么是'事实'和'真实'？'事实'和'真实'是否存在？如果存在，如何发现它们？如果不存在，研究的本质是什么？"结果，我们又回到了原地，即："什么是'研究'？"所以，如果要对研究的质量评价进行讨论，我们必须从"什么是'研究'"这个问题开始。

　　当我们对"什么是'研究'"这个问题进行探讨时，经常发现自己会涉及到"'研究'的目的是什么"这个问题："'研究'是为了理解某一社会现象，还是就某一个问题寻找答案？是为了了解某一问题的复杂性，还是为了解决这个问题？是为了找出某一事物的'规律'，还是为了改变该事物的现存状态？是为了对某一问题进行政策性预测，还是为了提出新的问题？"等等。与这些本体论问题相联系的认识论方面的问题又把我们带到对"研究"的"真实性"、"可重复性"和"代表性"的探讨上："我怎么知道这项研究是'真实'、'可靠'的？'真实'、'可靠'指的是什么？对谁来说是'真实'、'可靠'的？如何衡量研究结果的质量？'真实'、'可靠'是衡量研究结果的质量的标准吗？为什么？如果其他的研究者到同样的地方、对同样的研究对象、就同一问题、用同样的方法进行这项研究，他们会得到同样的研究结果吗？有必要获得同样的结果吗？希望获得同样结果的目的是什么？我怎么知道这项研究的结果可以'代表'所有同类的事物？'代表'的意思是什么？为什么要寻求研究结果的'代表性'？"等等。

　　我发现，对以上所有这些问题的探讨都迫使我们首先回答一个问题，即："我所从事的这项研究背后的指导思想是什么？"所谓"研究的指导思想"可以借用库恩的一个经典概念"范式"来进行讨论。

第一节 什么是"范式"

"范式"这一概念最初由库恩(1968)提出来时,指的是常规科学所赖以运作的理论基础和实践规范。它是从事某一特定科学的所有成员所共同遵从的世界观和行为方式,代表该共同体成员所共有的信念、价值、技术等构成的整体。一个范式是一个共同体所有成员所共有的东西,换言之,一个科学共同体由共有一个范式的人组成。他们都经受过近似的教育和专业训练,都钻研过同样的技术文献,并从中获取许多同样的教益。他们相互之间交流相当充分,专业判断也相当一致。

"范式"可以被认为是一种"学科基质"(disciplinary matrix),包括四个方面的内容:1)特定的符号概括,如 x、y、z;2)共同承诺的信念,如热是物体构成部分的动能;3)共有的价值,如预言应该是精确的,定量预言比定性预言更受欢迎;4)范例,即对问题的具体解答,如自由落体运动。"范式"的基本原则可以在本体论、认识论和方法论三个层面表现出来,分别回答的是事物存在的真实性问题、知者与被知者之间的关系问题以及研究方法理论体系问题。这些理论和原则对特定的科学家共同体起规范的作用,协调他们对世界的看法以及他们的行为方式。

由于产生于特定的历史时期和特定的科学家群体,"范式"的基本理论和方法不是固定不变的。科学家团体通过持久而忘我的努力所建立起来的"范式",其实是"强把大自然塞进由专业教育所提供的概念箱子里"。随着科学从常规科学时期进入反常时期、非常规时期(即科学的革命),最后再进入常规科学时期,"范式"的内涵会因此而发生变化。

虽然库恩有关"范式"的这个概念最初指涉的是自然科学的理论基础和实践规范,是在对自然科学史进行研究时提出来的,但是近年来西方社会科学界对这个概念的借用十分广泛。社会科学家们掀起了一场又一场"范式大战",对社会科学领域的各种流派在"元认知"的层面进行反省和审视。比如,1989年3月,美国的社会科学家们云集旧金山,召开了题为"另类范式大会"的学术研讨会,翌年出版了论文集《范式的对话》(Guba,1990)。1994年,美国圣贤出版社出版的巨著《质的研究手册》中有整整六章的篇幅专门用来讨论范式的问题(Denzin & Lincoln,1994)。在这些论文中,学者们对传统的"实证主义"和质的研究所依据的三种"另类范式"即"后实证主义"、"批判理论"和"建构主义"进行了比较分析。本书第一章对质的研究的理论基础进行讨论时,曾经对这四种不同的范式进行了一个简要的介绍。

第二节 从范式的角度看研究的质量评价

根据我们对范式的了解,我们知道不同的范式对"什么是研究"这个问题的答案是不一样的。实证主义认为,"研究"是通过科学的、证实的手段发现客观存在的一种活动,研究者可以通过一套工具和一套程序对客观现实进行经验性的探究。后实证主义认为,"研究"是通过证伪的方式探究客观现实,研究者虽然不可能准确地了解真实,但是可以通过积累不断接近客观真理。批判理论把"研究"作为解放人们思想意识的工具,研究者通过与被研究者之间平等的对话可以唤起对方的真实意识。而建构主义则着重于理解和解释参与研究的各方对现实的共同塑造,"研究"是一个参与建构现实的过程。

因此,当我们考虑"什么是'一个好的研究'"这类问题时,必须首先问自己:"这项研究所依据的范式是什么?在这个范式内'研究'具体指的是什么?"只有弄清楚了这类问题,我们才有可能在特定范式的理论框架内对该研究进行评价,而不至于犯张冠李戴、偷换概念的错误。当然,衡量一个研究是否是一个"好"的研究不仅仅取决于它所依赖的范式,而且包括很多其他方面的因素,如研究的目的、现象、问题、理论、对象、情境、时间、方法、过程、研究者和被研究者的关系等。然而,范式可以被认为是所有这些因素的决定性因素,衡量这些因素对研究的质量是否相关取决于该研究的范式是什么。因此,我在此主要从"范式"的角度来探讨质的研究的质量评价问题。

一、实证主义的评价标准

如果我们可以确定某项研究依据的是实证主义的范式,那么我们就应该将量的研究意义上的"效度"、"信度"、"推论"等作为衡量的标准。为了了解研究的结果是否准确地再现了我们认为可以被认识的"真实",我们应该检验该研究是否使用了概率抽样、建立常模、设立控制组等研究手段,是否严格遵循了一定的研究程序和过程。比如,如果某项研究的目的是调查中国家庭人口平均受教育程度与其生活水平之间的相关关系,我们必须了解如下情况:该研究是如何设计的?为什么选择这两个变量?"家庭人口平均受教育程度"和"家庭生活水平"是如何定义的?选择有关指标所依据的原则是什么?指标的鉴别力、隶属度和灵敏度如何?研究者是否在全国范围内对所有的家庭进行了概率抽样?样本的精度如何?有关的数据是如何收集和进行分析的?使用了哪些问卷和量表?研究结果的效度和信度如何?

二、后实证主义的评价标准

如果该研究依据的是后实证主义的范式,我们就应该考察它在研究的过程中进行证伪以及相关验证的过程和方法,从而判断其研究结果靠近"绝对真理"的可能性程度。我们需要了解研究者是否具有高度的自我意识,系统、严谨地从事研究工作;是否对所有可能性解释进行了检验,有意识地寻找并排除了不符合初步研究结果的反例;是否对自己的倾见和使用的方法进行了严格的审视,而且详细、如实地报道了自己的研究过程。在这里,重要的不是使用"好"的方法,而是如何对方法"合适地"加以运用(Schwandt,1994)。在这里,量的研究中常用的"效度"、"信度"和"推论"等概念对检验研究的质量已经不再适用,取而代之的是"可信性"、"真实性"、"彻底性"、"协调性"和"可理解性"等概念(Lincoln & Guba,1985)。有的研究者虽然仍旧沿用"效度"和"推论"之类的词语,但是这些词语所代表的意义内涵和检测标准已经发生了变化(Maxwell,1996)。"效度"不再被当做固定的、可以用量化工具测量的一个指标,而是研究项目各个部分和各个阶段之间的一种"关系"。而"推论"则指的是读者对研究结果的一种"认同",在认同中扩展自己的认知结构和内容含量。

我个人对中国贫困地区辍学生的研究可以作为后实证主义的一个例子(陈向明,1996/1)。从本体论方面来看,我假设辍学生辍学是有客观原因的,希望竭尽全力去了解事情的"真相"。但是,由于种种条件的限制,我对"真相"的了解十分有限。因此,我的研究结果只可能是我在彼时彼地一定条件下所可能得到的最佳结果。尽管如此,我在研究的过程中有意识地对研究结果的真实性进行了检验,采取了证伪的方式,对结果中的漏洞和疑点(如学生本人与教师提供的信息不相吻合)进行了追踪调查,对不同的人(如学生、家长、教师、校长、学生的同学、邻居)就有关研究结果(如学生辍学的原因)进行了相关检验。在研究报告中,我力图对研究的背景、目的、方法、过程以及我和被研究者的互动关系进行详细的报道,希望读者通过这些细节对研究的真实性作出自己的判断。所以,我个人对这个研究的质量评判基本上遵从的是后实证主义的原则。

三、批判理论的评价标准

如果某项研究依据的是批判理论的框架,目的是为了反省和改变现实,我们则应该考察研究者和被研究者相互接触和交往的方式和过程,了解被研究者冲破"虚假意识"、获得自身解放的程度和实质。在这种理论框架里,一个"好的研究"应该将历史形成的矛盾揭示出来,将被研究者从误解的禁锢中解放出来,赋予他们权力和力量。因此,我们需要了解研究者是在一种什么情况下、通过什么方式与被研究者一起揭示历史的不公，从而使后者摆脱自己被强加的"无知"和"无力"感的。由于这种研究的主要手段是研究者与被研究者之间进行辩证对话，我们需要了解研究者是否具有自我批判的意识和能力，是否在对话中采取平等的态度，用自己对对方的尊重和真诚唤醒对方的"真实意识"。在这里，实证主义研究中常用的衡量指标同样不再适用，而所谓的"严谨"和"相关"这类衡量质量的概念也没有固定不变的定义，因时间、地点、人物不同而有所不同。

我认为，在目前中国的社会科学研究领域，有不少研究在目的上可以被认为属于批判理论的范畴。虽然研究者本人可能并没有这样一种意识（在这里我自己不知不觉地扮演了批判理论者的角色），或者在方法上没有严格遵守平等对话和辩证互动的原则，但是他们研究的主要目的是改造社会。我本人参与的教育部九年义务教育课程教学研究可以在此作为一个例子。我们认为自己已经了解了现存问题的严重性（如学生学业负担过重、应试教育忽略了学生的身心发展等），研究的任务是找到"客观"事实来说服有关人员进行大幅度的改革。我们的目的不仅仅是为了了解"事实"或证实自己的想法，而且希望通过这项研究唤起有关人员对中国基础教育的重视，采取行动改善现有状况。因此，如果要对这项研究的质量进行评价，我们必须遵从批判理论的框架对如下问题进行考虑："此项研究是否真正使制定教育政策的人们、教师、家长以及受教育的孩子们更多地意识到了现存的问题？他们是否感到自己比以前更加有力量和策略来改变不良现状？他们是否因此而加深了对教育的本质的认识和理解？"

四、建构主义的评价标准

如果某项研究是建立在建构主义的基础之上，承认现实是一种社会、文化、个体相互之间的共同建构，那么我们希望看到这种建构的具体过程。基本原则是考察主体之间是否通过互动达到了某种"共识"，其过程具有"阐释的"和"辩证的"两个方面。前者指的是：通过对不同个体建构的不断诠释而尽可能达到理解上的精确；后者指的是对现已存在的个体建构（包括研究者本人的建构）进行比较和对照，使每一个个体都有机会了解其他人的建构，直到各方达到了某种共识。因此，对建构主义研究的检验不是依据一个事先设定的理性标准，而是依当时当地生活事件的具体情境而定。检验的原则是：主体各方达到的共识是否对他们自己具有"解释力度"、"信息丰富性"和"复杂精致性"。检验的方式是一个开放的、不断演化的、通过实践而逐步修正的过程。各方通过对共识进行对比，直到找到此时此地各方认为最丰富、复杂、精致的结果。因此，研究者必须以一种反思的态度，如实地报道自己与被研究者共同从事这种建构的方式和过程。与此同时，研究者还必须保持交流渠道畅通,允许对现有解释的丰富性和精确度进一步加以改善。

我的一位同学对中国大陆移民在美国的文化适应情况进行了研究,其中的一个片段可以在此作为例子。一天,我的同学在一个中国移民家庭里对其三名成员同时进行访谈:爸爸、妈妈和女儿。访谈中,爸爸谈到了在美国生活的种种艰辛。当他提到当时正在美国上映的中国电影《活着》时,突然失声哭了起来。妈妈、女儿和我的同学当时都流下了眼泪。后来,我的同学问女儿:"你看到爸爸哭有什么感觉?"女儿回答说:"我不知道我爸爸是会哭的。我一直以为爸爸是一个冷酷的人,他到美国六年以后才把我和妈妈接出来。"访谈结束的时候,爸爸、妈妈和女儿都告诉我的同学:"我们一家人从来没有像今天这样交谈过"。

这个例子说明:所谓的"客观事实"实际上是不存在的,它是研究者与被研究者在当时当地的共同建构。可以设想,如果没有我的同学在场,如果没有研究者和被研究者所共同创造的这个情感氛围,这个家庭中的女儿可能仍旧认为她的爸爸是一个"冷酷的人",家庭成员之间的交谈方式可能仍旧是从前的样子。正是由于有了这样一个"现象场"(罗杰斯,引自陈仲庚,张雨新,1987:270),女儿对爸爸的认识才加深、加宽了,家庭成员之间的相互了解也与以前不一样了。同时,我的同学作为研究者与他们的关系也改变了,他对他们的了解和理解也大大加深了。因此,衡量这个研究的标准应该是:我的同学与这个中国家庭中的成员们相互之间是否达到了某种共识(如"爸爸不是一个冷酷的人");这种共识对了解这个家庭中的成员们在美国的移民生活是否提供了更多的信息,是否具有更强的解释力度,是否更加深刻地揭示了他们的内心世界。此外,我们还需要了解他们各方是通过什么途径和方法获得这种共识的,我的同学是否经常像这次一样与这个家庭接触,是否反复将各方的理解进行对照,直到获得了当时当地各方都认为是最为有力和丰富的解释。

第三节　不同范式之间如何交流

上面,我们从范式的角度对社会科学研究(包括质的研究)的质量评价问题进行了一个初步的探讨,结论是:不同的范式代表的是不同的世界观,因此对其指导下从事的研究进行质量评价应该采取不同的标准。那么,有读者可能要问:"不同的范式之间如何对话呢?不同范式指导下的研究相互之间如何进行比较和交流?如果没有统一的标准,比较或交流是否可能?"这里,我们似乎撞进了相对主义的死胡同。如果我们承认不同的研究代表的是不同的范式,那么它们之间似乎就没有可以比较的基础,也就没有办法进行交流。这是一种非此即彼的思路：要不我们就只有一个"客观的"、惟一的、适用于一切情况的标准，要不就没有标准，什么都行。那么，我们的出路又在哪里呢？在这种普遍主义和特殊主义之间的抗衡中，我们应该采取一种什么样的立场呢？

根据华勒斯坦等人(1997：63—64)的观点，某种多元化的普遍主义是当前社会科学界话语共同体进行交流的必然要求。这种普遍主义应该超越了现代社会和现代思想所拘泥的形式，接受存在于普遍性内部的各种矛盾。就如同在印度供奉众神的寺庙里一个单一的神拥有许许多多的化身一样，这种普遍主义应该是多元的、开放的、变化的。面对一个不确定的、复杂的世界，我们应该开放社会科学，以便使它们能够对自身的偏狭所遭到的合理反对作出适当的回应。我们应该允许有多种不同的解释同时并存，通过多元化的普遍主义来把握我们现在和过去一直生活在其间的丰富的社会现实。而要实现这种多元的、超越了偏狭和单一的普遍主义，我认为，不同的范式之间需要彼此进行对话。

一、什么是"对话"

"对话"从字面上看指的是交往双方相互说话，向对方表达自己的思想和意愿，同时试图理解对方的语言表达。在现在讨论的这个情境里，我所说的"对话"不仅仅(或者更极端地说，不是)指这一层意思。我认为，"对话"的实质不仅仅是对话各方在意义层面上进行交流，而且是对话各方通过互动进行意义的重构。"渗透于对话中的语言和理解总是超越对话中的任何一方的理解而扩展着已表达的和未表达的无限可能的关联域"(王岳川，1992：33)。在这里，"意义"不是一个存在于单一个体身上的客观实在，而是在人与人之间互动的过程中产生和发展出来的社会性交往产物(Blumer，1969)。在对话过程中，各方既不是简单地陈述自己的观点，希望对方理解自己；也不是一方试图理解另一方的观点，然后决定接受或者不接受。对话是一种言语行为，具有以言行事和以言取效的功能(Austin，1962)。通过揭示交往双方共同认可的主体间性结构，对话这一言语行为可以将交往各方个人的知识转换成为主体间性的知识(哈贝马斯，1997)。这种知识摆脱了主观主义和客观主义之间的对立，既主观又客观，对个体和社会既具有构成性，又具有被构成性。

因此，在不同范式之间的对话中，研究者可以对"什么是研究的'质量'？什么是一个'好'的研究？"这类问题产生新的意义解释。各方不再只是陈述自己的观点和立场，而是在一起探索回答这类问题的新的角度和新的内容可能性。当然，各方仍旧有自己的主观动机和立场，但是通过平等对话刺激彼此的兴趣和思维，交往各方可以共同建构出一个新的对"好的研究"的定义。目前在结合不同范式的尝试中,质的研究与量的研究之间的结合便是一个十分典型的例子。虽然这两种研究方法建立在十分不同的范式之上,对研究的质量有不同的衡量标准,但是很多社会科学家在尝试将两者结合起来使用,通过协商获得一种新的对"好的研究"的认识(有关这方面的问题,详见第二十七章)。

二、如何对话

如果我们认为不同范式之间展开对话可以形成新的对"什么是一个好的研究"的认识,那么可能有读者会问:"这种对话具体是如何进行的呢? 在对话中是否存在一些原则、规律和运作机制呢?"我发现自己很难对这类问题作出回答。之所以困难其中一个重要的原因是,提出这样的问题本身就违背了上述"对话"的精神和原则。对话本身是一个不断演进的过程,是交往双方的即兴创造,不可能有明确固定的原则,也没有可以预测未来的"规律"可循。这里的"规律"就是"没有规律"。对话过程中很多部分和环节(如果存在所谓的"部分"和"环节"的话)都无法用语言表达。要成功地从事这类活动,对话者更多地依靠的是自己本身的素质、态度和灵感以及在当时情境下与对话伙伴的关系,而不是固定的操作方法和行为规则。因此,如果我们试图对上述问题作出一个"回答"的话,只可能对不同范式之间"对话"的理想状态作一个一般性的描述。当然,我们有责任将自己可以说清楚的部分说清楚,但是只可能适可而止,在一定的层面作一些比较概括性的探讨。

就我自己目前的思考能力,所谓"自己可以说清楚的部分"主要有三点:1)在对话中注意自己的话语权力;2)在对话中强调对话双方的相互理解;3)承认范式的局限性。

1. 对话中的话语权力

首先,我们必须意识到,对话是与权力紧密相连的。对话这一形式本身就存在着对交往双方的限制,存在着一种内在的不平等(利奥塔,1997)。当说者发言时,他/她似乎必须比听者懂得更多,或者懂得比他/她认为自己实际懂得的要多;而对方作为听者,其接受的角色已经被先天地限定了。在这样的模式中,谈话双方不可能平等地进行交谈。出于一种对权威的相信以及权威对自己被相信的需要,说者总是希望用自己的观点来影响听者,而听者被无可奈何地放到了接受的位置。

因此,理想的对话方式应该是:让说者的位置空缺。没有人能够把自己放在说者的位置上,也没有人能够成为"权威"。说者应该作为听者而不是说者发言,双方都只就自己听到的东西发言,双方都是接受者(利奥塔,1997)。理想的对话具有"在各种价值相等、意义平等的意识之间相互作用"的"对话性"(巴赫金,1979),在这种对话中,最重要的本领不是述说,而是倾听——无条件地、全身心地、共情地倾听。对话者应该打开自己所有的触角，"甚至愿意漠视你自己的心智所向往的东西，使它对它没有料到的思想开放"（利奥塔，1997：95）。只有这样，旧的知识才能得以更新，新的知识才能得以建构。因此，当不同范式之间进行对话时，各方的任务不是对彼此的观点进行价值判断或批评指责，而是注意倾听对方的声音①。

建立在"另类范式"基础之上的质的研究与建立在实证主义基础之上的量的研究之间便存在十分明显的权力之争。由于各种历史的和现实的原因，量的研究在社会科学研究界占据了统治地位，其衡量质量的标准几乎成了衡量所有社会科学研究的标准，而质的研究这些"另类"则很难在与量的研究的抗衡中保留自己的声音。由于交往关系不平等，在双方的"对话"中，量的研究似乎显得"趾高气扬"、"颐指气使"；而质的研究则发展出一种双重性格：一方面感到非常"自卑"，缺乏强有力的手段与对方抗衡；另一方面又非常"自傲"、"自视清高"，对对方的衡量标准不以为然。因此，目前双方应该做的是，尽快建立起一种可以进行"理想对话"的氛围，彼此平等相待、相互尊重。

从理论上讲，参与对话的各方不论大小，应该在权力（利）上一律平等，共同对主体间性知识的构建作出自己的贡献。但是，在实际对话时，各方必须有一定的、旗鼓相当的实力，有能力形成"对局"，才可能进行所谓"平等的"对话（赵汀阳，1998b：17—18）。否则便是单方面的话语，"人家的话题，人家的思路，人家的判断"，就像苏格拉底的"助产"，单方面地向对方施以引诱和暗示，完全控制了对话的走向。如果各方水平相当，形成了"对局"，各方的思想才可能相互独立，才有可能产生精彩的思想，而不是预先就在对方的圈套之中。在"对局"中，各方站在自由的思想位置，不受制于任何一个思想习惯，把自己所有的资源都看做是可利用的对象，从思考"自己占有什么样的过去"转向思考"自己可以占有（或创造）什么样的未来"。因此，对话各方不仅需要采取平等的态度，而且需要提高自己的水平、发展自己的实力。质的研究只有真正具有了"对局"的实力，能够提出一些有价值、有分量的看法和做法，才能真正平等地、不卑不亢地与其他研究范式进行对话，共同对"好的研究"的标准达成共识。

---

① 高一虹（1998：10）认为，有的范式本身，如批判理论，好像就与这一原则相悖。批判理论的目的就是要把被剥夺了的"说"的权利还给"听"者。这就为我们提出了一个问题："如何处理范式内交流原则与范式间交流原则的不一致？"我认为，范式间交流应该采取平等对话的原则，各方倾听彼此的意见。而如果某一范式（如批判理论）内部的交流原则与此不符，应该遵守范式间的交流原则。其实，我认为，批判理论在理论上也是倡导平等对话的，只是它意识到"客观现实"的不平等性，希望更加历史地、社会地看待交流各方所处的"实际"状况，而不只是探讨理想的状况。而且，即使批判理论希望将"说"的权利还给"听"者，达到这个目的的手段还是（也只可能是）平等对话，因为这种对话的形式本身就是使"听"者成为"说"者的最有效手段。

其实,在"理想的对话"中甚至不存在一个衡量"好的研究"的共同标准,参与对话各方不应该受到某一特定标准的约束。"好"与"不好"只是一个"看法"而已,而"看法"应该是可以讨论的,没有固定的标准可言。因此,不论自己持什么范式,研究者不必固守某些先入为主的衡量标准,而应该根据自己研究项目的具体情况重新建构衡量标准。比如,如果我们的研究结合使用了质的研究和量的研究的方式,我们可以考察这种结合有什么长处、结合以后比不结合是否更好地回答了研究的问题、结合以后产生的研究结论是否比不结合所产生的结论具有更强的解释力度。

2. 对话中的相互理解

如果我们同意不同范式之间的对话是一个不断向前流动的意义建构过程,在这个流动的过程中有可能形成新的衡量研究质量的标准,那么读者可能会继续问:"持不同范式的研究者是如何做到相互理解的呢? 在不同的知识范式只能自我参照的情况下,研究者如何进行建设性的对话呢?"这个问题非常复杂,很难给出"确切"的回答。我在此只能提供自己目前的一点想法。

首先,我认为,在不同观点中求得理解需要一些必要的"制度性"保证,即交往各方共同遵守的某些对话规则。任何理解都只可能发生在特定的研究者群体,需要一定的原则和规范的制约。因此,各方必须承认彼此的基本假设,并且创造一些可以共通的原则。比如,在质和量的研究之间的对话中,双方应该考虑到对方所依靠的范式的特点,建立一些可以进行平行比较的衡量质量的原则,如用"可信性"对等于"内部效度"。与其强行设立一些共同的标准,双方可以将彼此"实际使用的逻辑"抽取出来进行比较,然后在此基础上重新构筑一个双方可以进行交流的"逻辑"(Guba,1981)。

当不同的范式之间进行对话时,观点上的冲突是不可避免的。对话并不以"可通约性"作为理解的既定前提,而是承认时代差距和文化差距所带来的"不可通约性",将其作为对话的出发点(罗蒂,1987)。理解并不等于同意对方,接受对方的观点,而是在于学会容纳对方,与不同意见和平相处。对话的最终目的是不断将对话进行下去,而不是最终发现"客观真理"。"真理"无非是我们对前人的解释的再解释,而我们的前人的解释则是对他们的前人所作的解释的再解释(杨寿堪,1996:114)。因此,对话需要有一个民主协商的机制,充分听取大家的意见。对话各方应该具有尊重对方、维护多元的态度,为"众声的喧哗"创造一个轻松、愉快、安全的环境(Quantz & O'Conor,1988:99)。虽然理解不必同意对方,但是需要与对方共情的能力。这不仅仅是一种认知层面上的理解,也不只是行为上的模仿,而是交往双方在情感上和精神上的共振。通过这样的共振,对话双方可以真切地感到彼此对自己的范式的热衷强度,在情感上产生对对方的理解。

此外,作为对话中的一员,我们还需要了解和理解自己的理论范式和方法,并且全心全意(而不是半心半意甚至假心假意)地拥抱自己的信念。只有透彻地了解和理解了自己的选择,我们才有可能去了解和理解别人的选择。而只有坚信自己的主张,我们才会有能力尊重对方的主张。如果我们对自己遵从的范式不甚了解,对自己的主张不甚坚定,便很容易产生防御心理,或先发制人,以免遭到对方的攻击;或畏葸不前,羞于捍卫自己的信念。因此,在对话中,我们不仅应该保持一种对所有的意见开放的态度,而且需要了解自己的理论范式和方法选择。

3. 承认范式的局限性

上面的讨论表明,每一种范式(及其相应的方法)都有自己内在的局限性(或者说是特性),都带有既揭示又隐藏的双重功能,即在昭示事物的某些特性的同时也隐蔽了其他的一些特性。因此,在与持不同范式的研究者进行对话时,我们应该承认自己所依据的范式的局限性,将自己的研究结果以及对结果的质量评价限定在一定的范围和语境之内。

承认范式的局限性还意味着承认范式本身有可能发展和变化。随着常规科学进入反常与危机时期,新的常规科学会在科学革命中建立起来,而与此相应的新的范式也会应运而生(Kuhn,1968)。促成范式发展和变化的原因和条件很多,其中重要的一条便是科学家群体所从事的实践活动。其实,范式与研究方法之间并不是一个单向的、具有决定性指导作用的关系,而是一个双向的、相互影响的关系。范式在一定时空下指导和规范着研究者的行为;而研究者的实践活动也同时丰富和发展着范式的定义、原则和内容。一旦时机成熟,新的范式就会在研究实践的基础上产生出来,为研究提出新的发展方向。本章第三节在讨论从范式的角度看待研究结果的质量评价时,只是从范式出发从上往下看待研究的质量评价,而其实这个论证程序也是可以从下往上的。研究的具体实践可能会改变范式的定义,同时也就改变了对"好的研究"的评价标准。

因此,我们不应该将现存的范式当成僵化的、固定不变的思维模式,而应该在自己的研究实践中有意识地发展它们。在反省自己的范式的同时,我们可以有意识地总结自己的研究经验和教训,为范式的更新提供资源。其实,范式本身就是在特定科学家群体的研究"范例"和开放性"条目"的基础上通过归纳而建立起来的一些标准和规范(Bernstein,1983)。它们是特定时代人为的产物,不仅为特定时期科学话语的有效性提供标准,而且为增长知识、改革现实提供了合理运作的指南(Popkewitz,1984:52)。所以,它们自身必将随着知识的增长和现实的变化而发生变化。对范式的发展我们应该采取一种开放的态度,承认现存范式的局限性,允许实践对其进行改造。

　　承认某一范式的局限性并不意味着否定这一范式,而是给予它发展和变化的空间。承认范式的存在是为了规范研究者的行为,为研究结果的意义解释点明其理论基础,使研究者对自己的行为更具有反思能力。但是,每一种范式的定义是可以接受不断的诠释和再诠释的。只有在这样一个开放的氛围下,不同的范式之间才有可能进行对话;而只有在公开的对话中,范式才有可能获得创新的契机。如果参与对话的各方意识到了话语中的权力结构,而且具有宽容的态度和共情的能力,不同的范式之间是可以共同建构出新的有关"好的研究"的定义的。在这个意义上,我们可以说,对话在不同的范式之上建立起了一座桥梁,这座桥梁为研究者进入更高层次的意义境界铺垫了道路。

第二十三章　质的研究中的效度问题

——我如何知道研究结果是否"真实"?

社会科学家在对社会现象进行研究时,一般要用"效度"这一概念来衡量研究结果的可靠性,即研究的结果是否反映了研究对象的真实情况。在量的研究中,"效度"指的是正确性程度,即一项测试在何种程度上测试了它意欲测试的东西。这包括两个方面的意思:一是测查了什么特性,二是测查到何种程度。效度越高,即表示测量结果越能显示其所要测量的对象的真实性。量的研究在选择测量工具以及设计问卷和统计量表时都要考虑,使用这些工具测量出来的东西是否确实是研究者所希望得到的东西,所测得的结果是否能够正确地、有效地说明所要研究的对象。

在量的研究中,效度的检验一般分为三类:1)内容效度;2)效标效度;3)理论效度(Light et al.,1990:151—158)。"内容效度"指的是:一个测量工具的各个部分是否测量了研究对象的所有内容。比如,一门课的期末考试如果涵盖了该课程本学期所教的全部内容,那么这个考试便具有"内容效度"。"效标效度"指的是:测量工具对测量对象进行测量所获得的结果是否与被假定的测量标准相一致。例如,研究人员要学生在一份问卷中填上自己高考时各门功课的得分,如果学生填的分数与他们实际所得的分数之间一致性程度高,则说明此测量方法"效标效度"高,反之则低。"理论效度"指的是:测量工具是否确实测查了它所依据的理论基础。比如,如果一个衡量学生学术水平的量表所测出的分数确实反映了学生的学术水平,那么这个量表就具有较高的"理论效度";反之,如果学生可以通过猜测或者是因为善于考试而获得高分的话,那么这个测量工具的"理论效度"就不够理想。

第一节　质的研究对效度的定义

在质的研究中,"效度"的定义和检验不如量的研究那么清楚、确定,研究者对这一概念普遍存在争议。持后实证主义范式的研究者一般认为,这个词语可以用于质的研究,但是不能沿用量的研究对这一词语的定义和分类(Taylor & Bogdan,1984:98；Merriam,1988:168)。质的研究真正感兴趣的并不是量的研究所谓的"客观现实"的"真实性"本身，而是被研究者所看到的"真实"、他们看事物的角度和方式以及研究关系对理解这一"真实"所发挥的作用。因此，他们提出了各种不同的定义和分类的方式(见下面的详细介绍)(Erickson,1989；Goetz & LeCompte,1986；Kirk & Miller,1986；Philips,1987；Maxwell,1996)。

持建构主义范式的研究者则大都认为，"效度"这个概念不适合质的研究，主张用其他的词语来代替，如"真实性"、"可信性"、"可靠性"、"确实性"、"一致性"、"准确性"等(Lincoln & Guba,1985,1990)。

一些更加激进的建构主义者和批判理论者则认为，不论是"效度"还是其他类似的概念都不适合质的研究。这类概念以事物是独立的、自足的客观存在为前提，认为研究者可以识别并验证其客观真实性(Hammersley,1992；Wolcott,1990)。而质的研究的一个重要理论前提是："客体"不是一个固定不变的实体，它是一个与主体相互配合、适应、转换和变化的另外一个"主体"。研究者对事物的理解不是简单的主体对客体的认知，而是主体与主体在一定社会文化环境中的重新相互建构。这是一个复杂的运动过程，主体间的理解受制于各自所处的研究情境。例如，当我们调查某中学的纪律情况时，我们的身份和地位(研究人员、教师还是行政管理人员？教育部派来的还是出于个人兴趣？)、调查的目的(了解现状为研究所用，还是汇报上级以决定改革举措？)、调查的对象(校长、老师、学生还是家长？)、调查的地点(在校园里还是学生家里？)、调查的时间(课上还是课后？)、调查的方法(参与型还是非参与型观察？开放型还是封闭型访谈？)等都有可能影响到我们对该学校纪律的调查。由于上述诸因素的影响，我们对该学校的纪律情况获得的认识与在其他情况下获得的研究结果有可能很不一样。

尽管学术界对质的研究中是否应该使用和如何使用"效度"这一概念有不同的意见，但是绝大部分质的研究者(特别是持后实证主义范式的研究者)仍旧沿用"效度"这一词语来讨论研究结果的真实性问题。然而，大家都同意，质的研究所使用的"效度"这一词语不论是在概念定义、分类方法还是使用范畴上都和量的研究很不一样。前者使用的"效度"指的是一种"关系"，是研究结果和研究的其他部分(包括研究者、研究的问题、目的、对象、方法和情境)之间的一种"一致性"。当我们说某一研究结果是"真实可靠的"时候，我们不是将这一结果与某一个可以辨认的、外在的客观存在相比较(事实上这一"存在"并不存在)。而是指对这个结果的"表述"是否"真实"地反映了在某一特定条件下某一研究人员为了达到某一特定目的而使用某一研究问题以及与其相适应的方法对某一事物进行研究这一活动。假设，我们在调查了某中学学生的课外活动以后得出了这样一个表述

"该中学学生的课外活动非常丰富,学生参加的积极性很高,对促进他们的课堂学习产生了重要的作用"。如果我们有充分的证据表明这一表述最合理、最恰当地表现了我们在现存条件下(如云南师范大学教育系的两名研究人员于 1997 年 9 月到 12 月在该中学分别使用了非参与型观察和开放式访谈对十位教师、五位管理人员、十五名学生以及他们的家长调查了学生的课外活动情况)所得到的结果,那么这个表述就是有效的。因此,从这个意义上来说,质的研究的效度所表达的关系是相对的,不是一种绝对的"真实有效性"。当我们说某一表述是"有效的"时,我们并不是说这一表述是对该研究现象惟一正确的表述。我们只是表明这一表述比其他表述更为合理。

如上所示,质的研究中的"效度"这一概念是用来评价研究结果与实际研究的相符程度,而不是像量的研究那样对研究方法本身的评估。量的研究假设研究对象是一个客观的实体,只要研究者遵循一定的方法和操作程序就可以保证获得可靠的数据和研究结果。而质的研究认为,客观的、固定不变的实体是不存在的,研究是一个主体间不断互动的过程。因此,"效度不是一个商品,可以用方法买到……效度就好像是品质、性格和质量,只能在与一定的目的和环境的关系之中加以测查"(Brinberg & McGrath,1985:13)。作为研究者力争达到的一个目标或一种境界,"效度"不可能按照某种严格的、预定的程序被生产出来,只可能依赖研究中存在的各种关系因素。当我们说某一结果的效度比较"高"时,我们不仅仅指该研究使用的方法有效,而是指对该结果的表述再现了研究过程中所有部分、方面、层次和环节之间的协调性、一致性和契合性。沿用上例,当我们说我们对某中学学生课外活动的调查结果是"有效的"时,我们不仅仅指该研究使用的非参与型观察和开放式访谈是有效的,我们指的是这些方法与研究课题的其他部分,如研究者(云南师范大学教育系的研究人员)、研究的问题(中学生的课外活动)、研究的目的(了解和理解该校学生的课外活动情况)、研究的对象(教师、管理人员、学生和家长)、研究的时间(1997 年 9 月到 12 月)和研究的地点(校园内)之间有一种内在的相容性。之所以"相容"是因为这些研究者使用这些方法可以在合适的时间和地点向有关的研究对象就本研究问题进行探究,获得的研究结果达到了研究的目的。

此外,汉莫斯里(1992:52—54)认为效度应该是多元的,而不是只有一种"效度"。他提出了"复杂的现实主义"(与他所谓的"朴素的现实主义"相对)的观点。这种观点认为,"知识"是一些具有合理效度的信念,是人的建构,具有丰富多样的形态。所谓的"知识宣称"必须建立在可信和可能的基础之上,与研究者关于世界的假设具有一定的相容性。而研究者的假设是多元的,对于同一个现象往往有相互不矛盾的多种说明,因此其效度也应该是多样的。因此,我们应该抛弃对惟一"效度"的坚持,承认效度的多样性、丰富性和变化性。

第五部分 质的研究的检测手段

第二节　效度的分类

对效度进行分类的方法目前有很多种（Cook & Campbell, 1979;
Maxwell, 1992, 1996; Runciman, 1983）。下面主要介绍马克斯威尔（1992,
1996）的分类方式,同时结合其他一些学者的观点作为补充。之所以选择
马克斯威尔的分类,是因为我认为他的分类具有一定的系统性和合理性,比
较贴近质的研究者的具体工作实践,而不只是停留在理论探讨的层面。作
为一个后实证主义者,马克斯威尔认为,质的研究可以继续使用"效度"这
个词语,但是其定义和分类必须采取与量的研究不同的思路。质的研究者
应该从自己从事研究的经验出发,介绍自己在研究的过程中是如何思考、甄
别和处理效度问题的。所谓"从质的研究者从事研究的经验出发"指的是:
考察在具体研究中通常会出现什么类型的效度问题（他称之为"效度威
胁",即对研究的真实性可能形成威胁的因素）,然后反省自己是如何处理
这些问题的。从研究者自己的角度来探讨效度问题比站在这之外或之上评
头论足更具有可信度和说服力,因为这样更加贴近研究的具体实践。

在1992年的一篇论文中,马克斯威尔（1992）将质的研究中的效度问
题分成五种类型: 1)描述型; 2)解释型; 3)理论型; 4)推论型; 5)评估型。
在1996年出版的《质的研究设计》一书中,他又增加了两种类型: 1)因研究
者的倾见而造成的效度问题; 2)因研究者与被研究者的关系而带来的效度
问题。我认为这两类可以合到前五类之中,而上面的"推论型效度"可以放
到下一章"质的研究中的推论问题"中进行讨论,因此在这里我只对上面的
1)、2)、3)、5)四类效度问题进行探讨。马克斯威尔在讨论上述类型时没
有给予详细的分析和举例说明,我将在他的基本框架下结合自己的研究和
教学经验以及现有文献进行更进一步的探讨。在对他的四种效度进行探讨
以后,我将简要介绍其他学者的有关观点。

一、描述型效度

"描述型效度"指的是对外在可观察到的现象或事物进行描述的准确
程度。这一概念既适用于质的研究也适用于量的研究。衡量这一效度有两
个条件: 1)所描述的事物或现象必须是具体的; 2)这些事物或现象必须是
可见或可闻的,比如,医院里的病房和病人,诊断时医生向病人发问。假设
一位研究人员到学校观察课堂上老师和学生的互动关系,如果该教室临街,
外面很嘈杂,该研究人员听不清楚老师和学生所说的话,那么他/她对师生

互动关系的描述就有可能失真。又假设一位研究人员去采访一位工厂的工人。访谈开始后,他/她的录音机出了毛病,没有录下工人所说的话。那么,他/她事后凭记忆所作的记录也有可能有所遗漏和错误。在这种情况下,不论是研究者收集的原始材料还是基于这些材料之上所做的结论,其描述效度都有问题。

研究结果的描述型效度还可能受到研究者个人的社会地位、价值观念、思维方式、知识范围、心理特征、生理特点等因素的影响。比如,由于人的感觉具有相对性,一个长脸的女人留长发就比留短发显得脸更长;"同样的气候,在老年人看来似乎是寒冷的,但在壮年人看来却似乎是温和的;同样的酒,那些刚吃过海枣或无花果的人觉得是酸的,而那些刚尝过栗子或鹰嘴豆的人觉得是甜的;浴室的走廊,那些从外边进来的人感到暖和,从里面出来的人感到寒冷"(齐硕姆,1988:61)。如果一位研究者在视觉器官十分疲劳的情况下进行观察活动,也很容易发生观察误差。他/她可能将一只苹果看成一只桃子,将十三辆自行车看成十四辆。

在描述型效度方面犯错误的情况还包括研究者在收集和分析资料时有意无意地省略掉某些对研究课题至关重要的信息。比如,如果研究者在对某食堂的伙食标准进行观察后只在报告中提到"伙食标准很高","饭菜价格很贵",而不对饭菜的成本和价格进行具体的报道的话,则有可能造成资料的不真实。由于不同的人对"高"和"贵"这类判断性概念可能有不同的理解,仅仅用这些词语来描述饭菜的价格是不准确的,容易给读者造成不解或误解。

描述型效度还受到研究者和被研究者之间关系的影响,这种影响也被称为"测不准效应",即由于研究者的参与被研究者改变了自己的自然状态(袁方,1997:426)。比如,在进行非参与型观察时,被研究者可能因为研究者在场而表现得与平时不一样;在访谈时,被访者有可能自觉或不自觉地掩饰或回避一些问题。

二、解释型效度

解释型效度只适用于质的研究,指的是研究者了解、理解和表达被研究者对事物所赋予的意义的"确切"程度。满足这一效度的首要条件是:研究者必须站到被研究者的角度,从他们所说的话和所做的事情中推衍出他们看待世界以及构建意义的方法(而不是像量的研究那样,从研究者预定的假设出发,通过研究来验证自己的假设)。质的研究重在探索研究对象的文化习惯、思维方式和行为规范,因此研究者在收集原始资料的时候必须尽最大的努力理解当事人所使用的语言的含义,尽可能使用他们自己的词语作为分析原始材料的码号,并力图在研究报告中真实地报告他们的意义解释。

　　另外,在试图理解研究对象的真实想法时,我们还必须分清楚他们口头上拥护倡导的理论和实际行动中遵循的理论之间的区别。比如,某位男教师可能认为体罚学生是不好的行为,如果有研究人员问这个问题,他也会这么回答。可是,他在实际处理学生问题的时候有可能使用过体罚这一手段,这时候他使用的是另一套解释原则。在这种情况下,研究者必须使用多种不同的研究方法(如访谈和观察相结合),调查各种不同的人(如他的学生、学生家长以及学校里其他的老师和管理人员),询问不同的情形(如他在什么情况下体罚过学生? 体罚过什么样的学生? 因为什么原因?),从而了解该老师所说的“体罚学生是不好的行为”到底是什么意思:是他认为应该遵循的一种价值观念? 还是可以因具体情况的不同而不同?

　　虽然在本书中我一再强调从被研究者的角度理解他们的意义解释,但事实上要真正做到这一点是非常困难的。解释的活动发生在大脑内部,作为研究者,我们很难知道被研究者大脑内部的活动,也很难判断自己对对方意义的理解是否“正确”。特别是在观察活动中,我们很难从被研究者的外显行为中发现其意义。我们只能从自己的角度说“我看见了什么;我看见的是什么”,而不能从对方的角度说同样的话,更无法解释他们“为什么”这么做而不那么做。即使是将观察与访谈相结合,直接用语言询问对方的意义解释,我们也很难知道自己所听到的是否“真正”代表了对方的意思,自己的理解是否“确实”。比如,如果有一个法国人相信“土豆”就是英语中的“苹果”,他会用“篮子里有土豆”这样的语言来表达“篮子里有苹果”这一观点(齐硕姆,1988:70)。而我们很难说,他的理解就是“不对的”。有人认为,原始的“意义”(meaning)可以客观地存在于被研究对象身上,而解释的“意义”(significance)却有可能因研究者不同而有所不同(Hirsch,1967:8)。加达默尔对这种“证实解释学”的观点进行了批驳,认为它实际上重蹈了实证主义的覆辙(Smith,1990:174)。这种观点似乎认为,主体和客体可以分离,研究者的“意义”可以与被研究者的“意义”分离。而加达默尔认为,这是对理解之本质的一大误解。理解是一个互为主体的活动,“意义”存在于关系之中(Rorty,1992:92—93)。“客观”存在的“意义”是不存在的,对“客观”意义的理解和解释也是不可能的。因此,我在上面所强调的“研究者站到被研究者的角度思考问题”的说法其实也是相对而言。任何理解都需要经过研究者的推论,而推论的根据在于研究者自己的文化参照、研究者个人的背景以及研究者与被研究者之间的关系。

三、理论型效度

　　“理论型效度”又称“诠释效度”,与量的研究中的“理论效度”有类似之处,指的是:研究所依据的理论以及从研究结果中建立起来的理论是否真实地反映了所研究的现象。所谓"理论"一般是由两个部分组成：一是概念，比如"学校"、"好学生"、"差学生"等；二是概念和概念之间的关系，如因果关系、序列关系、时间关系、语义关系、叙述结构关系等。例如：某研究人员在一所小学对那里的教师如何看待"差生"这一现象进行了研究以后，得出如下结论："老师称有些学生为差生是因为他们成绩不好"，这便是一个因果关系的理论陈述。如果这个理论并没有恰当地解释该校老师看待学生的情况，老师称有些学生为"差生"并不仅仅是（或者并不主要是，或者并不是）因为他们成绩不好，而是因为他们上课喜欢做小动作，说话粗鲁，不讨老师喜欢。那么这一理论就缺乏足够的理论效度，不能有力地、令人信服地诠释研究的现象。

四、评价型效度

"评价型效度"指的是：研究者对研究结果所作的价值判断是否确切。通常，出于自己的生活经验和价值观念，我们在设计一项研究时头脑中往往对要探讨的现象有一些自己的"前设"或"倾见"。因此，在研究的过程中我们往往会注意到那些对自己来说"重要"的、"有意义"的东西，而忽略那些我们认为"不重要"的东西。特别是在从事一项行动研究时，我们通常带有自己的一个理论框架（或者从研究资助者那里得到一个明确的指示），认为被研究的现象中存在着"问题"，需要我们去发现并提供改进意见。在这种情况下，我们通常会戴着有色眼镜去看待被研究的现象，有意无意地挑选那些可以用来支持自己的观点的材料。比如，我的一些学生在对某工厂食堂的就餐情况进行观察时，出于个人平时的经验，已经先入为主地对食堂有一些偏见，认为食堂存在很多"问题"，比如伙食标准太高，饭菜价格太贵，地方太拥挤，环境不卫生等等。结果，他们走进食堂时，往往不由自主地将主要注意力放到对这些问题的关注之上，而对其他的情况则忽略不计，比如食堂品种花样很多、服务员态度和蔼可亲、食堂里备有电视机等娱乐设施等。由于他们采取这样一种批评的眼光看待食堂的就餐情况，结果他们获得的结论很难反映食堂的真实情况，因此研究的评价效度就比较低。

五、其他类型

从上面我们对四类效度问题的讨论中，读者大概可以感到，上述对效度的定义和分类基本上是基于后实证主义对研究结果之"真实性"的评价标准。这种标准假设研究结果有"效度"可言，而且研究者可以有办法对这些效度进行监控。但认识论方面的考察告诉我们，研究者要想知道自己了解到的事实是否"真实"几乎是不可能的。首先，人的思想和行为具有极大的表面性、偶然性和变化性，很难显示出严格的"规律"，甚至"模式"。此外，观察者时刻处于一种"阐释学的处境",即在任何理解过程中主观与客观都是不可分的。以观察为例,研究者在从事观察时不可能进行韦伯所谓的"直接的观察性理解"(帕金,1987:8),获得纯粹的"描述型效度"。除非观察者知道"为什么"某个事情在发生,否则他/她不可能恰当地理解"什么"正在发生。"直接的观察性理解"必须与"解释性理解"结合起来,"描述型效度"与"解释型效度"之间的区分其实是很难分清楚的。人的观察(包括所有其他类型的研究活动)本身就是"主观的"、有选择性的(严祥鸾,1996:195)。研究者自己身在观察的场景和思维的过程之中,不可能跳出自己所处的时空,站到外边来观察自己。对研究者而言,他人的行为必须透过自己与其互动才具有意义,而意义则因时、地、人不同而有所不同(Babbie,1995:283)。因此,有的研究者提出了一些新的效度类型,从不同于后实证主义的角度对效度问题进行探讨。这些类型相互之间有一些类似和重叠之处,为了使读者获得一个比较清楚的了解,下面的介绍尽量将其相同之处放在一起讨论,不同的地方则分开讨论。

比如,拉舍(P.Lather,1993)提出了五种新的效度类型:反身性效度、反讽效度、新实用主义效度、根状效度(rhizomatic validity)和情境化效度。我认为"反讽效度"、"新实用主义效度"和"根状效度"十分类似,在此把它们归为一类进行讨论。

1) "反身性效度"指的是研究者对自己的研究过程和决策行为进行反省的程度,目的是促使研究者对自己获得的研究结果的合法性进行挑战。这种效度类似斯屈里奇(J.Scheurich,1992:1)提出的"认识论效度",意指研究结果的"真实性"受到人们对"知识"之认识的制约。每一个文本都与"知识"的定义、知识的生产以及知识的再现规则有关,都必须在特定的条件下进行衡量,没有固定不变的衡量逻辑和标准。

2) "反讽效度"+"新实用主义效度"+"根状效度"。"反讽效度"指的是从不同角度使用多元复制方式揭示研究结果的程度,目的是表示每一种方式都有自己的长处和短处,没有哪一个方式比其他方式更加优越。"新实用主义效度"指的是对具有异质性的话语和意见进行比较和对照的程度,目的是把不同的话语和不同的意见放到前台,打破研究者作为知识和真理的主人地位。"根状效度"指的是通过非线性的、具有多元中心和多元声音的文本将被研究者对问题的定义表达出来的程度,强调的是研究结果的多元性和去中心性。上述三种效度与阿特莱奇特(Altrichter)等人(1997:169)从行动研究的角度提出的"交流验证"非常类似,即通过研究者与被研究者之间的对话来检核解释的效度,以建立一个双方都同意的观点。要获得这种效度,研究者可以将自己的解释与有关人(如将受到该分析内容影响的人)的日常经验或者学术界其他研究者的解释相比较。

3）"情境化效度"指的是在特定情境下检测研究的真实性的程度。效度的检验不应该遵守事先设定的标准,而应该考虑到研究的具体情境。这种类型代表的是一种女性主义的观点,与男性的声音相对立。后者代表的是"科学主义"的观点,排斥了女性的身体、情感和母性的世界。

除了上述观点,阿塞德(D. Altheide)与约翰逊(Johnson)(1994)也从阐释学的角度对质的研究中的效度问题提出了自己的看法。他们认为,所谓的"社会"和"知识"都是行动者建构出来的,"知识宣称"本身便包含了许多价值观念、权力和概念前设。传统的实证主义的"效度"概念是为特定学者群和听众服务的,因此需要对其合法性和意识形态加以检视。他们提出了以下五个方面的看法。

1）效度即文化:传统的质的研究(如早期的文化人类学)基本上是以自己的文化观点来解释其他的文化,其观点被"包装"在"效度"这类"科学主义"的词汇中,没有得到认真的挑战。

2）效度即意识形态:质的研究实际上是在一定的社会权力结构中进行的,受到社会中统治/服从结构以及特定思想意识形态的影响,其合法性需要被质疑。

3）效度即性别:研究者自身带有其文化中对性别角色的思考和判断标准,其研究本身便是对具有性别区分的社会现象进行解释和介入。

4）效度即语言:研究者的文化视角已经"先天地"受到自己语言的限制,只有通过这一套语言,研究者才可能对社会现象进行定义和分类。

5）效度即鼓动:研究者本身具有对被研究者群体赋予权力的力量,可以为改善对方的生活福利起到一定的作用。这一点与林肯和丹曾(1994:579)所说的"宣泄效度"比较类似。他们认为,一般意义上的理性的"效度"衡量排除了弱小人群的资格,而质的研究的"效度"可以起到宣泄作用,即研究者通过与被研究群体平等的互动,赋予他们力量,帮助他们获得思想上的解放。一个"好"的文本具有复制现实(或者说重新生产现实)的能力,可以暴露种族、社会阶层和性别等因素在个人具体生活中表现出来的复杂脉络。质的研究不仅仅是为了证实"真理",而且服务于需要的人。因此,研究要考虑到伦理层面,如研究对于被研究者而言所具有的"公平性"、"值得信赖程度"以及知识的应用性和实践性(Kvale, 1995;Lincohn, 1995)。研究是知识建构中一种重要的权力关系和意识形态运作过程,研究者不应该忽视研究对被研究者的实际意义。

6）效度即标准:研究活动本身就包含着对研究者所属科学家群体之认可的需要,研究者必然地希望得到学术权威的支持,承认自己的合法化。

与上述研究者的观点类似,汉莫斯里(1990)提出了"效度即反身性陈述"这一命题,提醒研究者在更高的层面反省研究过程与效度有关的五个问题:1)被研究者(人或物)与大的文化、政治、经济、历史脉络之间的关系;2)被研究者与研究者之间的关系;3)研究者的角度与资料解释之间的关系;4)阅读研究报告的读者的角色作用;5)研究报告书写的风格、资料表达和述说的权威性。总之,研究者在进行自我反省时应该尽量开放自己,与历史对话、与被研究者对话、与资料对话、与自己对话,通过严格的自我反省来探寻最严谨的建构意义的方式。

第三节　效度"失真"的原因

在具体研究的过程中,有很多情况可能导致效度"失真",即研究结果的"真实性"、"可靠性"和"确切性"比较低。导致效度"失真"的原因很多,也很复杂,在此只对一些经常出现的情况进行讨论。

一、记忆问题

导致效度"失真"的一个比较经常的原因是人的记忆的衰退。比如,在访谈中,如果研究者要被研究者回忆过去发生的事情,被研究者可能因为时间久远对某些具体的细节已经记不清楚了。比如,如果一位 70 岁的老知识分子在 1998 年被要求回忆文化大革命时期被红卫兵抄家的具体情形,他可能因为事情已经过去二十多年,记不起其中具体的细节了。

当人们记忆衰退时,通常习惯于对事情进行估算,给出一个大概的描述或一个大概的数据,比如"大概有十几个人吧"、"可能是六六年、六七年的事情",等等。当人们进行这类大致的估算时,通常付之于自己的文化规范,按照自己文化中一般人认为比较合理的方式进行估算。即使当时发生的事情可能是违背"常规"的,但是事后回忆起来时,当事人往往将其"合理化"、"常规化"。比如,当上述老知识分子被问到在文化大革命中自己被红卫兵抄家时是否遭到了红卫兵的"毒打"时,即使他确实遭到了"毒打",而且至今还落下了腰疼的后遗症,但是二十年后回忆起这件事情,他很可能对被打的情形只会作出一个大概的、轻描淡写的估计:"好像是打了几下"、"没有什么大不了的"。

此外,人不可能对过去所有的事情都牢记在心,对过去的事情的记忆通常是有选择性的。人们往往"选择"回忆起某些事情,而"选择""忘记"某些事情,而且他们往往用自己文化中一般人现在认可的标准对自己"回忆"起来的过去的事情进行评价。比如,在上述老知识分子的故事中,由于他不愿意记住那些在文化大革命时期发生的令人伤心的事情,结果很多具体的有关他被红卫兵"毒打"的细节他都忘记了。不仅如此,由于受到现在公众舆论对文化大革命中红卫兵行为的解释的影响,他很可能还会为这些红卫兵的行为进行"辩护":"他们年轻不懂事"、"他们这么做是受到了坏人的唆使",等等。

二、研究效应

"研究效应"指的是:当研究在一个人为的环境中进行时,被研究者可能表现得与平时不一样,结果导致效度的失真。例如,在研究者观察一位教师的课堂教学时,教师和学生都可能有意表现得比平时要"出色":教师对学生可能显得更加"和蔼可亲",学生也可能比平时更加踊跃发言。在访谈的时候,受访者为了给访谈者留下一个"好"印象,也可能故意"夸大其词",有意识地往自己脸上"贴金"。如果受访者认为"谦逊"是一个重要的美德,也可能走到另外一个极端,在访谈时故意表现得非常谦虚,不直接表现自己。有时候,受访者认为访谈者是"重要人物",希望投其所好,虽然自己不知道有关情况,也故意"捏造事实"。还有的受访者出于好心,希望尽力帮助研究者,虽然自己不了解情况,也主动提供一些不确切的信息。此外,有的受访者出于自我形象整饰的目的,希望对方感到自己有能力,结果在回答问题时也常常夸大其词。

如果观察时有录像机为被观察者录像或者访谈时有录音机录音,被研究者的行为可能与日常更加不同。考虑到这些录像和录音可能会"名垂千古",被研究者可能会有意做出一些被公众认为是"好的"、"正确的"行为。他们可能会有意做出一些符合社会规范的行为,使用一些容易被公众接受的"冠冕堂皇"的话来表达自己的想法。

虽然上述这些研究效应可能成为严重的"效度威胁",但是它们也可以被作为十分有价值的信息资料。如果研究者对这些效应有所意识,有意观察被研究者的行为变化,可以从中了解对方很多有关的信息,如他们的个性特点、政治立场、社会地位、种族、性别、宗教等。因此,在研究的过程中,我们一方面要注意避免产生这些研究效应,而另一方面也可以有意识地利用它们为自己的研究服务。

三、文化前设

导致效度失真的另外一个主要原因是研究者与被研究者的文化前设不一致。如果研究者与被研究者来自不同的文化,使用的是不同的语言,他们之间很容易产生"误解"。比如,如果一位来自城市的研究人员问一位乡村的妇女:"你经常生病吗?"这位受访者可能回答说"不经常"。但是,如果仔细对对方进行追问的话,研究者可能会发现对方心目中有关"生病"和"经常"的概念和自己的概念很不一样。对研究者本人来说,所谓"生病"是指包括感冒、咳嗽、拉肚子这类一般的症状；"经常"指的是每一个月左右一次。而对于受访者来说，所谓"生病"指的是阑尾炎、胆囊炎之类不得不住院开刀的"大病"，至少三个月一次才算是"经常"。因此，在这种情况下，虽然研究者从对方得到了一个似乎十分明确的回答，但是这个回答所基于的前设是很不一样的，因此而导致研究效度的失真。

不仅不同文化背景下的人们容易产生理解上的差异，而且同一文化中的人们由于对某些事情有一些固定的前设，即使看到不同的情况也会"视而不见"。例如，有人曾经作过一项实验，对一群刚刚在一个自己不太熟悉的教室里听过讲座的人询问该教室内的写字板是什么颜色（Bernard，1984）。在这个校园里大部分写字板的颜色都是绿色，但是这个教室里的写字板却是蓝色。结果，回答问题的大部分人都说是绿色，只有少数几个人说是蓝色。当研究者进一步询问他们对自己看到的颜色是否十分肯定时，那些说蓝色的人态度非常坚定，而那些说绿色的人态度则变得迟疑不定。这说明，那些说蓝色的人自己确实注意到了教室里的写字板的颜色，而那些说绿色的人只是在按照自己的文化常规行事，因此他们的回答往往不太准确。

四、间接资料来源

导致效度失真的另外一个原因是被研究者提供的资料来自间接来源，他们自己并不知道这些信息，而是从别人那里获得的二手资料。为了向研究者表示自己消息灵通，这些信息提供者并没有说明信息的来源，只是根据自己的理解对信息进行传播或加工。由于被研究者本人不在现场，有些信息在传递中可能"以讹传讹"，到达被研究者这里时已经是"面目全非"了。

当研究者的语言与被研究者的语言不一致、双方之间的交流需要借助于翻译时，也可能发生此类效度失真的情况。由于研究者听不懂被研究者的语言，需要依靠翻译作为中介；而翻译可能带来意义的流失和误解，给双方的理解带来误差。比如，赵丽明（1998）在湖南湘西对当地一种濒临灭绝的语言——女书——进行研究时，就曾经遇到过这种情况。由于听不懂当地妇女使用的这种语言，她不得不依靠一些读过书的、被当地人认为"有文化的"中介人（通常是当地的文化干部或小学教师）做翻译。结果这些中介人往往有自己对女书的理解，提供了很多后来被发现是错误的解释（如"女书是秦始皇统一中国文字时漏掉的一种文字"）。更加糟糕的是，这些中介人经常根据自己的理解擅自对老乡写的字进行修改，认为她们写的"不对"，自己写的是"正确的"。

以上我们对有可能导致效度失真的几种原因进行了一个十分简单的讨论。之所以把这些原因挑选出来进行讨论是因为质的研究者在研究的过程中经常遇到此类问题。然而,在对上述原因进行讨论的同时我也意识到,这种讨论本身反映的是一种实证主义的思路,即认为"效度"是存在的,因此才可能有效度的"失真"。而实际上,从建构主义的角度看,质的研究中所有的资料都是有关参与各方即时的建构,被研究者在某些特定的场合"记忆衰退"、"表现不一"、"隐瞒真相"、"撒谎"或"产生误解"都可以被认为是他们有意识"选择"的行为,都是他们在这些场合下"建构现实"的方式。将上面效度失真的现象提出来讨论主要是为了分析和理解的方便,在现实生活中情况可能比这更加复杂、更富有动态性和互动性。

对研究的效度进行考察时,我们还应该注意到,人的天性中便有相互矛盾的情感和想法,人在思维和感受时并不总是前后一致、符合逻辑、严格遵守理性规则的。比如,在访谈中,如果访谈者询问的问题是受访者思考过的问题,那么他们提供的答案可能就会比较"清楚"、"前后一致"。否则,他们可能只是为了应付访谈者,出于礼貌或习惯而"作答",因此他们的回答可能会出现"逻辑问题"。我们应该认可被研究者身上这些"矛盾",而不是把它们当成"问题"来看待。如果被研究者的行为与语言之间不相吻合,思想和情感之间自相矛盾,我们可以将这些现象本身作为研究的重点,将它们放到具体的人、事件、人际关系和社会权力网络中进行考察。通过对这些矛盾的分析,我们可以对被研究者获得一个更加整体性的、多角度的、深刻的理解,而不只是对他们的只言片语或即兴行为所体现的效度穷追不舍。

第四节　效度的检验手段

质的研究者将那些有可能导致出错的因素称为"效度威胁"。在量的研究中,研究者可以在研究设计中通过随机抽样和控制组等手段事先将所有的"威胁"全部排除。可是,在质的研究中,"效度威胁"不可能事先被识别并通过统一的技术手段而加以排除。这是因为质的研究者认为,自己所研究的事物不是一个脱离主体而单独存在的客观实体,不能单方面地被认知或证实,只能被主体在与其互动的关系中重新构建。因此,其效度也只可能在这一过程中得到此时此地的、逐步的检验。由于质的研究将"效度"看做是某一特定条件下的产物,其"效度威胁"也是具体、个别和动态的,因不同情况而有所不同。

对质的研究效度的处理只可能发生在研究过程开始之后,而不是(像量的研究那样)在开始之前。这是因为我们必须已经对一个初步的结果作出了某种假设之后,才有可能着手寻找那些有可能影响这一假设之效度的"威胁",然后想办法将这些"威胁"排除。"效度威胁"是研究过程中有可能发生的事件,研究者不可能事先就知道这些事件是否会发生、会以什么方式发生,只可能在研究开始以后通过对研究过程的各个环节和层面进行考察,才能确定哪些因素有可能成为"效度威胁",判断它们是否已经、正在或将会影响研究的效度,然后再想办法将它们排除。这是一个不断循序渐进的过程,贯穿于研究的各个层面和环节。

对效度进行检验并设法排除"效度威胁"的具体手段一般有以下几种。

一、侦探法

这一方法类似侦探人员在侦破案件时所采用的方法,一步一步地对可疑现象进行侦查,找到解决案子的有关线索,然后将线索放到一起进行对比,制定最佳处理方案,最后对"罪犯"采取行动。这是一个开放渐进的过程,研究者按照研究问题的性质、目的和所依据的理论不断地对研究的各个层面和环节进行搜寻,找出有可能影响效度的"威胁",对其进行检验,然后想办法将其排除。

比如,在我对一位农村辍学生的研究中,根据他自己的介绍,辍学是因为有一位男教师不喜欢他,经常对他进行体罚(陈向明,1996/1)。为了了解这位学生所说的原因是否"属实",我首先访谈了他的母亲,结果发现他的母亲基本上同意他的说法,但是认为教师之所以"打"他是因为他自己"成绩不好"、"不好好学"。随后,我又访谈了学校的校长和"体罚"该辍学生的教师,结果这两位受访者都否认学校里有体罚学生的现象。为了进一步解开这个"疑团",我又走访了这位学生的一位同学家,了解这位同学及其家长的看法。结果,这位同学与我调查的辍学生的说法完全一样。之后,我又对该辍学生进行了访谈,他仍旧坚持原来的说法。与此同时,我还与该校其他一些教师和员工进行了交谈,了解他们与学生的关系。虽然我最后并没有真正对该生辍学的原因"破案",但是我的工作方案基本上遵循的是"侦探法"的路子,对不同的研究对象进行调查,一步一步地寻找线索,将各种线索进行对比,确定初步的研究结论,但同时向其他的可能性结论开放。

二、证伪法

与量的研究使用证实法不同,质的研究检验效度时使用的是"证伪法",即在建立了一个假设之后,想尽一切办法证明这个假设是不真实的或不完全真实的,然后修改或排除这一假设,直至找到在现存条件下最为合理的假设。为了证明某一个假设是目前最合理的,我们必须在已经收集到的资料中有意识地寻找那些有可能使该假设不能成立的依据。如果我们在资料中找到了反例,则需要对原来的结论进行相应的修改,以适合原始资料的内容。经过如此不断反复的证伪过程,如果该假设被证明没有漏洞,经受了证伪的考验,我们便可以接受其真实性。否则,我们应根据检验的结果对其继续进行修正或否决。

比如,在我所参与的一项对欧洲一体化与欧洲高等教育国际化的研究中,我对某些欧洲大学的校长们进行访谈以后得出了一个初步的结论:欧洲的大学对高等教育欧洲化十分支持,采取了很多有力的措施促进大学之间的交流。然后我又走访了其他一些大学,发现有的大学并没有采取相应的措施,只是提出一些空洞的口号,并没有在制度上给予必要的保证。通过更加深入的调查,我发现那些采取了具体措施的大学往往是比较新的大学,具有开放办学的传统;而那些没有采取具体措施的大学往往比较传统,历史比较悠久,对社会的发展通常采取比较谨慎的态度。结果,我修改了自己原来的结论,得出了一个可以包容上述异质性的结论:"在欧洲那些具有开放传统的新型大学对高等教育欧洲化十分支持,采取了很多有力的措施促进大学之间的交流;而那些相对保守的传统大学大都停留在理论层面,没有采取很多具体措施"。

证伪的另外一个方法是:在建立初步假设的同时,根据已掌握的材料建立"另类假设",将其与原有假设进行对比以后作出最为合理的选择。比如,在上面的例子中,我还可以列出其他一些可能性结论,如"在开放性大学和保守性大学之间还存在很多处于中间状态的大学,他们对高等教育欧洲化采取比较温和的态度,不是特别积极,也不是特别消极","欧洲的高等教育欧洲化之所以比较发达与欧洲联盟的建立有关,而与大学本身的传统没有太大的关系","欧洲高等教育欧洲化的程度与各大学目前的管理体制密切相关,而与大学过去的开放程度关系不大",等等。根据我所收集的资料,类似的"另类假设"可以列出很多。我可以根据自己手头掌握的资料对这些假设进行比较,排除其中不尽合理的假设,选择一个(或数个)在目前资料基础上被认为是最合理的假设。如果研究项目到了一定时间必须完成,而我在已有材料上建立起来的假设仍旧存在一些漏洞,可以在研究报告中对这些不一致进行报道,让读者自己对研究结果的效度作出自己的判断。

三、相关检验法

"相关检验法"(又称"三角检验法")指的是:将同一结论用不同的方法、在不同的情境和时间里,对样本中不同的人进行检验,目的是通过尽可能多的渠道对目前已经建立的结论进行检验,以求获得结论的最大真实度。比如,如果我们使用访谈的方法对某一研究现象有所发现,可以使用观察或收集实物的方法对同一现象进行研究。如果我们在某时某地对某研究现象进行研究以后有所发现,可以选择在不同的时间和地点对同一现象进行研究。

如果我们从一些被研究者那里了解到一些情况,可以进一步调查其他的人。

在质的研究中,最典型的进行相关检验的方式是同时结合访谈与观察这两种方法。观察可以使我们看到被研究者的行为,而访谈可以帮助我们了解他们行为的动机。通过在访谈结果和观察结果之间进行比较,我们可以对被研究者所说的和所做的事情之间进行相关检验。比如,怀特(1984:94)在观察一些工会代表与资方谈判时发现,这些工会代表在提出第一个要求时显得情绪特别激动,态度也特别强硬,而当资方拒绝了他们的第一个要求以后他们提出第二个要求时则显得十分平静,好像这个要求对他们来说并不是十分重要。如果仅仅从外表看,好像他们十分在乎第一个要求,而第二个要求对他们来说不是特别重要。但是,后来怀特对这些工会代表进行访谈时却发现,其实他们看重的是第二个要求。由于他们知道在谈判时总是会有得有失,资方一定会讨价还价,因此他们在提出第一个要求时故意表现得情绪十分激动,迫使对方的态度先软下来。而资方由于拒绝了工会代表们的第一个要求,因而感到不得不同意他们的第二个要求。由于结合使用了观察和访谈这两个方法,怀特不仅看到了这些工会代表们的外显行为,而且了解了他们行为的真正意图。从这个例子中怀特总结的经验是:观察只可能使我们看到人们的外显行为,而访谈可以发现他们隐藏的动机和利益。访谈时我们不仅可以询问对方对自己所做过的事情的解释,而且还可以设想一些我们没有观察到的行为,如询问对方,如果没有做我们看到的那些行为的话,会发生什么事情。

在进行相关检验时,我们不仅可以将观察到的结果在访谈中进行检验,而且也可以反过来将访谈的结果在观察中进行检验。比如,我在美国学习时曾经访谈了一些在哈佛大学学习的日本学生,了解他们在课堂学习方面的适应情况。结果他们中很多人都说自己"适应得很好,没有问题"。然后,我又在他们上课时对他们进行了观察,发现大部分人上课时都不发言,只是坐着听课或记笔记。我感觉自己观察到的结果似乎与访谈中获得的结果很不一致,因此又对这些学生进行了一轮访谈。结果发现,不少学生对自己上课不发言的解释是"我们不发言并不说明我们不积极思考,我们其实是在积极地倾听"。通过在访谈—观察—访谈之间对得到的结果来回进行检验,我最后对这些日本学生在哈佛大学的课堂学习情况有了一个比较深入的了解。

相关检验不仅可以在不同的方法之间进行,而且可以在一种方法之内进行。比如,在观察方法中,我们可以采取:1)纵向对比观察法,即在不同的时间对同样的人群进行观察。2)横向对比观察法,即同时由一个以上的观察者对同样的人群进行观察,然后观察者对结果进行对比。在访谈时,我们可以在一次访谈内的不同时间反复询问我们认为重要的问题,使用不同的方式、从不同的角度、在不同的语境和社会情境下反复询问这些问题。此外,我们还可以将受访者的言语行为和非言语行为进行对照,看他们谈话时的表情动作与他们所说的话是否一致。比如,如果受访者说:"我当时没有做这件事",可是他的目光却游离躲闪,不能与访谈者对视,这时我们可以依靠"眼睛是心灵的窗户"这句俗语对自己的体验进行检测,进一步对对方进行观察和追问。同理,在分析实物资料时,我们也可以使用不同的资料来源、不同的作者的观点、不同的收集渠道对研究的初步结果进行相关检验。

我认为,相关检验的方法可以与公元前2世纪柏拉图学院的领袖之一卡尔内亚德的认识论结合起来进行讨论(塞尔斯都,1933:87—179)。在他的关于感觉的三个证据中,"相互引证"是一个重要的手段。他认为,人的某些知觉是同时发生并且相互联结的,就像链条一样绞合在一起,所有知觉都证实同一事实,其中任何一个都不会引起对另一个的怀疑。比如,我们相信这个人是苏格拉底,是因为他具有苏格拉底的所有特征——肤色、高矮、体形、外衣以及他站在一个不再有人像苏格拉底的地方。因此,卡尔内亚德提出来的命题是:那些处于这种相互引证关系之中的命题要比那些不处于这种关系之中的命题更为合理(齐硕姆,1988:84)。

"相互印证"也可以用医生对病人进行医疗诊断的过程来说明。在对一个热病病人进行诊断时,很多医生不是仅仅依据一种症状——如脉搏过快或体温很高——而是依据相互印证的一组症状,如体温升高、脉搏加快、关节发炎、脸色潮红、口干舌燥以及类似的症状来诊断出一个真正的热病病人。哲学家梅农对"相互引证"作了如下比喻:"我们可以想像一下扑克牌,其中任何一张牌,如果不折起来,自己是立不起来的,但是其中的几张牌相互依靠,就能立起来。如果我们要从相互引证中导出合理性,那么我们的相互引证的集合中的每一个命题各自都要是可以接受的。正如要使纸房子不倒坍,那么做成纸房子的每一片纸必须自己具有一定程度的质性和刚性"(齐硕姆,1988:105—106)。除了纸房子的比喻,梅农还使用了其他的比喻来论证相互引证的作用,如桥的拱顶、操场上架成尖塔形的三支枪等。

四、反馈法

"反馈法"指的是:研究者得出初步结论以后广泛地与自己的同行、同事、朋友和家人交换看法,听取他们的意见。我们可以将这些给予反馈的人分为两大类:一类是对研究者所研究的现象比较熟悉的人;另一类是对研究者所研究的现象不熟悉的人。不论是熟悉还是不熟悉的人,他们都有可能对研究的结果提出有用的看法和建议。熟悉的人对研究的现象往往有自己的看法,可以根据自己的经验提出参考意见;而不熟悉的人由于是外行,往往有一些内行始料不及的新角度,提出的看法可能使研究者耳目一新。

反馈法可以为研究者提供不同的看问题的角度,帮助研究者从不同的层面来检验研究的效度。如果研究者所做出的结论与其他人的看法很不一致,研究者应该反省自己的研究方法和过程,看自己的结论是否存在漏洞。如果研究者发现自己的结论有坚实的原始资料作为基础,而且论证是合理的,应该坚持自己的看法。而如果研究者发现自己的看法有问题,则需要回到原始资料,重新检验自己的结论。如果需要的话,研究者还可以回到实地收集更多的材料,丰富或修改自己原有的结论。

五、参与者检验法

"参与者"指的是那些参与研究的被研究者,"参与者检验法"指的是:研究者将研究的结果反馈到被研究者,看他们有什么反应。这个工作应该尽可能早做,在研究的初步结论出来以后便将结论返回给被研究者。如果被研究者对研究者所做的结论有不同的看法,或者认为研究者误解了他们所做的事和所说的话,研究者应该尊重他们的意见,对结论进行修改。研究报告中应该有专门的篇幅报告研究者是如何将研究结果反馈给被研究者的,后者对研究结果(特别是研究者的解释)有什么反应。

有时候出于种种原因,被研究者可能改变自己的初衷,"否认"当初自己说过的话或做过的事,或者有意"歪曲"自己行为的意义。在这种情况下,研究者应该想办法弄清楚被研究者为什么会有这种变化,他们这么做是出于什么动机、利益或外部压力。对这一变化的深入探究有时候会为研究者深入了解被研究者提供十分重要的信息。如果被研究者同意的话,研究者可以将这一变化在研究报告中陈述出来,交给读者自己去判断真伪。

六、收集丰富的原始资料

质的研究十分讲究收集尽可能丰富的原始资料,通过这些资料的丰富性来对研究结论的效度进行检验。质的研究中的"原始资料"不仅包括从被研究者那里收集到的材料,还包括研究者本人在研究过程中所做的笔记和备忘录。由于质的研究的效度在很大程度上取决于研究者这一研究工具及其从事研究的方法和过程,研究者本人对研究过程的反省对研究结果的效度具有至关重要的作用。

丰富的原始资料可以为研究的结论提供充分的论证依据,进而提高结论的效度。如果访谈的全部内容都一字不漏地整理出来了,观察时所有的场景细节、有关人物的言语和行为都仔细地记录下来了,那么研究者在做出初步的研究结论以后可以再回到这些原始资料对自己的结论进行检验。特别是在对研究的结论有争议时,或者对某一现象存在一个以上结论时,研究者和有关人员可以将这些结论与原始资料进行对照,选择那些最符合原始资料内容的结论。

写研究报告时也是如此。原始资料提供得越充分,读者越有可能对研究的结论作出自己的判断。如果研究者对事件发生时的自然情境进行深描,将被研究者的行为和感受有效地通过文字描述出来,使读者产生一种身临其境的感觉,那么资料的可转换性将被提高,读者可以在这种活生生的情境中体验研究结果的"真实性"。如果研究报告中的结论与原始资料相吻合,对足够多的个案以及不同类别的个案进行了分析,覆盖了一定的空间和时间,个案分析与其情境之间达到了有机的结合,读者将有可能对研究的"可靠性"作出比较中肯的判断。因此,有学者认为,为了保证结论和资料之间的一致性,每一个结论起码应该有三个以上的例证作为支持(Seidman,1991)。

通常,在分析资料和写作研究报告时,研究者为了使研究结果看起来有系统、有条理,往往将资料中不合主旋律的地方删掉(如量的研究就是这么做的)。而质的研究要求保留资料的异质性,不仅不提倡删除不合主流的资料,而且认为这些资料是表现事情丰富性和复杂性的宝贵资源。由于质的研究的目的不是对一个现象的平均状态进行证实,而是对事情进行解释性理解或提出新的问题,异质性在这里不仅不被认为是一个"问题",而且被当成一笔财富。如果这些资料被整合进来,研究的结果会更加丰富多彩,更贴近被研究者的日常生活。

丰富的原始资料不仅可以使研究的效度有所提高,而且还可以弥补质的研究因抽样太小而带来的没有"代表性"的问题。虽然质的研究使用的是非概率性抽样,但认为文化意义是由特定文化群体中所有成员所共有的,可以在任何一个成员、事件或人造物品上反映出来。如果不断地对该文化中的人和事进行抽样,有关信息到一定时候便会达到饱和,此时便可以找到一些共同的文化模式(Agar,1980)。如果研究的结果非常丰富、非常"真实",读者可以通过阅读研究报告学会像该文化中的成员那样行事(Wolcott,1975)。

七、比较法

事实上,比较的方法是我们感知和认知社会现象的一种不自觉的方式,它贯穿于研究的全过程。通常,在选择研究的问题时,我们就已经隐含有一些比较的概念。比如,当我们计划对一个"特殊的"现象进行调查时,我们的命题中已经隐含有对"典型的"标准的定义。例如,当我们决定对"优秀飞行员"的情况进行研究时,我们对"一般飞行员"这一概念已有一定的限定。当对"优秀飞行员"的研究结果出来以后,我们可以将其与我们心目中的、学术界认可的或航空界普遍承认的"一般飞行员"的定义进行比较,从而确定我们的结论是否成立。

在收集和分析材料时,我们也在不断地运用比较这一手段对材料进行甄别、剔除、分类和综合。比如,我的一位学生在从事一项有关抽烟之利弊的研究之后,总结出了判断对方所说的话是否"真实"的四条标准:1)看受访者与一般人的看法以及权威的看法是否一致,如果是,说明这个观点是真实的;2)看对方回答问题的快慢速度如何,如果速度快,说明对方的回答比较真实,如果慢,则说明对方有迟疑;3)看对方是否不断使用别人的观点来支持自己的观点,如果是,说明这个观点是对方自己真实的观点;4)看对方是否反复说明自己的某一个观点,如果是,说明这个观点是对方真实的观点。虽然我个人并不完全同意这位学生的衡量标准(如第一条中一般人和权威的看法并不一定就"真实",第二条中说话慢不一定说明对方的观点就不"真实"),但是我认为,他实际上是通过对研究过程中被研究者的行为进行比较来检验研究结果的真实性,而且提出了一些很有意思的衡量标准。

八、阐释学的循环

正如我在讨论资料分析时(第十九章第五节)所指出的,"阐释学的循环"有两个方面的意思,一指的是在文本的部分和整体之间反复循环论证,以此来提高对文本的理解的确切性;二指的是在阐释者的阐释意图与阐释对象(文本)之间的循环,以此寻求两者之间的契合。在对资料进行效度检验时,我们可以同时在这两个层面进行阐释的循环。比如,在第一个层面,我们可以对资料的部分结论与整体结论进行比较,看它们是否相符。假设,在一份对一位炊事员的访谈记录中,我们发现他在某一处说:"在食堂工作真讨厌!"而阅读完整篇访谈记录之后我们得到的印象却是,他很喜欢炊事员这份工作。此时,如果我们再回到当时他说上面那句话的地方,可能会发现,他之所以说那句话是因为他不喜欢目前这个食堂的领导,而不是因为他不喜欢烹饪这个职业。

在第二个层面,我们可以使用"阐释循环"的方法对理解的有效性问题进行检验,即我们如何知道自己的理解是"有效的"或"正确的"。根据加达默尔(1986b:272—392)的观点,使我们的理解成为可能的"倾见"可以分成两类:1)使理解得以产生的合理的倾见;2)阻碍理解并导致误解的不合理的倾见。我们只有通过区别这两种不同的倾见来控制理解过程,克服后一种不合理的倾见,才能获得对文本的正确理解。但是由于倾见往往是在无意识中起作用的,我们不可能自由地支配自己的倾见,也不可能事先对它们进行区分。这种区分只能在理解的过程中产生,即:当倾见在文本那里遇到了障碍或受到刺激时,我们才有可能意识到它,然后才有可能对其进行区分。所谓"遇到障碍"指的是:1)文本对我们不产生任何意义;2)文本产生的意义与我们的预期不相符。这两种情况都表明,阐释者的意图与文本之间的循环受阻,文本的整体意义遭到了破坏。当理解遇到障碍时,我们一方面要悬置那些遇到障碍的倾见,对文本的见解保持开放的态度和应有的敏感;另一方面,我们应该让这些倾见"冒险行事",给它们以充分发挥作用的余地。只有在此张力中,我们才能充分体验文本的见解(徐友渔等,1996:174—177)。

让我举一个例子来说明这个问题。当我向一些中学生家长了解学校课业负担对孩子的影响时,有一位家长对我说:"我的孩子的课业负担一点儿也不重,他几乎不用在家里做家庭作业,所有的作业都能够在学校完成"。这个陈述与我的预期完全相反,使我感到非常吃惊。这说明我在从事这项研究时有自己的倾见,即中学生的课业负担很重,每天放学以后要花几个小时在家里做家庭作业。我的"倾见"与这位家长的"文本"所产生的意义不符,阐释的循环受阻。因此,我需要将这个倾见悬置起来,对其进行反思,在以后有关的访谈中继续对其进行检验,以区分这是一个"合理的"还是"不合理的"倾见,然后再决定取舍。

从上面的讨论中,我们可以看出,质的研究中的"效度"与量的研究是很不一样的,对研究结果的测查就是对研究过程的检验。对研究质量的考究就好像是对一个数学公式的检验,一定要仔细考察其验证的过程才有可能知道其结果是否真实(程介明,1997:7)。因此,我们在考察一项研究是否有效时,不仅要看其结果,而且要考察研究过程中所有因素之间的关系。效度产生于关系之中——这是质的研究衡量研究质量的一个重要标准。

第二十四章　质的研究中的推论问题

——我如何知道研究结果是否有"代表性"?

质的研究者经常面临的一个令人头疼的问题是:"这种研究的结果如何推论?"大家之所以问这个问题是因为当我们想到"推论"这个概念时,脑子里通常出现的是量的研究所使用的定义。在量的研究中,"推论"是一个不言自明的概念,它指的是:用概率抽样的方法抽取一定的样本量进行调查以后,将所获得的研究结果推论到从中抽样的总体。"推论"是量的研究中一个必不可少的前提,强调的是研究结果在一定范围内的适用性。然而,在质的研究中,"推论"这一概念是很不一样的。由于质的研究不采用概率抽样的方法,其研究结果不可能由样本推论总体。质的研究选择的样本一般都比较小,有时甚至只有一个人或一个地点(如个案调查),而且抽样时遵循的是"目的性抽样"的原则。因此,这种研究的结果不能按照量的研究的定义来进行推论。然而,像所有其他的研究者一样,质的研究者也希望自己的研究成果能够对本研究范围以外的人和事具有借鉴意义,因此,质的研究者也不得不讨论"推论"的问题。

第一节　对定义的尝试

由于各方面存在的困难,质的研究者们至今为止尚未对"推论"这一概念形成一个统一、明确的定义。不过,由于这一概念在质的研究(事实上在所有的科学研究)中十分重要,质的研究者们不得不尝试着对这个概念的定义问题进行讨论。有的学者认为,在对"推论"这一概念进行定义之前,必须将"内部推论"和"外部推论"区别开来(Maxwell,1992)。

一、内部推论

"内部推论"指的是研究的结果代表了本样本的情况,可以在本样本所包含的时空范围内进行推论。在收集资料时,我们可以将此时此地收集到的信息推论到研究对象所描述的彼时彼地或一个时期。例如,在一个小时的访谈中一位女律师谈到自己过去六年来在一个律师所工作的情形,如果我们有根据相信她的记忆力没有问题,她是在说真话,那么我们就可以从这一个小时中收集到的资料推出她六年来的生活情形。

在分析资料和成文时,我们实际上也在使用内部推论的原则对资料进行筛选。我们挑选某些材料而不挑选其他的材料,就说明我们认为这些材料对表现研究现象更具有代表性。沿用上例,该女士在一小时的访谈中谈到六年来自己在律师所与上司相处不和,并举了三个例子说明这个问题。我们在写研究报告时只挑选了其中的一例加以说明。我们这么做是相信这个例子具有内部推论度,可以代表被访者六年中与上司相处的基本情况。

二、外部推论

与"内部推论"相比,"外部推论"的问题在质的研究中要复杂一些。"外部推论"在概念上与量的研究中的"推论"类似,指的是研究的结果可以应用于本样本范围之外的同类事物。有学者认为,质的研究中的"外部推论"不像"内部推论"那么重要,因为质的研究的目的本来就不是将从样本中得到的结果"推论"到总体。还有人认为,"外部推论度"这一概念根本不适合质的研究,因为质的研究无法通过对少数样本的研究而找到一种可以推而广之的普遍规律。有的学者甚至认为,质的研究的长处之一就在于它不具有将研究结果推论到样本以外的能力(Freidson,1975)。质的研究的目的是为了揭示样本本身,通过对这一特定对象(通常是比较小的样本)的深入研究而获得比较深刻的理解。如果刻意将研究的结果推论到总体,势必需要比较大的样本,因此反而会失去质的研究的优势,即对小样本进行深入、长期、动态的体验型研究。

然而,在社会科学研究中要完全避开"外部推论"的问题是十分困难的。一方面,大部分质的研究者不愿意承认自己的研究对本样本之外没有任何借鉴意义。另一方面,一些从事非质的研究的人们认为,如果研究的结果不能推论到总体,那么这种研究便没有实际意义,不可能对社会实践提供"普遍的"指导作用。因此,在来自外部和内部的双重压力下,很多质的研究者或积极地或被迫地投入了对这一问题的探讨之中①。

目前,在同意质的研究可以进行"外部推论"的学者内部,大家基本上达到的共识是:质的研究的"外部推论"可以通过两种途径来完成:1)通过对研究结果的认同来达到推论;2)通过建立有关的理论来达到推论(Becker,1991;Ragin,1987;Yin,1994)。前者指的是,如果从一个样本中获得的结果揭示了同类现象中一些共同的问题,读者在阅读研究报告时在思

---

① 从现在起,除了特别标明以外,本书中的"推论"一词一律指"外部推论"。

想和情感上产生了共鸣,那么就起到了"推论"的作用。后者指的是,如果研究者在对样本进行深入分析的基础上建立了某种理论,那么这个理论便会对类似的现象产生阐释的作用,从而在理论的层面发挥"推论"的作用。质的研究中的扎根理论便是建立在后一信念之上的(Galser,1982:231)。例如,建立在城市标准系统之上的紧急救援系统可以用来发展另外一些新的系统,如危机干预系统。费孝通和李亦圆于1996年北京大学社会文化人类学第二届高级研讨班上发表的观点也基本符合这一原则①。费孝通认为,如果我们事先将研究的对象进行分类,然后在研究结果的基础上建立理论模式,那么这种理论应该具有推论作用。"如果我们用比较的方法把中国农村的各种类型一个一个地描述出来,那就不需要把千千万万个农村一一地加以观察而接近于了解中国所有的农村了……通过类型比较法是可能从个别逐步接近整体的"(费孝通,1996:133)。李亦圆认为,人类学研究主要是文化研究,揭示的是价值观念,而不仅仅是行为表象,而文化价值观念是具有"普遍性"的。

三、"显而易见的推论"

与此同时,有的学者还指出,质的研究应该具有一种"显而易见的推论性",即:我们没有确切的理由认为这种研究没有推论的可能,这是一个明摆着的"事实"②。人类的大脑具有某种自律性,人类享有很多共同的生活经历和意义建构方式;同一文化中的人们往往共有类似的心理行为和社会反应模式,他们用以阐释世界的思想概念也有很多相同之处。此外,我们所研究的社会现象本身也具有一定的普适性,被研究者通常对此有一定的估计,而且本研究的情境与其他类似的情境也通常受到相同因素的影响(Hammersley,1992;Weiss,1994)。因此,质的研究(像其他类型的研究一样)自然而然地就带有"推论"的性质和功能。

我认为,上面所说的"显而易见的推论性"与我们常说的"个性"和"共性"之间的关系有关。从每一个个体来看,我们似乎都是很不同的,都有自己的"个性";但是作为"人",我们又都具有很多共同的东西,具有人的很多"共性"。正如克拉克洪(C.Kluckhohn)和默雷(H.Murray)五十年前曾经说过的(1948:35),"在某些方面,每个人都:1)像所有其他的人;2)像其他一些人;3)谁也不像"。丹曾和林肯(1994:201)在《质的研究手册》中也曾经指出:"任何课堂都和其他所有的课堂一个样,但是又没有哪两个课堂一模

---

① 资料来自我本人出席研讨班时所做的笔记。

② 这个术语出自哈佛大学教授辛格(J.Singer)与马克斯威尔的私人交谈之中。引自(Maxwell,1996:97)。

一样。对一个特殊现象的研究就是对普遍现象的研究。"上述学者所说的"显而易见的推论性"指的就是这种"共性"。

如果我们将"个性"和"共性"的关系与质的研究和量的研究结合起来考虑,我们会发现,不论采取什么研究方法,如果抽取的样本比较大,那么研究只可能抓到这些样本的一些表面的共性,而不可能对这些共性下面的个性特征或深层意义进行有效的挖掘。在时间、精力和财力不变的情况下,大样本比小样本获得的研究结果必然要浅显一些。十分有趣的是,虽然对大样本进行调查可以了解该样本的"共性",但其前提却是建立在对"个性"的认可之上的。当有人认为"质的研究样本太小,没有推论性"时,他们的意思是:"人都是不同的(即有个性的),对小样本进行调查无法找到人的共同之处(即人的共性)"。但由于条件的限制,大样本的调查所获得的共性必然是表面的。因此,如果我们要了解样本的个性,必须对特殊的个案进行研究。而如果我们要对样本的个性所具有的深层共性进行研究,我们必须通过特殊的个案往下深入,进入到共性的深层进行挖掘。我们无法直接从大样本的调查进入深层共性的层面,只有通过小样本的个案(特别是一个一个个案的不断积累)才可能深入到共性的深层。如果我们可以把这个分析活动分成三个层次的话(见图表24-1-1),在表层,从大样本获得的共性往往是肤浅的、表面的;在中层,对小样本的探究可以了解它们的个性;在深层,所有的人和事又都是相通的了,获得了一种更加深层的共性。

图表24-1-1　个性与共性在研究中的呈现

分层	表现特征	举例1	举例2	有可能选择的研究方法
表层	共性(表层)	"人"都有人的形状,如两只眼睛、两只耳朵、一个鼻子,有语言,有思维能力,有爱和恨等情感。	天变凉了以后,人要加衣。	量的研究
中层	个性	"人"的眼睛有不同的颜色和形状,耳朵和鼻子有不同的形状和大小;"人"有不同的语言,不同的思维方式,不同的情感表达方式。	天变凉了以后,有的人加了衣,有的人没有加衣。	质的研究
深层	共性(深层)	"人"的眼睛都可以视物、传神;语言都有表意功能;思维的深度和范围有共通性;情感都具有感染力和精神震撼作用等。	加衣不仅与天气有关,而且与人的需要有关(如感觉冷、自我形象整饰等)。	质的研究

我之所以提出上述观点,是因为我认为,研究越是能够深入了解一个人或几个人的体验,就越能够在这个人或这几个人的体验中找到与世界上其他人的共通点。对社会现象的理解并不一定需要一个很大的样本,对一个

人或几个人深入细致的探究有可能发现大多数人的深层体验。在条件有限的情况下,如果我们希望了解人类体验的深处,必须从少数个案入手。"胡塞尔说得好,你必须亲身投入特殊性中,以从中发现恒定性。而曾经听过胡塞尔讲授的库瓦雷(A.Koyre,1966)也宣称,伽利略要理解落体现象,也不是非得一再重复斜面实验不可。一个特殊的案例,只要构建得完善,就不再是特殊的了"(布迪厄,华康德,1998:113,262)。当谈到自己的一项小型访谈研究时,布迪厄说:"这项研究背后的前提假设是,最具个人性的也就是最具非个人性的。许多最触及个人私密的戏剧场面,隐藏最深的不满,最独特的苦痛,男女众生但凡能体验到的,都能在各种客观的矛盾、约束和进退维谷的处境中找到其根源……研究的目的就在于使那些未被阐释的、备受压抑的话语昭然若揭,而方法就是与各种人交谈。"

质的研究具有在深层对人或事的"共性"进行探究的作用,这一点其实与上面所说的质的研究可以通过建立理论使其结果得以推论有共同之处。理论通常具有一定的概括性和抽象能力,力图超越表层的、对事物进行简单描述的层面,进入对事情进行比较"实质性"分析的层面。比如在上图的举例2中,"天变凉了以后,人要加衣"便是一个简单的、对可观察到的现象的描述,而"加衣不仅与天气有关,而且与人的需要有关"便是对"加衣"这一动作的原因进行探究了。对原因的分析比对现象的描述具有更加"深层"的共性,因为它深入到了意义解释的层面①。

除了"个性"与"共性"之间的关系以外,我们也许还可以从 G.米德的"符号互动论"来看待质的研究中的"推论"问题。G.米德(1992:79—80)认为,任何人对其他人的理解(或者说任何"意义"的产生)都具有"普遍性"。当一个个体向他人表示一个意义时,他不仅是从自己的视域出发,而且已经占有了他人的视域。由于这个意义可以同时显现在不同的视域中,具有同一性,因此它一定是一个普遍概念。至少就这两个不同的视域所具有的同一性来看,这个意义是普遍的。当这个意义被表达和理解时,这两个不同的视域被组织到一个视域之中。而将这两个视域组织起来的原则是:承认在这两个实际出现的视界之外存在更加广阔的可以包容这两者的视野,理解的普遍性在逻辑上应该可以无限地扩展。借用 G.米德的观点,我认为,在逻辑上任何研究者对被研究者的理解都应该具有"普遍性"。研究者之所以能够理解被研究者是因为他们双方的视域得到了融合,而这种融合是可以与其他所有可能出现的交流者的视域进行融合的。

---

① 从"个性"与"共性"之间的关系来探讨质的研究中的"推广"问题,我这方面的思考还很不成熟,希望通过这个机会"抛砖引玉",激发更多的读者参与讨论。

第二节 对"知识"的认识

　　上面我们对质的研究中"推论"这一概念所进行的探讨实际上与我们对"知识"的认识密切相关。当我们谈到将研究结果进行"推论"时,实际上我们已经把这些结果当成了"知识",而且认为这些"知识"是具有一定的"代表性"的。而质的研究之所以不能按照量的研究的方式进行"推论"是因为它对"知识"的认识是不一样的。因此,我们在讨论"推论"这一问题时,必须首先考察自己是如何认识"知识"的。如果我们对"知识"这一概念有不同的定义,对认识"知识"的方式有不同的理解,那么我们在处理"推论"这一问题时便会有不同的态度和方法。

　　科学哲学方面的研究表明,科学家对"知识"的理解取决于科学家自己所持有的"范式"(Kuhn,1968)。由于不同的范式在本体论、认识论和方法论方面存在差异,它们对"什么是知识"、"如何认识知识"以及"如何推论知识"这类问题的回答是不一样的(Greene,1990;Guba,1990;Guba & Lincoln,1994)。

　　对实证主义者来说,"知识"是主体对客体的认识,具有客观性、确定性、规律性和因果性。对"知识"的认识必须建立在经验的基础之上,必须得到客观现实的证实。实证主义对"知识"的认识是量的研究以及其他实验型研究的主要理论基础:"知识"有其客观的规律,具有可重复性,研究者只要遵循一定的方法规范,就可以将研究的结果在一个更为广泛的范围内和另外一个时空内加以推论。

　　而质的研究基本上遵循的是"另类"范式,如后实证主义、批判理论和建构主义。尽管从事质的研究的人有不同的理论偏好或限制,但是他们都认为对"知识"的认识不是惟一的、不变的或普适的。每一项研究都带有自身的独特性,不可能在另外一个时空以同样的方式重复发生。因此,其研究结果不可能通过对方法的控制而获得在研究范围之外的代表性,即上面所说的"外部推论"。

　　对后实证主义者而言,"知识"同样是主体对客体的反映,但是具有复杂、多元和动态的特征,不可能被主体完全地、正确地展现出来。因此,对"知识"的认识必然地是一个不断积累的过程,涉及到"知识增长"的问题,是一项"社会工程",必须通过视角、方法和理论等方面的相关检验,对初步结论不断地进行证伪,才能逐步逼近客观真理。经验事实只告诉我们个别的知识,不具有普遍有效性,用归纳的方法不可能从个别事实推断全体,有限不能证明无限。因此,"知识"只能被证伪,而不能被证实。正如波普

（1986：328）所说的，对于真理"我们绝不可能达到它，就是达到了也不知道它就是真的"。

对批判理论者来说，"知识"仍旧具有其客观实在性，但是它指的是人们在特定历史条件下所获得的思想意识和行动参与。在这里，"知识"不是一个中性的概念，它具有明显的价值倾向和批判意识。认识"知识"的途径是主体之间进行积极平等的对话，通过互动逐步排除"虚假意识"，达到对"真实意识"的领悟。所谓获得"知识"也就是参与者获得能够为达到自身的目标而进行思维和行动的方法和手段，而对于某一特定历史情境中的个人有意义的思维方式和行动规则并不一定适合于其他的时空环境。因此，对于批判理论者来说，"知识"是不能推论的。

对建构主义者来说，"知识"不是一个固定不变的、单一的实体，它是在具体社会文化情境中的建构，是参与各方通过互动而达到的一种暂时的共识。"知识"没有对错之分，只有"合适"与否，即对有关各方是否具有实际意义。对于"激进的建构主义"来说，"知识"不存在被"认识"的问题。"知识"只能被"创造"，而不能被"发现"（von Glasersfeld, 1993, 1995）。不仅"客观的""知识"不存在，而且认识"知识"的方式与"知识"本身之间也不存在明显的界限。"知识"的产生是与人的"理解"活动同步进行的。不论是"知识"还是"理解"都不具有纯粹的客观性，意义产生的过程便是一个创造"知识"的过程。在这里，传统意义上的本体论和认识论之间的区别已经不存在了。因此，对建构主义者来说，"知识"也是不能"推论"的。研究所获得的成果（即"知识"）不是对世界本相的再现，而是参与者在行动过程中对"现实"的建构（Schwanht, 1994）。每一次"理解"都是一次不同的"理解"，"意义"产生于"理解"这一事件本身（Bernstein, 1983：138—139）。因此，知识具有"地方性"特征，那些脱离具体情境的、抽象的、带有普适性的原理对参与研究的个人是没有实际意义的。在这里，"个人的知识"与"科学的知识"，"实用的知识"与"理论的知识"已经合为一体了，"知识"具有个人特定的意义以及个人当时所处时空环境的特点。比如，当面对一只"苹果"时，不同的人可能会有完全不同的反应：一个小孩首先想到的可能是，"这是一个好吃的东西"；一个小商贩可能会想到，"这是一个价值1.5元的商品"；一位医生可能会说，"这是一种有丰富维生素的食物"；一位社会学家可能会指出，"这是桂花村的农民组成互助组以后获得的劳动果实"；英国大科学家牛顿可能会说，"这是一个下落的物体"；而一个从来没有看见过"苹果"的外星人可能会惊讶地问，"这是什么？"

因此，不论是后实证主义、批评理论还是建构主义指导下的质的研究都不能在实证主义指导下的量的研究的意义上进行"推论"。质的研究者认为，不同的人对同一事物的认识和反应是不一样的，常常因自己的动机、兴趣和背景以及看到事物时的具体情境不同而有所不同。如果要对这种"知识"的"真实性"进行评价的话,我们除了应该在研究的各个部分和层面之间寻找逻辑相关性以外,还应该考虑到这种"知识"在有关的时间和地点对有关的人是否具有意义。"知识"的"推论"不能只是放在数学概率的框架下进行思考,而更应该考虑到知识拥有者特定的心理特征以及知识产生时的特定时空环境。人对事物的认识是与当时当地人的心理变化和情感因素紧密相连的,一个人在某一特定条件下获得的知识不可能脱离其时空环境而"推论"到别的人或别的时空中去。赫拉克利特的名言"人不可能两次踏入同一条河流"说的就是这个道理。

第三节 为什么要讨论"推论"的问题

至此,读者可能要问:"既然质的研究的结果(即'知识')不能在量的研究的意义上推论到总体,那么质的研究者为什么也要费神来讨论推论的问题呢?"这个问题问得很好,不是一个十分容易回答的问题。很显然,将"推论"这个问题提出来讨论——这种做法本身反映的就是实证主义的路子,而质的研究者在很多方面(特别是对研究结果是否具有代表性这方面)与实证主义的思路都是格格不入的。那么,为什么质的研究者也要加入到量的研究者的行列,对"推论"的问题如此锲而不舍呢?

一、希望进行"推论"的原因

仔细分析起来,我认为这其中有很多方面的原因。首先,综观人类发展的历史,人的一个最大的愿望(同时也是一个致命的弱点)就是希望了解世界的全部,掌握所有的"真理",而且总想发明出既简单又有效率的方法来了解世界、证实世界和改造世界。社会科学在近一个世纪内对自然科学的推崇和借用使人们产生了一种错觉,以为人是可以穷尽世界上一切奥秘的,包括自然界和人本身。社会科学在量的研究方面取得的进展使人们相信,从一定的样本获得的研究结果应该可以"推论"到从中抽样的总体;否则这种研究就不"科学"、不"可靠"、没有"用"。这种思维方式已经成了大部分社会科学家的一种思维定式,结果给质的研究的评价问题造成了极大的困扰。虽然质的研究者在理论上一再声称自己研究的主要目的不是为了证实现实,而是为了发现问题和提出问题,但是他们自己在实际操作时也经常感到无所适从,不知道如何来评价自己的研究的质量。特别是当面临"科学主义"的挑战时,他们更是感到困惑不安、疲于应付。

其次,从语言的使用现状来看,由于社会科学受到自然科学的影响之大,衡量研究是否"科学"和"有效"的一个约定俗成的标准便是其研究结果是否可以从样本推论到总体,而"推论"这类术语便成了讨论研究质量的必用词汇。为了与其他学者进行对话,质的研究者也必须使用"推论"这类通用的概念和词汇来表达自己的思想。然而,由于这类词语已经承载了大量的量的研究中的特定含义,很难被借用过来对质的研究中有关的问题进行"公正"的讨论。

再次,从社会科学研究的实践需要出发,如果社会科学研究者希望获得有关政府、财团或个人不论是在经济上还是精神上的支持,他们都必须说明自己的研究是否具有"普遍性"和"实用性"(后者往往以前者为主要前提)。制定政策的人们通常希望了解某一项研究在什么范围内具有"代表性",以便在这个范围内制定相关的对策。从事实际工作的人们也希望了解在别的地方进行的研究是否对自己的工作有指导意义,因此也希望研究者对结果的"代表性"有一个交代。

因此,出于上述种种原因,质的研究者不得不思考和讨论研究结果的"推论"问题。不论是后实证主义者、批判理论者,还是建构主义者都面临着这个问题的挑战,"研究的结果是否可以(或如何)推论?"一直像一个阴魂不散的幽灵萦绕在质的研究者的脑际。

二、"推论"的合理性和合法性

然而,上面有关"知识"的探讨已经表明,由于研究范式的不同,质的研究的结果是不能在量的研究的意义上进行"推论"的。质的研究本质上是对文化的研究,而"文化分析本质上是不完全的。而且,更糟糕的是,它越是深入,就越是不完全。这是一门奇特的科学:它所做出的最精辟的论断恰恰是其基础最不牢靠的论断;在这门科学里,想对手头的问题取得任何一点进展都只会增强你对自己以及别人对你的怀疑,那就是你并没有把事情弄对"(Geertz,1973:29)。质的研究是一种"研究单个现象的科学",与意在获得普适性的科学是很不一样的。它属于李凯尔特(H.Rickert,1996)所说的"历史的文化科学",表现的是现实的"异质的间断性"。这种科学的长处就在于它的个别性和独特性,它所表现的文化事件的意义正是依据于使这一文化事件有别于其他文化事件的那些特性。它之所以是"可靠的、客观有效的"知识,不是因为它可以像自然科学那样精密地预算个人命运或历史事件,而是因为它使我们得到了一种比我们过去对人性的了解更加深入的知识(卡西尔,1991:16)。

格尔茨(1973a:28)在其文章《深描——迈向文化解释学的理论》中讲述了如下一个故事。

有这么一个印度故事——至少我听说这是一个印度故事——

说的是有一个英国人,当别人告诉他世界驮在一座平台上面,这座平台驮在一头大象的背上,而这头大象又驮在一只乌龟的背上时,他问道(也许他是一位民族志学者,因为民族志学者正是这样问问题的):"那只乌龟又驮在什么上面呢?"另一只乌龟的背上。那么,那一只乌龟呢?"唉,阁下,在那以后就一直是乌龟呗。"

我想,质的研究也是如此。不论如何努力,我们永远也无法穷尽驮着世界的最下面的那个东西到底是什么。其实,质的研究者不可能(也没有必要)做到这一点。我们所能做的只是设法弄清楚自己现在是否已经稳当地站在一只乌龟背上了,是什么保证我们不会从这只乌龟背上掉下来。至于这只乌龟是否与其他的乌龟长得一样,是否"代表"了所有其他的乌龟,这并不十分重要。正如美国后现代哲学家罗蒂(R.Rorty,1992:104)所说的,"你不必去寻求比达到目前这一特定目的所需要的更多的精确度或普适性"。也许,当我们思考"推论"这类问题时,与其问"我的研究结果可以如何推论?"这类"想当然"的技术性问题,我们应该先问自己:"我所说的'推论'是什么意思?""我为什么要'推论'?""这种'推论'是否可能?""这种'推论'对我们认识(建构)世界有什么意义?"

第四节　一种不同的语言

如果我们同意质的研究所获得的"知识"不具有量的研究意义上的代表性,那么我们是不是意指质的研究的结果就不能进行"推论"了呢?我们是不是认为每一项研究的结果都具有同等的"正确性"和"重要性",因此也就没有办法对其质量进行评价了呢?在这里,我们遇到了人类面临的一个无法解决的难题,即语言对思维的限制。我们在谈论研究结果的"代表性"问题时,使用的几乎完全是以实证主义为基础的量的研究的术语。在这个语言框架里,我们只有两条路可走:1)我们的研究结果可以被一套"客观"的标准所测量和验证,这是客观主义的思路;2)我们只能各行其道,自圆其说,这是相对主义的思路。我们的思维无法逃脱主观/客观、绝对/相对这种对立模式的限制,因为我们没有合适的语词来表达一种与此不同的思维方式。因此,现在我们需要的是一种不同的语言,一种超越客观主义和相对主义之对立的语言来讨论"推论"的问题。正如居住在北极的因纽特人对落下的"雪"、地上的"雪"和飘动的"雪"有不同的词语来表达在其他人看来只是同一现象的"雪"一样(王海龙,何勇,1992:371),质的研究者也需要一种不同的语言来表达他们自己在研究中所体会到的"经验型知识"。而瑞士心理学家皮亚杰(J.Piaget)的"图式理论"便为我们提供了建立这样一种语言的可能性(皮亚杰,英海尔德,1980;Donmoyer,1990)。

一、图式理论

皮亚杰的图式理论最初主要是用来解释儿童的认知发展阶段,但后来也被用来解释成人获得"知识"的方式。"图式"指的是人的认知结构,与人的知觉、意识以及外部的环境有关。在这个理论中,皮亚杰使用了四个重要的概念:同化、顺应、整合和分化。"同化"指的是个体把新的知识纳入自己已有认知结构中的过程;"顺应"指的是个体原有的认知结构已不能同化新的知识,因而自身产生变化,促进调整原有认知结构或创立新的认知结构的过程;"整合"指的是一个特定的认知结构可以容纳更多知识的能力;"分化"指的是一个特定的认知结构具有细分出更多的下属分支的功能。"同化"和"顺应"是个体认识新鲜事物的两种功能,它们相互作用,使个体的认知结构不断达到更高层次的"整合"和"分化",从而使个体的认知结构得到不断的扩展、丰富和创新。

让我举一个例子来说明这个理论。我在北京大学教授"质的研究"这门课时,给学生布置的课外作业特别多。这么做的一个直接后果就是,我自己不得不经常深夜还趴在桌子上批改作业。有一天,我八十三岁的婆婆对我说:"你为什么不改出一份标准答案,要国杰帮着你看呢?"(国杰是我丈夫的名字)我听了以后禁不住哑然失笑:很显然,我婆婆对"学生的作业"这一概念的"认知结构"还不足以复杂到可以容纳(即"同化")我现在所批改的作业所包含的内容。她退休以前一直都在小学一二年级教数学,因此她不知道对研究生在社会科学方法课上所做的作业是不可能设立一份标准答案的。当然,在我向她作了解释以后,她明白了其中的道理。通过了解我所批改的作业的内容、我的学生的特点以及我作为大学社会科学教师这一工作的功能,她对"学生的作业"这一概念的认识加深加宽了。通过修改自己的认知结构这一"顺应"功能,她对这一概念获得了更高的"整合"和"分化"的能力。也就是说,她明白了"学生的作业"这一概念不仅包括小学生具有统一答案的作业,而且包括研究生因人而异的作业。她现在的认知结构不仅可以将这两种类型的作业"整合"到一个概念之内,而且也可以将这个概念"分化"为不同的下属分支。如果今后再遇到类似的情况,她将有能力将其"同化"到自己已经修改过的认知结构之中。

二、图式理论对"推论"的启示

"图式理论"对质的研究中的推论这一问题的启示在于:它揭示了一般人认识新知识(即新知识被"推论"到人身上)的方式和途径。这个理论表明,一般人认识事物的方式不仅仅是从样本调查所获得的结果来推断总体

（这种方式类似上面所说的"同化"），而且更重要的是通过对一个个新鲜事物的逐步了解来扩展和修正自己的认知结构（这种方式类似上面所说的"顺应"）。前者在概念上与量的研究意义上的"推论"以及上面我们讨论的质的研究中的"认同"比较接近，即个体在把新事物纳入自己的图式之中时只能引起图式在量的方面的变化；而后者对于质的研究者（特别是建构主义旗帜下的质的研究者）讨论"推论"问题则具有特别重要的意义。

质的研究通常是对小样本的调查，而且这些样本揭示的往往是独特的、不具有"代表性"的社会现象。从上述"图式理论"中我们得知，认识这些独特现象的过程就是人类认识新鲜事物、丰富自身认知结构的"顺应"过程，是人类获取新知识的一种主要途径。其实，只要我们暂时摆脱一下"科学主义"的定势，张开眼睛望一望周围，而且定下心来看一看我们自己，就会发现，我们认识新鲜事物的方式主要是通过积累，对一个又一个具体"个案"的了解来修正和扩展我们自己的认知图式的。因此，质的研究中所揭示的特殊个案在这里不但不再是一个"问题"，反而变成了一笔财富。因为，这些特例为我们提供了丰富认知结构和扩展知识视野的机会。作为读者，我们可以从这些个案中了解到世界上存在的不同的生活习惯、思维方式以及构造现实的方式。而对这些不同文化的了解不仅可以去除我们自己在这些方面的无知和偏见，而且可以使我们反省自己的思维方式和行为习惯。通过与这些特例之间进行反复、辩证的对话，我们自身的认知方式和建构世界的方式都会得到扩展和创新。

至此，我们可以得出如下初步结论：质的研究中的"推论"功能可以通过人类认识新事物的两种主要方式来实现，即"同化"与"顺应"。"同化"在功能上与量的研究中的"推论"以及质的研究中的"认同"十分类似，即个体将原有认知结构可以辨别的新事物接纳进来，在认识上获得一种认可。虽然这种"认同"不是像量的研究那样可以严格地从样本"推论"到总体，但是可以依赖质的研究"显而易见的推论性"，在人类共同的大脑机制、思维方式、意义建构和情感反应等前提下达到"推论"的作用。"顺应"是目前质的研究者尚未广泛讨论的另外一种"推论"方式，即当特殊案例不能被个体已有的认知结构所"同化"时，个体必须改变自己原有的认知结构来接纳新的知识。"顺应"的发生可以使个体在认识上达到一种"质"的飞跃，获得概念上的更新和视界上的升华。在阅读有关特殊案例的研究报告时，读者不仅获得了来自外部的新知识，而且自己的意义建构方式也发生了"质"的变化。用加达默尔的话来说（1994），读者与研究者（包括研究结果）之间获得了一种"视域的融合"。

第五节 一种不同的"推论"方式

虽然在质的研究中"同化"在概念与功能上与量的研究中的"推论"有类似之处，但是质的研究中的"推论"是一个"自然"发生的过程，不可能像量的研究那样事先通过数学概率抽样的方式使其结果获得推论到总体的"代表性"。不论是通过"同化"还是"顺应"的方式将其结果进行"推论"，质的研究者都无法得到某种"科学的"原理或可以计算的"公式"的保证。"推论"总是发生在研究结果出来以后，而且与特定读者的个人因素以及他们所处的自然生活情境有关。在阅读研究报告时，读者通过与文本之间进行对话，不断地调整自己原有的认知图式，而这种知识迁移的方式是在自然情境下自然而然地发生的(Hammersley，1992:63)。通过与研究结果在某种程度、某种形式上产生共鸣、共振或对话，读者自己便完成了对研究结果的"推论"任务。

事实上，读者在读任何一份研究报告时都带有自己的价值倾向和判断标准。不管研究者本人如何保证，读者总会根据自己的经历、喜好和标准对这份报告的"真实性"作出自己的判断。如果研究的结果对读者个人来说具有实际意义(如情感上的共鸣、思维上的开启或精神上的升华)，他们便会认为这是"真"的，即使他们自己从来没有亲身经历过这种事情。而这种"推论"是在不知不觉之中发生的，浸润着读者自己的情感和意义。

如果我们说质的研究的结果只能在自然迁移中得到"推论"，那么这是不是意味着质的研究者在这方面就无章可循了呢？当然不是。虽然质的研究者在从事研究时风格各异，而且有的激进者还以"反规范"作为质的研究的一种"精神"，但是他们在实际操作中其实都遵循一定的原则和行为规范。正是他们共有的这些原则和实践活动使他们的研究结果可以自然地"推论"到有关的范围；也正是因为存在这些规范，质的研究领域才可能就这些问题进行对话，也才为我们现在的讨论提供了一定的参照标准。

一、促成"推论"的行为规范

一般来说，质的研究特别强调在自然情境下进行体验型研究。一个"好"的研究报告不仅应该对研究的结果进行介绍，而且应该对研究的过程以及研究对象所处的文化背景本身进行"深描"。细致、具体的描述不仅可以使现象显得"真实"，而且可以提高事件所代表的意义的可转换性(Wolcott，1983:28)。如果研究的结果坐落在自然情境之中，事件的细节描写得十分生动、具体，那么读者可以感到自己仿佛身临其境，可以亲身体验研究的具体过程以及事件发展的来龙去脉。而读者只有对研究的情境和过程了解透彻了,才有可能对研究结果是否"真实"、是否可以进行迁移,如何迁移作出自己的判断。

读者对研究结果的判断还与研究者暴露自己的方式和程度有关。近年来,质的研究者们越来越强烈地意识到,研究者本人的背景及其与被研究者的关系对研究的结果会产生非常重要的影响。我们之所以成为现在的"我们"是和我们本人的"前设"和"倾见"分不开的,而我们只有在与他人的互动过程中才有可能了解自己这些先在的个人特征(Bernstein, 1983:123—128)。因此,研究者在研究报告中应该详细、坦诚地交代自己的立场和做法。这种高度透明的研究报告可以使读者了解研究者本人,借助研究者的眼睛去了解研究结论产生的源头和过程。只有这样,读者才能把研究的结果与从事研究的人结合起来,帮助自己对研究的"可靠性"作出判断。而当读者认为研究的结果是"可靠的"时候,"推论"便自然而然地发生了。

同样,质的研究报告的形式也对研究结果的自然迁移具有一定的促进作用。近年来,越来越多的研究者采用第一人称的叙述方式对他们的研究进行报道。这种叙述角度在心理上比较接近读者,容易在读者心中产生理解和共鸣。读者不再感到有一个无所不知、无所不在、万能的"上帝"在那里"客观地"陈述着"客观的真理";现在与他们对话的是一个和他们一样的人,一个有血有肉、有情有欲的人。这个人与他们相互尊重、相互认可、相互理解,彼此之间可以平等地进行对话。在这里,作者(研究者)、读者(研究服务的对象)和文本(研究结果)三者之间产生了一种互动,读者获得了一种比传统意义上的读者更加主动的地位。读者被允许参与到与作者和文本的积极对话之中,作者的意图通过文本传递给读者,而文本结构又对读者多元的想像力和驱动力有所调控。在这种对话里,读者与作者之间的"所知"和"期待视界"可以比较自然地融合为一体。

除了叙述人称以外,质的研究报告的叙事结构也对研究结果的自然迁移有一定的影响。叙述体在呈现事件发展过程以及人物心理活动方面与读者的现实生活更加靠近,比较容易使他们"进入角色"。相比之下,一个表格齐全,计算精确,修整得十分整齐,分析得滴水不漏的研究报告则往往容易引起读者的怀疑。因此,有的质的研究者认为,应该在报告中尽量多地呈现原始材料,尽量保持材料被发掘时的自然状态(Wolcott, 1990)。研究者应该避免作过多的推论和解释,让读者结合具体情境做出自己的结论。作者越俎代庖的做法往往费力不讨好,容易将个人的偏见强加到研究对象头上,使读者生疑。而读者只有在不怀疑的心态下,才有可能"认可"研究结果的"可靠性"。

二、判断"推论"的标准

当然,不同的读者对研究的"可靠性"可能会作出不同的评价,但是在特定的科学家群体(他们同时也是读者)内部是存在一定的共识的。这些共识不一定具有惟一性、历时性和普适性,但是它们经历了科学探索过程中一定的"锤炼"。衡量研究结果的标准可以是多元的、动态的,但这并不意味着没有标准,"什么都行"。因此,研究者有责任向读者说明,为什么某些结论比其他的结论更加"可靠",这些"可靠"的结论是如何做出来的。比如,意大利文艺批评家诶寇(U.Eco,1992:139)认为,"所有的阐释都是平等的,但是有的阐释比其他的更平等"。有的阐释不够理想是因为它们像驴子一样沉默无言,既没有对文本作出新的阐释,又没有对原有的阐释形成一种挑战。虽然所有的阐释在权力上是平等的,但是它们在阐释力度上是不一样的。

在传统的研究中,判断"推论"是否可能的一个重要标准是研究结果的"客观性"。而在质的研究中,"客观性"具有十分不同的意义。一方面,"客观性"指的是:知识不是先验的,通过研究我们能够学会自己以前所不知道的东西,能够突破原有的期待,体会到种种意想不到的惊奇。另一方面,"客观性"可以被看成是人类学习的结果,它代表了学术研究的意图,并且证明了学术研究的可能性。学者们彼此试图说服对方相信自己的发现和解释是有效的,这是因为他们认为自己的解释能够最大限度地适用于现有的资料,比别的解释更加具有力度。最终,他们必须将自己的解释交给所有对类似的问题进行思考的人们,供其在一种主体间的情境脉络中作出自己的判断(华勒斯坦等,1997:98—99)。

其实,即使作者与读者之间、读者与读者之间对某一研究结果产生不同的意义解释,这本身并不总是一件坏事。从辩证的角度看,这些困惑和冲突对研究结果的阐释既是一种挑战又是一个契机。正是因为产生了矛盾和不解,有关各方才会反省自己的观点和动机,在对话中创造出新的看问题的视角和视野。科学史方面的研究表明,科学范式的更新就是通过从常规科学过渡到反常和危机阶段,然后进入科学革命时期而完成的,科学的革命就是在这种不断的冲突和变革之中向前推进的(Kuhn,1968)。因此,科学家(特别是质的研究者)除了报告自己的研究结果以外,还应该介绍自己在这个冲突和变革过程中所采取的立场以及自己所起的作用。只有这样,读者才能针对有可能产生的疑惑和冲突找到与作者对话的切入点,而这种对话本身便是一种"推论"。

从上面的讨论中我们可以看到,质的研究的结果不是不能进行"推论",而是需要采取一种不同于量的研究的方式来进行。如果我们希望对质的研究的"推论"问题进行任何开创性的探讨,我们急需开发(或创造)类似皮亚杰的"图式理论"这类不同的语言。这类语言告诉我们,知识的"推论"不仅仅是一个通过样本而推论总体的过程,而且(或者说更重要的是)包括对一个个特殊案例的理解而达到人的认知结构的不断发展和完善。这是一种不同意义上的"推论",是一种知识的自然迁移。在这种对"推论"的理解下,质的研究感兴趣的"异质性"案例不但不再是研究的障碍,反而变成了宝贵的"知识"资源。与那些具有"代表性"的典型案例相比,这些特殊案例更加具有自然迁移"知识"的作用。它们不仅可以为社会科学研究提供新的角度和新的问题,而且可以扩展我们的视野,丰富我们的思维方式,使我们获得更加宽广的胸怀、宽容的态度和宽厚的理解能力。而这种自然发生的、为我们建构新的认知结构而提供启示和契机的机制,便是质的研究中"推论"的实质。

第二十五章　质的研究中的伦理道德问题

——我如何知道研究是否符合道德规范？

由于质的研究关注研究者与被研究者之间关系对研究的影响，从事研究工作的伦理规范以及研究者个人的道德品质在质的研究中便成了一个不可回避的问题。质的研究不是一门"软科学"，只需研究者随机应变；它也有自己"坚硬的"道德原则和伦理规范，而且要求研究者自觉地遵守这些原则和规范。质的研究者相信，好的伦理与好的研究方法是同时并进、相辅相成的(Sieber, 1992)。遵守道德规范不仅可以使研究者本人"良心安稳"，而且可以提高研究本身的质量。研究者对当事人的责任与对研究的责任之间并不存在冲突，认真考虑研究中的伦理道德问题可以使研究者更加严谨地从事研究工作。

在质的研究中，研究者的伦理道德行为至少涉及如下五个方面的人或社会机构，他们相互作用，对研究者的伦理道德原则和行为规范产生不同程度和不同方式的制约(Soltis, 1990；Whyte, 1984：193)。

1)研究者本人：研究者是作为一个个体在从事研究活动，自己在研究过程中所有的行为举止都对自己具有道德的意义。

2)被研究者群体：研究者对待被研究者的态度、处理与被研究者有关的事物的方式以及研究双方之间的关系都会反映出研究者的道德规范。研究者的道德观念和行为方式会对被研究者群体产生影响，有时甚至会直接影响他们的日常生活。

3)研究者的职业群体：质的研究者群体享有一些共同的道德信念和行为规范，研究者所做的一切都来自这一集体规范或帮助形成这一集体规范。如果研究者违背职业规范，不仅会使这个职业在社会上遭到唾弃，而且会给后继的研究者(包括研究者自己)进入研究现场带来困难。因此，研究者遵守必要的伦理道德不仅仅是为了坚持某些原则，也不仅仅是为了别人和研究者群体，而且也是为了研究者自己的利益。

4)资助研究的人、财团和政府机构：研究者需要对这些人和机构作出一定的承诺，而且在研究的过程中与他们频繁接触。研究者与他们的互动关系可以反映研究者本人的道德规范和行为准则，而且也会对他们的伦理道德观念产生影响。

5)一般公众:研究者所做的一切事情都发生在社会文化的大环境中,研究者可以通过自己的具体工作推进或减弱社会公德。

此外,不同的国家和地区对从事社会科学研究一般有自己特定的法规和习俗,研究者需要事先对这些法规和习俗进行详细的了解。特别是当研究者到域外地区做研究时,更加需要了解地方政府以及社区的有关规定。如果政府有硬性的法律规定,研究者一定要事先了解清楚,以免事后来不及补救。比如,在美国从事有关人的研究,就必须了解联邦政府的联邦法规第46条"保护作为研究对象的人"的有关条款。

质的研究中的伦理道德问题不仅涉及到所有与研究有关的人和社会机构,不仅贯穿于研究的全过程,而且本身具有十分丰富的内容层次。通过初步的归纳和整理,我认为可以从如下几个方面进行讨论:自愿和不隐蔽原则、尊重个人隐私和保密原则、公正合理原则、公平回报原则。

第一节　自愿和不隐蔽原则

"研究是否要事先征得被研究者的同意,研究是否应该向被研究者公开?"——对这个问题质的研究者一直是仁者见仁、智者见智。通过阅读文献以及我个人的经验和分析,我将这方面的观点归纳为五种类型:1)隐瞒派;2)公开派;3)情境—后果派;4)相对主义的观点;5)女性主义的观点(Denzin & Lincoln,1994:21)。

一、隐瞒派

持"隐瞒派"观点的学者认为,社会科学家对社会负有追求真理、发展科学、增强了解的责任,因此研究者可以使用任何方法来取得所需要的信息,包括撒谎、隐瞒自己的身份、设计人为的研究情境等(Douglas,1976)。这派学者认为,人类的一个本性就是不相信别人,不愿意向别人暴露自己的真实想法,那些有权势的人(就像没有权势的人一样)总是企图向研究者隐瞒真相。"如果研究者在当事人面前对自己的活动完全直言不讳,那么他们就会试图隐瞒那些他们认为不好的行为和态度。其结果是,研究者为了获得诚实的资料必须不诚实"(Gans,1962)。因此,只有通过隐瞒型的研究,研究者才有可能了解事实真相,为了获得可靠、真实的信息,研究人员不必征得被研究者的同意。

持这种观点的人还包括这样一些研究者,他们从事研究的目的就是发现、记录和暴露社会上的不公正现象,如政府官员的贿赂行为、孤儿院内管理人员对儿童的虐待等(Holdaway,1980;Marx,1980)。如果他们公开自己的身份,那些从事"不公正"活动的人们肯定会将他们拒之于门外。因此,为了达到自己的研究目的,他们不得不违背有关的原则和法规来从事研究活动。

二、公开派

公开派对伦理道德问题持十分绝对的态度,认为伦理道德是研究者必须遵守的准则,没有协商、调和的余地。研究者没有权利侵犯他人的隐私,一切研究都应该对被研究者公开。在开始研究之前,研究者应该征得被研究者的同意,并且向对方许诺保密原则。不论研究效果如何,研究者都应该尊重被研究者作选择的权利,给予他们选择不参加和不合作的自由。研究者不应该利用自己权力上的优势或操作上的方便而隐瞒身份、"蒙混过关"。

公开派认为,隐蔽型研究是不道德的,因为这种研究不仅剥夺了被研究者志愿选择的机会,而且可能违背了他们的意愿。在"受蒙骗"的情况下,被研究者没有任何余地了解自己是否愿意参与研究,更不可能向研究者表达自己的意愿。在隐蔽的情况下对被研究者进行调查还可能给他们带来伤害,他们在"无知"的情况下暴露的信息可能今后给他们自己带来麻烦。

对上述隐瞒派有关"研究公开便无法获得真实信息"的观点,公开派认为,所谓"真实"并没有惟一绝对的衡量标准。研究者和被研究者像世界上所有的人一样,生活在"一个真实的世界"里,超越时空的"真实"实际上是不存在的(Maxwell,1996)。被研究者在被告知的情况下对某一位特定的研究人员所提供的信息在此时此地就是"真实"的。

与隐瞒派学者一样,有的公开派学者也认为,由于社会科学家对社会的自我认识负有责任,如果某些隐瞒型研究有利于这种理解,在理论上应该被视为是"正当的"。但是,在原则上他们认为所有的研究都应该公开。声称自己的研究对社会的自我认识有利,因此可以不遵守"被研究者志愿原则"——这种行为带有非常强烈的"主观性",很容易在"道德"的幌子下干自己"不道德"的"勾当"。研究者很难回答如下这些问题:哪些社会现象是"不公正"的?哪些社会机构是"黑暗的",应该得到惩罚?如何确定衡量的标准?我们如何知道自己的标准就是"正确"的?

三、情境—后果派

"情境—后果派"对伦理道德问题持一种比较灵活的态度,认为对事情的判定必须考虑到研究的具体情境以及所产生的后果。这种观点既不同意研究应该绝对公开,也不认为研究应该绝对隐蔽,而是应该考虑到研究进行时的各种条件、有关人员之间的关系以及研究有可能带来的后果。研究者在道德方面所做的每一项决策都受制于参与研究双方的价值观,都会影响到被研究者,也都会有短期和长期的效应。

从情境—后果派的角度看,研究者在万不得已的情况下采取某种程度上的欺骗行为是可以接受的。但是,研究者在"欺骗"的时候应该问自己:"这个隐蔽行为的性质是什么?这个隐蔽行为对当事人、对我自己、对我的职业群体以及整个社会会带来什么后果?如果不隐蔽,我是否可以获得同样的信息?如果不能获得同样的信息,那么这个信息对于我的研究乃至科学的发展有多么重要?"如果当事人不会因此而受到伤害,而研究者又能够获得更多的、更加有用的资料,应该允许研究者采取一定的隐瞒行为(Punch,1994)。

当然,目的的正确性不应该使任何工具都自然而然地获得合法性,研究者在做决策时应该考虑到研究的具体情况。比如,质的研究在原则上强调,研究者在实地研究时要向被研究者公开自己的身份(需要的时候要"亮工作证"),并且请对方阅读一份研究者事先准备好的"同意书",然后在上面签字表示同意参加研究。在某些文化环境下(比如西方发达国家的学术圈子内)这种做法似乎没有什么问题,但是在有的文化情境下(如中国的乡村)这么做可能不仅不会使被研究者感到受尊重,而且可能使他们感到生分,不愿意与研究者合作。在这种情况下,研究者与其生硬地征求对方的同意,不如将这个程序演变成一个对话的过程。研究者可以先与对方建立一定的关系,待对方对自己产生了一定的信任以后再商谈"志愿"和"保密"这类事宜。具有讽刺意义的是,如果研究者事先生硬地邀请被研究者参加研究,反而会使对方的参与相应减少。这是因为研究伊始,被研究者对研究者一无所知,不知道如何判断对方的意图和诚意。

因此,研究者面临的问题不是一个"公开"与否,而是一个"公开多少"的问题;不是一个"是否公开",而是一个"如何公开"的问题。也许,研究者不必不顾一切场合对所有的人都非常"诚实",直接告之自己的研究目的;也许在研究开始的时候可以说得少一些,随着关系的深入逐步介绍研究的内容;也许对那些主要的信息提供者可以多说一些,而对那些接触不太密切的一般群众可以少说一些,以免招来不必要的麻烦。虽然为了顺利地进行研究,研究者有时候不得不在一定程度上掩盖自己的真实身份,但是一条基本的原则是:研究者决不应该违背自己对当地人许下的诺言,不能盗窃当地的文献资料,也不能向当地人无故撒谎。

四、相对主义的观点

持相对主义观点的人认为,任何伦理道德方面的判断和决策都是相对的,不存在一个统一不变的、绝对的伦理道德标准。研究者并没有绝对的自由来选择自己认为"合适"的研究,研究通常与研究者自己的个人经历以及道德标准有关。因此,选择研究的方式应该取决于研究者个人的标准,衡量研究者行为的惟一道德标准就是研究者自己的良心,而不是某些外在的科学家群体的规范。

持这种观点的人认为,顽固地坚守某些伦理条例并不一定是最明智的行为,重要的是要在自己的良心、自己对被研究者和研究者群体的责任之间保持一种平衡。学术领域事先设定的一些原则不一定适合所有的场合,研究者个人需要付诸自己的良心和责任感。虽然研究者可能在当地弄得"两手肮脏",可能他们所获得的是"有罪的知识",但是他们应该"出污泥而不染",主动向读者"坦白"自己的行为(Polsky,1967;Klockars,1979)。当遇到道德两难问题时,研究者应该在报告中公开讨论这些问题,而不应该以"自己的目的正确"为借口,隐瞒自己已经"被玷污了的手"(Punch,1994)。因此,伦理原则可以作为研究开始之前的一个指南,但是在研究的过程中应该视具体情况而定。

对相对主义的观点,上述派别都有微词。比如,公开派与隐瞒派对相对主义的责难是:"什么是研究者的良心?如何判断这个良心是真实的?什么样的目的是正确的?谁的权利应该更大:当事人还是科学?"而情境—后果派虽然看起来似乎与相对主义比较相似,但是前者对研究的具体情境以及研究给被研究者带来的后果更加重视,而不只是将责任交给研究者本人。

五、女性主义的观点

持女性主义观点的研究者认为,研究者与被研究者之间应该建立一种开放的、相互关怀的关系。研究的目的不是为了证实那些由男性占统治地位的学术界所认可的"知识"或"真理",而是给予被研究者(特别是那些弱小的、在历史发展进程中受歧视的人们,如女性、少数民族、残疾人等)说话的声音。研究不应该是对被研究者的剥夺,而应该是给予和解放。因此,当涉及到研究中的伦理道德问题时,问题不是"隐蔽"或"不隐蔽"的问题,而是研究者是否能够真正做到与对方共情,使对方感到研究给予自己以更大的自我觉醒和行动的力量。

我在北京大学教授"质的研究"这门课程时,一些学生提出,在考虑研究是否应该公开的问题上研究者只要自己"将心比心"就行了①。研究者在

---

① 这里,"将心比心"主要就道德和价值判断而言,不强调认知的层面。"将心比心"的一个前设是:双方都是"人",而"人"在道德判断和反应上具有相似性。认知上的"将心比心"更多地涉及到"文化主位"和"文化客位"之间的关系、"理解何以可能"的问题,比道德上的"将心比心"更加困难一些。

采取行动之前应该想一想,如果自己处在被研究者的位置,是否愿意别的研究者对自己采取同样的行为;如果别的研究者这么做了,自己会有什么反应。这个观点听起来似乎十分"平常",但却与康德的绝对命令、孔子的格言"己所不欲,勿施于人"以及上面介绍的女性主义的主张有异曲同工之处(Reese,1980:279)。按照这种原则,我们在做道德决策时应该真诚地追问自己:"什么样的行为是'欺骗'?我是否能够接受别人'欺骗'我?什么样的'欺骗'行为我可以接受?什么样的'欺骗'行为我不能接受?如果别人'欺骗'了我,我会怎么想?如果我事后知道别人'欺骗'了我,我会怎么做?"如果我们不希望别人在某些方面、以某种形式"欺骗"我们,那么我们自己在研究中也不应该这样对待别人。

在这里,人性的标准似乎战胜了科学的标准,在科学规范和伦理道德之间后者更加重要。研究者作为人的生活准则成为了专业的、公共的行为衡量标准,科学与生活融为了一体。对伦理道德的界定不只考虑到是否可以了解"事实的真相",而且强调对被研究者个人的关怀及其群体的成长。因此,在这种意义上,我认为女性主义的观点实际上超越了上述四种观点所讨论的范畴。"隐蔽派"和"公开派"在伦理道德方面采取比较绝对的态度,将研究的情境和对象作为一种静止不变的实体对待;"情境—后果派"和"相对主义"则采取比较灵活的态度,强调根据研究的具体情况或研究者个人的良心对伦理道德问题作出判断;而"女性主义"的观点将社会科学研究中的伦理道德问题提升到一个更高的层面,不仅仅从"知识论"的角度来探讨"是否应该公开"的问题,而且从做人(包括作研究)的基本准则来对其进行讨论。研究被放到对科学的理解与对道德的意识之间的张力之中,科学探究方式必须与人的日常实践活动相吻合,被研究者被看成是有血有肉、有情感的"人",而不是被塑造的物体。信息提供者与朋友、思考与生活、职业与个人生活、科学与道德、客体与主体——这些似乎处于两极对立的东西都被整合起来了(Rosaldo,1986:173—174)。

第二节 尊重个人隐私与保密原则

质的研究中另外一个经常讨论的伦理道德问题是个人"隐私"和"保密原则"。"隐私"与"保密原则"之间的关系非常密切:为了遵守"保密原则",我们必须首先弄清楚应该为被研究者保什么"密";为了弄清楚应该保什么"密",我们需要弄清楚对被研究者来说什么是"隐私";而为了弄清楚什么是"隐私",我们首先需要弄清楚对被研究者来说"个人的信息"与"隐私的信息"之间有什么区别;而为了弄清楚这一对概念之间的区别,我们首先需要弄清楚对于被研究者来说"私人领域"与"公众领域"之间的界限在哪里。因此,我首先从最后一对概念开始,依次对上述相关的概念进行辨析,然后再对质的研究中进行"保密"的具体措施进行探讨。

一、对"隐私"及其相关概念的定义

首先,让我们先划分一下"私人领域"与"公众领域"之间的区别。所谓的"私人领域"指的是与被研究者个人的私事有关的、需要被研究者个人私下处理的事情的范围;而"公众领域"指的是被研究的社会成员在公开场合集体处理的事情的范围。虽然我们可以在理论上对这两个概念进行定义,但是在实际生活中不同的文化对这两个领域的划分是很不一样的。例如,西方人的"人际关系"通常是由独立的个体相互选择而形成的,因此他们的"私人领域"的界限比较明显,与"公众领域"形成比较明显的对比(杨宜音,1995:19)。个人工作上的事情都属于"公众领域",一般采取"公事公办"的态度;而个人生活上的事情都属于"私人"的领域,处理的时候采取相互尊重和回避的态度。相比之下,中国人的"私人领域"和"公众领域"之间的区别则没有这么明显。中国人的"私人领域"通常比较宽泛,往往把西方人认为是"公众领域"的事情划入"私人"的范畴,而"私人领域"的事情也可以进入"公众"事物的范畴。比如,一方面,中国人的同事关系可以非常密切,彼此之间可以交谈很多私人的事情;而另一方面,朋友交情对工作的影响非常大,很多工作上的事情都必须通过个人关系的中介。公事私办、私事公办的情况非常普遍。

从研究的角度而言,有关被研究者的"私人领域"中的信息还可以进一步划分为"个人的信息"和"隐私的信息"。前者指的是有关被研究者个人的一些一般的情况,可以在公开场合谈论;而后者指的是那些被认为属于个人"隐秘的"、不能在公开场合谈论的事情。"个人的信息"与"隐私的信息"之间不是一个完全对等的关系,被认为是"个人的信息"不一定是"隐私的信息",而被认为是"隐私的信息"则一定是"个人的信息"。与"私人领域"与"公众领域"之间的划分一样,"个人信息"与"隐私信息"之间的区别在不同的文化中也是不一样。比如,在中国文化里,一个人的年龄、婚姻状况、宗教信仰、工资收入等被视为是"个人信息",但是并不被划入"隐私"的范畴。而在美国白人中产阶级文化中,这些信息则被公认为是"隐私的信息",研究者不能在公开的场合随便询问。

至此,我们的分析落实到了"隐私"的定义上面:上述"个人领域"内"隐私的信息"便属于质的研究中所说的个人"隐私"。对这些信息,研究者不仅需要尊重被研究者是否愿意暴露的权利,而且在对方告之以后需要对其严格保密。如上所述,由于不同文化的人们对这个概念的定义不一样,研究

者必须首先了解该文化对这个概念的定义以及处理方式,然后在研究的过程中注意尊重对方的选择。当然,同一文化中人们对"隐私"这一概念的理解也可能是不一样的,研究者还要考虑到可能存在的个体差异。比如,不论在中国文化还是西方文化中,离婚都被认为是一个"隐私"的话题,不应该在公众场合公开询问离婚的当事人。但是,如果被研究者自己并不认为这是一个"隐私",自己主动提到这件事,那么这个信息就不再是"隐私的信息",而成了一个一般的"个人的信息"。

对上述有关"隐私"概念的定义不仅受到特定研究情境以及被研究者之特性的影响,而且也受到社会科学研究报告(特别是质的研究报告)本身特点的制约。比如,一个人的姓名、所属单位名称和居住地点一般并不属于个人"隐私"的范畴,但是如果研究报告暴露了这些信息,也就会暴露被研究者其他方面的信息(包括他们生活中的"隐私")。因此,为了防止这些信息所带来的连锁反应,我们将这些信息也作为个人"隐私",写研究报告时使用匿名为其保密。

二、保密的具体措施

在划分了个人"隐私"的边界以后,研究者需要对这之内的信息严格保密。由于质的研究者与被研究者必须发生个人接触,而且在大多数情况下彼此的关系有可能变得十分亲密,因此保密原则在这类研究中尤其重要。在研究开始之前,研究者就应该主动向被研究者许诺保密原则,告诉对方自己不论在任何情况下都不会暴露他们的姓名和身份,一切与他们有关的人名、地名和机关名都将使用匿名,必要时还应该删除敏感性材料。

在研究过程中,研究者也要注意不断提醒自己,不要因为与被研究者关系密切就可以随便向其他人提及他们的情况。特别是当被研究者不止一个人,而他们在研究的过程中又彼此认识的话,研究者应该特别注意不要在他们中间传播彼此的情况,并且告诫他们不要将彼此的情况告诉其他的人。如果被研究者因为与研究者关系密切,暴露了一些自己平常不会暴露的信息,过后又感到后悔,研究者应该再一次向对方许诺保密原则,使对方放心。

事实上,研究者要做到完全为被研究者保密不是一件十分容易的事情。比如,质的研究报告通常包括一个向有关人员致谢的部分。如果作者在这个部分明确列出被研究者的名字,那么为他们制造匿名的努力便会前功尽弃。因此,在撰写这个部分之前,研究者需要与被研究者商量,问他们是否愿意将自己的真实姓名列出来。有的被研究者也许可能需要阅读研究报告的初稿以后才能作出决定,在这种情况下研究者应该给他们寄一份初稿。如果研究报告定稿之前研究者因为某些原因没有与被研究者就这个问题达成共识,一般的做法是在致谢部分不提及被研究者的真实姓名以及他们生活或工作的地点。

在研究报告中使用匿名在大多数情况下也许可以隐蔽被研究者的身份,但是有时候可能根本无济于事。比如,有的当事人声名显赫,只要提到有关的信息,任何一位读者都会知道这些人是谁。如果读者属于被研究者的文化群体,更容易辨别研究报告中所指对象的真实身份。在这种情况下,研究者可以采取的一个办法是:在初稿出来以后请被研究者阅读,看有没有敏感的地方需要修改或删除。如果研究报告计划公开出版,研究者需要在出版之前与被研究者商量,看对方是否愿意出版。在一些西方发达国家,研究生的毕业论文和学位论文全部存放在学校的图书馆里,任何人都有可能看到。因此,即使这样的论文不属于"正式出版"的范畴,研究者也应该事先告诉当事人这个情况,以免产生误会。无论采取什么方式,研究者需要事先让对方知道,自己的研究结果将以什么方式呈现出来,谁将使用这些信息,如何使用这些信息。如果对方对这些方式有疑虑,研究者应该给予说明,必要的时候对这些方式进行修改。

其实,使用匿名并不是一个固定不变的原则,应该视被研究者的意愿而定。在这里,"尊重个人隐私"与"保密原则"应该结合起来考虑。如果被研究者明确表示希望自己的名字被公众所知(以此获得有关部门的注意,给予他们所需要的帮助和支持,或提高自己的名声),那么研究者就不必严格遵守保密原则。

虽然与被研究者共同商量如何处理敏感性资料不失为一个可行的方案,但有时候研究者可能会遇到根本无法与被研究者商量的情形。他们可能会"害怕"与对方商量,甚至会陷入十分尴尬的道德两难境地。一般来说,每一个社会团体(或"团伙")都有自己"见不得人"的事情,研究者一旦深入到内部,便会发现自己很难保持中立。假设我们的研究对象"碰巧"是行为"不轨"者(如贩毒、盗窃),我们是否应该将他们的不法行为报告警方呢?如果对方向我们表达了杀人放火的意图,我们是否应该立刻报警?如果我们拒绝向官方泄露自己所知晓的有关犯罪团伙的行为,自己是不是应该被指控为"窝藏罪"?

崴斯(1994:132)在谈到这类问题时,曾经从自己的亲身经历中列举了一些例子来说明自己的立场和做法。一般来说,如果他知道自己的访谈对象曾经犯过法(如偷盗、贩毒、抢劫),他不会主动向警方报告;但是如果他可以确定自己的访谈对象将马上自杀或杀人,他会立刻与有关当局联络。他一生中遇到过一件十分棘手的事情:他的访谈对象是一位艾滋病患者,从小就受到男人的虐待,正在想方设法与男人约会,希望用艾滋病来报复世界上所有的男人。正当崴斯感到十分为难、不知是否应该采取措施制止她这么做时,她遇到了一位理解她并且爱她的男人,于是便停止了这种活动。崴斯说,如果她不是碰巧遇到了这位男友并且停止了与其他男人约会的话,他可能会直接告诉这位妇女不要这么干,同时还会去找为她治病的医院的负责人,想办法阻止她这么做。而在另外几个类似的例子中,他对患有艾滋病的受访者明知故犯的做法表示了惊异和关注,但是没有给予任何直接的建议。在这种情况下,他认为自己面临着至少三条原则的冲突:1)为受访者保密;2)尊重受访者自己解决问题的人格和能力;3)自己作为一个公民为社会上其他的人以及受访者自己的安全负责。在作每一个决定的时候,他都不得不在这三条原则之间取得平衡。崴斯没有直接说明,自己为什么有可能会对那位患艾滋病妇女提出建议并且采取措施阻止她的行为,而对其他人却没有这么做。我想,根据他列出来的三条原则,也许对这位妇女他更加感到自己作为公民的责任,而对其他的人他觉得他们有能力自己解决问题。当然,不言而喻的是,不论面对什么类型的被研究者,这种情形对研究者来说都是一个十分严峻的道德困境。我们很难清楚地知道自己究竟应该遵守哪一条原则,可以放弃哪些其他的原则。

因此,崴斯就如何比较有效地实施"保密原则"提了一个建议:研究者可以事先在需要被研究者签字的"同意书"上标明自己可以泄密和不可以泄密的事情,比如,如果被研究者提供的信息涉及到人身安全,研究者有权向有关部门报告。特别是有的研究项目本身就蕴含着明显的社会冲突和道德悖论(如同性恋问题、吸毒问题),研究者应该事先与有关部门和个人就哪些信息可以透露给哪些人或机构取得共识。但即使是这样,研究者也要保持一种道德上的平衡,注意不要对当事人造成伤害。如果确实没有其他更好的办法,而披露"内幕"有可能会给事情带来转机,那么研究者可以选择这么做。

崴斯的建议听起来有一定的道理,但是很明显,如果我们采取这个建议,几乎不可能对那些被社会认为是"不合法"的行为进行研究。被研究者在研究开始之前就会拒绝我们进入现场,而且披露他们的"不法"行为也不可能不对他们个人造成"伤害"。因此,我认为,研究者在面对这类情况时,不得不依靠自己的道德判断。我们在进行研究时应该认真地追问自己:"如果我泄露被研究者提供的有关信息,是否可能给他们带来伤害(如损害他们的名声、使他们失去工作)?如果我不泄露他们提供的有关信息,他们是否有可能发生人身危险(如自杀、杀人)?这个危险会有多大?这个危险是否会立刻发生?如果我有可能对他们的行为进行干涉,效果会如何?我干涉以后,对被研究者的代价是什么?对研究本身有什么影响?如果我不采取任何行动,会有什么后果?"

由于不同文化对"隐私"和"隐私权"等概念的理解存在差异,研究者有可能由于缺乏必要的意识而做出"侵权"的行为。比如,在美国这类社会科学研究相对"发达"的国家,当事人的自我保护意识比其他"欠发达"国家(如中国)的人要强。因此,在美国这类国家作研究时需要遵守的规范,似乎在中国这类国家里显得不太需要。比如,我的很多学生在上质的研究这门课时严格地遵守"保密"原则,主动向被研究者许诺保密原则,但是他们发现大部分被研究者都显得很不在意的样子,不认为有必要对自己的信息保密。当这些学生问他们是否可以对访谈进行录音、许诺录音整理以后立刻销毁录音带或者给他们自己处理时,他们似乎没有自己明确的态度,认为"怎么样都行"、"无所谓"、"可以随便处理"。正如一位学生后来在分析备忘录中所反省的,在这种情况下,研究者不仅不应该感到"无所谓",可以"随便处理",反而应该特别小心,主动为被研究者保密。正是因为对方缺乏足够的意识,研究者才更加有责任这么做。

> "也许中国人还不像美国人那样具有那么多的自我保护意识,所以他们并没有意识到有那么多的道德、法律方面的问题。也许我自己在过去也同样未曾仔细思考过那么多的个人隐私权的道德、法律方面的问题。这是不是提醒我们作准研究的人,当访谈对象对我们疏于防范之时,我们应该更加理智、更讲道德地来保护手无寸铁的访谈对象的个人权益不受到丝毫的侵犯呢? 学者的道德也许是我们这些人应该经常反省的一个问题。"

总之,作为研究者,我们享有一定的特权,可以进入别人的生活,倾听别人的生活故事,通过别人的眼睛看世界。因此,我们不仅要珍惜自己的这些特权,而且要意识到这些特权有可能被误用。在研究的过程中,我们应该谨慎小心地行使自己的权利,注意不要给对方造成伤害。一条基本的原则是,不论发生了什么问题,我们应该首先考虑到被研究者,然后才是我们自己的研究,最后才是我们自己:被研究者第一,研究第二,研究者第三(Fontana & Frey,1994:373)。

第三节 公正合理原则

"公正合理原则"指的是研究者按照一定的道德原则"公正地"对待被研究者以及收集的资料,"合理地"处理自己与被研究者的关系以及自己的研究结果。当然,对什么是"公正"和"合理",不同的研究者可能有自己不同的理解。但是,我比较赞同上面谈到的"情境—后果派"的观点,研究者在作出"公正合理"的决定时,必须考虑到研究的具体情境以及该决定有可能对被研究者产生的影响。同时,我也赞同"相对主义派"的观点,研究者应该询问自己的"良心",看自己的决定是否符合自己的道德标准。此外，我更加赞同"女性主义"的观点，研究者应该考虑到自己的决定是否使被研究者感到"公正合理"，是否使他们觉得自己的权利得到了应有的尊重。

一、如何对待被研究者

公正合理原则可以表现在研究者对被研究者的态度和评价上，前者可能在很多情况下注意不够而违背了这一原则。比如，如果研究者与被研究者在文化、种族、性别上存在差异，前者可能在态度上有歧视后者的表现。如果研究者来自发达的城市文明，而被研究者处于比较"原始"的游牧状态，前者可能认为后者的很多生活习惯"不卫生"、"不符合健康标准"。研究者虽然在口头上声称"尊重被研究者的文化习惯"，但是从心眼儿里可能看不起对方，甚至"出于好心"向对方提出很多"改进生活质量"的建议。特别是当第一世界国家的研究人员到第三世界国家去作研究时，可能出于"无知"或"傲慢"，将当地人的文化风俗作为奇风异俗加以取笑。

如果研究者从事的是一项评估型研究，研究者对被研究者的评估是否公正合理——这是一个非常重要的问题。如果研究者的评估将直接影响到当事人的生存状态(如失去工作、降级、降工资)，那么研究者则需要确切地知道自己的评估是否确切、中肯。

如果研究的目的是对现实进行干预和改造，我们面临的道德问题会更加艰难：我们怎么知道现存状况不"好"、需要改造？我们怎么知道自己的干预是对的？我们有什么权力这么做？我们如何知道自己的干预不会给当事人带来伤害？我们怎么知道自己不是在操纵和控制对方？如果被研究者之间有派系分歧，我们应该站在哪一边？有关对被研究者的生活和工作进行干预的问题，质的研究界一直存在争议。有人认为，研究应该停留在了解现状的层面，研究者不应该(也没有权力)对被研究者"指手画脚"，干预已经超越了研究的职责范围。另外一些人则认为，"正当"的干预可以给当地人带来好处，重要的问题不是不能干预，而是如何干预、干预多少(Pelto，1970：223)。

有时候，即使研究者的意图不在干预，但是自己的研究结果却可能被有关人员或社会机构所利用。这些人员或机构为了达到自己的目的，在研究者不知道的情况下使用研究结果与被研究者作对。比如，怀特(1984：195)曾经受一个工厂资方的资助对该厂的工会进行调查，以帮助资方改进与工人的关系。研究完成以后，他被资方告之，如果不是因为他所提供的信息，资方不可能在当时的一次选举中击败工会。怀特感到非常吃惊，万万没有想到自己的研究结果会被用来反对为自己提供信息的人。后来，他反省说，如果当时资方告诉他这项研究会用来击败工会的话，自己是一定不会同意进行这项研究的。因此,假如我们对某个社会机构有所承诺,答应与其分享研究结果的话,我们一定要注意,不要让对方利用研究结果来反对那些帮助过我们、我们最不愿意反对的人。有时候,即使我们对这些社会机构有所承诺,也应该伺机而动。如果我们严格履行自己的诺言,一丝不苟地遵守既定法规,这在法律上似乎十分"公正",但是在一定情况下并不一定符合自己的道德标准,也不一定对被研究者"公正"。

公正原则还涉及到研究是否会给被研究者带来不公正的待遇,使被研究者的正常生活和工作得到干扰。比如,如果为了研究的需要我们设立了试验组和控制组,使用一种我们知道比较"落后"的方法与另外一种比较"先进"的方法进行对比研究,那么控制组的成员也许会因为参加研究而给自己的工作和学习带来不良影响。在这种情况下,研究者需要向控制组的成员明确说明可能发生的后果,得到他们的首肯以后才开始进行研究。

二、如何处理冲突

"公正合理"原则还涉及到当研究者与被研究者对资料的解释不一致时如何处理冲突的问题。有时候,研究者的研究结果与被研究者自己认为的不太一样,被研究者可能感到十分生气,对研究者产生敌对情绪。在这种情况下,研究者应该认真考虑双方的观点,衡量彼此的异同,找到协调的可能性,然后采取合适的策略处理冲突。

怀特(1984:202—203)提供了他的学生、著名的组织理论研究者阿吉里斯曾经遇到的一个麻烦。阿吉里斯的博士论文是在怀特的指导下完成的,内容是有关一个工厂领导班子的工作情况,特别是有关一位领导(匿名为汤姆)的工作作风。阿吉里斯对汤姆的评价持一种矛盾心理,因为汤姆虽然十分聪明能干,但是却非常霸道,不讲民主。后来有一家出版社决定出版该论文,怀特和阿吉里斯都觉得其中有关汤姆的内容比较敏感,不愿意伤害他,因此把文稿寄给了该厂的一位副厂长,征求他的意见。几个星期以后,怀特收到了副厂长的电话,说他们(包括汤姆)都已经读过了文稿,汤姆对文稿极不满意,恼怒至极。怀特和阿吉里斯急忙驱车赶到汤姆所在的工厂,与他进行了整整一天的商榷。汤姆就文稿中很多地方进行了申辩,而对他的每一个质疑,阿吉里斯都非常心平气和地说:"我理解您的心情,但是我想说的是×××。那么现在我有什么办法可以既不放弃这个观点,又可以用另外一种方式说出来呢?"通过整整一天的商谈,双方最后终于达成了共识。会议结束时,汤姆甚至主动邀请他们到他家喝一杯,并且说:"我好久没有这么和人争论了"。这个例子说明,当研究者与被研究者对研究结果的理解不一致时,研究者可以采取合适的策略与对方商榷,在不妥协重大结论的前提下对自己的用词作一些修改。这样做,研究者不仅尊重了被研究者的意愿,而且对研究的结果也保持了自己应有的公正。

公正处理研究结果有时候还与资助者与研究者的关系有关。比如,在合同研究中,资助者可能与研究者在研究的目的上存在不同的意见。出于自己的一些目的,资助者可能限制研究者自由地进行研究,要求研究者在既定的范围内活动,或者要求研究者将那些不利于资助者的内容从报告中删除,甚至根本不通报研究者就自行删除。在这种情况下,研究者应该在可能的范围内与资助者据理力争,尽可能在研究报告中公正地报道"真实"情况。

三、如何结束研究关系

公正合理原则还涉及到研究者如何结束与被研究者的关系这个问题。研究在某一时刻必须结束,而研究者和被研究者之间可能已经建立起了某种友谊,有的研究者长期生活在本地以后已经"变成了本地人"。本地人中与研究者关系密切的人也对研究者产生了情感上的牵挂,如果研究者离开可能会使他们感到很失望。有的研究者在当地不仅是一名研究者,而且同时扮演了一个公务人员的角色(如庙里的读签人、小学代课教师),如果离开可能会给当地人的生活带来不便。而研究毕竟要结束,研究者毕竟是一位旅居者,他/她终究不得不离开研究的现场。因此,研究者不得不面对如何离开现场这个令人头疼的问题:我应该在什么时候、什么情况下、以什么方式离开? 离开以后是否应该与对方保持联系? 以什么方式保持联系? 保持多久?

一般来说,研究者大都在自己预先计划的时间结束之前离开研究现场。如果研究没有固定时间的限制,他们通常在资料达到饱和的时候离开(所谓"资料饱和"指的是研究者所收集的资料已经非常丰富、全面,再收集的资料开始出现重复的现象,已经没有新的资料出现)。有时候,一些意外的情况可能发生,迫使研究者不得不提早离开,比如:研究者与当地人的关系弄僵了,自己无意中卷入了当地的派系斗争,研究者自己突然得病,等等。研究老手们对离开现场的一个建议是:逐步地离开现场,事先慢慢减少研究的密度,提前一段时间告诉有关人员自己将要离开,使对方有一定的心理准备。如果研究者与当地人关系很好,更加需要提早给对方一些暗示。

研究者离开现场以后,不应该如"石沉大海",而应该努力与被研究者保持联系。如果条件允许的话,研究者还应该定期回去看望他们。如果研究者为当地人照了很多照片,许诺回去以后寄给他们,一定要认真兑现。如果研究者曾经答应研究报告的初稿出来以后给当地人审查,也应该如实履行自己的诺言。比如,赵丽明(1998)十年前开始在湘西一个大山沟里对女书进行研究,此后她一直与研究对象保持通信,并且每年两到三次到当地去看望她们,为她们带去需要的日常用品。当她们生活上遇到困难时,她总是

想办法帮助她们,并且给她们寄钱和粮票。她认为:

> "作实地研究最忌讳的就是一次性掠夺,这是最伤他们感情的。你一定要尊重他们,要真诚,不要把他们当成索取的猎物。你是不是真诚,老乡是看得出来的……最重要的是研究者本人心地要善良,要有良心,有恻隐之心……如果你自己有一种负罪感,觉得自己打扰了他们的生活,自己的行为非常谨慎,对他们很尊重,他们是看得出来的。"

而在同样的一些研究地点,在赵丽明去之前,一些研究者收走了所有可以找到的资料,没有给当事人任何报酬就离开了研究现场,然后就"杳无音信"了。结果,当赵丽明再到这些地方时,当地人向她索取报酬。她不得不花费很多精力向他们解释,自己和那些人不是"一伙的"。据她所知,那些研究者再也不敢回到这些地方来了,因为当地人扬言要"打他们"。赵丽明感觉,对这种地方进行后续研究非常困难,自己感到"很不舒服"。这个例子说明,在实地研究中研究者从事研究(包括离开现场)的方式对自己的名声以及后续研究者会产生非常重要的作用。当然,这些人的行为不仅涉及到离开现场的方式,而且与下面要谈的"公平回报原则"有密切的关系。

第四节　公平回报原则

在质的研究中,被研究者通常需要花费很多时间和精力与研究者交谈或参加其他一些活动,他们为研究者提供对方需要的信息,甚至涉及到自己的个人隐私。因此研究者对被研究者所提供的帮助应该表示感谢,不应该让对方产生"被剥夺"感。但是,研究者应该用何种方式向被研究者表示感谢呢?什么感谢方式可以真正表达研究者的感激之情?研究者的感激是否可能用一些有形的方式表达出来?——这些问题目前在质的研究中一直是十分令人棘手的问题。

一、回报的方式

有关回报的方式,质的研究者有很多不同的看法。有人认为,无论是礼品还是真诚的口头表达都无法回报被研究者所给予的帮助。研究本身就是一个权利不平等的关系,涉及到双方的利益问题。研究者往往可以从研究成果中获得利益(比如发表论文、晋升、成名等),而被研究者在某种意义上不但没有得到任何利益,而且还可能被研究者所"利用"。

另外一些人则认为,一定的回报不但是应该的,而且是可能的。无论研究者内心感到如何歉疚,一定的物质和语言多少能够表达自己的感激之情。比如,研究者可以根据被研究者"贡献"的时间长短以及工作难度支付一定的劳务费。如果被研究者需要自己花钱为研究服务(如坐出租车到研究者的住所来、复印有关资料等),研究者一定要为这些费用报销。在很多情况下,研究者得到了财团或政府机构的经费支持,应该将其中的一部分作为被研究者的报酬。如果经费比较少,或者直接给被研究者金钱不太合适,也可以送给对方一些礼品,以表达自己的感激之情。当然,选择具有何等价值的礼品也是一个令人头疼的问题。如果经费太少,礼品的分量太轻,研究者可能感到这些礼品似乎不能表达自己的心意。

除了上述"直接"的回报方式,有的研究者还主动采用一些"间接"的方式向对方表达自己的心意,如帮助对方种地、盖房子,为他们的孩子补习功课,帮他们处理法律纠纷,借自己的东西给他们用,帮他们在城里买东西等。有的研究者还主动做当地人的听众,听他们诉说自己生活中的困难,帮助他们出谋划策。比如,赵丽明(1998)在湘西作研究时,就经常到县里为当地的老乡"争利益"、"说话",帮助他们搞经济开发脱贫致富。有人认为,主动为被研究者做事比直接给他们金钱更好,因为后者会使被研究者感到自己与研究者之间是一种"公事公办"的关系,因此很难与其建立研究所需要的"友谊"(Jorgensen,1989:72)。这种说法听起来似乎有点"虚伪"、"做作",但是,我想,如果研究者在这么做的时候是真心希望帮助对方,而不是为了"建立关系"而建立关系,那么对方是可以感觉得到的。

有学者认为,目前大多数中国学者都没有足够的物质条件给对方报酬,而且对方也没有这样的期待(高一虹,1998:10)。对此我没有作过专门的调查,但据我所知,在一些研究者(特别是西方人)经常去的地方,当地人已经"学会"了索取报酬。在一些比较极端的情况下,这种"索取"可以变得对研究者来说非常不"公平"。比如,我所认识的一位朋友十年前在一个十分贫困的村落里作研究时,当地的人虽然生活很穷,但都"非常朴实",并不期待着从她那里获得什么。他们说:"你从北京来看我,我就很高兴了。"但是,由于当地生活十分困难,她便经常给他们带去一些日常生活用品。结果在当地一些"有文化的人"的"教唆"下,这些"信息提供者"开始主动向她要钱:"我跟你谈话半天没做工,你要给我钱"。有的人甚至连照一张相也要五元钱,因为"照相对人体有害,杀死了我的细胞"。而一些不知情的人也跑来主动要求当研究对象,或者声称那些知情的人是自己教的,要求付钱。我的朋友回京以后,每当有当事人生病或遇到其他方面的困难,她就给他们寄钱。结果一些没有生病的人也来信说自己生病了,或者自己要盖房子,要求给他们寄钱。对方不断地向她"索取",而且相互攀比,使她感到很为难。结果,她只好偷偷地把钱夹在信里面(而不是通过公开汇款的方式),寄给那些确实需要帮助的人,并且要他们不要告诉别人。后来,事情弄得越来越复杂,她不得不公开地告诉对方,自己并没有富裕的研究经费,给他们寄的钱都是从自己的工资中节省出来的。终于,对方谅解了她的处境,也就没有再"索取"了。

上面的例子表明,对被研究者回报应该把握一个"度",研究者应该事先与对方有一个交代,不能过于"好心"。否则,则可能闹出我的朋友上面遇到的麻烦。而与此同时,我认为,被研究者向研究者要求一定的物质报酬,这也是十分正当的,是他们应该拥有的"权利"。如果研究者没有条件提供报酬,应该事先向对方说明。高一虹(1998:10)担心,如此创造出来的"研究文化"(即要求研究者给被研究者物质报酬)可能使研究权被少数"有钱/权人"所垄断。我感觉,目前在世界范围内这已经是一个"不争的事实"。虽然存在程度上的不同,但总的来说,没有研究经费,研究者是很难进行研究的。而没有钱就意味着没有权。

虽然我认为研究者应该对被研究者进行物质上和行为上的回报,但是也有很多例子说明,即使没有报酬被研究者也不会在意(Glesne & Peshkin,1992)。他们感到研究过程本身对自己来说就是一种回报,任何物质上的表示都无法与这种回报的价值相比。通常,他们很少有机会与别人分享自己内心的想法和感受,现在有人如此耐心、关切地倾听自己,这本身就是一种"享受"。许多被研究者反映,他们在与研究者的交谈中宣泄了自己长期积压的情绪,对自己有了新的发现,从研究者的关注中找到了自尊和自信。还有的人认为,虽然平时自己有朋友和家人进行交谈,但是像现在这样与研究者一起就自己的生活经历和观点进行如此细致、深入的探讨还是第一次。一个"成功的"访谈不仅可以为对方缓解心理上的压力,还可能给对方带来其他一些意想不到的收获。如果研究者不仅对被研究者给予了极度的尊重和关注,而且提出了一些发人深省的问题,对方对生活的认识会得到升华,感到生活更加有意思,自己更加有力量。正如一位被研究者曾经说过的:"我好像多年生活在这同一个屋子里,我知道每一张椅子和桌子放在哪里。但以前我是在黑暗中。突然,他(研究者)打开了灯,使我更清楚地看到了屋子里的一切"(Weiss,1994:122)。因此,有人认为,只要研究者对被研究者表现出真正的尊重和理解,被研究者就会从中得到一种情感上的回报,而这种回报往往比金钱更可贵。

虽然研究可以给被研究者带来心理上的舒缓和思想上的启迪,但是研究者应该特别注意研究型访谈与心理咨询中的访谈之间的区别。在这两种情况下,受访者都可能获得一种情绪释放后的轻松感,但是作为访谈者,各自的责任和作用是不一样的。在研究型访谈中,访谈的目的主要是获取信息,访谈者与对方是伙伴关系,一起寻找和建构知识;而在心理咨询中,访谈关注的焦点是受访者目前面临的心理问题,访谈者的责任是帮助对方成长。因此,如果在研究型访谈中,受访者表现出对对方过分的依赖,希望得到对方的爱和改进建议,希望长期与对方保持关系,这时候访谈者要考虑将对方介绍给心理工作者。如果受访者坚持要研究者提供评价意见和改进建议,研究者可以以一个伙伴的身份真诚地与对方分享自己的想法,但是要注意不要将自己的意见强加给对方。

公平回报原则的实施不仅受制于研究者个人的心愿、财力和能力,而且受到研究者与被研究者之间关系的影响。一般来说,如果被研究者对研究者来说是生人,那么对他们进行回报会相对容易一些。而如果双方是朋友,回报可能会比较困难。对生人,研究者可以采取一般社会上认可的方式进行回报,对方也不会有太多的顾虑。而对于朋友,问题就复杂多了。一方面,朋友双方都可能感到没有必要回报,如果研究者一味坚持,可能反而显得生分、不自然;另一方面,如果研究者处理不当,不按照一般社会认可的方式进行回报,也可能会给本来友好的关系带来阴影。因此,研究者在给自己的朋友回报时往往需要更加小心,应该根据每一位朋友的特点以及自己与其关系的深浅作出决定。

无论是对生人还是朋友,研究者在与对方讨论回报问题时都需要十分坦率、直接。有时候,被研究者可能会直接问研究者:"我能从这个研究中获得什么?"在这种时候,研究者应该实事求是地告诉对方自己能干什么,不要许诺自己做不到的事情。居金森(1989:71)报告说,他在对一些从越战复员回来的军人进行研究之前,就有人问过他这个问题。当时他直接告诉对方,自己不可能为对方的实际生活带来任何实质性的改变,从事此项研究只是可能使社会对他们更加了解,特别是从他们自己的角度看待复员军人的生活。与此同时,居金森也坦率地告诉对方,通过这项研究自己可以发表文章,而且可以因此而成名。由于这些复员军人对社会普遍怀有一种愤世嫉俗的态度,对所谓的"科学家"没有好感,对那些"科学研究可以解决人们实际生活中的问题,可以为社会做好事"的论调嗤之以鼻,当然更不相信这些研究能够给他们自己带来什么好处,因此居金森坦率、诚实的回答反而使他们卸下了武装。后来,居金森反省说,如果自己当时回答他们的问题时拐弯抹角,也许这些复员军人早就拒绝他的请求了。

二、对回报问题的思考

上面当我们讨论应该以什么方式回报被研究者时,我们似乎仍旧是在用一种实证主义的思路思考问题。我们似乎假设,研究中的主体和客体是可以相对分离的,研究只为研究者带来利益,被研究者必须通过其他的一些渠道得到应有的尊重和补偿。因此,社会可以设立一些法律、法规来约束研

443

究者的行为,保证研究者履行自己对被研究者的职责。

而在建构主义者看来,现实是一种社会建构,研究中会出现许多事先无法由法律来设定的道德两难境况,被研究者需要与研究者一起来处理这些问题。被研究者不应该被当做达到研究者个人目的的一种手段,而是应该从中收益,感到自己在研究的过程中被赋予了力量和行动的能力。他们不仅仅应该是行动者、决策者,而且是研究的合作参与者。正如康德的"绝对命令"之下的一个下属命令"实践性命令"所提出的:将每个人自身都当成一个目的,而不只是一个工具(Reese,1980:279)。我们对被研究者进行研究不是为了利用他们,而是使他们参与到研究之中来,或换言之,我们请他们让我们参与进来,请他们告诉我们:"需要研究什么?为什么需要研究这些问题?我们可以如何进行研究?"(Lincoln,1990)从这种意义上来说,被研究者从一种需要保护的对象变成了可以决定研究的方向和焦点的有力的参与者。被研究者不再是一个被研究的客体,需要研究者想办法对其进行补偿和回报,而是一个积极的参与者,与研究者一起进行"互构"。

此外,对"公平"、"回报"这类"社会交换"原则进行讨论显得十分"西化"(高一虹,1998:10),似乎只要研究者"公平地回报"了对方,双方的关系就两清了,研究者就可以"良心安稳"了。而在中国文化中,人和人之间的"关系"是清不了的。与西方人清算、明算、等价、不欠的回报原则相左,中国人的回报必须以不均等为原则,因为只有这样才能使人际关系延续下去(杨宜音,1993)。中国人的回报不仅仅是物质上的交换,而且还带有强烈的关系性和情感色彩,施予者给予对方的不仅仅是"好处",而且还有"好心"。因此,受施者为了表达自己领情和还情之意,在回报时往往要增值。这样一来二去,层层加码,双方的"关系"就变得愈来愈紧密和牢固了。因此,在中国这样一个重人际交往、轻"社会互换"的国度里,研究者如何与被研究者保持、发展和结束关系,显然比在西方国家更加复杂。

质的研究领域里的伦理道德问题是一个十分复杂的问题,特别是当涉及到文化差异时情况更加微妙。上面提出的很多问题都是一些悬而未决的问题,在质的研究领域至今尚无定论。这个领域就像是一块沼泽地,没有人能够为其画出一幅清晰的地图,每个人必须在这里自己找路。在实际操作中,考虑伦理道德问题需要随机应变,不可能事先设定固定的法则和规范。因此,对研究者来说,最重要的不是牢记有关的原则和法规,丝丝入扣地遵守这些原则和法规,而是对有可能出现的伦理道德问题保持足够的敏感,当场敏锐地加以识别,意识到自己应该承担的责任,采取相应措施适当地加以处理。

第六部分

质的研究的发展前景

　　此部分由两章(第二十六章到第二十七章)组成,主要对质的研究的未来发展趋势、质的研究与量的研究之间结合的可能性进行了探讨和展望。这个部分的大部分内容都是我个人以及质的研究界有关学者根据现在的情况对未来所作的猜测,其"可信度"值得推敲,在此仅供读者参考。

　　在第二十六章"质的研究的发展趋势"里,我对质的研究在未来可能出现的五个发展趋势进行了探讨,它们分别是:1)行动研究的进一步兴盛;2)更加强调对多元现实和多元意义解释的尊重;3)研究者更加重视对自己的行为以及研究的社会文化大背景进行反思;4)在强调多元的同时坚持研究的规范性和严谨性;5)研究的性质和方法受到高科技发展的影响。由于中国读者目前对行动研究了解不多,本章对行动研究的定义、类型、特点、理论基础、具体操作步骤和方法以及研究结果的检验进行了比较详细的讨论。

　　第二十七章"质的研究与量的研究的结合"讨

论的是社会科学研究界目前的一个热点和难点问题。由于在方法论上存在差异,这两种方法结合的可能性一直是研究界一个争论不休的问题。本章对两大阵营之间论争的历史背景、相互之间存在的差异、差异是否确实存在、两者之间能否结合、为什么要结合、具体可以如何结合等问题进行了探讨。

第二十六章　质的研究的发展趋势

——我们将往哪里走？

质的研究经历了一个漫长而曲折的发展道路,展望未来,特别是进入21世纪以后,它会如何发展呢？本章打算对质的研究近期内的发展态势作一个初步的预测。然而,对未来作预测总是一件十分危险的事情,不但不可能准确,而且在某种意义上违背了质的研究本身的宗旨。因此,我们只能根据自己过去的经验和现在的思考,对未来作一个假设性的探讨。

综合有关文献和我自己对质的研究的理解,我认为,质的研究今后可能会出现五个方面的发展势头:1)越来越注重行动研究,强调让被研究者参与到研究之中,将研究的结果使用于对制度和行为的改变上;2)更加尊重文化多元,注意倾听弱小人群的声音;3)更加重视研究者个人的反思,意识到研究者自己的权力及其对研究的影响;4)在坚持多元的同时坚持研究的规范化,更加追求方法上的严谨和系统性,要求研究结果的内容高度密集,处于特定的时空情境之中;5)信息时代高科技的发展将对质的研究的手段和建构现实的方式产生重大的影响。下面,我对这五个方面分别进行一个简单的探讨。

第一节　提倡行动型研究

随着社会科学界对研究的价值涉入和政治权力的意识不断加强,质的研究越来越强调研究的行动功能,研究者越来越注意自己的研究对被研究者的实际意义以及实际工作者参与研究的可能性。质的研究在这个方面的关怀比较集中地表现在近年来对"行动研究"日益重视。

一、行动研究的定义和起源

"行动研究"这个词语有两个来源(郑金洲,1997:23)。一是在1933—1945年间,寇勒(J.Coller)等人在研究改善印第安人与非印第安人之间的关系时提出来的。他们认为,研究的结果应该为实践者服务,研究者应该鼓励实践者参与研究,在行动中解决自身的问题。二是 20 世纪 40 年代美国社会心理学家勒温与其学生在对不同人种之间的人际关系进行研究时提出来的。他们当时与犹太人和黑人合作进行研究,这些实践者以研究者的姿态参与到研究之中,积极地对自己的境遇进行反思,力图改变自己的现状。1946 年,勒温将这种结合了实践者智慧和能力的研究称为"行动研究"。

在对"行动研究"的众多的定义中,比较明了的当推行动研究的积极倡导者、英国学者艾略特(J.Elliot,1991:69)的定义:"行动研究是对社会情境的研究,是以改善社会情境中行动质量的角度来进行研究的一种研究取向。"这种研究被运用于社会科学的各个领域,特别是组织研究、社区研究、医务护理与教育。因此,在《国际教育百科全书》中,"行动研究"被定义为:"由社会情境(教育情境)的参与者为提高对所从事的社会或教育实践的理性认识,为加深对实践活动及其依赖的背景的理解所进行的反思研究"(Husen,1985:35)。在行动研究中,被研究者不再是研究的客体或对象,他们成了研究的主体。通过"研究"和"行动"这一双重活动,参与者将研究的发现直接运用于社会实践,进而提高自己改变社会现实的能力。研究的目的是唤醒被研究者,使他们觉得更有力量,而不是觉得更加无力,在受到社会体制和其他势力的压迫之外还受到研究者权威的进一步压制。在行动研究中,研究者扮演的只是一个触媒的角色,帮助参与者确认和定义研究的问题、对分析和解决问题提供一个思考角度(赖秀芬,郭淑珍,1996)。这种研究强调将研究结果直接用来对待和处理社会问题,而不只是对社会现实进行描述和论证。

行动研究起源于社会心理学、自然科学、组织科学和社会规划等学科,经历了从理性的社会管理到反实证方法,然后再到社会变革的历程。行动研究的先驱勒温在自己有生之年使用这个方法建立了一系列有关社会系统的理论。他认为,行动研究主要有如下几个特点:实践者的参与、研究过程的民主化、研究发现可以对社会知识及社会变化作出贡献。他将行动研究描述成一个螺旋状逐步行进的过程,其中包括计划、发现事实、监察、实施、评价等步骤。后来,这些步骤被其他学者明确地解释为计划—行动—观察—反思—计划的循环(施良方,1996:501)。20 世纪 50 年代,由于哥伦比亚大学师范学院前院长寇利(S.Corry)等人的倡导,行动研究进入了美国教育研究领域,教师、学生、辅导人员、行政人员、家长以及社区内支持教育的人都参与到了对学校教育的研究之中。然而,到 60 年代中期,因实证主义在社会科学领域十分兴盛,技术性的"研究—发展—传播"(RDD)模式逐步占据统治地位,行动研究曾经沉寂一时。70 年代,经艾略特等人的努力,行动研究在西方社会再度崛起,特别是在教育研究领域(Susman & Evered,1978)。进入 90 年代以来,由于人们越来越意识到实证研究已经不能解决社会问题,理论与实践的分离已经成为社会科学领域的一个重大危机,而行动研究可以提供一些可行的变革社会的途径,因此这种主张和方法日益受到人们的重视。

质的研究之所以越来越重视行动研究,是因为它能够比较有效地纠正传统的质的研究中存在的一些弊端。传统的质的研究方法通常凭研究者个人的兴趣选择研究课题,研究的内容比较脱离社会实际,既不能反映社会现实,又不能满足实际工作者的需求。结果,实际工作者与社会科学研究者之间有一个很大的心理距离。一方面,前者得不到后者的帮助,不能直接从目前已经多如牛毛的科研成果中获益;而另一方面,前者又因为种种原因(如工作太忙、没有科研经费、领导不重视、缺乏指导等)不可能对自己所处的环境和面临的问题进行系统的研究。而行动研究倡导实践者自己通过研究手段来对实践作出判断,在研究者的帮助下进行系统、严谨的探究工作,然后采取相应的行动来改善自己所处的环境。因此,质的研究认为这是一个解决现存问题的好办法,是未来社会科学研究发展的一个方向。

二、行动研究的类型

行动研究内部有比较丰富的内容层次和方法类型,我们可以从研究的侧重点、研究的发展历程、参与者的反映以及参与者的不同类型几个角度对行动研究进行分类。首先,按照研究的侧重点,行动研究可以归纳为如下三种类型(郑金洲,1997:24)。

1)行动者用科学的方法对自己的行动所进行的研究。这种类型强调使用测量、统计等科学的方法来验证有关的理论假设,实践者用科学的方法结合自己实践中的问题进行研究。研究可以是小规模的实验研究,也可以是较大规模的验证性调查。

2)行动者为解决自己实践中的问题而进行的研究。这种类型使用的不仅仅是统计数据等科学的研究手段,而且包括参与者个人的资料,如日记、谈话录音、照片等。研究的目的是解决实践中行动者面临的问题,而不是为了建立理论。

3)行动者对自己的实践进行批判性反思。这种类型强调以理论的批判和意识的启蒙来引起和改进行动,实践者在研究中通过自我反思追求自由、自主和解放。

上述三种类型分别强调的是行动研究的不同侧面:第一种类型强调的是行动研究的科学性;第二种类型强调的是行动研究对社会实践的改进功能;第三种类型强调的是行动研究的批判性。虽然这些类型强调的方面各有侧重,但在实际研究中,研究者有可能同时结合这三个方面的特征。

其次,从每一个行动研究本身内部的发展历程来看,行动研究还可以进一步分成如下四种类型(赖秀芬,郭淑珍,1996:245—246)。

1)试验型:以科学的方法探讨社会问题,由研究引发的行动改变被认为是理性的活动,可以被规划和被控制。这种类型与上面的第一种类型十分相似,都追求研究的科学性和理性。

2)组织型:对社会组织内存在的问题进行研究,其核心在于创造富有生产力的工作关系。研究者与参与者共同确定问题,寻找可能导致问题的原因以及可行的改变措施,研究是一个相互合作的过程。这个类型与上面的第二种类型也有相似之处,都强调研究对社会现实的改造功能。

3)职业型:研究植根于实际的社会机构之中,目的是促进和形成新的职业,如护理、社会工作、教育。研究的内容反映的是这些职业人员的抱负,通过研究提高这些职业的社会地位,与那些被社会认为重要的职业(如法律、医学等)相媲美。同时,通过行动研究发展这些职业人员以研究为基础的社会实践活动。在这种研究中,发展与创新被认为是职业实践的一个重要部分。除非实践者对自己的价值观念进行反思,并且寻求办法来改变自己早已熟悉的行为实践,否则任何改变都是不现实的(Stenhouse,1975)。

4)赋加权力型:这种研究与社区发展紧密相关,以反压迫的姿态为社会中的弱势群体摇旗呐喊。研究的目的是结合理论与实践来解决社区的具体问题,研究者协助参与者确认研究的问题,提高彼此相互合作的共识(Hart & Bond,1995)。这个类型与上面的第三种类型有一定的相似之处,都强调研究的批判功能。

这四个类型有如一个光谱的连续体,从左端的实验性研究到右端的赋加权力型研究,由理性的社会管理到结构的改变,然后往社会的冲突逐步演进。一个行动研究项目可能随着阶段的不同从某一个形态转移到另外一个形态,也可能如同一个螺旋体,在这些不同的形态中不断循环。

再次,从参与者对自己的行动所作的反思来看,行动研究的类型还可以分成如下三类(阿特莱奇特等人,1997)。

1)内隐式"行动中获知"。通常实践者对自己的实践知识及其来源缺乏意识,无法清楚地用语言说出来。他们的思考和行动无法分开,"我们知道的比我们能说的要多"。例如,布如姆(R.Bromme,1985:185—189)发现,在例行式实践行动中,一个专业的"行家"(如成功的教师)比"非行家"(如不成功的教师)在界定和解决问题时所运用的语词来得精练。因此,他认为,例行式行动不是"知识不足"的表现,而是代表了一种组织知识的方式,一种与工作任务紧密相关的知识的浓缩。"行家"在例行式行动中所表现的隐含性知识,是他们日益积累的实践性知识的一种精练的展现。"行动中获知"的研究便是对实践者日常的例行式行动进行的研究,通过观察和反思了解实践者的内隐性知识。

2)"行动中反思"。西雄(D.Schon,1983:68)的研究发现,当一个人在行动中进行反思时,他/她就成为了实践中的一位研究者。这种研究者不是依靠现存的理论或技巧来处理问题,而是针对一个独特的个案来建构一个新的理论。他/她将目标和手段视为一种相互建构的关系,根据彼此之间的需要进行相互的调整。这种研究者的思考不会脱离实践事物,他/她所有的决定都一定会转化为行动,在行动中推进自己对事物的探究。这种研究无须借助语言,它是以一种非口语的形式进行的,是一种针对特定情境而进行的反思式交谈(Schon,1987)。这种方法促使参与者将个人的思考转换为行动,比较不同的策略,将相同的因素提出来,排除那些不恰当的做法。这种研究还可以提高参与者将知识由一个情境转移到另外一个情境的能力,运用类比法来评估知识,并在此基础上发展知识。这种方法通常发生在比较复杂的环境中,特别是当参与者的例行式做法不足以应付当前的问题时(Argyris & Schon,1974:14)。

3)"对行动进行反思"。在这种研究中,参与者明白地用口语建构或形成知识,把自己抽离出行动,对自己的行动进行反思。这种做法可以增加参与者分析和重组知识的能力,有意识地对自己的行动进行反思。虽然这么做减缓了参与者行动的速度,干扰了他们例行式行为的流畅性,但催化了他们对自己行动的细微分析,有利于他们规划变革(Cranach,1983:71)。同时,将参与者的内隐知识明朗化(特别是口语化)可以增加他们的知识的可沟通性,是他们所属职业发展的必然要求。将实践性知识语言化,不仅可以帮助参与者应付更加复杂的社会问题,而且可以帮助他们与其他人进行沟通,从而使知识得以传承。

此外,由于参与研究的成员成分不同,行动研究还可以分成至少三种类型(阿特莱奇特等人,1997;郑金洲,1997)。

1)合作模式:在这种研究中,专家(或传统意义上的"研究者")与实际工作者一起合作,共同进行研究。研究的问题是由专家和实际工作者一起协商提出的,双方一起制定研究的总体计划和具体方案,共同商定对研究结果的评价标准和方法。

2)支持模式:在这种类型中,研究的动力来自实际工作者,他们自己提出并选择研究的问题,自己决定行动的方案。专家则作为咨询者帮助实际工作者形成理论假设,计划具体的行动,评价行动的过程和结果。

3)独立模式:在这种研究类型中,实际工作者独立进行研究,不需要专家的指导。他们摆脱了传统的研究规范的限制,对自己的研究进行批判性的思考,并且采取相应的行动对社会现实进行改造。

三、行动研究的特点

有关行动研究的特点,研究界有各种说法,综合起来可以归纳为如下几个方面(阿特莱奇特等人,1997:7—8;郑金洲,1997:25;Holter & Schwartz-Barcott,1993)。首先,行动研究特别强调实际工作者的参与,注重研究的过程与实际工作者的行动过程相结合。不论是独立进行研究还是与研究者合作,实践者自己都必须意识到这种研究的必要性,研究的动力必须来自他们自己。行动研究的实质是解放那些传统意义上被研究的"他人",让他们接受训练,自己对自己进行研究。通过对自己的社会和历史进行批判性反思,他们能够了解那些深藏在自己文化中的价值观念,并且找到解决问题的答案(Greene,1994;Hamilton,1994;Reason,1994)。

如果研究属于上面所说的"合作模式"或"支持模式",研究者与行动者之间的相互尊重和平等合作非常重要。这种研究是在研究双方相互接受的伦理架构中进行的,研究者与实践者应该在没有阶层或剥削的状况下共同参与研究。参与各方在研究中应该注意建立研究关系,因为参与者在这种关系中可以达到改变自身的效果。行动研究是建立在"实践中的有效改变"这一信念之上的,而实现这一信念惟有在所有参与者共同合作下才有可能。因此,参与各方应该建立一个民主合作的关系(Argyris,1972)。研究民主化可以使过去被当成研究对象的人进入一个与研究者拥有同等权力和责任的位置,克服传统研究的一个弊端,即研究者过于迅速形成的抽象概念不能为实践者所理解,结果导致抽象理论的夭折。从实质上看,行动研究表现的是一种解放的政治,这种政治认为,任何研究都应该帮助那些在某一社会或某一历史时期受到意识形态和经济压迫的个人和群体,从他们的角度、愿望和理想出发进行研究。虽然质的研究也强调研究者与被研究者平等,但是在现实生活中,研究者在权力、知识和社会晋升方面存在明显的优势。不论研究的结果受到被研究者多么大的影响,最终结果总是属于研究者的。所以,行动研究特别提出来,研究应该与一种政治主张结合起来,这个政治主张就是推翻一切压迫势力,包括研究者对行动者的压迫(Mascia-Lees et al.,1993:246)。

由于行动研究的目的是解放实践者,提高他们的行动能力和行动质量,改变他们所处的现实处境,因此研究的问题应该起源于实践者的日常生活和工作。从事研究的人必须是关心社会的人,参与研究的目的是改善自己的生存状态。因此研究不仅应该能够改善当地人的价值观念以及实践者的工作条件,而且研究的方式应该与这些价值和条件之间具有相容性。行动研究不使用一些明确的、事先设定的方法和技巧,而是通过实践者的反思开发出行动的新观念和新策略。行动研究有十分浓厚的教育色彩,视每一个个体为特定社会团体的成员,他们的参与本身就是一个自我教育的过程。通过有针对性的行动型研究,参与者可以改变现状,缩短理论与实践之间的距离(Ropoport,1970;Webb,1990)。

行动研究与女性主义者有十分密切的联系。很多女性主义者认为,女性学者天生就是和行动、应用型研究联系在一起的,而男性学者似乎比较重视基础研究和理论研究(Epstein,1970;Reiter,1975)。女性主义哲学家哈丁(S.Harding,1986)认为,社会科学研究不只是对自然和他人机械式的观察,而是具有政治上的介入和道德上的想像力的。女性主义的行动研究拒绝接受现状,旨在导向社会乃至个人的改变(Lather,1988)。这类研究者认为,目前社会需要的不只是对社会问题的知识,而是更多有知识的行动(Berry et al.,1984)。

四、行动研究的理论基础

行动研究的理论意义在于:研究不应该仅仅局限于追求逻辑上的真,而更应该关怀道德实践的善与生活取向的美,理性必须返回生活世界才能获得源头活水,研究是为了指导人们立身处世的生活实践。与亚里士多德对"理论知识"和"实践知识"的区分一脉相传,康德在其《纯粹理性批判》(1781)中认为,人的理性活动可以区分为"科学理性"和"实践理性",前者指的是人对物质世界的理解,而后者是人的行为决策过程。前者不能决定后者,因为人类对世界运作方式的了解不等于知道如何行动。人们如何行动不仅与现存的事实有关,而且与应该怎样行动有关(Hamilton,1994)。行动研究探究的就是行动者的"实践理性"和"实践智能",目的是探究他们的决策方式和过程。"实践智能"的特点是:实践者能够轻松自如地获得和使用"心照不宣的知识",而这种知识是过程式的,与行动密切相连的。学习这种知识的基本形式是通过习惯和习俗"懂得如何做",而不一定要"懂得那是什么"(杨宜音,1998:15)。

行动理论的积极倡导者西雄(1983)提出了"技术理性"和"反思理性"之间的区别。"技术理性"作为概念化政治和行政干预的方式有三个基本的假设:1)实际的问题可以有通用的解决办法;2)这些解决的办法是可以在实际情境之外的地方(如行政或研究中心)发展出来的;3)这些解决办法是可以由出版物、训练或行政命令等途径转换成实践者的行动的。"技术理性"是在一种"研究—发展—传播"的模式中进行运作的:"研究"产生"理论",理论被用来解决实际问题,应用的结果是生产出一套为特定消费群体服务的产品(如一套课程及教材),这套产品被传播给实践者(如教师),各种相应的策略被用来训练、刺激或压迫实践者,以使他们接受这一新产品,并且照章使用。这种工具理性的做法带来一种信誉上的等级,发展理论和制定决策的人地位最高,专家比教师的可信度要高,而教师又比学生更加可信。这种阶层制度对实际工作者极不信任,使他们处于理论知识的最低层,他们的任务就是运用那些在权力上高于他们的学术和行政管理人员所预先界定的知识(阿特莱奇特等人,1997:260)。

而"反思理性"有三个与"技术理性"不同的假设:1)复杂的实际问题需要特定的解决办法;2)这些解决办法只能在特定的情境中发展出来,因为问题是在该情境中发生和形成的,实际工作者是其中关键的、起决定性作用的因素;3)这些解决办法不能任意地使用到其他的情境之中,但是可以被其他实际工作者视为工作假设,并在他们自己的工作环境中进行检验。"反思理性"是行动研究的基本理论基础,它表达的是实践者的"实践理论"。在这个过程中,实践者的知识整合在行动之中,他们对自己行动的反思揭示和发展了那些潜在于他们身上的实践理论,这些理论的发展导致他们产生行动的意念,然后产生相应的行动(见图表26-1-1)。

图表26-1-1　行动与反思的循环
(资料来源:阿特莱奇特等人,1997:267)

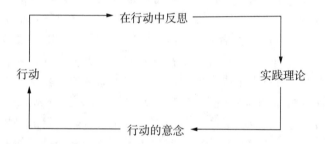

我个人认为,哈贝马斯(J.Habermas,1971)提出的知识旨趣的三分法也可以作为论证行动研究的一个理论基础。针对亚里士多德曾经提出的社会理论中最根本的问题:"知识在道德抉择和社会实践中担当着怎样的角色?"哈贝马斯认为,一切人类知识最终都靠旨趣指引,都是一种意识形态。而知识的旨趣可以分成三种类型:技术认知旨趣、实践认知旨趣和解放认知旨趣。"技术认知旨趣"是一种工具性的、"对客观化的过程实行技术控制的认知旨趣",关注的是自然科学知识,其意义存在于经验事实的范围之内,体现的是实证主义的思路。"实践认知旨趣"关注的是历史—阐释型知识,在主体间的交往活动中发挥作用,通过解释人们日常语言中所交流的信息和符号,将人类的文化传统在人们的社会行为中传承下来。"解放认知旨趣"关注的是以批判为导向的知识,使认知旨趣本身具有反思能力,揭示出一切认知旨趣的意识形态。"技术认知旨趣"完全否定社会批判,"实践认知旨趣"将这种批判附属于传统继承的前理解,只有"解放认知旨趣"具有批判的反思能力,而这是社会科学发展最重要的知识。行动研究就是一种获得"解放知识"的方式,这种研究的目的是为了转化研究对象的自我诠释,认识到人类社会文化生活中的权力宰割,向权势挑战。

至此,行动型研究也从另外一个角度回答了一个经常困扰着质的研究者的问题:"理解何以可能?我如何可能理解'他人'?'他人'是谁?我与'他人'是什么关系?"行动研究者的回答是:让被研究者参与到研究的过程之中,研究者通过自身的体验以及与被研究者共同行动来了解自己及其与对方的关系,通过合作性的研究和评估达到对世界的理解(Reason,1994;Miller & Crabtree,1994)。研究者本人在研究中不可能保持价值"中立",如果自以为可以保持价值中立,这本身就表现了一种强烈的"价值取向"。

五、行动研究的具体步骤和方法

虽然行动研究一再强调,研究应该视每一个具体课题的情境而定,没有统一明确的模式和步骤,但是归纳起来,我们仍旧可以找到一个大致的线索。比如,克密斯(S.Kemmis)采纳了行动研究的创始人勒温的思想,认为行动研究是一个螺旋式上升的发展过程,每一个螺旋发展圈包括四个相互联系、相互依赖的环节。

1)计划:以大量的事实发现和调查研究为前提,从解决问题的需要和设想出发,设想各种有关的知识、理论、方法、技术、条件及其综合,以便使行动研究者加深对问题的认识,掌握解决问题的策略。计划包括研究的总体计划和每一个具体的行动步骤。

2)行动:按照目的实施计划,行动应该是灵活的、能动的,包含有行动者的认识和决策。行动研究者在研究的过程中应该逐步加深对特定情境的认识,可以邀请其他研究者和参与者参与监督和评议。

3)考察:对行动的过程、结果、背景和行动者特点进行考察。考察没有特定的程序和技术,鼓励使用各种有效的手段和方法。

4)反思:对观察到和感受到的与制订和实施计划有关的各种现象进行归纳,描述出本循环的过程和结果,对过程和结果作出判断,对现象和原因作出分析解释,指出计划与结果之间的不一致性,形成基本设想、总体计划和下一步行动的计划。

与克密斯一样,阿特莱奇特等人(1997:9,67,152,205)也认为行动研究可以由四个环节组成。虽然他们的这四个环节与上述四个环节有重叠之处,但是在某些方面又有所不同。因此,我在此对他们的步骤也简单地介绍一下。

1)寻找起点。这个起点可以从社会团体共同关心的问题出发,也可以从社会成员个人的生活事件中发展出来,应该是参与者个人有意投注心力去探究的一个问题。寻找起点可以从"第一印象"开始,参与者可以询问自己:"对这个问题我的第一印象是什么?这个第一印象是否忽略了其他已有的信息?这个第一印象是否隐含了一些模糊、暧昧的概念?它是否只处理到事情的表面?我是否对其他的可能性解释进行了足够的检验?我是否在对其他可能性解释进行检验之前就已经接受了这个第一印象?"参与者在研究的过程中可以激发一些额外的知识和自己隐含的知识,借助于内省、对话等方式有意识地审视自己的行动,拒斥自己所熟悉的意义,将熟悉视为陌生,然后在既存情境中引发行动上的改变。之后,参与者可以发展出更加精致的实践理论,拟定该理论的要素,并且在各个要素之间建立起联系。

2)理清情境。通过对话、访谈、观察、记录、收集实物、录音录像、书面调查以及其他方法收集有关资料,然后对资料进行分析,以理清研究的情境。下面这个例子可以用来说明行动研究者在理清情境时的一种分析过程(见图表26-1-2)。

图表26-1-2 行动研究的分析历程
(资料来源:阿特莱奇特等人,1997:152—153)

事 例 描 述	分 析
一位老师在观察一位低成就学生的行为表现,她的名字叫苏西。在这之前他没有特别注意她。	1)观察事件的发生。 2)观察的焦点有所选择,主要放在低成就的学生身上。
现在他开始注意到她在听他讲课。过了一会儿,她问了一个敏锐的问题,使他对她的印象立刻加深了。	3)事件被系统组织起来以后呈现为一个和谐的心理图像,即形成了一个情境理论。老师把一些从不同角度获得的信息相互联系起来(如苏西在听,她问了一个敏锐的问题)。
老师很快地产生了一个解释和感受:"苏西参与进来上课了","也许她今天心情比较好","也许我低估她的能力了"。	4)解释所知觉的情境:老师对苏西的行为做了一些结论。
但是这位老师仍旧不是十分确定,"她是真的参与上课了,还是假装而已,她又没有记什么笔记"。他为了更加确定自己的这个想法,问了苏西一个问题,如果她真的在听课,就应该能够回答这个问题。结果,苏西对他问的这个问题回答得很不错。老师望着她满意地笑了。	5)对情境的理解进行检核。老师不仅在知觉事件的基础上建构理论,而且还用批判的问句来询问这个理论。分析的批判部分与建设性部分是紧密相连的。在这个例子里对理论的检验是通过内在问句"她是假装的吗",通过自己的观察(而这个观察一开始似乎与当时的解释是相互矛盾的)"她又没有记什么笔记",通过一个明确的行动(问一个问题)而完成的。

参与者在理清情境时可以就资料写内容摘要,对资料进行归类和编码,撰写理论笔记等。在收集资料时,研究者应该给弱者的观点以更多的关注,减低弱者所受到的压力,同时引发各方参与讨论。对资料进行分析时,参与各方对研究的初步发现进行讨论,对研究的交流效度进行检验,即通过对话检核解释的效度,以建立一个各方都同意的观点。

3)发展行动策略并付诸实施。"行动策略"指的是这样一些方案,它们与实践有关,将作为行动研究的结果,可以用来解决实际问题。设定行动策略的目的是在不同层面上引发实践者在行动上作出改变。行动策略不一定能够解决所有的问题,不一定完全按照行动者事先设定的目标完成任务,有可能产生一些副作用。因此,行动者在实施一个行动策略以后应该问的问题是"我们喜欢自己所得到的收获吗",而不只是"我们达到了预定的目标吗"(Argyris et al.,1985;Schon,1983)。行动策略的来源有如下几个渠道:行动研究者自己对实践的理解、行动研究者收集的资料、行动研究者自己的价值观念和终极关怀(如应该改变什么? 什么令我不满意?)、行动研究者与同行和同事讨论的结果。行动研究者可以首先选择一个行动策略,运用到自己的实际工作中,然后交叉核对其可行性。如果新的行动策略无法如期解决问题,实践者需要检核自己的行动,从经验中学习,以便进一步改进行动策略。于是,研究过程又回到了上面的2),进入一个新的理清情境阶段,然后再回到3),重新发展新的行动策略。

4)公开实践者的知识。行动策略发展并实施以后,实践者可以公开自己的知识。具体公开的方式有:口头报告或书面报告、图表、影视媒体手段、电脑网络、展览、开始行动。通过这些方式,实践者的收获与洞察得以开放地在批判性讨论中得到检验。公开知识对实践者非常重要,因为这样做不仅可以强化他们的自信心,提高他们的自尊,而且可以增加他们的反思能力,提高他们所属职业的责任要求和社会地位。这么做有利于他们的职业发展,特别是在对新手进行培训时。此外,公开实践者的知识可以使他们的知识免于被遗忘或被忽略,让他们的知识参与到社会公共决策的过程之中。

上面的四个环节组成了一个理性的社会管理过程,其中包括一系列规划、行动、发现结果和检核结果的步骤。其运作过程也是一个不断螺旋上升的循环,所有的步骤完成以后,马上又进入新的一轮循环。

有关行动研究的具体操作方法,很多方法都与其他类型的质的研究相似。其中一个十分重要的方法是撰写研究日志,即参与者每天将自己的研究实践记录下来,并且进行反思。这是一个伴随着研究全过程的重要方法,不仅仅是一个收集和分析资料的工具。撰写研究日志的意义在于:1)这种方法为实践者所熟识,比较简单可行;2)可以记录很多方面的资料,包括那些可以通过参与观察、访谈和对话等方式收集到的资料;3)可以随时记下自己的灵感和偶发事件,反省每天的研究结果,对原始资料作解释性评论;4)可以对研究者自己的身份和使用的方法进行反思,增加对自我的了解;5)研究日志中记录的思想可以发展为理论架构,凭借这个架构可以进一步收集资料和分析资料。

行动研究的研究报告有自己的特色,允许采取很多不同的写作形式。其最大的特点是把"他人"纳入研究报告的写作中,让所有的参与者都参与写作,让具有批判能力的朋友、协同研究者和同行参加到对研究报告的评议中。比如,参与者可以共同撰写叙事故事,一起创造试验性的杂乱文本,让不同的、多元的声音一起说话(Richardson,1994;Marcus,1994);也可以编制一系列自传、个人的叙述、生活经验、诗歌、甚至文学文本,让当事人直接向公众说话(Clandinin & Connelly,1994;Richardson,1994)。行动研究的文本已经超出了科学与文学的界限,正在向科学研究的极限挑战。

六、行动研究的结果检验

上面的讨论表明,行动研究在理论和方法上都对传统的研究提出了挑战,而它的创新也给研究的评估带来了一定的难度。比如,传统意义上的"信度"和"效度"等问题已经不可能在这个框架里进行讨论,传统的评价社会研究的方式在这里也已经不再奏效。行动研究不仅抹平了本体论和认识论之间的区别,而且引入了价值观念和权力的向度。此外,行动研究中的研究与行动之间是相互渗透的,两者无法分开来看待。建构知识的过程就是一个行动的过程,而行动的过程也就是一个检验知识的过程,行动的结果就代表了知识的检验。知识的建构(反思)与检验(行动)之间的阶段是不可分割的,反思就是在行动中发生的。行动研究的严谨性表现在实践者是否可以敏锐地感觉到自己的实践理论中存在的错误,在情境中进行一种"回顾式交谈"。通过这种交谈,实践者反思的结果可以转化为实践,而实践又反过来激发反思理性和实践知识向前发展。通过行动与反思之间持续的互动,实践理论中的弱点会逐步地被检验出来,而有用的行动策略会被识别并得到发展。于是,实践者的行动品质以及他们的研究过程便得到了检验。

基于上述评价行动研究的特点,我认为行动研究的质量衡量标准可以从如下几个方面进行考虑:1)研究是否有利于发展和改善目前的社会现实,是否解决了实际的问题或者提供了解决问题的思路;2)研究是否达到了解放实践者的目的,使他们不再受到传统科学研究权威的压迫,提高了他们自己从事研究的自信和自尊;3)研究设计和资料收集的方法与实践的要求是否相容(如时间、经济条件、职业文化等);4)研究是否发展了实践者(如教师、社会工作者、护理人员)的专业知识,加深了他们对实践的了解,改进了他们的工作质量和社会地位,使他们的职业受到社会更大的重视;

5)研究是否符合伦理道德方面的要求,研究的方法是否与具体情境下的行动目标以及民主的价值观念相容,伦理原则是否制定成具体的伦理守则,使其更加具体化、情境化,让所有的参与者事先进行讨论,并随时对其进行修改(阿特莱奇特等人,1997)。

上面我们从行动研究的定义、起源、类型、特点、理论基础、操作方法和检验标准等各个方面对行动研究进行了一个比较详细的讨论。由于国内对这方面的介绍比较少,所以我在此不仅仅指出行动研究可能是今后质的研究的发展方向,而且占用了较大的篇幅介绍有关的理论和实践方面的问题。下面的四个趋势代表的更多的是一种态度或状况,而不是一种具体的研究方式,因此讨论会相对简略一些。

第二节 尊重多元

兴盛于 20 世纪下半叶的后现代主义思潮给质的研究带来的一个重要影响就是重视文化多元。由于不同的人有不同的历史、社会、文化背景,人们对现实的解释可以是很不一样的。在后现代的今天,社会科学研究者的解释不再具有固定的、单一的、最终的权威,研究者也不再有权利说自己的报告是(最)权威的,科学的"元话语"已经失去了统治地位。西方思想界长期以来所习惯的"镜喻"(意识是对现实的反映)和"树喻"(知识是建立在一个牢固的基础之上的、具有等级结构的系统)已经被"茎块式思维"所替代,即:哲学思维之树及其第一原则被连根拔起,树根和基础被根除了,昔日的二元对立被打破了,根与枝在不断地蔓延;知识成了一个非中心的、多元的、发散性的系统,既没有起点,也没有终点(杨寿堪,1996:103—104)。在这种思潮的冲击下,质的研究者也认为,不论我们对现实的构建多么精致,没有任何一幅图画是完整的、准确的。我们必须从不同的角度观看自己的研究对象,倾听来自不同文化的声音,才可能相对深入地理解社会现象。

在未来的世界里,文化全球化的趋势将给文化多元化带来更多新的挑战。一方面,更多的超民族、超国家的价值观和行为规范可能出现,生活在地球上的人们将具有更加广阔的国际意识。而另一方面,重视本土文化的意识也会日益加强,为了在"地球村"里拥有一席之地,各个民族将更加注意保持和发展自己的文化特色。这种倾向在质的研究中的表现是:一方面,研究者在对一个特定的文化群体进行研究时,力图把自己以及被研究的文化群体置身于世界权力格局中进行考虑,兼顾对大的社会体系的描写;另一方面,研究者会更加注意尊重来自不同文化的人们看待世界的方式,倾听他们的声音,特别是那些在世界权力格局中占据弱小地位的文化和人群的视角和观点。

在看待世界的差异性方面,质的研究者不再用探险时代的眼光去发现异域文化的奇风异俗;也不再像在殖民主义和发达资本主义时代那样试图去"拯救"那些独特的文化(当然,在这种所谓的"拯救"之中他们也在用自己的生活方式和意识形态改变着这些被"拯救"的对象)(蓝永蔚,1999:40)。他们不再试图通过对他人文化的研究反观西方自己的文化,促使西方人检讨自己一些想当然的观点。在后现代的今天,质的研究者已经意识到,文化多样性必须因其自身的价值而受到尊重和肯定,并且具有实践的意义(马尔库斯,费彻尔,1998:228)。

在这个文化多元的时代里,质的研究一方面将继续进行一些跨文化比较的研究,但与此同时将把更多的注意力放到处于一定文化和历史情况下的个人,特别是这些个人与他们所处的独特的社会情境之间的互动。研究将更加着重每个人的具体生活经历以及他们个人的关怀,特别是研究中的情感成分(Denzin,1994:509)。研究者不再把社会理论作为一种孤立、自足的东西,而是不同人在不同时空中所作的意义解释。文化不再是一个独立于个人的系统,而是与个人的自我中最深沉的部分紧密相连的、个人在世界上生存的方式(Harper,1994:407)。将来的质的研究不是更加远离生活、走向抽象,而是回到人的生活经历;研究的目的不是为了发展统一的、确定的知识,而是建构不同个人的生活经历。存在着的、政治的、情感的、置身于特定历史文化情境之中的个人将用更加清楚和有力的声音说出自己的心声,从自己的生活故事出发向周围的经验世界扩展,创造出一个新的生活世界。由于每个人对世界的解释和处理方式都可能是不一样的,研究者必须与每一位被研究者进行对话,将研究扎根在具体的情境之中,通过互为主体的方式来获得知识。在这里,研究的效度具有了不同的意义,它不再是一个可以抽空出来进行测量的实体,而是具有被反思、被使用的和情境化的特点(Lather,1993)。

由于现实已经变得五彩斑斓,研究报告的写作也开始呈现"杂乱"的趋势。矛盾并列法被作为一种常用的手段,将相互无法通约的表达放在一起,形成一种强烈的反差。对比的成分似乎是一些不可通约的"分离的世界",但是这便是我们生活在其中的世界,它更符合现实的"真实"。这种手法是对传统比较法的一种更新,是对传统时空观的一种挑战,表现的是一种挣扎,一种对传统表达方式的反抗,是在可能的范围内创造新的现实的尝试。过去通常将相互协调的部分在一定的时空中进行压缩,然后以一定的结构呈现出来;而现在,矛盾并列的手法已经打破了这种定势。目前的写作风格已经失去了传统写作中所希望表现的完整性和协调性,特别是功能主义者所希望的整体性。在杂乱的文本里,完整性不是来自于内容,而是来自研究的过程。研究者对自己在一定地理范围内所从事的活动进行报道,而不是从一个超脱的、分离的点来呈现事件的整体(Marcus,1994)。这种杂乱的文本强调开放性、不完整性、不确定性,因此它没有终结,没有结论。采用这种文体是因为研究者意识到,意义永远是多元的、开放的,每一个叙述都有政治权力的涉入。与不同读者对话需要一个开放的结构,知识的建构需要读者的参与,需要他们从不同角度对知识进行批判性的解读。

第三节　重视反思

　　20世纪后半叶后殖民主义思潮和后现代精神的巨大冲击给质的研究者带来了更加敏锐的反思意识。与以前相比,研究者和研究报告都更加具有反思性,研究者对自己的行为具有更加强烈的责任心和道德感。华特森(G.Watson,1987)认为,"反思性"通常包括两种类型,一种是实质性的反思,另外一种是派生的或者说是"意识形态的"反思。前者是所有思维和话语中必不可少的一部分,我们不可能选择不具有实质性反思的行为,它存在于所有的语言之中。而后者则是一种有意识的主观活动,是为了达到某种目的而选择的处理问题的策略。质的研究者的反思就属于后一种即"派生的反思",这是一种有意识的努力,是通过不断地训练而逐步完善起来的。

　　传统的研究方法(如量的研究方法)为了获得研究的"客观性"和"中立性",十分强调排除研究者的个人因素。相比之下,质的研究(特别是女性主义的研究)特别强调研究过程中研究者的自我反省。研究者不被认为是一个客观的、权威的、中立的观察者,站在外面或上面进行观察,而是一个处于一定历史时期、一定地区、富有人性的、对人类生活进行观察的人。他/她必然对研究的现象以及被研究者有自己的关怀,研究本身是一个充满人性情感的活动。

　　研究者的个人反思还涉及到研究者对自己与"他人"关系的考量。随着社会科学家群体对自己的作用不断进行反省,质的研究者认识到,自己永远不可能成为"他人","他人"不可能被消费、被征服、甚至被体验。因此,研究者不能因为曾经与被研究者一起生活或工作过,就声称自己可以进入他们的"皮肤"或"大脑",真正地理解他们。研究者一定要反思自己的反身性,探究自己是如何与被研究者互动的,自己是如何获得手头的资料的,自己又是如何对这些资料进行解释的。

　　如果研究者保持了这种反思性,研究本身不仅会改变被研究者,而且会极大地改变研究者本人。他/她会变得更加开放和宽容,有耐心,能够容忍更多的模糊和不确定性。他/她在自己个人的生活以及其他工作中也会变得更加具有反省能力。

上面的讨论可以看出,质的研究者始终处于一种两难的境地:一方面希望自己的研究是"真实可靠的",有一定的"确定性"和"确切性";另一方面又声称没有任何一个文本是完整的,任何研究都受到历史、政治和文化区域的限定。研究者就像自己所创造的文本,永远不可能超越自身。为了处理这种两难的处境,近年来在质的研究领域出现了将科学与神学相结合的趋势。社会科学家们重新在寻找一种意义的核心,使自己的工作与一种完整性、整体性、崇高感结合起来。比如,雷森(P.Reason,1993)提出了"神圣的科学"的说法。他认为,对科学的使用不仅仅是知道和理解,而且应该是精神上的成长,灵魂不应该与世俗的关怀分家。赵汀阳(1998a,1998b)也认为,科学只能给生活带来能力,却不能带来意义;而宗教虽然给出了意义,却又是生活外的意义。因此,他提倡在现实生活中寻找一种新的"智慧",从"认识眼光"转向"创作眼光",从"解释性的反思"到"创造性的反应"。他认为,目前人文社会科学(特别是哲学)基本上是在用一种"知识论"的方式对世界进行认识和论证,而人们生活于其中的真实的世界需要行动的"智慧"和创造的灵感。因此,我感觉,对研究的反思(就像很多质的研究者已经敏锐地预感到的)很快会面临更加大的思维困境。

第四节　坚持研究规范

虽然质的研究不认为存在一套普适的、固定的研究规范,但是这并不意味着"什么都行"。质的研究者反对极端的相对主义态度,特别是在对待研究规范这个问题上。即使有研究者认为,在本体论和认识论上难以建立统一的规范,但是在方法论上仍旧可以坚持一定的原则。比如,研究者应该尊重当事人的观点,了解他们的心声,从他们的角度描述他们眼里的世界——这本身就是一种对研究规范的要求。虽然在这种原则的指导下,研究者似乎可以"八仙过海,各显神通",但这个原则本身就是一条原则制约。即使是在坚持文化多元、对世界进行多面相的呈现时,研究者所使用的方法仍旧应该是有章可循的。

外界对质的研究规范进行质疑的主要矛头通常指向建构主义范式和批判理论,但是即使是在这些范式内部,对规范的讨论也是非常认真的。比如,建构主义的大师级人物封·格拉舍斯非尔德(von Glasersfeld,1993:37)认为,建构主义可以抵御那些假宗教式的信仰,即只要是寻求"真理",什么工具都可以使用,信徒们可以因此而对所有可能产生的后果不负责任。建构主义者始终意识到,虽然他们看待事物的方式只是世界上存在的多种可能性方式中的一种,但是他们应该对自己的方式以及由此而带来的后果承担责任。

目前质的研究者在坚持研究规范方面存在一些趋向,对一些问题有不同的意见和做法。林肯和丹曾(1994)等人认为,质的研究界应该认真对待和处理如下三个方面的问题。

1)矫枉过正的倾向。目前在质的研究中存在一种矫枉过正的倾向,即:如果研究者坚持一种范式,就一定意味着抛弃其他与其相对的范式,特别是那些被认为"过时的"、"传统的"做法。这种极端排他的做法对质的研究所提倡的开放性、综合性和传统的连续性十分有害。过去的、传统的以及其他范式指导下的研究对所有现代的研究者都具有十分重要的意义,我们应该重新认真地学习这些传统,为现在的研究提供参照。此外,学习其他类型的研究传统还可以帮助我们理解过去的大师们是如何在当时的理论和实践架构下从事研究的,了解自己现在对其进行的批判是否合理。

2)范式大战过于激烈。目前在质的研究中不同范式之间的相互批评太多,而且过于抽象,往往使实际从事研究的人们感到无所适从。对那些到实地去作研究的人来说,这种争论往往害大于利,不但不能为他们提供具体的指导,反而使他们感到害怕。研究的目的其实可以用非常简单的语言表述出来,可以使用更加简单的、贴近研究者实践的论争语言。

3)对后实证主义的过度批评。在质的研究中,目前有一股对诸如扎根理论这样的后实证主义的方法进行批判的思潮。虽然后现代主义者对后实证主义的思想和实践进行了比较激烈的批评,但是很多研究者认为从资料产生理论、在自然情境下通过观察和互动自下而上建立解释性理论的精神应该保持不变。无论如何,研究者必须尊重被研究者的经验,研究报告中的引言必须出自当事人自己的嘴,而不是研究者自己的凭空捏造。总的来说,质的研究仍旧非常强调从实地出发,从相互作用的个人出发,在历史和文化的大背景下进行关联性的研究。

应该强调的是,虽然质的研究今后可能更加坚持研究的规范,但是这并不意味着故步自封。很多研究者(包括我自己)都认为,在坚持基本原则的同时,我们应该更加清楚地表明自己的立场,更加有力地提出自己的见解。我们不应该过多地受到既定传统的约束,应该不断地在方法上创新。与此同时,坚持方法上的规范并不等于没有思想创新的余地。研究毕竟只是按照一定的方法、手段和步骤就可以完成的,还需要提出问题、捕捉灵感和运用直觉和想像。

第五节　高科技的影响

随着世界从工业时代走向信息时代,社会科学研究的手段也在日益更新。电子声像技术正在改变我们的研究方式,手提计算机已经被带到了研究的实地,电子联网使我们可以与世界上任何一个地方的人们进行既快捷又便宜的联络。高科技方面取得的成果为研究带来了很多新的、更加迅捷的处理原始资料的方法,从前的"剪刀+糨糊"的方法进一步被计算机软件所替代。电子邮件已经代替了印刷品,研究成果的传播正在不断地加速。很多新的、在传统社会无法想像的研究课题(如计算空间的自我和身份等)开始出现了。研究报告开始使用声像形式,用立体的方式呈现研究的结果,克服了语言的平面性和概念化。

科技方面的变化正在迅速地改变质的研究者群体,写作的人代替了面对面交谈的人。这些没有面孔的人置身于一个复制的现实之中,所有传统的概念和观念都得到了不同程度的挑战。比如:什么是"公众的领域"? 什么是"私人的领域"? 什么是"神圣的"? 什么是"世俗的"? 什么是"理性的"? 什么是"非理性的"? 谁是"读者"? 谁是"作者"? ——这些问题虽然在质的研究中似乎是一些老问题,可是在现在的信息时代却都变成了新的、需要重新探讨的问题。在科技高度发达的信息时代,"私人的"事情已经越来越"公众化"了;"神圣的"东西已经越来越"世俗化"了;"理性"与"非理性"之间的区别已经很难辨别;而传统意义上的"读者"与"作者"已经转换了位置,"读者"已经变成了"作者",成为了社会现实的"拼凑者"。在高新科技的帮助下,他们可以随时随地参与到写作之中,按照自己的意愿将不同的信息碎块拼合起来,组成对他们自己来说有意义的社会现实。

总而言之,后现代的多元文化观和世界性视野带来了学科边界的模糊,大大扩展了社会科学"研究"的定义、边界和作用。随着质的研究进入 21世纪,各种不同的解释风格将进入研究的行列。研究者会更加关注处于社会中的个人的生活经历,同时注意个人的种族、性别、社会地位及其文化在世界权力格局中的位置。衡量研究质量的标准也发生了变化,研究者群体是一个多元的解释群体,不同的流派之间可以相互交流,通过"对话"的方式来检验自己的"知识宣称"。任何一项研究都是坐落在具体的情境之中的,所谓"描述"的时代已经结束了,研究者所做的一切都是在"铭刻",作者在创造着自己所研究的世界(Denzin,1994:509)。关心的伦理、个人责任的伦理、研究的情感成分,以及行动和实践的取向将更加受到质的研究领域的重视。

第二十七章　质的研究与量的研究的结合

——我们有什么新的机遇？

　　质的研究是在与量的研究相抗衡的环境中发展起来的,因此这两种研究方法之间的异同以及相互结合的可能性一直是社会科学研究界讨论的热门话题。"质的研究与量的研究各有什么利弊？两者是否可以结合使用？为什么要结合？如何结合？结合起来会有什么问题？如何处理这些问题？"——这些问题近年来越来越受到社会科学研究界的注意。在第一章第三节中,我已经对质的研究和量的研究之间的异同进行了对比,现在主要讨论两者之间的结合问题。

第一节　结合的背景

　　有关量的研究与质的研究相互之间结合的问题,社会科学研究界早在四十年前就曾经有过一些呼吁。在量的研究占主导地位的 20 世纪 50 年代,特罗(M.Trow,1957)就提出,没有任何一种研究方法应该成为对社会现象进行推论的主宰,占主导地位的量的方法在发挥自己作用的同时也应该吸收别的研究方法的长处。近年来,随着质的研究方法的不断壮大,有关这两种研究方法相互结合的呼声也越来越高(Campbell,1978;Pelto & Pelto, 1978; Reichardt & Cook,1970;Meyers,1981)。1973 年,西伯 (J. Sieber, 1973)明确提出,社会科学研究者应该适当地同时使用实地工作和抽样调查的方法。1979 年,库克(T.Cook)和雷查德特(C.Reichardt)(1979)在进行教育评估时同时使用了量和质的方法,其文章得到了学术界的重视,被正式发表。最能说明学术界对不同方法之间的结合给予重视的一件事情是,1982 年《美国行为科学家》杂志用了整整一期的篇幅全部刊登使用多元方法所作的研究的报告(Smith & Louis,1982)。进入 90 年代以来,在世界范围内重视多元、强调对话的思潮推动下,社会科学研究界对多种方法之间的结合问题日益关注。而作为社会科学研究中两种最主要的研究方法,量的研究与质的研究之间的结合问题已经成为一个跨学科、跨范式的热门话题。

一、有关"区别"的论争

尽管学术界对质的方法与量的方法之间的结合有所呼吁,但是对"量的研究和质的研究之间究竟有什么不同?是否真正存在不同?它们是否可能结合?"等问题的争论仍然方兴未艾。量的研究和质的研究两大阵营之间的"论战"由来已久,至今已有一百多年的历史。19世纪中叶,随着以孔德为代表的实证主义的兴起,学术界开始对量的方法产生兴趣,认为量化具有自然科学的"客观性"和"科学性",应该引入社会科学研究领域。当时争论的焦点主要集中在历史学和社会科学研究是否具有"科学性"这类问题上面(Hammersley,1992:159—160)。20世纪二三十年代,美国社会学界在个案研究与统计分析这两种方法之间展开了一场辩论,目前很多有关量的研究与质的研究的观点都可以在当时的论战中找到源头(Hammersley,1989)。到四五十年代,以抽样调查和实验为主要形式的量的研究方法在社会学、心理学以及其他社会科学领域里占据了主导地位。直到60年代,质的研究方法才在这些领域重新兴起,其合法性逐渐得到较为广泛的认可。目前,虽然双方开始讨论结合的可能性,但对立情绪仍旧非常激烈,使用了很多带有火药味的、与战争有关的语言。比如,冈曾和林肯(1994)使用了"范式大战"来指称这场论战;莱斯特(R.Rist,1977)使用了"(国际关系)缓和"的字眼来描述目前暂时的"停战"状态;依阿尼(F.Ianni)和欧(M.Orr)使用了"恢复友好关系"来表示交战双方目前的基本态度(1979);特莱恩德(M.Trend,1978)使用了"言归于好"来表现目前两大阵营之间的相对友好姿态。

之所以存在如此激烈的论战,是因为社会科学研究界普遍认为,量的研究与质的研究是两种十分不同的研究方法。它们分别被认为属于"硬科学"和"软科学",遵循的是不同的"科学主义"和"人文主义"路线,从事的是"控制型"研究和"自然主义的"研究。量的研究者往往对数字的精确性情有独钟,不信任质的研究的"本质直观"。而质的研究者则偏好丰富翔实的情境细节,不相信纯粹的"数据填充"(Kidder & Fine,1987)。建立在实证主义范式之上的量的研究认为,质的研究只能对研究的问题进行初步的探索和描述,不能进行逻辑的论证和科学的检验(Eisner & Peshkin,1990;Guba,1990;Rose,1982)。而建立在建构主义范式之上的质的研究则认为,自己的研究传统无论是在经验的层面、哲学的层面还是伦理的层面都比量的研究更加优越(Guba & Lincoln,1989;Mishler,1986)。

两大阵营之间的论战似乎隐含着这样一个假设,即在社会科学研究领域存在着一条惟一正确的道路、一个惟一的质量等级以及一套惟一的衡量这个等级的标准(Maxwell,1995)。对量的研究者来说,惟一规范的、"科学的"研究路径应该是:对研究现象进行描述—探讨现象内部有关变量之间的相关关系—使用实验手段对假设进行检验和论证。按照这种思路,似乎只有实验型研究才能合法地回答因果问题。而对质的研究者来说,只有在自然情境下长期进行体验型的活动,对社会现象进行整体的、动态的、情境化的探究,才可能获得对现象及其意义的"真正"理解和领会。因此,论战的两边都认为相互之间的区别是存在的。

二、"区别"是否存在

尽管一百多年来量的研究和质的研究两大阵营一直在进行不同程度的"论战",但是也有一些研究者认为,这两种方法之间其实并不存在如此明显的、实质性的区别。将这两种研究方法对立起来不但没有反映目前方法多元的现实,而且对实践者的指导弊多于利。比如,汉莫斯里(1992:160—172)认为,目前我们所拥有的如此丰富的研究方法和技巧不能仅仅被纳入这两种类型,而且研究方法也不能只在哲学和政治的层面进行探讨。他对人们一般认为的、量的研究和质的研究之间存在的七种区别进行了批驳,指出这些区别都是不"真实"、不"确切的",是研究界人为制造出来的产物。

1)质的资料与量的资料之间的区别。汉莫斯里认为,在实际研究中,这两种资料之间的区别其实是不存在的,量的研究可以对研究的现象进行描述,质的研究也可以使用数量作为资料。人们之所以将这两种资料进行对立,是因为他们认为质的研究的资料不够"精确"。但是,他认为,对"精确"的要求应该视研究的要求而定,有时候在需要含糊的时候过于"精确"反而会使研究结果变得不"确切"。比如,如果样本很小(如只有五个人)还要在数量上追求精确(如 3/5 的人如何如何),这么做不但没有统计意义,而且还会对结果的"推论性"产生误导。此外,在一定的时间和资源条件下,对精确过分追求还可能牺牲研究的广度和开放性。

2)对自然情境进行研究与对人为情境进行调查的区别。汉莫斯里认为,所谓"自然情境"和"人为情境"之间并没有本质的区别,只是一个程度上的问题。研究者所置身的任何环境都是社会环境的一部分,被研究者选择在这些环境中以特定的方式表现自己,这本身就是一种社会现象,就值得研究。

3)探究的焦点放在意义上或放在行为上的区别。汉莫斯里认为,人们的行为和意义其实是无法分开的,对行为的探究不可能脱离对意义的探究。

4)采纳或拒绝自然科学作为研究的模式。汉莫斯里发现,即使是在自然科学领域也存在不同的传统,比如物理学和生物学就十分不同;即使是在同一自然科学领域里,也存在不同的解释模式,比如在物理学中就存在实证主义的、通俗的和现实主义的解释模式。而且,在自然科学发展的不同时期也呈现出很多不同的形态。在进行社会科学研究时,我们不可能将该自然科学的所有方法和所有方面都借用过来,只可能采纳其中的一些部分。因此,我们应该问自己:"我们采纳的是什么自然科学?是该自然科学的哪些解释模式?是该自然科学发展中哪个时期的形态?是该自然科学中哪些具体的方法?"而不能笼统而谈。如果我们仔细分辨便会发现,质的研究与量的研究只是在不同程度上采纳或拒绝了自然科学的研究模式。它们相互之间并没有采取完全不同的立场,特别是质的研究中的后实证主义与量的研究没有太大的差别。

5)归纳的方法或演绎的方法的区别。其实,任何研究都需要同时使用归纳和演绎的方法。很多量的研究也停留在对现象的归纳描述上,而质的研究在分析阶段也需要对概念进行演绎推理。归纳和演绎之间的区别其实是分不出来的,人的思维必然地包含了两者。

6)辨认文化模式还是寻找科学规律的区别。汉莫斯里认为,这两个目的之间的区别也是不存在的。一些量的研究的目的也是为了了解研究现象的形态,而一些质的研究也试图对科学理论进行探讨,如扎根理论的方法。

7)理念主义和现实主义的区别。其实,并不是所有量的研究者都是现实主义者,也并不是所有的质的研究者都是理念主义者。重要的问题不是将这两种主义并列起来,而是应该超越"朴素的现实主义",发展出一种"复杂的现实主义"。这种"现实主义"应该超越主观主义和客观主义的对立,在现实情境中具体处理问题。

基于对上述七个区别的逐一批判,汉莫斯里认为,与其将量的方法和质的方法按照一些人为的标准对立起来,不如将它们作为很多选择中的两种选择。它们之间的关系与其像是一个十字路口,不如更像是一座迷宫,研究者来到路口时不只是面临两种选择:不往左,就往右;而是在行进中时刻面临多种选择,而选择的每一条道路又都与其他的道路相互交叉重叠。

除了上述不同意将量的研究和质的研究对立起来的观点以外,有的学者还明确提出,不同意使用"范式"这个概念来指称这两种方法背后的哲学基础(Meyers,1981)。他们认为,研究方法不一定与范式密切相连,不同的范式可以作为同样方法的哲学基础,同样的范式也可以为不同的方法提供理论根据。比如说,量的方法不一定就是实证主义的,而质的方法也不一定就是现象学的(Cook & Reichardt,1979;Daft,1983)。"方法论具有排他性,而方法却具有互补性"(顾明远,薛理银,1996:113)。

此外,还有学者将"方法"和"方式"作为两个不同的层次来探讨量的研究和质的研究之间的区别问题。他们认为,量的研究和质的研究在"方法"上并没有什么本质上的区别,区别主要是在整体的探究"方式"上。比如,可德(L.Kidder)和费恩(M.Fine)提出了"大写的质的研究"和"小写的质的研究"之间的区别(1987:57)。前者是一种真正意义上的、以归纳为研究路线的"方式"，其主要研究策略是田野工作、参与观察、民族志等。这种"方式"没有固定的研究设计，研究的问题可以根据当时当地的情况发生变化，对资料的收集和分析主要采取归纳的方法，自下而上发展出假设以后再建立扎根理论。而后者是一些质的研究的具体操作"方法"，比如在一个抽样调查或实验研究中所使用的开放型访谈。因此，他们认为，量的研究与质的研究的区别主要是在"大写"的层面，而不在"小写"的层面。

除了在"方法"和"方式"之间进行区分之外，还有的研究者在"方法"和"技巧"之间作一区别。埃利克尔森（F.Erickson，1986）认为，使用某种研究"技巧"并不必然形成一种研究"方法"。比如，叙事描述的技巧如果被解释主义者采用，关注的焦点是当事人的意义建构以及事情发生时的特定情境。而这种技巧如果被实证主义者采纳，也可以用来对"现实"进行"客观的"描绘，通过对前后事件的叙述来表现事件之间的因果关系，但拒绝对当事人的观点进行解释（Kidder & Fine，1987：62）。所以，具体的技巧使用与否并不重要，重要的是如何被使用以及被用来干什么。

此外，还有学者从"方法"和"资料"之间的区别对量的方法和质的方法之间的对立是否有效进行了讨论（Skrtic，1990）。他们认为，在"方法"层面，量的研究和质的研究其实并不存在本质上的区别，区别主要在"资料"的层面，比如资料是数据资料还是文字资料。而在资料的层面划分区别并没有多大的意义，因为同样的资料类型可以使用于不同的研究，而不同的资料类型也可以同时使用于同一类研究。将量与质的方法对立起来只揭示了原始"资料"所具有的不同形式，而没有看到它们各自的分析取向以及所产生的知识类型。比如，实证主义得到的通常是代表研究者观点的实验型知识，而建构主义范式获得的主要是代表被研究者视角的解释型知识。而要获得这两种知识，研究者既可以使用量的方法也可以使用质的方法。

上面的讨论表明，量的研究和质的研究之间的种种区别可能是一个"虚假的"现象，在研究者的具体实践活动中可能并不是如此泾渭分明。如果我们将这些区别仔细"掰开"来考察，可能会发现在"范式"、"方式"、"方法"、"技巧"、"资料"等各个层面都存在相互渗透的情形。质的研究和量的研究与其说是相互对立的两种方法，不如说是一个连续统一体。它们相互之间有很多相辅相成之处，其连续性多于两分性。因此，我们面临的问题不是继续在两大阵营之间进行针锋相对的、水火不相容的论战，而是应该探讨能否结合以及如何结合的问题。

第二节 能 否 结 合

对于量的方法和质的方法是否可以相互结合的问题,社会科学研究界一般有三种观点:1)纯正派;2)情境派;3)实用派(Rossman & Wilson,1985)。

一、纯正派的观点

纯正派主要将讨论的焦点集中在范式的层面,认为量的研究和质的研究分别基于不同的科学研究范式,前者是科学实证主义的范式,后者是自然主义、人本主义的范式(Bryman,1984;Collins,1984;Guba & Lincoln,1981,1989)。两种范式在本体论、认识论和伦理价值方面都存在不同,对社会的理解以及对研究的本质也有一些不同的假设。这些不同的理论假设决定了它们服务于不同的研究目的和研究情境,彼此之间是一种相互排斥的关系(Britan,1978;Burrell & Morgan,1979;Smith,1983)。坚持其中一种范式就意味着对一套理论假设的认可,也就必然排斥另外一种范式(Rist,1977)。因此,建立在不同范式之上的这两种方法彼此之间是不相容的。为了保持研究的纯洁性,不应该将两种不同的理论范式和研究方法混杂在一起使用。

持这种看法的人似乎认为,范式内部具有一种整体的一致性。范式是由一些以独特方式整合起来的、内部具有一致性的整体所组成的(Maxwell,1995)。这些整体不能被拆开,也不能与其他范式中的某些部分结合起来使用。我认为,持这种观点的人不仅认为范式的组成部分不能被拆开,而且范式所指导的研究方法内部也不能被分解。如果将不同方法的一些组成部分抽取出来结合使用,就会导致哲学上和实际应用上的不相容。

二、情境派的观点

情境派主要将讨论的焦点放在研究的问题和情境上,认为量的方法和质的方法各有自己的长处和短处,应该根据研究的具体情况决定是否可以结合以及如何结合。持这种观点的人认为,范式与方法之间的关系是一个经验的问题,应该通过考察研究者的具体工作来进行探讨,而不只是停留在抽象的理论探讨上(Pitman & Maxwell,1992:732)。他们不同意纯正派的观点,反对把量的研究和质的研究之间的区别作为范式之间的区别。他们认为,这样做实际上混淆了真正重要的问题,而且在研究实践中导致了不必要的分野。在实际研究中,方法不一定与范式密不可分,研究者可以混合使用各种技巧,为自己的研究问题和具体情境服务

（Reichardt & Cook,1979）。

情境派不认为范式可以决定方法,也不认为范式与方法无关,但是范式可以在达到具体的目标上、在澄清或模糊不同的收集和解释资料的方法上、在强调或忽视某些具体的效度或伦理问题上对研究者或有所帮助或有所妨碍。因此,应该放弃那种认为所有的研究都一定基于一种范式的看法,注意考察研究者在结合两种研究方法的实践中所使用的论理逻辑以及实际结合的可能性。持这种观点的人一直在进行实践方面的探索,试图发展出一些原则和衡量标准,以决定在什么情况下需要使用什么方法来收集什么类型的资料（Rossi & Berk,1981;Vidich & Shapiro,1955;Zelditch,1962）。

三、实用派的观点

与情境派相比,实用派也认为质的方法可以与量的方法结合使用,但是他们更加注重研究的具体功用。他们将讨论的焦点主要放在方法的使用上面,不讨论范式以及建立系统的结合方式和衡量标准的问题。他们认为,理论上的探讨往往流于空泛,并不能反映研究者的实际工作。如果仔细考察研究者的具体实践,两大阵营之间的对垒之墙便可以不攻自破,范式之间的区别实际上是比较模糊的。研究者可能同时在不同范式的范围内活动,或者在研究的不同阶段和环节上使用基于不同范式基础之上的研究方法和手段。一项研究可以既调查"事实真相",又了解当事人的观点;既关注研究者和被研究者双方的事实建构,又达到改造现实的目的。由于社会现象纷繁复杂,社会科学研究往往具有较大的包容性,可以同时发挥以上各种范式所具有的不同功能。

因此,这些学者认为,在社会科学领域内不同的方法可以彼此相容、同时使用（Firestone,1990;Howe,1988）。多种方法并用可以帮助研究者从不同的角度看待事物的面貌和性质,从而达到近似地把握事物的全部。对此,人格心理学家赫根汉（1988:14）曾做过一个形象的比喻:研究对象就像是漆黑房间里一件不能直接触摸到的物体,研究范式则是从各个角度投向该物体的光束。光束越多,照射角度越不同,人们对该物体获得的信息就越多。实用派认为,所谓的"范式"就像是文化,跨范式的研究就像跨文化的研究,可以提供多重视角,可以对研究的现象进行多层次的透视,其质量是不能用一个尺度来衡量的。方法毕竟只是"方法",是为研究服务的。只要有用,任何方法都可以拿来使用,不应该受到名义上的限制。如果通过多元方法可以更加有效地揭示研究的现象、可以更加有力地阐释有关的观点、可以更加便捷地解决现存的问题,那么这种结合就是"好"的。

这个流派的主要代表人物 P.佩尔托和 G.佩尔托（1978）认为,在人类学研究中也可以使用量的研究方法,如结构型访谈、抽样调查、问卷、投射技巧、隐蔽测量等。使用这些方法不但不会影响研究的质量和性质,而且可以提高研究的"真实性"。由于满足了研究问题中不同方面的要求,使用这些方法可以使读者对研究结果的"可靠性"更加信服。

综上所述,在量的研究和质的研究能否结合的问题上存在三种主要的观点:纯正派基本上不赞成两种方法进行结合,而情境派和实用派赞成结合。后两种观点的不同之处是:情境派强调在一定的研究场合根据当时的条件决定是否结合以及如何结合,而实用派主要从研究的结果入手,认为只要结合以后所产生的结果强于单独使用一种方法所产生的结果,那么就应该结合。后两派彼此之间没有根本的矛盾,只是侧重点不同而已。

第三节　为什么要结合

如果我们暂时撇开纯正派的观点不论,同意量的方法和质的方法彼此之间是可以结合的,那么势必需要首先明确"为什么要结合"的问题。我认为,之所以要在这两种方法之间进行结合是基于这样一种信念,即质的研究和量的研究各有其利弊,结合起来使用可以相互取长补短,比单独使用一种方法更有优势。在本书第一章第三节,我曾经对这两种方法的异同进行了对比,下面主要就它们各自的长处和短处以及结合以后的前景进行一个简单的探讨。

一、量的研究的长处和短处

一般来说,量的研究方法有如下长处:1)适合在宏观层面大面积地对社会现象进行统计调查;2)可以通过一定的研究工具和手段对研究者事先设定的理论假设进行检验;3)可以使用实验干预的手段对控制组和实验组进行对比研究;4)通过随机抽样可以获得有代表性的数据和研究结果;5)研究工具和资料收集标准化,研究的效度和信度可以进行相对准确的测量;6)适合对事情的因果关系以及相关变量之间的关系进行研究。

量的研究的短处是:1)只能对事物的一些比较表层的、可以量化的部分进行测量,不能获得具体的细节内容;2)测量的时间往往只是一个或几个凝固的点,无法追踪事件发生的过程;3)只能对研究者事先预定的一些理论假设进行证实,很难了解当事人自己的视角和想法;4)研究结果只能代表抽样总体中的平均情况,不能兼顾特殊情况;5)对变量的控制比较大,很难在自然情境下收集资料。

二、质的研究的长处和短处

质的研究方法一般比较适宜于下列情况：1）在微观层面对社会现象进行比较深入细致的描述和分析，对小样本进行个案调查，研究比较深入，便于了解事物的复杂性；2）注意从当事人的角度找到某一社会现象的问题所在，用开放的方式收集资料，了解当事人看问题的方式和观点；3）对研究者不熟悉的现象进行探索性研究；4）注意事件发生的自然情境，在自然情境下研究生活事件；5）注重了解事件发展的动态过程；6）通过归纳的手段自下而上建立理论，可以对理论有所创新；7）分析资料时注意保存资料的文本性质，叙事的方式更加接近一般人的生活，研究结果容易起到迁移的作用。

质的研究的短处是：1）不适合在宏观层面对规模较大的人群或社会机构进行研究；2）不擅长对事情的因果关系或相关关系进行直接的辨别；3）不能像量的研究那样对研究结果的效度和信度进行工具性的、准确的测量；4）研究的结果不具备量的研究意义上的代表性，不能推广到其他地点和人群；5）资料庞杂，没有统一的标准进行整理，给整理和分析资料的工作带来很大的困难；6）研究没有统一的程序，很难建立公认的质量衡量标准；7）既费时又费工。

三、两者结合的利与弊

从上面的讨论中我们可以看出，量的研究的长处恰恰是质的研究的短处，而质的研究的长处恰恰可以用来填补量的研究的短处。因此，不言而喻的是，将这两种方法结合起来使用一定有很多单独使用其一所没有的好处。

1. 结合的好处

首先，在同一个研究项目中使用这两种不同的方法，可以同时在不同层面和角度对同一研究问题进行探讨。研究可以结合下列各种两两对立（如果它们确实存在的话）：宏观和微观、人为情境和自然情境、静态和动态、文化客位和文化主位、行为和意义、自上而下验证理论和自下而上建构理论。

此外，如果研究的问题中包含了一些不同的、多侧面的子问题，研究者可以根据需要，选择不同的方法对这些问题进行探讨。不同的方法之间可以相互补充，共同揭示研究现象的不同侧面。比如，如果一项对上海市生态环境的调查既需要了解每个家庭一个月的平均用水量，也需要了解家庭成员对用水的观念，那么前者就可以使用量的方法进行抽样调查，后者则可以采取质的方法进行无结构或半结构式访谈以及参与型或非参与型观察。

在同一研究中使用不同的研究方法还可以为研究设计和解决实际问题提供更多的灵活性。一个研究项目可以同时提出量的和质的研究问题，也可以同时收集不同类型的原始资料。这种灵活性在社区发展研究中尤为重要,因为社区是一个十分复杂的系统,具备"地"、"时"、"人"等多层面向,受经济、社会、文化、政治和科技各方面的影响。社区内部结构中各个成分之间的关系十分复杂,决策控制和权力网络错综迷离,特别需要研究者灵活地使用多种方法,根据当地的实际情况对各个层面和角度进行探究(胡幼慧,1996:282)。

使用不同的方法还可以对有关结果进行相关检验,从而提高研究结果的可靠性(Fielding & Fielding,1986)。由于使用了不同的方法对同一研究问题进行探讨,因某一种方法本身的限制而导致错误结论的可能性有可能减少。正如丹曾(1978)所指出的,任何一种资料、方法或研究者都有各自的偏差,只有联合起来才能"致中和"(Jick,1979)。如果不同方法产生的结果彼此相容,便提供了相关检验的证据。而如果结果彼此不相容,则要求研究者提高分析的层次,进行更高层次的综合,从不同的解释中提出一个第三解释。这个解释应该是从原始资料中归纳出来的,是可以检验的,而且可以说明研究者手头所有的资料内容(Trend,1978)。通常,研究双方并不怀疑对方的结论,只是对同样的事实有不同的解释,或者在不同的抽象层面对事物进行解释。因此,如果提供了必要的渠道和措施,双方是可以通过协商达到一定的共识的。

2. 结合的问题

虽然结合使用不同的研究方法可以有很多好处,但与此同时也存在一些问题。首先,如上所述,由于量的研究和质的研究基于不同的理论范式,结合起来时难免产生认识论上的冲突。比如,实证主义和建构主义对"事实"的看法就很不一样,如果同时使用,很容易给研究的结论造成"不伦不类"的感觉。不同的方法所涉及的相关研究问题、研究的目的和理论假设可能很不一样,在质量的检测方面也存在十分不同的衡量标准。正如本书有关研究结果的检测部分所言,量的方法和质的方法在研究结果的效度和推论方面存在十分不同的衡量标准,很难用一种一致的语言来对结合以后的研究的"真实性"和"代表性"进行评价。与效度和推论相比,这两种方法在"信度"上的分歧更加重大。如果两位量的研究者对同一问题获得了同样的结论,研究界认为这两个研究"信度"很高。而如果两位质的研究者用同样的方式述说一个同样内容的故事,其中之一则很可能被指控为"剽窃"(Runyan & Seal,1985)①。因此,正如第五章第八节所提到的,质的研究者内部一般对"信度"问题避而不谈。

其次,平行使用这两种方法还可能为研究结果的价值评价和伦理道德

---

① 瑞杨(S.Runyan)和塞尔(B.Seal)用这个例子说明的是量的研究者与传记作家的不同,我认为质的研究者在这里类似传记作家,也面临被指控为"剽窃"的危险,故做了如此改动。

关怀带来困难。比如,量的研究可能认为自己的研究结果更加"客观"、"科学",而质的研究则可能认为自己的研究更加"可信"、"确切"。在伦理道德方面,量的研究认为研究者可以保持"价值中立",不必担心自己的研究对被研究者有什么影响;而质的研究认为研究必然涉及"价值判断",一定会对被研究者的日常生活产生影响。虽然以上这些差异可以帮助研究者更好地了解不同研究方法可能带来的复杂作用,但是同时也会给研究的实施带来很多具体的困难。当面临两种方法所带来的价值冲突时,理论上说研究者应该可以进行平等的对话,但是在实际操作时却不是那么容易。由于社会科学界受到实证主义的影响是如此之深,当谈到研究的评价问题时,人们往往习惯于用量的研究的概念、语词和指标来衡量所有的研究。而"另类范式"(特别是批判理论和建构主义)指导下的质的研究无法完全用传统的概念来对自己进行评说。因此,它常常陷入无法言说的窘境。

同时使用不同的范式还有可能促成"机会主义"的倾向。研究者可以在对范式没有自觉意识的情况下进行研究,事后择其所好和所长任意对研究结果进行解释。如果研究者事先对自己所依据的范式并不清楚,在没有意识的状态下从事了一项综合性的研究,那么对这种研究的质量将很难加以评价。各种不同的评价标准掺杂在一起,很容易鱼目混珠。有时候,研究者在操作层面上将不同的方法加以融合是出于某一实用的动机,往往忽略了"程序或技术的方法"与"逻辑证明的方法"(或者说是"发现的程序"与"论证的逻辑")之间的区别,对自己使用的方法背后的方法论缺乏自觉和反省(Smith & Heshusius,1986;覃方明,1998)。结果,有关的科学家群体很难对他们的研究进行质量评价。

由于标准不同,研究者在评价研究的质量时必须十分小心。比如,如果一项研究同时使用了量和质的方法,研究者在讨论其中量的结果时,应该按照数学概率的规则将研究的结果推广到从中抽样的总体。而在讨论质的结果时,研究者必须遵循"读者认同"的原则,不能将结果推广到本研究现象以外的范围。如果研究者将量的结果(如统计数据)与质的结果(如个案)结合起来进行讨论,在介绍了有关的统计数据和定量分析的结果以后列出一个或数个个案来支持定量分析的结果,那么研究者必须事先声明:量化的有关数据可以代表从中进行概率抽样的总体;而个案只是用来描述、说明或解释上面的数据所标示的情况。个案不能代表数据所指的所有情况,只是对其中某些情况进行描述和举例说明而已。

因此,重要的问题不是基于不同范式的方法是不是可以同时使用于同一项研究,而是研究者是否对自己在方法上的选择和使用有所意识,并且在研究结果中真诚地、详细地报道自己的方法选择原则和使用方式。"方法论是由技术的外表呈现给人们的,而它的基础却无从一眼瞥见"(陈绪刚,

1996:82)。因此,如果一项研究同时将几个不同的范式作为自己的理论基础,研究者应该在研究报告中说明自己的立场和研究过程。除了陈述各个范式对研究各部分的影响以外,研究者还应该特别说明自己是如何协调不同范式之间的关系的。在分析结果和做结论时,研究者应该考虑到不同的范式对研究的"真实性"、"可重复性"和"代表性"问题进行讨论时所使用的原则、规范和语言是不一样的,不能混为一谈。

如果这两种方法产生的结果相互之间有冲突,研究者不应过早地解决这些冲突,而是应该让不同的方法发展出自己对研究现象的结果表述,然后再试图在两者之间做出必要的妥协。在研究的早期,可以将从不同的方法中获得的结果分开,让不同的解释有出现和"成熟"的机会;不要过早排斥那些与大多数观点不同的结果,等它们各自都"发育成熟"以后再进行整合。不同的研究方法代表的是不同研究者的立场和态度,应该让不同的研究者的声音出来,有机会让自己的故事与别人的故事进行比较。这一点对于质的结果尤为重要,因为观察和访谈的结果没有固定的测量标准,很容易被研究者过早排斥掉。特别是当面临"硬科学"的量的研究的挑战时,质的研究者很容易"败下阵来"。

将质的研究与量的研究所产生的不同结果进行并列对照,这不仅可以为不同的声音提供表现的机会,而且还可以为研究者寻找其他可能性解释提供动力。如果过早排斥不同意见,研究者便不会对研究的问题继续进行探讨,因为目前的答案已经十分和谐完美,已经不再需要其他的说明了。正如科学哲学家费伊阿本德(P.Feyerabend,1970:209)所说的:

> "在科学的实际发展中,坚韧和多元之间的相互互动似乎是一个最重要的特征。似乎并不是那些解谜语的活动为我们增加了知识,而是那些被人们顽固坚守的不同观点之间的积极互动给我们带来了知识的增长。"

此外,结合使用不同的方法需要研究者具有一种以上方法的训练。如果研究者只是对一种方法比较熟悉,很容易在使用时"偏心眼",对这种方法的使用多于(或优先于)另外一种方法。如果研究者缺乏训练,很容易产生肤浅的、质量不高的结合方式。这种结合不但没有发挥两种方法各自的长处,反而使各自的短处暴露无遗(Ianni & Orr,1979;Rist,1980;Fetterman,1982)。

此外,与单独使用一种方法相比,使用不同的方法相对来说需要更多的时间、经费、研究人员和人缘关系。研究者队伍的规模可能相对比较大,两者之间的协调需要更多的时间和精力,在发放问卷和统计报表的同时到实地进行访谈和观察需要更多的财力和时间。此外,与量的研究相比,两种方

476

法结合使用需要动用更多的人际关系,有时候还会触及比较敏感的政治话题和个人隐私。

鉴于结合两种不同的方法可能导致上述问题,我们在打算结合时应该仔细考虑自己的研究项目是否存在结合的需要。在研究设计中,我们应该明确地说明自己为什么要结合不同的方式,结合使用两种方法有什么长处。无论如何,结合的目的是为了更好地回答研究的问题,而不是为了赶时髦,为了结合而结合。

第四节　如　何　结　合

到目前为止,有关量的研究方法和质的研究方法相结合的方式通常是以一种方法为主,另外一种方法为辅。在这种结合中,一种方法被用来为另外一种方法服务,没有自己的独立地位。比如,布鲁姆斯丹(Blumstein)和斯瓦兹(Schwartz)在对一些美国夫妻的研究中同时使用了抽样调查和深度访谈的方法,但是他们的结论完全来自抽样调查的结果,访谈的结果只是被用来对问卷的结果进行进一步的说明和解释(Maxwell,1995)。

与上述"主从式结合"不同的是另外一种更加理想的结合方式,在这种方式中量的方法和质的方法有自己独立的地位和作用,它们相互补充,互相对话,从不同的角度和层面对研究的问题进行探讨。对这些结合形式的分类目前有很多种,尚没有统一的衡量标准。比如,格林(J.Greene)等人(1989)对1980—1988年间所发表的57个多元方法评估研究进行了分析,认为这些研究可以分成三种类型:互补式、同步进行式、系列进行式。可莱斯威尔(J.Creswell,1994)在文献检索的基础上,将多元方法的组合方式分成三种模式:1)二阶段式设计;2)主—辅设计(同步三角检测);3)混合设计。他曾经以高果林(L.Gogolin)和斯华兹(F.Swartz)的一项整合质的研究和量的研究为例(1992),画出了一个该研究项目的流程概念图(见图表27-4-1)。

上述学者的分类与下面我要介绍的马克斯威尔(1995)的分类有重叠之处,但是都没有后者的完整系统。因此,我下面主要介绍马克斯威尔的分类方式。他将理想的结合方式分成两个类别:1)整体式结合;2)分解式结合。在这两种结合类型下面又各自有三种不同的结合形式。

一、整体式结合

整体式结合的方式是将量的研究和质的研究当成彼此分开的两个部分,在一个整体设计中将这两个部分各自完整地结合起来。在这类设计中可以有如下三种不同的设计方案:1)顺序设计;2)平行设计;3)分叉设计。

图表27-4-1 质的研究与量的研究流程概念图
（资料来源：Creswell,1994:188）

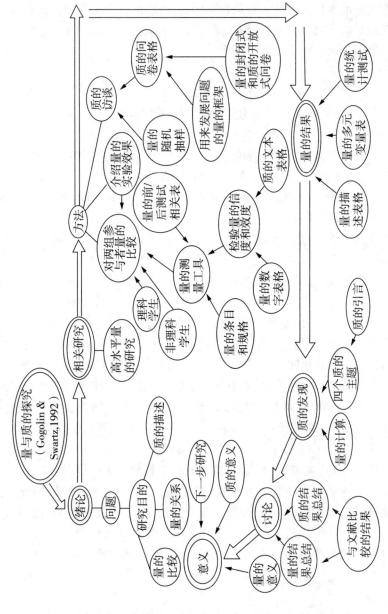

1. 顺序设计

顺序设计典型的做法是：首先使用一种方法，然后再使用另外一种方法，两种方法的使用存在一个前后顺序。通常的做法是先作一个质的研究，使用归纳的手段发展出理论假设，然后再使用量的方法，通过演绎的手段对这些假设进行检验。当然，将这个顺序翻转过来也同样适用。比如，我们可以先对一个比较大的人群作一个统计调查，然后根据研究问题的重点从中选择一些人进行深度访谈。这样做不仅可以帮助我们有目的地选择信息提供者，而且可以深入地探讨他们在问卷中所作的回答。

除了按先后顺序以外，这两种方法还可以在时序上往返循环使用。这样做可以使研究的问题不断深化，各自的结果得到相互补充和澄清。比如，萨顿（R.Sutton）和拉法利（A.Rafaeli）（1988，1992）在对一些日杂店内营业员的行为及其情感表达之间的关系进行研究时，首先对营业员的行为进行隐蔽式观察，同时收集了公司的有关资料，然后使用多元回归分析的手段对这些资料进行量化分析。当这些分析不能支持他们的假设时，他们又在这些商店里进行了质的观察和访谈，使用这些资料对修改过的假设进行进一步的检验。

2. 平行设计

在这种设计里，不同的方法被同时使用，而不是按先后顺序进行。比如，在研究一个工厂时，我们可以一边对工厂的职工进行抽样调查，一边对工厂的环境和活动进行参与性观察。这种方法在规模比较大的研究中非常普遍，特别是当研究者的人数比较多时。比如，我所参与的中国贫困地区中小学生辍学的研究、初中阶段渗透职业技术教育成分的研究、中国九年义务教育课程体系改革研究等都使用了这种结合方式。在这些项目中，我负责质的研究部分，组织课题组成员进行访谈、观察和实物分析，与此同时一个负责量化研究的小组进行问卷调查和统计报表的填写。

使用这种方式的好处是：可以对从不同方法中得出的研究结果及时进行相关检验和相互补充，研究的结果比较丰富，不仅有骨头框架而且有血肉的支持，不仅有面上的分布状态而且有点上的过程和变化。而与此同时有可能出现的问题是：如果使用不同方法得出的结论不一样，很难将其进行整合。在这种情况下，我们可以将研究的重点放在分歧上继续进行研究。通过深入的探讨，可能发现由其中一种方法获得的结果是"对"的，而另外一种是"错"的（Kaplan & Duchon，1988）。在另外一些情况下，也许结果没有"对错"之分，我们必须修正自己的整体结论，设法将不同的结果整合到一个更具概括性的结论之中（Trend，1978）。

3. 分叉设计

这种研究设计实际上是结合了上述顺序设计和平行设计两种形式。通常,在研究开始的时候使用一种方法,然后在继续使用这种方法的同时使用另外一种方法。分叉设计的方式结合了上述两种方式的长处:不仅可以使我们在前期结果的基础上进行后期的设计,而且可以在后期使用平行法时对两种方法所产生的结果进行相关检验和相互补充。

马克斯威尔等人(1995)对一个医院住院部教学周期的研究便使用了这种研究设计。他们首先对整个教学周期进行了参与性观察,同时对一些医生和实习生进行了开放式访谈。有关这一部分的研究结果被写入一个有关影响教学周期效果的因素分析报告。然后,他们使用量的方法对教学周期中有关人员的行为表现进行测量,同时对医生和实习生进行质的开放型调查。在这个研究中,研究者首先使用了质的方法,对医院有关部门实施教学周期的具体情况进行初步的了解,然后在质的研究结果的基础上同时使用质的方法和量的方法,对人们的行为表现、他们对教学周期的看法以及这些看法如何影响到他们的学习方式进行了比较深入的调查。

二、分解式结合

第二类大的结合方式是"分解式结合"。这种方式将不同方法中的各个部分进行分解,然后将其中某些部分重新进行组合,形成一个完整的设计。在这类设计下面通常也有三种不同的设计方案:1)混合式设计;2)整合式设计;3)内含型设计。

1. 混合式设计

提倡混合式设计的主要代表人物是派顿(1990:186—198)。他认为,将不同研究方法中的某些部分提取出来,然后结合成一些混合型的方法策略——这么做对社会科学研究具有十分重要的建设性意义。他将量的研究和质的研究范式分为三个部分:1)研究设计(如自然主义的设计或实验的设计);2)测量(质的测量或量的测量);3)分析(内容分析或统计分析)。研究者可以使用不同的方式将这些不同的部分组合起来,形成一系列不同的组合设计。他设想了一些混合结合的可能性,提出了四种整合形态:1)量的实验设计,质的资料收集与分析;2)量的实验设计,质的资料收集和量的统计分析;3)质的自然研究设计,质的资料收集和量的统计分析;4)质的自然研究设计,量的资料收集和量的统计分析。

派顿的设想是在理想的状态下进行的,然而在实际研究中并不乏使用这种设计的实例。比如,费斯廷杰(L.Festinger)等人(1956)对一种信奉世界末日的宗教以及该宗教预测不灵对信徒的影响进行研究时,便使用了这种混合式设计。在这个研究中,他们按照前后顺序将质的方法和量的方法混合起来使用。首先,他们根据前人的有关理论和研究结果,得出了如下假设:在一定条件下信徒们的信仰被证伪时,他们的信念会变得更加坚定。然后,他们假扮为该宗教的皈依者,暗中在"最后审判日"临近和过去时对所发生的事情进行参与性观察。这些观察资料被按照预先设定的变量进行统计分析,目的是对研究者自己的理论假设进行检验。这是一个在自然状况下从事的实验型研究,收集的是质的资料,分析时采取的是量的方式,目的主要是验证假设,变量是从前人的研究中获得的。然而,由于样本量比较小,资料分析不完全具有严格的统计意义。

这类设计的弱点是:研究过程中所有的选择都必须是两者必择其一,不是质的方法就是量的方法,不能同时使用不同的方法。例如,如果分析资料的时候使用的是统计的方法,就不能同时使用叙事分析的方法。

2. 整合式设计

在这种设计中,量的研究和质的研究在不同的层面(如问题、抽样、资料收集和分析)同时进行,并且不断地相互互动。比如,米尔格阮(S. Milgram,1974)对权威作用的研究,使用的就是这样一种设计。该项目总体框架是一个隐蔽的实验型研究,目的是了解人们在受到权威的指示时如何对其他人施虐。参与研究的被试不了解研究的真正目的,以为自己的作用是帮助研究者了解人们在学习中受到惩罚时的行为反应。研究者扮演的是权威的角色,命令被试不断地向一位研究对象施行电疗,而这个研究对象是研究者的同谋,在电疗时假装与被试不合作。研究者对被试使用的电流强度进行测量,这个强度被用来表示被试服从权威的程度。此外,研究者还使用了很多不同的试验条件来决定其他不同的因素对被试服从权威程度的影响,观察了被试对研究者的命令所做出的回应过程、理解和反应的行为、服从或反对权威的原因。在实验中,研究者暗中记录了被试的行为,而且过后对他们进行了长时间的深度访谈。他们收集的主要是质的研究资料,但是与量的资料之间的结合非常密切。在讨论效度威胁时,研究者同时引用了量的和质的资料作为辩解的证据。这个研究使用了实验干预、实验室控制、量的测量、质的观察和访谈等手段,试图同时回答量的和质的研究问题。

此类整合式设计的长处是:研究可以成为一种真正的方法之间的对话。对话不仅仅发生在研究结果之间,而且贯穿于整个研究过程之中。这种方法的短处是:当不同方法产生的研究结果出现冲突时,研究者倾向于将一种结果作为主导,压倒另外一方。因此,我们应该注意研究设计中不同成分之间的联系以及使用这些不同成分对研究的影响,不要让其中一种方法占据统治地位。

3. 内含型设计

在这种设计方式里,一种方法"坐巢"于另外一种方法之中。一种方法形成研究的整体框架,另外一种在这个框架中发挥作用。通常,一个研究项目使用的是实验型或半实验型的总体设计,对实验条件和控制条件进行对比,具体的操作方法通常是民族志或其他质的方法。比如,伦德斯伽德(H. Lundsgaarde)等人(1981)对计算机信息系统对医院医生和病人的影响进行的研究,使用的就是这种内含型设计。他们选择了一个医院内的两个病房作为观察地点,使用民族志的方法对医院计算机信息系统对这两个病房的影响进行了实地研究。首先,他们将这个系统用于一个病房,将另外一个病房作为控制组。然后,他们使用质的资料对这两个病房所受影响的不同进行了对比。

马克斯威尔(1986)等人的研究也可以作为一个内含型设计的例子。他们结合使用了量的方法和质的方法中两个极端的形式——民族志和实验设计,对一所医院里外科大夫的教学活动进行了评估研究。研究的设计大框架是实验干预,但是收集资料的主要方法是民族志。他们首先使用民族志的方法了解了医院的基本情况,通过参与观察、访谈和会议记录写出了一份民族志描述。然后,他们设计了一个教学模式,使用多项选择测试的方法,设立实验组和控制组对不同教学模式的效果进行对比。此外,他们还在同一模式内使用了控制题,了解不同测试题对医生们的影响。结果他们获得了十分丰富的资料,不仅包括有关研究结果的量化数据,而且了解了医生们的学习过程。通过对实验前后以及参加实验和未参加实验的人员进行对比,他们对研究的结果进行了相关验证,排除了那些证据不充足的假设。由于有可能对不同的假设进行对比(而不是固守研究方法上的一致性),他们认为这项研究的可靠性比较大。

反之,内含型研究设计也可以以质的方法为主要框架,量的方法“坐巢”于其中。比如,贝克等人(1961/1977)对波士顿一所医学院学生的研究就是使用质的研究方案作为总体框架,然后收集半统计数据,了解这些学生对医学院的看法。研究者的报告中除了质的描述性和分析性资料以外,还引用了五十多个统计图表。

从表面看起来,内含型设计似乎与上述混合型设计和整合型设计十分类似,但是它们的运作逻辑其实是很不一样的。内含型设计不是同时并行使用两种方法,也不是先后使用两种方法,而是在一个方法的内部系统地、具有内在联系地使用另外一种方法。

至此,有关量的研究和质的研究的结合问题,我们大概可以做出如下初步的结论:结合是可能的,也是有益的,但是必须考虑到结合的必要性以及随之而来的理论假设方面的问题。虽然,量的研究方法和质的研究方法可以用很多不同的方式结合起来使用,但是我们并不希望完全消除两种方法之间的区别。方法就像文化一样,应该是越丰富多彩越好,而不应该过于简单单一。正如可德和费恩(1987:57)所强调的:“我们赞同‘综合’的说法,但是同时我们希望保持两种文化之间的重要区别。与其将研究方法和文化同质化,我们更加希望看到研究者成为双文化人。"所谓"双文化人"的建设需要从二元对立的方法论往对话理论转移。中国的老庄哲学和西方的对话理论都告诉我们,真理是两极在相互肯定与相互否定中生发出来的(蓝永蔚,1999:42;滕守尧,1997)。只有通过不同范式之间和不同方法之间平等的对话,才能真正使研究者和被研究者获得解放,也才能在"视域的融合"中找到新的生长点和新的生成境界。

参 考 资 料

中文

1. 阿恩海姆著:《走向艺术心理学》,加利福尼亚州大学出版社,1966;转引自金元浦著:《文学解释学》,东北师范大学出版社,1997。
2. 阿特莱奇特(H.Altrichter)等著,夏林清等译:《行动研究方法导论——教师动手做研究》,(台北)远流出版事业股份有限公司,1997。
3. 巴赫金(Bakhtin)著:《论陀思妥耶夫斯基一书的改写》,载《话语创作美学》,莫斯科,1979。
4. 巴赫金(Bakhtin)著:《陀思妥耶夫斯基诗学问题》,三联书店,1992。
5. 北晨编译:《当代文化人类学概要》,浙江人民出版社,1988。
6. 贝特生著,第234—251页;转引自赵旭东著:《系统家庭治疗的理论与实践》(一),第9页,昆明医学院附一院精神科,1995。(该文没有列出原书的书名和出版社名)
7. 波普(K.Popper)著,傅季重等译:《猜想与反驳》,上海译文出版社,1986。
8. 布迪厄(P.Bourdieu):《文化资本与社会炼金术——布尔迪厄访谈录》,上海人民出版社,1997。
9. 布迪厄、华康德著,李猛、李康译:《实践与反思——反思社会学导引》,中央编译出版社,1998。
10. 卜卫著:《理解定性研究》(未发表文章),中国社会科学院,1997。
11. 陈波等编著:《社会科学方法论》,中国人民大学出版社,1989。
12. 陈伯璋著:《教育研究方法的新取向——质的研究方法》,(台北)南宏图书公司,1989。
13. 陈绪刚:《传统法律认识论的逆转》,载《北京大学研究生学刊》,1996(4)。
14. 陈向明:《王小刚为什么不上学了——一位辍学生的个案调查》,载《教育研究与实验》,1996(1)。
15. 陈向明:《社会科学中的定性研究方法》,载《中国社会科学》,1996(6)。
16. 陈向明:《定性研究中的效度问题》,载《教育研究》,1996(7)。
17. 陈向明:《研究者个人身份在质的研究中的运用》,载《教育研究与实验》,1997(2)a。

18. 陈向明:《教育研究的质量评价标准》,载《高等教育论坛》(北京大学),1997(2)b。

19. 陈向明:《访谈中的提问技(艺)术》,载《教育研究与实验》,1997(4)a。

20. 陈向明:《质的研究中研究者如何进入研究现场》,载《高等教育研究》,1997(4)b。

21. 陈向明:《质的研究中的局内人和局外人》,载《社会学研究》,1997(6)。

22. 陈向明:《从范式的角度看社会科学的质量评价问题》,载《中国社会科学季刊》(香港),1997/12 冬季号。

23. 陈向明著:《旅居者和"外国人"——中国留美学生跨文化人际交往研究》,湖南教育出版社,1998。

24. 陈向明:《教育研究中访谈的回应技(艺)术》,载《教育科学》,1998(6)。

25. 陈仲庚,张雨新编著:《人格心理学》,辽宁人民出版社,1987。

26. 崔艳红著:《对大学生学习态度变化过程的研究》(硕士论文),北京大学,1997。

27. 德里达(J.Derrida)著,何佩群译:《一种疯狂守护着思想:德里达访谈录》,上海人民出版社,1997。

28. 邓正来著:《研究与反思——中国社会科学自主性的思考》,辽宁大学出版社,1998。

29. 丁元竹:《费孝通治学特色与学术风格》,载《社会科学战线》,1992(2)。

30. 董小英著:《再登巴比伦塔——巴赫金与对话理论》,三联书店,1994。

31. 费孝通著:《江村经济》,1939;转引自袁方主编:《社会研究方法教程》,第 55 页,北京大学出版社,1997。

32. 费孝通著:《三访"江村"》,1980;转引自袁方主编:《社会研究方法教程》,第 56 页,北京大学出版社,1997。

33. 费孝通著:《学术自述与反思》,三联书店,1996。

34. 高承恕著:《社会科学中国化之可能性及其意义》,载杨国枢,文崇一编:《社会及行为科学研究的中国化》,(台湾)中央研究院民族学研究所,1982。

35. 高敬文著:《质化研究方法论》,(台北)师大书苑有限公司,1996。

36. 高一虹:《从量化到质化:方法范式的挑战》,在第三届北京应用语言学/外语教学研讨会上的发言稿,北京外国语学院,1998 年 7 月 27—29 日。

37. 高一虹:阅读完本书的初稿以后与笔者的口头讨论,北京大学,1998 年 10 月。

38. 顾明远,薛理银著:《比较教育导论——教育与国家发展》,人民教育出版社,1996。

39. 关世杰著:《跨文化交流学》,北京大学出版社,1995。

40. 哈贝马斯(J.Habermas)著,李安东、段怀清译:《现代性的地平线:哈贝马斯访谈录》,上海人民出版社,1997。

41. 哈贝马斯(J.Habermas)著,张博树译:《交往与社会进化》,重庆出版社,1989。

42. 赫根汉著:《人格心理学》,作家出版社,1988;转引自刘晶波著:《师幼互动行为研究》(博士论文),第 14 页,南京师范大学,1997。

43. 洪汉鼎著:《诠释学从现象学到实践哲学的发展》,载《中国现象学与哲学评论》第一辑《现象学的基本问题》,上海译文出版社,1995。

44. 胡塞尔(E.Husserl)著,张庆熊译:《欧洲科学危机和超验现象学》,上海译文出版社,1988。

45. 胡塞尔(E.Husserl)著,倪梁康译:《现象学的方法》,上海译文出版社,1994。

46. 胡幼慧主编:《质性研究》,(台湾)巨流图书公司,1996。

47. 胡幼慧著:《多元方法:三角交叉检视法》,载胡幼慧主编:《质性研究》,(台湾)巨流图书公司,1996。

48. 华勒斯坦等著,刘锋译:《开放社会科学》,三联书店·牛津大学出版社,1997。

49. 霍克海默(M.Horkheimer)著,李小兵等译:《批判理论》,重庆出版社,1989。

50. 霍克斯著,瞿铁鹏译:《结构主义和符号学》,上海译文出版社,1987。

51. 霍兰德著:《文学反应的共性与个性》,载《西方二十世纪文论选》第3卷,中国社会科学出版社,1989。

52. 加达默尔(H.Gadamer):《解释学 I:真理与方法——哲学解释学的基本特征》,载《加达默尔全集》第1卷,图宾根,1986;转引自倪梁康著:《现象学及其效应——胡塞尔与当代德国哲学》,第234页,三联书店,1994。

53. 加达默尔(H.Gadamer)著,夏镇平、宋建平译:《哲学解释学》,上海译文出版社,1994。

54. 江文瑜著:《口述史法》,载胡幼慧主编:《质性研究》,(台湾)巨流图书公司,1996。

55. 姜静楠、刘宗坤著:《后现代的生存》,作家出版社,1998。

56. 杰姆逊讲演,唐小兵译:《后现代主义与文化理论》,北京大学出版社,1997。

57. 金元浦著:《文学解释学》,东北师范大学出版社,1997。

58. 景天魁:《社会认识的结构和悖论》,中国社会科学出版社,1993。

59. 景天魁:《现代社会科学基础——定性与定量》,中国社会科学出版社,1994。

60. 卡西尔著,沉晖等译:《人文科学的逻辑》,中国人民大学出版社,1991。

61. 赖秀芬、郭淑珍著:《行动研究》,载胡幼慧主编:《质性研究》,(台湾)巨流图书公司,1996。

62. 蓝永蔚:阅读本书书稿后与作者的讨论,1999。

63. 李秉德主编:《教育科学研究方法》,人民教育出版社,1986。

64. 利奥塔(J.Lyotard)著,车槿山译:《后现代状态:关于知识的报告》,三联书店,1997。

65. 利奥塔(J.Lyotard)著,谈瀛洲译:《后现代性与公正游戏》,上海人民出版社,1997。

66. 梁治平著:《法律的文化解释》,三联书店,1994。

67. 林毓生著:《中国传统的创造性转化》,三联书店,1988。

68. 刘放桐等编著:《现代西方哲学》,修订本,人民出版社,1990。

69. 刘锋:《语言与人类的交往理性——哈贝马斯的普遍语用学》,载《北京大学学报》(英语语言文学专刊),1992(2)。

70. 刘晶波著:《师幼互动行为研究》(博士论文),南京师范大学,1997。

71. 罗蒂(R.Rorty)著,李幼蒸译:《哲学和自然之镜》,三联书店,1987。

72. 罗杰斯(C.Rogers)著:《与人交往》,载林方主编:《人的潜能和价值》,华夏出版社,1987。

73. 马尔库斯(G.Marcus)、费彻尔(M.Fischer)著,王铭铭、蓝达居译:《作为文化批判的人类学》,三联书店,1998。

74. 梅(Rollo May)著,冯川、陈刚译:《人寻找自己》,贵州人民出版社,1991。

75. 倪梁康著:《现象学及其效应——胡塞尔与当代德国哲学》,三联书店,1994。

76. 帕金著,刘东、谢维和译:《马克斯·韦伯》,四川人民出版社,1987。

77. 裴娣娜编著:《教育研究方法导论》,安徽教育出版社,1994。

78. 齐硕姆著,邹惟远、邹晓蕾译:《知识论》,三联书店,1988。

79. 覃方明:《社会学方法论新探(上)——科学哲学与语言哲学的理论视角》,载《社会学研究》,1998(2)。

80. 施良方主编:《中学教育学》,福建教育出版社,1996;转引自郑金洲:《行动研究:一种日益受到关注的研究方法》,载《上海高教研究》,1997(1)。

81. 史梯尔林著,1985;转引自赵旭东著:《系统家庭治疗的理论与实践》(一),第8页,昆明医学院附一院精神科,1995。(该文没有列出原书的书名和出版社名)

82. 水延凯著:《社会调查教程》,中国人民大学出版社,1996。

83. 恩披里柯:《反逻辑学家》第1册,第160段,载《塞尔斯都·恩披里柯全集》第2卷,劳伯经典文库,哈佛大学出版社,1933;转引自齐硕姆著,邹惟远、邹晓蕾译:《知识论》,第81—86页,三联书店,1988。

84. 斯佩里:《分离大脑半球的一些结果》,载《世界科学》,1982(9);转引自赵慕熹著:《教育科研方法》,北京教育出版社,1991。

85. 滕守尧著:《文化的边缘》,作家出版社,1997。

86. 王海龙,何勇著:《文化人类学历史导引》,学林出版社,1992。

87. 王铭铭著:《文化格局与人的表述》,天津人民出版社,1997。

88. 王铭铭著:《村落视野中的文化与权力》,三联书店,1997。

89. 王岳川著:《后现代主义文化研究》,北京大学出版社,1992。

90. 维尔斯曼(W. Wiersma)著,袁振国主译:《教育研究方法导论》,教育科学出版社,1997。

91. 吴文侃主编:《当代国外教学论流派》,福建教育出版社,1990。

92. 谢庆绵主编:《现代西方哲学评介》,厦门大学出版社,1991。

93. 徐友渔等著:《语言与哲学——当代英美与德法传统比较研究》,三联书店,1996。

94. 严祥鸾著:《参与观察法》,载胡幼慧主编:《质性研究》,(台湾)巨流图书公司,1996。

95. 杨国枢,文崇一编:《社会及行为科学研究的中国化》,(台湾)中央研究院民族学研究所,1982。

96. 杨寿堪著:《冲突与选择——现代哲学转向问题研究》,北京师范大学出版社,1996。

97. 杨雁斌:《口述史百年透视》(上),载《国外社会科学》,1998(2)。

98. 杨雁斌:《口述史百年透视》(下),载《国外社会科学》,1998(3)。

99. 杨宜音:《报:中国人的社会交换观》,载李庆善主编:《中国人社会心理研究论集·1992》,(香港)时代文化出版公司,1993。

100. 杨宜音:《试析人际关系及其分类》,载《社会学研究》,1995(5)。

101. 杨宜音著:《"自己人及其边界"——关于"差序格局"的社会心理学研究》(博士论文),中国社会科学院,1998。

102. 叶秀山著:《思·史·诗——现象学与存在哲学研究》,人民出版社,1988。

103. 袁方主编:《社会研究方法教程》,北京大学出版社,1997。

104. 张祥龙:在"社会科学跨学科方法论研讨班"上的讲座记录,北京师范大学,1998年

7 月 18 日。

105. 赵丽明：与笔者就有关问题的口头探讨,清华大学,1998。

106. 赵慕熹著：《教育科研方法》,北京教育出版社,1991。

107. 赵汀阳著：《一个或所有问题》,江西教育出版社,1998a。

108. 赵汀阳：《智慧复兴的中国机会》,载赵汀阳等著：《学问中国》,江西教育出版社,1998b。

109. 赵旭东：《系统家庭治疗的理论与实践》(一),昆明医学院附一院精神科,1995。

110. 郑金洲：《行动研究:一种日益受到关注的研究方法》,载《上海高教研究》,1997(1)。

111. 《中国心理卫生杂志》编辑部：《心理卫生评定量表手册》,北京医科大学,1993。

112. 朱红文著：《人文精神和人文科学——人文科学方法论导论》,中共中央党校出版社,1994。

113. 朱克曼著,周叶谦、冯世则译：《科学界的精英——美国的诺贝尔奖金获得者》,商务印书馆,1982。

114. 朱苏力：《我们需要什么知识?》,在"文化自觉与文化对话——第三届社会文化人类学高级研讨班"上的发言,1998 年 6 月 15—7 月 5 日,北京大学。

西文

1. Adler, P. & Adler, P. A. (1987). *Membership Roles in Field Research*. Beverly Hills: Sage.

2. Adler, P. A. & Adler, P. (1994). Observational Techniques. In N. K. Denzin & Y. S. Lincoln(Eds.) *Handbook of Qualitative Research*. Thousand Oaks: Sage.

3. Agar, M. H. (1980). *The Professional Stranger: An Informal Introduction to Ethnography*. New York: Academic Press.

4. Agar, M. H. (1982). Whatever Happened to Cognitive Anthropology? A Partial Review. *Human Organization*, 41, pp. 82-85.

5. Agar, M. H. (1986). *Independents Declared*. Washington, D. C. : Smithsonian Institution Press.

6. Allport, G. (1942). *The Use of Personal Documents in Psychological Science*. New York: Social Science Research Council.

7. Altheide, D. L. & Johnson, J. M. (1994). Criteria for Assessing Interpretive Validity in Qualitative Research. In N. K. Denzin & Y. S. Lincoln(Eds.) *Handbook of Qualitative Research*. Thousand Oaks: Sage.

8. Altkinson, P. et al. (1988). Qualitative Research Tradition: A British Response to Jacob. *Review of Educational Research*, Vol. 58, No. 2, pp. 231-250.

9. Argyris, C. (1972). Unerwartete Folgen "Strenger" Forschung. *Grupperndynamik 3*, 1:5-22.

10. Argyris, C. et al. (1985). *Action Science: Concepts, Methods, and Skills for Research and Intervention*. San Francisco: Jossey-Bass.

11. Argyris, C. & Schon, D. A. (1974) . *Theory in Practice: Increasing Professional Effectiveness*. San Francisco: Jossey-Bass.

12. Atkinson, P. & Hammersley, M. (1994) . Ethnography and Participant Observation. In N. K. Denzin & Y. S. Lincoln (Eds.) *Handbook of Qualitative Research*. Thousand Oaks: Sage.

13. Austin, J. L. (1962). *How to Do Things with Words*. Oxford: Oxford University Press.

14. Babbie, E. (1995). *The Practice of Social Research*. 7th Ed. Belmont, CA: Wadsworth.

15. Bahr, D. et al. (1974). *Piman Shamanism and Staying Sickness*. Tucson: University of Arizona Press.

16. Barone, T. E. (1992). On the Demise of Subjectivity in Educational Inquiry. *Curriculum Inquiry*, 22(1), 25–37.

17. Barker, R. G. & Wright, H. F. (1955) . *Midwest and Its Children*. New York: Harper & Row.

18. Barrett, R. A. (1974) . *Benabarre: The Modernization of a Spanish Village*. New York: Holt, Rinehart & Winston.

19. Barry, K. et al. (Eds.) (1984) . *International Feminism: Networking Against Female Sexual Slavery*. New York: The International Women's Tribune Center, Inc.

20. Bass, T. A. (1985). *The Eudaemonic Pie*. Boston: Houghton Mifflin.

21. Bechhofer, F. (1974) . Current Approach to Empirical Research: Some Central Ideas. In J. Rex(Ed.) *Approaches to Sociology: An Introduction to Major Trends in British Sociology*. London: Routledge & Kegan Paul.

22. Becker, H. (1967). Whose Side Are We On? *Social Problems*, 14, pp. 239–248.

23. Becker, H. (1970) . Problems of Inference and Proof in Participant Observation. In H. Becker(Ed.) *Sociological Work: Method and Substance*. New Brunswick, NJ: Transaction Books(Article originally published in 1958).

24. Becker, H. S. (1986). *Writing for Social Scientists: How to Start and Finish Your Thesis, Book, or Article*. Chicago: The University of Chicago Press.

25. Becker, H. S. (1991). Generalizing from Case Studies. In E. Eisner & A. Peshkin(Eds.) *Qualitative Inquiry in Education: The Continuing Debate*. New York: Teachers College Press.

26. Becker, H. S. et al. (1977). *Boys in White: Student Culture in Medical School*. New Brunswick, NJ: Transaction Books(Original work published in 1961).

27. Belenky, M. et. al. (1986). *Women's Ways of Knowing: The Development of Self, Voice and Mind*. New York: Basic books.

28. Bensman, J. & Vidich, A. J. (1960). Social Theory in Filed Research. *American Journal of Sociology*. Vol. 65, No. 6, pp. 577–584.

29. Berg, B. (1998) . *Qualitative Research Methods for the Social Sciences*. Boston: Allyn & Bacon.

30. Bernard, H. R. (1984). The Problem of Informant Accuracy: The Validity of Retrospective

Data. *Annual Review of Anthropology*. 1984,13:495–517.

31. Bernard,H. R. (1988) , Unstructured and Semistructured Interviewing. *Research Methods in Cultural Anthropology*. Newbury Park:Sage.

32. Bernstein,R. J. (1983) . *Beyond Objectivism and Relativism: Science, Hermeneutics and Praxis*. Philadelphia:The University of Pennsylvania Press.

33. Berreman,G. (1962). *Behind Many Masks*. Monograph 4. Society for Applied Anthropology. Ithaca:Cornell University Press.

34. Beynon,H. (1973). *Working for Ford*. London:Penguin.

35. Bleicher,J. (Ed.) (1980) . *Contemporary Hermeneutics*. London: Routledge & Kegan Paul.

36. Blumen,H. (1954). What Is Wrong with Social Theory? *American Sociological Review*, 19:3–10.

37. Blumer,H. (1969) *Symbolic Interactionism: Perspective and Method*. Englewood Cliffs: Prentice–Hall.

38. Bogdan, R. C. & Biklen,S. K. (1982). *Qualitative Research for Education*. Boston:Allyn and Bacon.

39. Bogdan,R. & Taylor,S. (1975). *Introduction to Qualitative Research Methods:A Phenomenological Approach to the Social Sciences*. New York:John Wiley & Sons.

40. Bogdewic,S. P. (1992). Participant Observation. In B. F. Crabtree & W. L. Miller(Eds.) *Doing Qualitative Research*. Newbury Park:Sage.

41. Bourdieu, P. (1977) . *Outline of a Theory of Practice*. Cambridge, UK: Cambridge University Press.

42. Bourdieu,P. (1984). *Distinction:A Social Critique of the Judgment of Taste*. Cambridge, USA:Harvard University Press.

43. Bowen, E. S. (pseudo. of Laura Bohannan) . (1954) . *Return to Laughter*. New York: Harper and Row.

44. Bredo,E. & Feinberg,W. (Eds.) (1982). *Knowledge & Values in Social & Educational Research*. Philadelphia:Temple University Press.

45. Bredo,E. & Feinber, W. (1982) . Conclusion: Action, Interaction, and Reflection. In E. Bredo & W. Feinberg (Eds.) *Knowledge and Values in Social & Educational Research*. Philadelphia:Temple University Press.

46. Briggs,C. L. (1986) . *Learning How to Ask*. Cambridge, UK: Cambridge University Press.

47. Briggs,J. (1970) . *Never in Anger: Portrait of an Eskimo Family*. Cambridge, USA: Harvard University Press.

48. Brinberg,D. & Joseph,E. M. (1985). *Validity and the Research Process*. Newbury Park: Sage.

49. Britan, G. M. (1978) . Experimental and Contextual Models of Program Evaluation. *Evaluation and Program Planning* 1:229–234.

50. Brodbeck, M. (1963). Logic and Scientific Method in Research on Teaching. In N. L. Gage (Ed.) *Handbook of Research on Teaching*. Chicago: Rand McNally.

51. Bromme, R. (1985). Was sind Routinen im Lehrerhandeln? *Unterrichtswissenschaft*. 2, 182-192. 转引自(阿特莱奇特等,1997).

52. Browne, A. (1987). *When Battered Women Kill*. New York: Free Press.

53. Bruner, E. M. (1993). Introduction: The Ethnographic Self and Personal Self. In P. Benson (Ed.) *Anthropology and Literature*. Urbana: University of Illinois Press.

54. Bruyn, S. T. (1966). *The Human Perspective in Sociology*. Englewood Cliffs: Prentice -Hall.

55. Bryman, A. (1984). The Debate about Quantitative and Qualitative Research: A Question of Method or Epistemology? *British Journal of Sociology* 35:75-92.

56. Burke, K. (1935). *Permanence and Change*. New York: New Republic.

57. Burgess, R. G. (1982). The Role of Theory in Field Research. In R. G. Burgess (Ed.) *Field Research: A Source Book and Field Manual*. London: George Allen& Unwin (Publishers) Ltd.

58. Burgess, R. (1984). Introduction. In R. Burgess (Ed.) *The Research Process in Educational Settings: Ten Case Studies*. London: Falmer.

59. Burrell, G. & Morgan, G. (1979). *Sociological Paradigms and Organizational Analysis*. London: Heinemann.

60. Cabanero-Verzosa, C. et al. (1993). Using Focus Groups to Develop and Promote an Improved Weaning Food Product. In K. Kumar (Ed.) *Rapid Appraisal Methods*. World Bank Regional and Sectoral Studies, Washington, D. C.

61. Calder, B. J. (1977). Focus Groups and the Nature of Qualitative Market Research. *Journal of Market Research*, 14, pp. 353-364.

62. Campbell, D. T. (1978). Qualitative Knowing in Action Research. In M. Brenner et al. (Eds.) *The Social Contexts of Method*. New York: St. Martin's.

63. Campbell, D. T. (1988). *Methodology and Epistemology for Social Science: Selected Papers*. Chicago: University of Chicago Press.

64. Carden, M. L. (1974). *The New Feminist Movement*. New York: Russell Sage Foundation.

65. Carney, T. F. (1990). *Collaborative Inquiry Methodology*. Windsor, Canada: University of Windsor, Division for Instructional Development.

66. Certeau, M. de. (1983). History: Ethics, Science and Fiction. In N. Haan et al. (Eds.) *Social Science as Moral Inquiry*. New York: Colunbia University Press.

67. Chagnon, N. (1968). *Yanomamo*. New York: Holt, Rinehart and Winston.

68. Champaigne, S. (1996). Personal communication with me. Beijing: Peking University.

69. Cheng, K. M. (1994). Education Research in Mainland China: Views on the Fence. Paper prepared for the international conference on "Chinese Education for the 21th Century", August 15-20, 1994, Shanghai, China.

70. Cicourel, A. V. (1964). *Method and Measurement in Sociology.* New York: Free Press.

71. Cicourel, A. V. (1974). *Theory and Method in a Study of Argentine Fertility.* New York: John Wiley.

72. Clandinin, D. J. & Connelly, F. M. (1994). Personal Experience Methods. In N. K. Denzin & Y. S. Lincoln (Eds.) *Handbook of Qualitative Research.* Thousand Oaks: Sage.

73. Clement, D. (1976). Cognitive Anthropology and Applied Problems in Education. In M. V. Angrosino (Ed.) *Do Applied Anthropologists Apply Anthropology?* Southern Anthropological Society Proceedings, No. 10. Athens: University of Georgia Press.

74. Clifford, J. (1983). On Ethnographic Authority. *Presentations* I: 118-146.

75. Clifford, J. & Marcus, G. E. (Eds.) (1986). *Writing Culture.* Berkeley: University of California Press.

76. Clough, P. T. (1992). *The End (s) of Ethnography: From Realism to Social Criticism.* Newbury Park: Sage.

77. Collini, S. (Ed.) (1992). *Interpretation and Overinterpretation.* Cambridge, UK: Cambridge University Press.

78. Collins, R. (1984). Statistics Versus Words. In R. Collins (Ed.) *Sociological Theory.* San Francisco: Jossey-Bass.

79. Cook, T. D. & Campbell. D. M. (1979). *Quasi-Experimentation: Design & Analysis Issues for Field Settings.* Boston: Houghton Mifflin.

80. Cook, T. D. & Reichardt, C. S. (Eds.) (1979). *Qualitative and Quantitative Methods in Evaluation Research.* Beverly Hills: Sage.

81. Corsaro, W. (1985). Entering The Child's World. In J. Green & C. Wallat (Eds.) *Ethnography and Language in Education Settings.* New York: Ablex Press.

82. Cranach, M. V. (1983). Gber die bewubte Representation handlungsbezogener Kognioner. In L. Montada (Ed.) *Kognition und Handeln*, Stuttgart: Klett-Cotta. 转引自(阿特莱奇特等, 1997).

83. Crandall, D. P. (1990). Peering at Paradigms Through the Prism of Practice Improvement. In E. G. Guba (Ed.) *The Paradigm Dialogue.* Newbury Park: Sage.

84. Crapanzano, V. (1980). *Tuhami: Portrait of a Moroccan.* Chicago: University of Chicago Press.

85. Creswell, J. W. (1994). *Research Design: Qualitative & Quantitative Approaches.* Newbury Park: Sage.

86. Cusick, P. (1985a). Review of Reading, Writing and Resistance. *Anthropology Quarterly*, 16, 69-72.

87. Cusick, P. (1985b). Commentary on the Everhart/Cusick Review. *Anthropology and Education Quarterly*, 16, 246-247.

88. Daft, R. L. (1983). Learning the Craft of Organizational Research. *Academy of Management Review* 8: 539-546.

89. Dallmayr, F. (1981). *Beyond Dogma and Despair.* Notre Dame: University of Notre Dame

Press.

90. Descartes, R. (1968). *Discourse on Method and the Meditations.* Harmondsworth: Penguin.

91. Denzin, N. K. (1970). *The Research Act.* Chicago: Aldine.

92. Denzin, N. K. (1978). *The Research Act: A Theoretical Introduction to Sociological Methods.* 2nd Ed. New York: McGraw-Hill.

93. Denzin, N. K. (1994). The Art and Politics of Interpretation. In N. K. Denzin & Y. S. Lincoln(Eds.)*Handbook of Qualitative Research.* Thousand Oaks: Sage.

94. Denzin, N. K. & Lincoln, Y. S. (Eds.) (1994). *Handbook of Qualitative Research.* Thousand Oaks: Sage.

95. Donmoyer, R. (1990). Generalisability and the Single - Case Study. In E. W. Eisner & A. Peshkin(Eds.) *Qualitative Inquiry in Education: The Continuing Debate.* New York: Teachers College Press.

96. Douglas, J. D. (1976) *Investigative Social Research.* Beverly Hills: Sage.

97. Douglas, J. D. & Rasmussen, P. K. with C. A. Flanagan. (1977). *The Nude Beach.* Beverly Hills, Sage.

98. Du Bois, W. E. B. (1967). *The Philadelphia Negro: A Social Study.* New York: Benjamin Blom(Original work published 1899).

99. Dumont, J. P. (1978). *The Headman and I.* Austin: University of Texas Press.

100. Dupreel, E. (1978). *Les Sophistes: Protagoras, Gorgias. Prodicus, Hippias.* Paris: Editions Griffon(Bibliotheque Scientifique).

101. Dwyer, K. (1982). *Moroccan Dialogues: Anthropology in Question.* Baltimore: The John Hopkins University Press.

102. Eco, U. (1992). Reply. In S. Collini (Ed.) *Interpretation and Overinterpretation.* Cambridge, UK: Cambridge University Press.

103. Edwards, E. (Ed.) (1992). *Anthropology and Photography* 1860 - 1920. New Haven: Yale University Press.

104. Egan, G. (1986). *The Skilled Helper.* 3rd Ed. Pacific Grove: Brooks/Cole Publishing Company.

105. Eisner, E. (1992). Introduction to Special Section on Objectivity, Subjectivity, and Relativism. *Curriculum Inquiry,* 22(1), 6-15.

106. Eisner, E. (1996). The Promise and Perils of Alternative Forms of Data Representation. *Educational Researcher,* Vol. 26, No. 6, pp. 4-10.

107. Eisner, E. & Peshkin, A. (Eds.) (1990) *Qualitative Inquiry in Education: The Continuing Debate.* New York: Teachers College, Columbia University.

108. Elliot, J. (1991). *Action Research for Education Change.* Milton Keynes & Philadelphia: Open University Press.

109. Ellis, C. (1991). Emotional Sociology. *Studies in Symbolic Interaction,* 12, 123-145.

110. Ellis, C. (1994). Telling a Story of Sudden Death. *Sociological Quarterly,* 35.

111. Ellis, C. & Bochner, A. P. (1992). Telling and Performing Personal Stories: The Constraints of Choice in Abortion. In C. Ellis & M. G. Flaherty (Eds.) *Investigating Subjectivity: Research on Lived Experience.* Newbury Park: Sage.

112. Ely, M. et al. (1991). *Doing Qualitative Research: Circles within Circles.* London: The Falmer Press.

113. Emerson, R. (1983). *Contemporary Field Research: A Collection of Readings.* Prospect Heights, Illinois: Waveland Press.

114. Engels, F. (1969). *The Conditions of the Working Class in England.* London: Panther (Original work published 1845).

115. Epstein, C. F. (1970). *Women's Place: Options and Limits in Professional Careers.* Berkeley: University of California Press.

116. Erickson, F. (1986). Qualitative Methods in Research on Teaching. In M. C. Wittrock (Ed.) *Handbook of Research on Teaching.* New York: Macmillan.

117. Erickson, F. (1989). The Meaning of Validity in Qualitative Research. Unpublished paper presented at the annual meeting of the American Educational Research Association, March 1989.

118. Erickson, F. & Mohatt, G. (1982). Cultural Organization of Participation Structures in Two Classrooms of Indian Students. In G. Spindler (Ed.) *Doing the Ethnography of Schooling: Educational Anthropology in Action.* New York: Holt, Rinehart & Winston.

119. Erickson, F. & Wilson, J. (1982). *Sights and Sounds of Life in Schools: A Resource Guide to Film and Videotape of Research and Education.* East Lansing, MI: Institute for Research on Teaching, College of Education.

120. Everhart, R. (1985a). Review of The Egalitarian Ideal and the American High School. *Anthropology and Education Quarterly,* 16, 73-77.

121. Everhart, P. (1985b). Comment on the Everhart/Cusick Reviews. *Anthropology and Education Quarterly,* 16, 247-248.

122. Feld, S. (1982). *Sound and Sentiment: Birds, Weeping, Poetics, and Song in Kaluli Expression.* Philadelphia: University of Pennsylvania Press.

123. Fernandez, J. W. (1994). Time on Our Hands. In D. D. Fowler & D. L. Hardesty (Eds.) *Others Knowing Others.* Washington, DC: Smithsonian Institution Press.

124. Festinger, L. et al. (1956). *When Prophecy Fails.* Minneapolis: University of Minnesota Press.

125. Fetterman, D. M. (1982). Ethnography in Education Research: The Dynamics of Diffusion. *Educational Researcher* (March): 17-29.

126. Feyerabend, P. (1970). Consolations for the Specialist. In L. Lakatos & A. E. Musgrave (Eds.) *Criticism and the Growth of Knowledge.* Cambridge: Cambridge University Press.

127. Fielding, N. & Fileding, J. (1986). *Linking Data.* Beverly Hills: Sage.

128. Filstead, W. J. (Ed.) (1970). *Qualitative Methodology.* Chicago: Markham.

129. Firestone, W. A. (1990). Accommodation: Toward a Paradigm-Praxis Dialectic. In E. G. Guba(Ed.) *The Paradigm Dialogue.* Newbury Park: Sage.

130. Firestone, W. A. & Herriott, R. E. (1984). Multisite Qualitative Policy Research: Some Design and Implementation Issues. In D. M. Fetterman(Ed.) *Ethnography in Educational Evaluation.* Beverly Hills: Sage.

131. Fischer, M. (1984). Toward a Third World Poetics: Seeing Through Fiction and Film in the Iranian Culture Area. *Knowledge and Society* 5: 171 – 241. New York: JAI Press.

132. Fontana, A. , & Frey, J. H. (1994). Interviewing: The Art of Science. In N. K. Denzin & Y. S. Lincoln(Eds.) *Handbook of Qualitative Research.* Thousand Oaks: Sage.

133. Freidson, E. (1975). *Doctoring Together: A Study of Professional Social Control.* Chicago: University of Chicago Press.

134. Freire, P. (1992). *Pedagogy of the Oppressed.* New York: The Continuum Publishing Company.

135. Friedrichs, J. & Ludtke, H. (1974). *Participant Observation: Theory and Practice.* Westmead, UK: Saxon House.

136. Favret-Saada, J. (1980[1977]). *Deadly Words: Witchcraft in the Bocage.* Cambridge: Cambridge University Press.

137. Gadamer, H. (1986a). On the Scope and Function of Hermeneutic Reflection. In B. Wachterhauser(Ed.) *Hermeneutics and Modern Philosophy.* Albany: State University of New York Press.

138. Gadamer, H. (1986b). *Wahrheit und Methode.* Tuebingen. (转引自徐友渔等, 1996: 166)

139. Gans, H. J. (1962). *The Urban Villagers: Group and Class in the Life of a New Suburban Community.* London: Allen Lane.

140. Gans, H. J. (1982). The Participant-Observer as a Human Being. In R. G. Burgess(Ed.) *Field Research.* London: Allen and Unwin.

141. Geertz, C. (Ed.) (1973a). *The Interpretation of Cultures.* New York: Basic Books.

142. Geertz, C. (1973b). Deep Play: Notes on the Balinese Cockfight. In C. Geertz(Ed.) *The Interpretation of Cultures.* New York: Basic Books.

143. Geertz, C. (1976). From the Native's Point of View: On the Nature of Anthropological Understanding. In Rabinow and Sullivan(Eds.) *Interpretive Social Science: A Reader.*

144. Geertz, C. (1980). Blurred Genres. *American Scholar*, 49: 165–179.

145. Geertz, C. (1983). *Local Knowledge: Further Essays in Interpretative Anthropology.* New York: Basic Books.

146. Geertz, C. (1988). *Works and Lives: The Anthropologist as Author.* Stanford: Stanford University Press.

147. Giddens, A. (1979). *Central Problems in Social Theory.* Berkeley: University of California

Press.

148. Glaser, B. (1978). *Theoretical Sensitivity*. Mill Valley: Sociology Press.

149. Glaser, B. (1982). Generating Formal Theory. In R. G. Burgess (Ed.) *Field Research: A Source Book and Field Manual*. London: George Allen & Unwin (Publishers) Ltd.

150. Glaser, B. (1987). *Qualitative Analysis for Social Scientists*. Cambridge: Cambridge University Press.

151. Glaser, B. & Strauss, A. (1965). *Awareness of Dying*. Chicago: Aldine.

152. Glaser, B. & Strauss, A. (1967). *The Discovery of Grounded Theory: Strategies for Qualitative Research*. Chicago: Aldine.

153. Glaser, B. & Strauss, A. (1968). *Time for Dying*. Chicago: Aldine.

154. Glesne, C. & Peshkin, A. (1992). *Becoming Qualitative Researchers*. White Plains: Longman.

155. Goetz, J. & LeCompte, M. (1984). *Ethnography and Qualitative Design in Educational Research*. Orlando: Academic Press.

156. Gogolin, L & Swartz, F. (1992). A Quantitative and Qualitative Inquiry into the Attitude toward Science of Nonscience College Students. *Journal of Research in Science Teaching*, 29(5):487-504.

157. Goldstein, K. S. (1964). *A Guide for Field Workers in Folklore*. Hatboro, PA: Folklore Associates.

158. Goffman, E. (1959). *The Presentation of Self in Everyday Life*. New York: Anchor Books.

159. Goffman, E. (1974). *Frame Analysis*. New York: Harper & Row.

160. Gold, R. L. (1958). Roles in Sociological Field Observations. *Social Forces*, 36, 217-223.

161. Goodman, N. (1978). *Ways of Worldmaking*. Indianapolis: Hackett Press.

162. Grady, K. A. & Wallston, B. S. (1988). *Research in Health Care Settings*. Newbury Park: Sage.

163. Greene, J. C. (1990). Three Views on the Nature and Role of Knowledge in Social Science. In E. G. Guba (Ed.) *The Paradigm Dialogue*. Newbury Park: Sage.

164. Greene, J. C. (1994). Qualitative Program Evaluation: Practice and Promise. In N. K. Denzin & Y. S. Lincoln (Eds.) *Handbook of Qualitative Research*. Thousand Oaks: Sage.

165. Greene, J. C. et al. (1989). Toward a Conceptual Framework for Mixed - Method Evaluation Designs. *Educational Evaluation and Policy Analysis*, 11(3).

166. Griffin, D. (Ed.) (1988). *The Reenchantment of Science*. Albany: State University of New York Press.

167. Guba, E. G. (Eds.) (1990). *The Paradigm Dialogue*. Newbury Park: Sage.

168. Guba, E. G. & Lincoln, Y. S. (1981). *Effective Evaluation*. San Francisco: Jossey-Bass.

496

169. Guba, E. G. & Lincoln, Y. S. (1989). *Fourth Generation Evaluation.* Newbury Park：Sage.

170. Guba, E. G. & Lincoln, Y. S. (1994). Competing Paradigms in Qualitative Research. In N. K. Denzin & Y. S. Lincoln(Eds.) *Handbook of Qualitative Research.* Thousand Oaks：Sage.

171. Habermas, J. (1971). *Knowledge and Human Interests.* Translated by J. J. Shapiro. Boston：Beacon Press.

172. Habermas, J. (1980). The Hermeneutic Claim to Universality. In J. Bleicher(Ed.) *Contemporary Hermeneutics.* London：Routledge & Kegan Paul.

173. Habermas, J. (1987). *The Philosophical Discourse of Modernity：Twelve Lectures* (F. Lawrence, Trans.). Cambridege：Polity.

174. Halliday, M. A. K. (1973). *Explanations in the Functions of Language.* London：Edward Arnold.

175. Hamilton, D. (1994). Traditions, Preferences, and Postures in Applied Qualitative Research. In N. K. Denzin & Y. S. Lincoln (Eds.) *Handbook of Qalitative Research.* Thousand Oaks：Sage.

176. Hammersley, M. (1984). The Paradigmatice Mentality：A Diagnosis. In L. Barton & S. Walker(Eds.) *Social Crisis and Educational Research.* London：Croom Helm.

177. Hammersley, M(1989). *The Dilemma of Qualitative Method：Herbert Blumer and the Chicago Tradition.* London：Routledge.

178. Hammersley, M. (1992). *What's Wrong with Ethnography?* London & New York：Routledge.

179. Hammersley, M. & Atkinson, P. (1983). *Ethnography：Principle in Practivce.* London & New York：Routledge.

180. HandleR. (1983). The Daity and the Hungry Man：Literature and Anthropology in the Work of Edward Sapir. In G. Stocking, Jr. (Ed.) *Observers Observed：Essays on Ethnographic Fieldwork.* Madison：University of Wisconsin Press.

181. Harding, S. (1986). *The Science Question in Feminism.* New York：Cornell University Press.

182. Harding, S. (Ed.)(1987). *Feminism & Methodology：Social Science Issues.* Bloomington and Indianapolis：Indiana University Press.

183. Hargreaves, D. (1967). *Social Relationship in a Secondary School.* London：RKP.

184. Harper, D. (1994). On the Authority of the Image：Visual Methods at the Crossroads. In N. K. Denzin & Y. S. Lincoln(Eds.) *Handbook of Qalitative Research.* Thousand Oaks：Sage.

185. Harris, M. (1968). *The Rise of Anthropological Theory：A History of Theories of Culture.* New York：Thomas Y. Crowell.

186. Hart, E. & Bond, M. (1995). *Action Research for Health and Social Care：A Guide to Practice.* Buckingham：Open University Press.

187. Hirsch, E. (1967). *Validity in Interpretation*. New Haven: Yale University Press.

188. Hochschild, A. (1983). *The Managed Heart*. Berkley: University of California Press.

189. Hodder, I. (1994). The Interpretation of Documents and Material Culture. In N. K. Denzin & Y. S. Lincoln (Eds.) *Handbook of Qalitative Research*. Thousand Oaks: Sage.

190. Hodgan, M. T. (1964). *Early Anthropology in the Sixteenth and Seventeenth Centuries*. Philadelphia: University of Pennsylvania.

191. Holdaway, S. (1980). *The Occupational Culture of Urban Policing: An Ethnography Study*. Unpublished doctual dissertation, University of Sheffiled.

192. Holland, D. C. (1985). From Situation to Impression: How Americans Get to Know Themselves and One Another. In J. W. D. Dougherty (Ed.) *Directions in Cognitive Anthropology*. Urbana: University of Illinois Press.

193. Holstein, J. A. & Gubrium, J. F. (1994). Phenomenology, Ethnomethodology, and Interpretive Practice. In N. K. Denzin & Y. S. Lincoln (Eds.) *Handbook of Qualitative Research*. Thousand Oaks: Sage.

194. Holter, I. M. & Schwartz-Barcott, D. (1993). Action Research: What Is It? How Has It Been Used and How Can It Be Used in Nursing? *Journal of Advanced Nursing*, 18, pp. 298–304.

195. Honigmann, J. J. (1982). Sampling in Ethnogaphic Fieldwork. In R. G. Burgess (Ed.) *Field Research: A Sourcebook and Field Manual*. London: George Allen & Unwin (Publishers) Ltd.

196. Howard, V. A. & Barton, J. H. (1986). *Thinking on Paper*. New York: Morrow.

197. Howe, K. (1988). Against the Quantitative-Qualitative Incompatibility Thesis or Dogmas Die Hard. *Educational Researcher*, 17, pp. 10–16.

198. Huberman, A. M. & Miles, M. B. (1994). Data Management and Analysis Methods. In N. K. Denzin & Y. S. Lincoln (Eds.) *Handbook of Qualitative Research*. Thousand Oaks: Sage.

199. Husen, T. (Ed.) (1985). *The International Encyclopedia of Education*, Vol. 1.

200. Hymes, D. (1981). *"In Vain I Tried to Tell You": Essays in Native American Ethnopoetics*. Philadelphia: University of Pennsylvania Press.

201. Ianni, F. A. J. & Orr, M. T. (1979). Toward a Rapproachement of Quantitative and Qualitative Methodolgies. In T. D. Cook & C. S. Reichardt (Eds.) *Qualitative and Quantitative Methods in Evaluation*. Beverly Hills: Sage.

202. Jackson, B. (1987). *Fieldwork*. Urbana and Chicago: University of Illinois Press.

203. Jackson, M. (1982). *Allegories of the Wilderness: Ethics and Ambiguity in Kuranko Narratives*. Bloomington: Indiana University Press.

204. Jackson, P. (1968). *Life in Classrooms*. New York: Holt Rinehart & Winston.

205. Jacob, E. (1987). Qualitative Research Traditions: A Review. *Review of Educational Research*, Vol. 57, No. 1, pp. 1–50.

206. Janesick, V. J. (1994) . The Dance of Qualitative Research Design: Metaphor, Methodology, and Meaning. In N. K. Denzin & Y. S. Lincoln(Eds.) *Handbook of Qualitative Research*. Thousand Oaks: Sage.

207. Jick, T. D. (1979) . Mixing Qualitative and Quantitative Method: Triangulation in Action. *Administration Science Quarterly*, 24, 602–611.

208. Johnson, J. M. (1975). *Doing Field Research*. New York: Free Press.

209. Jorgensen, D. L. (1989) . *Participant Observation: A Methodology for Human Studies*. Newbury Park: Sage.

210. Junker, B. (1960). *Field Work*. Chicago: University of Chicago Press.

211. Kaplan, B. & Duchon, D. (1988). Combining Qualitative and Quantitative Methods in Information Systems Research: A Case Study. *Management Information Systems Quarterly* 12: 571–586.

212. Karp, D. A. (1980). Observing Behavior in Public Places: Problems and Strategies. In W. B. Shaffir, R. A. Stebbins and A. Turowetz (Eds.) *Fieldwork Experience: Qualitative Approaches to Social Research*. New York: St. Martin's Press.

213. Kau, C. J. (1981). *Growth of a Teacher in a Communication Project*. Unpublished doctoral dissertation, University of Illinois, Urbana-Champaign.

214. Keesing, R. & Keesing, F. (1971) . *New Perspectives in Cultural Anthropology*. New York: Holt, Rinehart & Winston.

215. Keiser, R. L. (1970) . Fieldwork Among the Vice Lords of Chicago. In G. D. Spindler (Ed.) *Being an Anthropologist*. New York: Holt, Rinehart & Winston.

216. Keller, E. (1983). *A Feeling for the Organism: The Life and Work of Barbara McClintock*. New York: Freeman.

217. Kerlinger, F. N. (1986) . *Foundations of Behavioral Research*. 3rd Ed. New York: Holt, Rinehan & Winston.

218. Kidder, L. H. & Fine, M. (1987) . Qualitative and Quantitative Methods: When Stories Converge. In M. M. Mark & R. L. Shotland(Eds.) *Multiple Methods in Program Evaluation: New Directions in Program Evaluation*. San Francisco: Jossey-Bass.

219. Kirk, J. & Miller, M. (1986). *Reliability and Valididy in Qualitative Research*. Newbury Park: Sage.

220. Klockars, C. B. (1979) . Dirty Hands and Deviant Subjects. In C. B. Klockars & F. W. O'Conner (Eds.) *Deviance and Decency: The Ethics of Research with Human Subjects*. Beverly Hills: Sage.

221. Kluckhohn, C. & Murray, H. (Eds.) (1948). *Personality in Nature, Society, and Culture*. New York: Alfred A. Knopf.

222. Kondo, D. (1986) . Dissolution and Reconstitution of Self: Implications for Anthropological Epistemology. *Cultural Anthropology* 1, pp. 74–88.

223. Koyre, A. (1966) . *Etudes d'Histoire de la Pensee Scientifique*. Paris: Presses Universitaires de France.

224. Kotarba, J. A. & Fontana, A. (Eds.) *The Exitential Self in Society*. Chicago: University of Chicago Press.

225. Kracke, W. (1978). *Force and Persuation: Leadership in an Amazonian Society*. Chicago: University of Chicago Press.

226. Kramer, J. (1978). *The Last Cowboy*. New York: Harper and Row.

227. Krieger, S. (1983). *The Mirror Dance*. Philadelphia: Temple University Press.

228. Kuhn, T. (1968). *Structure of Scientific Revolution*. New York.

229. Kuhn, T. (1970). *The Structure of Scientific Revolution*. 2nd. Ed. Chicago: University of Chicago Press.

230. Kuzel, A. J. (1992). Sampling in Qualitative Inquiry. In B. F. Crabtree & W. L. Miller (Eds.) *Doing Qualitative Research*, pp. 31–44. Newbury Park: Sage.

231. Kvale, S. (1995). The Social Construction of Validity. *Qualitative Inquiry*, 1 (1): 19–40.

232. Kvale, S. (1988). The 1000 – Page Question. *Phenomenology and Pedagogy*, 6 (2), 90–106.

233. Labov, W. (1982). Speech Actions and Reactions in Personal Narrative. In D. Tannen (Ed.) *Analysing Discourse: Texts and Talk*. Washington, D. C. : University of Washington Press.

234. Langness, L. L. (1974). *The Study of Culture*. San Francisco: Chandler & Sharp.

235. Lather, P. (1986). Issues of Validity in Openly Ideological Research: Between a Rock and a Soft Place. *Interchange*, 17, 63–84.

236. Lather, P. (1988). Feminist Perspectives on Empowering Research Methodologies. *Women's Studies International Forum*, 11(6).

237. Lather, P. (1993). Fertile Obsession: Validity After Poststructuralism. *Sociological Quarterly*, 35.

238. Lave, C. A. & March, J. G. (1975). *An Introduction to Models in Social Sciences*. New York: Harper & Row.

239. Layder, D. (1993). *New Strategies in Social Research*. Cambridge: Polity Press.

240. Levi–Strauss, C. (1966). *The Savage Mind*. 2nd Ed. Chicago: University of Chicago Press.

241. Lewis, O. (1953). Control and Experiments in Field Work. In A. K. Kroeber(Ed.) *Anthropology Today*. Chicago: University of Chicago Press.

242. Liebow, E. (1967). *Tally's Corner*. London: Routledge & Kegan Paul.

243. Light, Richard J. et al. (1990). *By Design: Planning Research on Higher Education*. Cambridge: Harvard University Press.

244. Lincoln, Y. S. (1990). Toward a Categorical Imperative for Qualitative Research. In E. W. Eisner & A. Peshkin(Eds.) *Qualitative Inquiry in Education: The Continuing Debate*. New York: Teachers College, Columbia University.

245. Lincoln, Y. S. & Denzin, N. K. (1994) . The Fifth Moment. In N. K. Denzin &

Y. S. Lincoln(Eds.) *Handbook of Qalitative Research*. Thousand Oaks: Sage.

246. Lincoln, Y. S. & Guba, E. G. (1985). *Natualistic Inquiry*. Beverly Hills: Sage.

247. Linden, R. (1992). *Making Stories, Making Selves: Feminist Reflections on the Holocaust*. Columbus: Ohio State University.

248. LoflanJ. (1971). *Analyzing Social Settings: A Guide to Qualitative Observation and Analysis*. Belmont, CA: Wadsworth.

249. Lofland, J. & Lofland, L. H. (1984). *Analyzing Social Settings: A Guide to Qualitative Observation and Analysis*. 2nd Ed. Belmont, CA: Wadsworth (Original work pulished 1971).

250. Lukas, J. A. (1985). *Common Ground*. New York: Knopf.

251. Lundsgaarde, H. el al. (1981). *Human Problems in Computerized Medicine*. Lawrence, KS: University of Kansa Publications in Anthropology, No. 13.

252. Lurie, A. (1969). *Imaginary Friends*. New York: Bantam.

253. Lynd, R. S. & Lynd, H. M. (1937). *Middletown in Transition: A Study in Cultural Conflicts*. New York: Harcourt, Brace.

254. Lynd, R. S. & Lynd, H. M. (1956) . *Middletown: A Study in Modern American Culture*. New York: Harcourt, Brace(Original work published 1929).

255. Mailer, N. (1979). *The Executioners's Song*. Boston: Little, Brown.

256. Majnep, I. & Bulmer, R. (1977) . *Birds of My Kalan Country*. Auckland: Oxford University Press.

257. Malinowski, B. (1922). *Argonauts of the Western Pacific*. New York: Dutton.

258. Malinowski, B. (1948) . *Magic, Science and Religion, and Other Essays*. New York: Natural History Press(Orginal work published 1916).

259. Malinowski, B. (1967). *A Diary in the Strict Sense of the Term*. London: Routledge & Kegan Paul.

260. Manis, J. &Meltzer, B. (Eds.)(1978). *Sympolic Interaction: A Reader in Social Psychology*. Boston: Allyn & Bacon.

261. Manning, P. K. (1982) . Analytic Induction. In R. B. Smith & P. K. Manning (Eds.) *Social Science Methods*, Vol I. New York: Irvington Press.

262. Manning, P. K & Cullum-Swan, B. (1994). Narrative, Content, and Semiotic Analysis. In N. K. Denzin & Y. S. Lincoln (Eds.) *Handbook of Qalitative Research*. Thousand Oaks: Sage.

263. Marcus, G. E. (1986). Contemporary Problems of Ethnography in the Modern World System. In J. Clifford & G. E. Marcus(Eds.) *Writing Culture*. Berkley: University of California Press.

264. Marcus, G. E. (1994). What Comes (Just) After " Post " ? The Case of Ethnography. In N. K. Denzin & Y. S. Lincoln (Eds.) *Handbook of Qalitative Research*. Thousand Oaks: Sage.

265. Marcus, G. E. & Cushman, D. (1982) . Ethnographies as Text. *Annual Review of*

Anthropology, II: 25-69.

266. Marcus, G. E. & Fischer, M. (1986). *Anthropology as Cultural Critique: An Experimental Moment in the Human Sciences.* Chicago: University of Chicago Press.

267. Martin, J. (1982). A Garbage Can Model of the Research Process. In J. E. McGrath, J. Martin & R. Kulka(Eds.) *Judgment Calls in Research.* Beverly Hills: Sage.

268. Marx, G. (1980). Notes on the Discovery, Collection and Assessment of Hidden and Dirty Data. Paper presented at the annual meeting of the Society for the Study of Social Problems, New York.

269. Mascia-Lees, F. E. et al. (1993). The Postmodernist Turn in Anthroppology: Cautions From a Feminist Perspective. In P. Bemson(Ed.) *Anthropology and Literature.* Urbana: University of Illinois Press.

270. Mathiessen, P. (1962). *Under the Mountain Wall.* London: Penguin.

271. Matza, D. (1969). *Becoming Deviant.* Englewood Cliffs, N. J. : Prentice-Hall.

272. Maxwell, J. (1992), Understanding and Validity in Qualitative Research. *Harvard Educational Review*, 62, 279-300.

273. Maxwell, J. (1993) . Using Qualitative Research to Develop Causal Explanations. Unpublished paper, Cambridge, US: Harvard Graduate School of Education.

274. Maxwell, J. (1994). Handouts for the course "Qualitative Research in Education". Cambridge, US: Harvard Graduate School of Education.

275. Maxwell, J. (1995). Integrating Quantitative and Qualitative Research Design. Handouts for the course "Integrating Quantitative and Qualitative Research Methods". Cambridge: US: Harvard Graduate School of Education.

276. Maxwell, J. (1996). *Qualitative Research Design: An Interactive Approach.* Thousand Oaks: Sage.

277. Maxwell, J. A. et al. (1986). Combining Ethonographic and Experimental Methods in Evaluation Research: A Case Study. In D. M. Fetterman & M. A. Pitman(Eds.) *Educational Evaluation: Ethnography in Theory, Practice, and Politics.* Newbury Park: Sage.

278. McCarthy, J. (1992). Hermeneutics. In D. Nusser & J. Price(Eds.) *A New Handbook of Christian Theology.* Abrungdon Press.

279. McMillan, J. H. & Schumacher, S. (1989). *Research in Education: A Conceptual Introduction.* 2nd Ed. Glenview, IL: Scotl, Foresman.

280. Mead, M. (1949). *The Mountain Arapesh. V. The Record of Unabelin with Rorschach Analysis.* New York: Anthropological Papers of the American Museum of Natural History 41(Part 3).

281. Mead, M. (1953). National Character. In A. L. Kroeber(Ed.) *Anthropology Today.* Chicago: University of Chicago Press.

282. Meltzer, B. et al. (1975). *Symbolic Interactionism: Genensis, Varieties and Criticism.* London: Routledge & Kegan Paul.

283. Merriam, S. B. (1991). *Case Study Research in Education: A Qualitative Approach.* San Francisco: Josssey-Bass.

284. Merton, R. K. (1967). *On Theoretical Sociology.* New York: Free Press.

285. Merton, R. K. (1987). The Focused Interview and Focus Groups: Continuities and Discontinuities. *Public Opinion Quarterly*, 51, pp. 550-556.

286. Merton, R. K. & Kendall, P. L. (1946). The Focused Interview. *American Journal of Sociology*, 51, pp. 541-557.

287. Meyers, W. R. (1981). *The Evaluation Enterprise.* San Francisco: Jossey-Bass.

288. Miles, M. B. & Huberman, A. M. (1984). *Qualitative Data Analysis: A Sourcebook of New Methods.* Beverly Hills: Sage.

289. Miles, M. B. & Huberman, A. M. (1993) *Qualitative Data Analysis: an Expanded Sourcebook.* 2nd Ed. Newbury Park: Sage.

290. Milgram, S. (1974). *Obedience to Authority: An Experimental View.* New York: Harper & Row.

291. Miller, W. L. & Crabtree, B. F. (1992). Primary Care Research: A Multimethod Typology and Qualitative Road Map. In Crabtree & Miller (Eds.) *Doing Qualitative Research.* Newbury Park: Sage.

292. Miller, W. L. & Crabtree, B. F. (1994). Clinical Research. In N. K. Denzin & Y. S. Lincoln (Eds.) *Handbook of Qualitative Research.* Thousand Oaks: Sage.

293. Mills, C. W. (1959). *The Sociological Imagination.* London: Oxford University Press.

294. Mishler, E. G. (1986). *Research Interviewing: Context and Narrative.* Cambridge, USA: Harvard University Press.

295. Mishler, E. G. (1990). Validation in Inquiry-guided Research: The Role of Exemplars in Narrative Studies. *Harvard Educational Review*, 60, 415-441.

296. Moffet, J. (1968). *Teaching the Universe of Discourse.* Boston: Houghton Mifflin.

297. Morgan, D. (1988). *Focus Groups as Qualitative Research.* Newbury Park: Sage.

298. Morse, J. M. (1994). Designing Funded Qualitative Research. In In N. K. Denzin & Y. S. Lincoln (Eds.) *Handbook of Qualitative Research.* Thousand Oaks: Sage.

299. Moustakis, C. (1990). *Heuristic Research Design, Methodology, and Applications.* Newbury Park: Sage.

300. Nader, L. (1972). Up the Anthropologist: Perspectives Grained from Studying Up. In D. Hymes (Ed.) *Reinventing Anthropology.* New York: Pantheon.

301. Nash, D. & Wintrob, R. (1972). The Emergence of Self-Consciousness in Ethnography. *Current Anthropology*, 13: 527-542.

302. Noblit, G. W. (1988). *A Sense of Interpretation.* Paper presented at the Ethnography in Education Research Forum, Philadelphia, Feb. 1988.

303. Noddings, N. (1984). *Caring: A Feminist Approach to Ethics and Moral Education.* Berkeley: University of New York Press.

304. Oakley, A. (1981). Interviewing Women. In H. Roberts (Ed.) *Doing Feminist Research.*

London: Routledge.

305. Olesen, V. (1994). Feminisms and Models of Qualitative Research. In N. K. Denzin & Y. S. Lincoln(Eds.) *Handbook of Qualitative Research.* Thousand Oaks: Sage.

306. Osborne, G. (1991). *The Hermeneutical Spiral: A Comprehensive Introduction to Biblical Interpretation.* Downers Grove, IL: InterVarsity Press.

307. Owens, R. (1982). Methodological Rigor in Naturalistic Inquiry: Some Issues and Answers. *Educational Administration Quarterly*, Vol. 18, No. 2(Spring 1982), 1-21.

308. Paul, B. D. (1953). Interview Techiniques and Field Relationships. In A. L. Kroeber (Ed.) *Anthropology Today.* Chicago: University of Chicago Press.

309. Patton, M. Q. (1990). *Qualitative Evaluation and Research Methods.* 2nd Ed. Newbury Park: Sage.

310. Peacock, CJ. L. (1986). *The Anthropological Lens: Harsh Lights, Soft Focus.* Cambridge: Cambridge University Press.

311. Peirce, C. S. (1932). *Collected Papers of Charles Sanders Peirce. Vol. 2: Elements of Logic*, C. Hartshorne & P. Weiss(Eds.). Cambridge, USA: Harvard University Press.

312. Pelto, P. (1970). *Anthropological Research: The Structure of Inquiry.* New York: Harper & Row.

313. Pelto, P. & Pelto, G. (1978). *Anthropological Research: The Structure of Inquiry.* 2nd Ed. New York: Harper & Row.

314. Pike, K. (1966[1954]). *Language in Relation to a Unified Theory of the Structure of Human Behavior.* New York.

315. Pitman, M. A. & Maxwell, J. A. (1992). Qualitative Approaches to Evaluation. In M. D. Lecompte et al. (Eds.) *The Handbook of Qualitative Research in Education.* San Diego: Academic Press.

316. Polgar, S. & Thomas, S. A. (1991). *Introduction to Research in Health Sciences.* 2nd Ed. Melbourne: Churchill Livingstone.

317. Polsky, N. (1967). *Hustlers, Beats, and Others.* Chicago: Aldine.

318. Popkewitz, J. (1984). *Paradigm and Ideology in Educational Research.*

319. Popper, K. (1968). *Conjecture and Refutations.* New York: Harper.

320. Powdermaker, H. (1966). *Stranger and Friend.* New York: Norton.

321. Punch, M. (1994). Politics and Ethics in Qualitative Research. In N. K. Denzin & Y. S. Lincoln(Eds.) *Handbook of Qalitative Research.* Thousand Oaks: Sage.

322. Rabinow, P. (1977). *Reflections on Fieldwork in Morocco.* Berkley: University of California Press.

323. Ragin, C. C. (1987). *The Comparative Method: Moving Beyond Qualitative and Quantitative Strategies.* Berkley: University of California Press.

324. Reason, P. (1993). Sacred Experience and Sacred Science. *Journal of Management Inquiry*, 2, 10-27.

325. Reason, P. (1994). Three Approaches to Partcipatory Inquiry. In N. K. Denzin &

Y. S. Lincoln(Eds.)*Handbook of Qualitative Research*. Thousand Oaks;Sage.

326. Redfield,R. (1953). *The Primitive World and Its Transformations*. Chicago;University of Chicago Press.

327. Reese,W. L. (1980). *Dictionary of Philosophy and Religion*. Atlantic Highlands; Humanities Press.

328. Reichardt, C. S.& Cook, T. D. (1979) .Beyond Qualitative Versus Quantitative Methods. In T. D. Cook & C. S. Reichardt(Eds.)*Qualitative and Quantitative Methods in Evaluation*. Beverly Hills;Sage.

329. Reinharz,S. (1979). *On Becoming a Social Scientist*. San Francisco;Jossey−Bass.

330. Reiter,R. (Ed.) (1975) . *Toward an Anthropology of Women*. New York; Monthly Review Press.

331. Richardson,L. (1990). *Writing Strategies;Reaching Diverse Audiences*. Newbury Park; Sage.

332. Richardson,L. (1994) . Writing;A Method of Inquiry. In N. K. Denzin & Y. S. Lincoln (Eds.) *Handbook of Qualitative Research*. Thousand Oaks;Sage.

333. Riesman,P. (1977). *Freedom in Filani Social Life;An Introspective Ethnography*. Chicago;University of Chicago Press.

334. Riessman,C. K. (1993). *Narrative Analysis*. Newbury Park;Sage.

335. Rist,R. C. (1977). On the Relations Among Educational Research Paradigms;From Distain to Detente. *Anthropology and Education Quarterly*, 8. 2;29−42.

336. Rist,R. C. (1980) . Blitzkrieg Ethnography;On the Transformation of a Method into a Movement. *Education Researcher*(February) ;8−10.

337. Ritzer,G. (1983). *Sociological Theory*. New York;Alfred Knopf.

338. Roberts,H. (Ed.) (1981) . *Doing Feminist Research*. London; Routledge & Kegan Paul.

339. Rohner, R. P. (1966) . Franz Boas; Ethnographer on the Northwest Coast. In J. Helm (Ed.) *Pioneers of American Anthropology*. Seattle;University of Washington Press.

340. Ropoport,R. N. (1970). Three Dilemmas in Action Research. *Human Relations*,23(6). pp. 499−513.

341. Rorty,R. (1992). The Pragmatist's Progress. In S. Collini(Ed.) *Interpretation and Over-interpretation*. Cambridge,UK;Cambridge University Press.

342. Rosaldo,R. (1993). *Culture and Truth;The Remaking of Social Analysis*. Boston;Beacon Press.

343. Rose,D. (1982). Occasions and Forms of Anthropological Experience. In J. Ruby(Ed.) *A Crack in the Mirror;Reflexive Perspectives in Anthropology*. Philadelphia;University of Pennsylvania Press.

344. Rose,D. (1983). In Search of Experience;The Anthropological Poetics of Stanley Diamond. *American Anthropologist*, 85(2) ;345−355.

345. Rose,D. (1993). Ethnography as a Form of Life;The Written Word and the Work of the

World. In P. Benson (Ed.) *Anthropology and Literature*. Urbana: University of Illinois Press.

346. Rose, G. (1982). *Deciphering Social Research*. London: Macmillan.

347. Rossi, P. H. & Berk, R. A. (1981). An Overview of Evaluation Strategies and Procedures. *Human Organization*, 40, 4: 287-299.

348. Rossman, G. B. & Wilson, B. L. (1985). Number and Words: Combining Quantitative and Qualitative Methods in a Singe Large-scale Evaluation Study. *Evaluation Review*, Vol. 9, No. 5(October): 627-643.

349. Runciman, W. G. (1983). *A Treatise on Social Theory*, Vol. 1: *The Methodology of Social Theory*. Cambridge, Uk: Cambridge University Press.

350. Runyan, S. E. & Seal, B. C. (1985). A Comparison of Supervisors'Ratings While Observing a Language Remediation Session. *Clinical Supervisor*, 1985, 3, 61-75.

351. Schachtel, E. (1959). *Metamorphosis: On the Development of Affect, Perception, Attention and Memory*. New York: Basic Books.

352. Schatzman, L. & Strauss, A. (1973) *Field Research Strategies for a Natural Sociology*. Englewood Cliffs, NJ: Prentice-Hall.

353. Scheurich, J. J. (1992). *The Paradigmatic Transgressions of Validity*. Unpublished manuscript. Quoted from Lincoln & Denzin(1994).

354. Schon, D. A. (1983). *The Reflective Practitioner*. London: Temple Smith.

355. Schon, D. A. (1987). *Educating the Reflective Practitioner: Towards a New Design for Teaching and Learning in the Professions*. San Francisco: Jossey-Bass.

356. Schwandt, T. A. (1994). Constructivist, Interpretivist Approaches to Human Inquiry. In N. K. Denzin & Y. S. Lincoln(Eds.) *Handbook of Qualitative Research*. Thousand Oaks: Sage.

357. Scriven, M. (1974). Maximizing the Power of Causal Investigations: The Modus Operandi Method. In W. James (Ed.) *Evaluation in Education — Current Applications*. Berkeley: McCutchan Publishing Corporation.

358. Seidman, I. E. (1991). *Interviewing as Qualitative Research: A Guide for Researchers in Education and the Social Sciences*. New York: Teachers College.

359. Shaw, T. (1993). Handouts for the course " Ethnography for Youth Cultures ". Cambridge, US: Harvard Graduate School of Education.

360. Sieber, J. E. (1992). *Planning Ethically Responsive Research*. Newbury Park: Sage.

361. Sieber, S. D. (1973). The Integration of Fieldwork and Survey Methods. *American Journal of Sociology*, 73: 1335-1359.

362. Skrtic, T. M. (1990). Social Accommodation: Toward a Dialogical Discourse in Educational Inquiry. In E. G. Guba(Ed.) *The Paradigm Dialogue*. Newbury Park: Sage.

363. Smigel, E. (1958). Interviewing a Legal Elite: The Wall Street Lawyer. *American Journal of Sociology*, Vol. 64, pp. 159-64.

364. Smith, A. D. (1989). *The Ethnic Origin of Nations*. New York: Basil Blackwell.

365. Smith, A. G. & Louis, K. S. (Eds.) (1982). Multimethod Policy Research: Issues and Applications. *American Behavioral Scientist*, 26, 1:1–44.

366. Smith, J. K. (1983). Quantitative Versus Qualitative Research: An Attempt to Clarify the Issue. *Educational Researcher* (March) :6–13.

367. Smith, J. K. (1990). Alternative Research Paradigms and the Problem of Criteria. In E. G. Guba(Ed.) *The Paradigm Dialogue*. Newbury Park: Sage.

368. Smith, L. (1979). An Evolving Logic of Participant Observation, Education Ethnography, and Other Case Studies. In Shulman (Ed.) *Review of Research in Education*, Vol. 6, pp. 316–377. Itasca, IL: Peacock.

369. Smith, L. (1990a). Ethics in Qualitative Field Research: An Individual Perspective. In E. W. Eisner & A. Peshkin(Eds.) *Qualitative Inquiry in Education: The Continuing Debate*. New York: Teachers College, Columbia University.

370. Smith, L. (1990b). Ethics, Field Studies, and the Paradigm Crisis. In E. G. Guba(Ed.) *The Paradigm Dialogue*. Newbury Park: Sage.

371. Soltis, J. (1990). The Ethics of Qualitative Research. In E. W. Eisner & A. Peshkin (Eds.) *Qualitative Inquiry in Education: The Continuing Debate*. New York: Teachers College, Columbia University.

372. Spradley, J. P. (1970). *You Owe Yourself a Drunk: An Ethnography of Urban Nomads*. Boston: Little, Brown.

373. Spradley, J. P. (1979). *The Ethnographic Interview*. New York: Holt, Rinehart & Winston.

374. Spradley, J. P. (1980). *Participant Observation*. New York: Holt, Rinehart & Winston.

375. Spradley, J. P. & Mann, B. (1975). *The Cocktail Waitress: Women's Work in a Male World*. New York: Wiley.

376. Spradley, J. P. & McCurdy, D. W. (1972). *The Cultural Experience: Ethnography in Complex Society*. Chicago: Science Research Associates.

377. Spretnak, C. (1991). *States of Grace: The Recovery of Meaning in the Postmodern Age*. New York: Harper Collins.

378. Stenhouse, L. (1975). *An Introduction to Curriculum Research and Development*. London: Heinemann.

379. Stewart, J. (1989). *Drinkers, Drummers and Decent Folk: Ethnographic Narratives of Village Trinidad*. Albany: State University of New York.

380. Stocking, G. W. (Ed.) (1983). *Observers Observed. Vol. 1 of History of Anthropology*. Madison: University of Wisconsin Press.

381. Stoller, P. & Olkes, C. (1987). *In Society's Shadow: A Memoir of Apprenticeship Among the Songhay of Niger*. Chicago: University of Chicago Press.

382. Strauss, A. (1987). *Qualitative Analysis for Social Scientists*. Cambridge, UK: Cambridge University Press.

383. Strauss, A. & Corbin, J. (1990). *Basics of Qualitative Research: Grounded Theory Procedures and Techniques.* Newbury Park: Sage.

384. Strauss, A. & Corbin, J. (1994). Grounded Theory Methodology. In N. K. Denzin & Y. S. Lincoln(Eds.) *Handbook of Qualitative Research.* Thousand Oaks: Sage.

385. Sullivan, H. S. (1970) *The Psychiatric Interview.* New York: W. W. Norton & Company.

386. Susman, G. I. & Evered, R. D. (1978). An Assessment of the Scientific Merits of Action Research. *Administrative Science Quarterly*, 23. pp. 582–603.

387. Sutton, R. I. & Rafaeli, A. (1988). Untangling the Relationship Between Displayed Emotions and Organizational Sales: The Case of Convenience Stores. *Academy of Management Journal*, 31(3):461–487.

388. Sutton, R. I. & Rafaeli, A. (1992). How We Untangled the Relationship Between Displayed Emotions and Organizational Sales: A Tale of Bickering and Optimism. In P. Frost & R. Stablein(Eds.) *Doing Exemplary Research.*

389. Taylor, S. J. & Bogdan, R. (1984) . *Introduction to Qualitative Research Methods.* 2nd. Ed. New York: Wiley.

390. Tedlock, D. (1983). *The Spoken Word and the Work of Interpretation.* Philadelphia: University of Pennsylvania Press.

391. Tedlock, D. (Trans.) (1985). *The Popol Vuh.* New York: Simon & Schuster.

392. Tesch, R. (1990). *Qualitative Research: Analysis Types & Software Tools.* New York: The Falmer Press.

393. Thomas, W. & Znaniecki, F. (1927). *The Polish Peasant in Europe and America.* New York: Knopf.

394. Trend, M. G. (1978). On the Reconciliation of Qualitative and Quantitative Analyses: A Case Study. *Human Organization*, 37:345–354.

395. Tripp, D. (1983). Co-Authorship and Negotiation: The Interview as Act of Creation. *Interchange* 14/3. The Ontario Institute for Studies in Education.

396. Trow, M. (1957). Comment on Participant Observation and Interviewing: A Comparison. *Human Organization*, 16:33–35.

397. Turner, V. & Brunner, E. (Eds.) (1986). *The Anthropology of Experience.* Urbana: University of Illinois Press.

398. Tyler, S. (1969). Introduction. In S. Tyler(Ed.) *Cognitive Anthropology.* New York: Holt, Rinehart & Winston.

399. Tyler, S. (1984). The Poetic Turn in Post-Modern Anthropology: The Poetry of Paul Friedrich. *American Anthropologist*, 6(2):328–336.

400. Tyler, S. (1986). Post-Modern Ethnography. In J. Clifford and G. E. Marcus (Eds.) *Writing Culture.* Berkeley: University of California Press.

401. Van Maanen, J. (1983). The Moral Mix: On the Ethics of Fieldwork. In R. Emerson (Ed.) *Contemporary Field Research.* Boston: Little, Brown.

402. Van Maanen,J. (1988). *Tales of the Field: On Writing Ethnography*. Chicago & London: The University of Chicago Press.

403. Van Maanen,J. et al. (1982). *Varieties of Qualitative Research*. Beverly Hills: Sage.

404. Van Maanen, J & Kolb, D. (1985). The Professional Apprentice. In S. B. Bacharach (Ed.) *Perspectives in Organizational Sociology*. Greenwich, CT: JAI Press.

405. Vaughan, D. (1992). Theory Elaboration: The Heuristics of Case Analysis. In H. Becker & C. Ragin(Eds.) *What Is a Case?*. New York: Cambridge University Press.

406. Vidich, A. J. & Lyman, S. M. (1994). Qualitative Methods: Their History in Sociology and Anthropology. In N. K. Denzin & Y. S. Lincoln(Eds.) *Handbook of Qualitative Research*. Thousand Oaks: Sage.

407. Vidich, A. J. & Shapiro, G. (1955). A Comparison of Participant Observation and Survey Data. *American Sociological Review* 20: 28-33.

408. Viney, L. L. & Bousfield, L. (1991). Narrative Analysis: A Method of Psychosocial Research for Aids - Affected People. *Social Science and Medicine*, Vol. 32, No. 7, pp. 757-765.

409. von Glasersfeld, E. (1993). Questions and Answers about Radical Constructivism. In K. Tobin(Ed.) *The Practice of Constructivism in Science Education*. Hillsdale, NJ: Lawrence Erlbaum Associates.

410. von Glasersfeld, E. (1995). *Radical Constructivism: A Way of Knowing and Learning*. London: The Falmer Press.

411. Walkerdine, V. (1990). Schoolgirl Fictions. London: Verso.

412. Wambaugh, J. (1984). *Lines and Shadows*. New York: Bantam.

413. Watson, G. (1987). Make Me Reflexive—But Not Yet: Strategies for Managing Essential Reflexivity in Ethnographic Discourse. *Journal of Anthropological Research*, 43, 29-41.

414. Wax, M. L. (1967). On Misunderstanding Verstehen: A Reply to Abel. *Sociology and Social Research*, 51: 323-333.

415. Wax, M. L. (1972). Tenting with Malinowski. *American Sociological Review*, 37: 1-13.

416. Wax, R. H. (1971). *Doing Fieldwork: Warnings and Advice*. Chicago: University of Chicago Press.

417. Webb, C. (1990). Partners in Research. *Nursing Times*, 14, pp. 403-410.

418. Webster, S. (1983). Ethnography as Storytelling. *Dialectical Anthropology*, 8: 185-206.

419. Weiss, R. (1994) *Learning from Strangers: The Art and Method of Qualitative Interview Studies*. New York: The Free Press.

420. West, C. (1989). *The American Evasion of Philosophy*. Madison: University of Wisconsin Press.

421. Whitten, N. (1970). Network Analysis and Processes of Adaptation Among Ecuadorian

and Nova Scotian Negroes. In M. Freilich (Ed.) *Marginal Natives : Anthropologists at Work*. New York : Harper & Row.

422. Whyte , W. F. (1943) . *Street Corner Society*. Chicago & London : The University of Chicago Press.

423. Whyte , W. F. (1982) , Interviewing in Field Research. In R. G. Burgess (Ed.) *Field Research : A Source Book and Field Manual*. London : George Allen & Unwin.

424. Whyte , W. F. (1984) *Learning From the Field*. Newbury Park : Sage.

425. Wievorka , M. (1992). Case Studies : History or Sociology? In C. C. Ragin & H. S. Becker (Eds.) *What Is a Case?* Cambridge , Uk : Cambridge University Press.

426. Willis , P. (1977). *Learning to Labor : How Working Class Kids Get Working Class Jobs*. Farnborough : Saxon House.

427. Willis , P. (1990). *Common Culture : Symbolic Work at Play in the Everyday Cultures of the Young*. Boulder & San Francisco : Westview Press.

428. Wilson , R. (1989) . Moral Culture and Chinese Culture : Patterns of Harmony and Discord. *In Proceedings of CCU – IUP International Conference : Moral Values and Moral Reasoning in Chinese Societies* (1990) . Taiwan : Chinese Culture University , May 25 – 27 , 1989.

429. Wintrob , R. M. (1969) . An Inward Focus : A Consideration of Psychological Stress in Fieldwork. In F. Henry and S. Saberwal (Eds.) *Stress and Response in Fieldwork*. New York : Holt , Rinehart & Winston.

430. Wittgenstein , L. (1953). *Philosophical Investigations*. New York : Macmillian Company.

431. Wolcott , H. F. (1975) . Criteria for an Ethnographic Approach to Research in Schools. *Human Organization* , 34 , pp. 11 – 127.

432. Wolcott , H. F. (1983). Adequate Schools and Inadequate Education : The Life Story of a Sneaky Kid. *Anthropology and Education Quarterly* , 14 : 3 – 32.

433. Wolcott , H. F. (1990a). *Writing Up Qualitative Research*. Newbury Park : Sage.

434. Wolcott , H. F. (1990b) . On Seeking — and Rejecting — Validity in Qualitative Research. In E. W. Eisner & A. Peshkin (Eds.) *Qualitative Inquiry in Education : The Continuing Debate*. New York : Columbia University.

435. Wolcott , H. F. (1992) . Posturing in Qualitative Inquiry. In M. D. LeCompte et al. (Eds.) *The Handbook of Qualitative Research in Education*. New York : Academic Press.

436. Wolcott. H. F. (1995). *The Art of Fieldwork*. Walnut Creek : Altamira Press.

437. Wolf , M. (1992) . *A Trice – Told Tale : Feminism , Postmodernism , and Ethnographic Responsibility*. Stanford : Standford University Press.

438. Wolfe , T. (1973). *The New Journalism*. New York : Harper and Row.

439. Wolfe , T. (1979). *The Right Stuff*. New York : Farrar , Straus and Giroux.

440. Woods , P. (1985). New Songs Played Skillfully : Creativity and Technique in Writing Up

510

Qualitative Research. In Robert Burgess(Ed.) *Issues in Educational Research*. Philadel-phia: Palmer Press.

441. Wright, H. F. (1967) . *Recording and Analyzing Child Behavior*. New York: Haper & Row.

442. Yin, R. K. (1994). *Case Study Research: Design and Methods*. 2nd Ed. Thousand Oaks: Sage.

443. Young, M. F. D. (1971). *Knowledge and Control*. London: Collier-Macmillan.

444. Zelditch, M. Jr. (1962) . Some Methodological Problems of Field Studies. *American Journal of Sociology*, 67:566-576.

445. Znaniecki, F. (1935) . *The Method of Sociology*. New York: Holt, Rinehart & Win-ston.

446. Znaniecki, F. (1952). *Cultural Sciences*. Urbana: University of Illinois Press.

447. Znaniecki, F. (1965). *Social Relations and Social Roles*. San Francisco: Chandler.

西文人名地名汉译对照

A

P. 阿德勒	（P. Adler）
P. A. 阿德勒	（P. A. Adler）
阿尔波特	（G. Alport）
阿塞德	（D. Altheide）
阿吉里斯	（C. Argyris）
阿尔修舍	（Althusser）
阿特肯森	（P. Atkinson）

B

巴赫	（D. Bahr）
巴克	（R. Barker）
巴莱特	（R. Barrett）
贝特森	（G. Bateson）
巴特	（R. Bathes）
贝克	（H. Becker）
本尼狄克特	（R. Benedict）
贝农	（H. Beynon）
比克兰	（S. Biklen）
布鲁默	（H. Blumer）
布鲁姆斯丹	（Blumstein）
博厄斯	（F. Boas）
波格丹	（R. Bogdan）
布思	（C. Booth）
布迪厄	（P. Bourdieu）
博文	（E. Bowen）
C. 比瑞格斯	（C. Briggs）
J. 比瑞格斯	（J. Briggs）

比罗贝克　　　　　　　（M.Brobeck）
布如姆　　　　　　　　（R.Bromme）
布朗　　　　　　　　　（A.Browne）
布鲁纳　　　　　　　　（E.Bruner）
布尔麦尔　　　　　　　（R.Bulmer）

C

卡巴尼罗·沃佐沙　　　（Cabanero-Verzosa）
卡丹　　　　　　　　　（M.Carden）
卡斯塔尼达　　　　　　（Castaneda）
夏格农　　　　　　　　（N.Chagnon）
克利福德　　　　　　　（J.Clifford）
寇勒　　　　　　　　　（J.Coller）
库克　　　　　　　　　（T.Cook）
库利　　　　　　　　　（C.Cooley）
寇宾　　　　　　　　　（J.Corbin）
寇利　　　　　　　　　（S.Corry）
寇沙若　　　　　　　　（W.Corsaro）
克莱伯特利　　　　　　（B.Crabtree）
克拉潘扎诺　　　　　　（V.Crapanzano）
可莱斯威尔　　　　　　（J.Creswell）
库斯克　　　　　　　　（P.Cusick）

D

丹曾　　　　　　　　　（N.Denain）
德尔塔　　　　　　　　（Delta）
德里达　　　　　　　　（J.Derrida）
杜威　　　　　　　　　（J.Dewey）
狄尔泰　　　　　　　　（W.Dilthey）
狄特尔默　　　　　　　（C.Ditlmer）
J.道格拉斯　　　　　　（J.Douglas）
M.道格拉斯　　　　　　（M.Douglas）
杜·波依斯　　　　　　（Du Bois）
都蒙特　　　　　　　　（J.Dumont）
德耶尔　　　　　　　　（K.Dwyer）

E

伊林　　　　　　　　　（D.Ealing）
埃寇　　　　　　　　　（U.Eco）

艾斯纳　　　　　　　（E.Eisner）
艾略特　　　　　　　（J.Elliot）
依黎　　　　　　　　（M.Ely）
恩格斯　　　　　　　（F.Engels）
埃利克尔森　　　　　（F.Erickson）
埃利克森　　　　　　（K.Erikson）
伊文斯·普利查德　　（E.Evans-Pritchard）
埃卫哈特　　　　　　（P.Everhart）

F
法弗雷特-萨达　　　（J.Favret-Saada）
费尔德　　　　　　　（S.Feld）
费斯廷杰　　　　　　（L.Festinger）
费伊阿本德　　　　　（P.Feyerabend）
费恩　　　　　　　　（M.Fine）
费尔斯顿　　　　　　（W.Firestone）
费斯　　　　　　　　（R.Finth）
费彻尔　　　　　　　（M.Fischer）
菲斯克　　　　　　　（J.Fiske）
弗莱修斯　　　　　　（Flacius）
弗雷克　　　　　　　（C.Frake）
弗洛伊德　　　　　　（S.Freud）

G
加达默尔　　　　　　（H.Gadamer）
甘博　　　　　　　　（S.Gamble）
伽芬格　　　　　　　（H.Garfinkel）
格尔茨　　　　　　　（C.Geertz）
吉登斯　　　　　　　（A.Giddens）
格拉塞　　　　　　　（B.Glaser）
格拉斯纳　　　　　　（C.Glesne）
高果林　　　　　　　（L.Gogolin）
高德　　　　　　　　（R.Gold）
古德诺　　　　　　　（W.Goodenough）
格拉第　　　　　　　（K.Grady）
格林　　　　　　　　（J.Greene）
谷巴　　　　　　　　（E.Guba）

H

哈里德	（M.Halliday）
汉密尔顿	（D.Hamilton）
汉莫斯里	（M.Hammersley）
哈丁	（S.Harding）
海德格尔	（M.Hedgel）
赫尔墨斯	（Hermes）
何莱奥特	（R.Herriot）
荷齐斯齐尔德	（A.Hochschild）
霍克海默	（M.Horkheimer）
惠泊曼	（M.Huberman）
哈贝马斯	（J.Hubermas）

I

依阿尼	（F.Ianni）

J

杰克布	（E.Jacob）
亨利·詹姆斯	（H.James）
威廉·詹姆斯	（W.James）
约翰逊	（J.Johnson）
居金森	（D.Jorgensen）

K

卡浦	（D.Karp）
克密斯	（S.Kemmis）
柯林杰	（F.Kerlinger）
可德	（L.Kidder）
科克	（J.Kirk）
克拉克洪	（C.Kluckhohn）
孔杜	（D.Kondo）
库瓦雷	（A.Koyre）
柯累克	（W.Kracke）
克里杰	（S.Krieger）
克罗伯	（A.Kroeber）
库恩	（T.Kuhn）
克威尔	（S.Kvale）

L

拉波夫	（W.Labov）
拉舍	（P.Lather）
拉夫	（C.Lave）
雷德	（D.Layder）
列维·斯特劳斯	（C.Levi-Strauss）
勒温	（K.Lewin）
利波	（E.Liebow）
林肯	（Y.Lincoln）
林德曼	（Lindemann）
林顿	（R.Linden）
J.罗夫兰	（J.Lofland）
L.罗夫兰	（L.Lofland）
罗威	（R.Lowie）
卢卡斯	（J.Lukas）
伦德斯伽德	（H.Lundsgaarde）
林德	（Lynd）

M

梅勒	（Mailer）
马伊耐波	（I.Majnep）
马林诺夫斯基	（B.Malinowski）
马奇	（J.March）
马尔库斯	（G.Marchs）
梅	（R.May）
麦克林托克	（B.McClintock）
麦克米兰	（Mcmillan）
G.米德	（G.Mead）
M.米德	（M.Mead）
默顿	（R.Merton）
迈尔斯	（M.Miles）
密尔夫容特	（Milfrount）
米尔格阮	（S.Milgram）
M.米勒	（M.Miller）
W.米勒	（W.Miller）
密尔斯	（C.Mills）
莫斯	（J.Morse）
默雷	（H.Murray）

O

欧克斯	（C.Olkes）
奥利森	（V.Olesen）
欧	（M.Orr）

P

帕克	（R.Park）
派顿	（M.Patton）
皮尔士	（C.Peirce）
G.佩尔托	（G.Pelto）
P.佩尔托	（P.Pelto）
派司金	（A.Peshkin）
菲利浦	（Philip）
皮亚杰	（J.Piaget）
波普	（K.Popper）
保德玫克	（H.Powdermaker）
普利高金	（I.Prigogine）

R

拉比罗	（P.Rabinow）
拉法利	（A.Rafaeli）
雷森	（P.Reason）
莱德可里夫·布朗	（Redcliff-Brown）
雷查德特	（C.Reichardt）
雷哈兹	（S.Reinharz）
李凯尔特	（H.Rickert）
列斯曼	（P.Riesman）
莱斯曼	（C.Piessman）
莱斯特	（R.Rist）
罗杰斯	（C.Rogers）
罗蒂	（R.Rorty）
罗沙多	（R.Rosaldo）
瑞杨	（S.Runyan）

S

沙奇特尔	（E.Schachtel）
叙兹曼	（L.Schatzman）
斯屈里奇	（J.Scheurich）
施莱尔马赫	（F.Schleimacher）

西雄	（D.Schon）
熊马切	（Schunmacher）
斯旺德特	（T.Schwandt）
斯瓦兹	（Schwartz）
塞尔	（B.Seal）
塞德曼	（I.Seidman）
肖	（T.Shaw）
西伯	（J.Sieber）
辛格	（J.Singer）
斯密司	（A.Smith）
松黑	（Songhay）
斯伯莱德里	（J.Spradley）
斯德克	（C.Stack）
斯台克	（R.Stake）
斯坦菲尔德	（J.Stanfield II）
斯登杰斯	（Stengers）
斯托尔特	（J.Stewart）
斯多勒	（P.Stoller）
斯特劳斯	（A.Strauss）
萨顿	（R.Sutton）
斯华兹	（F.Swartz）

T

特西	（R.Tesch）
托马斯	（W.Thomas）
特莱恩德	（M.Trend）
特瑞里得德	（Trinidad）
特罗比恩	（Trobriand）
特罗	（M.Trow）
特纳	（V.Turner）

V

封·马南	（Van Maanen）
沃封	（D.Vaughan）

W

沃克丹	（V.Walkerdine）
威尔斯顿	（B.Wallston）
华特森	（G.Watson）

威克斯	（R.Wax）
韦伯	（M.Weber）
崴斯	（R.Weiss）
怀丁	（N.Whitten）
怀特	（W.Whyte）
威利斯	（P.Willis）
温特罗布	（R.Wintrob）
威斯勒	（C.Wissler）
沃克特	（H.Wolcott）
沃尔夫	（M.Wolf）
沃尔菲	（T.Wolfe）
伍兹	（P.Woods）
瑞特	（H.Wright）

Z

兹南尼斯基	（F.Znaniecki）

图 表 一 览

□ 相关链接

质的研究方法系列图书

《教师如何作质的研究》（陈向明著）

本书结合教育研究领域中的有关问题对"质的研究"的基本思路、实施方法和操作技巧进行了探讨，在介绍方法的同时提供了大量的研究实例，把读者带到研究实地，在具体情境中体会方法论的有关问题，鼓励读者在探讨"做什么"和"如何做"的同时思考"为什么"。

《聆听与倾诉——质的研究方法应用论文集》
（杨　钋　林小英编，陈向明指导）

本书收录了北京大学修习"质的研究方法"课程的学生运用质的研究方法从事小课题研究所撰写的论文，集中反映了他们在学作质的研究过程中的行动和思考。论文关注的是学生的学习进程及其在学习中的反思，不但从初学者的视角描绘了他们个人的感受与体悟，也表达了他们对质的研究方法的理解和运用，以及他们对生活、他人和自我的独特而又深刻的理解。

《在行动中学作质的研究》（陈向明主编）

本书提供了一些相对完整的质的研究论文和报告，使读者了解这些研究者是如何从事质的研究的，他们如何讲述和构建自己的故事，具有何种不同的风格。这些论文和报告因研究主题和研究者的书写风格不一而呈现不同的样式和特色，从不同侧面表现出作者对教育、人生与社会独到而细腻的洞察与体认。

《在参与中学习与行动——参与式方法培训指南》（陈向明编著）

这是一本参与式方法培训指南书，可用来指导教师和培训者组织实施

522

各种参与式教学和培训活动。参与式方法是目前国际上普遍采用的一类教学和培训的方法，强调学习者的广泛参与，与他人交流、对话，在真实的问题情境中建构对自己有意义的知识，在做中学，在体验中学会学习的方法和策略，在小组合作学习过程中形成合适的能力、情感、态度和价值观。书中提供了210个可操作的参与式活动，分成10大类，以帮助使用者了解参与式培训的基本阶段以及活动步骤、过程、状态和预期效果。

《如何成为质的研究者——质的研究方法的教与学》
（陈向明　林小英编）

本书由北京大学一批修习本课程的学生所写的反思笔记组成。其内容涉及从"选择研究问题"、"收集和分析资料"到最后形成总的"研究报告"，详细记录了质的研究每个研究步骤的具体实践过程，对学生学习质的研究方法，对老师了解学生在学习过程中思考什么问题、遇到什么困难、有什么顿悟，以及对初学者了解质的研究方法的过程很有助益。

《旅居者和"外国人"——留美中国学生跨文化人际交往研究》
（陈向明著）

作者采用质的研究方法，通过将近两年的实地研究和文本分析，对一群留美中国学生与美国人的人际交往情况进行追踪调查，在深度访谈和参与观察的基础上，了解他们的行为、感受和意义解释，并围绕被研究者提出的7个"本土概念"，阐述了他们的跨文化人际交往状况和心态，特别是他们如何在一块陌生的土地上从彷徨、无助到重新定位自己的文化身份这一艰难过程。本书资料丰富，分析鞭辟入里，文笔平实、亲切，不仅结合了作者本人对跨文化人际交往的思考，而且从被研究者的角度展示了他们的内心感受和思维变化过程。

责任编辑　翁绮睿
版式设计　孙欢欢
责任校对　刘永玲
责任印制　叶小峰

图书在版编目(CIP)数据

质的研究方法与社会科学研究/陈向明著. —北京：
教育科学出版社，2000.1(2024.3 重印)
ISBN 978-7-5041-1926-1

Ⅰ. 质... Ⅱ. 陈... Ⅲ. 质的研究方法 Ⅳ. C3

中国版本图书馆 CIP 数据核字(1999)第 25436 号

出版发行	**教育科学出版社**		
社　　址	北京·朝阳区安慧北里安园甲 9 号	市场部电话	010-64989009
邮　　编	100101	编辑部电话	010-64981167
传　　真	010-64891796	网　　址	http://www.esph.com.cn
经　　销	各地新华书店		
印　　刷	保定市中画美凯印刷有限公司		
开　　本	720 毫米×1020 毫米　1/16		
印　　张	34	版　　次	2000 年 1 月第 1 版
字　　数	626 千	印　　次	2024 年 3 月第 30 次印刷
定　　价	75.00 元	印　　数	113 001— 118 000 册

如有印装质量问题，请到所购图书销售部门联系调换。